有限责任公司

省长陈德铭与荣获全国劳动模范的张玉浦董事长亲切握手

李建国书记视察建设中的陕汽北郊新基地

壮我军威，为国争光，受到国务院及中央军委的多次嘉奖。为

近几年，陕汽集团以每年平均40%的高增长速度成长国内知名的汽车企业集团，并成功进入中国500强企业，位列327位；在2004年中国机械500强企业评选中以综合实力及高成长性排列45位，并荣获国内“最有影响力企业”殊荣，张玉浦董事长也被评为“最受关注企业家”和“陕西十大经济风云人物”。

团结奋进的陕汽领导班子

面对经济全球化的挑战，陕西汽车集团有限责任公司将以强大的科技开发能力、大规模的生产能力、不断创新的市场开拓能力、崭新的企业文化凝聚力和灵活高效的管理能力，大力推进西安重型卡车新基地、宝鸡中型卡车基地和蔡家坡零部件基地的建设。至2010年实现各类汽车产销12万辆以上，销售收入200亿元以上，为中国汽车工业的发展做出更大的贡献。

陕汽总装配线

陕汽德龙F2000牵引车

董事长：张玉浦
总经理：方红卫
地址：西安市幸福北路39号　邮编：710043
电话：029-83388331　传真：029-82527664
网址：WWW.sxqc.com

陕西省公安厅

SHAAN XI SHENG GONG AN TING

厅长　胡太平

2004年以来，全省公安机关在省委、省政府和公安部的领导下，深入贯彻《中共中央关于进一步加强和改进公安工作的决定》、省委贯彻中央《决定》的《实施意见》和全国“二十公”、全省“十八公”精神，全力维护社会稳定，大力加强公安队伍建设，各项工作均取得了长足的发展。

全省各级公安机关始终坚持严打方针，以侦破命案为龙头，不间断地组织开展多种形式的专项打击整治行动，进一步加强社会治安综合治理，大力开展创建“安全陕西”活动，积极构建社会治安防控体系，为全省经济社会发展创造了安全稳定的环境。2004年，全省社会治安形势呈现出“两降三升”的良好局面。几类主要刑事案件及治安案件同比下降；命案破案率达到87%，同比提高了6.4个百分点，42个县区实现了现发命案全破；刑事办案质量明显提升，批捕率、起诉率和退查率均跃居全国前列；人民群众对社会治安状况的满意率达到84.8%，同比提高了1.6个百分点。今年以来，社会治安继续保持了平稳态势。1至5月，全省刑事立案比去年同期下降11.7%，治安案件比去年同期下降3.9%。同时，紧紧围绕经济建设大局，全面贯彻落实《行政许可法》，进一步加强和改进公安行政管理工作，继续深入落实公安部30条便民利民措施和省厅25条便民利民措施，为全省经济社会发展提供了优质服务，赢得了广大人民群众和社会各界的普遍赞誉。

侦破命案专项行动总结表彰会

2004年，按照公安部的统一部署，认真组织开展全警大练兵活动，共轮训民警2万7千多人，占总数的73%，有3万5千名民警参加了达标测试，占总数的97%，平均达标率为89%，组织开展比武竞赛活动1200余次，参赛民警2万2千余人。2005年以来，深入开展了保持共产党员先进性教育活动，结合实际认真整改了公安工作和队伍建设中存在的问题和不足。通过多种形式的教育培训，公安队伍的整体素质和业务技能有了明显增强，广大民警执法为民思想进一步确立，正规化建设水平得到新的提高，队伍的整体面貌有了可喜的变化。2004年度，全省公安机关共有270个集体、716名个人分别被记功表彰，涌现出了张本树等一批先进典型，树立了我省公安队伍的良好形象。

十八公会场

从今年5月份开始，按照公安部“人人受到局长接

十八公主席台

待，件件得到依法处理”的要求，全省公安机关开展了集中处理群众信访问题工作专项行动。截至6月中旬，共接待群众来访2541起，其中办结案件341起，抓获违法人员52人，解救受害人13人，挽回经济损失235余万元。

全省各级公安机关不断加强消防、交通、危爆物品安全管理，有效地预防和减少了事故的发生。2004年，未发生一起群死群伤火灾事故，未发生一起重特大火灾事故。烟花爆竹生产企业未发生重大生产事故。道路交通事故四项指标与2003年相比，三降一升，事故起数下降11.52%、受伤人数下降15.28%、直接经济损失下降30.11%，死亡人数上升2.15%，实现了省上提出的杜绝发生一次死亡30人以上交通事故的目标。今年以来，火灾、交通事故继续保持了平稳态势。其中，火灾事故起数、受伤人数和道路交通事故起数、死亡人数均有所回落。

大练兵

大练兵队伍方阵

西安曲江新区管理委员会

XI AN QU JIANG XIN QU GUAN LI WEI YUAN HUI

全国人大常委会委员长吴邦国视察曲江新区

曲江新区位于古城西安城区东南部，以闻名中外的大雁塔和曲江园林遗址为中心，近期规划面积15.88平方公里，远期规划面积47平方公里。区内拥有秦二世陵、汉宣帝杜陵、唐城墙遗址、大慈恩寺等文物古迹和丰富的人文旅游资源。

曲江新区总体规划以突出盛唐文化为特色，以文化、旅游为主导产业，建设集居住、休闲、会展、商贸等功能为一体的城市发展新区，和中国西部重要的游客集散地、旅游中心和文化中心。

近两年来，曲江新区积极践行“三个代表”重要思想，秉承科学发展观，在西安市“国际化、市场化、人文化、生态化”建设理念指导下，坚持“文化立区，旅游兴区”发展战略，累计投资30多亿元，完成了10平方公里的城市基础设施配套建设，相继开发建设了大雁塔北广场、大唐芙蓉园、西安海洋馆等一批重大旅游项目。

大雁塔北广场及周边改造工程不但建成了一个拥有亚洲最大的音乐喷泉的唐文化广场，而且为西安市民提供了一个面积1000多亩的免费开放式休闲娱乐场所。北广场建成开放以来，江泽民、李瑞环、田纪云等前国家领导人及吴邦国、黄菊、吴仪等党和国家领导人相继莅临视察。截至目前，大雁塔北广场已接待国内外游客逾1000万人，成为西安市的“城市客厅”。

总投资逾13亿元，占地1000亩，2005年4月11日已盛大开园的大唐芙蓉园，是中国第一个全方位展示盛唐风貌的大型皇家园林式文化主题公园。其总体规划及建筑设计由中国工程院院士、著名建筑设计大师张锦秋担纲，园林设计由世界级大师秋山宽承担。大唐芙蓉园的建设创下了多项记录：拥有全球最大的水幕电影和全球最大户外香化工程；是中国第一个“五感”公园、全国最大的仿唐皇家建筑群，是中国园林及建筑艺术的集大成者。被中国工程院院士周干峙、吴良镛、傅熹年称为“中华古典建筑的博物馆”。2005年4月30日、5月6日中国国民党主席连战、亲民党主席宋楚瑜相继来访，并分别题辞“芙蓉美景，大唐圣境”、“芙蓉仙子芙蓉园，汉唐子孙汉唐心”。

总投资2.8亿元，建筑面积近2万平米，历时10个月建成，已于2005年2月开放的曲江海洋世界一期工程曲

国家及省市领导人为大唐芙蓉园盛大开园剪彩

大唐芙蓉园夜景

西安曲江海洋世界一期曲江海洋馆

曲江海洋馆海豚表演

亚洲最大的唐文化音乐水景广场大雁塔北广场

江海洋馆，创造了国内海洋馆建设的最快速度。在国内同行中创造了五项之最：是拥有最大海洋科普区面积和体量最大热带雨林馆的海洋馆，拥有国内海洋馆中最长、唯一的体长13.5米布氏鲸标本，拥有国内海洋馆中最高的圆柱缸，是大陆首次引进最先进、屏幕最大的高科技虚拟海洋生物展示系统。曲江海洋馆填补了此类项目的西北空白，创西部唯一。

2005年五一黄金周期间，曲江新区成为西安市主要游览目的地，旅游接待量连创新高，共接待游客140万人次。其中大唐芙蓉园连续7 天高居西安市榜首，共接待市民游客约28万人次；海洋馆共接待市民游客约10.5万人次；大雁塔北广场接待市民和游客逾97万人次。

目前，依照西安市委、市政府提出的“建设中国西部第一文化品牌”的曲江建设新目标，曲江新区筹资200亿元，着力打造包括中国第一个文化MALL大唐不夜城、中国第一个丝绸之路主题雕塑园、中国第一个唐文化体验式主题宾馆唐华宾馆、中国最大的素食斋大唐素食坊、中国第一个爱情博览园大唐爱情谷、中国第一个唐诗文化主题公园唐诗博览园、中国第一个文化主题论坛曲江论坛等在内的30个大型文化旅游项目。

雄伟的大唐芙蓉园紫云楼

地址：中国西安雁南一路3号　邮编：710061
电话：86-29-85599053　85599062
传真：86-29-85599015
网址：www.qujiang.com.cn

中国人民银行西安分行

ZHONG GUO REN MIN YIN HANG XI AN FEN HANG

中国人民银行西安分行行长　敖惠诚

2004年，人民银行西安分行继续执行稳健的货币政策，积极发挥窗口指导作用，加强货币政策工具管理，督促引导金融机构调整信贷结构，建立维护金融稳定的协调运作机制，提升金融服务效率和外汇管理水平，为支持陕西经济平稳、协调、健康发展做出了积极的贡献。

一、继续贯彻执行稳健的货币政策，引导金融机构加大信贷结构调整，创新信贷服务方式，促进了陕西经济的持续增长。坚持“区别对待、有保有压”的原则，引导金融机构控制对钢铁、水泥、电解铝等过热行业的信贷投放，加大对社会薄弱环节的信贷投入。截止2004年末，陕西省金融机构各项贷款余额3829.58亿元，同比增长10.93%。同期，陕西省实现GDP2883.5亿元，增长12.9%。

二、加强和完善货币政策工具管理，适时灵活调剂再贷款，加强再贴现、存款准备金管理，确保基础货币高能效应的发挥和央行资金安全，增强金融机构防范和化解风险的能力。

三、以陕西省农村信用社试点改革为契机，加大对农业支持力度。截止2004年末，全省农村信用社农业贷款余额279.6亿元，占全省金融机构农业贷款余额的92.0%，较2003年末上升4.6个百分点。

四、认真履行维护金融稳定职责，建立了促进金融稳定的协调运行机制，加强对金融业整体风险的监测和评估，防范和化解金融风险工作取得积极进展。2004年末，按照五级分类，陕西省政策性银行、国有商业银行、股份制商业银行不良贷款较年初减少72.51亿元，不良贷款率较年初下降3.98个百分点。

五、全面加强各项基础工作，提高金融服务整体水平。开展了对支付系统CCPC布局的调研，与有关单位联合，组织举办了“银行卡有奖（刷卡）消费系列活动”。加大人民币反假力度，进一步提高现金管理水平。按照属地管理原则，联合公安、银行监管等部门开展了金融安全大检查。

2004年5月人民银行举办反假币宣传，敖惠诚行长向群众讲解反假币知识

2004年4月，敖惠诚行长陪同人民银行总行吴晓灵副行长对农村金融体制改革进行调研

六、充分发挥监管与服务功能，支持涉外经济发展，维护外汇市场秩序。加强了银行结售汇业务监管和国际收支统计申报工作。努力改变“宽进严出”的资本管理模式，加强对资本流动全过程的检测，特别是短期资本异常流动的监管。继续实施贸易和投资便利化，对优质企业的境外投资、融资给予了大力支持和政策引导，帮助企业实施“走出去”战略。严厉打击和查处了非法买卖外汇活动，维护了外汇市场秩序。2004年，全省新批准外商投资项目271个，实际利用外资5.27亿美元，同比增长13%。全年进出口总额完成36.43亿美元，比上年增长30.9%。

地址：西安市解放路159号

电话：87426931　邮编：710004

国家开发银行陕西省分行

CHINA DEVELOPMENT BANK SHAAN XI BRANCH

国家开发银行是直属国务院领导的具有法定国家信用的开发性金融机构。国家开发银行作为政府的开发性金融机构，主要任务是：按照国家的法律、法规和国家宏观经济政策、产业政策、区域发展政策，筹集和引导境内外资金，重点向国家基础设施、基础产业和支柱产业项目以及重大技术改造和高新技术产业化项目发放贷款，缓解经济发展中的瓶颈制约，从资金来源上对固定资产总量进行控制和调节，促进国民经济持续、快速、健康发展。

国家开发银行陕西省分行成立于1999年3月，负责陕西省境内信贷项目开发及项目管理。成立以来，分行在陕西省委、省政府的大力支持下，扎实有效的开展工作，不断加大对陕西经济发展的支持力度，取得了良好的经营业绩。

国家开发银行陕西省分行党委书记 行长 尚韬

2004年12月，国家开发银行行长陈元与陕西省省长陈德铭签署488亿元的《开发性 金融合作协议》

2005年1月，国家开发银行陕西省分行行长尚韬与陕西省交通厅厅长乌小健就柞水至小河等四条高速公路项目签订120亿元的贷款合同

2004年，开发银行陕西省分行发放贷款145.78亿元，新增贷款96.7亿元，占到全省当年固定资产贷款新增量的50%以上。截止2004年底，开发银行陕西省分行贷款余额343.34亿元，重点投向了公路、电力、铁路、城市公共设施等基础行业，有力支持了“米”字型高速公路主骨架建设、蒲城电厂、宝鸡二电厂、西康铁路、神延铁路、西安、咸阳、渭南、宝鸡、榆林、延安、西安高新技术产业开发区、西安经济技术开发区、曲江新区、杨凌农业示范区城市公共设施等国家和陕西省重点项目建设，推动了陕西经济的快速发展。

2005年，陕西省分行将继续认真贯彻国家宏观调控政策，以与省政府签订的《开发性金融合作协议》为契机，进一步加强与地方政府的合作，使开发性金额合作覆盖全省十个地市，县域经济覆盖面达到25%。以办国际一流开发性金融机构为目标，继续支持陕西公路、铁路、电力、电信、煤炭、水利、城市公共设施等基础瓶颈行业的重大项目，积极探索支持县域经济、国企脱困、中小企业等政府关心的难点、热点问题，落实科学发展观，全力推动陕西经济全面、协调、可持续发展。

陕西省冶金行业管理办公室

SHAAN XI SHENG YE JIN HANG YE GUAN LI BAN GONG SHI

主任 肖珍静

2004年是我省冶金工业连续快速发展的第四年，全行业经济运行质量良好，增长势头强劲，重整结硕果，打造成支柱。

在省委、省政府、省国资委、省发改委和省工交办的领导下，2004年全省冶金行业以邓小平理论和江泽民同志“三个代表”重要思想为指导，坚持以人为本，树立科学的发展观，按照全面、协调、可持续发展的思路，紧紧抓住西部大开发和钢铁工业发展的重要战略机遇，正确执行国家关于宏观调控的有关政策，突出结构调整，转变增长方式，提高增长质量和效益，深化企业改革，推进产权制度改革和资产重组，正确处理企业发展、改革和稳定的关系，继续保持了全省冶金工业持续、稳定、快速增长的良好势头。

即将投产的窄带钢轧线

2004年，全省冶金工业实现总产值（现价）90.25亿元，同比增长66.45%，位居全省八大支柱产业第五位。省属冶金企业共产钢221.69万吨，加上一些民营企业的钢产量，全省已突破了300万吨，净增57.17万吨，比上年同期增长34.75%；生铁产量223.02万吨，净增51.87万吨，比上年同期增长30.30%；钢材产量173.87万吨，净增58.81万吨，比上年同期增长51.11%；由于运输等外部条件的影响，去年统计内的机焦产量136.27万吨，全省实际焦炭产量已经达到了958万吨，在全国排第4位，成为焦炭大省。

全省冶金工业在国家宏观调控政策措施出台后，全行业采取有保有压的措施，冷静应对，克服资金、煤、电、油、运全面紧张的困难，全年除二季度以外，主要生产企业产销两旺，六家正常生产企业实现利润9964万元。其中龙钢集团实现利润3895万元，税金1.47亿元，完成工业增加值5.7亿元；略钢公司实现利润1368万元，利税8845万元；西冶公司实现利润2387万元；陕焦公司实现利润1093.9万元，税金2587.5万元；矿山公司实现利润800万元，这是该公司多年来首次扭亏，创历史最好效益，尤其是省宁强锰矿一举扭亏为盈，效益显著。周至铁矿实现利润319万元，税金294万元，也创了历史最好水平。

省冶金企业紧紧抓住市场的有利时机，千方百计克服困难，自筹资金，全年共完成固定资产投资94063万元，其中：基建5020万元，技改89043万元，实际完成97961万元，为年计划的104.1%。其中：基建完成5020万元，为年计划的100%，技改完成92941万元，为年划的104.4%。通过技改实际新增生产能力：转炉钢150万吨（龙钢）、连铸坯50万吨（龙钢红光分厂）、

坚持科学发展观 实现冶金工业全面、协调、可持续发展

设施一流的制氧机组

铁30万吨（龙钢）、焦炭8万吨（省焦）、烧结矿50万吨（龙钢）。固定资产连续几年较快的投资增长，为全省冶金工业持续、稳定、高质量的发展提供了强大的动力，增强了发展的后劲。

全省冶金行业认真落实省委、省政府关于国企改革的“实施意见”，以产权制度改革为重点，在保持国有股本保值增值的前提下，努力实现股权多元化，使企业的整体实力得到增强。

在新的一年里，让我们在省委、省政府和省国资委、省发改委、省公交办的领导下，以科学发展观统领各项工作，求真务实，开拓进取，迎接新的挑战，开创新的局面，为顺利完成全年的生产经营目标任务，为我省冶金工业更高更快的发展而努力奋斗！

五机五流连铸机

炼铁高楼群

西安财经学院

XI'AN UNIVERSITY OF FINANCE AND ECONOMICS

党委书记刘延年教授接待加拿大统计局中国项目部主任

更新教育观念
优化教育资源
树立西财品牌

西安财经学院是一所中央与省共建的西北地区目前规模较大，以经济和管理类学科为主，经、管、理、工、文、法互相支撑，协调发展的普通高等学校。

学院位于古城西安南郊高校聚集区，拥有国家统计局和我院联合共建的西安统计研究院、省级重点企化策划与设计实验室及法学实验中心，市场调查研究中心等十余个教学和科研基地。

学院设有经济、管理、会计、统计、信息、文法、政治与行政等10个二级学院。开设了经济学、财政学、金融学、统计学等24个本科专业和18个高职专业，有省部级重点学科2个、国家级高职高专教改试点专业1个。目前各类在校生23313人，其中全日制在校生19129人。目前学院与西安交通大学、解放军军事经济学院等院校联合培养硕士、博士研究生。

学院拥有一支结构较为合理的教师队伍，具有副高级以上职称的教师304人，近年来，教师先后在国内外学术刊物上发表论文3300余篇，出版专著、教材240多部，有数10项科研项目获省部级科研成果奖。

学院广泛开展国际合作与交流活动，与美、英等国家和地区的20多所高等院校建立了校际友好合作关系，与联合国教科文组织、比利时安特卫普大学等国外研究

与美国库克大学签订合作办学协议

向着一流财经大学而奋进
西安财经学院的明天更美好

领导班子集体研究学院发展规划

机构合作完成《欧盟在华企业投资与中国投资环境改善》、《现代远程教育与国际企业管理培训》等国际合作研究课题。

学院将紧跟科技、社会、经济的飞速发展，以社会需求为导向，培养适应社会经济与科学技术发展，富有实践能力和创新能力的应用型高级专门人才。

院长杨学义教授与学生探讨问题

地址：西安市小寨东路64号
邮编：710061
电话：029-82348554
传真：029-85252189
网址：http://xaufe.edu.cn

陕西省散装水泥办公室

SHAAN XI SHENG SAN ZHUANG SHUI NI BAN GONG SHI

发展散装水泥 建设节约型社会

主任 刘录荣

陕西省散装水泥办公室从1985年7月18日成立至今，已走过了20年的历程。20年来，在历届省委省政府的正确领导下，散装水泥的推广与发展，取得了显著的成绩。

二十年风雨春秋，二十年艰辛拼搏，我省散装水泥发展从1985年的25.69万吨增加到2004年483.06万吨，散装水泥量年平均增长24.08万吨，年平均增长率93.7%散装水泥率从1985年的6.71%，提高到2004年的32.26%。散装率年均提高1.33个百分点其中“七五”期间，散装率年平均增长5.20万吨，年均增长率20.23%，散装率年均提高0.78个百分点；“八五”期间，散装水泥年均增15.66万吨，年均增长率30.3%，散装率年均提高1.08个百分点；“九五”期间，散装水泥年平均增长20.17万吨，年均增长率15.5%，散装率年均提高1.47个百分点；预计“十五”期间，散装水泥年均增长将达到60.83万吨，年均增长率26.4%，散装率年均提高2.33个百分点。2004年我省散装水泥实现社会经济综合效益1.35亿元。二十年来，全省共完成散装水泥量3030.66万吨，实现社会经济综合效益8.48亿元。

党的十届三中全会提出要坚持以人为本，树立全面、协调、可持续的发展观，促进经济社会和人的全面发展。在人口资源环境工作座谈会上，胡锦涛总书记进一步指出坚持用科学发展观指导人口资源环境工作，要牢固树立以人为本、节约资源、保护环境、人与自然相和谐的观念。散装水泥的特性和优点决定了散装水泥是绿色节能、环保型产业。近期，国务院关于做好建设节约型社会近期重点工作的通知中强调全面协调可持续的科学发展观，坚持资源开发与节约并重，把节约放在首要方针，尽快建立健全促进节约型社会建设的体制，逐步形成节约型的增长方式和消费模式，以资源的高效循环利用 ，促进经济社会可持续发展。

目前，我省的水泥年产量达到1800万吨，而散装率只有32%，低于全国水平，更落后于发展较快的先进省市。我们将按照科学发展观的要求，创造性的开展工作，争取在第十一个五年计划里，使散装水泥的发展有一个飞跃性的突破，为三秦大地的天蓝、地绿、水清做出应有的贡献。

相关单位领导共商散装水泥发展前景

全省拥有商品混凝土搅拌站43座，商品混凝土供应能力达到1100万立方

目前，全省拥有散装水泥专用汽车887辆一次性运输能力达到2万多吨

地址：西安市金花北路7号 邮编：710032
电话：83232829 83235104

陕西省石化行业管理办公室

SHAAN XI SHENG SHI HUA HANG YE GUAN LI BAN GONG SHI

主任 潘友民

2004年，陕西省石化行业管理办公室在省委、省政府及省公交办的正确领导下，认真贯彻党的十六届四中全会以及中央经济工作会议精神，进一步转变作风，扎实工作，认真履行职责，加强协调服务，圆满地完成了各项任务，保证了全省石化工业全面稳定健康发展，实现了石化行业快速增长，为全省国民经济的增长发挥了重要作用。

石油和化工各项经济建设任务全面超额完成，产值和效益增长速度高于往年。2004年1－11月份，全省石油和化工累计完成工业总产值532.34亿元，同比增长51.43%，增速为全省八大支柱产业之首。其中石油工业完成产值429.5亿元，同比增长59.22%，化学工业完成产值102.88亿元，同比增长34.25%。石油和化工产值增幅均为历史最好水平。实践结果证明：全年石油化工总产量已经完成预计的600亿元，产值总额实现了历史性突破。

2005年，是完成“十·五”规划的最后一年，行办面临的任务繁重而艰巨，为此，行办制定了新的生产建设调控目标：全年完成工业总产值680亿元，增长12%，完成工业增加值185亿元，增长10%，主要产品产量：原油1460万吨，原油加工量1100万吨；天然气80亿立方米；化肥110万吨；合成氨150万吨；农药5000吨；全年石化工业固定资产投资力争超过100亿元。为保证石化工业全年调控目标的完成，行办要进一步加大工作力度。一是加强全行业经济运行的监测和分析，发挥信息导向和产业政策的指导作用；二是突出重点，加强对经济运行关键环节和突出问题的协调服务，特别是对加大运输，电力，原材料供应等方面的协调力度；三是以结构调整为契机，做大做强优势企业，优势产品，按照省委，省政府要求，打破行业界线，突出“三个转变”，促进能源化工发展。

主任 潘友民（中）、副主任 殷曰勤（左）、副主任 胡海峰（右）

陕西省残疾人联合会

SHAAN XI SHENG CAN JI REN LIAN HE HUI

省残联党组书记、理事长　洪康喜

2004年是全省“基层工作年”，也是完成残疾人事业“十五”计划纲要关键的一年。我省残疾人工作在省委、省政府的正确领导和中国残联的直接指导下，以邓小平理论和“三个代表”重要思想为指导，落实以人为本的科学发展观，全面贯彻党的十六届三中、四中全会和省委十届五次、六次全会以及全国扶助贫困残疾人工作会议精神，以“为全省残疾人做好八件实事”为项目带动，求真务实，真抓实干，实现了在残疾人康复、教育、就业、文体、维权、扶贫等工作上的新突破，为我省构建和谐社会作出了新贡献。

做好八件实事，积极扶残帮困。2004年5月，省政府决定2004年为全省残疾人做好八件实事：1、对10万名贫困残疾人进行实用技术培训；2、完成1万名白内障患者复明手术；3、改善2000户农村贫困残疾人住房条件；4、扶助1325名残疾儿童少年入学；5、为1000名聋儿配发、优惠供应助听器；6、配装1000例残疾人假肢；7、抓好精神病防治康复工作；8、完成省康复教育研究中心二期工程建设。在省委、省政府和社会各界支持下，省残联把落实省委、省政府为全省残疾人做好八件实事作为一项政治任务对待，作为实施项目带动战略的重点工作来抓，采取了一系列重要措施，创造性开展工作，使八件实事件件得到落实，在白内障复明手术、农村贫困残疾人危房改造、假肢装配、为聋儿配发、优惠供应助听器等项目都超额完成了任务，使17万残疾人直接受益，在社会上引起了强烈反响，有力地推动了我省残疾人事业的持续发展。

实施项目带动，全面推进工作。一年来，各级残联以落实八件实事为工作重点，实施项目带动战略，全面推进各项工作，实现了新的突破。康复工作全面完成各项任务；就业工作取得新的成果，全年培训各类残疾人36589名，安排10502名残疾人就业，扶持了70145名贫困残疾人；积极参与重大信访案件，为残疾人提供法律帮助130例。充分利用省内外媒体，广泛宣传残疾人事业，制作了八件实事专题宣传片，受到中国残联的表扬。文化体育活动呈现生动活跃局面。特别是2004年3月至10月举办的“陕西省首届残疾人艺术节”，直接参与的残疾人有1千余人，观看艺术节各类活动的各界群众达2万余人，时间之长，参与人之广，内容之多，效果之好，影响之深，创陕西残疾人文化史之最。选派的6名

省人大副主任王发荣、副省长张伟出席陕西省首届残疾人艺术节开幕式

男、女运动员在第十二届雅典残奥会上，取得2枚金牌、2个第四名和第五、第六、第七名各1个的优异成绩，创历届残奥会最好水平，为祖国和人民赢得了崇高荣誉。我省承办的射击、射箭比赛，被评为先进赛区。省残疾人体育协会工作受到中国残联表彰，省政府给记集体一等功。

陕西统计年鉴

STATISTICAL YEARBOOK OF SHAANXI

2005

（总第20期）

陕西省统计局编

中国统计出版社
China Statistics Press

（京）新登字 041 号

ISBN 7-5037-4631-9

9 787503 746314 >

图书在版编目（CIP）数据

陕西统计年鉴.2005/陕西省统计局编.—北京：中国统计出版社，2005.6

ISBN 7-5037-4631-9

Ⅰ.陕… Ⅱ.陕… Ⅲ.统计资料-陕西省-2005-年鉴 Ⅳ.C832.41-54

中国版本图书馆CIP数据核字（2005）第050142号

陕西统计年鉴—2005

作　　者/ 陕西省统计局
责任编辑/ 蔡启新
E－mail / yearbook@stats.gov.cn
责任校对/ 孙士梅 薛小艳
封面设计/ 宋克卿
出版发行/ 中国统计出版社
通信地址/ 北京市西城区三里河月坛南街75号 中国统计出版社
邮　　编/ 100826
电　　话/（010）63262295
印　　刷/ 西安合鑫统计资料印刷厂
经　　销/ 新华书店
开　　本/ 890×1240毫米 1/16
字　　数/ 110万
印　　张/ 35
印　　数/ 1—5000册
版　　别/ 2005年9月第1版
版　　次/ 2005年9月第1次印刷
书　　号/ ISBN 7-5037-4631-9/F・2028
定　　价/ 260元

《陕西统计年鉴》编委会

《陕西统计年鉴》编辑部

编 者 说 明

一、《陕西统计年鉴－2005》是一部全面系统反映陕西省经济、社会、科技发展状况的资料性年刊。书中资料根据全省各专业统计年报加工而成，并收录了各地、市、县及省级有关部门的统计数据。

二、全书内容分为21部分：1.行政区划和自然资源；2.综合；3.国民经济核算；4.人口；5.从业人员和职工工资；6.固定资产投资；7.财政；8.物价指数；9.人民生活；10.城市概况；11.农 业；12.工 业；13.建筑业；14.运输和邮电；15.国内贸易；16.对外经济贸易和旅游；17.金融和保险；18.教育、科技和文化；19.体育、卫生、社会福利和其他；20.企业调查资料；21.全国各省、市、自治区主要指标。附录为2004年陕西省统计大事记。为便于使用，各篇前面列示主要统计指标提要和统计图，后面附主要统计指标解释。

三、本年鉴数据以2004年为主，每部分主要指标列示建国以来重点年份及改革开放以来的资料。

四、本年鉴2004年数据凡涉及经济普查的，均采用快报数。

五、本年鉴全国及各省、市、自治区主要指标资料来源于《中国统计摘要－2005》，数据多为初步统计数，正式数据以《中国统计年鉴－2005》为准。

六、编辑本年鉴时，对过去发表的统计资料进行了核实，对有的数字作了调整，使用历史资料时，凡与本年鉴有出入的，均以本年鉴为准。

七、本年鉴表中的符号使用说明："..."表示数据不足本表最小单位；"空格"表示该项统计指标数据不详或无该项数据；"#"表示其中项。

PREFACE

Ⅰ. *Statistical Yearbook of Shaanxi Province -2005* is an annual statistical publication, Which reflects various aspects of province's economic, social science and technology development.

The major data source of the publication are statistical annual report of different sectors. Also some other statistical data of city, county, and relevant departments are filled.

Ⅱ. The yearbook contains the following twenty - one chapters:

1. Divisions of Administrative Areas and Natural Resources;
2. General Survey;
3. National Accounts;
4. Population;
5. Employment and Wages;
6. Investment in Fixed Assets;
7. Government Finance;
8. Price Indices;
9. People's Livelihood;
10. General Survey of Cities;
11. Agriculture;
12. Industry ;
13. Construction ;
14. Transport, Post and Telecommunication Services ;
15. Domestic Trade;
16. Foreign Trade and Economic Cooperation Tourism ;
17. Banking and Insurance;
18. Education, Science, Technology and Culture;
19. Sports, Public Health, Social Welfare and Miscellaneous;
20. Census of Enterprise ;
21. Comparison Between Provinces.

An appendix is about Statistical Events of Shaanxi Province in 2004.

As a matter of convenience for readers, We make abstract of major indicators and statistical charts at the beginning of each chapter and explanatory notes on main statistical indicators at the end of each chapter.

Ⅲ. The yearbook are based on data of 2004. Each part includes statistical materials for historically important years, especially from 1978. Since then we have been implementing the reform and opening policy.

Ⅳ. All the data related to the Shaanxi economic census in this yearbook 2004 were taken from express statistical report.

Ⅴ. The rough data of the nation and other provinces are taken from *China Statistical Digest -2005* . The official data should refer to *China Statistical Yearbook -2005* later.

Ⅵ. We made a correction and readjustment of some selected data stated in the past years. If there are some differences between this yearbook with others. Refer to this yearbook please.

Ⅶ. Explanatory symbol for notations used in this yearbook:

"..." indicates that the figure is not large enough to be measured with the smallest unit in the table;

" " (blank) indicates that the data not available;

"#" indicates that the major items of the total.

目　录

一、行政区划和自然资源

二、综　　合

三、国民经济核算

四、人　　口

五、从业人员和职工工资

六、固定资产投资

七、财　政

八、物价指数

九、人民生活

十、城市概况

十一、农　　业

十二、工　业

十三、建筑业

十四、运输和邮电

十五、国内贸易

十六、对外经济贸易和旅游

十七、金融和保险

十八、教育、科技和文化

十九、体育、卫生、社会福利和其他

二十、企业调查资料

二十一、全国各省、市、自治区主要指标

CONTENTS

1 Divisions of Administrative Areas and Natural Resources

2 General Survey

3 National Accounts

4 Population

5 Employment and Wages

6 Investment in Fixed Assets

7　Government Finance

8　Price Indices

9　People' s Livelihood

10 General Survey of Cities

11 Agriculture

12 Industry

13 Construction

14 Transport, Post and Telecommunication Services

15 Domestic Trade

16 Foreign Trade and Economic Cooperation Tourism

17 Banking and Insurance

18 Education, Science, Technology and Culture

19 Sports, Public Health, Social Welfare and Miscellaneous

20 Ccnsus of Enterprise

21 Comparison Between Provinces

2005

統計年鑒

行政区划和自然资源

XINGZHENGQUHUAHEZIRANZIYUAN

资料整理：艾　军

****

1.行政区划和自然资源

****

陕西位于东经１０５°２９′－１１１°１５′和北纬３１°４２′－３９°３５′之间，东隔黄河与山西相望，西连甘肃、宁夏，北临内蒙古，南连四川、重庆，东南与河南、湖北接壤。２００４年全省设西安、铜川、宝鸡、咸阳、渭南、延安、汉中、榆林、安康、商洛１０个省辖市和杨凌农业高新技术产业示范区，有3个县级市，８０个县和２３个市辖区，１５８０个乡镇，１６７个街道办事处。

全省面积为２０．５８万平方公里。地势南北高、中间低，西部高、东部低，地形复杂多样，北部为陕北黄土高原，中部为号称“八百里秦川”的关中平原，南部为陕南秦巴山地。

全省以秦岭为界南北河流分属长江水系和黄河水系。主要有渭河、泾河、洛河、无定河和汉江、丹江、嘉陵江等。陕西属大陆性季风气候，年平均气温９－１６摄氏度，年降水量３９６－８０２毫米，南北差异明显。

全省自然资源丰富，矿产多，储量大，探明矿产居全国前十位的矿种５０多种，探明矿产保有储量潜在价值为４２万亿元，居全国第一位。

****

主要城市年降水量

（2004年）

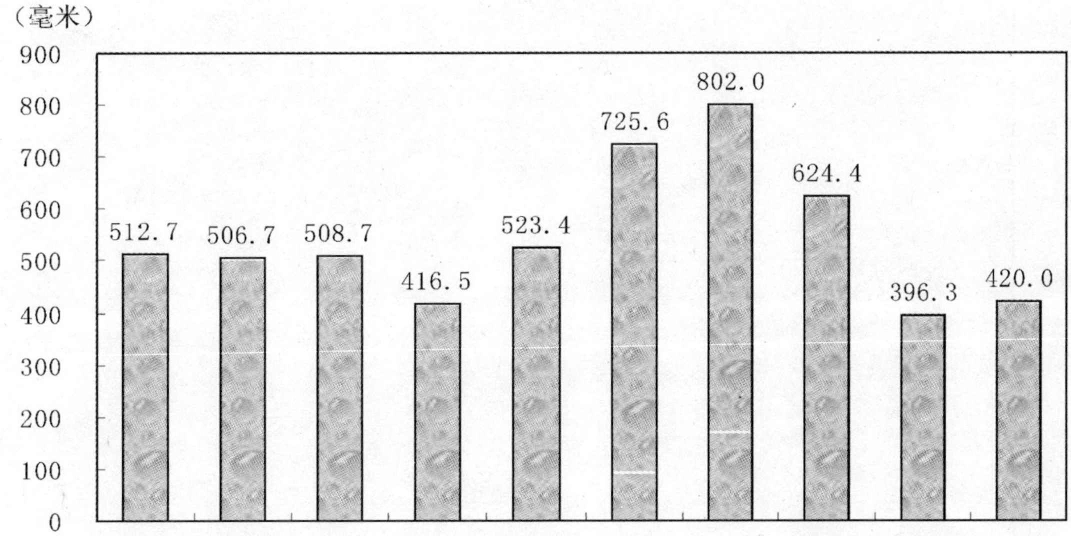

1-1 陕西省行政区划

（2004年）　　　　　　　　　　　　　　　　单位：个

地　区	地级市	县级市	县	市辖区	镇	乡	街道办事处
全　省	**11**	**3**	**80**	**23**	**903**	**677**	**167**
西安市	1		4	9	50	52	75
铜川市	1		1	3	23	11	10
宝鸡市	1		9	3	102	37	14
咸阳市	1	1	10	2	107	62	13
渭南市	1	2	8	1	107	76	20
延安市	1		12	1	81	75	9
汉中市	1		10	1	130	105	14
榆林市	1		11	1	112	110	7
安康市	1		9	1	98	79	
商洛市	1		6	1	92	67	4
杨凌示范区	1				1	3	1

1-2 陕西省行政区划一览

(2004年)　　单位：个

地　区	镇	乡	街道办事处	村民委员会	社区居委会
全　省	**903**	**677**	**167**	**28857**	**1599**
西安市	**50**	**52**	**75**	**3163**	**569**
新城区			9	13	90
碑林区			9	15	103
莲湖区			9	35	107
灞桥区			9	229	30
未央区			10	212	44
雁塔区			8	120	85
阎良区	2		5	80	20
临潼区	10	7	6	285	21
长安区	4	11	10	671	24
蓝田县	10	12		519	5
周至县	9	13		379	16
户　县	11	5		518	21
高陵县	4	4		87	3
铜川市	**23**	**11**	**10**	**543**	**50**
王益区	1	2	4	39	19
印台区	7	2	2	107	22
耀州区	10	2	4	219	7
宜君县	5	5		178	2
宝鸡市	**102**	**37**	**14**	**2045**	**186**
渭滨区	5	1	5	121	57
金台区	2	3	7	103	67
陈仓区	18			372	12
凤翔县	12	5		250	8
岐山县	11	3		182	15
扶风县	9	3		189	5
眉　县	9	1		155	8
陇　县	10	6		240	3
千阳县	6	5	1	98	2
麟游县	5	5		100	2
凤　县	10	2		150	4
太白县	5	3	1	85	3
咸阳市	**107**	**62**	**13**	**3667**	**142**
秦都区	6		6	149	48
渭城区	6		4	149	30
三原县	10	4		319	9
泾阳县	12	4		254	9

1-2 续表1 (2004年) 单位：个

地 区	镇	乡	街道办事处	村民委员会	社区居委会
乾 县	12	8		415	7
礼泉县	11	4		448	5
永寿县	7	6		252	3
彬 县	8	8		292	4
长武县	5	6		233	2
旬邑县	10	4		275	2
淳化县	5	10		372	2
武功县	8	4		262	6
兴平市	7	4	3	247	15
渭南市	**107**	**76**	**20**	**3219**	**164**
临渭区	15	7	6	495	51
华 县	10	4		242	15
潼关县	4	4	9	83	8
大荔县	13	13		415	10
合阳县	12	4		353	4
澄城县	8	6		266	14
蒲城县	14	10		373	8
白水县	5	9		194	4
富平县	15	9		337	11
韩城市	7	7	2	275	23
华阴市	4	3	3	186	16
延安市	**81**	**75**	**9**	**3388**	**79**
宝塔区	11	9	3	611	20
延长县	6	6	1	288	11
延川县	8	7		346	5
子长县	8	5	1	355	9
安塞县	7	5		204	4
志丹县	6	5		200	4
吴旗县	4	8	1	164	3
甘泉县				116	4
富 县	8	5	1	241	6
洛川县	9	7		371	3
宜川县	5	7	1	214	3
黄龙县	3	7		87	2
黄陵县	6	4	1	191	5
汉中市	**130**	**105**	**14**	**2901**	**117**
市辖区			2	10	4
汉台区	7	2	7	206	39
南郑县	18	12		496	14
城固县	18	6		392	9
洋 县	15	10		366	6

1-2 续表2　　(2004年)　　单位：个

地　　区	镇	乡	街道办事处	村民委员会	社区居委会
西乡县	15	8		284	9
勉　县	17	8	4	250	5
宁强县	11	25		305	8
略阳县	11	10	1	183	17
镇巴县	11	13		252	4
留坝县	5	4		98	1
佛坪县	2	7		59	1
榆林市	**112**	**110**	**7**	**5613**	**134**
榆阳区	12	12	7	489	44
神木县	15	4		739	14
府谷县	7	13		364	12
横山县	10	8		358	6
靖边县	9	13		208	6
定边县	11	14		334	7
绥德县	11	9		661	14
米脂县	7	6		396	6
佳　县	8	12		653	8
吴堡县	4	4		221	5
清涧县	8	7		640	4
子洲县	10	8		550	8
安康市	**98**	**79**		**2449**	**112**
汉滨区	20	23		800	47
汉阴县	12	6		178	9
石泉县	8	7		219	11
宁陕县	10	4		98	3
紫阳县	15	10		212	20
岚皋县				188	6
平利县	9	3		190	4
镇坪县	4	6		78	1
旬阳县	14	14		362	8
白河县	6	6		124	3
商洛市	**92**	**67**	**4**	**1798**	**38**
商州区	16	10	4	409	13
洛南县	15	10		376	7
丹凤县	11	10		203	5
商南县	11	5		166	3
山阳县	15	15		320	6
镇安县	14	11		204	3
柞水县	10	6		120	1
杨凌示范区	**1**	**3**	**1**	**71**	**8**

1-3 自然状况及资源

项　　目	单 位	2004年
一、自然状况		
1. 土 地		
土地总面积	万平方公里	20.58
2. 气 候		
全省年平均降水量	毫　米	543.6
全省年平均气温	摄氏度	13.4
全省年平均日照时数	小　时	2181.0
全省年平均风速	米/秒	1.7
全省年平均无霜期	天	231.6
气候带面积比例(土地面积＝100)		
湿润地区(干燥度＜1.0)	%	39.2
半湿润地区(干燥度＝1.0－1.5)	%	26.7
半干旱地区(干燥度＝1.5－2.0)	%	34.1
二、自然资源		
1. 土地资源		
耕地面积	万公顷	415.4
园地面积	万公顷	68.1
林地面积	万公顷	1020.3
草地面积	万公顷	313.4
其它农用地	万公顷	30.3
居民点及工矿用地	万公顷	69.4
交通运输用地	万公顷	6.1
水利设施用地	万公顷	4.0
未利用土地面积	万公顷	130.8
2. 林木资源		
森林面积	万公顷	636.81
森林覆盖率	%	30.90
林木蓄积量	亿立方米	3.34
3. 水利资源		
全年自产河川年径流总量	亿立方米	286.11
黄河流域	亿立方米	61.15
长江流域	亿立方米	224.96
平原区地下水资源总量	亿立方米	51.57
#可开采的	亿立方米	33.86
水力资源理论蕴藏量	万千瓦	1438.46
黄河流域	万千瓦	580.37
长江流域	万千瓦	858.09
水力资源的可开发量	万千瓦	666.66
黄河流域	万千瓦	234.06
长江流域	万千瓦	432.60
4. 矿产资源		
保有储量潜在价值	亿　元	424319

1-4 土地状况

(2004年)

项　　目	面　　积 (万公顷)	占总面积%
总面积	**2058.0**	**100.0**
1. 按地形分		
山　地	741.0	36.0
高　原	926.0	45.0
平　原	391.0	19.0
2. 按特征分		
耕　地	415.4	20.2
水　田	19.6	1.0
旱　地	306.8	14.9
水浇地	87.1	4.2
林　地	1020.3	49.6
#灌木林地	235.5	11.4
疏林地	32.4	1.6
未造成林林地	87.8	4.3
草　地	313.4	15.2
#人工改良草地	23.7	1.2
园　地	68.1	3.3
其　他	240.7	11.7

1-5 主要山脉

名　　称	海拔高度 (米)
太白山	3767
化龙山	2917
首阳山	2719
终南山	2604
华　山	2160
白于山	1823
巴　山	1500～2000
子午岭	1400～1600

1-6 主要河流

名　　称	流域面积 (平方公里)	河　长 (公里)
无定河	30261	491.2
延　河	7687	284.3
泾　河	45421	455.1
渭　河	62440	818.0
北洛河	26905	680.3
嘉陵江	9930	244.0
汉　江	61959	652.0
丹　江	7551	244.0

1-7 主要矿产保有储量及潜在价值

(2003年)

矿　　种	储量单位	保有储量	潜在价值（亿元）
钠　盐	亿 吨	8857.43	332153.60
煤	亿 吨	1659.64	84708.00
石油（剩余可采储量）	万 吨	15104.40	407.82
石油（探明储量）	万 吨	119127.00	3216.43
天然气（剩余可采储量）	亿立方米	3611.66	541.75
天然气（探明储量）	亿立方米	6390.75	958.61
金	金属吨	227.63	68.29
钼	金属万吨	111.62	212.08
铅　锌	金属万吨	481.47	27.78
汞　锑	金属万吨	10.30	3.35
水泥用石灰岩	矿石亿吨	59.16	1183.20
玻璃用石英岩	矿石亿吨	1.85	92.70
铁	矿石亿吨	6.52	255.58

1-8 陕西矿产保有储量居全国前十位的矿种

位次	矿　　种	矿种数
1	盐矿、铼矿、制碱用灰岩、透辉石、水泥用灰岩、水泥配料用黄土、饰面用板岩、片麻岩	8
2	汞矿、锶、海泡石、毒重石、电石用灰岩、透闪石、高岭土、陶粒用粘土	8
3	煤、天然气、钒矿、钼矿、稀土、硫铁矿(伴 生)、石棉、蓝石棉、长石、蛭石、玻璃用石英岩	11
4	钛矿、碲矿、矽线石、化肥蛇纹岩、镁盐、隐晶质石墨、饰面用大理岩	7
5	石油、油页岩、铌矿、铍矿、石榴子石、重晶石、冶金用脉石英	7
6	金矿、锑矿、晶质石墨、冶金用白云岩	4
7	石煤、磷矿、云母	3
8	铅矿、 镍矿、硒矿、冶金用石英岩、玻璃用白云岩	5
9	锰矿、饰面用辉长岩、红柱石	3
10	锌矿	1

1-9 陕西重要矿产保有储量在全国和西部的位次

矿　　种	位　次		矿　　种	位　次	
	全 国	西 部		全 国	西 部
煤	3	3	铝土矿	11	6
石　油	5	2	金　矿	6	3
天然气	3	2	硫铁矿	21	8
铁　矿	17	7	磷　矿	7	4
铜　矿	18	8	盐　矿	1	1
铅　矿	8	6	水泥用石灰岩	1	1
锌　矿	10	6			

1-10 主要城市气候基本情况

（2004年）

城 市	平均气温（摄氏度）	日照时数（小时）	平均风速（米/秒）	相对湿度（%）	无霜期（天）	气 压（百帕）	降水量（毫米）
西 安	15.3	1913.4	1.2	63	255	970.4	512.7
铜 川	11.2	2623.9	2.2	64	263	905.8	506.7
宝 鸡	14.5	1957.1	1.5	61	264	946.1	508.7
咸 阳	13.6	2187.2	1.6	69	206	961.8	416.5
渭 南	14.6	2382.4	1.2	67	251	975.2	523.4
汉 中	15.1	1069.9	1.1	78	262	957.3	725.6
安 康	16.0	1885.2	1.5	78	266	982.3	802.0
商 州	13.1	2277.5	2.1	63	176	931.4	624.4
延 安	11.0	2721.3	1.7	54	183	907.7	396.3
榆 林	9.5	2792.2	2.5	47	190	885.9	420.0

1-11 主要城市平均气温

（2004年）　　　　单位：摄氏度

月 份	西 安	铜 川	宝 鸡	咸 阳	渭 南	汉 中	安 康	商 州	延 安	榆 林
一 月	1.5	-2.6	2.4	-0.4	0.3	3.4	3.9	0.2	-4.3	-7.5
二 月	6.8	2.6	8.3	4.4	5.8	6.6	7.8	4.9	1.0	-1.3
三 月	11.2	6.7	11.1	9.3	10.4	10.6	12.0	9.0	7.0	3.9
四 月	18.6	14.8	17.4	16.0	17.9	17.3	18.2	15.6	15.7	14.6
五 月	21.8	17.8	20.1	19.8	21.5	19.9	20.7	18.1	18.4	16.9
六 月	26.0	21.5	24.7	24.8	25.5	23.5	24.5	22.2	21.3	21.0
七 月	27.6	22.7	26.3	26.6	27.3	26.1	27.3	24.7	23.2	22.8
八 月	24.9	20.9	23.5	24.1	24.7	25.1	26.0	22.6	21.8	20.2
九 月	20.4	16.5	19.0	19.4	20.0	20.8	21.4	17.9	16.9	17.0
十 月	13.7	10.0	12.4	12.1	13.5	14.2	15.0	11.9	9.6	8.8
十一月	7.8	4.3	6.9	5.6	6.9	9.0	9.7	7.6	2.6	1.2
十二月	2.9	-0.7	1.9	0.9	1.8	4.6	4.9	2.3	-1.6	-4.2
极端最高	39.3	35.6	39.3	38.9	39.4	36.3	39.3	38.5	35.8	34.2
极端最低	-7.9	-16.1	-9.7	-14.3	-11.4	-5.8	-6.3	-9.9	-17.5	-23.8
年平均	15.3	11.2	14.5	13.6	14.6	15.1	16.0	13.1	11.0	9.5

1-12 主要城市降水量

（2004年）　　　　单位：毫米

月份	西安	铜川	宝鸡	咸阳	渭南	汉中	安康	商州	延安	榆林
一月	0.8	3.8	1.2	1.0	0.9	1.4	2.1	3.0	1.4	2.1
二月	29.1	22.9	17.7	24.0	44.6	34.6	19.3	16.3	6.9	0.0
三月	33.4	18.2	30.6	31.6	16.7	31.0	40.5	30.1	6.9	0.4
四月	18.0	8.9	4.8	12.0	18.7	27.7	22.2	41.3	4.9	7.0
五月	29.8	16.5	45.1	27.4	19.7	43.1	85.7	45.0	17.6	66.3
六月	120.1	66.0	32.1	71.9	37.0	73.4	85.3	81.8	110.9	30.4
七月	59.8	99.7	67.6	20.0	94.3	46.6	108.9	94.1	86.3	54.2
八月	33.4	112.1	107.0	71.8	94.6	161.0	130.5	73.7	73.6	214.0
九月	102.0	96.6	128.3	87.0	107.2	149.9	173.0	171.7	43.0	20.8
十月	25.5	36.3	38.4	23.7	21.9	55.9	68.0	34.5	30.7	14.4
十一月	39.9	7.4	17.0	29.5	47.2	70.3	40.9	7.3	10.1	0.0
十二月	20.9	18.3	18.9	16.6	20.6	30.7	25.6	25.6	4.0	10.4
全年	512.7	506.7	508.7	416.5	523.4	725.6	802.0	624.4	396.3	420.0

1-13 主要城市日照时数

（2004年）　　　　单位：小时

月份	西安	铜川	宝鸡	咸阳	渭南	汉中	安康	商州	延安	榆林
一月	111.8	191.2	113.4	139.0	149.6	84.2	115.2	151.4	181.8	192.4
二月	156.8	242.8	180.9	199.1	219.9	134.5	160.2	213.8	237.6	232.0
三月	122.3	194.7	140.9	171.7	193.2	106.1	160.9	186.8	227.2	231.3
四月	223.1	273.6	232.7	239.6	268.9	199.1	234.3	239.8	291.6	289.7
五月	251.2	293.8	242.9	248.5	276.5	169.4	192.6	233.1	294.7	277.9
六月	215.0	250.4	195.3	225.8	249.4	172.0	218.5	205.1	253.8	240.7
七月	177.7	225.2	195.7	230.3	238.7	224.9	257.9	229.8	244.2	255.8
八月	141.3	186.8	135.9	164.5	204.2	182.4	178.5	160.6	184.1	198.0
九月	142.7	189.8	124.6	160.7	163.3	97.0	127.0	156.7	194.0	251.2
十月	143.8	201.0	140.1	147.0	160.3	108.2	110.0	188.1	225.8	231.4
十一月	131.1	207.9	155.2	145.7	155.8	75.3	74.7	173.2	212.6	231.1
十二月	96.6	166.7	99.5	115.3	102.6	56.8	55.4	139.1	173.9	160.7
全年	1913.4	2623.9	1957.1	2187.2	2382.4	1069.9	1885.2	2277.5	2721.3	2792.2

1-14 历届陕西省人民代表大会代表人数

单位：人

届　次	代表人数	#女代表		#少数民族代表	
		人　数	占代表总数%	人　数	占代表总数%
第一届(1954年)	386	51	13.2	9	2.3
第二届(1958年)	400	67	16.8	12	3.0
第三届(1963年)	520	84	16.0	15	2.9
第四届(1968年)					
第五届(1977年)	1186	234	19.7	26	2.2
第六届(1983年)	727	168	23.1	29	4.0
第七届(1988年)	600	117	19.3	19	3.2
第八届(1993年)	602	118	19.6	22	3.7
第九届(1998年)	566	129	22.8	19	3.4
第十届(2003年)	565	117	20.7	18	3.2

1-15 历届陕西省政治协商会议委员人数

单位：人

届　次	委员人数	中国共产党党员代表		民主党派和无党派爱国人士代表	
		人　数	占总数%	人　数	占总数%
第一届(1955年)	165	42	25.5	123	74.5
第二届(1958年)	262	85	32.4	177	67.6
第三届(1963年)	275	91	33.1	184	66.9
第四届(1977年)	420	205	48.8	215	51.2
第五届(1983年)	428	162	37.9	266	62.1
第六届(1988年)	502	191	38.0	311	62.0
第七届(1993年)	506	244	48.2	262	51.8
第八届(1998年)	539	216	40.1	323	59.9
第九届(2003年)	590	235	39.8	355	60.2

主要统计指标解释

行政区划 指国家对行政区域的划分。根据宪法规定，我国的行政区域划分如下：⑴全国分为省、自治区、直辖市；⑵省、自治区分为自治州、县、自治县、市；⑶自治州分为县、自治县、市；⑷县、自治县分为乡、民族乡、镇；⑸直辖市和较大的市分为区、县；⑹国家在必要时设立的特别行政区。

气候 指地球与大气之间长期能量交换与质量交换所形成的一种自然环境状态，它是多种因素综合作用的结果。气候既是人类生活和生产的环境要素之一，又是供给人类生活和生产的重要资源。气温、降水、湿度等气象要素的多年平均值是用来描述一个地区气候状况的主要参数，而各种气象要素某年、某月的平均值（或总量）则可以反映出该时期天气气候状况的重要特征。

自然资源 指人类可以直接从自然界获得，并用于生产和生活的物质资源。自然资源一般可以分成可再生资源和非再生资源两大类。可再生资源指在较短时间内可以再生、可以循环利用的资源，包括土地资源、水资源、气候资源、生物资源和海洋资源等。非再生资源指在使用后不能再生的资源，包括矿产资源和地热能源。

土地资源 土地指陆地的表层部分，它主要由岩石、岩石的风化物和土壤构成。土地资源按利用类型可以分为农用地、建筑用地和未利用地。农用地包括耕地、园地、林地、牧草地和水面。建筑用地包括居民点及工矿用地、交通用地和水利设施用地。未利用地指农用地和建筑用地以外的土地，包括滩涂、荒漠、戈壁、冰川和石山等。

森林资源 指森林、林木、林地以及依托森林、林木、林地生存的野生动物、植物和微生物。林木指树木和竹子。森林指以乔木为主体的植物群落，是集生的乔木及与共同作用的植物、动物、微生物和土壤、气候等的总体。

森林面积 指由乔木树种构成，郁闭度0.2以上（含0.2）的林地或冠幅宽度10米以上的林带的面积，即有林地面积。森林面积包括天然起源和人工起源的针叶林面积、阔叶林面积、针阔混交林面积和竹林面积，不包括灌木林地面积和疏林地面积。

森林蓄积量 指一定森林面积上存在着的林木树干部分的总材积。它是反映一个国家或地区森林资源总规模和水平的基本指标之一，也是反映森林资源的丰富程度、衡量森林生态环境优劣的重要依据。

森林覆盖率 指一个国家或地区森林面积占土地总面积的百分比。森林覆盖率是反映森林资源的丰富程度和生态平衡状况的重要指标。在计算森林覆盖率时，森林面积包括郁闭度0.2以上的乔木林地面积和竹林地面积，国家特别规定的灌木林地面积、农田林网以及四旁（村旁、路旁、水旁、宅旁）林木的覆盖面积。计算公式为：

森林覆盖率（%）= 森林面积 / 土地总面积 × 100%

径流 指陆地上接受降水后扣除损耗外，从地表和地下向流域出口断面汇集的水流。径流可分为地表径流、地下径流和壤中流。地表径流指沿地表向河流、湖泊、沼泽、海洋等汇集的水流；地下径流指沿潜水层或隔水层间的含水层，向河流、湖泊、沼泽、海洋等汇集的地下水水流。

径流量 指在一定时段内通过河流某一过水断面的水量，用以反映一个国家或地区水资源的丰歉程度。计算公式为：

径流量 = 降水量 - 蒸发量

矿产资源 矿产指由地质作用形成，富集于地壳中或出露于地表达到工农业利用要求的有用矿物。矿产是一种重要的自然资源，是社会发展的重要物质基础。

矿产保有储量 指探明的矿产储量（包括工业储量和远景储量），扣除已开采部分和地下损失量后的年末实有储量。

气温 指空气的温度，一般以摄氏度（℃）为单位表示。气象观测的温度表是放在离地面约1.5米处通风良好的百叶箱里测量的，因此，通常说的气温指的是离地面1.5米处百叶箱中的温度。其统计计算方法为：

月平均气温是将全月各日的平均气温相加，除以该月的天数而得。

年平均气温是将12个月的月平均气温累加后除以12而得。

降水量 指从天空降落到地面的液态或固态（经融化后）水，未经蒸发、渗透、流失而在地面上积聚的深度。其统计计算方法为：

月降水量是将全月各日的降水量累加而得。

年降水量是将12个月的月降水量累加而得。

日照时数 指太阳实际照射地面的时间。其统计方法与降水量相同。

综 合

ZONGHE

资料整理：薛小艳

2. 综　合

从2004年统计数据看改革开放以来陕西经济发展

指标	数值	单位		
生产总值	2883.51	亿元		
# 第三产业	1071.71	亿元		
工业总产值	2469.95	亿元	比1978年增长	14.5倍
农林牧渔业总产值	624.65	亿元	比1978年增长	3.0倍
全社会固定资产投资	1544.19	亿元	比1978年增长	74.9倍
财政收入	415.50	亿元	比1978年增长	20.0倍
社会消费品零售总额	966.49	亿元	比1978年增长	28.0倍
外贸商品出口总额	23.97	亿美元	比1978年增长	199.0倍
城镇居民人均可支配收入	7492	元	比1978年增长	3.9倍
农民人均纯收入	1867	元	比1978年增长	2.0倍

生产总值增长速度

（比上年增长）

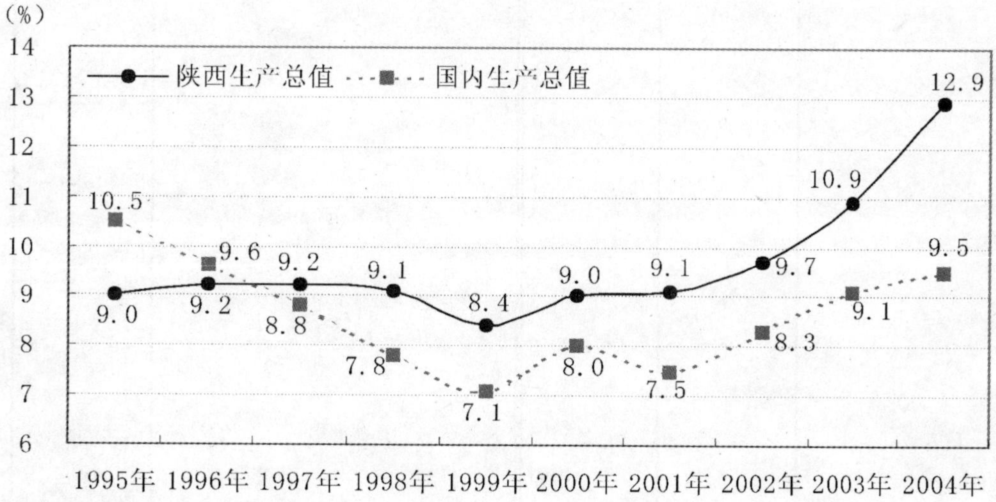

2-1 各部门机构数

部　门	单 位	2004年	部　门	单 位	2004年
农村基层组织			卫 生		
基层组织			卫生机构	个	5138
乡 政 府	个	679	#医 院	个	2710
镇 政 府	个	847	门诊部	个	218
村民委员会	个	28506	社区卫生服务中心	个	195
乡村户数	万户	703	疾病预防控制中心	个	126
乡镇企业	万个	87	妇幼保健院（站、所）	个	116
国营农场	个	5	社会福利单位	个	1484
			#社会福利事业单位	个	699
工业企业	个		社会福利企业单位	个	599
#规模以上工业	个	3012			
内资企业	个	2837	教育事业		
国有企业	个	908	普通高等学校	所	62
集体工业	个	268	中等学校	所	3307
其他工业	个	1661	#普通中学	所	2719
港、澳、台商投资企业	个	54	小 学	所	22988
外商投资企业	个	121	幼儿园	所	2346
#国有及国有控股企业	个	1249			
			文化事业		
建筑施工企业	个	7380	群众艺术馆	个	1741
#内资企业	个		图 书 馆	个	112
国有企业	个		博 物 馆	个	81
集体企业	个		艺术表演团体	个	115
其他企业	个		艺术表演场所	个	108
			广播电台	座	11
运输邮电业			电 视 台	座	11
铁 路	个	3			
公 路	个	1	体育事业		
民 航	个	3	少年儿童业余体校	所	89
邮电局所	个	2858	重点体校	所	63
批发零售贸易业、餐饮业	个	509793	科学研究与开发机构	个	730
批发贸易业	个	40494	#科研院所	个	126
零售贸易业	个	373910	高等院校	个	98
餐 饮 业	个	95389	大中型工业企业	个	247

2-2 陕 西 一 日

指 标	单 位	1978年	1990年	1995年	2000年	2003年	2004年
一、每天创造的财富							
生产总值	万 元	2221	11077	27398	45505	65715	79000
第一产业	万 元	677	2892	6226	7647	8768	10821
第二产业	万 元	1154	4305	11110	20052	31056	38817
第三产业	万 元	390	3879	10062	17805	25890	29362
财政收入	万 元	541	1128	2608	5123	8957	11384
粮 食	万 吨	2.19	2.93	2.50	2.98	2.65	3.18
棉 花	吨	289	213	109	75	144	225
油 料	吨	155	915	1045	1062	1132	1262
肉 类	吨	389	1282	2172	2524	3122	3358
布	万 米	159.16	199.78	216.16	196.79	202.74	204.66
原 煤	万 吨	4.56	9.12	11.64	9.57	20.25	23.08
发电量	万千瓦小时	1811	4102	6487	7460	11266	13177
原 油	吨	165	1921	4575	20450	34719	41863
钢	吨	666	1344	1470	1470	4765	6047
二、每天消费量							
居民总消费	万 元	1322	6038	13788	20644	25841	29469
农村居民	万 元	848	3440	7242	9142	10667	12362
城镇居民	万 元	473	2598	6545	11502	15173	17107
能源消费量	万吨标煤	3.19	6.13	7.86	7.17	10.74	
社会消费品零售额	万 元	914	4375	10122	16647	23376	26479
三、每天其他经济活动							
货运量	万 吨	19.62	59.21	80.09	82.12	98.21	112.71
客运量	万人次	15.42	55.35	66.48	78.65	85.50	97.76
邮电业务总量	万 元	13.77	46.40	398.38	2329.84	4771	6706
进出口总额	万美元		158.16	474.86	586.33	763	998
#出口总额	万美元	3.26	126.19	351.40	358.91	475	657
国际旅游人数	万 人	…	0.07	0.12	0.20	0.13	0.22
居民储蓄额	万 元	214	5605	20111	41713	69039	80776
四、每天人口变动和婚姻							
出 生	人	1306	2115	1527		1077	1074
死 亡	人	524	587	630		644	641
结 婚	对	373	720	662	557	522	562
离 婚	对			56	71	93	109

注：1.邮电业务总量1990年以前按1980年不变价计算，1990-2000年按1990年不变价计算，2001年及以后各年按2000年不变价计算，其余指标均按现价计算。

2.工业产品产量2000年及以后各年为规模以上企业数。

2-3 陕西省主要社会经济指标占全国比重

指 标	单位	2003年			2004年		
		陕 西	全 国	陕西占全国%	陕 西	全 国	陕西占全国%
一、年底总人口	万 人	3690	129227	2.9	3705	129988	2.9
二、从业人员	万 人	1912	74432	2.6	1941	75200	2.6
#职工人数	万 人	319	10492	3.0	319	10576	3.0
三、生产总值	亿 元	2398.58	117252	2.0	2883.51	136876	2.1
第一产业	亿 元	320.03	17092	1.9	394.98	20768	1.9
第二产业	亿 元	1133.56	61274	1.8	1416.82	72387	2.0
#工 业	亿 元	834.76	53093	1.6	1064.81	62815	1.7
第三产业	亿 元	944.99	38886	2.4	1071.71	43721	2.5
四、全社会固定资产投资总额	亿 元	1278.72	55567	2.3	1544.19	70073	2.2
五、地方财政收入	亿 元	177.33	9850	1.8	214.96	11693	1.8
六、主要产品产量							
粮 食	万吨	968	43070	2.2	1160	46947	2.5
棉 花	万吨	5.27	486	1.1	8.23	632	1.3
油 料	万吨	41.33	2811	1.5	46.06	3066	1.5
水 果	万吨	730.90	14517	5.0	735.61	15341	4.8
原 煤	万吨	7393	166700	4.4	8426	195600	4.3
原 油	万吨	1267.25	16960	7.5	1527.97	17500	8.7
发电量	亿千瓦小时	411.21	19108	2.2	480.95	21870	2.2
粗 钢	万吨	173.93	22234	0.8	220.71	27280	0.8
水 泥	万吨	1534.39	86227	1.8	1800.50	97000	1.9
化 肥	万吨	104.01	4201	2.5	117.85	4470	2.6
纱	万吨	17.99	984	1.8	18.63	1120	1.7
布	亿米	7.40	375	2.0	7.47	420	1.8
家用电冰箱	万台	17.33	2243	0.8	10.54	3033	0.3
彩色电视机	万台	136.23	6541	2.1	150.50	7329	2.1
汽 车	万辆	4.27	444	1.0	4.95	507	1.0
七、货物周转量	亿吨公里	867.80	53859	1.6	1031.83	69442	1.5
八、邮电业务总量	亿 元	174.14	7020	2.5	244.77	9791	2.5
九、社会消费品零售总额	亿 元	853.23	45842	1.9	966.49	53950	1.8
十、进出口总额	亿美元	27.94	8510	0.3	36.42	11548	0.3
#出口额	亿美元	17.35	4382	0.4	23.97	5934	0.4
十一、国际旅游人数	万人	46.58	9166	0.5	80.02	10904	0.7
十二、大学生在校学生数	万人	48.42	1109	4.4	58.39	1334	4.4
十三、图书出版量	亿 册	1.66	67	2.5	1.60	64	2.5
杂志出版量	亿 册	0.63	30	2.1	0.60	27	2.2
报纸出版量	亿 份	6.62	383	1.7	6.90	258	2.7

注：生产总值按当年价格计算。

2-4 国民经济和社会发展总量指标

指 标	单 位	1978年	1995年	2000年	2003年	2004年
人口与就业						
人 口						
年底总人口	万 人	2780	3513	3644	3690	3705
市镇人口	万 人	455	1738	2631	1208	1222
乡村人口	万 人	2325	1775	1013	2482	2483
男性人口	万 人	1444	1836	1896	1892	1905
女性人口	万 人	1336	1677	1748	1798	1800
就 业						
从业人员	万 人	1078	1748	1813	1912	1941
#职工人数	万 人	257	395	328	319	319
城镇失业人数	万 人		8.6	11.4	13.9	18.5
宏观经济						
国民核算						
生产总值	亿 元	81.07	1000.03	1660.92	2398.58	2883.51
第一产业	亿 元	24.70	227.25	279.12	320.03	394.98
第二产业	亿 元	42.13	405.53	731.90	1133.56	1416.82
第三产业	亿 元	14.24	367.25	649.90	944.99	1071.71
支出法国内生产总值	亿 元	81.07	1000.03	1660.92	2398.58	2883.51
#最终消费	亿 元	52.74	673.42	966.89	1188.41	1336.39
居民消费	亿 元	48.24	503.25	753.51	943.19	1075.63
政府消费	亿 元	4.50	170.17	213.38	245.22	260.76
资本形成总额	亿 元	30.45	480.48	851.69	1447.73	1844.24
固定资本形成总额	亿 元	23.18	358.75	796.21	1390.28	1649.28
存货增加	亿 元	7.27	121.73	55.48	57.45	194.96
固定资产投资						
全社会固定资产投资总额	亿 元	20.35	324.33	745.85	1278.72	1544.19
#国有单位	亿 元	17.20	226.61	473.53	713.37	814.51
集体单位	亿 元	1.91	21.53	41.66	62.78	71.15
个体经济	亿 元	1.24	55.54	93.54	129.29	143.20
财 政						
财政收入	亿 元	19.76	95.19	187.00	326.94	415.50
财政支出	亿 元	18.30	102.69	271.76	418.20	516.31
物价指数(上年=100)						
商品零售价格总指数	%	100.5	117.0	98.3	100.5	102.5
居民消费价格总指数	%	100.6	119.0	99.5	101.7	103.1

2-4 续表1

指 标	单 位	1978年	1995年	2000年	2003年	2004年
利用外资						
签订利用客商直接投资协议额	万美元		41521	49931	83428	104877
实际利用客商直接投资额	万美元		32407	30042	46602	52664
产 业						
农 业						
耕地面积	千公顷	3854	3393	3114	2796	2796
农林牧渔业从业人员	万 人	780	1049	1002	989	957
主要农产品产量						
粮 食	万 吨	800	913	1089	968	1160
棉 花	万 吨	10.54	3.99	2.74	5.27	8.23
油 料	万 吨	5.56	38.15	38.76	41.33	46.06
烤 烟	万 吨	1.38	6.34	7.36	4.88	5.32
茶 叶	吨	1408	5252	6126	7952	10239
水 果	万 吨	33.41	283.96	493.79	621.14	735.61
肉 类	万 吨	14.20	79.26	92.12	113.94	122.55
工 业						
主要工业产品产量						
纱	万 吨	13.85	14.02	15.68	17.99	18.63
布	亿 米	5.81	7.89	7.18	7.40	7.47
彩色电视机	万 部	0.01	28.62	80.31	136.23	150.50
家用洗衣机	万 台		13.58	3.94	8.00	13.77
家用电冰箱	万 台		63.92	37.56	17.33	10.54
原 煤	万 吨	1666	4248	3493	7393	8426
原 油	万 吨	6.03	167.00	746.44	1267.25	1527.97
发电量	亿千瓦小时	66.10	236.77	272.28	411.21	480.95
粗 钢	万 吨	24.29	53.67	53.65	173.93	220.71
钢 材	万 吨	17.38	58.78	57.70	131.94	201.28
水 泥	万 吨	210.66	851.50	989.44	1534.39	1800.50
化 肥	万 吨	13.69	68.46	93.90	103.63	117.85

2-4 续表2

指 标	单 位	1978年	1995年	2000年	2003年	2004年
国有经济独立核算工业企业						
年底固定资产原价	亿 元	116.50	843.50	987.66	1115.27	
固定资产净值年平均余额	亿 元	84.19	468.72	646.97	673.32	769.79
利润和税金总额	亿 元	16.52	37.24	54.60	116.52	167.99
交通运输						
货物运输量	万 吨	7160	29234	29973	35847	41139
#铁 路	万 吨	2400	3629	4697	7568	10985
公 路	万 吨	4733	25560	25200	28165	30038
货物周转量	亿吨公里	176.11	505.82	593.24	867.80	1031.83
#铁 路	亿吨公里	165.58	400.68	448.15	686.10	835.17
公 路	亿吨公里	10.39	104.23	143.64	180.79	195.16
旅客运输量	万 人	5628	24267	28709	31207	35682
#铁 路	万 人	2009	2773	2661	2500	3231
公 路	万 人	3605	21252	25600	28159	31763
旅客周转量	亿人公里	60.73	273.19	376.99	415.43	517.13
#铁 路	亿人公里	47.56	145.02	178.89	207.84	255.45
公 路	亿人公里	12.95	97.76	151.04	174.26	194.30
邮电通信业						
邮电业务总量	万 元	5025	145408	850392	1741428	2447665
函 件	万 件	9188	24277	17444	20307	19915
报刊期发数	万 份	319	1017	454	312	283
固定电话	万 户			345.25	672.49	791.94
城 市	万 户			252.86	457.72	541.22
农 村	万 户			92.39	214.77	250.72
移动电话	万 户			151.67	611.00	788.69
无线寻呼	万 户			147.73	25.54	0.67
数字数据用户	万 户			1.02	1.31	1.19
国际互联网用户	万 户			29.43	158.68	180.12
国内商业						
社会消费品零售总额	亿 元	33.37	369.46	607.61	853.23	966.49
对外经济贸易						
进出口总额	万美元		173323	214009	278371	364238
进口额	万美元		45062	83006	104848	124580
出口额	万美元	1190	128261	131003	173523	239658
国际旅游						
旅游人数	万 人	1.37	44.23	71.28	46.58	80.02
旅游外汇收入	万美元	177	14090	28025	19843	36000

2-4 续表3

指 标	单 位	1978年	1995年	2000年	2003年	2004年
金融保险						
金融机构各项存款	亿 元		1097.21	2663.00	4593.10	5380.27
金融机构各项贷款	亿 元		1132.55	2193.12	3549.60	3829.57
国家银行各项存款	亿 元	35.33	814.93	1753.09	3069.85	3605.61
国家银行各项贷款	亿 元	51.74	943.56	1655.30	2378.64	2521.46
教育・科技・文化						
教 育						
专任教师数	万 人	27.87	32.44	34.70	40.02	40.33
普通高等学校	万 人	1.07	2.02	2.07	3.57	3.71
中等学校	万 人	9.50	12.10	14.40	17.35	17.81
小 学	万 人	17.30	18.32	18.23	19.10	18.81
在校学生数	万 人	650.19	636.49	771.99	792.43	782.80
普通高等学校	万 人	3.44	12.83	24.17	49.97	58.39
中等学校	万 人	196.24	172.08	266.89	340.98	353.44
小 学	万 人	450.51	451.58	480.93	401.48	370.97
科 技						
地方国有企事业单位专业技术人员	万 人		53.71	63.76	66.35	69.36
全省从事科技活动人员数	万 人		16.49	15.51	13.60	13.31
#科学家和工程师	万 人		8.82	8.58	8.67	8.05
研究与发展经费支出	亿 元		13.47	57.14	67.99	83.64
文 化						
出版数量						
图 书	万 册	7661	17005	15958	16601	16245
杂 志	万 册	1423	4280	4944	6317	6374
报 纸	万 份		46508	70389	66237	69029
制作电视节目	小 时		8152	11444	74609	60039
家庭・生活・环境						
家 庭						
家庭总户数	万 户	560.82	878.08	948.06	1003.06	1029.31
城镇居民平均每户家庭人口	人		3.17	3.08	3.04	3.01
农村居民平均每户家庭人口	人		4.65	4.43	4.34	4.29
婚 姻						
结婚数	对	136230	241605	203173	190391	205091
离婚数	对		20484	26023	33963	39950

2-4 续表4

指 标	单 位	1978年	1995年	2000年	2003年	2004年
居 住						
城镇居民人均住房使用面积	平方米		12.84	16.08	17.46	17.87
农村居民人均住房面积	平方米		18.42	22.87	26.11	26.85
生 活						
城镇居民人均可支配收入	元	310	3310	5124	6806	7492
农村居民人均纯收入	元	134	963	1470	1676	1867
城乡居民储蓄存款余额	亿 元	7.79	734.04	1522.53	2519.93	2948.34
工 资						
工资总额	亿 元	16.44	172.26	257.28	366.28	416.18
职工平均工资	元	654	4396	7804	11461	13024
职工保险福利费	亿 元	1.85	47.81	71.29	102.21	
卫 生						
医院数	个	3064	3313	2779	2740	2710
医生数	万 人	3.43	6.28	6.43	6.03	5.97
医院床位数	万 张	4.99	9.05	9.26	9.89	9.97
市政建设						
自来水供应量	万 吨	21119	70949	67062	73580	75340
下水道长度	公 里	431	1858	1856	2802	2919
城市天然气供应量	万立方米			17770	50336	60565
公共汽(电)车总数	辆	638	2130	4305		
铺装道路长度	公 里	639	2027	2537	2909	3060
绿地面积	公 顷	488	10164	9079	13392	13895
环境、灾害						
污染治理项目本年完成投资额	万 元		16855	44053	55268	54014
环境污染事故数	次		69	79	16	41
环境污染事故罚款金额	万 元		17	41	15	68
火灾发生数	起		737	3818	3992	6954
火灾损失	万 元		1862	2613	1229	2448
交通事故发生数	件	3979	9554	11846	12502	13348
交通事故损失	万 元	165	3395	3978	3893	6243

注: 1 .本表价值量指标中，除邮电业务总量1990年以前按1980年不变价格计算，1990年及以后各年按1990年不变价格计算，2001年及以后各年按 2000年不变价格计算，其余指标均按当价格计算。

2 .1998年及以后各年从业人员、职工人数、工资总额、职工平均工资中，不含离开单位仍保留劳动关系的人员。

3. 1998年及以后各年工业产品产量、财务指标为规模以上企业数字。

2-5 国民经济和社会发展速度指标

指 标	2004年为下列年份%				1979-2004年平均增长%
	1978年	1995年	2000年	2003年	
人 口					
年底总人口	133.3	105.5	101.7	100.4	1.1
市镇人口				101.2	
乡村人口				100.0	
男性人口	131.9	103.8	100.5	100.7	1.1
女性人口	134.7	107.3	103.0	100.1	1.2
宏观经济					
国民核算					
生产总值				112.9	
第一产业				109.8	
第二产业				116.8	
第三产业				109.5	
支出法国内生产总值				112.9	
#最终消费				105.3	
居民消费				106.6	
政府消费				100.5	
资本形成总额				118.2	
固定资本形成总额				110.5	
存货增加				307.9	
固定资产投资					
全社会固定资产投资总额	7588.2	476.1	207.0	120.8	17.6
#国有单位	4735.5	359.4	172.0	114.2	15.9
集体单位	3725.1	330.5	170.8	113.3	14.7
个体经济	11548.4	257.8	153.1	110.8	22.2
财 政					
财政收入	2102.7	436.5	222.2	127.1	12.4
财政支出	2821.4	502.8	190.0	123.5	13.7
物价指数					
商品零售价格总指数	396.9	101.9	100.7	102.5	5.4
居民消费价格总指数	467.9	115.3	104.7	103.1	6.1
利用外资					
签订利用客商直接投资协议额		252.6	210.0	125.7	
实际利用客商直接投资额		162.5	175.3	113.0	

2-5 续表1

指 标	2004年为下列年份%				1979-2004年平均增长%
	1978年	1995年	2000年	2003年	
产 业					
农 业					
耕地面积	72.5	82.4	89.8	100.0	-1.2
农林牧渔业从业人员	122.7	91.2	95.5	96.8	0.8
主要农产品产量					
粮 食	145.0	127.1	106.5	119.8	1.4
棉 花	78.1	206.3	300.4	156.2	-0.9
油 料	828.4	120.7	118.8	111.4	8.5
烤 烟	385.5	83.9	72.3	109.0	5.3
茶 叶	727.2	195.0	167.1	128.8	7.9
水 果	2201.8	259.1	149.0	118.4	12.6
肉 类	863.0	154.6	133.0	107.6	8.6
交通运输					
货物运输量	574.6	140.7	137.3	114.8	7.0
#铁 路	457.7	302.7	233.9	145.2	6.0
公 路	634.7	117.5	119.2	106.7	7.4
货物周转量	585.9	204.0	173.9	118.9	7.0
#铁 路	504.4	208.4	186.4	121.7	6.4
公 路	1878.3	187.2	135.9	107.9	11.9
旅客运输量	634.0	147.0	124.3	114.3	7.4
#铁 路	160.8	116.5	121.4	129.2	1.8
公 路	881.1	149.5	124.1	112.8	8.7
旅客周转量	851.5	189.3	137.2	124.5	8.6
#铁 路	537.1	176.1	142.8	122.9	6.7
公 路	1500.4	198.8	128.6	111.5	11.0
邮电通信业					
邮电业务总量	27272.0	1683.3	287.8	109.5	24.1
函 件	216.8	82.0	114.2	98.1	3.0
报刊期发数	88.7	27.8	62.3	90.7	-0.5
固定电话			229.4	117.8	
城 市			214.0	118.2	
农 村			271.4	116.7	
移动电话			520.0	129.1	
无线寻呼			0.5	2.6	
数字数据用户			116.7	90.8	
国际互联网用户			612.0	113.5	
国内商业					
社会消费品零售总额	2896.3	261.6	159.1	113.3	13.8

2-5 续表2

指 标	2004年为下列年份%				1979-2004年平均增长%
	1978年	1995年	2000年	2003年	
对外经济贸易					
进出口总额		210.2	170.2	130.8	
进口额		276.5	150.1	118.8	
出口额	20142.8	186.9	183.0	138.1	22.6
国际旅游					
旅游人数	5840.9	180.9	112.3	171.8	16.9
旅游外汇收入	20339.0	255.5	128.5	181.4	22.7
金 融					
金融机构各项存款		490.4	202.0	117.1	
金融机构各项存款		338.1	174.6	107.9	
国家银行各项存款	10205.5	442.4	205.7	117.5	19.5
国家银行各项贷款	4873.3	267.2	152.3	106.0	16.1
教育·科技·文化					
教 育					
专任教师数	144.7	124.3	116.2	100.8	1.4
普通高等学校	346.7	183.7	179.2	103.9	4.9
中等学校	187.5	147.2	123.7	102.7	2.4
小 学	108.7	102.7	103.2	98.5	0.3
在校学生数	120.4	123.0	101.4	98.8	0.7
普通高等学校	1697.4	455.1	241.6	116.9	11.5
中等学校	180.1	205.4	132.4	103.7	2.3
小 学	82.3	82.1	77.1	92.4	-0.7
科 技					
地方国有企事业单位专业技术人员		129.1	108.8	104.5	
全省从事科技活动人员数		80.7	85.8	97.9	
#科学家和工程师		91.3	93.8	92.8	
研究与发展经费支出		620.9	146.4	123.0	
文 化					
出版数量					
图 书	212.0	95.5	101.8	97.9	2.9
杂 志	447.9	148.9	128.9	100.9	5.9
报 纸		148.4	98.1	104.2	
电视节目制作时间		736.5	524.6	80.5	
家庭·生活·环境					
家 庭					
家庭总户数	183.5	117.2	108.6	102.6	2.4
城镇居民平均每户家庭人口		95.0	97.7	99.0	
农村居民平均每户家庭人口		92.3	96.8	98.8	

2-5 续表3

指 标	2004年为下列年份%				1979-2004年平均增长%
	1978年	1995年	2000年	2003年	
婚 姻					
结婚数	150.5	84.9	100.9	107.7	1.6
离婚数		195.0	153.5	117.6	
居 住					
城镇居民人均居住面积		139.2	111.1	102.3	
农村居民人均住房面积		145.8	117.4	102.8	
生 活					
城镇居民人均可支配收入	488.9	200.7	143.3	106.9	6.3
农村居民人均纯收入	300.4	161.3	115.1	106.3	4.3
城乡居民储蓄存款余额	37847.8	401.7	193.6	117.0	25.6
工资和福利					
工资总额	2531.5	241.6	161.8	113.6	13.2
职工平均工资	402.8	259.9	163.5	110.3	5.5
卫 生					
医 院	88.4	81.8	97.5	98.9	-0.5
医 生	174.1	95.1	92.8	99.0	2.2
医院床位数	199.8	110.2	107.7	100.8	2.7
市政建设					
自来水供应量	356.7	106.2	112.3	102.4	5.0
下水道长度	677.3	157.1	157.3	104.2	7.6
城市煤气供应量			340.8	120.3	
公共汽(电)车总数					
铺装道路长度	478.9	151.0	120.6	105.2	6.2
绿地面积	2847.2	136.7	153.0	103.8	13.7
环境、灾害					
治理污染资金使用额		320.5	122.6	97.7	
环境污染事故数		59.4	51.9	256.3	
环境污染事故罚款金额		400.0	165.9	459.5	
火灾发生数		943.6	182.1	174.2	
火灾损失		131.5	93.7	199.2	
交通事故发生数	335.5	139.7	112.7	106.8	4.8
交通事故损失	3783.6	183.9	156.9	160.4	15.0

注:本表国民核算指标、物价指数、邮电业务总量、城乡居民收入、平均工资的发展速度均按可比价格计算。

2-6 国民经济主要结构指标

单位：%

指 标	1978年	1995年	2000年	2003年	2004年
人口与就业					
人 口					
城乡结构					
城 镇				32.7	33.0
乡 村				67.3	67.0
性别结构					
男	52.0	52.3	52.0	51.3	51.4
女	48.0	47.7	48.0	48.7	48.6
就 业					
产业结构					
第一产业	71.1	60.4	55.7	52.2	49.7
第二产业	17.9	19.5	16.5	19.0	17.2
第三产业	11.0	20.1	27.8	28.8	33.1
宏观经济					
国民核算					
生产总值产业结构					
第一产业	30.5	22.7	16.8	13.3	13.7
第二产业	52.0	40.6	44.1	47.3	49.1
第三产业	17.5	36.7	39.1	39.4	37.2
投 资					
固定资产投资结构					
基本建设	78.2	45.0	50.4	53.9	52.6
更新改造	6.3	20.7	18.3	13.9	16.8
房地产开发		8.7	10.6	14.7	15.0
其他投资	15.5	25.6	20.7	17.5	15.6
固定资产投资经济类型结构					
国有经济	84.5	69.9	63.5	55.8	52.7
集体经济	9.4	6.6	5.6	4.9	4.6
其他经济		6.4	18.4	29.2	33.4
个 体	6.1	17.1	12.5	10.1	9.3
能源生产与消费					
能源生产总量结构					
原 煤	97.3	91.6	70.9	70.5	
原 油	0.7	7.2	21.2	21.3	
天然气	0.1	0.1	6.7	7.5	
水 电	1.9	0.9	1.2	0.7	
能源消费总量结构					
煤 炭	90.8	86.5	71.3	71.1	
石 油	8.8	12.0	23.3	22.9	
天然气	…	0.2	3.1	5.6	
电 力	0.4	1.2	2.3	0.4	
产 业					
农 业					
农林牧渔业产值结构					
农 业	85.2	67.6	70.5	65.4	66.2
林 业	3.2	4.4	5.8	5.2	4.2
牧 业	11.5	27.4	22.9	28.5	28.7
渔 业	…	0.6	0.8	0.9	0.8
工 业					
轻重工业产值结构					
轻工业	44.6	37.3	35.4	30.9	27.5
重工业	55.4	62.7	64.6	69.1	72.5

2-6 续表

单位：%

指 标	1978年	1995年	2000年	2003年	2004年
交通运输业					
货运量结构					
铁 路	33.5	12.4	15.7	21.1	26.7
公 路	66.1	87.4	84.1	78.6	73.0
水 运	0.4	0.2	0.2	0.3	0.3
航 运	…	…	…	…	…
国内商业					
社会消费品零售总额构成					
市	35.8	62.2	65.9	66.3	67.0
县	29.3	19.1	17.0	17.5	16.9
县以下	34.9	18.7	17.1	16.2	16.0
国际旅游					
国际旅游人数结构					
外国人	83.9	90.2	82.0	66.1	76.1
港澳台同胞	16.1	9.8	18.0	33.9	23.9
教育·科技·文化					
教 育					
在校学生结构					
大学生	0.5	2.0	3.1	6.3	6.5
中学生	30.2	27.0	34.6	43.0	45.6
小学生	69.3	71.0	62.3	50.7	47.9
专任教师结构					
大学生	3.8	6.2	6.0	8.9	9.2
中学生	34.1	37.3	41.5	43.4	44.2
小学生	62.1	56.5	52.5	47.7	46.6
生活·环境					
生 活					
城镇居民消费结构					
食品类		47.2	35.8	34.6	35.9
衣着类		13.6	9.4	10.6	9.8
用品及其他		33.1	43.8	44.1	44.0
居 住		6.1	11.0	10.7	10.4
农村居民消费结构					
食品类	59.0	59.3	43.5	39.3	42.4
衣着类	13.3	6.8	6.6	5.9	5.7
用品及其他	12.4	18.9	33.9	38.6	37.2
居 住	15.3	15.0	16.0	16.2	14.7
福 利					
离退休退职人员结构					
离休人员		8.0	5.3	3.9	3.6
退休人员		87.5	92.2	93.8	94.6
退职人员		4.5	2.5	2.3	1.8
离退休退职人员保险福利费结构					
离休金		12.8	5.7	5.6	10.3
退休金		60.5	80.0	81.6	78.3
退职生活费		1.2	0.6	0.7	0.7
医疗卫生费		13.9	9.5	8.2	8.0
其 他		11.6	4.2	3.9	2.6
环 境					
治理污染资金使用结构					
治理废水		39.6	60.8	57.4	28.9
治理废气		39.6	31.2	33.3	60.0
治理固体废物		17.7	3.7	3.0	2.0
治理噪音		1.4	0.3	1.9	0.8
其 他		1.7	4.0	4.4	8.3

注：本表指标均按当年价格计算。

2-7 国民经济和社会发展比例与效益指标

指 标	单 位	1978年	1995年	2000年	2003年	2004年
人 口						
出生率	‰	17.24	15.93		10.67	10.59
死亡率	‰	6.92	6.57		6.38	6.33
自然增长率	‰	10.32	9.36		4.29	4.26
就 业						
就业者负担人口	人	1.58	1.01	1.01	0.93	0.91
三次产业就业者比例（第一产业＝100）						
第一产业	%	100.0	100.0	100.0	100.0	100.0
第二产业	%	25.2	32.3	29.6	36.5	34.5
第三产业	%	15.5	33.2	49.9	55.3	66.6
城镇失业率	%		3.2	2.7	3.7	3.8
国民核算						
一、二、三产业增加值比例（第一产业＝100）						
第一产业	%	100.0	100.0	100.0	100.0	100.0
第二产业	%	170.6	178.5	262.2	354.2	358.7
第三产业	%	57.7	161.6	232.8	295.3	271.3
人均生产总值	元	291	2843	4549	6480	7757
固定资产投资						
全社会固定资产投资相当于生产总值比例	%	25.1	32.4	44.9	53.3	53.6
全社会房屋建筑面积竣工率	%	46.4	70.1	75.5	63.3	53.6
基本建设固定资产交付使用率	%	171.8	69.5	84.4	62.0	51.1
基本建设项目建成投产率	%	27.1	49.7	52.6	53.3	54.1
财 政						
财政收入相当于生产总值比例	%	24.4	9.5	11.3	13.6	14.4
财政支出相当于生产总值比例	%	22.6	10.3	16.4	17.4	17.9
利用外资						
实际利用外资额相当于签订利用外资额比例	%		53.8	60.2	55.9	50.2
能源生产与消费						
能源生产增长系数	%	0.98	1.62	0.89	4.01	
能源消费弹性系数	%	0.24	1.15	0.14	1.25	
每万元国内生产总值消耗的能源	吨标煤	14.32	2.86	1.58	1.63	
农 业						
人均耕地面积	公 顷	0.14	0.10	0.09	0.08	0.08
农业从业者人均耕地面积	公 顷	0.49	0.32	0.31	0.28	0.29
每公顷耕地农业机械总动力	千 瓦	1.01	2.30	3.36	4.39	4.68
每公顷耕地用电量	千瓦小时	287	1134	1878	2831	3006

2-7 续表1

指 标	单 位	1978年	1995年	2000年	2003年	2004年
每公顷耕地化肥施用量	公 斤	62	330	421	510	512
每公顷耕地生产的农业产值	元	941	11247	14929	18286	22345
农业从业者人均农产品产量						
粮 食	公 斤	1026	871	1065	976	1193
棉 花	公 斤	14	4	3	5	8
油 料	公 斤	7	36	38	42	47
肉 类	公 斤	18	76	90	115	126
水产品	公 斤	0.3	3.6	5.9	6.7	7.0
每公顷播种面积农产品产量						
粮 食	公 斤	1785	2399	2850	3067	3452
棉 花	公 斤	420	548	911	811	1027
油 料	公 斤	435	1263	1277	1447	1626
工 业						
规模以上工业企业效益						
固定资产利税率	%		5.51	8.99	12.41	
总资产贡献率	%			7.83	10.40	12.39
产值利税率	%		6.49	13.13	16.53	17.79
国有工业企业效益						
固定资产利税率	%	14.18	4.41	5.53	10.45	
总资产贡献率	%			5.12	9.09	11.90
产值利税率	%	20.54	6.20	9.80	16.45	18.45
建 筑 业						
技术装备率	元 /人		4375	6108	12940	
产值利润率	%		0.3	0.6	1.1	
全员劳动生产率	元 /人		35466	59672	93110	
运输邮电通信业						
铁路网密度	公里 /平方公里	0.009	0.010	0.011	0.015	0.016
公路网密度	公里 /平方公里	0.187	0.193	0.214	0.243	0.256
铁路货运密度	万吨公里 /公里		1764.3	1634.6	2258.03	2487.19
电话普及率	部/百人		2.67	9.67	18.23	21.37
城市电话普及率	部/百人		8.93	31.01	51.30	58.62
移动电话普及率	部/百人			4.25	16.56	21.29
国内商业						
人均消费品零售额	元	121	1057	1673	2317	2614
金 融						
金融机构存款相当于生产总值比例	%		109.7	160.3	191.5	186.59

2-7 续表2

指 标	单 位	1978年	1995年	2000年	2003年	2004年
金融机构贷款相当于生产总值比例	%		113.3	132.0	148.0	186.6
金融机构现金支出相当于收入比例	%	102.7	97.4	100.0	98.5	98.3
教 育						
学龄儿童入学率	%	95.7	99.0	99.4	98.6	99.1
小学升学率	%	95.6	90.1	91.9	95.3	95.6
初中升学率	%	51.7	34.4	39.1	43.6	44.8
学校教师负担系数						
高等学校	人	3.2	6.4	11.7	14.0	16.0
中等学校	人	20.7	14.2	18.5	19.7	19.0
小 学	人	26.0	24.7	26.4	21.0	20.0
科 技						
研究与发展经费支出相当于生产总值比例	%		1.3	3.4	2.8	2.9
文 化						
每万人有艺术表演团体	个	0.05	0.03	0.03	0.03	0.03
每万人有公共图书馆	个	0.02	0.03	0.03	0.03	0.03
每万人有博物馆	个	0.01	0.02	0.02	0.02	0.02
生活、福利						
城镇与农村居民收入增长率比例	%		1.67	1.50	1.96	1.94
(以农村居民收入指数为1，1978年=100)						
职工保险福利费相当于工资总额比例	%	11.3	27.8	27.7	27.9	
离退休退职人员相当于在职人数比例	%		19.5	29.3	35.2	37.1
卫 生						
每万人医院数	个	1.1	0.9	0.8	0.7	0.7
每万人医生数	人	12	18	18	16	16
每万人医院病床数	张	18	26	25	27	27
市政建设						
城市自来水普及率	%		96.0	96.5	93.8	94.4
城市用气普及率	%		52.4	74.5	77.7	76.7
每万人绿地面积	公顷	0.18	2.89	4.22	4.26	4.51
环境、灾害						
平均每起环境污染事故罚金	元		2464	5190	9250	16585
平均每起火灾损失	元		25265	7028	3079	3520
平均每起交通事故损失	元	415	3553	3358	3114	4677

注：1.本表价值量指标均按当年价格计算。

2.1998年以前工业指标为独立核算企业数。

3.2001年及以后各年市政建设指标按新口径计算，与以前年份不可比。

2-8 社会经济主要指标平均每人水平

单位：元

年 份	生产总值	工农业总产值	工业总产值	农林牧渔业总产值	社会消费品零售总额	职工平均工资	城镇居民人均可支配收入
1952	85	104	33	71	41		
1957	144	163	64	100	65		
1962	135	189	91	97	70		
1965	169	251	140	112	66		
1970	196	326	216	110	86		
1975	243	409	282	127	101		
1978	291	480	349	131	121	654	310
1980	334	539	390	149	154	785	407
1985	604	910	644	267	268	1122	650
1990	1241	1881	1359	522	490	2042	1369
1991	1410	2079	1524	555	529	2198	1498
1992	1591	2379	1772	607	616	2434	1705
1993	1926	3050	2318	732	717	2890	2102
1994	2344	3790	2917	873	884	3803	2684
1995	2843	4147	3056	1091	1057	4396	3310
1996	3314	4583	3312	1271	1225	4882	3810
1997	3634	4849	3568	1281	1379	5184	4001
1998	3834	4968	3630	1338	1451	6029	4220
1999	4101	5264	4009	1254	1544	6931	4654
2000	4549	5770	4490	1280	1673	7804	5124
2001	5024	6316	5005	1311	1821	9120	5484
2002	5701	6962	5573	1388	1986	10351	6331
2003	6480	8175	6708	1389	2317	11461	6806
2004	7757	10023	8334	1689	2614	13024	7492

年 份	城镇居民家庭生活消费支出	农民家庭人均纯收入	农民家庭生活消费支出	城乡居民年末储蓄存款	每万人有		
					大学生(人)	医院床位(张)	医生数(人)
1952				2	3	2	3
1957		76	77	7	14	5	9
1962		109	105	7	18	8	10
1965		106	87	10	15	9	10
1970		110	111	13	…	12	9
1975		117	118	20	9	16	11
1978	268	133	134	28	12	18	12
1980	371	142	139	48	19	19	13
1985	585	295	233	149	27	22	17
1990	1117	530	477	617	29	24	18
1991	1276	534	487	783	28	24	17
1992	1405	559	498	967	30	25	18
1993	1714	653	560	1173	34	26	17
1994	2246	805	737	1572	36	26	18
1995	2838	963	914	2089	37	26	18
1996	3211	1165	1097	2659	38	26	18
1997	3462	1285	1215	3054	39	25	17
1998	3539	1406	1181	3453	42	25	17
1999	3953	1456	1162	3792	50	26	18
2000	4277	1470	1251	4178	66	25	18
2001	4638	1520	1331	4833	87	26	18
2002	5378	1596	1491	5737	112	26	16
2003	5667	1676	1455	6829	135	27	16
2004	6233	1867	1618	7974	158	27	16

注：本表按当年价格计算。

2-9 人均工农业主要产品产量

单位：公斤

年 份	粮 食	棉 花	油 料	糖 料	水 果	肉 类	禽 蛋	水产品
1952	263.9	4.9	4.6	0.6	6.7	1.5	0.7	
1957	249.5	6.5	3.6	0.3	8.1	2.2	0.7	…
1962	201.2	2.3	1.0	0.2	4.7	0.5	0.5	…
1965	286.3	5.4	2.6	0.3	7.5	2.9	0.6	…
1970	251.0	3.8	2.0	0.3	6.6	2.1	0.6	…
1975	303.1	3.2	2.8	0.8	6.7	4.2	0.7	0.1
1978	289.3	3.8	2.0	0.7	12.1	5.1	0.9	0.1
1980	268.5	2.9	3.9	1.1	9.9	8.2	1.1	0.1
1985	319.0	1.4	10.0	2.6	11.2	10.1	3.8	0.2
1990	328.7	2.4	10.3	1.8	19.0	14.4	5.7	0.6
1991	313.5	2.7	10.6	2.8	24.0	16.1	7.6	0.7
1992	304.8	1.6	10.5	2.2	33.9	17.6	8.6	0.8
1993	355.0	1.5	11.9	2.0	49.1	19.2	10.1	0.9
1994	272.8	1.2	9.9	1.5	63.5	21.2	11.7	1.0
1995	261.2	1.1	10.9	0.3	81.2	22.7	11.5	1.1
1996	345.0	0.9	10.6	0.8	102.7	19.3	10.2	1.2
1997	293.7	0.6	10.3	1.0	91.8	20.8	11.2	1.3
1998	363.7	0.6	9.9	1.4	120.2	23.8	11.1	1.4
1999	300.0	0.5	8.8	0.5	136.8	23.8	11.1	1.6
2000	299.9	0.8	10.7	0.5	136.0	25.4	11.7	1.7
2001	267.5	1.4	10.3	0.5	135.2	26.4	11.6	1.7
2002	274.3	1.2	11.2	0.8	140.4	28.9	12.6	1.7
2003	263.0	1.4	11.2	0.2	168.7	30.9	13.3	1.8
2004	313.8	2.2	12.5	0.2	198.9	33.1	13.1	1.9

年 份	纱	布 (米)	机制纸 及纸板	原 煤	原 油	发电量 (千瓦小时)	钢	水 泥
1952	1.2	5.4	…	68.6	0.1	4.0		
1957	3.3	17.0	0.1	101.2	0.4	15.6	…	
1962	2.0	8.6	0.6	211.1	0.5	45.2	0.4	9.0
1965	4.3	20.5	0.6	185.8	0.6	68.2	0.6	25.9
1970	5.3	21.0	0.9	282.2	0.7	112.6	1.9	31.2
1975	4.9	19.9	1.7	426.2	1.7	164.1	5.7	60.5
1978	5.0	21.0	2.4	602.4	2.2	239.1	8.8	76.2
1980	5.3	23.4	3.2	635.6	3.0	280.7	8.7	81.4
1985	5.3	21.5	6.3	902.5	7.4	364.5	11.6	128.6
1990	4.6	22.4	12.9	1021.5	21.5	459.7	15.0	162.7
1991	4.8	20.9	13.5	985.2	25.5	492.0	15.3	177.3
1992	5.0	21.4	15.1	1011.5	30.1	558.8	17.1	199.2
1993	4.7	22.9	13.4	934.6	33.0	630.8	19.6	206.8
1994	4.6	20.8	18.2	1072.8	39.0	642.5	17.9	265.7
1995	4.0	22.6	24.6	1214.8	47.8	677.1	15.4	243.6
1996	3.6	20.8	24.2	1307.8	62.6	761.6	15.3	259.6
1997	3.9	22.2	25.5	1391.5	80.4	758.6	13.5	327.8
1998	3.8	18.4	6.0	631.6	161.0	690.4	14.7	240.2
1999	4.0	19.1	6.5	674.2	178.3	707.1	14.1	274.4
2000	4.3	19.8	6.6	962.0	205.6	749.9	14.8	272.5
2001	4.3	18.9	7.8	1241.1	250.8	831.1	19.0	304.0
2002	4.8	19.8	6.6	1598.0	290.1	936.9	24.0	362.3
2003	4.9	20.1	8.6	2007.8	344.2	1116.8	47.2	416.7
2004	5.0	20.2	14.2	2278.8	413.2	1300.7	59.7	487.0

注：1998年及以后各年工业产品产量为规模以上企业数。

2-10 工农业总产值

单位：亿元

年 份	工农业总产值	农林牧渔业总产值	工业总产值	轻工业总产值	重工业总产值
1952	15.70	10.75	4.95	3.77	1.18
1957	29.06	17.72	11.34	8.33	3.01
1962	37.50	19.36	18.14	9.90	8.24
1965	53.31	23.66	29.65	14.82	14.83
1970	77.77	26.16	51.61	19.82	31.79
1975	109.31	33.95	75.36	31.95	43.41
1978	132.75	36.27	96.48	43.06	53.42
1980	151.84	41.88	109.96	55.10	54.86
1985	271.66	79.58	192.08	80.11	111.97
1990	612.54	169.96	442.58	188.03	254.55
1991	694.18	185.37	508.81	214.41	294.40
1992	804.88	205.34	599.54	239.85	359.69
1993	1044.27	250.49	793.78	281.03	512.75
1994	1312.14	302.38	1009.76	370.68	639.08
1995	1450.36	381.65	1068.71	398.13	670.58
1996	1617.00	448.46	1168.54	426.52	742.02
1997	1724.44	455.59	1268.85	484.57	784.28
1998	1779.97	479.34	1300.63	501.71	798.92
1999	1898.65	452.47	1446.18	563.40	882.78
2000	2095.22	464.89	1630.33	577.56	1052.77
2001	2306.36	478.84	1827.52	642.10	1185.42
2002	2552.53	509.08	2043.45	695.52	1347.93
2003	3010.21	511.25	2469.95	761.98	1707.97
2004	3706.02	624.65	3081.37	848.54	2232.83

注:本表工业按当年价格计算；农业按当年农户生产者价格计算，不含农民家庭兼营工业。

2-11 工农业总产值指数

(1952年=100)

年 份	工农业总产值	农林牧渔业总 产 值	工 业总产值	轻工业总产值	重工业总产值
1952	100.0	100.0	100.0	100.0	100.0
1957	165.0	141.2	239.3	226.4	280.7
1962	180.5	115.0	350.8	246.5	704.7
1965	320.0	183.8	666.9	429.0	1476.4
1970	543.6	186.1	1420.3	702.9	3868.1
1975	764.8	212.4	2152.2	978.6	6106.8
1978	925.0	215.6	2811.3	1283.2	7954.1
1980	991.0	209.2	3059.4	1592.3	7758.0
1985	1628.7	319.7	5198.5	2391.2	14765.5
1990	2679.8	413.6	9216.3	4026.6	27206.2
1991	2952.4	431.7	10352.0	4287.4	31783.2
1992	3329.3	457.7	11915.2	4986.2	36328.2
1993	3941.9	522.3	14268.4	5104.2	48011.4
1994	4446.5	520.2	16651.2	6548.7	52956.6
1995	5011.2	541.0	19148.9	7504.8	61059.0
1996	5437.2	597.9	20680.8	8247.8	65211.0
1997	5779.7	607.7	22231.9	9105.5	68928.0
1998	6276.7	661.6	24121.6	9988.7	74235.5
1999	6803.9	660.3	26654.4	11097.4	81659.1
2000	7450.3	690.7	29479.8	11852.0	92438.1
2001	8158.1	708.0	32693.1	13096.5	102791.2
2002	9336.6	751.9	37466.3	14380.0	120985.2
2003	10737.1	790.2	43685.7	15875.5	144214.4
2004		862.9			

注:本表按可比价格计算。

2-12 工农业总产值指数

(上年=100)

年 份	工农业总产值	农林牧渔业总 产 值	工 业总产值	轻工业总产值	重工业总产值
1978	113.3	102.7	118.8	114.0	122.7
1980	99.6	85.9	102.9	115.4	93.3
1985	116.1	102.8	121.8	117.5	125.5
1986	110.3	104.8	112.3	112.1	112.5
1987	111.2	102.7	114.1	111.5	116.2
1988	115.3	106.9	117.9	115.3	119.9
1989	108.8	105.9	109.7	107.9	110.9
1990	106.8	106.1	107.0	108.3	106.0
1991	110.2	104.4	112.3	106.5	116.8
1992	112.8	106.0	115.1	116.3	114.3
1993	118.4	114.1	119.7	102.4	132.2
1994	112.8	99.6	116.7	128.3	110.3
1995	112.7	104.0	115.0	114.6	115.3
1996	108.5	110.5	108.0	109.9	106.8
1997	106.3	101.6	107.5	110.4	105.7
1998	108.6	108.9	108.5	109.7	107.7
1999	108.4	99.8	110.5	111.1	110.0
2000	109.5	104.6	110.6	106.8	113.2
2001	109.5	102.5	110.9	110.5	111.2
2002	114.4	106.2	114.6	109.8	117.7
2003	115.0	105.1	116.6	110.4	119.2
2004		109.2			

注:本表按可比价格计算。

2-13 “一线两带”区域主要指标占全省比重

（2004年）

指　　标	单　位	“一线两带”区域	全　省 总　计	“一线两带”区域 占全省比重（%）
一、土地面积	平方公里	55477	205795	27.0
二、年底总人口	万　人	2219.27	3705.20	59.9
三、在岗职工人数	万人	226.02	318.54	71.0
在岗职工工资总额	亿　元	299.47	416.18	72.0
四、生产总值	亿　元	2072.88	2883.51	71.9
第一产业	亿　元	233.88	394.98	59.2
第二产业	亿　元	955.09	1416.82	67.4
第三产业	亿　元	883.91	1071.71	82.5
五、全社会固定资产投资总额	亿　元	1014.88	1544.19	65.7
#国有单位	亿　元	453.50	814.51	55.7
集体单位	亿　元	57.39	71.15	80.7
六、地方财政收入	亿　元	111.55	214.96	51.9
地方财政支出	亿　元	162.35	516.31	31.4
七、农林牧渔业总产值	亿　元	373.45	624.65	59.8
主要农产品产量				
粮　食	万　吨	760.49	1160.36	65.5
棉　花	吨	78695	82260	95.7
油　料	吨	170471	460630	37.0
八、规模以上工业总产值	亿　元	1624.59	3081.37	52.7
九、邮电业务总量	亿　元	177.36	244.77	72.5
固定电话	万　户	579.15	791.94	73.1
移动电话	万　户	562.16	788.69	71.3
十、社会消费品零售总额	亿　元	775.62	966.49	80.3
十一、对外经济				
进出口总额	万美元	360543	364238	99.0
#出口额	万美元	236053	239658	98.5
外商直接投资	万美元	35007	52664	66.5
十二、卫生机构数	个	2938	5138	57.2
床位数	张	70651	103075	68.5
卫生技术人员	人	90242	134591	67.0

2-14 各市国民经济主要指标

（2004年）

指　标	单 位	关 中	西安市	铜川市	宝鸡市	咸阳市	渭南市	杨 凌示范区
一、年底总人口	万人	2219.27	725.01	84.33	369.20	489.75	536.75	14.23
二、在岗职工人数	万人	226.02	113.44	9.34	29.42	38.53	32.95	2.34
三、地区生产总值	亿元	2072.88	1095.87	58.90	320.30	338.56	247.70	11.55
四、全社会固定资产投资总额	亿元	1014.89	552.58	26.55	154.80	170.24	100.77	9.95
#国有单位固定资产投资	亿元	453.49	246.90	15.31	68.50	61.59	57.72	3.47
集体单位固定资产投资	亿元	57.38	37.71	0.90	7.82	4.93	5.66	0.36
五、地方财政收入	亿元	111.55	75.31	2.46	12.58	11.83	8.46	0.91
地方财政支出	亿元	162.35	84.20	6.37	21.14	25.99	22.88	1.77
六、在岗职工工资总额	亿元	299.47	176.62	10.41	33.31	41.01	35.02	3.10
在岗职工平均货币工资	元		15473	10689	11266	10832	10511	13627
七、农林牧渔业总产值	亿元	373.45	91.48	9.09	65.06	121.66	84.23	1.93
粮食产量	万吨	760.49	195.75	23.46	145.97	199.98	191.45	3.88
棉花产量	吨	78695	4006	12	232	783	73662	
油料产量	吨	170471	11405	7649	24287	47761	79133	236
八、规模以上工业总产值	亿元	1624.59	736.20	53.77	301.78	291.09	227.04	14.71
九、邮电业务总量	亿元	177.36	102.75	5.10	20.45	24.06	25.00	
固定电话	万户	579.15	296.58	19.02	88.14	81.50	93.91	
移动电话	万户	562.16	320.12	16.60	58.35	79.50	87.59	
十、社会消费品零售总额	亿元	775.62	503.35	19.93	93.37	90.28	66.34	2.35
十一、对外经济								
进出口总额	万美元	360543	309258	2465	10686	25487	6024	6623
#出口	万美元	236053	203502	2144	4846	16521	3859	5181
外商直接投资	万美元	35007	28835	16	1977	2875	910	394
十二、卫生机构数	个	2938	1243	147	652	435	450	11
床位数	张	70651	32854	3754	11426	12749	9530	338
卫生技术人员	人	90242	40289	4102	15049	16626	13765	411

2-14 续表 （2004年）

指 标	单 位	陕 南	汉中市	安康市	商洛市	陕 北	延安市	榆林市
一、年底总人口	万人	909.58	373.99	294.97	240.62	545.59	208.80	336.79
二、在岗职工人数	万人	44.60	22.70	11.64	10.26	36.72	17.95	18.77
三、地区生产总值	亿元	399.23	192.53	119.55	87.15	376.80	191.76	185.04
四、全社会固定资产投资总额	亿元	155.42	65.92	56.75	32.75	273.89	149.82	124.07
#国有单位固定资产投资	亿元	77.64	31.35	27.21	19.08	215.29	140.78	74.51
集体单位固定资产投资	亿元	4.75	1.52	2.57	0.66	9.01	2.50	6.51
五、地方财政收入	亿元	14.84	7.54	4.31	2.99	48.52	28.98	19.54
地方财政支出	亿元	51.18	21.85	16.18	13.15	76.92	43.91	33.01
六、在岗职工工资总额	亿元	47.60	24.47	13.11	10.02	46.82	24.34	22.48
在岗职工平均货币工资	元		10771	11237	9769		13687	11956
七、农林牧渔业总产值	亿元	163.93	71.38	53.53	39.02	86.01	42.06	43.95
粮食产量	万吨	271.30	114.16	90.38	66.76	204.89	73.18	131.71
棉花产量	吨	115	66	22	27	406	283	123
油料产量	吨	208598	135811	61642	11145	80293	20209	60084
八、规模以上工业总产值	亿元	187.24	132.53	33.72	20.99	547.81	347.35	200.46
九、邮电业务总量	亿元	32.04	16.00	9.89	6.15	35.37	15.84	19.53
固定电话	万户	128.39	61.94	39.34	27.11	84.41	39.88	44.53
移动电话	万户	118.83	43.57	39.15	36.11	107.69	55.57	52.12
十、社会消费品零售总额	亿元	115.74	54.70	35.75	25.29	72.52	32.70	39.82
十一、对外经济								
进出口总额	万美元	2043	1745	189	109	1653	539	1114
#出口	万美元	1965	1667	189	109	1640	526	1114
外商直接投资	万美元	696	511	173	12	56	56	
十二、卫生机构数	个	1303	545	436	322	897	403	494
床位数	张	19490	10217	5123	4150	12934	5844	7090
卫生技术人员	人	27467	13630	7629	6208	16882	7955	8927

注:1.年底总人口为公安年报数。

2.本表价值量指标中，除邮电业务总量按2000年不变价计算外，其余均按当年价格计算。

3.农林牧渔业总产值不含农民家庭兼营工业。

主要统计指标解释

可比价格 指计算各种总量指标所采用的扣除了价格变动因素的价格，可进行不同时期总量指标的对比。按可比价格计算总量指标有两种方法：一种是直接用产品产量乘某一年的不变价格计算；另一种是用价格指数进行缩减。

不变价格 指以同类产品某年的平均价格作为固定价格，用于计算各年的产品价值。按不变价格计算的产品价值消除了价格变动因素，不同时期对比可以反映生产的发展速度。新中国成立后，随着工农业产品价格水平的变化，国家统计局先后五次制定了全国统一的工业产品不变价格和农业产品不变价格。从1952年到1957年使用1952年工（农）业产品不变价格，从1957年到1970年使用1957年不变价格，从1971年到1980年使用1970年不变价格，从1981年到1990年使用1980年不变价格，从1991年开始使用1990年不变价格。

指数 是一种表明社会经济现象动态的相对数。运用指数可以测定不能直接相加和直接对比的社会经济现象的总动态，可以分析社会经济现象总变动中各因素变动的影响程度，可以研究总平均指标变动中各组标志水平和总体结构变动的作用。它是在把各个年份的数值换算成可比价格的基础上，根据定基指数等于相应各个环比指数的连乘积这个换算关系计算出来的。

平均增长速度 我国计算平均增长速度有两种方法：一种是习惯上经常使用的“水平法”，又称几何平均法，是以间隔期最后一年的水平同基期水平对比来计算平均每年增长（或下降）速度；另一种是“累计法”，又称代数平均法或方程法，是以间隔期内各年水平的总和同基期水平对比来计算平均每年增长（或下降）速度。在一般正常情况下，两种方法计算的平均每年增长速度比较接近；但在经济发展不平衡、出现大起大落时，两种方法计算的结果差别较大。

本《年鉴》内所列的平均增长速度，除固定资产投资用“累计法”计算外，其余均用“水平法”计算。从某年到某年平均增长速度的年份，均不包括基期年在内。如改革开发以来的平均增长速度是以1978年为基期计算的，则写为1979-2004年平均增长速度，其余类推。

企业（单位）登记注册类型 是以在工商行政管理机关登记注册的各类企业为划分对象，以工商行政管理部门对企业登记注册的类型为依据，将企业登记注册类型分为内资企业、港澳台商投资企业和外商投资企业三大类。内资企业包括国有企业、集体企业、股份合作企业、联营企业、有限责任公司、股份有限公司、私营公司和其他企业；港澳台商投资企业和外商投资企业分别包括合资经营企业、合作经营企业、独资经营企业和股份有限公司。对不在工商行政管理部门进行登记注册的行政机关、事业单位和社会团体，主要按其经费来源和管理方式进行划分。

国有企业 指企业全部资产归国家所有，并按《中华人民共和国企业法人登记管理条例》规定登记注册的非公司制的经济组织。不包括有限责任公司中的国有独资公司。

集体企业 指企业资产归集体所有，并按《中华人民共和国企业法人登记管理条例》规定登记注册的经济组织。

股份合作企业 指以合作制为基础，由企业职工共同出资入股，吸收一定比例的社会资产投资组建，实行自主经营，自负盈亏，共同劳动，民主管理，按劳分配与按股分红相结合的一种集体经济组织。

联营企业 指两个及两个以上相同或不同所有制性质的企业法人或事业单位法人，按自愿、平等、互利的原则，共同投资组成的经济组织。联营企业包括国有联营企业、集体联营企业、国有与集体联营企业和其他联营企业。

有限责任公司 指根据《中华人民共和国公司登记管理条例》规定登记注册，由两个以上、五十个以下的股东共同出资，每个股东以其所认缴的出资额对公司承担有限责任，公司以其全部资产对其债务承担责任的经济组织。有限责任公司包括国有独资公司以及其他有限责任公司。

股份有限公司 指根据《中华人民共和国公司登记管理条例》规定登记注册，其全部注册资本由等额股份构成并通过发行股票筹集资本，股东以其认购的股份对公司承担有限责任，公司以其全部资产对其债务承担责任的经济组织。

私营企业 指由自然人投资设立或由自然人控股，以雇佣劳动为基础的营利性经济组织。包括按照《公司法》、《合伙企业法》、《私营企业暂行条例》规定登记注册的私营有限责任公司、私营股份有限公司、私营合伙企业和私营独资企业。

其他企业 指上述企业之外的其他内资经济组织。

与港澳台商合资经营企业 指港澳台地区投资者与内地企业依照《中华人民共和国中外合资经营企业法》及有关法律的规定，按合同规定的比例投资设立、分享利润和分担风险的企业。

与港澳台商合作经营企业 指港澳台地区投资者与内地企业依照《中华人民共和国中外合作经营企业法》及有关法律的规定，依照合作合同的约定进行投资或提供条件设立、分配利润和分担风险的企业。

港澳台商独资经营企业 指依照《中华人民共和国外资企业法》及有关法律的规定，在内地由港澳台地区投资者全额投资设立的企业。

港澳台商投资股份有限公司 指根据国家有关规定，经外经贸部依法批准设立，其中港、澳、台商的股本占公司注册资本的比例达25% 以上的股份有限公司。凡其中港、澳、台商的股本占公司注册资本的比例小于25%的，属于内资企业中的股份有限公司。

中外合资经营企业 指外国企业或外国人与中国内地企业依照《中华人民共和国中外合资经营企业法》及有关法律的规定，按合同规定的比例投资设立、分享利润和分担风险的企业。

中外合作经营企业 指外国企业或外国人与中国内地企业依照《中华人民共和国中外合作经营企业法》及有关法律的规定，依照合作合同的约定进行投资或提供条件设立、分配利润和分担风险的企业。

外资企业 指依照《中华人民共和国外资企业法》及有关法律的规定，在中国内地由外国投资者全额投资设立的企业。

外商投资股份有限公司 指根据国家有关规定，经外经贸部依法批准设立，其中外资的股本占公司注册资本的比例达25% 以上的股份有限公司。凡其中外资股本占公司注册资本的比例小于25%的，属于内资企业中的股份有限公司。

行政机关、事业单位和社会团体 参照企业登记注册类型，主要按其经费来源和管理方式划分。具体规定如下:

⑴行政机关: 包括国家机关和政党机关，原则上均列为“国有”。但有特殊规定的，如供销社等，则列为“集体”。

⑵事业单位: 包括经国家机构编制部门和有关业务主管部门批准成立的各类事业单位，不包括实行企业化管理的事业单位。事业单位的划分办法如下:

①由国家财政预算拨款或列入财政预算外资金管理以及经费主要来源于国有主管部门或国有上级单位的事业单位，列为“国有”。

②经费主要来源于集体单位的事业单位，列为“集体”。

③公民个人（或个人合伙）开办的事业单位，列为“私营”。

④上述以外的其他事业单位，如果其经费来源不明确，按管理方式进行归类。

⑶社会团体: 包括经民政部门批准成立以及未纳入社会团体管理条例范围的工会、妇联等各类社会团体。社会团体的划分办法如下:

①未纳入民政部社会团体管理条例范围的工会、妇联、共青团、青联、工商联、科协、侨联等社会团体，国家拨款设立的基金会或基金管理组织以及经费主要来源于国有业务主管部门或国有上级单位的社会团体，列为“国有”。

②经费主要来源于集体单位的社会团体，列为“集体”。

③公民个人（或个人合伙）开办的社会团体，划为“私营”。

④上述以外的其他社会团体，如果其经费来源不明确，改按管理方式进行归类。

2005

統計年鑒

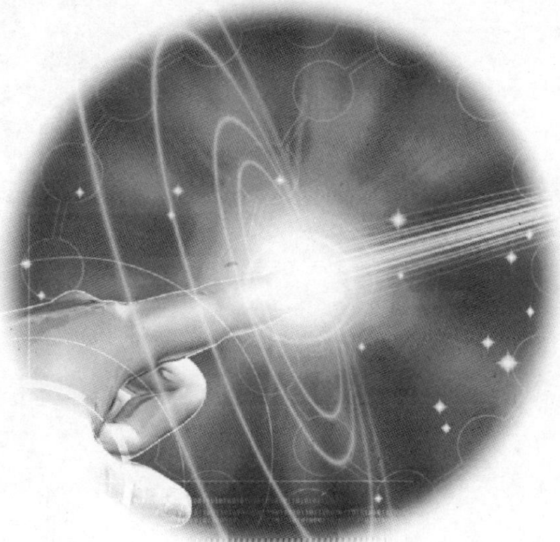

国民经济核算

GUOMINJINGJIHESUAN

资料整理：杨遐龄　萨　慧　何晓红
张西莉　李　艳

****

3. 国民经济核算

****

2004 年全省

生产总值	2883.51 亿元	比上年增长 12.9%
第一产业	394.98 亿元	比上年增长 9.8%
第二产业	1416.82 亿元	比上年增长 16.8%
第三产业	1071.71 亿元	比上年增长 9.5%
人均生产总值	7757 元	比上年增长 12.4%

****

生产总值构成

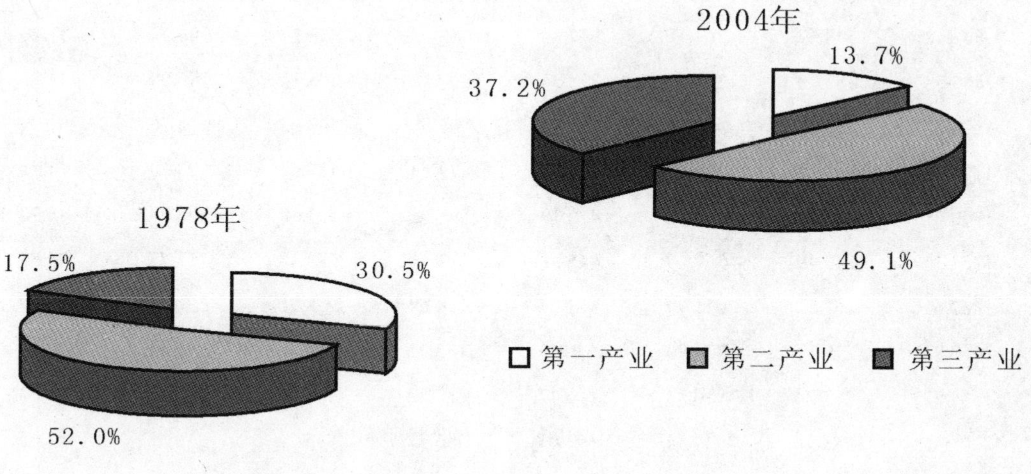

3-1 生产总值

年 份	生产总值（亿元）	第一产业	第二产业	工 业	建筑业	第三产业	#交通运输仓储邮电通信业	#批发零售贸易餐饮业	人 均 生产总值（元）
1952	12.85	8.40	1.92	1.70	0.22	2.53	0.18	1.54	85
1957	25.58	13.17	6.06	4.44	1.62	6.35	0.96	3.00	144
1962	26.85	13.35	7.30	6.27	1.03	6.20	0.70	2.79	135
1965	35.93	17.51	11.78	10.01	1.77	6.64	1.07	2.19	169
1970	46.84	18.89	20.42	16.62	3.80	7.53	1.11	3.15	196
1975	64.92	23.76	29.87	25.18	4.69	11.29	1.94	4.00	243
1978	81.07	24.70	42.13	36.52	5.61	14.24	3.15	4.47	291
1979	94.52	32.52	44.67	39.38	5.29	17.33	3.83	5.44	336
1980	94.91	28.47	47.74	42.22	5.52	18.70	3.91	4.24	334
1981	102.09	35.40	46.25	40.08	6.17	20.44	3.65	4.84	356
1982	111.95	37.02	50.36	43.31	7.05	24.57	4.69	4.69	385
1983	123.39	40.00	55.15	47.48	7.67	28.24	5.48	4.79	420
1984	149.35	51.05	63.12	53.82	9.30	35.18	7.79	6.13	504
1985	180.87	53.39	80.89	67.81	13.08	46.59	7.95	8.68	604
1986	208.31	58.00	91.13	76.61	14.52	59.18	10.09	11.49	688
1987	244.96	67.84	104.58	87.08	17.50	72.54	13.10	12.78	794
1988	314.48	82.69	133.32	112.85	20.47	98.47	19.43	19.11	1004
1989	358.37	91.28	149.64	128.11	21.53	117.45	22.52	18.36	1124
1990	404.30	105.56	157.14	134.10	23.04	141.60	30.54	22.15	1241
1991	466.84	116.88	185.81	157.31	28.50	164.15	31.48	30.17	1410
1992	538.43	127.02	218.86	186.57	32.29	192.55	37.95	33.77	1591
1993	661.42	148.67	279.41	231.93	47.48	233.34	48.33	37.18	1926
1994	816.58	181.78	336.46	278.34	58.12	298.34	60.08	43.15	2344
1995	1000.03	227.25	405.53	338.95	66.58	367.25	74.10	61.90	2843
1996	1175.92	268.75	469.54	389.71	79.83	437.63	93.10	74.81	3314
1997	1300.03	267.52	519.21	420.29	98.92	513.30	106.78	88.90	3634
1998	1381.53	283.49	567.66	445.35	122.31	530.38	115.42	94.63	3834
1999	1487.61	267.51	641.90	487.26	154.64	578.20	130.32	102.57	4101
2000	1660.92	279.12	731.90	549.58	182.32	649.90	156.18	113.21	4549
2001	1844.27	287.24	816.34	606.12	210.22	740.69	188.91	124.73	5024
2002	2101.60	288.55	947.84	691.07	256.77	865.21	210.43	141.65	5701
2003	2398.58	320.03	1133.56	834.76	298.80	944.99	226.01	152.07	6480
2004	2883.51	394.98	1416.82	1064.81	352.01	1071.71	277.54	168.19	7757

注：1.本表按当年价格计算。

2.2002年及以后数据包括新兴产业增加值，2001年及以前不包括。

3-2 生产总值指数

（上年=100）

年 份	生产总值	第一产业	第二产业	工 业	建筑业	第三产业	#交通运输仓储邮电通信业	#批发零售贸易餐饮业	人均生产总值
1978	111.0	98.4	114.7	114.7	114.7	122.2	122.2	122.2	115.5
1979	107.5	109.1	102.7	102.7	102.7	123.7	121.6	121.7	110.0
1980	107.3	109.0	106.4	106.4	106.4	107.9	102.1	77.9	98.0
1981	104.5	113.7	96.3	96.2	96.3	108.1	92.3	113.0	103.5
1982	109.1	106.5	108.5	108.5	108.4	115.3	123.3	92.9	107.6
1983	107.3	101.5	109.5	109.5	109.6	112.7	114.6	100.2	106.3
1984	117.8	112.5	120.0	120.0	119.9	121.9	139.0	125.1	116.9
1985	116.5	99.3	121.9	121.9	122.0	131.0	101.0	140.1	115.1
1986	108.7	104.6	105.9	105.9	105.0	118.2	138.1	119.3	107.7
1987	110.0	101.8	110.8	110.8	110.2	116.6	128.8	103.6	107.8
1988	121.0	105.3	125.0	125.0	121.0	127.9	132.3	138.1	119.2
1989	103.3	106.5	102.8	104.0	95.4	101.6	102.9	68.2	101.4
1990	103.4	105.3	101.8	102.2	96.1	104.5	112.2	116.9	101.3
1991	107.0	106.8	112.6	112.5	113.4	100.8	99.5	128.1	105.4
1992	109.8	103.1	109.0	111.2	101.7	116.1	106.7	106.1	108.0
1993	112.0	109.6	114.5	114.5	114.6	110.9	120.5	101.3	112.2
1994	108.1	97.5	115.2	116.5	107.2	106.9	118.0	96.6	109.2
1995	109.0	104.5	114.0	114.8	108.6	105.2	111.3	106.1	107.9
1996	109.2	110.1	110.2	110.6	106.9	107.2	110.5	104.8	108.2
1997	109.2	100.2	111.3	110.9	114.0	112.0	114.0	114.6	108.3
1998	109.1	107.9	112.4	111.7	118.0	105.1	113.5	110.0	108.3
1999	108.4	98.2	111.3	109.7	122.4	109.9	113.2	109.9	107.6
2000	109.0	104.5	109.7	109.4	111.8	110.3	114.9	111.7	108.3
2001	109.1	102.5	109.9	109.5	111.1	111.0	115.3	111.2	108.5
2002	109.7	104.2	112.2	113.5	108.4	109.2	111.5	109.8	109.3
2003	110.9	105.1	114.8	115.2	113.9	108.5	109.6	106.8	110.4
2004	112.9	109.8	116.8	118.7	111.1	109.5	116.7	107.9	112.4

注：本表按可比价格计算。

3-3 分行业生产总值

单位：亿元

行业	1995年	2000年	2001年	2002年	2003年	2004年
生产总值	**1000.03**	**1660.92**	**1844.27**	**2101.60**	**2398.58**	**2883.51**
第一产业(农业)	227.25	279.12	287.24	288.55	320.03	394.98
第二产业	405.53	731.90	816.34	947.84	1133.56	1416.82
工　业	338.95	549.58	606.12	691.07	834.76	1064.81
建筑业	66.58	182.32	210.22	256.77	298.80	352.01
第三产业	367.25	649.90	740.69	865.21	944.99	1071.71
#农林牧渔服务业	4.16	6.32	6.93	12.97	14.34	
地质勘探业、水利管理业	6.52	11.86	12.90	4.81	5.02	
交通运输、仓储、邮电通讯业	74.10	156.18	188.91	210.43	226.01	
批发零售贸易、餐饮业	61.90	113.21	124.73	141.65	152.07	
金融保险业	71.75	29.51	31.15	39.28	40.81	
房地产业	9.93	35.85	41.48	108.65	117.37	
社会服务业	20.34	65.61	71.06	79.16	74.98	
卫生、体育、社会福利事业	12.50	24.55	27.42	31.20	42.91	
教育、文艺、广播电影电视业	32.12	71.68	83.92	96.03	118.01	
科学研究和综合技术服务业	11.29	15.39	17.88	19.40	21.46	
国家政党机关和社会团体	35.94	66.36	80.45	89.33	96.38	

注:1.本表按当年价格计算。

2.2002年及以后数据包括新兴产业增加值，2001年及以前不包括。

3-4 分行业生产总值构成

单位：%

行业	1995年	2000年	2001年	2002年	2003年	2004年
生产总值	**100.0**	**100.0**	**100.0**	**100.0**	**100.0**	**100.0**
第一产业(农业)	22.7	16.8	15.6	13.7	13.3	13.7
第二产业	40.6	44.1	44.3	45.1	47.3	49.1
工　业	33.9	33.1	32.9	32.9	34.8	36.9
建筑业	6.7	11.0	11.4	12.2	12.5	12.2
第三产业	36.7	39.1	40.1	41.2	39.4	37.2
#农林牧渔服务业	0.4	0.4	0.4	0.6	0.6	
地质勘探业、水利管理业	0.7	0.7	0.7	0.2	0.2	
交通运输、仓储、邮电通讯业	7.4	9.4	10.2	10.0	9.4	
批发零售贸易、餐饮业	6.2	6.8	6.8	6.7	6.3	
金融保险业	7.2	1.8	1.7	1.9	1.7	
房地产业	1.0	2.2	2.2	5.2	4.9	
社会服务业	2.0	3.9	3.8	3.8	3.1	
卫生、体育、社会福利事业	1.2	1.5	1.5	1.5	1.8	
教育、文艺、广播电影电视业	3.2	4.3	4.6	4.6	4.9	
科学研究和综合技术服务业	1.1	0.9	1.0	0.9	0.9	
国家政党机关和社会团体	3.6	4.0	4.3	4.3	4.0	

注:1.本表按当年价格计算。

2.2002年及以后数据包括新兴产业增加值，2001年及以前不包括。

3-5 分行业生产总值指数

（上年=100）

行业	1995年	2000年	2001年	2002年	2003年	2004年
生产总值	**109.0**	**109.0**	**109.1**	**109.7**	**110.9**	**112.9**
第一产业(农业)	104.5	104.5	102.5	104.2	105.1	109.8
第二产业	114.0	109.7	109.9	112.2	114.8	116.8
工业	114.8	109.4	109.5	113.5	115.2	118.7
建筑业	108.6	111.8	111.1	108.4	113.9	111.1
第三产业	105.2	110.3	111.0	109.2	108.5	109.5
#农林牧渔服务业	98.1	112.0	108.5	108.3	108.8	
地质勘探业、水利管理业	99.1	110.6	107.7	104.4	102.7	
交通运输、仓储、邮电通讯业	111.3	114.9	115.3	111.5	109.6	
批发零售贸易、餐饮业	106.1	111.7	111.2	109.8	106.8	
金融保险业	94.9	85.1	103.8	102.3	102.2	
房地产业	103.0	119.2	115.0	110.9	107.0	
社会服务业	120.6	105.6	107.2	103.9	93.1	
卫生、体育、社会福利事业	104.4	107.1	112.0	113.7	135.2	
教育、文艺、广播电影电视业	101.6	114.8	104.0	114.3	120.8	
科学研究和综合技术服务业	104.3	106.1	115.0	108.4	108.8	
国家政党机关和社会团体	102.3	114.1	120.0	110.9	106.1	

注:本表按可比价格计算。

3-6 按支出法计算的生产总值

单位：亿元

指标	1995年	2000年	2001年	2002年	2003年	2004年
生产总值	**1000.03**	**1660.92**	**1844.27**	**2101.60**	**2398.58**	**2883.51**
最终消费	673.42	966.89	1030.67	1109.11	1188.41	1336.39
居民消费	503.25	753.51	815.51	882.72	943.19	1075.63
政府消费	170.17	213.38	215.16	226.39	245.22	260.76
资本形成总额	480.48	851.69	972.51	1152.72	1447.73	1844.24
固定资本形成总额	358.75	796.21	887.24	1061.89	1390.28	1649.28
存货增加	121.73	55.48	85.27	90.83	57.45	194.96
货物和服务净出口	-153.87	-157.66	-158.91	-160.23	-237.56	-297.12

注:1.本表按当年价格计算，“-”表示净流入。

2.按支出法计算的生产总值=最终消费+资本形成总额+货物和服务净出口。

3.最终消费与资本形成总额之和为生产总值使用额。

4.2002年及以后数据包括新兴产业增加值，2001年及以前不包括。

3-7 最终消费

单位：亿元

指 标	2000年	2001年	2002年	2003年	2004年
最终消费	**966.89**	**1030.67**	**1109.11**	**1188.41**	**1336.39**
一、居民消费	753.51	815.51	882.72	943.19	1075.63
1.农村居民	333.69	363.18	366.12	389.34	451.23
自给性消费	68.56	71.15	64.73	58.61	73.74
商品性消费	167.93	169.43	189.30	209.51	227.83
文化生活服务性消费	69.92	90.90	78.64	86.00	110.78
住房及水电消费	27.28	31.70	33.45	35.22	38.88
# 住房消费	21.32	24.49	26.27	27.98	29.55
2.城镇居民	419.82	452.33	516.60	553.85	624.40
商品性消费	286.57	293.73	331.62	365.24	345.95
文化生活服务性消费	107.45	132.18	151.08	151.80	238.49
住房及水电消费	25.80	26.42	33.90	36.81	39.96
# 住房消费	13.80	14.16	17.44	18.13	19.25
二、政府消费	213.38	215.16	226.39	245.22	260.76

注:1.本表按当年价格计算.

2.2002年及以后数据包括新兴产业增加值，2001年及以前不包括。

3-8 资本形成总额

单位：亿元

指 标	2000年	2001年	2002年	2003年	2004年
资本形成总额	**851.69**	**972.51**	**1152.72**	**1447.73**	**1844.24**
固定资本形成总额	796.21	887.24	1061.89	1390.28	1649.28
第一产业	54.49	61.79	81.93	105.75	99.30
1. 农林牧渔业	54.49	61.79	81.93	105.75	99.30
第二产业	268.43	264.82	302.06	330.43	495.72
2.采掘业	77.53	78.33	80.01	103.64	129.91
3.制造业	82.65	98.78	120.30	149.63	226.35
4.电力、煤气及水的生产和供应业	84.20	64.67	71.02	64.12	115.26
5.建筑业	24.05	23.04	30.73	13.04	24.20
第三产业	473.29	560.63	677.90	954.10	1054.26
6.交通运输、仓储及邮电通信业	176.35	215.48	186.42	142.76	230.53
7.批发和零售贸易、餐饮业	19.66	21.30	22.74	40.32	50.76
8.金融保险业	3.21	2.90	3.28	2.28	3.36
9.房地产业	108.83	127.23	203.79	460.46	350.40
10.其它行业	165.24	193.72	261.67	308.28	419.21
存货增加	55.48	85.27	90.83	57.45	194.96
第一产业	15.93	15.37	22.62	-12.71	92.18
1.农林牧渔业	15.93	15.37	22.62	-12.71	92.18
第二产业	33.12	55.97	49.92	65.22	93.95
2.工业	29.51	52.12	40.08	47.72	83.37
3.建筑业	3.61	3.85	9.84	17.50	10.58
第三产业	6.43	13.93	18.29	4.94	8.83
4.交通运输、仓储及邮电通信业	1.63	1.22	2.16	2.10	0.28
5.批发和零售贸易、餐饮业	2.73	11.53	13.68	-3.84	1.83
6.其它行业	2.07	1.18	2.45	6.68	6.72

注:1.本表按当年价格计算。

2.2002年及以后数据包括新兴产业增加值，2001年及以前不包括。

3-9 各市生产总值

（2004年） 单位：亿元

地区	生产总值	第一产业	第二产业	第三产业
西安市	1095.87	60.05	495.67	540.15
铜川市	58.90	5.22	29.80	23.88
宝鸡市	320.30	39.84	170.21	110.25
咸阳市	338.56	74.88	147.40	116.28
渭南市	247.70	52.62	105.52	89.56
延安市	191.76	23.50	129.72	38.54
汉中市	192.53	45.01	70.02	77.50
榆林市	185.04	25.22	114.94	44.88
安康市	119.55	31.95	30.70	56.90
商洛市	87.15	24.92	26.22	36.01
杨凌示范区	11.55	1.27	6.49	3.79

注：1.本表按当年价格计算。
2.本表包括新兴产业增加值。

3-10 各市生产总值增长速度

（2004年，上年为基数）

地区	生产总值	第一产业	第二产业	第三产业
西安市	13.5	6.7	15.6	12.3
铜川市	12.4	16.1	13.9	10.3
宝鸡市	14.5	12.0	19.4	8.8
咸阳市	13.1	10.6	17.6	8.7
渭南市	11.2	6.5	18.9	6.3
延安市	16.8	6.0	24.0	6.8
汉中市	10.9	9.1	15.9	7.8
榆林市	17.5	13.8	24.0	8.5
安康市	9.4	9.3	12.5	7.9
商洛市	9.4	7.7	9.0	10.8
杨凌示范区	14.3	14.6	20.1	6.9

注：本表按可比价格计算。

3-11 全社会资产负债表

单位：亿元

指　　标	1995年		2000年		2002年		2003年	
	使 用	来 源	使 用	来 源	使 用	来 源	使 用	来 源
一、非金融资产	2807.80		5110.66		5744.56		6534.19	
1.固定资产	1869.90		4236.04		4666.15		5346.74	
#在建工程	111.10		204.89		355.37		593.19	
2.存　货	851.48		634.81		739.98		826.81	
3.其他非金融资产	86.42		239.81		338.43		360.64	
二、金融资产与负债	2865.61	2865.61	6449.01	6449.01	8621.92	8621.92	9970.44	9970.45
(一)国内金融资产与负债	2820.76	2820.76	6255.19	6255.19	8364.98	8364.98	9674.91	9674.92
1.通　货	147.44	147.44	310.96	310.96	415.96	415.96	471.92	471.92
2.存　款	1097.24	1097.24	2663.00	2663.00	3798.27	3798.27	4593.09	4593.10
3.贷　款	1141.53	1141.53	2193.12	2193.12	2950.84	2950.84	3549.60	3549.60
4.股票及其他股权	17.95	17.95	318.81	318.81	342.13	342.13	312.10	312.10
5.证　券	238.96	238.96	339.94	339.94	419.39	419.39	451.49	451.49
6.保险准备金	11.98	11.98	46.63	46.63	116.38	116.38	161.72	161.72
7.其　他	165.66	165.66	382.73	382.73	322.01	322.01	134.99	134.99
(二)国外金融资产与负债	44.85	44.85	193.82	193.82	256.94	256.94	295.53	295.53
1.直接投资	44.85	44.85	193.82	193.82	256.94	256.94	295.53	295.53
2.证券投资								
3.其它投资								
三、资产负债差额		2807.80		5110.66		5714.56		6534.18

3-12 部门资产负债表

（2003年）

单位：亿元

指　　标	非金融企业部门		金融机构部门		政府部门		住户部门	
	使 用	来 源	使 用	来 源	使 用	来 源	使 用	来 源
一、非金融资产	3994.75		456.17		415.64		1658.63	
1.固定资产	3326.97		150.15		403.00		1466.62	
#在建工程	539.01		14.73		39.45			
2.存　货	619.15		3.01		12.64		192.01	
3.其他非金融资产	48.63		312.01					
二、金融资产与负债	2019.08	4093.34	3743.46	4777.26	323.79		3301.48	238.33
(一)国内金融资产与负债	2019.08	3797.81	3743.46	4777.26	323.79		3301.48	238.33
1.通　货	91.03		24.47		22.42		334.00	
2.存　款	1837.74			4593.10	213.59		2541.76	
3.贷　款		3311.27	3549.60					238.33
4.股票及其他股权	52.25	301.01	13.06	11.09	87.06		7.62	
5.证券(不含股票)	32.45	61.89	156.09				262.95	
6.保险准备金	5.16		0.24	161.72	0.72		155.15	
7.其　他		123.64		11.35				
(二)国外金融资产与负债		295.53						
三、资产负债差额		1920.49		-568.63		739.43		4721.78

主要统计指标解释

三次产业 根据《国民经济行业分类》（GB/T 47542002）规定，三次产业划分范围如下：

第一产业是指农、林、牧、渔业。

第二产业是指采矿业，制造业，电力、燃气及水的生产和供应业，建筑业。

第三产业是指除第一、二产业以外的其他行业。第三产业包括：交通运输、仓储和邮政业，信息传输、计算机服务和软件业，批发和零售业，住宿和餐饮业，金融业，房地产业，租赁和商务服务业，科学研究、技术服务和地质勘查业，水利、环境和公共设施管理业，居民服务和其他服务业，教育，卫生、社会保障和社会福利业，文化、体育和娱乐业，公共管理和社会组织，国际组织。

国民生产总值（GNP） 指一个国家（或地区）所有常住单位在一定时期内收入初次分配的最终结果。一国常住单位从事生产活动所创造的增加值在初次分配中主要分配给该国的常住单位，但也有一部分以生产税及进口税（扣除生产和进口补贴）、劳动者报酬和财产收入等形式分配给非常住单位；同时，国外生产所创造的增加值也有一部分以生产税及进口税（扣除生产和进口补贴）、劳动者报酬和财产收入等形式分配给该国的常住单位，从而产生了国民生产总值的概念。它等于国内生产总值加上来自国外的净要素收入。与国内生产总值不同，国民生产总值是个收入概念，而国内生产总值是个生产概念。

国内生产总值（GDP） 指按市场价格计算的一个国家所有常住单位在一定时期内生产活动的最终成果，它反映了一个国家经济的总规模，是反映经济运行状况最重要的指标。国内生产总值有三种表现形态，即价值形态、收入形态和产品形态。从价值形态看，它是所有常住单位在一定时期内生产的全部货物和服务价值超过同期投入的全部非固定资产货物和服务价值的差额，即所有常住单位的增加值之和；从收入形态看，它是所有常住单位在一定时期内创造并分配给常住单位和非常住单位的初次收入之和；从产品形态看，它是所有常住单位在一定时期内最终使用的货物和服务价值减去货物和服务进口价值。

国内生产总值的三种表现形态在实际核算中形成了不同的核算方法，即生产法、收入法和支出法。按生产法核算，国内生产总值等于三次产业增加值（总产出 - 中间投入）之和。按支出法核算，包括最终消费、资本形成总额及货物和服务净出口三部分。按收入法核算，包括劳动者报酬、生产税净额、固定资产折旧和营业盈余四个部分。

地区生产总值 指一个地区所有常住单位在一定时期内生产活动的最终成果。它与国内生产总值的区别在于地域范围不同，国内生产总值的范围是全国，地区生产总值的范围是本地区。

总产出 指一定时期内一个国家（或地区）常住单位生产的所有货物和服务的价值，既包括新增价值，也包括转移价值。它反映常住单位生产活动的总规模。总产出按生产者价格计算。

中间投入 指常住单位在生产或提供货物与服务过程中，消耗和使用的所有非固定资产货物和服务的价值，中间投入也称为中间消耗。一般按购买者价格计算。

增加值 指常住单位生产过程中创造的新增价值和固定资产的转移价值。它可以按生产法计算，也可以按收入法计算，按生产法计算，它等于总产出减去中间投入；按收入法计算，它等于劳动者报酬、生产税净额、固定资产折旧和营业盈余之和。

劳动者报酬 指劳动者因从事生产活动所获得的全部报酬。包括劳动者获得的各种形式的工资、奖金和津贴，既包括货币形式的，也包括实物形式的，还包括劳动者所享受的公费医疗和医药卫生费、上下班交通补贴、单位支付的社会保险费、住房公积金等。对于个体经济来说，其所有者所获得的劳动报酬和经营利润不易区分，这两部分统一作为劳动者报酬处理。

生产税净额 指生产税减生产补贴后的余额。生产税指政府对生产单位从事生产、销售和经营活动以及因从事生产活动使用某些生产要素（如固定资产、土地、劳动力）所征收的各种税、附加费和规费。生产补贴与生产税相反，指政府对生产单位的单方面转移支出，因此视为负生产税，包括政策亏损补贴、价格补贴等。

固定资产折旧 指一定时期内为弥补固定资产损耗按照规定的固定资产折旧率提取的固定资产折旧，或按国民经济核算统一规定的折旧率虚拟计算的固定资产折旧。它反映了固定资产在当期生产中的转移价值。各类企业和企业化管理的事业单位的固定资产折旧是指实际计提的折旧费；不计提折旧的政府机关、非企业化管理的事业单位和居民住房的固定资产折旧是按照统一规定的折旧率和固定资产原值计算的虚拟折旧。原则上，固定资产折旧应按固定资产的重置价值计算，但是目前我国尚不具备对全社会固定资产进行重估价的基础，所以暂时只能采用上述办法。

营业盈余 指常住单位创造的增加值扣除劳动者报酬、生产税净额和固定资产折旧后的余额。它相当于企业的营业利润加上生产补贴，但要扣除从利润中开支的工资和福利等。

最终消费 指常住单位为满足物质、文化和精神生活的需要，从本国经济领土和国外购买的货物和服务的支出；不包括非常住单位在本国经济领土内的消费支出。最终消费分为居民消费和政府消费。

居民消费 指常住住户在一定时期内对货物和服务的全部最终消费支出。居民消费按市场价格计算，即按居民支付的购买者价格计算。购买者价格是购买者取得货物所支付的价格，包括购买者支付的运输和商业费用。居民消费除了直接以货币形式购买货物和服务的消费支出外，还包括以其他方式获得的货物和服务的消费支出，即所谓的虚拟消费支出。居民虚拟消费支出包括以下几种类型：单位以实物报酬及实物转移的形式提供给劳动者的货物和服务；住户生产并由本住户消费了的货物和服务，其中的服务仅指住户的自有住房服务和付酬的家庭雇员提供的家庭和个人服务；金融机构提供的金融媒介服务；保险公司提供的保险服务。

政府消费 指政府部门为全社会提供的公共服务的消费支出和免费或以较低价格向住户提供的货物和服务的净支出。前者等于政府服务的产出价值减去政府单位所获得的经营收入的价值，后者等于政府部门免费或以较低价格向住户提供的货物和服务的市场价值减去向住户收取的价值。

资本形成总额 指常住单位在一定时期内获得的减去处置的固定资产加存货的净额，包括固定资本形成总额和存货增加。

固定资本形成总额 指生产者在一定时期内获得的固定资产减处置的固定资产的价值总额。固定资产是通过生产活动生产出来的，且其使用年限在一年以上、单位价值在规定标准以上的资产，不包括自然资产。可分为有形固定资本形成总额和无形固定资本形成总额。有形固定资本形成总额包括一定时期内完成的建筑工程、安装工程和设备工器具购置（减处置）价值，以及土地改良、新增役、种、奶、毛、娱乐用牲畜和新增经济林木价值。无形固定资本形成总额包括矿藏的勘探、计算机软件等获得减处置。

存货增加 指常住单位在一定时期内存货实物量变动的市场价值，即期末价值减期初价值的差额，再扣除当期由于价格变动而产生的持有收益。存货增加可以是正值，也可以是负值；正值表示存货上升，负值表示存货下降。存货包括生产单位购进的原材料、燃料和储备物资等存货，以及生产单位生产的产成品、在制品和半成品等存货。

货物和服务净出口 指货物和服务出口减货物和服务进口的差额。出口包括常住单位向非常住单位出售或无偿转让的各种货物和服务的价值；进口包括常住单位从非常住单位购买或无偿得到的各种货物和服务的价值。由于服务活动的提供与使用同时发生，一般把常住单位从非常住单位得到的服务作为进口，非常住单位从常住单位得到的服务作为出口。货物的出口和进口都按离岸价格计算。

非金融资产 指机构单位单独或共同对其执行所有权或处置权,并通过在核算期内持有或使用它们可从中获得经济利益的，除金融资产以外的有形资产和无形资产。目前将非金融资产划分为固定资产、存货和其它非金融资产。

金融资产 指机构单位单独或共同对其执行所有权或处置权,并通过在核算期内持有或使用它们可从中获得经济利益的非金融资产以外的各种债权债务。通常金融资产的含义包括负债。金融资产包括国内金融资产（通货、存款、贷款、股票及其它股权、有价证券、保险准备金、其它金融资产)和国外金融资产（长期资本、短期资本)。

资产负债差额（资产净值） 指全部资产减去全部负债后的差额。其经济含义是机构单位、机构部门或经济总体所拥有的权益，包括非金融资产和对机构单位外部、机构部门外部以及国外的金融资产净额。是其经济实力的总括表现和进行再生产活动的基本条件。

2005 統計年鑑

人　口

RENKOU

资料整理：邵晓绒

****

4. 人　口

****

2004 年全省

年底总人口	3705 万人	比上年增长　0.4%
人口自然增长率	4.26 ‰	比上年下降　0.03 个千分点
男女性别比（以女性为 100）	105.88	
人口密度	180 人/平方公里	

****

人口年龄构成

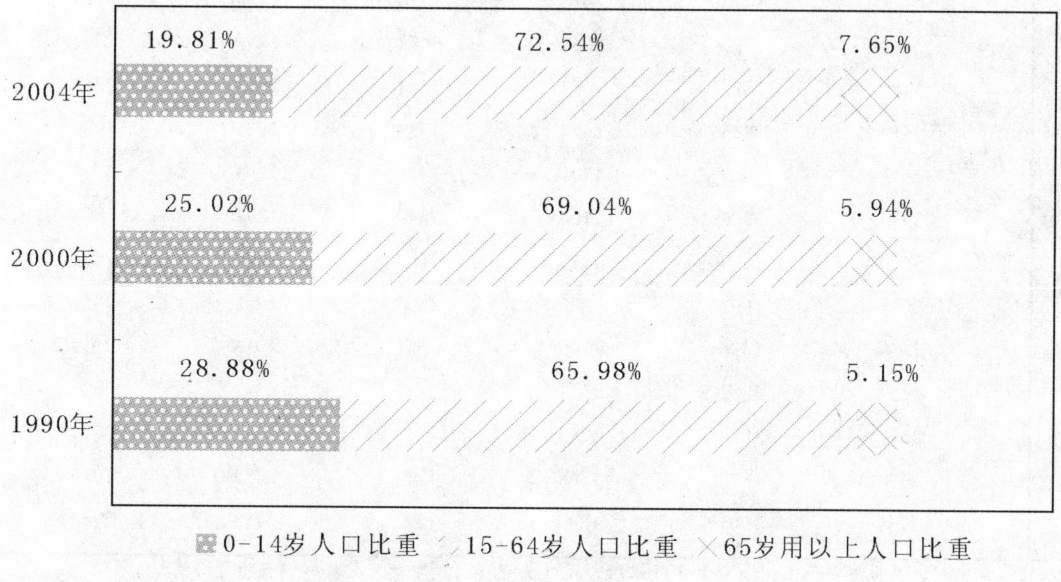

4-1 人口数和构成

单位：万人

年份	年底总人口	按性别分		按城乡分		按农业、非农业分	
		男	女	市镇人口	乡村人口	农业人口	非农业人口
1949	1317	692	625	125	1192	1162	155
1952	1528	818	710	160	1368	1381	147
1957	1803	963	840	285	1518	1545	258
1962	2008	1052	955	352	1656	1751	257
1965	2144	1123	1022	334	1810	1858	286
1970	2428	1265	1163	396	2032	2097	331
1975	2692	1400	1292	435	2257	2305	387
1978	2779	1444	1335	454	2325	2371	408
1979	2807	1456	1351	469	2339	2381	426
1980	2831	1468	1363	522	2309	2390	441
1981	2865	1486	1379	535	2329	2405	459
1982	2904	1507	1397	548	2356	2433	471
1983	2931	1525	1406	577	2354	2446	484
1984	2966	1546	1420	1111	1865	2457	509
1985	3002	1566	1436	1167	1834	2462	540
1986	3042	1588	1454	1203	1839	2501	541
1987	3088	1613	1476	1244	1844	2530	558
1988	3140	1640	1500	1405	1735	2565	574
1989	3198	1671	1527	1438	1759	2604	594
1990	3316	1727	1589	1501	1815	2699	617
1991	3363	1754	1609	1539	1824	2730	633
1992	3405	1777	1628	1576	1829	2748	657
1993	3443	1799	1644	1654	1789	2769	674
1994	3481	1819	1662	1668	1813	2784	697
1995	3513	1836	1677	1738	1775	2791	722
1996	3543	1842	1701	1939	1604	2799	744
1997	3570	1866	1704	2279	1291	2803	767
1998	3596	1879	1717	2547	1049	2812	784
1999	3618	1892	1726	2593	1025	2816	802
2000	3644	1896	1748	2631	1013	2812	832
2001	3659	1882	1777	1127	2532	2807	852
2002	3674	1888	1786	1135	2539	2796	878
2003	3690	1892	1798	1208	2482	2786	904
2004	3705	1905	1800	1222	2483	2783	922

注：1.1990年以前各年的人口数为公安年报数，1990年及以后为人口普查及人口变动情况抽样调查推算数。

2.城乡人口2000年及以前按行政区划统计,2001年及以后为人口变动抽样调查推算数。

4-2 人口数和自然变动情况

年 份	总人口(万人)	出生人口(万人)	死亡人口(万人)	出生率(‰)	死亡率(‰)	自然增长率(‰)
1953	1632.2	53.4		34.00		
1964	2098.6	83.1	33.3	40.00	16.00	24.00
1982	2910.3	54.8	19.3	19.00	6.70	12.30
1990	3316.0	77.2	21.4	23.48	6.52	16.96
1991	3363.1	66.2	21.7	19.82	6.51	13.31
1992	3404.6	63.8	22.2	18.85	6.57	12.28
1993	3442.5	60.4	22.4	17.63	6.55	11.08
1994	3480.5	60.9	22.9	17.59	6.60	10.99
1995	3513.1	55.7	23.0	15.93	6.57	9.36
1996	3543.0	52.9	23.0	14.99	6.51	8.48
1997	3570.1	49.5	22.4	13.91	6.29	7.62
1998	3595.7	48.6	23.0	13.56	6.43	7.13
1999	3618.1	45.1	23.0	12.51	6.38	6.13
2000	3644.0					
2001	3658.6	38.3	23.1	10.50	6.34	4.16
2002	3673.7	38.4	23.3	10.48	6.36	4.12
2003	3689.5	39.3	23.5	10.67	6.38	4.29
2004	3705.2	39.2	23.4	10.59	6.33	4.26

注：本表为人口普查、人口变动情况抽样调查数。

4-3 人口年龄构成和抚养比

单位：%

年 份	0-14岁人口比重	15-64岁人口比重	65岁及以上人口比重	总抚养比	少年儿童抚养比	老年人口抚养比
1953	36.71	59.25	4.04	68.78	61.96	6.82
1964	41.26	55.23	3.51	81.06	74.71	6.35
1982	33.06	62.40	4.57	60.30	52.98	7.32
1990	28.88	65.98	5.15	51.57	43.77	7.80
1991	30.21	64.07	5.72	56.08	47.15	8.93
1992	30.15	64.19	5.66	55.78	46.96	8.82
1993	29.30	65.09	5.61	53.64	45.02	8.62
1994	28.31	66.43	5.26	50.53	42.62	7.91
1995	28.88	65.40	5.72	52.90	44.16	8.74
1996	28.90	65.11	6.00	53.59	44.38	9.21
1997	27.63	66.52	5.85	50.33	41.54	8.79
1998	27.15	66.15	6.70	51.16	41.04	10.12
1999	26.28	66.58	7.14	50.21	39.48	10.73
2000	25.02	69.04	5.94	44.84	36.24	8.60
2001	24.49	68.78	6.73	45.39	35.61	9.78
2002	22.35	69.64	8.01	43.60	32.09	11.51
2003	20.90	71.35	7.75	40.15	29.29	10.86
2004	19.81	72.54	7.65	37.86	27.31	10.55

注：本表为人口普查、人口变动情况抽样调查数。抚养比指0-14岁、65岁以上人口占15-64岁人口的比重。

4-4 分年龄、性别人口

年 龄	人口数（人）			占总人口数比重（%）			性别比(女=100)
	合 计	男	女	合 计	男	女	
总 计	**42246**	**21726**	**20520**	**100.00**	**51.43**	**48.57**	**105.88**
0-4	1776	970	806	4.20	2.30	1.91	120.35
5-9	2571	1416	1155	6.09	3.35	2.73	122.60
10-14	4021	2133	1888	9.52	5.05	4.47	112.98
15-19	4178	2220	1958	9.89	5.25	4.63	113.38
20-24	2573	1266	1307	6.09	3.00	3.09	96.86
25-29	2775	1349	1426	6.57	3.19	3.38	94.60
30-34	3861	1920	1941	9.14	4.54	4.59	98.92
35-39	3990	2020	1970	9.44	4.78	4.66	102.54
40-44	3616	1855	1761	8.56	4.39	4.17	105.34
45-49	3157	1612	1545	7.47	3.82	3.66	104.34
50-54	2774	1397	1377	6.57	3.31	3.26	101.45
55-59	2030	1049	981	4.81	2.48	2.32	106.93
60-64	1692	862	830	4.01	2.04	1.96	103.86
65+	3232	1657	1575	7.65	3.92	3.73	105.21

注：本表为2004年人口变动抽样调查样本数据。

4-5 各市计划生育情况

(2004年)

地 区	已婚育龄妇女人数(人)	早婚率(%)	晚婚率(%)	领取独生子女证人数(人)	节育率(%)	绝育率(%)	上环率(%)
全 省	**6573081**	**0.08**	**56.53**	**1062924**	**91.08**	**51.10**	**33.06**
西安市	1162857		63.76	300404	91.23	43.17	40.26
铜川市	145620	0.08	55.22	37164	90.87	40.05	41.37
宝鸡市	671797	0.16	55.61	97189	90.60	54.66	30.57
咸阳市	890053	0.03	73.11	88630	89.85	57.52	24.46
渭南市	1067391		67.79	185512	89.46	51.72	30.98
延安市	371194	0.16	40.31	56939	90.60	53.18	29.05
汉中市	723330		59.48	146508	93.19	34.91	50.45
榆林市	626906	0.36	28.47	86125	90.22	59.38	24.54
安康市	485336	0.06	50.12	42390	93.23	57.82	31.12
商洛市	411884	0.12	34.02	19916	93.80	61.91	26.26
杨凌示范区	16713		86.01	2147	91.93	53.89	32.45

注：本表为计生年报数据。

4-6 各市县总户数和总人口数

(2004年)

单位：人

地 区	总户数(户)	总人口			总人口中	
		合计	男	女	非农业人口	市镇人口
全 省	**10293086**	**36744385**	**19139140**	**17605245**	**9147498**	**30384323**
西安市	**1993304**	**7250078**	**3741604**	**3508474**	**3185035**	**6571859**
市辖区	1438872	5163038	2652501	2510537	2943537	5163038
新城区	154508	485063	248997	236066	473061	485063
碑林区	183467	699124	373566	325558	685663	699124
莲湖区	190138	598905	307330	291575	562740	598905
灞桥区	131253	450972	227761	223211	178743	450972
未央区	125432	408324	206519	201805	196131	408324
雁塔区	163571	685732	356199	329533	529826	685732
阎良区	64927	242288	123712	118576	81864	242288
临潼区	175005	666940	337967	328973	109885	666940
长安区	250571	925690	470450	455240	125624	925690
蓝田县	166557	640900	332435	308465	65262	407584
周至县	160500	634176	335275	298901	49661	391385
户 县	166334	578065	303393	274672	100599	463933
高陵县	61041	233899	118000	115899	25273	145919
铜川市	**242401**	**843299**	**443432**	**399867**	**398908**	**807525**
市辖区	217264	751344	394279	357065	386415	751344
王益区	66687	214937	111049	103888	175507	214937
印台区	66946	235808	126913	108895	140604	235808
耀州区	83631	300599	156317	144282	70304	300599
宜君县	25137	91955	49153	42802	12493	56181
宝鸡市	**1026504**	**3692040**	**1913748**	**1778292**	**897728**	**3314782**
市辖区	390823	1346740	692315	654425	610159	1346740
渭滨区	123371	387421	196185	191236	273542	387421
金台区	116405	366858	186176	180682	245547	366858
陈仓区	151047	592461	309954	282507	91070	592461
凤翔县	134201	509046	262475	246571	48473	413373
岐山县	129987	459721	235849	223872	81395	411124
扶风县	114007	459672	240786	218886	37153	378512
眉 县	85070	304073	158235	145838	32999	285145
陇 县	67854	248180	130918	117262	26849	200758
千阳县	35288	125772	66794	58978	15796	86915
麟游县	24500	87415	45811	41604	11699	55231
凤 县	28518	99402	52598	46804	21618	91018
太白县	16256	52019	27967	24052	11587	45966
咸阳市	**1304306**	**4897520**	**2552284**	**2345236**	**1018519**	**3973839**
市辖区	244623	848451	436011	412440	521621	848451
秦都区	127757	450721	232911	217810	274660	450721
渭城区	116866	397730	203100	194630	246961	397730

注：本表为公安年报统计数。市镇人口为市辖区、县级市和镇所辖行政区域的所有人口。

4-6 续表1 (2004年) 单位：人

地 区	总户数(户)	总人口			总人口中	
		合 计	男	女	非农业人口	市镇人口
三原县	121343	403880	208779	195101	73950	320972
泾阳县	124645	498487	254871	243616	51718	417149
乾 县	139581	558515	290432	268083	47804	395562
礼泉县	129122	458078	239231	218847	53025	354704
永寿县	49677	187860	99209	88651	18343	139356
彬 县	83089	325194	169170	156024	31859	227004
长武县	45162	172824	91696	81128	15652	86925
旬邑县	68348	270437	145214	125223	21982	218601
淳化县	53182	197360	103172	94188	23251	99169
武功县	97491	414795	220991	193804	42832	304307
兴平市	148043	561639	293508	268131	116482	561639
渭南市	**1502936**	**5367508**	**2733500**	**2634008**	**975850**	**4192373**
临渭区	263743	913485	461199	452286	245077	913485
华 县	98367	343920	175177	168743	71016	265960
潼关县	43536	159810	80952	78858	35302	103492
大荔县	181026	701244	353964	347280	71192	426929
合阳县	118014	436290	221707	214583	44425	373029
澄城县	114966	387635	199300	188335	78522	268864
蒲城县	201436	746612	378407	368205	98938	486418
白水县	82457	278193	143286	134907	49059	145587
富平县	209039	760905	390037	370868	88267	569195
韩城市	115489	385273	199425	185848	123355	385273
华阴市	74863	254141	130046	124095	70697	254141
延安市	**617761**	**2087974**	**1095825**	**992149**	**530003**	**1563372**
宝塔区	145452	399040	209466	189574	189174	399040
延长县	45045	147094	76955	70139	27626	102309
延川县	54508	181444	95263	86181	36070	130105
子长县	63769	238870	123553	115317	51684	190097
安塞县	45744	161554	84460	77094	18423	117963
志丹县	33437	130263	69823	60440	25145	92919
吴旗县	31029	125698	66421	59277	17469	64291
甘泉县	25246	79189	41276	37913	22599	49615
富 县	38894	147628	76852	70776	30287	113004
洛川县	47977	195866	104065	91801	32019	114696
宜川县	32564	113303	59585	53718	18528	69625
黄龙县	14893	47366	26016	21350	12922	25210
黄陵县	39203	120659	62090	58569	48057	94498
汉中市	**1116629**	**3739890**	**1967501**	**1772389**	**729845**	**3089026**
汉台区	173719	529077	271170	257907	247254	529077
南郑县	169004	547199	285245	261954	76316	440749

4-6 续表2 (2004年) 单位：人

地 区	总户数(户)	总人口			总人口中	
		合计	男	女	非农业人口	市镇人口
城固县	149464	505679	262786	242893	80019	428073
洋 县	133237	440485	236118	204367	67723	365478
西乡县	123207	401546	214073	187473	51485	348465
勉 县	121445	424548	221083	203465	75823	366984
宁强县	91400	334151	176975	157176	34961	245620
略阳县	55353	201515	108014	93501	56579	148995
镇巴县	75770	277046	149480	127566	25036	169200
留坝县	13801	45168	24182	20986	7993	32214
佛坪县	10229	33476	18375	15101	6656	14171
榆林市	**928458**	**3367889**	**1753352**	**1614537**	**559955**	**2324035**
榆阳区	142957	456872	235210	221662	155235	456872
神木县	113988	369408	194843	174565	95352	305130
府谷县	56481	214957	111429	103528	37496	113231
横山县	80947	330178	172839	157339	30364	226664
靖边县	73777	286348	148558	137790	37250	181698
定边县	73916	310778	161454	149324	38708	186805
绥德县	103502	350895	181865	169030	50721	212874
米脂县	61244	209187	108925	100262	28540	140586
佳 县	66717	247065	129342	117723	23255	117068
吴堡县	26080	79349	40994	38355	13275	52977
清涧县	56488	207575	109498	98077	22983	120249
子洲县	72361	305277	158395	146882	26776	209881
安康市	**861302**	**2949749**	**1585281**	**1364468**	**445115**	**2454641**
汉滨区	276116	947751	501882	445869	206701	947751
汉阴县	88044	291968	157855	134113	28340	260430
石泉县	57611	183639	99253	84386	30845	134093
宁陕县	23470	74672	39589	35083	14449	63891
紫阳县	92987	337000	184295	152705	36048	256873
岚皋县	50776	168215	92550	75665	20383	102925
平利县	71997	229640	123915	105725	30751	199180
镇坪县	17857	57531	31026	26505	8011	32969
旬阳县	126962	451221	242825	208396	49970	302076
白河县	55482	208112	112091	96021	19617	154453
商洛市	**666958**	**2406169**	**1275839**	**1130330**	**348778**	**1950602**
商州区	144230	545021	287155	257866	150708	545021
洛南县	142466	451675	235923	215752	56877	355233
丹凤县	82166	302072	159159	142913	24928	229902
商南县	63367	231213	122198	109015	25712	177076
山阳县	111014	437982	234028	203954	36211	298619
镇安县	78566	282774	153213	129561	35359	218734
柞水县	45149	155432	84163	71269	18983	126017
杨凌示范区	**32527**	**142269**	**76774**	**65495**	**57762**	**142269**

主要统计指标解释

人口数　指一定时点、一定地区范围内的有生命的个人的总和。年度统计的年末人口数指每年12月31日24时的人口数。年度统计的全国人口总数内未包括台湾省和港澳同胞以及海外华侨人数。

城镇人口和乡村人口　城镇人口是指居住在城镇范围内的全部人口，乡村人口是除上述人口以外的全部人口。

城镇人口和乡村人口本年鉴有两种口径:

第一种口径（按行政建制）

城镇人口是指市辖区、县级市和县辖镇的全部人口;

乡村人口是指县辖乡人口。

第二种口径（按常住人口划分）

城乡人口的划分是按照国家统计局1999年发布的《关于统计上划分城乡的规定（试行）》计算的。本规定具体为:

城市：指经国务院批准设市建制的城市市区。包括设区市的市区和不设区市的市区。

设区市的市区是指：（一）市辖区人口密度在1500人/平方公里及以上的，市区为区辖全部行政区域；（二）市辖区人口密度在1500人/平方公里及以上的，市区为市辖区人民政府驻地和区辖其他街道办事处地域；（三）前款市辖区人民政府驻地的城区建设已延伸到周边建制镇（乡）的部分区域，其市区还应包括该建制镇（乡）的全部行政区域。

不设区市的市区是指：（一）市人民政府驻地和市辖其他街道办事处地域；（二）市人民政府驻地的城区建设已延伸到周边建制镇（乡）的部分区域，其市区还应包括该建制镇（乡）的全部行政区域。

镇：是指经批准设立的建制镇的镇区。包括：县及县以上（不含市）人民政府、行政公署所在的建制镇的镇区和其他建制镇的镇区。镇区是指：（一）镇人民政府驻地和镇辖其他居委会地域；（二）镇人民政府驻地城区建设已延伸到周边村民委员会的驻地，其镇区还应包括该村民委员会的全部区域。

乡村：是指本规定划定的城镇地区以外的其他地区。

出生率(又称粗出生率)　指在一定时期内(通常为一年)一定地区的出生人数与同期内平均人数(或期中人数)之比。一般用千分率表示。本年鉴中的出生率指年出生率，其计算公式为:

出生率 = 年出生人数 / 年平均人数 × 1000‰

式中：出生人数指活产婴儿，即胎儿脱离母体时(不管怀孕月数)，有过呼吸或其它生命现象。年平均人数指年初、年底人口数的平均数，也可用年中人口数代替。

死亡率(又称粗死亡率)　指在一定时期内(通常为一年)一定地区的死亡人数与同期内平均人数(或期中人数)之比，一般用千分率表示。本年鉴中的死亡率指年死亡率，其计算公式为:

死亡率 = 年死亡人数 / 年平均人数 × 1000‰

人口自然增长率　指在一定时期内(通常为一年)人口自然增加数(出生人数减死亡人数)与该时期内平均人数(或期中人数)之比，一般用千分率表示。计算公式为:

人口自然增长率 =（本年出生人数 − 本年死亡人数） / 年平均人数 × 1000‰

=人口出生率 − 人口死亡率

总抚养比　也称总负担系数。指人口总体中非劳动年龄人口数与劳动年龄人口数之比。通常用百分比表示，说明每100名劳动年龄人口大致要负担多少名非劳动年龄人口，用于从人口角度反映人口与经济发展的基本关系。计算公式为:

总抚养比 =（0～14岁少年儿童人口数 + 65岁及以上老年人口数） / 15-64岁劳动年龄人口数 × 100%

老年人口抚养比　也称老年人口抚养系数。指人口中老年人口数与劳动年龄人口数之比。通常用百分比表示，用以表明每100名劳动年龄人口要负担多少名老年人。老年人口抚养比是从经济角度反映人口老化社会后果的指标之一。计算公式为:

老年人口抚养比 = 65岁及以上老年人口数 / 15-64岁劳动年龄人口数 × 100%

少年儿童抚养比　也称少年儿童抚养系数。指人口中少年儿童人口数与劳动年龄人口数之比。通常用百分比表示，以反映每100名劳动年龄人口要负担多少名少年儿童。计算公式为:

少年儿童抚养比 = 0-14岁少年儿童人口数 / 15-64岁劳动年龄人口数 × 100%

2005

年统

鉴计

从业人员和职工工资

CONGYERENYUANHEZHIGONGGONGZI

资料整理：王顺强

****

5. 从业人员和职工工资

****

2004 年全省

年底从业人员	1941	万人	比上年增长 1.5%
# 在岗职工人数	319	万人	比上年增长 -0.3%
在岗职工工资总额	416.18	亿元	比上年增长 13.6%
在岗职工平均工资	13024	元	比上年增长 13.6%
离休、退休、退职人员数	118.33	万人	比上年增长 5.1%

****

职工平均工资

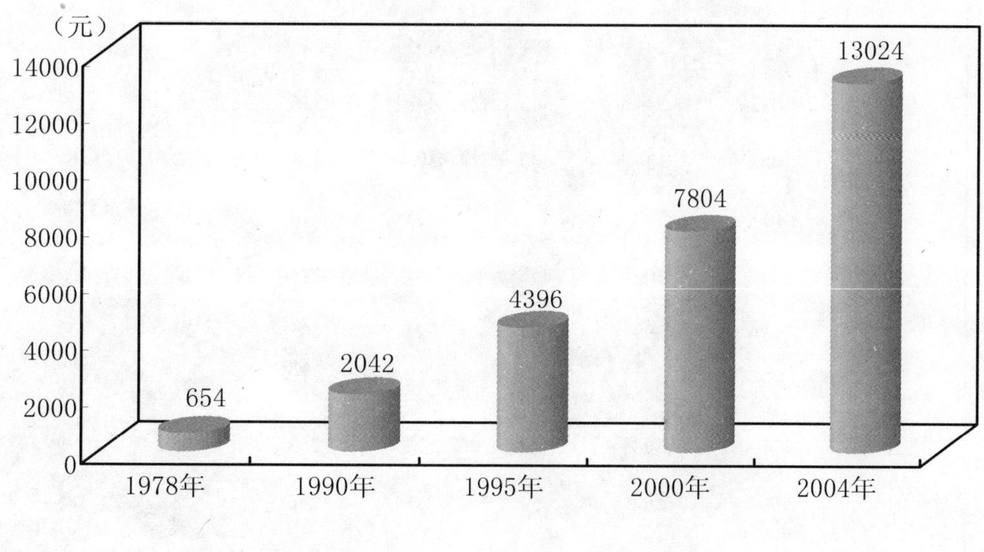

5-1 从业人员人数

单位：万人

年份	从业人员人数	第一产业	第二产业	第三产业	年末职工人数	#国有单位	#城镇集体单位	城镇私营及个体从业人员	乡村从业人员	其他从业人员
1978	1078	766	193	119	257	222	35	…	821	
1979	1105	794	191	120	264	225	40		840	
1980	1158	831	199	128	282	239	43	1	875	
1981	1202	874	188	140	297	250	47	2	903	
1982	1250	904	198	148	309	258	50	3	939	
1983	1285	925	199	161	312	261	51	4	969	
1984	1337	936	217	184	324	260	63	7	1007	
1985	1375	888	287	200	337	271	65	9	1029	
1986	1409	874	303	232	350	282	67	10	1049	
1987	1449	905	311	233	358	289	68	14	1077	
1988	1494	950	299	245	366	298	68	15	1112	
1989	1529	973	298	258	374	304	68	17	1138	
1990	1576	1010	302	264	379	311	67	17	1180	
1991	1640	1054	314	272	390	321	68	18	1232	
1992	1672	1069	321	283	395	326	67	19	1258	
1993	1708	1061	335	312	398	326	66	24	1272	14
1994	1720	1055	333	332	392	327	60	32	1283	13
1995	1748	1056	341	351	395	333	56	42	1298	13
1996	1776	1053	341	382	398	336	54	59	1308	11
1997	1792	1053	339	400	396	335	52	63	1322	11
1998	1788	1055	300	433	335	270	36	99	1342	12
1999	1808	1052	304	452	335	271	32	109	1353	11
2000	1813	1010	299	504	328	265	29	133	1343	9
2001	1785	994	297	494	324	258	27	118	1333	9
2002	1874	1003	308	563	322	253	25	179	1363	10
2003	1912	997	364	551	319	246	23	185	1397	11
2004	1941	965	333	643	319	243	22	184	1425	13

注：本表职工人数1998年及以后为在岗职工数。

5-2 企业、事业、机关人数和工资

(2004年)

指标	合计	企业	事业	机关
一、城镇单位从业人员年末人数(人)	3315817	2005451	923795	386571
#女性	1181477	684175	401145	96157
#在岗职工人数	3185430	1918003	888771	378656
1.国有单位	242559	118333	865073	377186
2.城镇集体单位	23875	217297	19485	1969
3.其他单位	56382	55847	535	
二、城镇单位从业人员劳动报酬(万元)	4290929	2657060	11612367	472633
#在岗职工工资总额	4161773	25772154	1116948	467610
三、城镇单位从业人员平均劳动报酬(元)	12907	13157	12613	12299
四、在岗职工平均工资(元)	13024	13326	12617	12433
1.国有单位	13333	14051	12722	12446
2.城镇集体单位	7373	7313	7865	9207
3.其他单位	13973	13983	12824	

5-3 分行业从业人员人数

(2004年)

单位：万人

行业	合计	国有单位从业人员	城镇集体从业人员	其他单位从业人员	城镇私营企业从业人员	城镇个体从业人员	乡村从业人员
总计	**1941.1**	**251.3**	**23.9**	**56.4**	**110.3**	**73.8**	**1425.4**
第一产业	964.6	6.1	0.3	0.2	0.9	0.1	957.0
农、林、牧、渔业	964.6	6.1	0.3	0.2	0.9	0.1	957.0
第二产业	333.1	77.7	12.0	44.1	19.0	6.3	174.0
采矿业	20.1	14.8	0.3	2.6	2.3	0.1	
制造业	178.8	42.8	7.1	35.9	10.2	6.0	76.8
电力、燃气及水生产和供应业	8.8	7.2		1.6			
建筑业	125.5	12.9	4.6	4.0	6.6	0.2	97.2
第三产业	643.4	167.5	11.6	12.1	90.4	67.4	294.4
交通运输、仓储和邮政业	63.4	18.8	0.7	0.7	1.0	3.0	39.2
信息传输、计算机服务和软件业	5.5	1.8		1.1	0.3	0.1	2.2
批发和零售业	113.2	11.3	4.9	4.5	13.4	34.8	44.3
住宿和餐饮业	69.9	2.3	0.5	1.6	35.3	9.8	20.4
金融业	14.9	6.5	2.0	1.2			5.2
房地产业	1.9	0.9	0.1	0.9			
租赁和商务服务业	4.8	2.1	0.7	0.4	1.4	0.2	
科学研究、技术服务和地质勘查业	12.0	11.3	0.2	0.5			
水利、环境和公共设施管理业	5.3	5.2	0.1				
居民服务和其他服务业	30.1	0.9	0.4	0.2	18.6	10.0	
教育	49.6	48.9	0.2	0.5			
卫生、社会保障和社会福利业	14.2	12.4	1.3	0.4		0.1	
文化、体育和娱乐业	4.5	3.7	0.2	0.1	0.3	0.2	
公共管理和社会组织	41.7	41.4	0.3				
其他行业	212.5				20.2	9.2	183.1

5-4 分行业在岗职工年末人数

（2004年） 单位：人

行业	年末人数	国有单位	城镇集体单位	其他单位
总计	**3185430**	**2425588**	**220537**	**539305**
农林牧渔业	64996	60104	3150	1742
采矿业	171098	144202	2249	24647
制造业	837867	417768	66570	353529
电力、燃气及水的生产和供应业	84192	68313	155	15724
建筑业	195618	122212	40912	32494
交通运输、仓储和邮政业	195246	182349	5860	7037
信息传输、计算机服务和软件业	26663	16417	5	10241
批发和零售业	200706	108712	47907	44087
住宿和餐饮业	42007	21633	4524	27523
金融业	84419	55893	17956	5982
房地产业	18023	8603	1029	
租赁和商务服务业	30063	20178	6687	3198
科学研究、技术服务和地质勘查业	117885	111230	1820	4835
水利、环境和公共设施管理业	50110	49274	595	241
居民服务和其他服务业	14944	9535	3483	1926
教育	474052	468367	2104	1558
卫生、社会保障和社会福利业	131131	118836	12091	204
文化、体育和娱乐业	38166	35778	1561	827
公共管理和社会组织	408244	406184	1879	181

5-5 在岗职工中分行业专业技术人员数

（2004年） 单位：人

行业	总计	#女性	国有单位	城镇集体单位	其他单位
总计	**1038907**	**426206**	**867886**	**42362**	**128659**
农林牧渔业	19475	6546	18637	611	227
采矿业	28388	7258	25045	176	3167
制造业	193843	63705	98270	5967	89606
电力、燃气及水的生产和供应业	20731	6155	16870	9	3852
建筑业	40933	8880	28433	6128	6372
交通运输、仓储和邮政业	34417	11519	31864	827	1726
信息传输、计算机服务和软件业	11355	3721	5737		5618
批发和零售业	27194	12216	18846	4464	3884
住宿和餐饮业	2964	1163	2362	398	1962
金融业	45071	17769	31027	10608	547
房地产业	3931	1255	2073	124	
租赁和商务服务业	7331	2775	4863	1009	1459
科学研究、技术服务和地质勘查业	66397	19081	63046	177	3174
水利、环境和公共设施管理业	11304	4406	11050	151	103
居民服务和其他服务业	2663	1278	2216	195	252
教育	373682	180956	370396	1177	229
卫生、社会保障和社会福利业	91474	55074	82078	9250	146
文化、体育和娱乐业	13574	5597	12886	494	194
公共管理和社会组织	42814	16213	42187	597	30

5-6 各市在岗职工年末人数

(2004年) 单位：人

地　区	总　计	国有单位	城镇集体单位	其他单位	#港澳台投资	#外商投资
全　省	**3185430**	**2425588**	**220537**	**539305**	**14888**	**17071**
西安市	1134360	762495	101053	270812	4477	10700
铜川市	93393	73981	6817	12595	21	
宝鸡市	294209	205701	26473	62035	2428	650
咸阳市	385326	299007	21144	65175	6602	4281
渭南市	329523	272790	17973	38760	786	500
延安市	179480	166623	6408	6449		109
汉中市	226988	174388	18818	33782	380	
榆林市	187730	166168	7400	14162	110	14
安康市	116386	98280	8046	10060		817
商洛市	102600	82635	6027	13938	84	
杨凌示范区	23357	11442	378	11537		
其他单位	112078	112078				

5-7 从业人员分行业劳动报酬

(2004年) 单位：万元

行　业	总　计	国有单位	城镇集体单位	其他单位
总　计	**4290929**	**3343433**	**174793**	**772704**
农林牧渔业	56671	52572	1925	2174
采矿业	282737	240070	2014	40653
制造业	1019098	499974	50348	468776
电力、燃气及水的生产和供应业	158365	131029	152	27184
建筑业	234965	162133	33690	39142
交通运输、仓储和邮政业	339241	325187	4518	9537
信息传输、计算机服务和软件业	80839	35209	4	45626
批发和零售业	174593	101064	30016	43513
住宿和餐饮业	36758	18902	2869	14988
金融业	178455	121756	23173	33525
房地产业	24873	10455	971	13447
租赁和商务服务业	33955	23732	5411	4811
科学研究、技术服务和地质勘查业	205338	191931	1000	12407
水利、环境和公共设施管理业	52071	51321	589	161
居民服务和其他服务业	16124	10735	2423	2966
教　育	687947	674264	2003	11679
卫生、社会保障和社会福利业	163659	152687	10252	721
文化、体育和娱乐业	49841	47757	945	1139
公共管理和社会组织	495401	492656	2491	254

5-8 从业人员分行业平均劳动报酬

(2004年) 单位：元

行业	总计	国有单位	城镇集体单位	其他单位
总计	**12907**	**13262**	**7196**	**13784**
农、林、牧、渔业	8713	8757	6040	11970
采矿业	15901	16054	7297	15936
制造业	11771	11480	6986	13088
电力、燃气及水生产和供应业	17578	17797	9806	16666
建筑业	10848	12503	6846	10380
交通运输、仓储和邮政业	16567	17066	6345	13429
信息传输、计算机服务和软件业	28343	19795	7000	42522
批发和零售业	8338	8905	6128	9273
住宿和餐饮业	8453	8319	5862	9442
金融业	18039	18316	11993	25535
房地产业	12770	11634	7788	14546
租赁和商务服务业	10919	11387	7822	14413
科学研究、技术服务和地质勘查业	17170	17057	5288	23970
水利、环境和公共设施管理业	9975	9994	9613	6749
居民服务和其他服务业	9646	10970	4896	14974
教育	13909	13843	9448	21593
卫生、社会保障和社会福利业	12058	12478	8154	9180
文化、体育和娱乐业	12661	12970	5884	12103
公共管理和社会组织	11928	11961	7621	13150

5-9 在岗职工人数、工资总额和平均工资

指标	在岗职工人数（人）		工资总额(万元)		平均工资(元)	
	2003年	2004年	2003年	2004年	2003年	2004年
总计	**3193578**	**3185430**	**3662813**	**4161773**	**11461**	**13024**
国有单位	2464230	2425588	2920675	3242895	11833	13333
城镇集体单位	232539	220537	161130	1648390	6858	7373
其他单位	496809	539305	581007	754039	11794	13973
(一)内资	466468	507346	529894	694363	11462	13678
1.股份合作制	36003	34866	25568	29257	7048	8381
2.联营	5677	6325	5947	6626	10688	10611
3.有限责任公司	269399	309653	295025	421735	11083	13620
4.股份有限公司	138304	137644	186110	214208	13539	15488
5.其它	17085	18858	17244	22537	10262	12149
(二)港、澳、台投资	11263	14888	16293	20780	14730	14158
(三)外商投资	19078	17071	34820	38878	18074	22508

5-10 职工平均工资和指数

单位：元

年份	职工平均工资	指数(1978年=100) 货币工资	指数(1978年=100) 实际工资	国有单位职工平均工资	指数(1978年=100) 货币工资	指数(1978年=100) 实际工资	城镇集体单位职工平均工资	指数(1978年=100) 货币工资	指数(1978年=100) 实际工资
1978	654	100.0	100.0	669	100.0	100.0	558	100.0	100.0
1979	705	107.8	106.3	728	108.8	107.3	570	102.2	100.7
1980	785	120.0	112.3	811	121.2	113.4	636	114.0	106.6
1981	780	119.3	107.7	812	121.4	109.6	609	109.1	98.6
1982	797	121.9	109.1	831	124.2	111.2	619	110.9	99.3
1983	824	126.0	111.0	857	128.1	112.9	652	116.8	102.9
1984	973	148.8	126.7	1024	153.1	130.4	757	135.7	115.6
1985	1122	171.6	135.8	1182	176.7	139.9	869	155.7	123.3
1986	1291	197.4	146.7	1363	203.7	151.4	987	176.9	131.4
1987	1409	215.4	146.6	1493	223.2	151.8	1054	188.9	128.5
1988	1680	256.9	145.5	1788	267.3	151.4	1206	216.2	122.5
1989	1856	283.8	136.7	1975	295.2	142.2	1319	236.4	113.9
1990	2042	312.2	146.6	2174	325.0	152.6	1425	255.4	119.9
1991	2198	336.1	147.1	2332	348.6	152.6	1554	278.5	121.9
1992	2434	372.2	146.5	2594	387.7	152.6	1634	292.8	115.2
1993	2890	441.9	152.5	3077	459.9	158.8	1918	343.7	118.6
1994	3803	581.5	156.6	4050	605.4	163.0	2299	412.0	110.9
1995	4396	672.2	153.4	4639	693.4	158.2	2795	500.9	114.3
1996	4882	746.5	154.4	5142	768.6	159.0	3082	552.3	114.3
1997	5184	792.7	155.9	5452	814.9	160.2	3177	569.4	111.9
1998	6029	921.9	185.5	6257	935.3	188.2	3823	685.1	137.9
1999	6931	1059.8	219.4	7162	1070.6	221.6	4318	773.8	160.2
2000	7804	1193.3	246.3	8043	1202.2	248.2	4920	881.7	182.0
2001	9120	1394.5	287.6	9440	1411.1	291.0	5293	948.6	195.6
2002	10351	1582.7	332.4	10700	1599.4	335.9	6080	1089.6	228.8
2003	11461	1752.4	365.1	11833	1768.8	368.5	6858	1229.0	256.0
2004	13024	1991.4	402.8	13333	1992.9	403.1	7373	1321.3	267.2

注：本表1998年及以后数据为在岗职工平均工资，指数据此推算。

5-11 在岗职工分行业工资总额

(2004年)　　单位：万元

行　　业	工资总额	国有单位	城镇集体单位	其他单位
总　　计	**4161773**	**3242895**	**164839**	**754039**
农林牧渔业	56192	52166	1889	2137
采矿业	279090	237672	1820	39638
制造业	1004498	492609	48199	463689
电力、煤气及水的生产和供应业	157094	130089	152	26852
建筑业	221556	158512	30033	33011
交通运输、仓储和邮政业	327976	314333	4139	9504
信息传输、计算机服务和软件业	78920	33766	4	45150
批发和零售业	171593	98964	29470	32241
住宿和餐饮业	35788	18233	1342	14796
金融业	169102	114981	2210	32020
房地产业	23675	9755	863	13057
租赁和商务服务业	33200	23281	5273	4646
科学研究、技术服务和地质勘查业	195708	182775	997	11936
水利、环境和公共设施管理业	51054	50313	580	160
居民服务和其他服务业	15535	10694	2013	2837
教　育	642732	630956	1993	9783
卫生、社会保障和社会福利业	159598	149330	9884	384
文化、体育和娱乐业	48783	4682	928	1034
公共管理和社会组织	489671	487642	1784	246

5-12 在岗职工分行业平均工资

(2004年)　　单位：元

行　　业	平均工资	国有单位	城镇集体单位	其他单位
总　　计	**13024**	**13333**	**7373**	**13973**
农林牧渔业	8783	8826	6086	12107
采矿业	16195	16329	6037	16283
制造业	11894	11575	7181	13178
电力、煤气及水的生产和供应业	18265	18625	9802	16775
建筑业	11071	12848	7017	9727
交通运输、仓储和邮政业	16647	17077	7021	13464
信息传输、计算机服务和软件业	30085	20947	7000	44672
批发和零售业	8506	9091	6215	53011
住宿和餐饮业	8618	8480	7373	9580
金融业	19832	20219	12338	30536
房地产业	13048	11377	7673	15458
租赁和商务服务业	11055	11443	7875	15545
科学研究、技术服务和地质勘查业	16596	16451	5284	24181
水利、环境和公共设施管理业	10327	10353	9641	6723
居民服务和其他服务业	9922	10992	4976	15003
教　育	13634	13545	9474	27944
卫生、社会保障和社会福利业	12259	12678	8102	18990
文化、体育和娱乐业	12815	13102	5963	13308
公共管理和社会组织	12070	12083	9203	13569

5-13 各市城镇单位从业人员报酬及在岗职工工资总额

(2004年)

单位：万元

地 区	从业人员劳动报酬	在岗职工工资总额	国有单位	城镇集体单位	其他单位	#港澳台投资	#外商投资
全 省	**4290929**	**4161773**	**3242895**	**164839**	**754039**	**20799**	**38878**
西安市	1846339	1766236	1229096	75870	461270	11302	30016
铜川市	106386	104075	90029	3501	10544	13	
宝鸡市	339482	333149	246283	22754	64113	2301	904
咸阳市	415633	410101	315248	13958	80896	6416	6476
渭南市	358668	350231	295885	13469	40877	370	479
延安市	248455	243427	231726	4228	7473		76
汉中市	252617	244746	201899	12454	30393	214	
榆林市	231563	224773	188853	6672	29248	114	70
安康市	133512	131135	115945	6642	8548		857
商洛市	104380	100183	85205	5013	9965	69	
杨凌示范区	31131	30966	19973	279	10714		
其他单位	222764	222753	222753				

5-14 各市城镇单位从业人员平均报酬及在岗职工平均工资

(2004年)

单位：元

地 区	从业人员平均报酬	在岗职工平均工资	国有单位	城镇集体单位	其他单位	#港澳台投资	#外商投资
全 省	**12907**	**13024**	**13333**	**7373**	**13973**	**14158**	**22508**
西安市	15574	15473	15994	7428	17030	26612	27434
铜川市	10553	10689	11645	4889	8178	6286	
宝鸡市	11080	11266	24158	17896	19883	13510	29297
咸阳市	10722	10832	10774	6607	12499	9747	15137
渭南市	10353	10511	10693	7479	10622	4702	9679
延安市	13262	13687	14060	6513	11411		7755
汉中市	10446	10771	11521	6563	9209	5632	
榆林市	11510	11956	11466	7977	19587	10364	50143
安康市	11071	11237	11780	8183	8419		10791
商洛市	9498	9769	10324	8347	6897	8190	
杨凌示范区	13597	13627	17448	7435	9827		
其他单位	19771	19778	19778				

5-15 就业人员来源和安置去向

单位：万人

指　　标	1995年	2000年	2001年	2002年	2003年	2004年
总　计	**26.60**	**42.90**	**33.34**	**78.60**	**21.85**	**17.53**
1、按来源分						
城镇劳动力	13.08	30.99	19.30	65.71	11.06	5.85
农村劳动力	3.70	2.02	1.99	1.83	2.27	4.02
大学、中专、技校毕业生	5.88	5.40	5.61	6.39	5.36	5.30
复员转业军人	1.40	1.35	1.18	0.97	0.93	0.81
其　他	2.54	3.14	5.26	3.71	2.23	1.55
2、按安置去向分						
国有单位	13.11	14.96	20.56	13.83	11.90	12.43
城镇集体单位	2.62	1.71	3.46	0.76	0.51	0.62
其他单位	0.77	2.53	2.85	3.11	4.46	3.68
城镇私营及个体劳动者	10.10	23.70	6.47	60.90	4.90	0.80

5-16 城镇登记失业人数及失业率

单位：人

年　　份	城镇失业人员总数	年末实有失业人数	失业率(%)
1980	373083	216209	7.1
1985	201841	67044	1.9
1990	280553	112345	3.0
1991	279301	100790	3.0
1992	283228	90844	3.0
1993	285993	108306	3.0
1994	275100	99800	3.3
1995	231800	85700	3.2
1996	273800	125700	3.3
1997	303700	151600	3.4
1998	217900	122100	3.1
1999	117000	107000	2.6
2000	127448	113861	2.7
2001	239720	140082	3.2
2002	223808	135094	3.3
2003	278080	139490	3.7
2004	291401	184617	3.8

5-17 离休、退休、退职人员数

单位：人

指　　标	2000年	2001年	2002年	2003年	2004年
总　计	**961209**	**1011260**	**1026170**	**1125385**	**1183289**
1.离休职工	50828	48060	44197	44202	42664
2.退休职工	885940	939070	958207	1055269	1119088
3.领取定期生活费退职职工	24441	24130	23766	25914	21537

5-18 国有单位离退休退职人员保险福利费

单位：万元

指　　标	2000年	2001年	2002年	2003年	2004年
总　计	**411526**	**394176**	**479605**	**579200**	**593635**
离休金	23422	22274	31418	32243	61397
退休金	329264	320532	388754	472795	464809
退职生活费	2613	3114	4132	4067	4108
医疗卫生费	39245	32524	40667	47449	47659
其　他	16982	15732	14634	22646	15662

5-19 社会保障基本情况

单位：万人

指　　标	2001年	2002年	2003年	2004年
城镇居民最低生活保障人数	31.30	73.50	76.10	77.95
参加失业保险职工人数	304.93	315.72	323.31	325.53
参加养老保险职工人数	262.00	261.30	265.00	266.80
参加医疗保险职工人数	221.50	260.00	301.00	323.00

5-20 养老基金缴拨情况

(2004年)

单位：万元

指　　标	缴　纳			拨　付
		单　位	个　人	
总　计	**546749**	**391243**	**155506**	**748592**
企　业	520435	391243	129192	745886
其　他	26314		26314	2706

5-21 参加基本养老保险的职工及离退休人员

(2004年)

单位：人

指 标	职工人数	离退休职工
总 计	**2667515**	**1025128**
一、企 业	2407312	1019692
(一)内资企业	2371882	1018647
1.国有企业	1964674	882378
2.集体企业	206587	125064
3.其 他	200621	11205
(二)港澳台及外资企业	35430	1045
二、其 他	260203	5436

5-22 失业保险基本情况

单位：人

指 标	2001年	2002年	2003年	2004年
参加失业保险人数	3049314	3157222	3233138	3255321
一、企 业	2493623	2545631	2571399	2518619
(一)内资企业	2466072	2511249	254298	2486218
1.国有企业	2101876	2118875	2119745	1980298
2.集体企业	288030	311419	316499	287717
3.其他	76166	80955	98054	218203
(二)港澳台及外资企业	27551	34382	37101	32401
二、事业单位	551481	593718	643652	713353
三、其他单位	4210	17873	18087	23349
领取失业保险金人数	38000	88000	115400	119625

5-23 职业介绍工作情况

(2004年)

指 标	数 量	指 标	数 量
一、职业介绍机构(个)	2439	失业人员	12.97
1.劳动保障部门办	1852	获得职业资格人员	17.17
2.其他组织办	308	四、本年介绍成功人数(万人)	45.78
3.公民个人办	279	#女 性	17.75
二、本年登记招聘人数(万人)	64.63	#下岗职工	6.47
三、本年登记求职人数(万人)	84.87	失业人员	9.50
#下岗职工	10.76	获得职业资格人员	12.76

5-24 各市县城镇单位从业人员、职工人数及工资

(2004年)

地 区	城镇单位从业人员（人）	# 在岗职工	在岗职工工资总额（万元）	在岗职工平均工资（元）
全 省	**3315817**	**3185430**	**4161773**	**13024**
西安市	**1181505**	**1134360**	**1766237**	**15473**
中省市属单位	547563	518850	843981	16035
市辖区	542179	527182	832230	15786
新城区	107349	104340	159372	15311
碑林区	97922	95882	172860	18490
莲湖区	125643	122564	190818	15626
灞桥区	43061	42181	49466	11441
未央区	25748	24615	40802	16413
雁塔区	62683	61237	120634	19523
阎良区	8139	7804	11647	14621
临潼区	38644	37949	53666	14323
长安区	32990	30610	32965	10821
蓝田县	17872	17387	16990	9740
周至县	22836	21183	19934	9399
户 县	34115	33663	36491	10851
高陵县	16940	16095	16611	10376
铜川市	**96548**	**93393**	**104075**	**10689**
市直单位	64176	62486	73165	11047
市辖区	26027	24661	25146	9837
王益区	3892	3851	3335	8513
印台区	5250	4702	4887	10677
耀州区	16885	16103	16925	10322
宜君县	6345	6251	5764	9200
宝鸡市	**305154**	**294209**	**333149**	**11266**
中省市属单位	142476	136358	179613	13059
市辖区	47782	46595	47404	10725
渭滨区	7203	7134	8924	12568
金台区	12080	11707	11716	9879
陈仓区	28499	27754	26764	9727
凤翔县	17243	16748	15047	9090
岐山县	24053	23250	22273	9477
扶风县	18639	18578	16670	8905
眉 县	15881	14946	15166	9773
陇 县	12124	11743	10374	8966
千阳县	6660	6338	6763	10923
麟游县	4666	4664	4549	9716
凤 县	8407	7891	8462	10814
太白县	7223	7098	6829	10230
咸阳市	**394535**	**385326**	**410101**	**10832**
市辖区	183347	179463	221651	12697
秦都区	92007	90646	114879	12757
渭城区	91340	88817	106772	12636

5-24 续表1 (2004年)

地 区	城镇单位从业人员（人）	#在岗职工	在岗职工工资总额（万元）	在岗职工平均工资（元）
三原县	23309	22922	22699	10019
泾阳县	18548	18475	15536	8357
乾 县	17950	17299	13398	7741
礼泉县	19895	19675	14940	7639
永寿县	10140	10083	6444	6392
彬 县	18248	17461	18760	10807
长武县	7983	7975	7611	9613
旬邑县	13898	12705	10756	8467
淳化县	9554	8800	8960	10213
武功县	24443	24249	21834	8974
兴平市	47220	46219	47513	10609
渭南市	**342731**	**329523**	**350231**	**10511**
开发区	18793	18238	12460	6811
临渭区	68180	66431	79189	11874
华 县	25111	23567	34238	14418
潼关县	13729	13583	11132	8156
大荔县	25230	24288	22704	9427
合阳县	18595	17391	14823	8573
澄城县	28347	26395	24559	9286
蒲城县	36808	36595	35387	9371
白水县	14145	12441	11545	9331
富平县	29124	28148	29735	10478
韩城市	42080	40763	51668	12811
华阴市	22589	21683	24220	9547
延安市	**188649**	**179480**	**243427**	**13687**
宝塔区	49194	47530	54984	12199
延长县	7619	7220	7887	10830
延川县	24125	20971	55210	26561
子长县	14069	12652	13342	10637
安塞县	10880	9610	9479	9889
志丹县	10678	10512	12586	12076
吴旗县	9764	9642	12848	14133
甘泉县	7968	7924	8591	10906
富 县	9859	9594	9706	10113
洛川县	15635	15454	26106	17101
宜川县	6780	6752	6589	9741
黄龙县	5080	4806	5276	10896
黄陵县	16998	16813	20823	12268
汉中市	**240626**	**226988**	**244746**	**10771**
汉台区	70782	66320	76185	11441
南郑县	28798	26971	27235	10094
城固县	29601	28379	28039	9884

5-24 续表2　　(2004年)

地　区	城镇单位从业人员（人）	# 在岗职工	在岗职工工资总额（万元）	在岗职工平均工资（元）
洋　县	24151	23391	24839	10544
西乡县	14334	13700	14680	10799
勉　县	25268	23367	22558	10009
宁强县	11444	11096	11968	10606
略阳县	18361	18136	23636	12628
镇巴县	11077	9869	9691	9837
留坝县	3729	3068	3190	10442
佛坪县	3081	2691	2727	10134
榆林市	**200044**	**187730**	**224773**	**11956**
榆阳区	46595	45765	57165	12062
神木县	23496	21184	38678	19072
府谷县	13479	13375	15183	11378
横山县	15377	14636	14111	9710
靖边县	19412	18551	23094	12169
定边县	17838	16065	18120	11594
绥德县	15595	14478	15697	10973
米脂县	9697	9159	8926	9812
佳　县	10679	9772	9421	9706
吴堡县	5665	5262	5425	10315
清涧县	11827	10622	10028	9431
子洲县	10384	8861	8925	10084
安康市	**120453**	**116386**	**131135**	**11237**
汉滨区	48272	46914	55259	11763
汉阴县	9250	9237	8984	9766
石泉县	7531	7530	9444	11939
宁陕县	3610	3453	4035	11756
紫阳县	10622	9978	10324	10277
岚皋县	6941	6604	5934	8989
平利县	8210	8007	8188	10221
镇坪县	3525	3438	3927	11386
旬阳县	15448	15016	17984	12040
白河县	7044	6209	7058	11360
商洛市	**109944**	**102600**	**100183**	**9769**
商州区	31675	30217	29558	9774
洛南县	19571	18633	18925	10157
丹凤县	9007	8875	9018	10203
商南县	9913	9193	9277	10101
山阳县	16255	13862	12409	8945
镇安县	13785	13265	12508	9459
柞水县	9738	8555	7952	9292
杨凌示范区	**23528**	**23357**	**30966**	**13627**
其他单位	112100	112078	222753	19778

主要统计指标解释

从业人员　指从事一定社会劳动并取得劳动报酬或经营收入的人员，包括在岗职工、再就业的离退休人员、私营业主、个体户主、私营和个体从业人员、乡镇企业从业人员、农村从业人员、其他从业人员(包括民办教师、宗教职业者、现役军人等)。这一指标反映了一定时期内全部劳动力资源的实际利用情况，是研究我国基本国情国力的重要指标。

单位从业人员　指在各级国家机关、政党机关、社会团体及企业、事业单位中工作，取得工资或其他形式的劳动报酬的全部人员。包括在岗职工、再就业的离退休人员、民办教师以及在各单位中工作的外方人员和港澳台方人员、兼职人员、借用的外单位人员和第二职业者。不包括离开本单位仍保留劳动关系的职工。各单位的从业人员反映了各单位实际参加生产或工作的全部劳动力。

城镇私营和个体从业人员　城镇私营从业人员指在工商管理部门注册登记，其经营地址设在县城关镇(含城关镇)以上的私营企业从业人员，包括私营企业投资者和雇工。城镇个体从业人员指在工商管理部门注册登记，并持有城镇户口或在城镇长期居住，经批准从事个体工商经营的从业人员，包括个体经营者和在个体工商户劳动的家庭帮工和雇工。

职工　指在国有、城镇集体、联营、股份制、外商和港、澳、台投资、其他单位及其附属机构工作，并由其支付工资的各类人员，不包括：（1）乡镇企业从业人员；（2）私营企业从业人员；（3）城镇个体劳动者；（4）离休、退休、退职人员；（5）再就业的离、退休人员；（6）民办教师；（7）在城镇单位中工作的外方及港、澳、台人员；（8）其他按有关规定不列入职工统计范围的人员。（1998年以后的数据均为在岗职工数据，其他相关指标如职工工资总额，职工平均工资等指标也从1998年按此口径进行了相应调整）。

国有单位职工　指在国有经济单位及其附属机构工作，并由其支付工资的各类人员。

城镇集体单位职工　指在城镇集体经济单位及其管理部门工作，并由其支付工资的各类人员。

其他单位职工　指在联营经济、股份制经济、外商投资经济、港、澳、台投资经济单位工作，并由其支付工资的各类人员。

在岗职工　指在本单位工作并由单位支付工资的人员，以及有工作岗位，但由于学习、病伤产假等原因暂未工作，仍由单位支付工资的人员。

专业技术人员　指从事专业技术工作的人员以及从事专业技术管理工作且已在1983年以前评定了专业技术职称或在1984年以后聘任了专业技术职务的人员。

专业技术人员具体指工程技术人员、农业技术人员、科研人员（自然科学研究、社会科学研究及实验技术人员）、卫生技术人员、教学人员（含高等院校、中等专业学校、技工学校、中学、小学）、民用航空飞行技术人员、船舶技术人员、经济人员、会计人员、统计人员、翻译人员、图书资料、档案、文博人员、新闻、出版人员、律师、公证人员、广播电视播音人员、工艺美术人员、体育人员、艺术人员及政工人员。

职工工资总额　指各单位在一定时期内直接支付给本单位全部职工的劳动报酬总额。工资总额的计算原则应以直接支付给职工的全部劳动报酬为根据。各单位支付给职工的劳动报酬以及其他根据有关规定支付的工资，不论是计入成本的还是不计入成本的，不论是按国家规定列入计征奖金税项目的，还是未列入计征奖金税项目的，不论是以货币形式支付的还是以实物形式支付的，均包括在工资总额内。

职工平均工资　指企业、事业、机关单位的职工在一定时期内平均每人所得的货币工资额。它表明一定时期职工工资收入的高低程度，是反映职工工资水平的主要指标。计算公式为:

职工平均工资指数 ＝ 报告期职工平均工资 / 基期职工平均工资 × 100%

职工平均实际工资指数　职工平均实际工资指扣除物价变动因素后的职工平均工资。职工平均实际工资指数是反映实际工资变动情况的相对数，表明职工实际工资水平提高或降低的程度。计算公式为:

职工平均实际工资指数 ＝ 报告期职工平均工资指数 / 报告期城镇居民消费价格指数× 100%

离休、退休、退职人员　指正式办理了离休、退休、退职手续，并享受相应的离休、退休、退职待遇的人员。

保险福利费用　指企业、事业、机关单位在工资以外实际支付给职工和离休、退休、退职人员个人和用于集体的劳动保险福利费用。不包括用于职工的劳动保护费用，由保险福利费用开支的医务人员工资，集体福利机构工作人员和病伤休息期满6个月以上人员的工资。

(1)职工保险福利费用包括:

①医疗卫生费: 指实行公费医疗企业的职工及其供养的直系亲属的医疗费、医务经费、职工因工负伤就医路费以及住院伙食补助费等; 卫生部门开支的事业及机关单位职工的公费医疗经费; 未参加公费医疗的企业、事业和机关单位职工的医药费。

②文体宣传费：指企业、事业和机关单位实际支付的文体宣传费，不包括学习费。

③集体福利事业补贴费：指对职工浴室、理发室、洗衣房、哺乳室、托儿所等集体福利设施各项支出与收入相抵后的差额补助费。

④集体福利设施费：指按照国家规定开支的集体福利设施费用，如职工食堂炊事用具的购置费、修理费、职工宿舍的修缮费用。不包括由企业、事业、机关单位自筹经费开支的职工福利设施的基本建设费用。

⑤其他：指上述费用以外，单位支付给职工的保险福利费。

(2)离休、退休、退职人员保险福利费用包括：

①离休金：指发给离休人员的工资和按1982年国务院发布的"关于老干部离职休养制度的几项规定"，发给符合规定的离休干部相当于1-2个月标准工资的生活补贴及1988年增发的生活补贴费。

②退休金：指按照国家有关规定发给退休人员的退休费及1988年增发的生活补贴费。

③退职生活费：指按照1978年国务院《关于工人退休、退职的暂行办法》规定，定期发给退职人员的生活费及1988年增发的生活补贴费。

④医疗卫生费：指离休、退休、退职人员的医疗费、住院费以及住院伙食补助等费用。

⑤其他：指上述费用以外的其他保险福利费用，如丧葬抚恤救济费、交通费补贴、冬季取暖补贴等。

城镇登记失业人员 指有非农业户口，在一定的劳动年龄内(16岁以上及男50岁以下，女45岁以下)，有劳动能力，无业而要求就业，并在当地就业服务机构进行求职登记的人员。

城镇登记失业率 城镇登记失业人员与城镇单位就业人员(扣除使用的农村劳动力、聘用的离退休人员、港澳台及外方人员)、城镇单位中的不在岗职工、城镇私营业主、个体户主、城镇私营企业和个体就业人员、城镇登记失业人员之和的比。计算公式为：

城镇登记失业率 ＝ 城镇登记失业人数 / [（城镇单位就业人员 - 使用的农村劳动力 - 聘用的离退休人员 - 聘用的港澳台及外方人员）+ 不在岗职工 + 城镇私营业主 + 城镇个体户 + 城镇私营企业及个体就业人员 + 城镇登记失业人数] × 100%

2005

年鉴
统计

固定资产投资

GUDINGZICHANTOUZI

资料整理：王冬羽　刘吉庆　杨忠平
袁军会　陈晓峰　赵　翔

****

6. 固定资产投资

****

2004年全省

全社会固定资产投资	1544.19	亿元	比上年增长	20.8%
# 国有经济单位	814.51	亿元	比上年增长	14.2%
集体经济单位	71.15	亿元	比上年增长	13.3%
# 基本建设	812.88	亿元	比上年增长	18.0%
更新改造	259.88	亿元	比上年增长	46.6%
房地产开发	231.17	亿元	比上年增长	22.6%
全社会新增固定资产	883.55	亿元	比上年增长	3.8%
全社会竣工住宅建筑面积	3301.31	万平方米	比上年增长	-22.7%

****

全社会固定资产投资

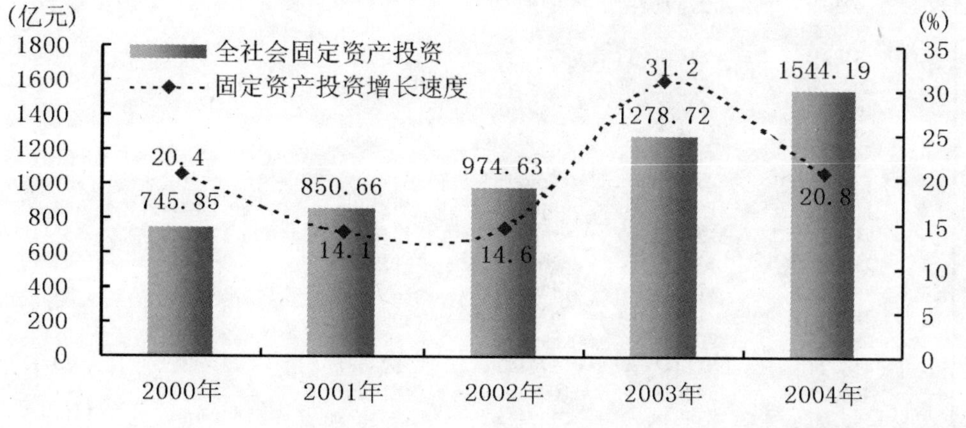

6-1 全社会固定资产投资

单位：万元

年份	合计	国有经济单位	基本建设	更新改造	其他固定资产投资	房地产开发
1978	203548	172004	159104	12900		
1979	211622	174656	156916	17740		
1980	278020	232468	205241	27227		
1981	229244	174732	133373	41359	…	
1982	294805	233192	166718	66474	…	
1983	308266	249870	165200	77665	7005	
1984	403864	280735	186105	77192	17438	
1985	579881	398109	252243	124141	21725	
1986	635300	472526	290702	163638	18186	
1987	808912	581118	343640	207063	30415	
1988	947210	670827	393011	241020	36796	
1989	951793	671345	401423	222124	47798	
1990	1037154	738541	427635	231948	78958	
1991	1249323	853623	506297	242730	104596	
1992	1424653	1087073	647390	335921	103762	
1993	2282062	1718582	998278	550215	71983	98106
1994	2832912	2029222	1256693	522544	123896	126089
1995	3243250	2266117	1402705	634948	81812	146652
1996	3719955	2564807	1506426	759975	128785	169621
1997	4240987	2876361	1853788	674034	182805	165734
1998	5448916	3828888	2435733	745904	324694	322557
1999	6192743	4077637	2556405	814439	308100	398693
2000	7458497	4735314	2936598	1191810	140378	466528
2001	8506562	5239223	3602016	1124026	123445	389736
2002	9746298	5554064	4050849	878378	136790	488047
2003	12787197	7133707	5297254	1117917	231952	486584
2004	15441935	8145105	6035247	1544633	264864	300361

年份	集体经济单位	#农村	其他经济单位	#基本建设	#更新改造	城乡个人	#农村
1978	19144	17500				12400	12300
1979	20166	18200				16800	16600
1980	22652	18900				22900	22500
1981	23369	19676				31143	30497
1982	28006	20947				33607	32174
1983	10978	5940				47418	45337
1984	32370	26783				90759	87621
1985	42700	29629				139072	133478
1986	42385	27495				120389	111942
1987	74075	56291				153719	143355
1988	81821	62618				194562	181510
1989	60757	45545				219691	204099
1990	69640	53797				228973	215107
1991	93903	72682				301797	288933
1992	75607	50593				261973	240887
1993	140072	97226	115993			307415	269274
1994	178850	135000	146640	40960	54765	478200	432000
1995	215301	126318	206420	56329	37101	555412	513176
1996	219995	156178	266783	139577	28004	668370	618875
1997	247426	176874	409756	277294	32072	707444	673989
1998	270700	210133	638251	349426	109748	711077	556967
1999	389635	302229	899933	512146	89087	825538	637437
2000	416628	311411	1371143	823687	171669	935412	703183
2001	464095	340477	1691391	814617	261420	1111853	765412
2002	545200	334848	2129115	1008638	570498	1517919	864338
2003	627769	309133	3732828	1479694	588241	1292893	987251
2004	711486	285192	5153359	1915766	1004201	1431985	1019100

注：按照国家统计制度规定，自1999年起，全社会固定资产投资包括私营、个体固定资产投资。

6-2 全社会新增固定资产

单位：万元

年 份	合 计	国有经济单位	基本建设	更新改造	其他固定资产投资	房地产开发
1978	306592	279677	273277	6400		
1979	166626	134528	125763	8765		
1980	183920	143679	124740	18939		
1981	186900	137735	108760	28975		
1982	278208	223060	176985	46075		
1983	265055	207231	147240	52986	7005	
1984	340505	217725	137584	66850	13291	
1985	413505	236663	144227	76652	15784	
1986	483223	325006	198149	116107	10750	
1987	627094	402508	234783	145351	22374	
1988	720909	448912	263583	169651	15678	
1989	709572	432089	247026	146033	39030	
1990	971952	674200	370526	227366	76308	
1991	1024825	638164	353506	197166	87492	
1992	1290871	965763	630747	260585	74431	
1993	1446400	988503	523698	368949	59444	36412
1994	2018204	1344305	685447	450919	114088	93851
1995	2479568	1617723	966578	503846	53461	93838
1996	2782014	1892545	1105938	619224	71310	96073
1997	2889199	1894881	1165480	469326	114403	145672
1998	3749762	2559559	1478363	762641	159283	159272
1999	5208689	3492085	2034141	706903	357064	393977
2000	6072715	4039635	2775213	760068	118431	385923
2001	6834613	4299989	3040046	817146	77156	365641
2002	7171710	3410984	2292959	676390	141835	299800
2003	8515381	4476270	3182996	770684	167992	354598
2004	8835471	4480213	3148913	912706	185102	233492

年 份	集体经济单位	#农 村	其他经济单位	#基本建设	#更新改造	城乡个人	#农 村
1978	14515	13300				12400	12300
1979	15298	13800				16800	16600
1980	17341	14400				22900	22500
1981	18022	14953				31143	30497
1982	21541	15710				33607	32174
1983	10406	5940				47418	45337
1984	32021	26783				90759	87621
1985	37770	29629				139072	133478
1986	37828	27495				120389	111942
1987	70867	56291				153719	143355
1988	77435	62618				194562	181510
1989	57792	45545				219691	204099
1990	68779	53797				228973	215107
1991	84864	72468				301797	288933
1992	63135	46148				261973	240887
1993	118049	89645	32433			307415	269274
1994	112986	77452	82713	22016	24976	478200	432000
1995	167873	112359	138560	47513	51648	555412	513176
1996	172863	127928	74737	11303	24065	641869	592374
1997	214206	160570	72668	8680	22947	707444	673989
1998	231641	177029	304602	108846	82654	653960	499850
1999	374059	303465	583920	303700	73680	758625	570524
2000	379607	284822	792180	399756	140561	861293	629064
2001	400108	281634	1161873	614142	169344	972643	683464
2002	450567	311498	1898300	1124620	436812	1411859	853463
2003	462639	283943	2303126	1044441	535591	1273346	971966
2004	506764	263375	2433412	911589	638700	1415082	1010503

6-3 全社会竣工住宅建筑面积

单位：万平方米

年份	合计	国有经济单位	基本建设	更新改造	其他固定资产投资	房地产开发
1978	706.09	135.61	127.33	8.28		
1979	951.05	187.73	176.39	11.34		
1980	1277.11	249.08	228.62	20.46		
1981	1627.18	250.48	218.54	31.94		
1982	1598.73	289.49	227.82	61.67		
1983	2400.03	304.84	221.80	83.04		
1984	1930.28	290.78	229.78	59.35	1.65	
1985	2622.98	339.80	284.22	43.00	12.58	
1986	2336.38	350.84	270.73	74.40	5.71	
1987	2295.25	305.51	223.77	63.26	18.48	
1988	2943.49	263.75	196.45	57.70	9.60	
1989	1630.46	224.30	166.57	49.82	7.91	
1990	2257.86	250.12	155.19	44.83	50.10	
1991	2583.58	267.14	179.09	36.86	51.19	
1992	1943.91	309.04	206.43	45.16	57.45	
1993	2072.95	372.39	259.74	42.26	6.06	64.33
1994	2613.12	434.00	290.99	40.00	3.68	99.33
1995	3111.15	485.16	339.36	35.79	0.03	109.98
1996	2814.39	462.62	320.64	26.25	2.30	113.43
1997	2581.69	529.29	348.04	45.43	0.33	135.49
1998	2645.52	549.82	358.81	44.01		147.00
1999	3133.31	961.31	513.56	35.27	0.53	411.95
2000	4947.36	942.36	532.16	33.89	0.14	376.17
2001	4990.18	813.17	541.03	2.04	0.40	269.70
2002	4317.24	712.33	450.72	19.37	0.68	241.56
2003	4269.44	805.99	564.74	6.34	10.27	224.64
2004	3301.31	507.95	368.05	7.01	9.28	123.61

年份	集体经济单位	#农村	其他经济单位	#基本建设	城乡个人	#农村
1978	32.61	30.33			537.87	535.55
1979	35.90	31.47			727.42	722.78
1980	39.08	32.84			988.95	979.67
1981	39.13	34.10			1337.57	1322.56
1982	32.65	21.77			1276.59	1242.54
1983	17.81	9.31			2077.38	2032.45
1984	70.40	63.07			1569.10	1521.75
1985	84.86	77.06			2198.32	2136.94
1986	110.02	97.91			1875.52	1801.08
1987	110.66	103.67			1879.08	1796.30
1988	65.49	56.85			2614.25	2534.19
1989	48.26	37.48			1357.90	1290.77
1990	94.12	85.82			1913.62	1850.44
1991	60.15	54.00			2256.29	2202.00
1992	5.32				1629.55	1566.80
1993	25.93	10.90	2.97		1671.66	1561.00
1994	29.61	11.35	14.09	0.62	2135.42	2009.83
1995	45.28	10.56	29.86	2.70	2550.85	2470.00
1996	51.86	15.44	29.97	1.65	2269.94	2198.42
1997	39.67	9.29	40.19	3.95	1972.54	1899.26
1998	52.54	20.90	71.73	10.60	1971.43	1641.62
1999	79.30	42.00	120.57	13.69	1972.13	1531.00
2000	88.87	44.85	157.30	17.67	3758.83	3246.86
2001	75.31	18.45	233.44	18.30	3868.26	3311.05
2002	87.16	10.99	241.10	51.98	3276.65	2649.75
2003	104.63	17.88	466.63	84.57	2892.19	2379.92
2004	76.78	28.35	406.56	95.07	2310.02	1625.09

6-4 全社会固定资产投资主要指标及构成

(2004年)

单位：万元

指 标	合 计	内 资				港澳台商投 资	外 商投 资	个 体经 济
			国 有	集 体	其 他			
一、投资总额	**15441935**	**13664798**	**8145105**	**711486**	**4808207**	**215355**	**129797**	**1431985**
1.按隶属关系分								
中 央	1639097	1636097	1355947	7840	272310	3000		
地 方	13802838	12028701	6789158	703646	4535897	212355	129797	1431985
2.按构成分								
建筑工程	9258181	8153088	5020638	407663	2724787	80710	65989	958394
安装工程	1186101	1143340	733415	31645	378280	31911	3879	6971
设备工器具购置	2697187	2309761	1188362	151596	969803	89907	20736	276783
其他费用	2300466	2058609	1202690	120582	735337	12827	39193	189837
#土地购置费	449811	420891	182607	3727	234557	1685	27235	
3.按建设性质分								
#新 建	5812716	5696053	3788396	179878	1727779	26555	37895	52213
扩 建	3251532	3243080	2479578	34563	728939	2875	5377	200
改 建	1654368	1503881	1139518	44793	319570	135116	13578	1793
4.按产业构成分								
第一产业	487339	316296	227396	24079	64821		180	170863
第二产业	5059090	4791813	2561767	240373	1989673	10267	46996	210014
第三产业	9895506	8556689	5355942	447034	2753713	205088	82621	1051108
二、本年新增固定资产	**8835471**	**7224780**	**4480213**	**506764**	**2237803**	**172175**	**23434**	**1415082**
三、房屋建筑面积及竣工价值								
本年施工房屋面积（万平方米）	8351.70	5663.07	2297.31	510.90	2854.86	110.22	72.46	2505.95
#住 宅	5524.69	3078.88	1166.57	242.92	1669.39	64.37	31.46	2349.98
本年竣工房屋面积（万平方米）	4473.32	1981.80	939.64	300.66	741.50	14.11	11.75	2465.66
#住 宅	3301.32	968.31	507.95	76.79	383.57	12.55	10.43	2310.03
本年竣工房屋价值	2852020	1978962	953141	159139	866682	18004	11069	843985
#住 宅	1749778	947541	477718	49423	420400	15379	8420	778438

6-5 地方全社会固定资产投资主要指标及构成

(2004年)

单位：万元

指　　标	合计	内资				港澳台商投资	外商投资	个体经济
			国有	集体	其他			
一、投资总额	**13802838**	**12028701**	**6789158**	**703646**	**4535897**	**212355**	**129797**	**1431985**
1.按构成分								
建筑工程	8515658	7410565	4474271	402829	2533465	80710	65989	958394
安装工程	995714	955953	571666	31645	352642	28911	3879	6971
设备工器具购置	2158021	1770595	684813	151596	934186	89907	20736	276783
其他费用	2133445	1891588	1058408	117576	715604	12827	39193	189837
# 土地购置费	433690	404770	167566	3727	233477	1685	27235	
2.按建设性质分								
# 新　建	5253818	5140155	3266535	172038	1701582	23555	37895	52213
扩　建	2508427	2499975	1942821	34563	522591	2875	5377	200
改　建	1494939	1344452	994079	44793	305580	135116	13578	1793
3.按产业构成分								
第一产业	487339	316296	227396	24079	64821		180	170863
第二产业	3967760	3700483	1719486	240373	1740624	10267	46996	210014
第三产业	9347739	8011922	4842276	439194	2730452	202088	82621	1051108
二、本年新增固定资产	**7867049**	**6259358**	**3751003**	**505924**	**2002431**	**169175**	**23434**	**1415082**
三、房屋建筑面积及竣工价值								
本年施工房屋面积（万平方米）	7903.10	5214.47	1877.59	502.56	2834.32	110.22	72.46	2505.95
# 住　宅	5257.40	2811.59	915.12	241.52	1654.95	64.37	31.46	2349.98
本年竣工房屋面积（万平方米）	4361.20	1869.68	841.19	299.22	729.26	14.11	11.75	2465.67
# 住　宅	3232.96	899.95	450.93	75.39	373.63	12.54	10.43	2310.03
本年竣工房屋价值	2710118	1837060	824711	158299	854050	18004	11069	843985
# 住　宅	1678784	876547	416937	48607	411003	15379	8420	778438

6-6 各市全社会固定资产投资

(2004年)

单位：万元

地 区	总 计	国有经济	#地 方	集体经济	#农 村	其他经济	个体经济	#农 村
全 省	**15441935**	**8145105**	**6789158**	**711486**	**285192**	**5153359**	**1431985**	**1019100**
关 中	10148818	4534958	3553908	573928	240231	4047281	992651	760622
西安市	5525836	2469040	1929266	377137	131172	2356584	323075	208678
铜川市	265481	153054	126358	8996	2437	91000	12431	
宝鸡市	1547963	685024	618190	78228	28695	474091	310620	289372
咸阳市	1702402	615923	485091	49312	21892	852332	184834	139741
渭南市	1007670	577182	372625	56640	52720	218796	155051	116191
杨凌示范区	99467	34735	22378	3615	3315	54478	6640	6640
陕 南	1554237	776378	643974	47480	23841	461974	268405	176611
汉中市	659150	313455	254002	15220	4733	272120	58355	29509
安康市	567542	272130	230022	25652	19108	152514	117247	89466
商洛市	327544	190793	159950	6608		37340	92803	57636
陕 北	2738929	2152864	2068287	90078	21120	325058	170929	81867
延安市	1498193	1407765	1405883	24983	10487	42178	23267	63
榆林市	1240736	745099	662404	65095	10633	282880	147662	81804
不分地区	999951	680905	522989			319046		

6-7 全省固定资产投资财务拨款资金来源

(2004年)

单位：万元

指　　标	合 计	基本建设	更新改造	其他投资	房地产开发	农村非农户	农户投资
一、本年资金来源合计	**15893606**	**8370854**	**2715807**	**731514**	**2771139**	**285192**	**1019100**
1.上年末结余资金	961299	473886	110791	6534	370088		
2.本年资金来源小计	14932307	7896968	2605016	724980	2401051	285192	1019100
(1)国家预算内资金	1588839	1167486	240296	102815	1300	76942	
(2)国内贷款	3225121	1979791	630199	127077	384406	16804	86844
(3)债　券	36666	36666					
(4)利用外资	204915	175214	8721	615	16536	3829	
#外商直接投资	55191	30834	8206	615	15536		
对外借款	32475	31975	500				
#统借统还	500		500				
(5)自筹资金	7767367	3611921	1628228	394852	1047788	169178	915400
中央各部门自筹	57198	43942	13256				
省自筹	80818	70122	10469	227			
地(市)自筹	227653	169833	39636	18184			
县自筹	395410	326489	45722	23199			
企事业单位自有资金	5238709	3001535	1519145	353242	364787		
#发行股票	4429		4279	150			
(6)其他资金来源	2109399	925890	97572	99621	951021	18439	16856
#集　资	235147	213002	5846	8202	8097		
二、本年各项应付款合计	**1611346**	**925543**	**200698**	**47150**	**437955**		
#工程款	1065797	606933	116242	32276	310346		
设备、器材款	162547	86478	45961	2745	27363		

6-8 国有经济单位投资资金来源

(2004年)

单位：万元

指　　标	合　计	基本建设	更新改造	其他投资	房地产开发
一、本年资金来源合计	**8215260**	**5991958**	**1606012**	**253887**	**363403**
1.上年末结余资金	454222	296535	82567	800	74320
2.本年资金来源小计	7761038	5695423	1523445	253087	289083
(1) 国家预算内资金	1463640	1138861	223821	100458	500
(2)国内贷款	2164215	1615915	478471	38265	31564
(3)债　券	36666	36666			
(4)利用外资	153057	151772	1100	185	
#外商直接投资	8177	7392	600	185	
对外借款	32475	31975	500		
#统借统还	500		500		
(5)自筹资金	3035993	2053755	770690	92179	119369
中央各部门自筹	57198	43942	13256		
省自筹	75369	64683	10459	227	
地(市)自筹	212705	162165	33646	16894	
县自筹	280781	240391	20187	20203	
企事业单位自有资金	2332483	1542574	693142	54855	41912
#发行股票	3329		3329		
(6)其他资金来源	907467	698454	49363	22000	137650
#集　资	205917	198852	4816	390	1859
二、本年各项应付款合计	**982190**	**771562**	**139559**	**13867**	**57202**
#工程款	646588	504430	92835	12719	36604
设备、器材款	102672	68098	27543	101	6930

6-9 各市国有经济单位投资资金来源

(2004年)

单位：万元

地区	本年资金来源合计	#本年资金来源小计	国家预算内资金	国内贷款	债券	利用外资	#外商直接投资	#对外借款
全省	**8215260**	**7761038**	**1463640**	**2164215**	**36666**	**153057**	**8177**	**32475**
关中	4737386	4328787	750391	1070896		121957	8032	1760
西安市	2672278	2343416	392501	795641		9846	3888	1118
铜川市	170654	164585	19974	37406		185	185	
宝鸡市	605349	583742	96855	60427		1948	908	
咸阳市	653769	630910	84116	76930		3712	3026	642
渭南市	584592	580332	151582	98632		106266	25	
杨凌示范区	50744	25802	5363	1860				
陕南	738658	698008	211164	134646				
汉中市	299561	271149	68744	78890				
安康市	251550	240685	92228	25801				
商洛市	187547	186174	50192	29955				
陕北	2176284	2172710	377018	669951		385	145	
延安市	1345006	1341650	113231	348507		55	55	
榆林市	831278	831060	263787	321444		330	90	
不分地区	562932	561533	125067	288722	36666	30715		30715

地区	自筹资金	#企事业单位自有资金	#发行股票	其他资金来源	#集资	本年各项应付款合计	#工程款	#设备、器材款
全省	**3035993**	**2332483**	**3329**	**907467**	**205917**	**982190**	**646588**	**102672**
关中	1705838	1284804	3329	679705	126751	597931	339764	40325
西安市	728200	594469	3329	417228	76334	374603	179640	25258
铜川市	76039	61288		30981	2075	18232	17694	93
宝鸡市	312088	128529		112424	15563	141368	98268	6947
咸阳市	390770	362321		75382	20235	25899	16874	1251
渭南市	191959	132547		31893	12544	30057	22321	3971
杨凌示范区	6782	5650		11797		7772	4967	2805
陕南	273735	152393		78463	12287	99999	71545	14092
汉中市	96414	50052		27101	5275	60016	47778	9270
安康市	91198	53283		31458	2523	33711	19920	3146
商洛市	86123	49058		19904	4489	6272	3847	1676
陕北	976057	838733		149299	66879	108148	104507	2915
延安市	780972	720079		98885	40498	80970	79669	1301
榆林市	195085	118654		50414	26381	27178	24838	1614
不分地区	80363	56553				176112	130772	45340

6-10 全省按国民经济行业及构成分的基本建设投资

(2004年)　　　　单位：万元

行　　业	投资额	建筑工程	安装工程	设备工器具购　　置	其他费用
总　计	**8128823**	**5331434**	**598872**	**1023386**	**1175131**
（一）农、林、牧、渔业	**263835**	**132242**	**4089**	**8308**	**119196**
农　业	51597	34138	337	2655	14467
林　业	105542	31700	40	158	73644
畜牧业	42333	18377	409	3177	20370
渔　业	1000	775	175		50
农、林、牧、渔服务业	63363	47252	3128	2318	10665
（二）采矿业	**739063**	**512041**	**99517**	**90172**	**37333**
煤炭开采和洗选业	88350	41540	8085	26955	11770
石油和天然气开采业	629753	457768	90936	58557	22492
黑色金属矿采选业	3334	1492	203	1109	530
有色金属矿采选业	7647	5245	12	480	1910
非金属矿采选业	9979	5996	281	3071	631
（三）制造业	**1082365**	**526272**	**90192**	**364326**	**101575**
农副食品加工业	27707	17389	2241	6105	1972
食品制造业	36395	21944	1993	10480	1978
饮料制造业	60983	16235	1074	42985	689
烟草制品业	2414	1994	12	109	299
纺织业	34196	19983	6471	4439	3303
纺织服装、鞋、帽制造业	360	360			
皮革、毛皮、羽毛(绒)及其制品业	2000	2000			
木材加工及木、竹、藤、棕、草制品业	2878	1780	508	430	160
家具制造业	6270	5680	85	355	150
造纸及纸制品业	21935	9519	870	9290	2256
印刷业和记录媒介的复制	23168	12738	6687	1634	2109
文教体育用品制造业	1500	1060		230	210
石油加工、炼焦及核燃料加工业	49128	22110	5398	16838	4782
化学原料及化学制品制造业	172252	69314	29140	60641	13157
医药制造业	113740	64396	9230	30837	9277
橡胶制品业	8750	4630	790	3010	320
塑料制品业	28630	11058	5976	8927	2669
非金属矿物制品业	51602	24498	1363	19492	6249
黑色金属冶炼及压延加工业	26281	5993	2942	16179	1167
有色金属冶炼及压延加工业	66726	30315	6613	23233	6565
金属制品业	24160	16887	547	4848	1878
通用设备制造业	16952	10070	498	4827	1557
专用设备制造业	61823	36081	1682	20917	3143
交通运输设备制造业	130330	44262	1513	55806	28749
电气机械及器材制造业	56655	36940	2147	14293	3275
通信设备、计算机及其他电子设备制造业	38784	25799	2263	6328	4394
仪器仪表及文化、办公用机械制造业	10361	7612	147	1977	625
工艺品及其他制造业	2235	2093		100	42
废弃资源和废旧材料回收加工业	4150	3532	2	16	600
（四）电力、燃气及水的生产和供应业	**849221**	**328298**	**127489**	**293919**	**99515**
电力、热力的生产和供应业	773102	287005	106317	286496	93284
燃气生产和供应业	28586	5693	15374	4455	3064
水的生产和供应业	47533	35600	5798	2968	3167
（五）建筑业	**45322**	**39358**	**1370**	**1408**	**3186**
房屋和土木工程建筑业	43654	38338	722	1408	3186
建筑安装业	120	120			
其他建筑业	1548	900	648		

6-10 续表　　　　　　　　　　(2004年)　　　　　　　　　　单位：万元

行　业	投资额	建筑工程	安装工程	设备工器具购　置	其他费用
（六）交通运输、仓储和邮政业	**1724724**	**1417846**	**113515**	**15450**	**177913**
铁路运输业	84567	68267	2239	5007	9054
道路运输业	1558509	1315467	77005	4715	161322
城市公共交通业	7497	6225	300	300	672
水上运输业	1350	1280			70
航空运输业	1900	1020	580	300	
管道运输业	47704	8295	31123	1934	6352
仓储业	14206	11169	1020	1830	187
邮政业	8991	6123	1248	1364	256
（七）信息传输、计算机服务和软件业	**197378**	**79034**	**48917**	**61845**	**7582**
电信和其他信息传输服务业	166461	51920	46837	61815	5889
软件业	30917	27114	2080	30	1693
（八）批发和零售业	**298174**	**198539**	**19573**	**26091**	**53971**
批发业	116409	80860	10575	8979	15995
零售业	181765	117679	8998	17112	37976
（九）住宿和餐饮业	**53205**	**38801**	**4793**	**3684**	**5927**
住宿业	30083	23551	1106	1307	4119
餐饮业	23122	15250	3687	2377	1808
（十）金融业	**29776**	**26290**	**177**	**304**	**3005**
银行业	26994	24018	164	73	2739
保险业	1172	922	13	231	6
其他金融活动	1610	1350			260
（十一）房地产业	**194649**	**145251**	**9613**	**8721**	**31064**
房地产业	194649	145251	9613	8721	31064
（十二）租赁和商务服务业	**98957**	**63886**	**2410**	**3504**	**29157**
租赁业	850	290	50	510	
商务服务业	98107	63596	2360	2994	29157
（十三）科学研究、技术服务和地质勘查业	**183080**	**121504**	**3069**	**35740**	**22767**
研究与试验发展	129377	88108	2033	25059	14177
专业技术服务业	10667	8113	495	1726	333
科技交流和推广服务业	32232	16245	326	8582	7079
地质勘查业	10804	9038	215	373	1178
（十四）水利、环境和公共设施管理业	**1003854**	**734999**	**24523**	**27373**	**216959**
水利管理业	232104	198792	6610	5647	21055
环境管理业	30626	19599	1052	3513	6462
公共设施管理业	741124	516608	16861	18213	189442
（十五）居民服务和其他服务业	**20095**	**10695**	**3320**	**2400**	**3680**
居民服务业	19495	10295	3300	2300	3600
其他服务业	600	400	20	100	80
（十六）教　育	**639202**	**491029**	**15571**	**45869**	**86733**
教　育	639202	491029	15571	45869	86733
（十七）卫生、社会保障和社会福利业	**100259**	**76736**	**4485**	**12297**	**6741**
卫　生	96649	73550	4213	12197	6689
社会保障业	196	196			
社会福利业	3414	2990	272	100	52
（十八）文化、体育和娱乐业	**103881**	**64809**	**12985**	**14429**	**11658**
新闻出版业	2663	2663			
广播、电视、电影和音像业	34894	15672	2271	13538	3413
文化艺术业	29407	17110	10123	170	2004
体　育	15910	12505	46	16	3343
娱乐业	21007	16859	545	705	2898
（十九）公共管理和社会组织	**501783**	**323804**	**13264**	**7546**	**157169**
中国共产党机关	3836	3731	1	14	90
国家机构	450992	277681	10490	7258	155563
人民政协和民主党派	420	420			
群众团体、社会团体和宗教组织	11119	10352	162		605
基层群众自治组织	35416	31620	2611	274	911

6-11 地方按国民经济行业及构成分的基本建设投资

(2004年)　　单位：万元

行　　业	投资额	建筑工程	安装工程	设备工器具购　置	其他费用
总　计	**6935743**	**4697483**	**468534**	**723601**	**1046125**
(一) 农、林、牧、渔业	**263835**	**132242**	**4089**	**8308**	**119196**
农　业	51597	34138	337	2655	14467
林　业	105542	31700	40	158	73644
畜牧业	42333	18377	409	3177	20370
渔　业	1000	775	175		50
农、林、牧、渔服务业	63363	47252	3128	2318	10665
(二) 采矿业	**549808**	**359724**	**79734**	**84230**	**26120**
煤炭开采和洗选业	88350	41540	8085	26955	11770
石油和天然气开采业	443149	308102	71153	52615	11279
黑色金属矿采选业	3334	1492	203	1109	530
有色金属矿采选业	6285	3883	12	480	1910
非金属矿采选业	8690	4707	281	3071	631
(三) 制造业	**946837**	**462820**	**86811**	**309521**	**87685**
农副食品加工业	27707	17389	2241	6105	1972
食品制造业	36395	21944	1993	10480	1978
饮料制造业	60983	16235	1074	42985	689
烟草制品业	248	248			
纺织业	27976	14553	6471	4239	2713
纺织服装、鞋、帽制造业	360	360			
皮革、毛皮、羽毛(绒)及其制品业	2000	2000			
木材加工及木、竹、藤、棕、草制品业	2878	1780	508	430	160
家具制造业	6270	5680	85	355	150
造纸及纸制品业	21935	9519	870	9290	2256
印刷业和记录媒介的复制	21113	12238	6687	1634	554
文教体育用品制造业	1500	1060		230	210
石油加工、炼焦及核燃料加工业	49128	22110	5398	16838	4782
化学原料及化学制品制造业	164644	65499	28021	59043	12081
医药制造业	113740	64396	9230	30837	9277
橡胶制品业	8750	4630	790	3010	320
塑料制品业	28630	11058	5976	8927	2669
非金属矿物制品业	51602	24498	1363	19492	6249
黑色金属冶炼及压延加工业	26281	5993	2942	16179	1167
有色金属冶炼及压延加工业	60226	23815	6613	23233	6565
金属制品业	24160	16887	547	4848	1878
通用设备制造业	12670	9448	250	1826	1146
专用设备制造业	24633	19362	1100	3260	911
交通运输设备制造业	82698	26346	943	32286	23123
电气机械及器材制造业	38176	27492	1297	6913	2474
通信设备、计算机及其他电子设备制造业	36858	25043	2263	6328	3224
仪器仪表及文化、办公用机械制造业	8891	7612	147	637	495
工艺品及其他制造业	2235	2093		100	42
废弃资源和废旧材料回收加工业	4150	3532	2	16	600
(四) 电力、燃气及水的生产和供应业	**455515**	**222649**	**64304**	**136484**	**32078**
电力、热力的生产和供应业	379396	181356	43132	129061	25847
燃气生产和供应业	28586	5693	15374	4455	3064
水的生产和供应业	47533	35600	5798	2968	3167
(五) 建筑业	**31079**	**26173**	**1259**	**902**	**2745**
房屋和土木工程建筑业	29411	25153	611	902	2745
建筑安装业	120	120			
其他建筑业	1548	900	648		

6-11 续表　　(2004年)　　单位：万元

行　业	投资额	建筑工程	安装工程	设备工器具购　置	其他费用
（六）交通运输、仓储和邮政业	**1648591**	**1360440**	**108918**	**8850**	**170383**
铁路运输业	20000	18155	49	86	1710
道路运输业	1556214	1314517	75925	4450	161322
城市公共交通业	7497	6225	300	300	672
水上运输业	1350	1280			70
航空运输业	1900	1020	580	300	
管道运输业	47704	8295	31123	1934	6352
仓储业	9588	6951	770	1780	87
邮政业	4338	3997	171		170
（七）信息传输、计算机服务和软件业	**119755**	**57191**	**15353**	**42440**	**4771**
电信和其他信息传输服务业	98938	37077	15273	42410	4178
软件业	20817	20114	80	30	593
（八）批发和零售业	**294793**	**195971**	**19533**	**26040**	**53249**
批发业	115218	80130	10575	8978	15535
零售业	179575	115841	8958	17062	37714
（九）住宿和餐饮业	**52525**	**38621**	**4443**	**3534**	**5927**
住宿业	29403	23371	756	1157	4119
餐饮业	23122	15250	3687	2377	1808
（十）金融业	**9556**	**8124**	**93**	**231**	**1108**
银行业	7160	6219	93		848
保险业	786	555		231	
其他金融活动	1610	1350			260
（十一）房地产业	**194649**	**145251**	**9613**	**8721**	**31064**
房地产业	194649	145251	9613	8721	31064
（十二）租赁和商务服务业	**98957**	**63886**	**2410**	**3504**	**29157**
租赁业	850	290	50	510	
商务服务业	98107	63596	2360	2994	29157
（十三）科学研究、技术服务和地质勘查业	**75302**	**49729**	**952**	**10949**	**13672**
研究与试验发展	27932	21547	2	1232	5151
专业技术服务业	5597	4162	409	762	264
科技交流和推广服务业	32232	16245	326	8582	7079
地质勘查业	9541	7775	215	373	1178
（十四）水利、环境和公共设施管理业	**996417**	**727712**	**24523**	**27223**	**216959**
水利管理业	230907	197595	6610	5647	21055
环境管理业	30626	19599	1052	3513	6462
公共设施管理业	734884	510518	16861	18063	189442
（十五）居民服务和其他服务业	**20095**	**10695**	**3320**	**2400**	**3680**
居民服务业	19495	10295	3300	2300	3600
其他服务业	600	400	20	100	80
（十六）教　育	**490315**	**382068**	**15445**	**15992**	**76810**
教　育	490315	382068	15445	15992	76810
（十七）卫生、社会保障和社会福利业	**94205**	**71518**	**4485**	**12297**	**5905**
卫　生	90595	68332	4213	12197	5853
社会保障业	196	196			
社会福利业	3414	2990	272	100	52
（十八）文化、体育和娱乐业	**102481**	**63409**	**12985**	**14429**	**11658**
新闻出版业	2663	2663			
广播、电视、电影和音像业	33494	14272	2271	13538	3413
文化艺术业	29407	17110	10123	170	2004
体　育	15910	12505	46	16	3343
娱乐业	21007	16859	545	705	2898
（十九）公共管理和社会组织	**491028**	**319260**	**10264**	**7546**	**153958**
中国共产党机关	3836	3731	1	14	90
国家机构	440237	273137	7490	7258	152352
人民政协和民主党派	420	420			
群众团体、社会团体和宗教组织	11119	10352	162		605
基层群众自治组织	35416	31620	2611	274	911

6-12 基本建设项目财务拨款资金来源

(2004年)　　单位：万元

指　　标	总　计	按经济类型分		按隶属关系分	
		国有经济单位	其他经济单位	中央单位	地方单位
一、本年资金来源合计	**8370854**	**5991958**	**2378896**	**1316889**	**7053965**
1.上年末结余资金	473886	296535	177351	134825	339061
2.本年资金来源小计	7896968	5695423	2201545	1182064	6714904
(1)国家预算内资金	1167486	1138861	28625	144757	1022729
(2)国内贷款	1979791	1615915	363876	432151	1547640
(3)债　券	36666	36666		36666	
(4)利用外资	175214	151772	23442	109241	65973
#外商直接投资	30834	7392	23442	3000	27834
对外借款	31975	31975			31975
#统借统还					
(5)自筹资金	3611921	2053755	1558166	340366	3271555
中央各部门自筹	43942	43942		26864	17078
省自筹	70122	64683	5439	23907	46215
地(市)自筹	169833	162165	7668	375	169458
县自筹	326489	240391	86098	100	326389
企事业单位自有资金	3001535	1542574	1458961	289120	2712415
#发行股票					
(6)其他资金来源	925890	698454	227436	118883	807007
#集　资	213002	198852	14150	66456	146546
二、本年各项应付款合计	**925543**	**771562**	**153981**	**105908**	**819635**
#工程款	606933	504430	102503	39577	567356
设备、器材款	86478	68098	18380	43398	43080

6-13 能源工业及交通运输、邮电通信业基本建设投资

单位：万元

行　　业	1995年	2000年	2001年	2002年	2003年	2004年
投 资 总 额	**694838**	**2198750**	**2501992**	**2441824**	**3073599**	**3487424**
能源工业投资合计	496418	1030549	928206	944082	1437617	1616452
煤炭采选业	134184	161022	57769	31561	62442	88350
石油和天然气开采加工业	123731	360317	496066	501118	753126	636300
电力蒸汽热水的生产和供应业	231033	481948	336561	385046	580336	820635
#火力发电业	160989	147439	121848	128114	213497	409118
水力发电业	31113	59261	29043	36534	58997	98335
炼焦及煤气生产和供应业	7470	27262	37810	26357	41713	71167
交通运输、邮电通信业合计	198420	1168201	1573786	1497742	1635982	1870972
#铁路运输业	62625	538910	480232	267811	166562	84567
公路运输业	97519	99628	104903	135415	1238749	1558509
航空运输业	4092	26031	54800	32247	27808	1900
邮电通信业	27356	106140	275257	205157	154342	169445

6-14 全省国民经济各行业基本建设施工、投产项目个数及新增固定资产

(2004年)

行　业	施工项目(个)	全部建成投产项目(个)	施工项目计划总投资(万元)	本年完成投资额(万元)	本年新增固定资产(万元)
总　计	**4054**	**2194**	**25124325**	**8128823**	**4153261**
(一)农、林、牧、渔业	**327**	**207**	**845515**	**263835**	**197843**
农　业	57	33	87256	51597	40504
林　业	112	65	558995	105542	76977
畜牧业	42	23	114925	42333	21844
渔　业	2	1	1270	1000	400
农、林、牧、渔服务业	114	85	83069	63363	58118
(二)采矿业	**61**	**31**	**1859397**	**739063**	**644317**
煤炭开采和洗选业	15	8	382856	88350	38371
石油和天然气开采业	18	11	1425632	629753	597197
黑色金属矿采选业	7	2	7050	3334	2012
有色金属矿采选业	11	5	30512	7647	2848
非金属矿采选业	10	5	13347	9979	3889
(三)制造业	**568**	**254**	**3075132**	**1082365**	**565972**
农副食品加工业	35	19	45854	27707	13557
食品制造业	31	17	76152	36395	25670
饮料制造业	20	8	84097	60983	53447
烟草制品业	3	3	3004	2414	1258
纺织业	26	13	47364	34196	24886
纺织服装、鞋、帽制造业	2	1	562	360	260
皮革、毛皮、羽毛(绒)及其制品业	1	1	3920	2000	3920
木材加工及木、竹、藤、棕、草制品业	5	4	3598	2878	2478
家具制造业	6	2	11657	6270	2380
造纸及纸制品业	17	9	37383	21935	17888
印刷业和记录媒介的复制	11	3	33606	23168	9191
文教体育用品制造业	2		1600	1500	
石油加工、炼焦及核燃料加工业	5	4	168527	49128	8527
化学原料及化学制品制造业	52	24	472340	172252	30911
医药制造业	67	23	233192	113740	85548
橡胶制品业	8	5	10000	8750	4830
塑料制品业	17	8	47572	28630	30640
非金属矿物制品业	41	25	140349	51602	29972
黑色金属冶炼及压延加工业	8	1	113500	26281	7788
有色金属冶炼及压延加工业	15	6	271630	66726	17439
金属制品业	20	8	73833	24160	14637
通用设备制造业	23	9	48145	16952	13053
专用设备制造业	49	25	375014	61823	52994
交通运输设备制造业	41	7	444019	130330	37880
电气机械及器材制造业	19	9	171032	56655	39497
通信设备、计算机及其他电子设备制造业	22	9	124375	38784	25277
仪器仪表及文化、办公用机械制造业	15	8	22522	10361	9430
工艺品及其他制造业	4	2	3435	2235	1614
废弃资源和废旧材料回收加工业	3	1	6850	4150	1000
(四)电力、燃气及水的生产和供应业	**221**	**79**	**4568800**	**849221**	**283028**
电力、热力的生产和供应业	149	54	3900162	773102	262734
燃气生产和供应业	18	4	282271	28586	2907
水的生产和供应业	54	21	386367	47533	17387
(五)建筑业	**49**	**27**	**77369**	**45322**	**43144**
房屋和土木工程建筑业	47	26	75701	43654	43024
建筑安装业	1	1	120	120	120
其他建筑业	1		1548	1548	

6-14 续表 (2004年)

行业	施工项目(个)	全部建成投产项目(个)	施工项目计划总投资(万元)	本年完成投资额(万元)	本年新增固定资产(万元)
(六)交通运输、仓储和邮政业	**381**	**245**	**5868222**	**1724724**	**737180**
铁路运输业	5	2	452163	84567	32392
道路运输业	327	213	5142533	1558509	655451
城市公共交通业	7	2	23443	7497	3900
水上运输业	4	3	1590	1350	1000
航空运输业	2	1	151664	1900	300
管道运输业	2	1	62125	47704	18000
仓储业	20	13	21190	14206	14898
邮政业	14	10	13514	8991	11239
(七)信息传输、计算机服务和软件业	**121**	**74**	**414646**	**197378**	**103567**
电信和其他信息传输服务业	115	74	346544	166461	94358
软件业	6		68102	30917	9209
(八)批发和零售业	**242**	**133**	**655645**	**298174**	**148061**
批发业	95	50	260686	116409	75680
零售业	147	83	394959	181765	72381
(九)住宿和餐饮业	**51**	**21**	**156609**	**53205**	**17293**
住宿业	26	9	115352	30083	9422
餐饮业	25	12	41257	23122	7871
(十)金融业	**40**	**22**	**70347**	**29776**	**6761**
银行业	34	19	67378	26994	4920
保险业	4	2	2077	1172	1491
其他金融活动	2	1	892	1610	350
(十一)房地产业	**80**	**42**	**316736**	**194649**	**91679**
房地产业	80	42	316736	194649	91679
(十二)租赁和商务服务业	**25**	**7**	**351587**	**98957**	**14067**
租赁业	1	1	850	850	850
商务服务业	24	6	350737	98107	13217
(十三)科学研究、技术服务和地质勘查业	**95**	**27**	**817486**	**183080**	**55643**
研究与试验发展	53	12	644328	129377	24292
专业技术服务业	17	9	25167	10667	12092
科技交流和推广服务业	13	1	122445	32232	10274
地质勘查业	12	5	25546	10804	8985
(十四)水利、环境和公共设施管理业	**568**	**325**	**2884605**	**1003854**	**545673**
水利管理业	234	141	428233	232104	166733
环境管理业	35	16	145069	30626	23591
公共设施管理业	299	168	2311303	741124	355349
(十五)居民服务和其他服务业	**15**	**10**	**22054**	**20095**	**19470**
居民服务业	13	9	20654	19495	19370
其他服务业	2	1	1400	600	100
(十六)教　育	**420**	**264**	**1739037**	**639202**	**313302**
教　育	420	264	1739037	639202	313302
(十七)卫生、社会保障和社会福利业	**199**	**108**	**173949**	**100259**	**68265**
卫　生	179	97	165497	96649	64552
社会保障业	2		554	196	
社会福利业	18	11	7898	3414	3713
(十八)文化、体育和娱乐业	**86**	**33**	**416217**	**103881**	**37467**
新闻出版业	1	1	5299	2663	5299
广播、电视、电影和音像业	10	2	131127	34894	11103
文化艺术业	41	15	114656	29407	6540
体　育	16	6	60400	15910	8076
娱乐业	18	9	104735	21007	6449
(十九)公共管理和社会组织	**505**	**285**	**810972**	**501783**	**260529**
中国共产党机关	10	6	5593	3836	3637
国家机构	467	262	715534	450992	227216
人民政协和民主党派	2	1	1463	420	1283
群众团体、社会团体和宗教组织	13	8	17418	11119	5159
基层群众自治组织	13	8	70964	35416	23234

6-15 地方国民经济各行业基本建设施工、投产项目个数及新增固定资产

(2004年)

行业	施工项目(个)	全部建成投产项目(个)	施工项目计划总投资(万元)	本年完成投资额(万元)	本年新增固定资产(万元)
总计	**3783**	**2080**	**20845101**	**6935743**	**3469648**
(一)农、林、牧、渔业	**327**	**207**	**845515**	**263835**	**197843**
农业	57	33	87256	51597	40504
林业	112	65	558995	105542	76977
畜牧业	42	23	114925	42333	21844
渔业	2	1	1270	1000	400
农、林、牧、渔服务业	114	85	83069	63363	58118
(二)采矿业	**57**	**27**	**1528844**	**549808**	**455062**
煤炭开采和洗选业	15	8	382856	88350	38371
石油和天然气开采业	17	10	1097730	443149	410593
黑色金属矿采选业	7	2	7050	3334	2012
有色金属矿采选业	9	3	29150	6285	1486
非金属矿采选业	9	4	12058	8690	2600
(三)制造业	**502**	**235**	**2560006**	**946837**	**470560**
农副食品加工业	35	19	45854	27707	13557
食品制造业	31	17	76152	36395	25670
饮料制造业	20	8	84097	60983	53447
烟草制品业	2	2	838	248	838
纺织业	20	9	38155	27976	18592
纺织服装、鞋、帽制造业	2	1	562	360	260
皮革、毛皮、羽毛(绒)及其制品业	1	1	3920	2000	3920
木材加工及木、竹、藤、棕、草制品业	5	4	3598	2878	2478
家具制造业	6	2	11657	6270	2380
造纸及纸制品业	17	9	37383	21935	17888
印刷业和记录媒介的复制	11	3	28061	21113	9191
文教体育用品制造业	2		1600	1500	
石油加工、炼焦及核燃料加工业	5	4	168527	49128	8527
化学原料及化学制品制造业	45	24	441203	164644	30911
医药制造业	67	23	233192	113740	85548
橡胶制品业	8	5	10000	8750	4830
塑料制品业	17	8	47572	28630	30640
非金属矿物制品业	41	25	140349	51602	29972
黑色金属冶炼及压延加工业	8	1	113500	26281	7788
有色金属冶炼及压延加工业	14	5	265130	60226	10939
金属制品业	20	8	73833	24160	14637
通用设备制造业	19	9	25160	12670	8526
专用设备制造业	29	14	282948	24633	12557
交通运输设备制造业	19	5	213653	82698	12475
电气机械及器材制造业	18	9	65720	38176	29138
通信设备、计算机及其他电子设备制造业	21	9	121235	36858	25277
仪器仪表及文化、办公用机械制造业	12	8	15822	8891	7960
工艺品及其他制造业	4	2	3435	2235	1614
废弃资源和废旧材料回收加工业	3	1	6850	4150	1000
(四)电力、燃气及水的生产和供应业	**191**	**64**	**2716538**	**455515**	**119389**
电力、热力的生产和供应业	119	39	2047900	379396	99095
燃气生产和供应业	18	4	282271	28586	2907
水的生产和供应业	54	21	386367	47533	17387
(五)建筑业	**38**	**23**	**56816**	**31079**	**27001**
房屋和土木工程建筑业	36	22	55148	29411	26881
建筑安装业	1	1	120	120	120
其他建筑业	1		1548	1548	

6-15 续表 (2004年)

行　业	施　工项　目(个)	全部建成投产项目(个)	施工项目计划总投资(万元)	本年完成投资额(万元)	本年新增固定资产(万元)
（六）交通运输、仓储和邮政业	**366**	**233**	**5461331**	**1648591**	**690058**
铁路运输业	1		64216	20000	122
道路运输业	324	210	5140566	1556214	653156
城市公共交通业	7	2	23443	7497	3900
水上运输业	4	3	1590	1350	1000
航空运输业	2	1	151664	1900	300
管道运输业	2	1	62125	47704	18000
仓储业	17	10	12872	9588	10280
邮政业	9	6	4855	4338	3300
（七）信息传输、计算机服务和软件业	**80**	**48**	**287594**	**119755**	**70905**
电信和其他信息传输服务业	75	48	232492	98938	61696
软件业	5		55102	20817	9209
（八）批发和零售业	**236**	**130**	**650487**	**294793**	**146691**
批发业	92	49	258206	115218	75300
零售业	144	81	392281	179575	71391
（九）住宿和餐饮业	**50**	**20**	**155009**	**52525**	**16613**
住宿业	25	8	113752	29403	8742
餐饮业	25	12	41257	23122	7871
（十）金融业	**21**	**13**	**17799**	**9556**	**3599**
银行业	17	10	15416	7160	1758
保险业	2	2	1491	786	1491
其他金融活动	2	1	892	1610	350
（十一）房地产业	**80**	**42**	**316736**	**194649**	**91679**
房地产业	80	42	316736	194649	91679
（十二）租赁和商务服务业	**25**	**7**	**351587**	**98957**	**14067**
租赁业	1	1	850	850	850
商务服务业	24	6	350737	98107	13217
（十三）科学研究、技术服务和地质勘查业	**47**	**14**	**296687**	**75302**	**22021**
研究与试验发展	13	4	140092	27932	3295
专业技术服务业	10	5	12604	5597	3815
科技交流和推广服务业	13	1	122445	32232	10274
地质勘查业	11	4	21546	9541	4637
（十四）水利、环境和公共设施管理业	**564**	**324**	**2872048**	**996417**	**539523**
水利管理业	232	141	425376	230907	166733
环境管理业	35	16	145069	30626	23591
公共设施管理业	297	167	2301603	734884	349199
（十五）居民服务和其他服务业	**15**	**10**	**22054**	**20095**	**19470**
居民服务业	13	9	20654	19495	19370
其他服务业	2	1	1400	600	100
（十六）教　育	**410**	**263**	**1341233**	**490315**	**227423**
教　育	410	263	1341233	490315	227423
（十七）卫生、社会保障和社会福利业	**197**	**108**	**152321**	**94205**	**68265**
卫　生	177	97	143869	90595	64552
社会保障业	2		554	196	
社会福利业	18	11	7898	3414	3713
（十八）文化、体育和娱乐业	**85**	**33**	**414259**	**102481**	**37467**
新闻出版业	1	1	5299	2663	5299
广播、电视、电影和音像业	9	2	129169	33494	11103
文化艺术业	41	15	114656	29407	6540
体　育	16	6	60400	15910	8076
娱乐业	18	9	104735	21007	6449
（十九）公共管理和社会组织	**492**	**279**	**798237**	**491028**	**252012**
中国共产党机关	10	6	5593	3836	3637
国家机构	454	256	702799	440237	218699
人民政协和民主党派	2	1	1463	420	1283
群众团体、社会团体和宗教组织	13	8	17418	11119	5159
基层群众自治组织	13	8	70964	35416	23234

6-16 基本建设大中型项目一览表

(2004年)

单位：万元

建设项目名称	开工时间	全投时间	计划总投资	累计完成投资	累计新增固定资产	本年计划投资	本年完成投资
西安户县至洋县高速公路	2002.09		1023730	373841		222302	222302
西安至禹门口高速公路	2001.09		591951	459277		159688	159865
靖边至王圈梁高速公路	2002.07	2004.12	219984	209349	209349	75000	75000
安塞至靖边高速公路（延安段）	2003.06		210000	100950		69068	85018
安塞至靖边高速公路（榆林段）	2003.09		238000	88025		69835	72860
延安至安塞高速公路	2000.11	2004.04	115642	115642	115642	5642	5642
陕西广播电视传输覆盖网	1996.10		78000	69608	41012	18000	19585
西安电力机械制造公司扩建工程	1990.11		105312	91548	48555	10662	18479
西安高架快速干道一期工程	2001.12		77400	64995		21000	17264
西安交通大学扩建工程(含附中、附小）	2000.01		81924	70214	29222	15433	23659
西安培华女子大学校区建设	2003.01		32000	18708	4125	12000	6708
西安曲江新区基础设施建设	2002.02		100000	38679		100000	20579
西安黑河水利枢纽工程	1987.12		225700	164604		810	810
西安市天然气总公司天然气城市气化工程	2001.01		178818	113232	84863	9600	9653
西安咸阳机场扩建工程	1999.10		151364	145810	142245	7154	1600
西安紫薇大卖场建设	2004.01		54000	7025		54000	7025
陕西移动通信有限公司全球通大厦	2004.04		7300	3735		4000	3735
西安移动通信樞纽楼	2002.03		18150	18150	18150	5386	5386
西北工业大学长安校区建设	2004.01		70000	3380		10170	3380
西延铁路西安钟家村至延安北扩能改造	2004.09		64216	20000	122	20000	20000
龙钢集团年产60万吨轧钢生产线	2004.02		6200	3345		3100	3345
安康市供电局330千伏金州输变电站	2004.09		14139	9000		9000	9000
宝鸡华山工程车辆有限公司专用车生产线	2004.04		30000	9988		10000	9988
宝鸡市水利局冯家山灌区改造	2004.01		13490	9597		2470	2470
宝鸡市水利局冯家山水库除险加固	2003.02		8869	1967		2238	1967
宝鸡市水利局农田水利建设	2004.04	2004.12	6012	6012	6012	4651	4651
宝鸡市水利局渭河市区段防洪堤加固	2000.03		8000	7633	6333	8000	6633
长庆油田公司陕西地区基建	2004.03	2004.12	327902	186604	186604	327902	186604
长武县亭南煤矿建设	2002.10		36415	30125		12700	14496
定边县钻采公司石油开采	2004.04	2004.12	20600	20600	20600	20600	20600
韩城海燕钢铁有限公司百万吨炼铁工程	2003.04	2004.07	8000	11111	11111	2000	5107
韩城黑猫炭黑有限责任公司	2002.11		26000	10600		14000	1894
韩城矿务局韩城矿区	1970.02		102321	165714	153988	17509	15850

6-16 续表1

(2004年)

建设项目名称	本年新增固定资产（万元）	建设规模和新增生产能力(或效益) 名称	单位	建设规模	累计新增生产能力	#本年新增
西安户县至洋县高速公路		新建高速公路	公里	147		
西安至禹门口高速公路		新建高速公路	公里	177		
靖边至王圈梁高速公路	209349	新建高速公路	公里	132	132	132
安塞至靖边高速公路（延安段）		新建高速公路	公里	53		
安塞至靖边高速公路（榆林段）		新建高速公路	公里	52		
延安至安塞高速公路	115642	新建高速公路	公里	32	32	32
陕西广播电视传输覆盖网	10723					
西安电力机械制造公司扩建工程	10359					
西安高架快速干道一期工程		新建高速公路	公里	11		
西安交通大学扩建工程(含附中、附小)	29222	建筑面积	万平方米	34.17	2.41	2.41
西安培华女子大学校区建设	4125	学生席位	个	5000		
		建筑面积	万平方米	28.68		
西安曲江新区基础设施建设						
西安黑河水利枢纽工程		城市自来水供水能力	万吨/日	110	110	
		城市自来水管道长度	公里	121	48	
西安市天然气总公司天然气城市气化工程	407	天然气管输	公里	937	579	54
			亿立方米/年	3.62	3.62	0.54
西安咸阳机场扩建工程						
西安紫薇大卖场建设						
陕西移动通信有限公司全球通大厦						
西安移动通信樞纽楼	5386					
西北工业大学长安校区建设		学生席位	个	10000		
		建筑面积	万平方米	20		
西延铁路西安钟家村至延安北扩能改造	122					
龙钢集团年产60万吨轧钢生产线		热轧钢材	万吨/年	60		
安康市供电局330千伏金州输变电站		变电设备能力	万千伏安	30		
宝鸡华山工程车辆有限公司专用车生产线						
宝鸡市水利局冯家山灌区改造						
宝鸡市水利局冯家山水库除险加固						
宝鸡市水利局农田水利建设	4651					
宝鸡市水利局渭河市区段防洪堤加固	6333					
长庆油田公司陕西地区基建	186604	天然原油开采	万吨/年	149.5	149.5	149.5
		天然气开采	亿立方米/年	5.8	5.8	5.8
长武县亭南煤矿建设		原煤开采	万吨/年	120		
定边县钻采公司石油开采	20600	天然原油开采	万吨/年	50	50	50
韩城海燕钢铁有限公司百万吨炼铁工程	7111	生　铁	万吨/年	40	40	40
韩城黑猫炭黑有限责任公司						
韩城矿务局韩城矿区	12228	洗　煤	万吨/年	150		

6-16 续表2　　　　(2004年)　　　　单位：万元

建设项目名称	开工时间	全投时间	计划总投资	累计完成投资	累计新增固定资产	本年计划投资	本年完成投资
黄陵矿业集团有限责任公司二号井	2004.01		85738	15313		67700	15313
黄陵矿业集团有限责任公司煤矸石热电厂	2004.01		14962	7441		6605	7441
金花企业股份有限公司西部医药物流中心	2003.12		50000	410		30000	410
岚河水电公司蔺河口水电站	1999.01		58210	57471		11739	11000
略阳县林业局退耕还林工程	1999.08		53210	13446	13446	3712	3712
汉中美妆庭纸品有限公司高中档生活用纸	2001.11		7550	7747	6341	223	719
秦俑馆馆前环境建设	2002.12		25000	24760		13000	12524
富平县水泥有限公司新型干法生产线	2004.04		50000	8283	780	50000	8283
陕西国华锦界煤电项目	2003.11		563329	84014		76476	76476
陕西韩城第二发电厂	2002.09		477793	373415	3022	169882	184965
陕西汉江投资开发有限公司蜀河水电站	2003.07		230000	5000		5000	2000
陕西龙泉轧钢有限公司新建棒材生产线	2003.10	2004.08	3900	3900	3900	3900	3900
陕西蒲城电厂二期工程	2000.11	2004.12	235703	235703	226274	4342	5308
陕西群生电力有限公司10千瓦发电机组	2003.09		30000	16836		17000	16836
陕西省何家塔煤矿矿井建设	2003.01		25000	9800		8300	8300
靖边至西安天然气输气管道扩建工程	2003.06		48000	41704		45000	41704
陕西尧柏水泥有限公司水泥生产线	2004.03		39900	4393		9000	4393
神木化学工业有限公司甲醇项目	2003.06		101400	54648		51069	51069
神木县开发区管委会热电厂	2003.05		25000	17348		17348	17348
石泉喜河电站	2002.06		120055	39352		21772	20539
延长油矿管理局基本建设	2002.04		1039130	1034863	969586	396371	396371
杨凌绿方生物工程公司家禽基因产业化项目	2002.06	2004.06	6892	6892	6892	1002	749
洋县卡房水库枢纽工程	1997.11		15500	12602		1000	265
镇安县工贸公司60万吨水泥厂一期工程	2003.04		9200	9200	9200	7200	7200
郑铁局西安工程指挥部宝兰线（宝天段）	1999.12		326600	315333	299999	38667	38667
西延铁路西安钟家村至新丰镇扩能改造	2004.09		52410	20000		20000	20000
陕西电力公司330千伏西北郊送变电	2004.04		29384	4480		20000	4480
陕西电力公司110千伏西南铁路供电工程	2003.06		26744	26144		7744	18344
陕西电力公司110kv宝天电铁供电扩能工程	2003.04		11754	9354			4054
陕西电力公司110kv襄渝电铁供电扩能工程	2003.01		22010	5400		8000	200
陕西电力公司330千伏关中至陕北送变电工程	2003.05	2004.01	87572	24976	5196	33132	20466
陕西省电力公司330千伏陕西泾河送变电工程	2000.12		200000	62085		40255	11342

6-16 续表3 (2004年)

建设项目名称	本年新增固定资产（万元）	建设规模和新增生产能力(或效益)				
		名称	单位	建设规模	累计新增生产能力	#本年新增
黄陵矿业集团有限责任公司二号井		原煤开采	万吨/年	210		
黄陵矿业集团有限责任公司煤矸石热电厂		火力发电	万千瓦	3		
金花企业股份有限公司西部医药物流中心						
岚河水电公司蔺河口水电站		水力发电	万千瓦	7.2		
略阳县林业局退耕还林工程	3712	造林面积	万亩	52.0	26.0	11.2
汉中美妆庭纸品有限公司高中档生活用纸	6341	机制纸	万吨/年	1.2		
秦俑馆馆前环境建设						
富平县水泥有限公司新型干法生产线	780	水泥	万吨/年	200		
陕西国华锦界煤电项目		火力发电	万千瓦	120		
陕西韩城第二发电厂	502	火力发电	万千瓦	120		
陕西汉江投资开发有限公司蜀河水电站		水力发电	万千瓦	27		
陕西龙泉轧钢有限公司新建棒材生产线	3900	热轧钢材	万吨/年	20	20	20
陕西蒲城电厂二期工程	114909	火力发电	万千瓦	66	66	66
陕西群生电力有限公司10千瓦发电机组		火力发电	万千瓦	10	10	10
陕西省何家塔煤矿矿井建设		原煤开采	万吨/年	120		
靖边至西安天然气输气管道扩建工程						
陕西尧柏水泥有限公司水泥生产线		水泥	万吨/年	180		
神木化学工业有限公司甲醇项目		精甲醇	万吨/年	60		
神木县开发区管委会热电厂		火力发电	万千瓦	10	10	10
石泉喜河电站		水力发电	万千瓦	18		
延长油矿管理局基本建设	382240	天然原油开采	万吨/年	296.42	296.42	111.15
杨凌绿方生物工程公司家禽基因产业化项目	6892					
洋县卡房水库枢纽工程						
镇安县工贸公司60万吨水泥厂一期工程	150	水泥	万吨/年	60		
郑铁局西安工程指挥部宝兰线（宝天段）	23333	增建铁路第二线运营里程	公里	74		
西延铁路西安钟家村至新丰镇扩能改造		增建铁路第二线运营里程	公里	56		
陕西电力公司330千伏西北郊送变电		输电线路长度	公里	72		
		变电设备能力	万千伏安	110		
陕西电力公司110千伏西南铁路供电工程		输电线路长度	公里	449	248	248
		变电设备能力	万千伏安	8.3		
陕西电力公司110kv宝天电铁供电扩能工程		输电线路长度	公里	189	89	52
陕西电力公司110kv襄渝电铁供电扩能工程		输电线路长度	公里	69		
		变电设备能力	万千伏安	26		
陕西电力公司330千伏关中至陕北送变电工程	5196	输电线路长度	公里	595		
		变电设备能力	万千伏安	109	61	61
陕西省电力公司330千伏陕西泾河送变电工程		输电线路长度	公里	1042		
		变电设备能力	万千伏安	222	24	24

6-17 基本建设新增生产能力或效益

(2004年)

名　称	单 位	能力或效益	名　称	单 位	能力或效益
原煤开采	万吨／年	146.5	新增内河航道里程	公 里	15
洗　煤	万吨／年	1.2	长途电缆线路长度	公 里	183
焦　炭	万吨／年	2	耕地面积	万 亩	4.16
天然原油开采	万吨／年	348.65	造林面积	万 亩	222.65
天然气开采	亿立方米／年	5.8	水库总库容	亿立方米	5.86
铁矿石成品矿	万吨／年	3.5	有效灌溉面积	万 亩	12.3
热轧钢材	万吨／年	60	商业冷藏库	万 吨	0.57
锌冶炼	吨／年	3350	粮食仓库	万公斤	2500
#电解锌	吨／年	2000	粮食仓库	平方米	6500
金采矿(原矿)	万吨／年	78.59	高等院校：学生席位	个	87573
处理金矿	吨／年	3	建筑面积	平方米	794967
水力发电	万千瓦	3.1	中等学校：学生席位	个	85369
火力发电	万千瓦	46.2	建筑面积	平方米	613664
输电线路长度	公 里	430	小学校：学生席位	个	59165
变电设备能力	万千伏安	106	建筑面积	平方米	316226
平板玻璃	万重量箱／年	0.05	其他学校：学生席位	个	3779
锯　材	万立方米／年	100	建筑面积	平方米	22126
烧　碱	吨／年	50000	医院病床	张	2242
电　石	吨／年	350000	宾馆、旅馆、招待所客房数	间	777
油　漆	吨／年	3000		平方米	33820
塑料树脂及共聚物	吨／年	1150	城市自来水供水能力	万吨/日	11.04
化学原料药	吨／年	12	城市自来水管道长度	公 里	84
中成药	吨／年	1663	城市煤气生产能力	万立方米／日	16
载货汽车制造	辆／年	500	城市供热能力：蒸汽	吨／小时	135
棉纺锭	锭	10000	热水	兆瓦／小时	207
乳制品	吨／年	13000	城市道路扩建长度	公 里	70
#奶　粉	吨／年	4000	城市道路扩建面积	万平方米	180.01
白　酒	万吨／年	5	城市排水管道铺设长度	公 里	6
新建公路	公 里	735	城市污水处理能力	万吨／日	7.5
#高速公路	公 里	32	城市永久性桥梁	座	4
一级公路	公 里	101	城市防洪堤长度	公 里	145
二级公路	公 里	80	铁矿选矿处理量	万吨／年	10
改建公路	公 里	2040	机制纸	万吨／年	34.5
#二级公路	公 里	538	机制纸板	万吨／年	0.5
新建独立公路桥梁	延长米	1694	移动通信基站设备安装	个／年	592
	座	22	程控交换机安装	万线／年	1.35

6-18 各市按隶属关系和建设性质分的基本建设投资

(2004年)

单位：万元

地 区	总 计	#地 方	#省 属	#新 建	#扩 建	#改 建
全 省	**8128823**	**6935743**	**1798284**	**5202328**	**1864269**	**609529**
关 中	4688183	3991553	627269	2924060	987313	427296
西安市	2196419	1840769	412031	1189403	551469	247049
铜川市	89961	68121	6140	75059	8359	5144
宝鸡市	716236	664133	58398	378120	160421	113954
咸阳市	1062656	1007842	85786	818992	142742	35524
渭南市	597248	397382	64105	436983	124202	25625
杨凌示范区	25663	13306	809	25503	120	
陕 南	760249	656787	137538	569056	117187	48907
汉中市	296625	259163	99220	227322	44276	14663
安康市	296955	244170	29966	227133	36730	23479
商洛市	166669	153454	8352	114601	36181	10765
陕 北	1848991	1764414	510488	1171157	469978	133326
延安市	975423	973541	332325	401789	456225	77699
榆林市	873568	790873	178163	769368	13753	55627
不分地区	831400	522989	522989	538055	289791	

6-19 各市按构成分的基本建设投资

(2004年)

单位：万元

地 区	建筑工程	安装工程	设备工具器具购置	其他费用	#土地购置费
全 省	**5331434**	**598872**	**1023386**	**1175131**	**209286**
关 中	2866922	299980	677535	843746	177527
西安市	1426578	111039	201332	457470	111948
铜川市	51839	10846	21053	6223	231
宝鸡市	401430	69066	105369	140371	374
咸阳市	678930	54862	199587	129277	20966
渭南市	286009	53589	149223	108427	42385
杨凌示范区	22136	578	971	1978	1623
陕 南	470543	111822	72463	105421	14777
汉中市	134060	88119	21308	53138	13564
安康市	202136	17112	36400	41307	691
商洛市	134347	6591	14755	10976	522
陕 北	1346603	133493	238314	130581	14425
延安市	800954	77250	43758	53461	11753
榆林市	545649	56243	194556	77120	2672
不分地区	647366	53577	35074	95383	2557

6-20 各市按国民经济行业分的基本建设投资

(2004年)

单位：万元

地区	总计	农、林、牧、渔业	采矿业	制造业	电力燃气及水的生产和供应业	建筑业	交通运输仓储和邮政业	信息传输计算机服务和软件业	批发和零售业	住宿和餐饮业
全　省	**8128823**	**263835**	**739063**	**1082365**	**849221**	**45322**	**1724724**	**197378**	**298174**	**53205**
关　中	4688183	167001	69634	899900	377093	42851	359116	113512	268188	46946
西安市	2196419	17423	1220	342176	54808	17168	117630	46528	144970	25905
铜川市	89961	2740	681	5389	14035	1315	1457	14052	7567	6474
宝鸡市	716236	34312	235	205221	24076	10048	94784	38567	17221	4750
咸阳市	1062656	71280	48796	273260	55878	13345	37774	12204	85896	6942
渭南市	597248	40663	18702	72750	227454	855	106861	1960	11841	2330
杨凌示范区	25663	583		1104	842	120	610	201	693	545
陕　南	760249	71240	13053	35498	147053	1571	170915	52211	12748	2123
汉中市	296625	21371	9633	20204	35223	1136	108622	14981	4151	123
安康市	296955	36729	2300	2150	93305	62	35663	28090	2424	400
商洛市	166669	13140	1120	13144	18525	373	26630	9140	6173	1600
陕　北	1848991	25594	469772	146967	266189	900	628368	31655	17238	4136
延安市	975423	10317	424655	2768	16931		372512	698	12743	3429
榆林市	873568	15277	45117	144199	249258	900	255856	30957	4495	707
不分地区	831400		186604		58886		566325			

地区	金融业	房地产业	租赁和商务服务业	科学研究技术服务和地质勘查业	水利环境和公共设施管理业	居民服务和其他服务业	教育	卫生社会保障和社会福利业	文化体育和娱乐业	公共管理和社会组织
全　省	**29776**	**194649**	**98957**	**183080**	**1003854**	**20095**	**639202**	**100259**	**103881**	**501783**
关　中	22817	184389	90202	176774	817382	19391	542551	65273	68335	356828
西安市	18106	1600	86709	131595	457626	851	395028	29599	47681	259796
铜川市	1850		450		16230	1240	6520	389	1073	8499
宝鸡市		10226	300	2532	157088		36253	19999	5934	54690
咸阳市	921	172529	2743	41949	119875	17300	58634	10774	9758	22798
渭南市	1674	34		142	58821		34455	4262	3889	10555
杨凌示范区	266			556	7742		11661	250		490
陕　南	4525	8436	2005	3356	126189	704	48519	16308	6464	37331
汉中市	1483		1511	847	44062		21451	4546	713	6568
安康市	1771	5940		1669	46209		13925	7530	4608	14180
商洛市	1271	2496	494	840	35918	704	13143	4232	1143	16583
陕　北	2434	1824	6750	2950	60283		48132	18678	9497	107624
延安市	360	1824		1654	31859		24081	13822	7706	50064
榆林市	2074		6750	1296	28424		24051	4856	1791	57560
不分地区									19585	

6-21 各市基本建设施工、投产项目个数及新增固定资产

(2004年)

地　区	施　工 项　目 (个)	全部建成 投产项目 (个)	施工项目 计划总投资 (万元)	本年完成 投 资 额 (万元)	本年新增 固定资产 (万元)	固 定 资 产 交付使用率 (%)
全　省	**4054**	**2194**	**25124325**	**8128823**	**4153261**	**51.09**
关　中	2398	1244	13462347	4688183	2166293	46.21
西 安 市	759	282	7119545	2196419	756967	34.46
铜 川 市	149	60	221783	89961	42903	47.69
宝 鸡 市	440	238	2111148	716236	366732	51.20
咸 阳 市	687	454	2305717	1062656	621244	58.46
渭 南 市	330	198	1641187	597248	350447	58.68
杨凌示范区	33	12	62967	25663	28000	109.11
陕　南	1031	565	2242066	760249	446483	58.73
汉 中 市	297	127	1016447	296625	104826	35.34
安 康 市	471	306	929356	296955	205000	69.03
商 洛 市	263	132	296263	166669	136657	81.99
陕　北	607	381	5770576	1848991	1297446	70.17
延 安 市	240	153	2530648	975423	744768	76.35
榆 林 市	367	228	3239928	873568	552678	63.27
不分地区	18	4	3649336	831400	243039	29.23

6-22 各市基本建设房屋建筑面积及造价

(2004年)

地　区	本年施工 房屋面积 (万平方米)	#住　宅	本年竣工 房屋面积 (万平方米)	#住　宅	本年竣工 房屋价值 (万元)	竣工房屋 造　　价 (元/平方米)
全　省	**2694.41**	**1075.81**	**1089.74**	**488.35**	**1055729**	**968.79**
关　中	2075.61	801.72	755.79	329.46	779199	1030.97
西 安 市	1056.09	417.02	242.91	117.64	310315	1277.48
铜 川 市	43.61	17.29	20.56	11.75	18133	882.05
宝 鸡 市	188.91	91.36	112.93	69.93	103774	918.93
咸 阳 市	604.97	227.80	298.44	109.84	277851	931.01
渭 南 市	159.90	48.25	73.07	20.30	56469	772.81
杨凌示范区	22.12		7.88		12657	1605.22
陕　南	273.26	88.19	149.04	60.96	107596	721.93
汉 中 市	109.37	39.84	59.73	27.24	40209	673.20
安 康 市	90.30	25.14	52.30	20.35	37616	719.19
商 洛 市	73.59	23.21	37.01	13.37	29771	804.44
陕　北	341.95	185.90	182.06	97.93	165514	909.13
延 安 市	165.94	96.65	98.51	52.15	94214	956.35
榆 林 市	176.00	89.25	83.54	45.78	71300	853.44
不分地区	3.59		2.85		3420	1200.72

6-23 各市基本建设项目资金来源

(2004年)　　单位：万元

地区	本年资金来源合计	#本年资金来源小计	国家预算内资金	国内贷款	债券	利用外资	#外商直接投资	#对外借款
全省	**8370854**	**7896968**	**1167486**	**1979791**	**36666**	**175214**	**30834**	**31975**
关中	5003168	4663263	464104	879454		139562	26137	1260
西安市	2475886	2217736	166472	626393		20886	14928	1118
铜川市	88675	81932	8613	600				
宝鸡市	659919	637720	78688	56646		6998	5958	
咸阳市	1117679	1100172	57378	85719		5412	5226	142
渭南市	624636	604757	146871	109696		106266	25	
杨凌示范区	36373	20946	6082	400				
陕南	713831	683911	203904	117885		4552	4552	
汉中市	271258	256760	58971	73934		4252	4252	
安康市	278820	264635	95534	21495		300	300	
商洛市	163753	162516	49399	22456				
陕北	1940428	1837766	374411	552952		385	145	
延安市	922213	920031	110624	217729		55	55	
榆林市	1018215	917735	263787	335223		330	90	
不分地区	713427	712028	125067	429500	36666	30715		30715

地区	自筹资金	#企事业单位自有资金	#发行股票	其他资金来源	#集资	本年各项应付款合计	#工程款	#设备、器材款
全省	**3611921**	**3001535**		**925890**	**213002**	**925543**	**606933**	**86478**
关中	2482250	2183759		697893	126997	523568	276155	29361
西安市	1008950	935081		395035	78110	320880	155800	15135
铜川市	46263	41833		26456	1455	9316	8577	449
宝鸡市	383653	253187		111735	18104	101516	62658	2275
咸阳市	838250	805438		113413	20530	62764	26587	7330
渭南市	197477	141695		44447	8798	26683	20144	4152
杨凌示范区	7657	6525		6807		2409	2389	20
陕南	287733	182075		69837	14555	87383	71433	2596
汉中市	99862	60680		19741	6241	51866	49292	216
安康市	123777	91126		23529	2699	29164	18391	546
商洛市	64094	30269		26567	5615	6353	3750	1834
陕北	751858	558721		158160	71450	138480	128573	9181
延安市	498478	448404		93145	41998	69668	68468	1200
榆林市	253380	110317		65015	29452	68812	60105	7981
不分地区	90080	76980				176112	130772	45340

6-24 全省按国民经济行业及构成分的更新改造投资

(2004年)

单位：万元

行　　业	投资额	建筑工程	安装工程	设备工器具购置	其他费用
总　计	**2598824**	**864650**	**353875**	**1123426**	**256873**
（一）农、林、牧、渔业	**2976**	**1884**		**40**	**1052**
农　业	250	155			95
林　业	850	696			154
畜牧业	600	560		40	
农、林、牧、渔服务业	1276	473			803
（二）采矿业	**447035**	**162517**	**118122**	**150807**	**15589**
煤炭开采和洗选业	108672	39204	8144	54316	7008
石油和天然气开采业	311050	108323	108026	87615	7086
黑色金属矿采选业	8894	5560	379	1784	1171
有色金属矿采选业	16932	9070	1512	6046	304
非金属矿采选业	1487	360	61	1046	20
（三）制造业	**1056085**	**233380**	**128447**	**613077**	**81181**
农副食品加工业	19063	6659	2219	8244	1941
食品制造业	36057	3687	2824	28369	1177
饮料制造业	26527	16908	1009	7973	637
烟草制品业	3523		352	3171	
纺织业	19906	1809	473	16475	1149
纺织服装、鞋、帽制造业	2150	10		2140	
皮革、毛皮、羽毛(绒)及其制品业	120	120			
造纸及纸制品业	15689	2323	1172	10982	1212
印刷业和记录媒介的复制	17197	2233	554	12288	2122
文教体育用品制造业	1004	343		630	31
石油加工、炼焦及核燃料加工业	150838	23455	52184	71279	3920
化学原料及化学制品制造业	51828	4331	16429	27793	3275
医药制造业	92050	32699	13159	35602	10590
橡胶制品业	2735	384	429	1797	125
塑料制品业	4680	1070	185	3285	140
非金属矿物制品业	99161	27964	10874	54647	5676
黑色金属冶炼及压延加工业	88834	23125	10254	50727	4728
有色金属冶炼及压延加工业	70243	26043	8003	32375	3822
金属制品业	11982	380	488	10284	830
通用设备制造业	59410	8752	877	39523	10258
专用设备制造业	40053	12115	1354	20233	6351
交通运输设备制造业	125631	22925	4265	82142	16299
电气机械及器材制造业	15617	2830	184	8828	3775
通信设备、计算机及其他电子设备制造业	84002	12218	889	70489	406
仪器仪表及文化、办公用机械制造业	11875	882	212	9241	1540
工艺品及其他制造业	3000			1914	1086
废弃资源和废旧材料回收加工业	2910	115	58	2646	91

6-24 续表　　　　(2004年)　　　　单位：万元

行　业	投资额	建筑工程	安装工程	设备工器具购置	其他费用
（四）电力、燃气及水的生产和供应业	**211902**	**65839**	**39234**	**77621**	**29208**
电力、热力的生产和供应业	199444	56351	38963	76371	27759
水的生产和供应业	12458	9488	271	1250	1449
（五）建筑业	**15620**	**1864**		**13756**	
房屋和土木工程建筑业	15620	1864		13756	
（六）交通运输、仓储和邮政业	**78038**	**56340**	**2102**	**18361**	**1235**
铁路运输业	36109	22061	1697	11785	566
道路运输业	34662	33982	400	200	80
城市公共交通业	7180	277		6356	547
仓储业	87	20	5	20	42
（七）信息传输、计算机服务和软件业	**233714**	**40796**	**47302**	**138570**	**7046**
电信和其他信息传输服务业	230089	38147	47302	138570	6070
软件业	3625	2649			976
（八）批发和零售业	**59769**	**28800**	**11865**	**11967**	**7137**
批发业	9495	6300	550	2645	
零售业	50274	22500	11315	9322	7137
（九）住宿和餐饮业	**18573**	**5222**	**2425**	**3469**	**7457**
住宿业	6436	881	500	2155	2900
餐饮业	12137	4341	1925	1314	4557
（十）金融业	**1903**	**1735**		**118**	**50**
银行业	1903	1735		118	50
（十二）租赁和商务服务业	**1180**	**1162**	**8**	**10**	
商务服务业	1180	1162	8	10	
（十三）科学研究、技术服务和地质勘查业	**33841**	**9917**	**44**	**22843**	**1037**
研究与试验发展	17478	6558	44	9839	1037
专业技术服务业	3359	3359			
科技交流和推广服务业	13004			13004	
（十四）水利、环境和公共设施管理业	**343195**	**234422**	**1957**	**9561**	**97255**
水利管理业	13599	13007	122	297	173
环境管理业	12593	8550		2537	1506
公共设施管理业	317003	212865	1835	6727	95576
（十五）居民服务和其他服务业	**8800**	**7000**	**1000**	**800**	
居民服务业	8800	7000	1000	800	
（十六）教　育	**3585**	**2750**		**399**	**436**
教　育	3585	2750		399	436
（十七）卫生、社会保障和社会福利业	**10354**	**3141**	**15**	**949**	**6249**
卫　生	10354	3141	15	949	6249
（十八）文化、体育和娱乐业	**9733**	**6557**	**1026**	**1200**	**950**
广播、电视、电影和音像业	76	50	26		
文化艺术业	7457	6507			950
娱乐业	2200		1000	1200	
（十九）公共管理和社会组织	**62521**	**1324**	**328**	**59878**	**991**
国家机构	62321	1124	328	59878	991
人民政协和民主党派	200	200			

6-25 地方按国民经济行业及构成分的更新改造投资

(2004年)

单位：万元

行　业	投资额	建筑工程	安装工程	设备工器具购置	其他费用
总　计	**2165137**	**761297**	**295313**	**885640**	**222887**
（一）农、林、牧、渔业	**2976**	**1884**		**40**	**1052**
农　业	250	155			95
林　业	850	696			154
畜牧业	600	560		40	
农、林、牧、渔服务业	1276	473			803
（二）采矿业	**446646**	**162379**	**118095**	**150583**	**15589**
煤炭开采和洗选业	108672	39204	8144	54316	7008
石油和天然气开采业	311050	108323	108026	87615	7086
黑色金属矿采选业	8894	5560	379	1784	1171
有色金属矿采选业	16543	8932	1485	5822	304
非金属矿采选业	1487	360	61	1046	20
（三）制造业	**847140**	**208344**	**96953**	**470323**	**71520**
农副食品加工业	19063	6659	2219	8244	1941
食品制造业	36057	3687	2824	28369	1177
饮料制造业	26527	16908	1009	7973	637
纺织业	17988	1793	463	14867	865
纺织服装、鞋、帽制造业	2150	10		2140	
皮革、毛皮、羽毛(绒)及其制品业	120	120			
造纸及纸制品业	15689	2323	1172	10982	1212
印刷业和记录媒介的复制	6249	1300	206	3233	1510
文教体育用品制造业	1004	343		630	31
石油加工、炼焦及核燃料加工业	118021	23455	26367	64279	3920
化学原料及化学制品制造业	50028	4331	15329	27093	3275
医药制造业	92050	32699	13159	35602	10590
橡胶制品业	2735	384	429	1797	125
塑料制品业	4680	1070	185	3285	140
非金属矿物制品业	99161	27964	10874	54647	5676
黑色金属冶炼及压延加工业	88834	23125	10254	50727	4728
有色金属冶炼及压延加工业	70243	26043	8003	32375	3822
金属制品业	8682	380	488	6984	830
通用设备制造业	57438	8150	803	38352	10133
专用设备制造业	26129	6415	1281	13675	4758
交通运输设备制造业	47896	12510	607	25527	9252
电气机械及器材制造业	14506	2830	184	7717	3775
通信设备、计算机及其他电子设备制造业	24257	4848	889	18114	406
仪器仪表及文化、办公用机械制造业	11723	882	150	9151	1540
工艺品及其他制造业	3000			1914	1086
废弃资源和废旧材料回收加工业	2910	115	58	2646	91

6-25 续表 (2004年) 单位：万元

行　业	投资额	建筑工程	安装工程	设备工器具购置	其他费用
（四）电力、燃气及水的生产和供应业	**74772**	**20410**	**18047**	**29694**	**6621**
电力、热力的生产和供应业	62314	10922	17776	28444	5172
水的生产和供应业	12458	9488	271	1250	1449
（五）建筑业	**3486**	**1864**		**1622**	
房屋和土木工程建筑业	3486	1864		1622	
（六）交通运输、仓储和邮政业	**41929**	**34279**	**405**	**6576**	**669**
道路运输业	34662	33982	400	200	80
城市公共交通业	7180	277		6356	547
仓储业	87	20	5	20	42
（七）信息传输、计算机服务和软件业	**212659**	**37636**	**43183**	**124927**	**6913**
电信和其他信息传输服务业	209034	34987	43183	124927	5937
软件业	3625	2649			976
（八）批发和零售业	**59369**	**28510**	**11860**	**11864**	**7135**
批发业	9415	6220	550	2645	
零售业	49954	22290	11310	9219	7135
（九）住宿和餐饮业	**18573**	**5222**	**2425**	**3469**	**7457**
住宿业	6436	881	500	2155	2900
餐饮业	12137	4341	1925	1314	4557
（十）金融业	**1903**	**1735**		**118**	**50**
银行业	1903	1735		118	50
（十二）租赁和商务服务业	**1180**	**1162**	**8**	**10**	
商务服务业	1180	1162	8	10	
（十三）科学研究、技术服务和地质勘查业	**16316**	**2678**	**11**	**13627**	
研究与试验发展	3312	2678	11	623	
科技交流和推广服务业	13004			13004	
（十四）水利、环境和公共设施管理业	**343195**	**234422**	**1957**	**9561**	**97255**
水利管理业	13599	13007	122	297	173
环境管理业	12593	8550		2537	1506
公共设施管理业	317003	212865	1835	6727	95576
（十五）居民服务和其他服务业	**8800**	**7000**	**1000**	**800**	
居民服务业	8800	7000	1000	800	
（十六）教　育	**3585**	**2750**		**399**	**436**
教　育	3585	2750		399	436
（十七）卫生、社会保障和社会福利业	**10354**	**3141**	**15**	**949**	**6249**
卫　生	10354	3141	15	949	6249
（十八）文化、体育和娱乐业	**9733**	**6557**	**1026**	**1200**	**950**
广播、电视、电影和音像业	76	50	26		
文化艺术业	7457	6507			950
娱乐业	2200		1000	1200	
（十九）公共管理和社会组织	**62521**	**1324**	**328**	**59878**	**991**
国家机构	62321	1124	328	59878	991
人民政协和民主党派	200	200			

6-26 更新改造项目财务拨款资金来源

(2004年) 单位：万元

指标	总计	按经济类型分		按隶属关系分	
		国有经济单位	其他经济单位	中央单位	地方单位
一、本年资金来源合计	**2715807**	**1606012**	**1109795**	**552999**	**2162808**
1.上年末结余资金	110791	82567	28224	77334	33457
2.本年资金来源小计	2605016	1523445	1081571	475665	2129351
(1)国家预算内资金	240296	223821	16475	84784	155512
(2)国内贷款	630199	478471	151728	164102	466097
(3)债　券					
(4)利用外资	8721	1100	7621		8721
#外商直接投资	8206	600	7606		8206
对外借款	500	500			500
#统借统还	500	500			500
(5)自筹资金	1628228	770690	857538	219979	1408249
中央各部门自筹	13256	13256		13115	141
省自筹	10469	10459	10	8400	2069
地(市)自筹	39636	33646	5990	1980	37656
县自筹	45722	20187	25535		45722
企事业单位自有资金	1519145	693142	826003	196484	1322661
#发行股票	4279	3329	950	3329	950
(6)其他资金来源	97572	49363	48209	6800	90772
#集　资	5846	4816	1030		5846
二、本年各项应付款合计	**200698**	**139559**	**61139**	**16493**	**184205**
#工程款	116242	92835	23407	3229	113013
设备、器材款	45961	27543	18418	10592	35369

6-27 能源工业及交通运输、邮电通信业更新改造投资

单位：万元

行业	1995年	2000年	2001年	2002年	2003年	2004年
投资总额	**275541**	**849010**	**797042**	**680226**	**745398**	**1089412**
能源工业投资合计	84168	455056	374875	404574	521311	782462
煤炭采选业	22939	20610	28526	42337	73600	108672
石油和天然气开采加工业	27174	174367	129943	181837	304537	426456
电力蒸汽热水的生产和供应业	25419	255937	213436	176980	132095	211902
#火力发电业	7203	23321	35027	36790	30922	101939
水力发电业	532	25337	1920	2473	2140	2672
炼焦及煤气生产和供应业	8636	4142	2970	3420	11079	35432
交通运输、邮电通信业合计	191373	393954	422167	275652	224087	306950
#铁路运输业	13998	50621	44729	48547	32458	36109
公路运输业	1635	5427	9141	7070	33907	34662
航空运输业	3009	2025				
邮电通信业	170695	325032	353135	198454	146939	228999

6-28 全省国民经济各行业更新改造施工、投产项目个数及新增固定资产

(2004年)

行　　业	施　工 项　目 (个)	全部建成 投产项目 (个)	施 工 项 目 计划总投资 (万元)	本年完成 投 资 额 (万元)	本年新增 固定资产 (万元)
总　计	**1265**	**734**	**5636363**	**2598824**	**1585927**
(一) 农、林、牧、渔业	**5**	**2**	**7367**	**2976**	**723**
农　业	2	1	870	250	100
林　业			1250	850	
畜牧业	1		700	600	470
农、林、牧、渔服务业	2	1	4547	1276	153
(二) 采矿业	**120**	**49**	**928805**	**447035**	**373255**
煤炭开采和洗选业	60	20	262889	108672	78821
石油和天然气开采业	9	6	605018	311050	271365
黑色金属矿采选业	16	8	24569	8894	4960
有色金属矿采选业	29	13	34169	16932	17479
非金属矿采选业	6	2	2160	1487	630
(三) 制造业	**695**	**423**	**2680901**	**1056085**	**599197**
农副食品加工业	20	10	36702	19063	12879
食品制造业	19	12	69109	36057	30312
饮料制造业	18	7	55132	26527	11557
烟草制品业	8	8	3523	3523	3523
纺织业	22	14	32860	19906	19896
纺织服装、鞋、帽制造业	1	1	2900	2150	2150
皮革、毛皮、羽毛(绒)及其制品业	1	1	120	120	120
造纸及纸制品业	16	12	25872	15689	13594
印刷业和记录媒介的复制	6	2	38862	17197	15315
文教体育用品制造业	2	2	1004	1004	1004
石油加工、炼焦及核燃料加工业	16	9	281450	150838	114458
化学原料及化学制品制造业	30	20	90196	51828	12483
医药制造业	52	22	305747	92050	67203
橡胶制品业	4	2	8380	2735	1351
塑料制品业	8	4	6580	4680	3380
非金属矿物制品业	50	26	247854	99161	32961
黑色金属冶炼及压延加工业	21	12	128200	88834	30235
有色金属冶炼及压延加工业	45	22	178542	70243	18134
金属制品业	7	4	18508	11982	11337
通用设备制造业	47	32	150805	59410	23659
专用设备制造业	28	14	187927	40053	14772
交通运输设备制造业	64	14	574237	125631	95253
电气机械及器材制造业	9	2	48968	15617	1632
通信设备、计算机及其他电子设备制造业	28	5	150027	84002	44105
仪器仪表及文化、办公用机械制造业	9	4	31196	11875	12884
工艺品及其他制造业	162	162	3000	3000	3000
废弃资源和废旧材料回收加工业	2		3200	2910	2000

6-28 续表 (2004年)

行业	施工项目(个)	全部建成投产项目(个)	施工项目计划总投资(万元)	本年完成投资额(万元)	本年新增固定资产(万元)
(四)电力、燃气及水的生产和供应业	**97**	**70**	**846847**	**211902**	**131734**
电力、热力的生产和供应业	87	66	801406	199444	129044
水的生产和供应业	10	4	45441	12458	2690
(五)建筑业	**2**	**2**	**15056**	**15620**	**15620**
房屋和土木工程建筑业	2	2	15056	15620	15620
(六)交通运输、仓储和邮政业	**109**	**85**	**136363**	**78038**	**68340**
铁路运输业	65	55	61340	36109	35901
道路运输业	43	29	62472	34662	26042
城市公共交通业			12460	7180	6356
仓储业	1	1	91	87	41
(七)信息传输、计算机服务和软件业	**18**	**11**	**246216**	**233714**	**215586**
电信和其他信息传输服务业	18	11	236820	230089	215586
软件业			9396	3625	
(八)批发和零售业	**43**	**23**	**83531**	**59769**	**47044**
批发业	14	11	21549	9495	10598
零售业	29	12	61982	50274	36446
(九)住宿和餐饮业	**16**	**12**	**23958**	**18573**	**15686**
住宿业	5	3	10248	6436	5684
餐饮业	11	9	13710	12137	10002
(十)金融业	**3**	**1**	**2389**	**1903**	**50**
银行业	3	1	2389	1903	50
(十二)租赁和商务服务业	**3**	**1**	**1170**	**1180**	**1180**
商务服务业	3	1	1170	1180	1180
(十三)科学研究、技术服务和地质勘查业	**18**	**1**	**132116**	**33841**	**18738**
研究与试验发展	17		115753	17478	2375
专业技术服务业	1	1	3359	3359	3359
科技交流和推广服务业			13004	13004	13004
(十四)水利、环境和公共设施管理业	**89**	**38**	**424582**	**343195**	**17673**
水利管理业	23	7	27771	13599	4482
环境管理业	3		28358	12593	
公共设施管理业	63	31	368453	317003	13191
(十五)居民服务和其他服务业			**8800**	**8800**	**8800**
居民服务业			8800	8800	8800
(十六)教　育	**15**	**4**	**5631**	**3585**	**1068**
教　育	15	4	5631	3585	1068
(十七)卫生、社会保障和社会福利业	**10**	**9**	**17272**	**10354**	**7009**
卫　生	10	9	17272	10354	7009
(十八)文化、体育和娱乐业	**4**	**1**	**12583**	**9733**	**2276**
广播、电视、电影和音像业	1	1	76	76	76
文化艺术业	2		10307	7457	
娱乐业	1		2200	2200	2200
(十九)公共管理和社会组织	**18**	**2**	**62776**	**62521**	**61948**
国家机构	18	2	62576	62321	61948
人民政协和民主党派			200	200	

6-29 地方国民经济各行业更新改造施工、投产项目个数及新增固定资产

(2004年)

行业	施工项目(个)	全部建成投产项目(个)	施工项目计划总投资(万元)	本年完成投资额(万元)	本年新增固定资产(万元)
总计	**1037**	**610**	**4171062**	**2165137**	**1301732**
(一)农、林、牧、渔业	**5**	**2**	**7367**	**2976**	**723**
农业	2	1	870	250	100
林业			1250	850	
畜牧业	1		700	600	470
农、林、牧、渔服务业	2	1	4547	1276	153
(二)采矿业	**120**	**49**	**928416**	**446646**	**372866**
煤炭开采和洗选业	60	20	262889	108672	78821
石油和天然气开采业	9	6	605018	311050	271365
黑色金属矿采选业	16	8	24569	8894	4960
有色金属矿采选业	29	13	33780	16543	17090
非金属矿采选业	6	2	2160	1487	630
(三)制造业	**604**	**397**	**2041315**	**847140**	**439987**
农副食品加工业	20	10	36702	19063	12879
食品制造业	19	12	69109	36057	30312
饮料制造业	18	7	55132	26527	11557
纺织业	20	14	28975	17988	16989
纺织服装、鞋、帽制造业	1	1	2900	2150	2150
皮革、毛皮、羽毛(绒)及其制品业	1	1	120	120	120
造纸及纸制品业	16	12	25872	15689	13594
印刷业和记录媒介的复制	5	2	24640	6249	5997
文教体育用品制造业	2	2	1004	1004	1004
石油加工、炼焦及核燃料加工业	14	9	215522	118021	88458
化学原料及化学制品制造业	30	20	86938	50028	12483
医药制造业	52	22	305747	92050	67203
橡胶制品业	4	2	8380	2735	1351
塑料制品业	8	4	6580	4680	3380
非金属矿物制品业	50	26	247854	99161	32961
黑色金属冶炼及压延加工业	21	12	128200	88834	30235
有色金属冶炼及压延加工业	45	22	178542	70243	18134
金属制品业	7	4	12908	8682	8037
通用设备制造业	40	31	139936	57438	22052
专用设备制造业	14	7	96376	26129	9023
交通运输设备制造业	11	5	248198	47896	16592
电气机械及器材制造业	8	2	45990	14506	1551
通信设备、计算机及其他电子设备制造业	26	5	38446	24257	16193
仪器仪表及文化、办公用机械制造业	8	3	31044	11723	12732
工艺品及其他制造业	162	162	3000	3000	3000
废弃资源和废旧材料回收加工业	2		3200	2910	2000

6-29 续表 (2004年)

行业	施工项目(个)	全部建成投产项目(个)	施工项目计划总投资(万元)	本年完成投资额(万元)	本年新增固定资产(万元)
(四)电力、燃气及水的生产和供应业	**48**	**31**	**237822**	**74772**	**69809**
电力、热力的生产和供应业	38	27	192381	62314	67119
水的生产和供应业	10	4	45441	12458	2690
(五)建筑业	**2**	**2**	**2922**	**3486**	**3486**
房屋和土木工程建筑业	2	2	2922	3486	3486
(六)交通运输、仓储和邮政业	**44**	**30**	**75023**	**41929**	**32439**
道路运输业	43	29	62472	34662	26042
城市公共交通业			12460	7180	6356
仓储业	1	1	91	87	41
(七)信息传输、计算机服务和软件业	**12**	**8**	**219721**	**212659**	**205816**
电信和其他信息传输服务业	12	8	210325	209034	205816
软件业			9396	3625	
(八)批发和零售业	**41**	**23**	**81011**	**59369**	**46724**
批发业	13	11	19349	9415	10598
零售业	28	12	61662	49954	36126
(九)住宿和餐饮业	**16**	**12**	**23958**	**18573**	**15686**
住宿业	5	3	10248	6436	5684
餐饮业	11	9	13710	12137	10002
(十)金融业	**3**	**1**	**2389**	**1903**	**50**
银行业	3	1	2389	1903	50
(十二)租赁和商务服务业	**3**	**1**	**1170**	**1180**	**1180**
商务服务业	3	1	1170	1180	1180
(十三)科学研究、技术服务和地质勘查业	**3**		**18304**	**16316**	**14192**
研究与试验发展	3		5300	3312	1188
科技交流和推广服务业			13004	13004	13004
(十四)水利、环境和公共设施管理业	**89**	**38**	**424582**	**343195**	**17673**
水利管理业	23	7	27771	13599	4482
环境管理业	3		28358	12593	
公共设施管理业	63	31	368453	317003	13191
(十五)居民服务和其他服务业			**8800**	**8800**	**8800**
居民服务业			8800	8800	8800
(十六)教育	**15**	**4**	**5631**	**3585**	**1068**
教育	15	4	5631	3585	1068
(十七)卫生、社会保障和社会福利业	**10**	**9**	**17272**	**10354**	**7009**
卫生	10	9	17272	10354	7009
(十八)文化、体育和娱乐业	**4**	**1**	**12583**	**9733**	**2276**
广播、电视、电影和音像业	1	1	76	76	76
文化艺术业	2		10307	7457	
娱乐业	1		2200	2200	2200
(十九)公共管理和社会组织	**18**	**2**	**62776**	**62521**	**61948**
国家机构	18	2	62576	62321	61948
人民政协和民主党派			200	200	

6-30 限额以上更新改造项目一览表

(2004年) 单位：万元

建设项目名称	开工时间	全投时间	计划总投资	累计完成投资	累计新增固定资产	本年计划投资	本年完成投资
西安东盛科技股份有限公司东盛医药科技产业园	2001.08	2004.10	19500	25023	25023	4000	4089
西安亨通光华制药有限公司泰乐菌素扩建工程	2003.11		54800	34912			22980
西安石油化工总厂储运设施技改项目	2002.04		12000	16600		7250	6817
西安石油化工总厂清洁燃料技改项目	2003.04		43928	47744	42000	15279	19000
西安市固体废弃物管理处江村沟垃圾厂二期工程	1998.12		15000	7017		2400	1045
西安市自来水公司配合关闭自备井改造	2003.12		14110	3950		4000	3855
西安铁路分局陇海铁路提速	2003.08	2004.02	21200	21200	21200	9000	9000
西安无线电二厂压敏电阻生产线技术改造	2000.07		10650	5677	2353	380	95
西安西玛电机有限公司大中型电机生产项目	2004.06		25000	4363		4363	4363
西安下店玉米开发实业有限公司淀粉生产线扩建	2004.03	2004.12	6000	4760	2380	2400	2380
西安冶金机械有限公司炉外精炼设备	2003.01		5000	4633		3435	1922
安康市供电局城网建设改造工程	2002.01	2004.12	10095	10095	10095	1838	1838
宝鸡力邦生物工程有限公司厂房建设	2004.03		8000	4534	4534	5000	4534
彬县水帘洞煤矿技术改造	2004.05		18000	4536	1976	5000	4536
富平县钢厂兴宝有限责任公司连轧连铸生产线	2004.03		15000	9000		15000	9000
汉中八一锌业有限责任公司电解锌工程	2004.01		17900	10002	1950	8000	10002
秦能公司朱家湾电厂技改工程	2003.04	2004.06	7060	7060	7060	2029	2029
陕西彬长火石咀煤矿300万吨生产线技改	2004.03		21200	6500		6500	6500
陕西鼓风机有限公司余热余压能量回收	2004.07		7000	6554	5160	7000	6554
陕西汉中钢铁有限公司炼钢二期工程	2003.09		51700	46200		45300	39800
陕西黑猫焦化有限公司焦化工程	2003.10		44700	21550	430		21000
陕西黑猫焦化有限公司煤泥发电工程	2004.04		16300	2800		8000	2800
陕西恒兴果汁饮料有限公司浓缩果蔬汁生产线工程	2004.01	2004.12	5100	5100	5100	5100	5100
陕西龙门钢铁有限公司大西沟矿扩建工程	2000.08		26000	7442	308	6000	6008
陕西龙门钢铁有限公司烧结机改造工程	2004.03	2004.09	3000	4372	4372	3000	4372
陕西龙门钢铁有限公司转炉工程	2004.01	2004.05	5952	5952	5952	5952	5952
陕西略阳钢铁有限公司二扎生产线改造	2004.06		8000	1421		5000	1421
陕西略阳钢铁有限公司高炉大修改造工程	2004.07		4960	2529	2249	2529	2529
陕西略阳钢铁有限公司制氧机工程	2004.06		6000	5300	4426	6000	5300
陕西秦岭水泥股份有限公司熟料生产基地	2002.08		64233	20680		32537	10300
陕西陕焦化有限公司焦炉扩建工程	2003.08		15000	6969		7300	6200
陕西移动通信有限责任公司GSM网络优化	2004.03	2004.12	32476	32476	32476	32476	32476
陕西移动通信有限公司GSM网络整改	2004.03	2004.12	80234	80234	80234	80234	80234
陕西移动通信有限公司传输网建设	2004.03	2004.12	19732	19732	19732	19732	19732
铜川鑫光铝业有限公司电解铝环境治理技改	2002.12		64744	35000		30000	22400
吴旗县钻采公司石油开采	2004.02	2004.12	102995	102995	102995	102995	102995
咸阳秦能朱家湾电厂煤矸石电厂项目	2004.06		54304	106		10000	106
延长油矿管理局更新改造	2002.04		306182	315911	253223	14399	15977
延长油矿管理局瓦窑堡钻采公司原油产能建设	2004.03	2004.12	44600	44600	44600	44600	44600
延长油矿管理局王家川钻采公司原油产能建设	2004.03	2004.12	15800	15800	15800	15800	15800
延长油矿管理局下寺湾钻采公司原油开采	2004.03	2004.12	38831	38831	38831	38831	38831
延长油矿管理局永宁钻采公司天然原油开采	2004.03		73600	73600	73600	73600	73600
延川县电力局电网改造项目	1998.08	2004.12	7850	7850	7850	580	580
延川县石油开发总公司改造项目	2004.03	2004.12	9700	9700	9700	9700	9700
延炼实业集团公司技改项目	2000.10		119812	82440	60773	95257	72517
杨凌博迪森生物科技发展股份公司有机肥料生产	2004.04		4600	1666		2800	1666
杨凌格润尔食品有限公司有机型安全猪肉产业化项目	2004.02		3818	1040		3718	1040
杨凌华盛生物制药有限公司新建基地GMP一期工程	2002.10		3300	3280		867	867
杨凌生物医药科技股份有限公司GMP改造工程	2004.12		6000	4100		6000	4100

6-30 续表 (2004年)

建设项目名称	本年新增固定资产（万元）	建设规模和新增生产能力(或效益)				
		名 称	单位	建设规模	累计新增生产能力	#本年新增
西安东盛科技股份有限公司东盛医药科技产业园	25023					
西安亨通光华制药有限公司泰乐菌素扩建工程		化学原料药	吨/年	500		
西安石油化工总厂储运设施技改项目						
西安石油化工总厂清洁燃料技改项目	19000					
西安市固体废弃物管理处江村沟垃圾厂二期工程						
西安市自来水公司配合关闭自备井改造		城市自来水管道长度	公里	84	28	25
西安铁路分局陇海铁路提速	9000					
西安无线电二厂压敏电阻生产线技术改造						
西安西玛电机有限公司大中型电机生产项目						
西安下店玉米开发实业有限公司淀粉生产线扩建	2380					
西安冶金机械有限公司炉外精炼设备						
安康市供电局城网建设改造工程	1838					
宝鸡力邦生物工程有限公司厂房建设	4534					
彬县水帘洞煤矿技术改造	1976	原煤开采	万吨/年	30		
富平县钢厂兴宝有限责任公司连轧连铸生产线		热轧钢材	万吨/年	15		
汉中八一锌业有限责任公司电解锌工程	1950	电解锌	万吨/年	12	6	
秦能公司朱家湾电厂技改工程	2029	火力发电	万千瓦	2	2	1
陕西彬长火石咀煤矿300万吨生产线技改		原煤开采	万吨/年	300		
陕西鼓风机有限公司余热余压能量回收	5160					
陕西汉中钢铁有限公司炼钢二期工程		连铸坯	万吨/年	60		
陕西黑猫焦化有限公司焦化工程	430	焦 炭	万吨/年	120		
陕西黑猫焦化有限公司煤泥发电工程		火力发电	万千瓦	2.4		
陕西恒兴果汁饮料有限公司浓缩果蔬汁生产线工程	5100					
陕西龙门钢铁有限公司大西沟矿扩建工程	308	铁矿开采	万吨/年	300		
陕西龙门钢铁有限公司烧结机改造工程	4372					
陕西龙门钢铁有限公司转炉工程	5952	连 钢	万吨/年	100	100	100
陕西略阳钢铁有限公司二扎生产线改造		热轧钢材	万吨/年	40		
陕西略阳钢铁有限公司高炉大修改造工程	2249	生 铁	万吨/年	27		
陕西略阳钢铁有限公司制氧机工程	4426					
陕西秦岭水泥股份有限公司熟料生产基地						
陕西陕焦化有限公司焦炉扩建工程		焦 炭	万吨/年	70		
陕西移动通信有限责任公司GSM网络优化	32476					
陕西移动通信有限公司GSM网络整改	80234					
陕西移动通信有限公司传输网建设	19732					
铜川鑫光铝业有限公司电解铝环境治理技改		电解铝	万吨/年	6		
吴旗县钻采公司石油开采	102995	天然原油开采	万吨/年	25	25	25
咸阳秦能朱家湾电厂煤矸石电厂项目		火力发电	万千瓦	10		
延长油矿管理局更新改造	52129	裂化设备能力	处理万吨/年	80	80	80
延长油矿管理局瓦窑堡钻采公司原油产能建设	44600	天然原油开采	万吨/年	4.35	4.35	4.35
延长油矿管理局王家川钻采公司原油产能建设	15800	天然原油开采	万吨/年	4	4	4
延长油矿管理局下寺湾钻采公司原油开采	38831	天然原油开采	万吨/年	34	34	34
延长油矿管理局永宁钻采公司天然原油开采		天然原油开采	万吨/年	22	22	22
延川县电力局电网改造项目	580					
延川县石油开发总公司改造项目	9700	天然原油开采	万吨/年	10	10	10
延炼实业集团公司技改项目	60773					
杨凌博迪森生物科技发展股份公司有机肥料生产						
杨凌格润尔食品有限公司有机型安全猪肉产业化项目						
杨凌华盛生物制药有限公司GMP一期工程						
杨凌生物医药科技股份有限公司GMP改造工程		化学原料药	吨/年	1050		

6-31 更新改造新增生产能力或效益

(2004年)

名　称	单　位	能力或效益	名　称	单　位	能力或效益
原煤开采	万吨／年	221.8	化学原料药	吨／年	1560
洗　煤	万吨／年	60	中成药	吨／年	3821
焦　炭	万吨／年	90.5	精甲醇	万吨／年	20
天然原油开采	万吨／年	101.75	金属切削机床制造	台／年	200
裂化设备能力	处理万吨／年	80	棉纺锭	万　锭	10.72
加氢精制设备能力	处理万吨／年	129	乳制品	吨／年	4646
催化重整设备能力	万吨／年	147	#奶　粉	吨／年	1700
铁矿开采(原矿)	万吨／年	131.6	啤　酒	万吨／年	15
生　铁	万吨／年	27	白　酒	万吨／年	0.01
炼　钢	万吨／年	100	机制纸	万吨／年	9.1
铁合金	万吨／年	4.1	机制纸板	万吨／年	3
铜采矿(原矿)	万吨／年	1.8	机制纸浆	万吨／年	5.5
铜选矿：处理原矿	万吨／年	10	改建公路	公　里	296.9
铅锌采矿(原矿)	万吨／年	20	#二级公路	公　里	46
铅冶炼	吨／年	680	粮食仓库	万公斤	20
锌冶炼	万吨／年	5	粮食仓库	平方米	1000
#电解锌	万吨／年	2	中等学校：学生席位	个	800
镍采矿(原矿)	万吨／年	1.64	建筑面积	平方米	2730
金采矿(原矿)	万吨／年	11.4	城市自来水供水能力	万吨/日	0.6
黄　金	公斤／年	388	城市自来水管道长度	公　里	31.53
水力发电	万千瓦	1	城市供热能力：蒸汽	吨／小时	124
火力发电	万千瓦	12	热水	兆瓦／小时	1025
输电线路长度	公　里	75	城市道路扩建长度	公　里	17
水　泥	万吨／年	270.5	城市道路扩建面积	万平方米	10.3
氮　肥	万吨／年	4.42	铁矿选矿处理量	万吨／年	17.4
磷　肥	万吨／年	1.2	移动通信基站设备安装	个／年	73
化学农药原药	吨／年	300	程控交换机安装	万线／年	18

6-32 各市按隶属关系和建设性质分的更新改造投资

(2004年)

单位：万元

地区	总计	#地方	#省属	#新建	#扩建	#改建
全省	**2598824**	**2165137**	**515866**	**208990**	**1288725**	**927426**
关中	1766949	1420072	346240	195752	869399	531764
西安市	935173	720380	136920	74496	533261	230372
铜川市	104690	99377	45996	31313	45910	26718
宝鸡市	258044	226788	61551	22834	69732	140470
咸阳市	273618	184780	20370	38608	133457	59745
渭南市	157064	150467	81122	24076	57485	74178
杨凌示范区	38360	38280	281	4425	29554	281
陕南	225947	175246	86757	3538	138194	80566
汉中市	137106	115115	79453	70	93522	43278
安康市	37973	27391	6899		8254	27214
商洛市	50868	32740	405	3468	36418	10074
陕北	437377	437377	82869	9700	281132	146545
延安市	386142	386142	73097	9700	249832	126610
榆林市	51235	51235	9772		31300	19935
不分地区	168551	132442				168551

6-33 各市按构成分的更新改造投资

(2004年)

单位：万元

地区	建筑工程	安装工程	设备工具器具购置	其他费用	#土地购置费
全省	**864650**	**353875**	**1123426**	**256873**	**15361**
关中	611127	162178	763131	230513	11520
西安市	351022	76320	340096	167735	9883
铜川市	36472	11535	47689	8994	875
宝鸡市	93828	22986	108482	32748	30
咸阳市	59056	19243	186392	8927	238
渭南市	56268	24820	68314	7662	304
杨凌示范区	14481	7274	12158	4447	190
陕南	72823	25319	113197	14608	2191
汉中市	34297	14699	78862	9248	2136
安康市	14178	6359	14794	2642	25
商洛市	24348	4261	19541	2718	30
陕北	128770	139647	157774	11186	1650
延安市	124565	121550	131802	8225	1650
榆林市	4205	18097	25972	2961	
不分地区	51930	26731	89324	566	

6-34 各市按国民经济行业分的更新改造投资

(2004年)　　　　单位：万元

地　区	总计	农、林、牧、渔业	采矿业	制造业	电力燃气及水的生产和供应业	建筑业	交通运输仓储和邮政业	信息传输计算机服务和软件业	批发和零售业	住宿和餐饮业
全　省	**2598824**	**2976**	**447035**	**1056085**	**211902**	**15620**	**78038**	**233714**	**59769**	**18573**
关　中	1766949	600	110691	814234	171834	15620	29323	89162	58501	18573
西安市	935173	600	908	271177	98941	6692	9999	73382	45677	15297
铜川市	104690		24753	71478	5453		193	260	706	300
宝鸡市	258044		9268	147533	18994	1517	14526	14800	6568	2976
咸阳市	273618		43636	190680	23865	6796	1520	720	4970	
渭南市	157064		32126	95367	24300	615	3085		500	
杨凌示范区	38360			37999	281				80	
陕　南	225947	2376	22854	130232	37393		3693	12110	1268	
汉中市	137106		9347	111766	8022		97	5000	1168	
安康市	37973	100	745	6806	17843		2623	110		
商洛市	50868	2276	12762	11660	11528		973	7000	100	
陕　北	437377		313490	111619	2675		8913			
延安市	386142		301503	72517	2609		8913			
榆林市	51235		11987	39102	66					
不分地区	168551						36109	132442		

地　区	金融业	租赁和商务服务业	科学研究技术服务和地质勘查业	水利环境和公共设施管理业	居民服务和其他服务业	教　育	卫生社会保障和社会福利业	文化体育和娱乐业	公共管理和社会组织
全　省	**1903**	**1180**	**33841**	**343195**	**8800**	**3585**	**10354**	**9733**	**62521**
关　中	1600	1180	33841	328758	8800	2300	9754	9657	62521
西安市	1550	1010	33601	292175	8800	1857	3772	9657	60078
铜川市	50			1004		120			373
宝鸡市		170		33808			5814		2070
咸阳市			240	700		323	168		
渭南市				1071					
杨凌示范区									
陕　南	303			14357		1285		76	
汉中市	303			1403					
安康市				9370		300		76	
商洛市				3584		985			
陕　北				80			600		
延安市							600		
榆林市				80					
不分地区									

6-35 各市更新改造施工、投产项目个数及新增固定资产

(2004年)

地 区	施 工 项 目 (个)	全部建成投产项目 (个)	施工项目计划总投资 (万元)	本年完成投资额 (万元)	本年新增固定资产 (万元)	固定资产交付使用率 (%)
全 省	**1265**	**734**	**5636363**	**2598824**	**1585927**	**61.02**
关 中	768	356	4144195	1766949	899539	50.91
西安市	220	88	2231126	935173	444605	47.54
铜川市	57	23	345931	104690	21725	20.75
宝鸡市	274	121	507465	258044	133545	51.75
咸阳市	98	55	641506	273618	175654	64.20
渭南市	107	66	333436	157064	117360	74.72
杨凌示范区	12	3	84731	38360	6650	17.34
陕 南	400	302	486322	225947	156629	69.32
汉中市	277	241	290240	137106	86023	62.74
安康市	33	24	71272	37973	26450	69.65
商洛市	90	37	124810	50868	44156	86.81
陕 北	29	18	812064	437377	361416	82.63
延安市	15	10	733870	386142	333022	86.24
榆林市	14	8	78194	51235	28394	55.42
不分地区	68	58	193782	168551	168343	99.88

6-36 各市更新改造房屋建筑面积及造价

(2004年)

地 区	本年施工房屋面积 (万平方米)	#住 宅	本年竣工房屋面积 (万平方米)	#住 宅	本年竣工房屋价值 (万元)	竣工房屋造 价 (元/平方米)
全 省	**183.46**	**22.54**	**58.98**	**10.91**	**67707**	**1147.94**
关 中	167.12	21.54	49.50	9.91	56263	1136.61
西安市	93.58	4.75	25.16	1.47	35940	1428.22
铜川市	12.11	1.54	1.08	0.76	666	617.93
宝鸡市	21.16	3.62	7.38	1.56	5348	724.58
咸阳市	13.96	0.02	6.39	0.02	6307	987.61
渭南市	15.93	11.61	8.97	6.10	7583	845.15
杨凌示范区	10.38		0.52		419	806.54
陕 南	13.86	0.90	7.79	0.90	10070	1291.99
汉中市	10.90	0.83	5.50	0.83	8170	1484.51
安康市	0.59	0.07	0.59	0.07	759	1282.09
商洛市	2.37		1.70		1141	671.69
陕 北	0.36	0.10	0.15	0.10	90	625.00
延安市	0.13		0.05		60	1333.33
榆林市	0.23	0.10	0.10	0.10	30	303.03
不分地区	2.12		1.54		1284	832.58

6-37 各市更新改造项目资金来源

(2004年)

单位：万元

地区	本年资金来源合计	#本年资金来源小计	国家预算内资金	国内贷款	债券	利用外资	#外商直接投资	#对外借款
全省	**2715807**	**2605016**	**240296**	**630199**		**8721**	**8206**	**500**
关中	1889997	1794766	218175	456126		8721	8206	500
西安市	1002916	936802	167534	294113		7301	7286	
铜川市	164668	164414	4348	74825				
宝鸡市	234282	226988	12018	45281		920	920	
咸阳市	281680	267156	29228	11698		500		500
渭南市	166380	160982	4766	4317				
杨凌示范区	40071	38424	281	25892				
陕南	228863	213303	19691	44334				
汉中市	141132	129439	12108	28162				
安康市	35204	32337	6986	7583				
商洛市	52527	51527	597	8589				
陕北	428396	428396	2430	129739				
延安市	377161	377161	2430	118189				
榆林市	51235	51235		11550				
不分地区	168551	168551						

地区	自筹资金	#企事业单位自有资金	#发行股票	其他资金来源	#集资	本年各项应付款合计	#工程款	#设备、器材款
全省	**1628228**	**1519145**	**4279**	**97572**	**5846**	**200698**	**116242**	**45961**
关中	1023261	938382	4279	88483	4994	170169	102209	31535
西安市	426664	403881	3329	41190	400	87883	51119	18887
铜川市	78738	75301		6503	270	1067	598	460
宝鸡市	153892	104783	950	14877	100	64737	43682	5491
咸阳市	209417	209217		16313		4570	39	2031
渭南市	145082	135732		6817	4224	4744	2773	1663
杨凌示范区	9468	9468		2783		7168	3998	3003
陕南	143568	133764		5710	852	21368	4972	14326
汉中市	86581	85341		2588	322	15616	2598	11460
安康市	16511	11235		1257		5111	1969	2642
商洛市	40476	37188		1865	530	641	405	224
陕北	292848	289158		3379		9161	9061	100
延安市	253163	249769		3379		8981	8981	
榆林市	39685	39389				180	80	100
不分地区	168551	157841						

6-38 其他投资主要指标及构成

(2004年)

单位：万元

指　　标	合　计	#地　方	国有经济单位投资	集体经济单位投资	其他经济单位投资
一、投资总额	**751558**	**751558**	**264864**	**128368**	**358326**
1.按隶属关系分					
中　央					
地　方	751558	751558	264864	128368	358326
2.按构成分					
建筑工程	368220	368220	102783	70973	194464
安装工程	53658	53658	29844	6248	17566
设备工器具购置	136173	136173	29932	35415	70826
其他费用	193507	193507	102305	15732	75470
#土地购置费	4038	4038		636	3402
3.按建设性质分					
#新　建	401398	401398	97717	89502	214179
扩　建	98538	98538	35425	11320	51793
改　建	117413	117413	60850	13235	43328
4.按产业构成分					
第一产业	35405	35405	8506	1453	25446
第二产业	328175	328175	69205	64458	194512
第三产业	387978	387978	187153	62457	138368
二、本年新增固定资产	**583673**	**583673**	**185102**	**143366**	**255205**
三、房屋建筑面积及竣工价值					
本年施工房屋面积（万平方米）	278.48	278.48	15.02	131.54	131.92
#住　宅	161.67	161.67	9.88	109.49	42.31
本年竣工房屋面积（万平方米）	112.07	112.07	13.01	28.01	71.06
#住　宅	41.03	41.03	9.28	12.83	18.92
本年竣工房屋价值	106243	106243	7832	25394	73017
#住　宅	32359	32359	4281	8765	19313

6-39 各市其他投资主要指标

(2004年)

单位：万元

地　区	合　计	#地　方	国有经济单位投资	集体经济单位投资	其他经济单位投资
全　省	**751558**	**751558**	**264864**	**128368**	**358326**
关　中	477560	477560	188782	63634	225144
西安市	322608	322608	128130	45951	148527
铜川市	30615	30615	28069	206	2340
宝鸡市	73842	73842	26511	16212	31119
咸阳市	34752	34752	3085		31667
渭南市	9425	9425	2987	965	5473
杨凌示范区	6318	6318		300	6018
陕　南	58059	58059	17005	2380	38674
汉中市	28822	28822	9599	1642	17581
安康市	27899	27899	7008	738	20153
商洛市	1338	1338	398		940
陕　北	215939	215939	59077	62354	94508
延安市	69355	69355	53077	10892	5386
榆林市	146584	146584	6000	51462	89122

6-40 各市按构成分的其他投资

(2004年)

单位：万元

地　区	建筑工程	安装工程	设备工具器具购置	其他费用	#土地购置费
全　省	**368220**	**53658**	**136173**	**193507**	**4038**
关　中	213878	14982	75192	173508	3175
西安市	128368	11269	56992	125979	700
铜川市	24101	184	1638	4692	
宝鸡市	38427	1715	11647	22053	70
咸阳市	11935	1413	3488	17916	350
渭南市	6435	49	1177	1764	1260
杨凌示范区	4612	352	250	1104	795
陕　南	37951	1105	11263	7740	681
汉中市	16163	729	8834	3096	681
安康市	21260	302	1702	4635	
商洛市	528	74	727	9	
陕　北	116391	37571	49718	12259	182
延安市	23943	27469	16644	1299	87
榆林市	92448	10102	33074	10960	95

6-41 房地产开发投资主要指标及构成

(2004年)

指标	房地产开发	#地方	#省属	按登记注册类型分 内资	#国有
一、企业单位个数(个)	699	696	41	671	97
二、本年完成投资（万元）	2311719	2299389	169270	2191665	300361
#商品房建设投资额	1865085	1856413	133001	1786288	243369
土地开发投资额	97881	97181	11468	83882	8817
1.按隶属关系分					
中　央	12330			12330	5161
地　方	2299389	2299389	169270	2179335	295200
#省　属	169270	169270	169270	157111	57525
地（市）属	621900	621900		606556	149924
县　属	335129	335129		310665	80721
2.按构成分					
建筑工程	1626537	1621318	101652	1556222	216617
安装工程	171861	170374	8294	166644	23121
设备工器具购置	63928	62333	5127	62997	5687
其他费用	449393	445364	54197	405802	54936
#旧建筑物购置费	151	151		101	
土地购置费	221126	218168	16082	195244	17441
3.按工程用途分					
住　宅	1503766	1495934	113219	1437978	223789
#别墅、高档公寓					
经济适用房	236311	236091	7442	230565	79127
办公楼	191243	187245	9247	184090	25827
商业营业用房	345785	345785	23259	336911	30769
其　他	270925	270425	23545	232686	19976
三、本年新增固定资产（万元）	892013	891399	24334	867734	233492
四、房屋建筑面积及竣工价值					
施工面积(万平方米)	2490.53	2476.55	137.17	2354.11	395.16
#住　宅	1892.81	1879.98	107.96	1798.62	315.18
竣工面积(万平方米)	538.41	537.54	29.60	515.58	150.58
#住　宅	431.31	430.44	22.91	409.57	123.62
竣工价值（万元）	708387	707773	22284	684919	206499
#住　宅	508653	508039	16668	487084	160040
五、职工人数及工资总额					
年末从业人员数(人)	3970	3970	194	3698	848
全年从业人员劳动报酬（万元）	3602	3602	226	3311	826

6-41 续表 (2004年)

指标	按登记注册类型分			
	内资		港澳台投资	外商投资
	集体	其它		
一、企业单位个数(个)	38	536	18	10
二、本年完成投资（万元）	127012	1764292	50473	69581
#商品房建设投资额	120171	1422748	43974	34823
土地开发投资额	4721	70344	5379	8620
1.按隶属关系分				
中　央		7169		
地　方	127012	1757123	50473	69581
#省　属	545	99041	6199	5960
地（市）属	20792	435840	8358	6986
县　属	85689	144255	18264	6200
2.按构成分				
建筑工程	99476	1240129	35441	34874
安装工程	11034	132489	3417	1800
设备工器具购置	1479	55831	80	851
其他费用	15023	335843	11535	32056
#旧建筑物购置费	10	91	50	
土地购置费	2174	175629	1287	24595
3.按工程用途分				
住　宅	61718	1152471	34565	31223
#别墅、高档公寓				
经济适用房	7277	144161	3064	2682
办公楼	7310	150953	953	6200
商业营业用房	49572	256570	6450	2424
其　他	8412	204298	8505	29734
三、本年新增固定资产（万元）	24179	610063	17220	7059
四、房屋建筑面积及竣工价值				
施工面积(万平方米)	109.29	1849.66	87.06	49.36
#住　宅	74.54	1408.91	63.73	30.46
竣工面积(万平方米)	22.93	342.08	13.27	9.55
#住　宅	17.41	268.55	12.31	9.43
竣工价值（万元）	23959	454461	16809	6659
#住　宅	14039	313005	15159	6410
五、职工人数及工资总额				
年末从业人员数(人)	139	2711	176	96
全年从业人员劳动报酬（万元）	95	2390	213	78

6-42 各市房地产开发投资和新增固定资产

(2004年)

单位：万元

地 区	计 划 总投资	自开始建设至本年底		本年计划 投 资	本年完成 投 资			本年新增 固定资产
		累计完成 投 资	累计新增 固定资产			#商品房建设	#土地开发	
全 省	**8147438**	**379424**	**112507**	**2785199**	**2311719**	**1865085**	**97881**	**892013**
关 中	7198252	221401	60980	2398394	2006171	1620127	85114	757588
西安市	6340344	97732	7922	1981308	1632950	1298330	71510	569397
铜川市	128708	105731	41567	34062	26777	26598	179	23503
宝鸡市	349033	3174	1707	168839	161832	131512	7003	78110
咸阳市	238467			148355	124649	107888	3957	41554
渭南市	82139	14764	9784	49458	40791	36977	2465	26931
杨凌示范区	59561			16372	19172	18822		18093
陕 南	608577	129736	41618	285541	222725	179943	11120	92137
汉中市	357650	127544	40835	173453	133722	119569	6661	43372
安康市	229687	2192	783	95746	72751	49519	3335	41591
商洛市	21240			16342	16252	10855	1124	7174
陕 北	340609	28287	9909	101264	82823	65015	1647	42288
延安市	99054	6909	6909	39176	33519	28882	200	27448
榆林市	241555	21378	3000	62088	49304	36133	1447	14840

6-43 各市按构成和工程用途分的房地产开发投资

(2004年)

单位：万元

地 区	按构成分				按工程用途分				
	建筑安装 工 程	设 备 购 置	其 他 费 用	#土 地 购置费	住 宅	#经 济 适用房	办公楼	商业营 业用房	其 他
全 省	**1798398**	**63928**	**449393**	**221126**	**1503766**	**236311**	**191243**	**345785**	**270925**
关 中	1562618	58201	385352	176380	1266847	181855	183738	318417	237169
西安市	1239049	52502	341399	156426	970560	96048	177237	275330	209823
铜川市	26598		179	129	24499	23061	794	293	1191
宝鸡市	138781	2399	20652	10400	135799	57224	2591	8974	14468
咸阳市	104898	2210	17541	7121	91734	120	960	24776	7179
渭南市	36028	7	4756	2304	31447	5402	1456	4300	3588
杨凌示范区	17264	1083	825		12808		700	4744	920
陕 南	180061	4027	38637	24677	180717	27115	2351	16172	23485
汉中市	115482	2767	15473	8470	116092	13380	1736	9166	6728
安康市	50590	1260	20901	14852	51372	11361	615	5476	15288
商洛市	13989		2263	1355	13253	2374		1530	1469
陕 北	55719	1700	25404	20069	56202	27341	5154	11196	10271
延安市	25940		7579	4437	22649	8569	3020	1778	6072
榆林市	29779	1700	17825	15632	33553	18772	2134	9418	4199

6-44 房地产开发投资财务拨款资金来源

(2004年)

单位：万元

指 标	总 计	按登记注册类型分						按隶属关系分	
		内 资	国 有	集 体	其 他	港澳台投资	外商投资	中央单位	地方单位
一、本年资金来源合计	2771139	2604458	363403	93108	2147947	86871	79810	10723	2760416
1.上年末结余资金	370088	352070	74320	4342	273408	9362	8656	247	369841
2.本年资金来源小计	2401051	2252388	289083	88766	1874539	77509	71154	10476	2390575
(1)国家预算内资金	1300	700	500		200	600		500	800
(2)国内贷款	384406	355391	31564	13108	310719	22015	7000		384406
(3)债 券									
(4)利用外资	16536	2032		1000	1032	4586	9918		16536
#外商直接投资	15536	1032			1032	4586	9918		15536
对外借款									
(5)自筹资金	1047788	993644	119369	36845	837430	22020	32124	2800	1044988
#自有资金	364787	353040	41912	13048	298080	11747		2800	361987
(6)其他资金来源	951021	900621	137650	37813	725158	28288	22112	7176	943845
#集 资	8097	8097	1859	50	6188				8097
定金及预收款	726485	693018	119031	23084	550903	12451	21016		726485
二、本年各项应付款合计	437955	407161	57202	40088	309871	11429	19365	2199	435756
#工程款	310346	285403	36604	37652	211147	6578	18365		310346
设备、器材款	27363	27292	6930	436	19926	71			27363

6-45 房地产开发面积及造价

(2004年)

地 区	施工房屋面积(万平方米)	#住 宅	竣工房屋面积(万平方米)	#住 宅	竣工房屋价值(万元)	#住 宅	竣工房屋造价(元/平方米)	#住 宅
全 省	**2490.53**	**1892.81**	**538.41**	**431.31**	**708387**	**508653**	**1315.71**	**1179.32**
关 中	2016.96	1481.39	386.08	295.13	595086	413333	1541.36	1400.53
西安市	1489.45	1011.26	210.79	141.56	432510	273515	2051.81	1932.18
铜川市	70.51	65.47	29.12	25.77	22437	19186	770.49	744.64
宝鸡市	216.56	203.99	65.59	62.34	57396	53018	875.12	850.46
咸阳市	118.72	100.02	33.15	31.24	38359	35573	1157.37	1138.86
渭南市	81.26	66.98	32.05	25.64	26411	21678	824.04	845.59
杨凌示范区	40.46	33.67	15.38	8.58	17973	10363	1168.34	1206.26
陕 南	334.46	298.74	107.37	99.62	75069	66741	699.14	669.97
汉中市	182.57	162.32	49.73	45.23	37402	31533	752.04	697.26
安康市	129.99	116.04	52.19	49.59	32358	30399	620.04	612.95
商洛市	21.90	20.38	5.45	4.80	5309	4809	973.65	1001.94
陕 北	139.11	112.68	44.96	36.56	38232	28579	850.45	781.62
延安市	66.00	57.94	30.14	26.45	24552	20875	814.60	789.16
榆林市	73.11	54.74	14.82	10.11	13680	7704	923.39	761.89

6-46 商品房屋销售情况

(2004年)

单位：平方米

地区	实际销售面积合计	#销售给个人	住宅	#经济适用房	#个人	办公楼
全省	**5093582**	**4703341**	**4729280**	**909506**	**4453488**	**133933**
关中	3695813	3322272	3398849	520508	3131895	126734
西安市	2094319	1846754	1885555	103364	1716190	114404
铜川市	246173	226523	225323	225323	225323	5100
宝鸡市	652121	600451	644700	172146	594537	
咸阳市	323610	302114	317869	10200	296373	
渭南市	286092	252932	239724	9475	213794	7230
杨凌示范区	93498	93498	85678		85678	
陕南	1055533	1043433	1011465	178762	1002627	2599
汉中市	627150	624751	599509	105252	599509	2399
安康市	400174	390473	383747	73510	374909	200
商洛市	28209	28209	28209		28209	
陕北	342236	337636	318966	210236	318966	4600
延安市	223332	223332	216915	192430	216915	
榆林市	118904	114304	102051	17806	102051	4600

地区	商业营业用房	其它	预售面积	#住宅	实际销售额(万元)	#销售给个人
全省	**204223**	**26146**	**196930**	**285381**	**881716**	**785415**
关中	152947	17283	5301	3978	739568	646471
西安市	89077	5283	3978	3978	549630	474193
铜川市	3750	12000			19274	15172
宝鸡市	7421				86465	80813
咸阳市	5741				43250	39389
渭南市	39138		1323		27834	23789
杨凌示范区	7820				13115	13115
陕南	35705	5764	191099	280873	105046	102251
汉中市	20208	5034	181339	272780	61538	59865
安康市	15497	730	9760	8093	40856	39734
商洛市					2652	2652
陕北	15571	3099	530	530	37102	36693
延安市	3318	3099			19600	19600
榆林市	12253		530	530	17502	17093

主要统计指标解释

全社会固定资产投资 是以货币形式表现的在一定时期内全社会建造和购置固定资产的工作量以及与此有关的费用的总称。它是反映固定资产投资规模、结构和发展速度的综合性指标，又是观察工程进度和考核投资效果的重要依据。全社会固定资产投资按登记注册类型可分为国有、集体、个体、联营、股份制、外商、港澳台商、其他等。按照管理渠道，可分为基本建设、更新改造、房地产开发投资和其他固定资产投资四个部分。

基本建设投资 基本建设指企业、事业、行政单位以扩大生产能力或工程效益为主要目的的新建、扩建工程及有关工作。其综合范围为总投资50万元以上(含50万元，下同)的基本建设项目。具体包括：(1)列入中央和各级地方本年基本建设计划的建设项目，以及虽未列入本年基本建设计划，但使用以前年度基建计划内结转投资(包括利用基建库存设备材料)在本年继续施工的建设项目；(2)本年基本建设计划内投资与更新改造计划内投资结合安排的新建项目和新增生产能力(或工程效益)达到大中型项目标准的扩建项目，以及为改变生产力布局而进行的全厂性迁建项目；(3)国有单位既未列入基建计划，也未列入更新改造计划的总投资在50万元以上的新建、扩建、恢复项目和为改变生产力布局而进行的全厂性迁建项目，以及行政、事业单位增建业务用房和行政单位增建生活福利设施的项目。

更新改造投资 更新改造指企业、事业单位对原有设施进行技术改造（包括固定资产更新）以及相应配套的辅助性生产、生活福利设施等工程和有关的工作。其综合范围为总投资50万元以上的更新改造单位（或项目）。具体包括：(1)列入中央和各级地方本年更新改造计划的投资单位（或项目）以及虽未列入本年更新改造计划，但使用上年更新改造计划内结转的投资在本年继续施工的单位（或项目）；(2)本年更新改造计划内投资与基本建设计划内投资结合安排的对企、事业单位原有设施进行技术改造或更新的项目和增建主要生产车间、分厂等其新增生产能力(或工程效益)未达到大中型项目标准的项目，以及由于城市环境保护和安全生产的需要而进行的迁建工程；(3)国有企、事业单位既未列入基建计划也未列入更新改造计划，总投资在50万元以上的属于改建或更新改造性质的项目，以及由于城市环境保护和安全生产的需要而进行的迁建工程。

房地产开发投资 指房地产开发公司、商品房建设公司及其他房地产开发法人单位和附属于其他法人单位实际从事房地产开发或经营的活动单位统一开发的包括统代建、拆迁还建的住宅、厂房、仓库、饭店、宾馆、度假村、写字楼、办公楼等房屋建筑物和配套的服务设施，土地开发工程（如道路、给水、排水、供电、供热、通讯、平整场地等基础设施工程）的投资；不包括单纯的土地交易活动。

其他固定资产投资 指全社会固定资产投资中未列入基本建设、更新改造和房地产开发投资的总投资在50万元以上的城镇范围内建造和购置固定资产的活动，以及城镇私人建房和农村企业、事业、行政单位和农村个人固定资产投资活动。具体包括：

⑴国有单位未纳入基本建设计划和更新改造计划管理，计划总投资（或实际需要总投资）在50万元以上的以下工程：①用油田维护费和石油开发基金进行的油田维护和开发工程；②煤炭、铁矿、森工等采掘采伐业用维简费进行的开拓延伸工程；③交通部门用公路养路费对原有公路、桥梁进行改建的工程；④商业部门用简易建筑费建造的仓库工程。

⑵城镇集体固定资产投资：指所有隶属城市和县城所在地城关镇区域范围内的集体单位（乡镇企业局管理的除外）建造和购置固定资产计划总投资（或实际需要总投资）在50万元以上，未列入基本建设和更新改造计划的单位（项目）投资。

⑶除上述以外的其他各种登记注册类型的企、事业单位（包括城镇私营企、事业单位和个体户）建造和购置固定资产总投资在50万元以上的、未列入基本建设计划和更新改造计划的单位（项目），其中个体经营户只统计50万元以上非建房投资。

⑷城镇和工矿区私人建房投资：包括市、县城、城关镇、工矿区所辖范围内的全部私人建房，无论其房主是否系本地的常住户口均应包括。

⑸农村投资：包括农村区域范围内进行固定资产投资活动的企业、事业、行政单位及农村个人投资。

固定资产投资的资金来源 根据固定资产投资的资金来源不同，分为国家预算内资金、国内贷款、利用外资、自筹资金和其他资金来源。

⑴国家预算内资金：分为财政拨款和财政安排的贷款两部分。包括中央财政的基本建设基金（分经营性基金和非经营性基金两部分）、专项支出（如煤代油专项等）、收回再贷、贴息资金，财政安排的挖潜改造和新产品试制支出、城建支出、商业部门简易建筑支出、不发达地区发展基金等资金中用于固定资产投资的资金；地方财政中由国家统筹安排的资金等。

⑵国内贷款：指报告期固定资产投资单位向银行及非银行金融机构借入的用于固定资产投资的各种国内借

款，包括银行利用自有资金及吸收的存款发放的贷款、上级主管部门拨入的国内贷款、国家专项贷款(包括煤代油贷款、劳改煤矿专项贷款等)、地方财政专项资金安排的贷款、国内储备贷款、周转贷款等。

⑶利用外资：指报告期内收到的用于固定资产建造和购置的国外资金（包括设备、材料、技术在内）。包括对外借款（外国政府、国际金融组织贷款、出口信贷、外国银行商业贷款、对外发行债券和股票）、外商直接投资及外商其他投资。不包括我国自有外汇资金（国家外汇、地方外汇、留成外汇、调剂外汇和中国银行自有资金发行的外汇贷款等）。计算利用外资时，需要折算成人民币，折算中所使用的外汇汇率按现汇计算，即按使用外汇时的汇率计算。

⑷自筹资金：指固定资产投资单位报告期内收到的，由各地区、各部门及企、事业单位筹集用于固定资产投资的预算外资金，包括中央各部门、各级地方和企、事业单位的自筹资金。

⑸其他资金来源：指报告期内收到的除以上各种资金之外的其他用于固定资产投资的资金，包括企业或金融机构通过发行各种债券筹集到的资金、群众集资、个人资金、无偿捐赠的资金及其他单位拨入的资金等。

固定资产投资按国民经济行业分　建设项目归哪个行业，按其建成投产后的主要产品或主要用途及社会经济活动性质来确定。基本建设按建设项目划分国民经济行业，更新改造、其他固定资产投资根据整个企业、事业单位所属的行业来划分。一般情况下，一个建设项目或一个企业、事业单位只能属于一种国民经济行业。为了更准确地反映国民经济各行业之间的比例关系，联合企业(总厂)所属分厂属于不同行业的，原则上按分厂划分行业。

固定资产投资按建设性质分　建设项目的性质一般分为新建、扩建、改建、迁建、恢复。基本建设按建设项目划分建设性质，更新改造、国有单位其他固定资产投资及城镇集体投资等按整个企业、事业单位的建设情况确定建设性质，房地产开发单位、农村投资、城镇工矿区私人建房投资不划分建设性质。

⑴新建：一般是指从无到有、“平地起家”新开始建设的企业、事业和行政单位或独立的工程。现有企业、事业和行政单位一般不属于新建。但如有的单位原有基础很小，经过建设后新增的固定资产价值超过该企、事业、行政单位原有固定资产价值(原值)三倍以上的也应作为新建。

⑵扩建：指在厂内或其他地点，为扩大原有产品的生产能力（或效益）或增加新的产品生产能力，而增建主要的生产车间(或主要工程)、分厂、独立的生产线。行政、事业单位在原单位增建业务用房(如学校增建教学用房、医院增建门诊部、病房等)也作为扩建。

⑶改建：指对原有设施进行技术改造或更新（包括相应配套的辅助性生产、生活福利设施），没有增建主要生产车间、分厂等。现有企、事业单位为适应市场变化的需要，而改变企业的主要产品种类（如军工企业转产民品等）。或原有产品生产作业线由于各工序（车间）之间能力不平衡，为填平补齐充分发挥原有生产能力而增建不增加本企业主要产品设计能力的车间，也应作为改建。

固定资产投资按构成分　固定资产投资活动按其工作内容和实现方式分为建筑安装工程，设备、工具、器具购置，其他费用三个部分。

⑴建筑安装工程(建筑安装工作量)：指各种房屋、建筑物的建造工程和各种设备、装置的安装工程。包括各种房屋建造工程，各种用途设备基础和各种工业窑炉的砌筑工程及金属结构工程；为施工而进行的各种准备工作和临时工程以及完工后的清理工作等；铁路、道路的铺设，矿井的开凿及石油管道的架设等；水利工程；防空地下建筑等特殊工程；列入房屋工程预算内的暖气、卫生、通风、照明、煤气等设备的价值及装设油饰工程；列入建筑工程预算内的各种管道（蒸汽、压缩空气、石油、给排水等管道）、电力、电讯电缆导线等的敷设工程；以及各种机械设备的安装工程；为测定安装工程质量，对设备进行的试运工作；房地产开发单位进行的商品房屋开发建设工程，土地开发工程。在安装工程中，不包括被安装设备本身的价值。

⑵设备、工具、器具购置：指建设单位或企、事业单位购置或自制的，达到固定资产标准的设备、工具、器具的价值。新建单位及扩建单位的新建车间，按照设计和计划要求购置或自制的全部设备、工具、器具，不论是否达到固定资产标准均计入“设备、工具、器具购置”中。

⑶其他费用：指在固定资产建造和购置过程中发生的，除上述几项内容以外的各种应分摊计入固定资产的费用。

基本建设项目按大中小型划分　基本建设划分大中小型项目原则上应按照上级批准的设计任务书或初步设计所确定的总规模或总投资划分，没有正式批准设计任务书或初步设计的，按国家或省、自治区、直辖市年度基本建设投资计划中所列的总规模或总投资划分。上述两条均不具备的，按本年计划施工工程的建设总规模或总投资划分。生产单一产品的工业项目，按产品的设计能力划分；生产多种产品的工业项目，按其主要产品的设计能力划分。品种繁多，难以按生产能力划分的，按全部计划总投资划分。划分标准以国家颁发的《大中小型建设项目划分标准》为依据。国家曾在1953年、1962年、1972年、1977年和1979年先后五次修订《大中小型建设项目划分标准》，因此各历史时期的大中型项目数不完全可比。

施工项目　指报告期内进行过建筑或安装工程施工活动的项目，凡是报告期内施过工的建设，不论施工时间长短，均作为施工项目统计。施工项目个数可以反映一定时期固定资产投资的实际规模，与同期建成投产的建设项目个数相比，可以从建设速度的角度反映固定资产投资的效果。根据建设项目施工活动的不同性质，施工项目又分为：本年正式施工项目、本年收尾项目和以前年度全部停缓建项目。

全部建成投产项目 工业项目是指设计文件规定形成生产能力的主体工程及其相应配套的辅助设施全部建成，经负荷试运转，证明具备生产设计规定合格产品的条件，并经过验收鉴定合格或达到竣工验收标准，与生产性工程配套的生活福利设施可以满足近期正常生产的需要，正式移交生产的建设项目。非工业项目是指设计文件规定的主体工程和相应的配套工程全部建成，能够发挥设计规定的全部效益，经验收鉴定合格或达到竣工验收标准，正式移交使用的建设项目。

新增生产能力（或工程效益） 指通过固定资产投资活动而增加的设计能力（或工程效益），它是以实物形态表现的反映固定资产投资成果的指标，也是考核投资经济效果的重要依据之一。新增生产能力（或工程效益）一般有以下几种表现形式:

⑴用产品数量表示，以工程在单位时间内（一般是一年）所能生产的产品数量（即年产量）表示，如煤炭开采用万吨/年、化学农药用吨/年表示等。某些化工产品由于含量差别较大，按其设计含量计算折合量表示，如硫酸、纯碱、烧碱等。

⑵用单位时间内所能处理的原料数量表示，以工程每天（或小时）所能处理的原料数量表示。如食用植物油日处理原料吨，城市污水处理能力用万吨/日表示等。

⑶用新增加的主要设备的数量或容量表示，如新增棉布织机台数，毛纺锭锭数、发电厂新增发电机组容量用千瓦表示等。

⑷以节约的原材料、燃料、动力实物量表示，适用于反映更新改造节约项目的效益。

⑸用建筑物容积、容量、面积、长度表示，是非工业项目或工程新增效益的一种表现形式。如水库容量、铁路公路里程、房屋建筑面积等。

根据工程的特点，有时需要用两种或两种以上的复合计量单位表示新增生产能力（或工程效益），如新增内燃机生产能力同时用年产台数、千瓦数表示。

房屋建筑面积 指房屋建筑物勒脚以上外墙外围的水平截面面积，包括房屋建筑物的有效面积和结构面积。该指标是从实物形态上反映建设规模和建设成果的重要指标之一，也是检查工程形象进度、计算工程造价、分析投资效果、研究施工任务和建筑材料之间平衡情况的重要依据。

住宅建筑面积 指施工和竣工房屋建筑面积中供居住用的房屋建筑面积。

施工面积 指报告期内施工的全部房屋建筑面积。包括本期新开工的面积和上期开工跨入本期继续施工的房屋面积，以及上期已停建在本期恢复施工的房屋面积。本期竣工和本期施工后又停缓建的房屋，其建筑面积仍计入本期房屋施工面积中。

竣工面积 指在报告期内房屋建筑按照设计要求已经全部完工，达到住人和使用条件，经验收鉴定合格(或达到竣工验收标准)，正式移交使用单位的各栋房屋建筑面积的总和。

房屋建筑面积竣工率 指一定时期内房屋竣工面积占同期房屋施工面积的比率。该指标从房屋建筑施工速度的角度反映投资效果的指标。

新增固定资产 指报告期内已经完成建造和购置过程，并已交付生产或使用单位的固定资产价值。该指标是表示固定资产投资成果的价值指标，也是反映建设进度，计算固定资产投资效果的重要指标。

建设项目投产率 指一定时期内全部建成投产项目个数与同期施工项目个数的比率。该指标是从建设单位建设速度的角度反映投资效果的指标。

固定资产交付使用率 指一定时期新增固定资产与同期完成投资额的比率。该指标是反映固定资产动用速度，衡量建设过程中宏观投资效果的综合指标。由于新增固定资产是较长时期内形成的结果，而投资额则是当年完成的，因此，该指标一般适宜于反映较长时期内固定资产的动用情况。

别墅、高档公寓 指建筑造价和销售价格明显高于一般商品住宅的商品住宅。别墅一般指地处郊区，独立成栋的商品住宅；高档公寓一般指地处市内高尚社区，高层或多层的商品住宅。别墅、高档公寓的确定标准：一是经有房地产投资计划审批权的主管部门审批建设的别墅、高档公寓开发项目；二是销售价格高于当地同等地段商品住宅平均销售价格一倍以上的别墅、公寓开发项目。该指标可以分析房地产投资结构，反映高收入家庭商品住宅的供求平衡情况。

经济适用房 指根据国家经济适用房计划安排建设的政策性住宅。经济是指房屋建筑造价和销售价格低于一般商品住宅；适用是指适合中低收入家庭购买使用。经济适用房主要是由国家统一下达投资计划，房地产公司开发，对外销售；用地一般采用行政划拨或招标投标方式，免收土地出让金；对各种经批准的收费减半征收，开发利润不超过3%；销售价格实行政府指导价。该指标可以分析房地产投资结构，反映中低收入家庭商品住宅的供求平衡情况。

2005

統計年鑒

财 政

CAIZHENG

资料整理：张红霞　耿文平

****

7. 财　政

****

2004 年全省

财政收入	415.50 亿元	比上年增长 27.1%
# 地方财政收入	214.96 亿元	比上年增长 21.2%
财政支出	516.31 亿元	比上年增长 23.5%

****

财政收支

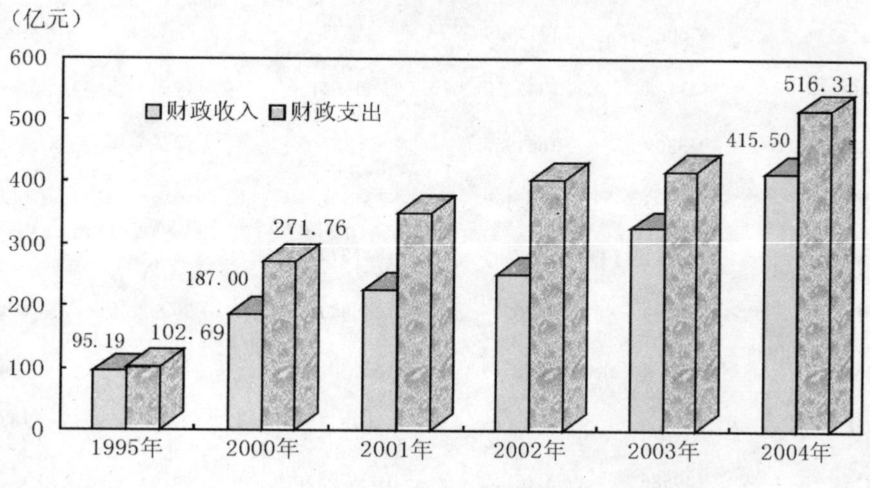

7-1 财政收支总额

单位：万元

年 份	财政收入	# 地方财政收入	财政支出	收支差额	比上年增长%		
					财政收入	地方财政收入	财政支出
1978	197587		183026	14561	31.5		32.4
1979	168010		195617	-27607	-15.0		6.9
1980	158105		182837	-24732	-5.9		-6.5
1981	134538		163887	-29349	-14.9		-10.4
1982	135622		172993	-37371	0.8		5.6
1983	145407		188076	-42669	7.2		8.7
1984	153124		227471	-74347	5.3		20.9
1985	202967		275007	-72040	32.6		20.9
1986	240907		355931	-115024	18.7		29.4
1987	281805		378051	-96246	17.0		6.2
1988	338788		445835	-107047	20.2		17.9
1989	389603		507870	-118267	15.0		13.9
1990	411901		539062	-127161	5.7		6.1
1991	451391		582781	-131390	9.6		8.1
1992	509539		652654	-143115	12.9		12.0
1993	628982		753985	-125003	23.4		15.5
1994	833111	425886	855158	-22047	32.5	41.0	13.4
1995	951946	513011	1026917	-74971	14.3	20.5	20.1
1996	1172231	676022	1217909	-45678	23.1	31.8	18.6
1997	1400474	841178	1445338	-44864	19.5	24.4	18.7
1998	1569228	933309	1661955	-92727	12.0	11.0	15.0
1999	1729712	1064033	2065173	-335461	10.2	14.0	24.3
2000	1870019	1149711	2717597	-847579	8.1	8.1	31.6
2001	2259822	1358109	3500506	-1240684	20.8	18.1	28.8
2002	2522809	1502934	4049114	-1526305	11.6	10.7	15.7
2003	3269421	1773300	4182008	-1207257	29.6	18.0	3.3
2004	4154957	2149586	5163052	-1008095	27.1	21.2	23.5

注：1.1990、1991年全省财政收入中不包括电力建设专项收入、教育费附加、社会保险基金收入；支出中亦不包括。

2.1994年开始实行分税制，1994年及以后财政收入按两个口径计算。

7-2 地方财政分项目收支

单位：万元

项　　目	2000年	2001年	2002年	2003年	2004年
地方财政收入	**1149711**	**1358109**	**1502934**	**1773300**	**2149586**
#增值税	189980	233318	264657	316393	394394
营业税	317014	334989	401876	510441	619259
企业所得税	116123	207586	139069	127942	144941
个人所得税	44466	73119	74085	68506	82201
资源税	13046	13592	21450	26337	43030
城市维护建设税	71585	80401	104725	122833	155791
农业税	39320	25010	71206	66480	63326
农业特产税	73438	71794	45862	42066	5828
牧业税	14	2	107	5	
行政性收费收入	45401	48210	65834	102627	117248
罚没收入	59881	70609	79259	74630	94826
地方财政支出	**2717597**	**3500506**	**4049114**	**4182008**	**5163052**
#基本建设支出	414083	503090	604576	462523	463151
企业挖潜改造资金	67498	82158	72269	93786	98463
科技三项费用	25926	22773	216262	28706	33044
农业支出				141922	187379
林业支出				83160	494857
水利和气象支出				65651	66103
工业交通部门事业费	43863	51524	63880	80227	101895
流通部门事业费	9090	10440	10708	11951	15313
文体广播事业费	76041	92392	110248	121122	137498
教育事业费	384560	523579	609980	663304	743497
科学事业费	14902	16892	17420	17968	19738
医疗卫生支出	82890	114542	144760	167206	180908
抚恤和社会福利救济费	56709	71961	114775	155448	146949
社会保障补助支出	250022	314003	404782	413506	502175
行政管理费	276547	353754	417667	469146	523074
城市维护费	73820	115985	111124	152771	184078
政策性补贴支出	53876	78456	50331	53043	73344
支援不发达地区支出	51091	84455	65508	68647	77264

7-3 各市县地方财政收支

（2004年）　　　　单位：万元

地　区	财政收入	财政支出	收支差额
西安市	**753138**	**841976**	**-88838**
市本级	347789	454801	-107012
新城区	60584	37597	22987
碑林区	73373	39268	34105
莲湖区	74671	42193	32478
雁塔区	48218	36966	11252
灞桥区	21892	23330	-1438
未央区	29213	32381	-3168
阎良区	15646	18872	-3226
长安区	26791	41822	-15031
临潼区	18980	30393	-11413
蓝田县	8472	21976	-13504
周至县	5433	20830	-15397
户　县	13210	25460	-12250
高陵县	8866	16087	-7221
铜川市	**24575**	**63729**	**-39154**
市本级	12593	27009	-14416
王益区	2265	5592	-3327
印台区	1950	8352	-6402
耀洲区	6518	14768	-8250
宜君县	1249	8008	-6759
宝鸡市	**125760**	**211427**	**-85667**
市本级	59042	71362	-12320
渭滨区	10693	13827	-3134
金台区	9283	12603	-3320
陈仓区	9631	16522	-6891
凤翔县	7536	16874	-9338
岐山县	6986	14855	-7869
扶风县	4795	13557	-8762
眉　县	4669	12346	-7677
陇　县	4023	10936	-6913
千阳县	2203	7803	-5600
麟游县	1139	5667	-4528
凤　县	4571	9449	-4878
太白县	1189	5626	-4437
咸阳市	**118277**	**259860**	**-141583**
市本级	40741	63329	-22588
秦都区	15831	18148	-2317
渭城区	13571	16090	-2519
三原县	6620	18370	-11750
泾阳县	6715	16870	-10155
乾　县	5699	18362	-12663

注：本表财政收入为一般预算收入。

7-3 续表I （2004年） 单位：万元

地　　区	财政收入	财政支出	收支差额
礼泉县	4984	18117	-13133
永寿县	1919	9376	-7457
彬　县	4480	15277	-10797
长武县	2180	9213	-7033
旬邑县	2245	12181	-9936
淳化县	1928	10502	-8574
武功县	3477	15505	-12028
兴平市	7887	18520	-10633
渭南市	**84586**	**228821**	**-144235**
市本级	10424	33986	-23562
临渭区	10166	23859	-13693
华　县	5587	14751	-9164
潼关县	4420	7207	-2787
大荔县	6183	22775	-16592
合阳县	4177	15661	-11484
澄城县	5122	17292	-12170
蒲城县	8983	22131	-13148
白水县	3128	13915	-10787
富平县	5615	22400	-16785
韩城市	16010	23076	-7066
华阴市	4771	11768	-6997
延安市	**289755**	**439131**	**-149376**
市本级	94336	145224	-50888
宝塔区	32461	39021	-6560
延长县	3796	14804	-11008
延川县	11615	21510	-9895
子长县	20361	29963	-9602
安塞县	20058	26161	-6103
志丹县	38988	39853	-865
吴旗县	33076	34225	-1149
甘泉县	13632	17745	-4113
富　县	2813	13998	-11185
洛川县	5715	17562	-11847
宜川县	1320	12623	-11303
黄龙县	681	9364	-8683
黄陵县	10903	17078	-6175
汉中市	**75394**	**218501**	**-143107**
市本级	6084	48783	-42699
汉台区	20398	25075	-4677
南郑县	11669	23367	-11698
城固县	6528	19925	-13397
洋　县	4759	17640	-12881
西乡县	3559	15130	-11571
勉　县	7561	18402	-10841

7-3 续表2　　（2004年）　　单位：万元

地　区	财政收入	财政支出	收支差额
宁强县	3987	14517	-10530
略阳县	7523	14678	-7155
镇巴县	2068	12322	-10254
留坝县	761	4601	-3840
佛坪县	497	4061	-3564
榆林市	**195423**	**330087**	**-134664**
市本级	59569	61919	-2350
榆阳区	14073	24714	-10641
神木县	44281	51961	-7680
府谷县	20995	27276	-6281
横山县	4987	17166	-12179
靖边县	28769	37061	-8292
定边县	16158	27005	-10847
绥德县	1867	18198	-16331
米脂县	1269	14220	-12951
佳　县	630	13864	-13234
吴堡县	584	7896	-7312
清涧县	835	13214	-12379
子洲县	1406	15593	-14187
安康市	**43080**	**161848**	**-118768**
市本级	7090	20346	-13256
汉滨区	12231	33559	-21328
汉阴县	3080	13029	-9949
石泉县	2157	11129	-8972
宁陕县	819	6773	-5954
紫阳县	2612	13945	-11333
岚皋县	2018	10784	-8766
平利县	2756	12980	-10224
镇坪县	834	5816	-4982
旬阳县	7625	22525	-14900
白河县	1858	10962	-9104
商洛市	**29897**	**131536**	**-101639**
市本级	3763	17419	-13656
商州市	5700	19967	-14267
洛南县	5224	20483	-15259
丹凤县	2996	14278	-11282
商南县	2820	13520	-10700
山阳县	3168	18923	-15755
镇安县	3568	15545	-11977
柞水县	2658	11401	-8743
杨凌示范区	**9144**	**17697**	**-8553**
区本级	4984	9157	-4173
杨陵区	4160	8540	-4380

主要统计指标解释

财政收入 指国家财政参与社会产品分配所取得的收入，是实现国家职能的财力保证。财政收入，目前主要包括：

(1)各项税收：包括增值税、营业税、消费税、土地增值税、城市维护建设税、资源税、城市土地使用税、企业所得税、个人所得税、关税、证券交易印花税、车辆购置税、农牧业税和耕地占用税等。

(2)专项收入：包括排污费收入、城市水资源费收入、矿产资源补偿费收入、教育费附加收入等。

(3)其他收入：包括利息收入、基本建设贷款归还收入、基本建设收入、捐赠收入等。

(4)国有企业亏损补贴：此项为负收入，冲减财政收入。主要包括对工业企业、商业企业、粮食企业的补贴。

财政支出 国家财政将筹集起来的资金进行分配使用，以满足经济建设和各项事业的需要，主要包括：

(1)基本建设支出：指按国家有关规定，属于基本建设范围内的基本建设有偿使用、拨款、资本金支出以及经国家批准对专项和政策性基建投资贷款，在部门的基建投资额中统筹支付的贴息支出。

(2)企业挖潜改造资金：指国家预算内拨给的用于企业挖潜、革新和改造方面的资金。包括各部门企业挖潜改造资金和企业挖潜改造贷款资金，为农业服务的县办"五小"企业技术改造补助，挖潜改造贷款贴息资金。

(3)地质勘探费用：指国家预算用于地质勘探单位的勘探工作费用，包括地质勘探管理机构及其事业单位经费、地质勘探经费。

(4)科技三项费用：指国家预算用于科技支出的费用，包括新产品试制费、中间试验费、重要科学研究补助费。

(5)支援农村生产支出：指国家财政支援农村集体(户)各项生产的支出。包括对农村举办的小型农田水利和打井、喷灌等的补助费，对农村水土保持措施的补助费，对农村举办的小水电站的补助费，特大抗旱的补助费，农村开荒补助费，扶持乡镇企业资金，支援农村合作生产组织资金、农村农技推广和植保补助费，农村草场和畜禽保护补助费，农村造林和林木保护补助费，农村水产补助费，发展粮食生产专项资金。

(6)农林水利气象等部门的事业费用：指国家财政用于农垦、农场、农业、畜牧、农机、林业、森工、水利、水产、气象、乡镇企业的技术推广、良种推广(示范)、动植物(畜禽、森林)保护、水质监测、勘探设计、资源调查、干部训练等项费用，园艺特产场补助费，中等专业学校经费，飞播牧草试验补助费，营林机构、气象机构经费，渔政费以及农业管理事业费等。

(7)工业交通商业等部门的事业费：指国家预算支付给工交商各部门用于事业发展的人员和公用经费支出，包括勘探设计费、中等专业学校经费、技术学校经费、干部训练费。

(8)文教科学卫生事业费：指国家预算用于文化、出版、文物、教育、卫生、中医、公费医疗、体育、档案、地震、海洋、通讯、电影电视、计划生育、党政群干部训练、自然科学、社会科学、科协等项事业的人员和公用经费支出以及高技术研究专项经费。主要包括工资、补助工资、福利费、离退休费、助学金、公务费、设备购置费、修缮费、业务费、差额补助费。

(9)抚恤和社会福利救济费：指国家预算用于抚恤和社会福利救济事业的经费。包括由民政部门开支的烈士家属和牺牲病残人员家属的一次性、定期抚恤金，革命伤残人员的抚恤金，各种伤残补助费，烈军属、复员退伍军人生活补助费，退伍军人安置费，优抚事业单位经费，烈士纪念建筑物管理、维修费，自然灾害救济事业费和特大自然灾害灾后重建补助费等。

(10)行政事业单位离退休支出：指实行归口管理的行政事业单位离退休经费。

(11)社会保障补助支出：指国家预算用于社会保障的补助支出，包括对社会保险基金的补助、促进就业补助、国有企业下岗职工补助、补充全国社会保障基金等。

(12)国防支出：指国家预算用于国防建设和保卫国家安全的支出，包括国防费、国防科研事业费、民兵建设以及专项工程支出等。

(13)行政管理费：包括行政管理支出，党派团体补助支出，外交支出，公安安全支出，司法支出，法院支出，检察院支出和公检法办案费用补助。

(14)政策性补贴支出：指经国家批准、由国家财政拨给用于粮棉油等产品的价格补贴支出。主要包括粮、棉、油差价补贴，平抑物价和储备糖补贴，农业生产资料价差补贴，粮食风险基金，副食品风险基金，地方煤炭风险基金等。

(15)债务利息支出：指国家预算中用于偿还国内外债务利息的支出。

中央财政收入和地方财政收入 指按现行分税制财政体制划分的中央本级收入和地方本级收入。1994年实行分税制财政体制以后，属于中央财政的收入包括关税、海关代征消费税和增值税，消费税，中央企业所得税，地方银行和外资银行及非银行金融企业所得税，铁道部门、各银行总行、各保险总公司等集中缴纳的营业税、利润和城市维护建设税，车辆购置税，船舶吨税，增值税的75%部分，证券交易税(印花税)94%部分，个人所得税中的利息所得税，利息所得税之外的个人所得税中央分享的部分，海洋石油资源税。属于地方财政的收入包括营业税，地方企业所得税，利息所得税之外的个人所得税地方分享的部分，城镇土地使用税，固定资产投资方向调节税，城镇维护建设税，房产税，车船使用税，印花税，屠宰税，农牧业税，农业特产税，耕地占用税，契税，土地增值税、国有土地有偿使用收入，增值税25%部分，证券交易税(印花税)6%部分和除海洋石油资源税以外的其他资源税。

2005 統計年鑒

物价指数

WUJIAZHISHU

资料整理：李 红 姚小青

****

8. 物价指数

****

2004 年全省	
商品零售价格指数(上年=100)	102.5
# 城　市	101.9
居民消费价格指数(上年=100)	103.1
# 城　市	103.0

****

物　价　指　数

（上年=100）

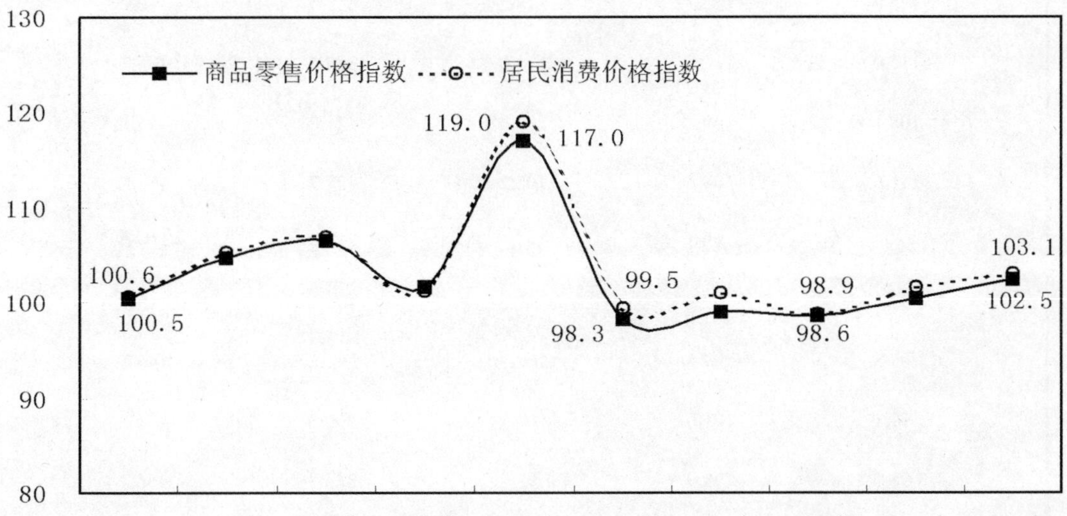

8-1 商品零售价格和居民消费价格指数

年 份	上年价格=100			1978年价格=100		
	商品零售价格指数	居民消费价格指数	#城市居民	商品零售价格指数	居民消费价格指数	#城市居民
1979	101.6	101.7	101.4	101.6	101.7	101.4
1980	104.7	105.3	105.4	106.4	107.1	106.9
1981	103.0	103.6	103.6	109.6	111.0	110.7
1982	101.0	101.4	100.4	110.7	112.6	111.7
1983	101.5	101.5	102.2	112.4	114.3	113.5
1984	103.9	103.0	103.4	116.8	117.7	117.4
1985	106.5	107.0	107.6	124.4	125.9	126.3
1986	105.2	106.0	106.6	130.9	133.5	134.6
1987	108.6	108.6	109.2	142.2	145.0	147.0
1988	119.0	119.1	120.1	169.2	172.7	176.5
1989	118.8	118.3	117.6	201.0	204.3	207.6
1990	101.6	101.3	102.6	204.2	207.0	213.0
1991	105.8	106.0	107.3	216.0	219.4	228.5
1992	109.5	109.7	111.2	236.5	240.7	254.1
1993	111.8	111.8	114.0	264.4	269.1	289.7
1994	125.9	126.7	128.2	332.9	340.9	371.4
1995	117.0	119.0	118.0	389.5	405.7	438.3
1996	108.1	109.7	110.3	421.0	445.1	483.4
1997	101.6	104.8	105.2	427.7	466.5	508.6
1998	96.2	98.4	97.7	411.4	459.0	496.9
1999	97.5	97.8	97.2	401.1	448.9	483.0
2000	98.3	99.5	100.3	394.3	446.7	484.4
2001	99.1	101.0	100.1	390.8	451.2	484.9
2002	98.6	98.9	98.2	385.3	446.2	476.2
2003	100.5	101.7	100.8	387.2	453.8	480.0
2004	102.5	103.1	103.0	396.9	467.9	494.4

8-2 商品零售价格分类指数

（2004年，上年价格=100）

类　　别	全　省	城　市	农　村
商品零售价格总指数	**102.5**	**101.9**	**103.7**
一、食　品	**108.4**	**107.4**	**110.5**
1.粮　食	123.9	124.6	122.9
2.淀粉及薯类	106.7	108.5	105.2
3.干豆类及豆制品	120.9	121.7	119.9
4.油　脂	111.0	111.6	110.0
5.肉禽及其制品	120.6	120.2	121.8
(1)食用畜肉及副产品	125.3	124.1	128.9
(2)禽	118.6	120.1	114.7
(3)肉禽加工制品	103.1	102.0	105.2
6.蛋	121.2	122.9	117.4
7.水产品	118.1	117.4	120.6
(1)鱼	123.7	123.4	124.9
(2)其它水产品	99.3	97.4	106.4
8.菜	86.1	81.1	96.6
9.调味品	103.2	105.1	99.8
10.糖	103.9	105.3	102.1
11.干鲜瓜果	102.5	101.0	106.6
12.糕点饼干面包	100.6	100.3	100.9
13.奶及奶制品	100.1	99.4	101.8
14.在外用膳食品	103.2	102.2	106.0
15.其它食品	103.3	98.8	107.0
二、饮料、烟酒	**101.3**	**101.7**	**100.5**
1.茶及饮料	100.7	100.9	100.3
(1)茶　叶	99.7	99.1	100.8
(2)饮　料	101.2	101.7	99.9
2.烟草	100.7	100.8	100.5
3.酒	102.6	103.7	100.5
三、服装、鞋帽	**102.2**	**103.1**	**100.5**
1.服　装	101.4	102.2	100.2
(1)男式服装	100.6	101.1	100.1
(2)女式服装	102.3	103.5	99.5
(3)儿童服装	100.5	100.0	101.7
2.鞋袜帽	104.2	105.5	101.3
(1)鞋	105.1	106.5	101.7
(2)袜　子	96.6	95.0	99.4
(3)帽　子	99.7	99.4	99.9
3.其　它	97.1	94.8	99.6

8-2 续表

（2004年，上年价格=100）

类　　别	全　省	城　市	农　村
四、纺织品	**102.5**	**102.8**	**102.0**
1.衣着材料	99.6	98.0	101.1
2.床上用品	104.1	104.5	102.9
五、家用电器及音像器材	**94.0**	**93.6**	**95.1**
1.家庭设备	96.8	96.9	96.5
2.文娱用耐用消费品	89.0	86.1	93.6
3.音像器材	99.4	99.4	98.2
六、文化办公用品	**97.9**	**97.4**	**98.8**
七、日用品	**100.0**	**100.2**	**99.7**
1.日用百货	99.3	98.8	99.8
2.日用杂品	103.6	105.6	100.9
3.洗涤用品	98.6	98.7	98.5
4.其它日用品	100.5	100.7	100.0
八、体育娱乐用品	**94.4**	**93.7**	**96.7**
1、体育用品	98.0	97.3	99.4
2、娱乐用品	91.9	91.4	94.0
九、交通、通信用品	**94.0**	**94.4**	**93.2**
1、交通运输机械	97.9	97.6	99.3
2、通讯器材	84.2	79.6	87.5
十、家　具	**97.8**	**97.1**	**98.7**
十一、化妆品	**97.1**	**96.0**	**99.7**
十二、金银珠宝	**116.6**	**115.3**	**119.9**
十三、中西药品及医疗保健用品	**93.7**	**92.7**	**95.8**
1.医疗器具及用品	100.3	102.1	98.4
2.中药材及中成药	97.1	98.4	94.4
3.西　药	91.0	88.4	96.3
4.保健器具及用品	94.9	92.9	98.6
十四、书报杂志及电子出版物	**99.9**	**99.7**	**100.3**
1.教材及参考书	100.2	100.0	100.8
2.书报杂志	100.3	100.3	100.2
3.电子音像制品	98.2	97.5	99.5
十五、燃　料	**113.3**	**110.2**	**118.1**
1、煤炭及制品	123.6	118.8	127.2
2、石油及制品	111.1	109.0	115.1
十六、建筑材料及五金电料	**101.8**	**100.7**	**103.8**
1、建筑装璜材料	101.3	99.7	104.7
2、五金电料	103.5	104.7	101.7

8-3 居民消费价格分类指数

（2004年，上年价格=100）

类　别	全　省	城　市	农　村
居民消费价格总指数	**103.1**	**103.0**	**103.2**
非食品价格指数	101.2	101.1	101.1
服务项目价格指数	102.9	103.2	102.2
扣除鲜菜鲜果总指数	104.1	104.2	103.9
消费品价格指数	103.1	102.9	103.5
一、食　品	**107.3**	**106.8**	**108.4**
1.粮　食	123.9	125.2	122.4
2.淀粉及薯类	110.6	111.1	109.8
3.干豆类及豆制品	121.7	121.9	121.4
4.油　脂	111.6	112.2	111.0
5.肉禽及其制品	120.8	122.8	115.5
(1)食用畜肉及副产品	126.6	126.7	126.5
(2)禽	118.1	120.6	113.5
(3)肉禽加工制品	103.9	102.7	104.9
6.蛋	122.0	123.2	118.2
7.水产品	116.0	115.2	119.1
(1)鱼	123.8	124.0	123.0
(2)其它水产品	98.6	97.8	103.9
8.菜	82.0	79.5	88.6
9.调味品	102.4	103.9	100.4
10.糖	104.6	106.2	102.3
11.茶及饮料	100.5	100.5	100.3
(1)茶　叶	99.6	99.2	100.9
(2)饮　料	100.9	101.0	99.9
12.干鲜瓜果	101.3	101.1	102.8
13.糕点饼干面包	100.2	100.1	100.6
14.奶及奶制品	99.8	99.7	101.2
15.在外用膳食品	104.1	103.9	104.5
16.其它食品及食品加工服务	100.1	98.4	102.6
二、烟酒及用品	**101.3**	**102.1**	**100.2**
1.烟　草	100.8	101.0	100.5
2.酒	102.3	104.2	99.4
3.吸烟饮酒用品	101.9	102.1	99.7
三、衣　着	**102.5**	**103.6**	**99.8**
1.服　装	102.7	103.6	100.0
(1)男式服装	102.9	103.0	101.2
(2)女式服装	103.2	104.7	98.4
(3)儿童服装	100.7	100.2	101.0
2.衣着材料	99.5	98.1	102.0
3.鞋袜帽	103.2	105.3	98.9
(1)鞋	104.3	106.1	99.9
(2)袜　子	95.7	95.8	95.4
(3)帽　子	97.5	99.4	96.9
4.衣着加工服务	99.6	100.0	98.1

8-3 续表　　（2004年，上年价格=100）

类　别	全　省	城　市	农　村
四、家庭设备用品及维修服务	**98.5**	**98.0**	**99.8**
1.耐用消费品	97.1	96.9	97.5
(1)家　具	97.6	97.8	97.5
(2)家庭设备	96.6	96.4	97.5
2.室内装饰品	95.7	94.2	100.2
3.床上用品	101.3	100.4	102.2
4.家庭日用杂品	99.7	99.4	100.2
5.家庭服务及加工维修服务	101.9	101.0	105.1
五、医疗保健和个人用品	**97.0**	**96.5**	**98.2**
1.医疗保健	95.5	94.8	97.0
(1)医疗器具及用品	97.4	100.5	97.2
(2)中药材及中成药	95.9	97.6	91.2
(3)西　药	91.9	90.5	95.6
(4)保健器具及用品	95.7	93.4	99.4
(5)医疗保健服务	100.9	100.0	102.1
2.个人用品及服务	102.3	103.0	101.4
(1)化妆美容用品	98.7	98.7	98.5
(2)卫生用品	100.9	101.4	99.4
(3)个人饰品	107.2	108.6	105.9
(4)个人服务	100.9	102.9	99.6
六、交通和通信	**99.1**	**98.1**	**101.4**
1.交　通	101.9	100.7	103.7
(1)交通工具	98.5	98.6	98.3
(2)车用燃料及零配件	106.1	106.3	105.8
(3)车辆使用及维修费	98.9	98.5	99.9
(4)市区公共交通费	100.9	100.9	101.3
(5)城市间交通费	107.1	102.9	111.5
2.通　信	96.2	96.2	96.2
(1)通信工具	77.9	75.2	88.0
(2)通信服务	99.8	100.1	98.2
七、娱乐教育文化用品及服务	**100.5**	**100.0**	**101.4**
1.文娱用耐用消费品及服务	91.2	89.6	95.1
2.教　育	101.3	100.4	102.2
(1)教材及参考书	102.0	100.4	105.2
(2)学杂托幼费	101.2	100.4	102.0
3.文化娱乐用品	101.9	102.6	100.4
(1)文化娱乐	99.5	99.5	99.5
(2)书报杂志	100.4	100.6	100.2
(3)文娱费	105.5	105.8	102.9
4.旅游及外出	104.4	104.5	99.7
八、居　住	**106.2**	**106.9**	**104.8**
1.建房及装修材料	102.0	99.2	104.1
2.租　房	117.9	118.9	102.3
3.自有住房	102.4	102.6	100.3
4.水、电、燃料	109.4	109.8	108.7

8-4 十九个市、县商品零售价格分类指数

（2004年，上年价格=100）

地区	总指数	一、食品	二、饮料烟酒	三、服装鞋帽	四、纺织品	五、家用电器及音像器材	六、文化办公用品	七、日用品
全省	**102.5**	**108.4**	**101.3**	**102.2**	**102.5**	**94.0**	**97.9**	**100.0**
国家调查点								
西安市	101.9	107.0	102.3	103.6	103.5	94.0	97.5	100.9
宝鸡市	102.0	110.1	98.2	100.4	97.4	91.2	93.7	97.6
汉台区	102.6	107.5	99.9	100.5	100.0	92.0	99.2	99.5
咸阳市	103.3	108.2	103.5	104.3	105.4	93.9	100.4	98.8
榆阳区	102.4	107.9	99.2	100.0	99.0	95.7	99.3	99.2
汉滨区	104.0	113.4	100.6	93.7	98.2	98.9	100.4	100.0
三原县	103.5	110.1	101.6	98.7	102.3	94.6	99.0	100.2
商州区	102.7	109.2	101.5	102.1	106.1	94.5	97.3	98.4
省级调查点								
铜川市	101.9	108.5	98.8	102.5	97.3	91.0	99.7	100.6
宝塔区	102.2	109.2	99.0	99.5	99.5	95.9	94.8	100.1
临渭区	103.8	109.7	99.3	102.8	105.8	91.2	93.1	98.0
西乡县	103.9	112.3	100.9	101.7	104.7	91.7	98.0	98.6
陇县	103.7	111.0	99.8	102.2	98.7	96.8	93.8	99.9
洛南县	102.0	109.1	99.7	100.8	103.1	91.8	96.0	95.6
蒲城县	103.8	111.4	99.7	100.7	103.5	97.0	99.0	100.6
户县	103.4	108.5	100.7	103.2	102.8	93.5	99.4	100.1
绥德县	104.4	110.5	99.5	101.3	106.6	98.0	98.9	100.8
华阴市	103.0	106.7	100.9	99.7	100.8	100.6	94.8	100.3
略阳县	102.9	109.4	102.1	99.7	99.6	95.7	101.0	99.0

地区	八、体育娱乐用品	九、交通通信用品	十、家具	十一、化妆品	十二、金银珠宝	十三、中西药品及医疗保健用品	十四、书报杂志及电子出版物	十五、燃料	十六、建筑材料及五金电料
全省	**94.4**	**94.0**	**97.8**	**97.1**	**116.6**	**93.7**	**99.9**	**113.3**	**101.8**
国家调查点									
西安市	92.5	93.7	95.9	94.4	114.3	92.9	99.4	110.0	100.6
宝鸡市	94.6	94.4	102.4	104.7	118.6	87.2	101.7	109.2	100.3
汉台区	100.0	99.7	95.3	100.0	121.5	97.6	99.3	114.6	99.4
咸阳市	103.4	97.3	99.7	103.3	124.9	94.2	101.4	111.0	99.6
榆阳区	99.2	92.3	99.9	100.7	116.9	100.3	101.7	113.0	101.8
汉滨区	94.4	93.7	97.1	99.6	118.5	92.3	101.2	120.2	100.8
三原县	99.7	86.3	100.8	99.6	120.7	97.3	99.6	121.4	100.2
商州区	96.6	89.6	99.3	95.6	118.9	96.1	102.4	112.4	104.9
省级调查点									
铜川市	100.7	98.2	99.9	85.7	109.5	88.9	97.7	106.7	101.3
宝塔区	97.7	93.3	94.7	98.2	113.7	91.7	100.5	112.1	99.7
临渭区	94.7	94.3	105.8	101.4	118.3	91.3	104.2	118.6	109.9
西乡县	98.0	93.6	95.2	102.7	122.6	93.5	101.6	111.9	105.2
陇县	94.7	97.6	97.4	100.0	121.7	94.1	99.1	114.9	105.8
洛南县	97.2	88.0	90.8	99.1	116.1	92.2	102.7	117.3	101.9
蒲城县	100.0	95.1	98.5	100.0	113.7	90.1	99.7	114.9	106.0
户县	96.7	92.4	99.3	100.0	116.3	98.5	99.0	117.8	104.8
绥德县	100.8	89.1	99.5	100.0	114.9	101.4	102.4	114.8	101.7
华阴市	100.0	92.2	100.0	100.0	122.0	97.5	100.7	126.3	101.5
略阳县	94.6	91.1	97.7	97.5	122.5	98.1	100.0	110.6	102.7

8-5 十九个市、县居民消费价格分类指数

（2004年，上年价格=100）

地　区	总指数	一、食品	二、烟酒及用品	三、衣着	四、家庭设备用品及维修服务	五、医疗保健和个人用品	六、交通和通讯	七、娱乐教育文化用品及服务	八、居住
全　省	**103.1**	**107.3**	**101.3**	**102.5**	**98.5**	**97.0**	**99.1**	**100.5**	**106.2**
国家调查点									
西安市	102.3	105.7	102.1	104.1	99.6	97.2	95.5	99.1	105.1
宝鸡市	104.6	110.0	101.6	100.3	97.3	93.6	99.0	96.6	118.5
汉台区	102.3	107.1	99.8	100.5	96.6	98.6	98.1	100.3	103.4
咸阳市	102.4	107.2	103.1	103.9	99.2	99.2	99.2	98.5	101.2
榆阳区	102.8	107.9	99.4	99.3	99.4	101.1	95.0	103.5	103.4
汉滨区	103.2	112.7	101.1	92.7	98.4	97.3	94.4	100.1	104.7
三原县	103.5	108.4	101.3	98.9	99.8	99.7	99.1	104.3	103.2
商州区	104.4	109.4	100.4	101.8	108.4	98.5	94.1	98.7	108.4
省级调查点									
铜川市	101.6	107.1	98.5	102.2	99.1	93.9	99.8	96.3	101.3
宝塔区	102.4	108.9	99.3	99.6	97.2	94.5	99.1	103.1	102.0
临渭区	104.1	107.6	99.2	103.7	98.1	95.3	100.9	106.5	105.5
西乡县	103.6	111.2	100.3	101.8	98.2	96.4	99.0	100.1	102.9
陇　县	103.6	110.3	100.0	101.5	100.1	96.7	98.6	102.2	104.9
洛南县	101.9	108.8	99.2	100.5	95.1	95.4	93.7	99.3	106.1
蒲城县	103.9	110.4	100.0	101.1	99.0	94.6	101.6	99.2	106.6
户　县	103.4	109.2	101.1	103.0	99.6	100.4	98.3	98.4	106.0
绥德县	105.7	110.3	99.5	101.6	103.3	103.1	108.3	101.2	106.0
华阴市	102.9	106.7	101.1	99.6	100.1	99.3	98.6	101.9	105.2
略阳县	103.5	109.0	102.0	99.6	98.5	101.3	98.8	102.6	102.9

8-6 各市居民消费价格和商品零售价格指数

（2004年，上年价格=100）

地　区	居民消费价格指数	商品零售价格指数
全　省	**103.1**	**102.5**
西安市	102.3	101.9
铜川市	101.6	101.9
宝鸡市	103.0	101.7
咸阳市	103.4	103.3
渭南市	104.0	102.8
汉中市	102.9	103.1
安康市	102.7	101.9
商洛市	103.1	102.8
延安市	103.4	103.8
榆林市	105.2	104.0

8-7 农业生产资料价格分类指数

（2004年，上年价格=100）

地　区	总指数	一、小农具	二、饲 料	三、产品畜	四、役 畜	五、半机械化农　具
全　省	**111.6**	**104.5**	**124.7**	**132.9**	**97.2**	**102.1**
户　县	108.4	100.9	109.9	121.3	100.3	99.2
陇　县	113.1	99.3	109.1	172.5	91.7	95.6
三 原 县	116.1	107.6	132.7	170.9	93.2	114.7
蒲 城 县	113.3	107.2	122.2	113.6	86.7	101.5
华 阴 市	113.0	97.4	101.4	169.2	100.0	107.6
西 乡 县	113.2	107.7	139.6	143.9	96.5	96.2
略 阳 县	108.0	99.6	102.4	123.5	105.8	106.3
汉 滨 区	112.3	100.0	110.6	125.3	150.0	95.0
商 州 区	103.1	102.6	135.5	124.9	99.1	95.9
洛 南 县	115.0	113.9	122.7	173.6	101.8	100.5
榆 阳 区	101.9	101.0	110.9	103.9	100.5	99.5
绥 德 县	106.7	102.2	112.3	107.0	105.2	126.0

地　区	六、机械化农具	七、化学肥料	八、农药及农药械	九、农用机油	十、其他农业生产资料
全　省	**103.2**	**115.6**	**104.0**	**105.5**	**102.4**
户　县	101.0	111.7	100.3	108.9	92.6
陇　县	99.2	114.2	105.5	109.5	108.3
三 原 县	105.3	119.5	105.9	110.9	98.9
蒲 城 县	112.4	116.0	99.7	107.7	103.8
华 阴 市	104.6	113.7	101.9	110.4	106.7
西 乡 县	91.9	121.8	99.6	99.2	112.9
略 阳 县	104.7	110.3	100.0	110.4	98.7
汉 滨 区	100.0	117.2	101.7	107.6	107.9
商 州 区	97.0	91.2	122.2	101.8	101.2
洛 南 县	106.6	112.8	104.7	107.5	103.3
榆 阳 区	99.8	100.5	100.8	109.4	94.4
绥 德 县	104.2	105.8	104.0	109.9	92.2

8-8 工业产品出厂价格指数

（2004年，上年价格=100）

类　别	指 数	类　别	指 数
总 指 数	**107.3**	（4）耐用消费品	94.7
按轻重工业分		按工业部门分	
轻工业	102.9	1.冶金工业	120.2
以农产品为原料	105.4	2.电力工业	100.1
以非农产品为原料	99.8	3.煤炭及炼焦工业	126.7
重工业	108.7	4.石油工业	111.9
采掘工业	114.2	5.化学工业	103.8
原料工业	107.3	6.机械工业	99.8
加工工业	102.7	7.建筑材料工业	101.2
按用途分		8.森林工业	100.6
生产资料	108.3	9.食品工业	105.1
采掘工业	114.3	10.纺织工业	108.7
原料工业	107.1	11.缝纫工业	104.0
加工工业	103.3	12.皮革工业	96.1
生活资料	102.1	13.造纸工业	101.4
（1）食　品	103.4	14.文教艺术用品工业	99.4
（2）衣　着	102.0	15.其它工业	104.9
（3）一般工业品	100.0		

8-9 主要原材料、燃料、动力购进价格指数

（2004年，上年价格=100）

类　别	指 数	类　别	指 数
总 指 数	**110.4**	四、化工原材料类	108.1
一、燃料、动力类	107.4	五、木材及纸浆类	103.9
二、黑色金属材料类	118.2	六、建筑材料类及非金属矿类	102.0
钢　材	115.7	七、其它工业原材料及半成品	108.6
其　他	122.9	八、农副产品类	113.9
三、有色金属材料类和电线类	118.9	九、纺织原材料类	106.1

8-10 固定资产投资价格指数

（2004年，上年价格=100）

类　　别	指　数	类　　别	指　数
总 指 数	**104.4**	化工材料	105.9
一、建筑安装工程	106.0	电　料	107.5
（1）材料费	106.2	其它材料	106.9
钢　材	110.5	（2）人工费	104.7
木　材	103.5	（3）机械使用费	102.1
水　泥	102.8	二、设备工器具购置	99.7
地方材料	103.4	三、其它费用	101.5

8-11 房地产价格指数

（2004年，上年价格=100）

类　　别	指　数	类　　别	指　数
土地交易价格指数	**103.5**	**房屋销售价格指数**	**104.5**
一、居民住宅用地	103.9	一、商品房	105.2
1.豪华住宅用地		（一）住　宅	105.8
2.普通住宅用地	103.9	1.经济适用房	104.3
二、工业用地	102.6	2.普通住宅	105.8
三、商业、旅游、娱乐用地	103.6	（1）多层住宅	106.4
四、其他用地	102.7	（2）高层住宅	105.0
		3.豪华住宅	108.0
房屋租赁价格指数	**103.7**	（1）别　墅	110.6
一、住　宅	106.3	（2）高档公寓	104.9
1.公　房	117.9	（二）非住宅	103.2
2.私　房	102.1	1.写字楼	104.4
二、办公用房	100.7	2.商业用房	103.6
1.高标准写字楼	100.9	3.其　他	101.1
2.普通办公用房	100.6	二、公　房	100.6
三、商业用房	103.2	#住　宅	100.6
四、厂房、仓库	103.6	三、私　房	101.9
1.工业厂房	101.3	（一）住　宅	100.9
2.仓　库	104.8	（二）非住宅	104.1

主要统计指标解释

物价指数 也称价格指数，指从生产者、购买者和市场的角度，分别反映不同时期货物和服务商品价格总水平变动趋势幅度的相对数。目前编制的物价指数主要有商品零售价格指数、居民消费价格指数、工业品出厂价格指数、固定资产投资价格指数、原材料、燃料、动力购进价格指数、房地产价格指数等。

居民消费价格指数 是反映一定时期内城乡居民所购买的生活消费品价格和服务项目价格变动趋势和程度的相对数，是对城市居民消费价格指数和农村居民消费价格指数进行综合汇总计算的结果。该指数可以观察和分析消费品的零售价格和服务价格变动对城乡居民实际生活费支出的影响程度。

城市居民消费价格指数 是反映一定时期内城市居民家庭所购买的生活消费品价格和服务项目价格变动趋势和程度的相对数。该指数可以观察和分析消费品的零售价格和服务项目价格变动对职工货币工资的影响，作为研究职工生活和确定工资政策的依据。

农村居民消费价格指数 是反映一定时期内农村居民家庭所购买的生活消费品价格和服务项目价格变动趋势和程度的相对数。该指数可以观察农村消费品的零售价格和服务项目价格变动对农村居民生活消费支出的影响，直接反映农民生活水平的实际变化情况，为分析和研究农村居民生活问题提供依据。

商品零售价格指数 是反映一定时期内城乡商品零售价格变动趋势和程度的相对数。商品零售物价的变动直接影响到城乡居民的生活支出和国家的财政收入，影响居民购买力和市场供需的平衡，影响到消费与积累的比例关系。因此，该指数可以从一个侧面对上述经济活动进行观察和分析。

农业生产资料价格指数 指反映一定时期内农业生产资料价格变动趋势和程度的相对数。农业生产资料价格指数分为小农具、饲料、幼禽家畜、半机械化农具、机械化农具、化学肥料、农药及农药械、农机用油等八大类。其编制目的是了解农业生产中物质资料投入价格的变动状况，服务于国民经济核算。1994年以前，农业生产资料价格指数仅仅是商品零售价格指数的一个类别，此后，从商品零售价格指数中分离出来，单独编制。

工业品出厂价格指数 是反映一定时期内全部工业产品出厂价格总水平的变动趋势和程度的相对数，包括工业企业售给本企业以外所有单位的各种产品和直接售给居民用于生活消费的产品。该指数可以观察出厂价格变动对工业总产值及增加值的影响。

原材料、燃料和动力购进价格指数 是反映工业企业作为生产投入，而从物资交易市场和能源、原材料生产企业购买原材料、燃料和动力产品时，所支付的价格水平变动趋势和程度的统计指标，是扣除工业企业物质消耗成本中的价格变动影响的重要依据。

目前，我国编制的原材料、燃料和动力购进价格指数所调查的产品包括燃料动力、黑色金属、有色金属、化工、建材等九大类的900多种产品。

固定资产投资价格指数 是反映一定时期内固定资产投资品及项目的价格变动趋势和程度的相对数。固定资产投资额是由建筑安装工程投资完成额、设备工器具购置投资完成额和其他费用投资完成额三部分组成的。编制固定资产投资价格指数应首先分别编制上述三部分投资的价格指数，然后采用加权算术平均法求出固定资产投资价格总指数。

该指数可以准确地反映固定资产投资中涉及的各类投资品和取费项目价格变动趋势和变动幅度，消除按现价计算的固定资产投资指标中的价格变动因素，真实地反映固定资产投资的规模、速度、结构和效益，为国家科学地制定、检查固定资产投资计划并提高宏观调控水平，为完善国民经济核算体系提供科学的、可靠的依据。

房地产价格指数 是反映一定时期内房地产价格变动趋势和程度的相对数，包括房屋销售价格指数、房屋租赁价格指数和土地交易价格指数。这三套指数的计算方法相似，均采用由下到上逐级汇总的方法。

2005 統計年鑒

人民生活

RENMINSHENGHUO

资料整理：王斌友　艾　宁　何晓红　孙士梅

****

9. 人民生活

****

2004 年全省		
居民消费水平	2893 元	比上年增长 9.6%
农村居民	1624 元	比上年增长 10.5%
城镇居民	6643 元	比上年增长 6.7%
农民人均纯收入	1867 元	比上年增长 6.3%
城镇居民人均可支配收入	7492 元	比上年增长 6.9%
城乡居民年末人均储蓄存款	7958 元	比上年增长 16.5%

****

城乡居民收入

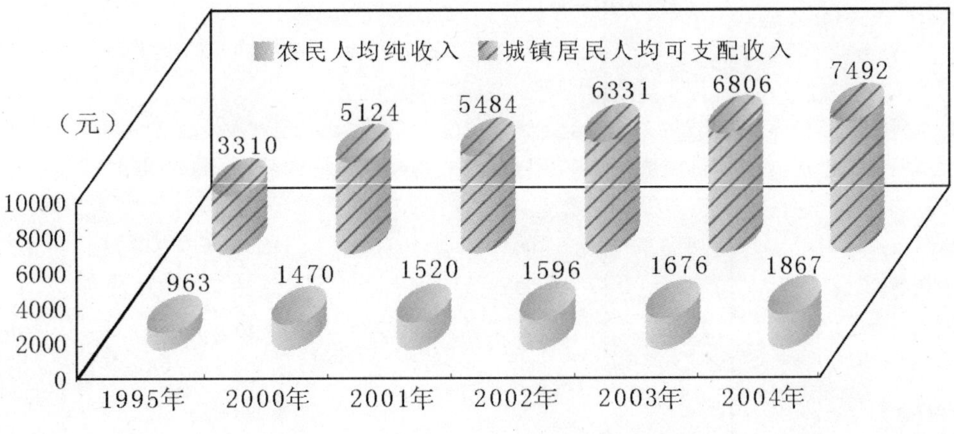

9-1 人民生活基本情况

指　标	单位	1995年	2000年	2001年	2002年	2003年	2004年
一、就　业							
城镇居民家庭每户就业人口	人	1.74	1.54	1.55	1.50	1.50	1.50
农村居民家庭每户整、半劳动力	人	2.74	2.62	2.62	2.65	2.67	2.70
每一农村劳动力负担人数	人	1.69	1.69	1.68	1.65	1.63	1.59
每一城镇就业者负担人数	人	1.82	2.00	1.99	2.03	2.03	2.01
城镇登记失业率	%	3.2	2.7	3.2	3.3	3.7	3.8
二、收入与支出							
城镇居民家庭人均可支配收入	元	3310	5124	5484	6331	6806	7492
农村居民人均纯收入	元	963	1470	1520	1596	1676	1867
职工年平均工资	元	4396	7804	9120	10351	11461	13024
城镇居民人均消费支出	元	2838	4277	4638	5378	5667	6233
农村居民人均生活消费支出	元	914	1251	1331	1491	1455	1618
三、消费水平							
全省居民	元	1431	2064	2221	2404	2548	2893
城镇居民	元	3398	5015	5241	5837	6080	6643
农村居民	元	939	1186	1293	1320	1395	1624
四、储　蓄							
城乡居民年末储蓄存款余额	亿元	734.04	1522.53	1768.47	2107.83	2519.93	2948.34
平均每人储蓄存款余额	元	2089	4178	4833	5737	6829	7958
五、生活质量							
居民家庭恩格尔系数							
城　镇	%	47.2	35.8	34.3	34.1	34.6	35.9
农　村	%	59.3	43.5	41.9	37.9	39.3	42.4
居民人均住房面积							
城镇居民平均每人住房使用面积	平方米	12.84	16.08	16.43	16.82	17.46	17.87
农村平均每人住房面积	平方米	18.42	22.87	23.76	25.13	26.11	26.85
邮电通信水平							
平均每一邮电局所服务面积	平方米	100.80	109.60	113.59	114.77	115.00	118.00
平均每百人拥有电话机数	部	2.85	9.67	12.16	15.20	18.23	21.37
平均每百人拥有移动电话机数	部		4.25	8.13	13.33	16.56	21.29
交通状况							
城市人均拥有铺路面积	平方米		6.07	5.89	5.58	6.15	7.16
城市每百户拥有汽车	辆		0.11	0.11	0.24	0.44	0.35
农村每百户拥有摩托车	辆	4.65	14.64	16.58	19.37	22.16	25.18

9-1 续表

指　标	单 位	1995年	2000年	2001年	2002年	2003年	2004年
城市公用事业							
城市平均每人每天生活用水量	升	150.60	188.59	184.35	203.80	162.78	147.61
用水普及率	%		96.5	68.3	76.9	93.8	94.4
用气普及率	%	52.4	74.5	53.7	59.2	77.7	76.7
人均拥有公共绿地	平方米	3.1	4.2	2.9	4.0	4.3	4.5
六、文 化							
广播人口覆盖率	%	74.8	90.3	90.6	91.5	92.0	92.7
电视人口覆盖率	%	79.1	91.4	92.5	92.9	93.2	93.7
每百户彩色电视机拥有量							
城　镇	台	90	114	116	122	123	128
农　村	台	14	49	52	59	66	72
每百户影碟机拥有量							
城　镇	台		33	39	49	58	58
农　村	台		7	9	12	15	19
每百户家用电脑拥有量							
城　镇	台		7.03	9.15	13.28	18.86	23.51
农　村	台		0.18	0.23	0.27	0.27	0.50
每百人每天拥有报纸	份	3.6	5.3	5.0	4.9	4.9	5.1
每人每年拥有图书杂志	册	6.1	5.8	5.4	6.4	6.2	6.1
居民家庭文教娱乐支出比重							
城　镇	%	8.7	12.8	13.9	16.4	16.8	16.5
农　村	%	7.13	14.53	15.4	15.3	18.4	16.0
七、教 育							
学龄儿童入学率	%	99.0	99.4	98.4	98.5	98.6	99.1
升学率							
小学升中学	%	90.1	91.9	92.8	93.4	95.3	95.6
初中升高中	%	34.4	39.1	41.2	43.6	43.6	44.8
每万人口在校大学生数	人	37	66	87	112	136	158
八、卫 生							
每万人口医院床位数	张	26	25	26	26	27	27
每万人口医生数	人	18	18	18	16	16	16
居民家庭医疗保健支出比重							
城　镇	%	4.2	7.9	7.8	8.3	8.7	8.2
农　村	%	4.5	7.3	6.5	6.9	7.3	7.3

注：本表城市公用事业2001年以后数按新口径计算。

9-2 居民消费水平

单位：元

年 份	全省居民	农村居民	城镇居民	城乡消费水平对比（农村居民=1）
1978	173	131	409	3.1
1980	230	178	498	2.8
1985	386	300	784	2.6
1990	677	476	1525	3.2
1991	723	495	1685	3.4
1992	798	526	1899	3.6
1993	945	627	2221	3.5
1994	1208	793	2870	3.6
1995	1431	939	3398	3.6
1996	1630	1053	3910	3.7
1997	1835	1188	4356	3.7
1998	1852	1175	4428	3.8
1999	1884	1180	4520	3.8
2000	2064	1186	5015	4.2
2001	2221	1293	5241	4.1
2002	2404	1320	5837	4.4
2003	2548	1395	6080	4.4
2004	2893	1624	6643	4.1

注：1. 本表按当年价格计算。
2. 居民消费水平是指居民人均对物质产品和劳务的消费。

9-3 居民消费水平指数

年 份	上年=100			1978年=100		
	全省居民	农村居民	城镇居民	全省居民	农村居民	城镇居民
1978	106.8	106.0	107.5	100.0	100.0	100.0
1980	106.5	102.7	110.5	119.7	120.1	114.4
1985	108.1	103.1	116.6	172.7	177.2	151.8
1990	104.0	104.8	102.5	193.0	178.3	196.4
1991	100.9	101.5	103.0	194.7	181.0	202.2
1992	103.1	99.4	101.8	200.8	179.9	205.9
1993	105.3	106.7	103.5	211.4	192.0	213.1
1994	99.9	96.5	103.9	211.2	185.3	221.4
1995	100.7	98.8	103.1	212.7	183.1	228.3
1996	103.3	101.4	104.6	219.7	185.6	237.3
1997	108.8	110.5	106.1	239.1	205.1	251.7
1998	102.6	100.4	103.7	245.3	206.0	261.0
1999	105.6	104.0	106.3	259.0	214.2	277.4
2000	107.1	99.3	108.1	277.4	212.7	299.9
2001	105.5	105.2	106.9	292.7	223.8	320.6
2002	109.0	101.7	109.4	319.0	227.6	350.7
2003	104.6	102.5	104.0	333.7	233.3	364.7
2004	109.6	110.5	106.7	365.7	257.8	389.1

注：本表按可比价格计算。

9-4 城乡居民储蓄存款余额

年 份	城乡居民年末储蓄存款余额(万元)	定 期	活 期	城乡居民年末人均储蓄存款余额(元)
1952	2812			2
1957	12234			7
1962	13817			7
1965	22110			10
1970	30864			13
1975	55124			20
1978	77945			28
1979	101950			36
1980	135059			48
1981	166489	138400	28089	58
1982	205076	166567	38509	71
1983	254274	207250	47024	87
1984	331703	262154	69549	112
1985	447681	354511	93170	149
1986	624729	505186	119543	205
1987	883660	698511	185149	286
1988	1086483	833056	253427	346
1989	1501146	1223831	277315	469
1990	2045734	1700228	345506	617
1991	2632769	2155336	477433	783
1992	3292158	2693879	598279	967
1993	4038052	3280828	757224	1173
1994	5472014	4361209	1110805	1572
1995	7340408	5901079	1439329	2089
1996	9422120	7518528	1903592	2659
1997	10904289	2506956	8397333	3054
1998	12416256	3204598	9211658	3453
1999	13718845	3449212	10269633	3792
2000	15225329	11015033	4210296	4178
2001	17684684	12548694	5135990	4833
2002	21078262	14602554	6475708	5737
2003	25199348	17497667	7701681	6829
2004	29483448	20704758	8778690	7958

9-5 城乡居民人均收入及指数

年 份	农村居民家庭人均纯收入		城镇居民家庭人均可支配收入		农村居民家庭恩格尔系数（%）	城镇居民家庭恩格尔系数（%）
	绝对数（元）	指 数（1978年=100）	绝对数（元）	指 数（1978年=100）		
1978	133	100.0	310	100.0	59.0	
1979	150	111.0			59.8	
1980	142	102.8	407	122.8	59.8	
1981	177	126.1	427	124.4	62.0	53.0
1982	218	153.4	452	130.5	62.8	54.8
1983	236	164.8	488	138.7	60.1	55.0
1984	263	179.5	552	151.7	60.4	54.5
1985	295	191.4	650	166.0	57.4	48.9
1986	299	185.3	814	195.1	55.8	49.6
1987	329	192.5	905	198.6	55.4	51.0
1988	404	205.3	1040	190.1	52.3	46.7
1989	434	184.1	1239	192.5	51.9	50.5
1990	530	191.9	1369	207.3	58.5	51.9
1991	534	184.7	1498	211.5	55.8	50.9
1992	559	181.4	1705	216.5	58.4	51.6
1993	653	192.6	2102	234.1	57.1	47.9
1994	805	187.4	2684	233.1	60.1	47.5
1995	963	186.2	3310	243.6	59.3	47.2
1996	1165	204.8	3810	254.2	56.8	45.5
1997	1285	209.6	4001	253.8	52.8	43.0
1998	1406	237.1	4220	274.0	50.0	41.1
1999	1456	252.7	4654	310.8	47.6	37.3
2000	1470	261.0	5124	341.2	43.5	35.8
2001	1520	264.3	5484	364.8	41.9	34.3
2002	1596	276.5	6331	428.9	37.9	34.1
2003	1676	282.6	6806	457.4	39.3	34.6
2004	1867	300.4	7492	488.9	42.4	35.9

注：本表绝对数按当年价格计算，指数按可比价格计算。

9-6 城镇居民家庭基本情况

项　目	单 位	1995年	2000年	2001年	2002年	2003年	2004年
一、调查户数	户	1400	1400	1400	1400	1450	1450
二、平均每户家庭人口数	人	3.17	3.08	3.09	3.04	3.04	3.01
三、平均每户就业人口数	人	1.74	1.54	1.55	1.50	1.50	1.50
四、平均每一就业者负担人数	人	1.82	2.00	1.99	2.03	2.03	2.01
五、平均每户就业面	%	54.86	50.00	50.16	49.34	49.34	49.83
六、平均每人每月可支配收入	元	275.81	427.02	456.98	527.57	567.20	624.37
七、平均每人每月生活费收入	元	254.01	384.81	412.59	510.21	549.13	603.50
八、按每人每月可支配收入							
分组户数占总户数的比例	%	100.0	100.0	100.0	100.0	100.0	100.0
200元及以下	%	33.56	9.86	8.03	11.14	5.16	4.22
200—400元	%	54.35	44.89	39.38	34.98	29.17	24.14
400—600元	%	10.29	25.86	29.81	28.32	30.74	29.79
600—800元	%	1.59	10.75	12.70	12.79	18.67	20.71
800—1000元	%	0.21	3.71	4.66	5.51	9.36	10.56
1000—1500元	%		4.03	3.98	4.90	5.29	8.02
1500—2000元	%		0.79	1.11	1.19	1.32	1.99
2000—2500元	%		0.11	0.22	0.54	0.28	0.28
2500—3000元	%			0.11	0.21		0.14
3000—4000元	%				0.23	0.02	0.14
4000—5000元	%				0.08		
5000元以上	%				0.11		
九、平均每人每月消费性支出	元	236.47	356.39	386.48	448.17	472.22	519.42
十、平均每人住房使用面积	平方米	12.84	16.08	16.43	16.82	17.46	17.87

9-7 城镇居民家庭人均现金收入

单位：元

项 目	1995年	2000年	2001年	2002年	2003年	2004年
现金收入	**4084.09**	**6806.15**	**7273.54**	**8354.29**	**9360.72**	**10262.10**
一、总收入	**3311.11**	**5149.30**	**5513.77**	**6747.02**	**7314.47**	**8043.23**
# 可支配收入	3309.69	5124.24	5483.73	6330.89	6806.38	7492.47
1.工薪收入	2507.74	3391.95	3885.43	4684.61	5170.32	5725.33
（1）工资及补贴收入	2474.89	3291.35	3736.08	4484.82	5032.87	5591.49
（2）其它劳动收入	32.85	100.60	149.35	199.79	137.45	133.84
2.经营净收入	32.61	109.14	111.96	144.46	139.83	201.25
3.财产性收入	95.94	152.62	53.82	60.75	138.07	138.45
（1）利息收入	36.73	16.67	17.46	13.84	47.16	16.11
（2）股息与红利收入	3.73	12.73	10.69	7.80	10.61	23.35
（3）保险收益				1.74	5.17	3.44
（4）其它投资收入				1.88	4.31	0.46
（5）出租房屋收入	55.48	123.22	25.67	27.70	63.38	94.61
（6）知识产权收入					0.01	0.00
（7）其它财产收入				7.79	7.43	0.47
4.转移性收入	674.80	1495.59	1462.57	1857.20	1866.26	1978.20
# （1）养老金或离退休金	512.48	1109.22	1082.32	1349.53	1258.03	1401.43
（2）社会救济收入				14.35	22.27	25.14
（3）保险收入				27.40	33.74	45.37
（4）赡养收入	73.62	141.06	174.68	147.75	169.82	177.64
（5）捐赠收入	53.57	122.35	126.42	225.36	267.39	225.89
（6）亲友搭伙费	7.22	14.48	11.89	12.12	6.87	6.43
（7）记帐补贴	13.60	22.07	23.03	29.86	33.88	34.41
二、出售财物收入	**5.15**	**54.28**	**17.45**	**11.78**	**73.81**	**23.00**
1.出售住房收入				7.97	67.08	11.40
2.出售其他物品收入				3.81	6.73	11.61
三、储蓄借贷收入	**767.83**	**1602.57**	**1742.31**	**1595.49**	**1972.44**	**2195.87**
1.提取储蓄存款	520.24	1021.37	1148.74	1282.23	1491.18	1755.29
2.借入款	190.59	305.75	278.88	203.03	369.86	332.81
3.收回借出款	18.61	47.35	33.03	27.40	28.62	25.56
4.兑售有价证券	7.07	0.38	0.92	1.33	0.23	0.00
5.购买房屋贷款	3.72	96.30	69.43	41.40	31.35	31.40

注：2001年以前社会救济收入、保险收入和出售财物收入没有分项资料。

9-8 城镇居民家庭人均消费支出

单位：元

项　　目	1995年	2000年	2001年	2002年	2003年	2004年
消费支出	**2837.69**	**4276.67**	**4637.74**	**5378.06**	**5666.61**	**6233.07**
#服务性消费支出				1579.30	1711.29	1883.11
一、食　品	**1339.57**	**1532.09**	**1589.44**	**1832.89**	**1960.31**	**2236.48**
#1.粮　食	243.36	188.85	180.25	185.31	189.43	227.46
2.淀粉和薯类	20.57	21.50	19.74	17.97	21.87	22.84
3.干豆类及制品	26.22	28.52	30.78	27.09	29.17	33.50
4.油脂类	65.05	61.21	51.43	60.79	67.10	75.41
5.肉禽及制品	237.38	245.58	242.87	254.27	259.99	298.84
6.蛋　类	53.05	44.63	42.82	46.47	46.74	51.74
7.水产品类	26.33	33.09	36.39	45.52	45.72	48.77
8.菜　类	149.92	146.02	147.36	165.93	184.89	199.92
9.糖　类	16.36	16.28	17.78	19.50	19.51	21.58
10.烟草类	63.37	91.06	89.14	110.41	122.87	131.01
11.酒和饮料	53.75	76.96	81.29	90.06	91.19	103.49
12.干鲜瓜果类	112.86	113.87	121.62	139.97	140.21	157.13
13.糕点类	33.24	41.76	41.56	48.69	54.57	57.79
14.奶及奶制品	28.42	50.91	59.78	85.46	103.81	112.54
15.在外饮食	166.24	284.05	355.67	448.86	492.96	600.78
二、衣　着	**386.22**	**403.24**	**443.74**	**508.34**	**559.07**	**609.33**
#服　装	218.44	257.38	297.15	348.90	394.62	428.30
鞋　类	77.25	92.49	100.33	112.56	122.47	139.00
三、家庭设备用品及服务	**312.39**	**472.63**	**529.68**	**436.81**	**383.48**	**409.00**
#1.耐用消费品	184.81	282.71	328.22	266.21	204.40	225.57
2.家庭日用杂品	63.32	94.06	94.62	106.23	119.42	115.01
3.家庭服务	29.13	48.97	53.18	14.18	19.87	21.48
四、医疗保健	**119.78**	**336.24**	**361.18**	**444.20**	**491.17**	**513.27**
#药品费	92.27	261.40	274.90	287.82	321.91	319.59
医疗费	18.95	63.06	74.87	130.09	140.56	159.59
五、交通和通讯	**141.07**	**297.66**	**366.30**	**485.05**	**528.62**	**583.19**
1.交　通	70.09	117.87	130.39	176.69	175.00	203.79
2.通　信	70.98	179.79	235.91	308.36	353.62	379.40
六、教育文化娱乐服务	**245.57**	**549.25**	**642.45**	**881.48**	**950.85**	**1025.76**
#1.文化娱乐用品	86.58	188.20	173.62	219.86	213.54	235.39
2.教　育	135.05	317.97	428.37	542.53	627.11	634.53
七、居　住	**174.48**	**469.51**	**452.73**	**622.39**	**609.05**	**646.92**
#1.住　房	81.56	245.76	213.90	294.19	264.52	235.83
2.水电燃料及其它	92.92	223.76	238.83	299.90	328.77	387.63
八、杂项商品和服务	**118.60**	**216.05**	**252.22**	**166.91**	**184.01**	**209.10**

注：2002年以后消费支出八大类中，除衣着和医疗保健两类外，其余六类口径略有变动。

9-9 城镇居民家庭人均购买主要商品数量

项　目	单 位	1995年	2000年	2001年	2002年	2003年	2004年
粮　食	公斤	101.07	81.08	76.76	77.61	76.79	77.43
油脂类	公斤	7.20	9.05	8.55	9.52	8.87	9.05
#食用植物油	公斤	6.67	8.85	8.40	9.42	8.76	8.99
肉　类	公斤		17.50	15.96	17.77	17.72	17.24
#猪　肉	公斤	13.12	13.52	12.08	13.10	12.79	11.79
牛羊肉	公斤	1.77	1.94	1.76	1.82	2.07	2.49
禽　类	公斤	2.46	3.57	3.14	4.60	4.42	3.95
蛋　类	公斤	8.42	10.36	9.13	10.13	10.67	9.01
鱼	公斤	2.22	2.42	2.65	3.59	3.65	3.18
虾	公斤	0.06	0.19	0.23	0.48	0.39	0.46
其它水产品	公斤		0.29	0.31	0.35	0.34	0.26
鲜　菜	公斤	108.13	100.56	98.79	107.72	103.06	107.11
干　菜	公斤	0.23	0.20	0.19	0.20	0.27	0.28
酒　类	公斤	3.27	3.94	4.16	5.05	4.44	5.06
#白　酒	公斤	0.64	1.14	1.16	1.09	1.10	1.26
啤　酒	公斤	1.78	2.59	2.86	3.56	2.99	3.48
其它酒	公斤	0.79	0.21	0.14	0.14	0.15	0.16
碳酸饮料	公斤				2.39	2.15	2.47
果蔬饮料	公斤				1.40	1.61	1.52
茶　叶	公斤	0.16	0.21	0.21	0.19	0.19	0.20
干鲜瓜果类	公斤	47.87	55.99	60.41	65.24	60.23	60.51
#鲜　果	公斤	23.50	31.50	31.70	37.39	36.47	37.59
鲜　瓜	公斤	16.80	19.13	24.35	23.29	19.35	17.93
糕　点	公斤	3.25	3.50	3.47	4.07	4.50	4.57
鲜乳品	公斤	3.67	9.25	10.70	16.08	18.40	18.81
奶　粉	公斤	0.34	0.68	0.73	0.77	0.80	0.72
酸　奶	公斤	0.22	0.55	0.81	1.42	2.20	2.72
服　装	件	4.94	5.97	6.56	7.06	7.27	7.36
1.男士服装	件	1.78	2.03	2.17	2.58	2.81	2.76
2.女士服装	件	2.37	2.82	3.19	3.49	3.47	3.64
3.童　装	件	0.79	1.11	1.19	1.00	1.00	0.97
鞋	双	2.48	2.49	2.55	2.57	2.78	2.78
煤　炭	公斤	155.84	166.94	169.12	145.22	154.52	144.61
液化石油气	公斤	12.73	13.31	11.79	12.47	10.83	11.25
管道燃气	立方米	7.36	11.45	11.87	22.84	23.71	28.65

9-10 城镇居民不同收入层次家庭基本情况及耐用消费品拥有量

(2004年)

项　目	单位	总平均	低收入户	中等偏下户	中等收入户	中等偏上户	高收入户
一、调查户数	户	1450	290	290	290	290	290
各组户数所占比重	%	100	20	20	20	20	20
二、户均家庭人数	人	3.01	3.39	3.23	3.06	2.92	2.60
三、户均有收入者人数	人	2.01	1.76	1.99	2.08	2.08	2.09
1.户均就业人口数	人	1.50	1.29	1.48	1.64	1.51	1.54
2.户均离退休人数	人	0.42	0.29	0.41	0.36	0.51	0.51
3.户均其它有收入者人数	人	0.09	0.18	0.10	0.08	0.06	0.04
四、人均在外用餐次数	人次	33.67	27.34	36.51	36.72	32.94	34.56
五、就业者负担系数	人	2.01	2.63	2.18	1.87	1.93	1.69
六、消费品年末百户拥有量							
1.成套家具	套	68.49	66.80	67.86	66.85	65.55	74.21
2.摩托车	辆	15.04	11.46	13.11	19.53	13.47	17.12
3.自行车	辆	134.08	120.93	135.39	142.01	134.57	136.13
4.助力车	辆	1.93	1.32	1.94	2.62	0.93	2.77
5.家用汽车	辆	0.35		0.53	1.09	0.24	
6.洗衣机	台	97.00	87.03	92.23	96.10	101.43	104.49
7.电风扇	台	131.64	112.63	131.24	133.50	133.06	143.12
8.电冰箱	台	81.65	58.23	71.85	87.05	89.33	94.91
9.冰　柜	台	3.25	4.51	3.94	1.30	2.77	3.77
10.彩色电视机	台	127.87	111.84	122.87	130.37	129.43	140.02
11.影碟机	台	58.25	39.53	51.62	57.75	63.21	72.77
12.录音机	台	44.57	37.27	41.23	45.67	43.90	52.20
13.录放像机	台	14.33	5.74	10.59	16.43	16.59	19.72
14.家用电脑	台	23.51	1.91	13.03	17.69	29.33	46.39
15.组合音响	套	20.75	9.36	15.64	20.94	22.22	31.45
16.摄像机	架	1.45	0.35	0.72	1.19	1.50	2.96
17.照相机	架	39.84	17.32	30.06	41.04	40.31	62.40
18.钢　琴	架	1.26		0.22	1.58	1.73	2.30
19.其他中高档乐器	件	6.41	1.86	3.96	5.66	7.52	11.15
20.微波炉	台	32.14	7.28	19.41	32.22	34.25	58.00
21.空调器	台	65.01	20.20	41.65	62.08	81.77	102.24
22.取暖器	台	21.27	14.71	15.15	26.87	24.75	23.10
23.电炊具	台	89.40	55.38	74.91	86.68	92.55	124.52
24.淋浴热水器	台	61.21	29.73	50.66	62.61	69.09	83.85
25.排油烟机	台	61.21	31.86	57.20	59.94	68.20	80.24
26.消毒碗柜	台	5.03	0.09	2.62	4.35	6.67	9.48
27.洗碗机	台	0.18			0.49		0.38
28.饮水机	台	34.63	14.54	25.68	34.39	40.53	50.85
29.吸尘器	台	6.04	2.01	1.25	2.42	6.19	15.30
30.健身器材	套	2.21	0.19	1.72	0.57	1.92	5.62
31.普通电话	部	89.38	82.68	86.20	87.40	93.06	94.81
32.移动电话	部	100.51	51.32	83.99	114.71	116.49	123.16
33.传真机	部	0.49	0.52	0.72	0.70		0.56

9-11 城镇居民不同收入层次家庭人均现金收入

(2004年)　　　　　　　　　　　　　　　　单位：元

项　目	总平均	低收入户	中等偏下户	中等收入户	中等偏上户	高收入户
一、总收入	**8043.23**	**3255.04**	**5318.44**	**7079.97**	**9117.38**	**14977.92**
#可支配收入	7492.47	3073.54	5015.52	6558.02	8483.31	13899.12
（一）工薪收入	5725.33	2073.62	3710.27	5431.85	6293.27	10817.12
1.工资及补贴收入	5591.49	1906.92	3625.43	5333.34	6151.97	10644.81
2.其他劳动收入	133.84	166.70	84.84	98.51	141.30	172.31
（二）经营净收入	201.25	133.32	172.86	228.82	196.41	273.55
（三）财产性收入	138.45	118.45	65.89	51.51	190.55	250.18
1.利息收入	16.11	9.92	4.31	8.77	15.96	40.00
2.股息与红利收入	23.35	3.83	3.05	8.33	10.19	88.86
3.保险收益	3.44		2.83		11.58	1.91
4.其它投资收入	0.46	0.46	0.56		1.20	0.01
5.出租房屋收入	94.61	103.05	55.03	33.66	151.36	119.33
6.知识产权收入						
7.其他财产性收入	0.47	1.18	0.11	0.75	0.25	0.07
（四）转移性收入	1978.20	929.65	1369.43	1367.79	2437.15	3637.07
1.养老金或离退休金	1401.43	527.90	979.30	958.86	1847.65	2576.25
2.社会救济收入	25.14	92.03	25.60	7.45	2.45	
3.辞退金	1.37	6.89				
4.赔偿收入	1.26		0.06		3.48	2.39
5.保险收入	45.37	69.70	79.13	31.79	32.60	16.09
#失业保险金	43.13	69.66	78.79	31.58	29.33	9.18
6.赡养收入	177.64	76.76	54.36	83.61	172.92	481.56
7.捐赠收入	225.89	91.51	149.82	202.35	287.73	383.55
8.亲友搭伙费	6.43	0.33	7.31	4.09	9.52	10.38
9.提取住房公积金	20.89		0.78	4.46	12.95	83.33
10.记帐补贴	34.41	29.18	31.07	32.97	37.05	41.14
11.其他转移性收入	38.37	35.34	41.99	42.22	30.80	42.38
二、出售财物收入	**23.00**	**3.71**	**13.80**	**56.58**	**33.84**	**8.22**
三、借贷收入	**2195.87**	**957.65**	**1236.81**	**2036.50**	**2357.67**	**4267.61**
1.提取储蓄存款	1755.29	735.27	1031.78	1742.43	1864.87	3316.52
2.借入款	332.81	193.06	145.47	222.58	448.13	622.57
3.收回借出款	25.56	15.50	9.13	27.28	28.35	46.17
4.收回储蓄性保险本	1.36	1.22	0.75	0.70	2.47	1.50
5.兑售有价证券						
6.收回投资本金	0.22			1.17		
7.住房贷款	31.40		40.15	35.08		83.36
8.汽车贷款						
9.教育贷款						
10.其他贷款	2.73	11.43		0.43	0.14	1.68
11.其他借贷收入	46.50	1.17	9.53	6.83	13.72	195.81

9-12 城镇居民不同收入层次家庭人均现金支出

(2004年)

单位：元

项　　目	总平均	低收入户	中等偏下户	中等收入户	中等偏上户	高收入户
一、消费支出	**6233.07**	**3273.96**	**4599.29**	**5844.81**	**7144.81**	**10021.45**
#服务性消费支出	1883.11	921.32	1327.14	1839.34	2183.91	3057.78
1.食　品	2236.48	1376.77	1841.80	2056.05	2576.89	3244.47
2.衣　着	609.33	266.43	455.33	615.81	727.77	954.75
3.家庭设备用品及服务	409.00	143.39	228.98	364.60	474.44	806.29
4.医疗保健	513.27	242.76	345.54	504.55	603.06	845.54
5.交通和通信	583.19	236.45	378.96	599.07	669.70	1004.45
6.教育文化娱乐服务	1025.76	578.28	748.86	979.96	1223.90	1551.26
7.居　住	646.92	334.35	470.01	544.97	629.04	1227.21
8.杂项商品和服务	209.10	95.55	129.81	179.80	240.00	387.49
二、购房与建房支出	**759.68**	**194.84**	**411.44**	**833.76**	**621.66**	**1710.51**
#购　房	719.34	162.16	367.24	833.76	621.63	1586.98
三、转移性支出	**836.64**	**294.91**	**433.76**	**781.60**	**930.68**	**1689.46**
1.交纳的个人收入税	32.14	1.59	3.44	16.45	28.26	107.03
2.捐赠支出	399.78	134.91	236.02	434.00	480.86	692.83
3.购买彩票	4.78	0.83	4.81	1.29	3.64	12.98
4.赡养支出	360.09	141.78	167.00	295.66	372.75	797.74
#在外就学子女费用	227.94	57.12	117.26	160.99	275.71	507.74
5.各种非储蓄性保险支出	11.90	3.81	6.62	8.33	14.79	24.86
#车辆保险支出	0.18			0.11	0.74	
6.其他转移性支出	27.95	11.99	15.87	25.87	30.39	54.02
四、财产性支出	**1.50**	**0.24**	**0.55**	**2.35**	**4.08**	**0.13**
五、社会保障支出	**484.21**	**150.73**	**268.42**	**472.53**	**568.76**	**930.64**
1.个人交纳的养老基金	209.91	87.19	141.84	207.12	232.57	371.12
2.个人交纳的住房公积金	194.11	33.95	75.76	189.65	241.56	414.00
3.个人交纳的医疗基金	57.03	19.05	38.28	51.61	67.30	105.47
4.个人交纳的失业基金	22.74	10.49	12.37	22.87	27.32	39.37
5.其他社会保障支出	0.42	0.04	0.17	1.29	0.01	0.69
六、借贷支出	**1727.27**	**302.61**	**690.93**	**1030.08**	**1866.46**	**4566.83**
1.存入储蓄款	1365.62	201.69	487.61	755.35	1481.53	3749.66
2.借出款	29.71	1.07	11.55	15.55	35.84	80.90
3.归还借款	112.47	38.80	100.14	66.63	94.51	256.16
4.储蓄性保险支出	121.15	41.20	40.05	92.97	154.88	264.65
5.购买有价证券	19.52		0.01	4.61	32.98	56.10
7.其它投资支出	3.45		0.84	5.28	1.22	9.91
8.归还住房贷款	50.23	6.90	29.95	51.86	31.29	129.65
9.归还汽车贷款						
10.归还教育贷款	0.36		1.08		0.68	
11.归还其他贷款	3.16	2.03	0.42	11.37	1.76	0.79
12.其他借贷支出	21.60	10.91	19.28	26.44	31.77	19.00

9-13 城镇居民不同收入层次家庭人均消费支出

(2004年)　　　　单位：元

项　目	总平均	低收入户	中等偏下户	中等收入户	中等偏上户	高收入户
消费性支出	**6233.07**	**3273.96**	**4599.29**	**5844.81**	**7144.81**	**10021.45**
#服务性消费支出	1883.11	921.32	1327.14	1839.34	2183.91	3057.78
一、食　品	**2236.48**	**1376.77**	**1841.80**	**2056.05**	**2576.89**	**3244.47**
（一）粮油类	359.21	355.57	349.30	317.00	381.09	387.51
1.粮　食	227.46	226.53	220.87	203.70	239.14	243.91
2.淀粉及薯类	22.84	23.82	21.61	19.17	23.15	26.07
3.干豆类及豆制品	33.50	28.24	30.96	30.37	37.14	40.00
4.油脂类	75.41	76.98	75.86	63.75	81.66	77.54
（二）肉禽蛋水产品类	399.36	260.61	347.94	349.47	471.25	551.61
1.肉　类	244.50	169.14	223.14	209.98	280.24	331.35
2.禽　类	54.34	28.20	44.67	51.18	68.88	76.28
3.蛋　类	51.74	42.75	45.48	46.02	57.08	65.88
4.水产品类	48.77	20.52	34.65	42.29	65.05	78.10
（三）蔬菜类	199.92	151.06	180.83	181.97	217.85	262.62
#鲜　菜	184.83	142.84	167.37	168.57	200.65	239.99
（四）调味品	33.73	26.58	30.30	29.79	39.01	41.93
（五）糖烟酒饮料类	256.09	143.93	201.37	244.99	273.14	408.08
（六）干鲜瓜果类	157.13	88.80	126.66	137.63	184.38	240.90
（七）糕点、奶及奶制品	170.33	95.73	141.15	167.20	202.08	239.28
#奶及奶制品	112.54	60.12	93.02	115.27	132.66	157.90
（八）其它食品	59.43	30.16	48.53	55.08	70.65	90.11
（九）饮食服务	601.30	224.33	415.74	572.92	737.44	1022.43
#在外饮食	600.78	223.74	415.15	572.47	736.98	1021.91
二、衣　着	**609.33**	**266.43**	**455.33**	**615.81**	**727.77**	**954.75**
#服　装	428.30	179.37	313.48	425.79	521.32	681.09
三、设备用品及服务	**409.00**	**143.39**	**228.98**	**364.60**	**474.44**	**806.29**
#1.耐用消费品	225.57	52.21	104.87	202.46	275.12	475.31
2.家庭日用杂品	115.01	67.70	93.11	117.37	132.26	161.01
3.家庭服务	21.48	8.84	11.58	17.61	24.58	43.28
四、医疗保健	**513.27**	**242.76**	**345.54**	**504.55**	**603.06**	**845.54**
#1.药品费	319.59	175.06	238.13	284.35	360.87	524.46
2.医疗费	159.59	57.81	90.93	182.92	215.61	242.06
五、交通和通讯	**583.19**	**236.45**	**378.96**	**599.07**	**669.70**	**1004.45**
1.交　通	203.79	66.39	124.51	213.34	212.18	393.52
2.通　信	379.40	170.07	254.45	385.73	457.52	610.93
六、教育文化娱乐服务	**1025.76**	**578.28**	**748.86**	**979.96**	**1223.90**	**1551.26**
1.文化娱乐用品	235.39	62.30	115.94	203.27	283.53	493.38
2.文化娱乐服务	155.85	43.26	87.82	144.44	158.60	336.10
3.教　育	634.53	472.72	545.10	632.25	781.77	721.78
七、居　住	**646.92**	**334.35**	**470.01**	**544.97**	**629.04**	**1227.21**
#1.住　房	235.83	65.72	122.54	189.13	150.94	638.75
2.水电燃料其它	387.63	256.70	326.05	336.85	449.66	553.05
八、杂项商品和服务	**209.10**	**95.55**	**129.81**	**179.80**	**240.00**	**387.49**
#杂项商品	133.23	57.57	82.03	114.07	171.01	232.07

9-14 城镇居民不同收入层次家庭主要商品人均购买数量

(2004年)

项　目	单 位	总平均	低 收 入 户	中 等 偏下户	中 等 收入户	中 等 偏上户	高 收 入 户
粮　食	公斤	77.43	86.45	76.56	68.09	78.32	77.11
淀粉及薯类	公斤	14.68	17.92	14.14	11.68	13.89	15.61
油脂类	公斤	9.05	9.72	9.34	7.76	9.54	8.79
#食用植物油	公斤	8.99	9.62	9.31	7.72	9.46	8.74
肉　类	公斤	17.24	12.77	16.06	14.92	19.22	22.68
#猪　肉	公斤	11.79	9.45	11.58	10.01	12.66	14.93
牛　肉	公斤	1.16	0.61	0.83	1.14	1.61	1.54
羊　肉	公斤	1.33	1.27	1.21	1.12	1.38	1.67
禽　类	公斤	3.95	2.23	3.39	3.70	4.99	5.30
#鸡	公斤	2.81	1.73	2.44	2.56	3.57	3.63
禽制品	公斤	1.06	0.45	0.88	1.06	1.29	1.56
蛋　类	公斤	9.38	7.86	8.30	8.34	10.35	11.79
#鲜　蛋	公斤	9.01	7.70	7.95	8.02	9.89	11.27
鱼　虾	公斤	3.64	1.90	2.83	3.16	4.75	5.34
鲜　菜	公斤	107.11	93.49	99.50	97.50	112.44	130.60
干　菜	公斤	0.28	0.17	0.25	0.25	0.35	0.38
酒　类	公斤	5.06	3.18	3.89	5.50	5.56	7.04
#白　酒	公斤	1.26	0.91	1.08	1.17	1.21	1.90
啤　酒	公斤	3.48	2.05	2.56	4.06	3.96	4.68
碳酸饮料	公斤	2.47	1.55	1.99	2.03	2.91	3.76
果蔬饮料	公斤	1.52	0.68	1.33	1.54	1.86	2.14
瓶装饮用水	公斤	13.33	2.72	8.02	6.04	21.20	26.96
干鲜瓜果类	公斤	60.51	39.33	51.08	54.55	71.32	83.98
#鲜　果	公斤	37.59	24.53	33.06	33.45	43.31	52.26
鲜　瓜	公斤	17.93	11.56	13.80	16.37	22.39	24.70
糕　点	公斤	4.57	3.39	4.03	4.15	5.15	5.99
鲜乳品	公斤	18.81	9.80	16.64	19.32	21.80	25.95
奶　粉	公斤	0.72	0.69	0.61	0.76	0.76	0.80
酸　奶	公斤	2.72	1.33	2.19	2.71	3.56	3.69
服　装	件	7.36	4.56	6.37	7.74	8.07	9.92
男士服装	件	2.76	1.68	2.37	2.87	3.20	3.58
女士服装	件	3.64	2.18	2.92	3.76	4.10	5.12
童　装	件	0.97	0.69	1.08	1.11	0.78	1.21
鞋　类	双	2.78	2.08	2.51	2.90	2.97	3.42
水	吨	23.78	18.27	18.67	23.02	25.75	32.53
电	度	325.60	196.90	254.93	288.06	371.05	502.75
煤　炭	公斤	144.61	258.63	166.31	120.12	120.66	61.53
液化石油气	公斤	11.25	11.90	12.15	11.86	10.61	9.90
管道燃气	立方米	28.65	5.37	16.69	22.35	38.02	58.25

9-15 城镇居民家庭居住情况

（2004年末）

项　目	单 位	2004年	项　目	单 位	2004年
调查户数	户	1450	六、按用水情况分	%	100.00
平均每户居住人口	人	2.93	独用自来水	%	91.81
平均每人建筑面积	平方米	23.56	公用自来水	%	6.18
平均每人使用面积	平方米	17.87	井、河水	%	1.63
一、按房屋产权分	%	100.00	其　他	%	0.39
租赁公房	%	12.84	七、按卫生设备分	%	100.00
租赁私房	%	2.06	无卫生设备	%	4.54
原有私房	%	11.48	有厕所浴室	%	51.44
房改私房	%	48.98	有厕所无浴室	%	31.61
商品房	%	7.27	公　用	%	12.41
其　他	%	17.38	八、按取暖设备分	%	100.00
二、按住宅建筑式样分	%	100.00	无取暖设备	%	11.30
单栋住宅	%	2.16	空调设备	%	4.20
四居室	%	1.71	暖　气	%	47.51
三居室	%	22.29	其　他	%	36.99
二居室	%	50.80	九、按炊用燃料使用情况分	%	100.00
一居室	%	3.12	管道燃气	%	35.42
普通楼房	%	10.37	液化石油气	%	44.41
平房及其他	%	9.55	煤	%	15.12
三、按装修状况分	%	100.00	其　他	%	5.05
有装修	%	51.51	十、按通信设备使用情况分		100.00
未装修	%	48.44	无电话的家庭	%	3.25
如果装修过,最近一次装修花费	元/户	7574.51	有电话的家庭	%	96.75
四、现有住房按市场价估计值	元/户	63682.26	百户固定电话拥有量	部	89.38
五、按饮水情况分	%	100.00	百户移动电话拥有量	部	100.51
自来水	%	76.70	百户使用互联网	条	0.29
矿泉水	%	3.45	十一、户均自有房房租折算	元	72.60
纯净水	%	18.02	十二、除了现住房，		
井、河水	%	1.83	户均还有几处其他住房	套	0.07
其　他	%	0.00			

9-16 调查市县（区）城镇住户调查主要指标

(2004年)

地 区	调查户数（户）	户均家庭人口（人）	户均就业人口（人）	人均总收入（元）	人均可支配收入（元）	人均消费性支出（元）	人均食品支出（元）
全 省	**1450**	**3.01**	**1.50**	**8043.23**	**7492.47**	**6233.07**	**2236.48**
西 安	350	2.99	1.46	9150.65	8544.03	7427.82	2685.10
宝 鸡	100	2.97	1.62	8857.90	7811.38	5692.64	2084.18
咸 阳	100	3.01	1.58	9053.30	8257.31	6438.65	2178.10
汉 台	100	2.94	1.51	6485.36	6138.22	4847.95	1994.02
铜 川	100	3.02	1.33	5521.69	5114.31	4507.87	1786.94
宝 塔	50	3.06	1.52	6892.27	6334.38	6680.71	1940.80
临 渭	50	2.95	1.38	7061.37	6630.65	4964.36	1725.42
榆 阳	50	3.15	1.39	6264.53	5990.32	5218.22	1635.43
汉 滨	50	2.96	1.47	6179.59	5774.00	4754.02	1848.08
三 原	50	3.00	1.68	6641.67	6343.14	5339.28	1795.30
商 州	50	3.09	1.69	6906.50	6559.08	4254.60	1383.46
西 乡	50	2.96	1.54	6202.05	5928.37	4832.50	1882.52
陇 县	50	3.07	1.49	5636.34	5386.14	4187.78	1323.56
洛 南	50	3.04	1.74	6870.49	6766.64	5266.21	1714.54
蒲 城	50	3.09	1.77	6466.17	6233.75	4605.12	1723.56
户 县	50	3.13	1.51	7618.49	7246.19	5443.45	1850.45
绥 德	50	3.06	1.02	5510.47	5434.93	3857.48	1452.99
华 阴	50	3.09	1.88	6652.23	6071.89	5340.68	1804.82
略 阳	50	2.98	1.62	6655.40	5957.25	5085.93	2158.20

9-17 农村居民家庭基本情况

项　目	单 位	2000年	2001年	2002年	2003年	2004年
调查户数	户	2220	2220	2220	2220	2220
调查户人口						
1.常住人口	人	9840	9765	9713	9643	9521
2.平均每户常住人口	人	4.43	4.40	4.38	4.34	4.29
3.平均每户整、半劳动力	人	2.62	2.62	2.65	2.67	2.70
4.平均每劳动力负担人口	人	1.69	1.68	1.65	1.63	1.59
平均每人全年的收入						
1.总收入	元	2040.86	2141.23	2261.57	2281.01	2579.30
2.现金收入	元	1558.95	1669.74	1796.07	1849.67	2077.00
3.纯收入	元	1470.00	1520.00	1596.25	1675.66	1866.52
平均每人全年的支出						
1.总支出	元	1917.76	2030.46	2252.71	2189.11	2492.53
#家庭经营费用支出	元	431.55	471.76	501.33	464.08	583.60
生活消费支出	元	1251.21	1331.03	1491.20	1455.39	1618.05
2.现金支出	元	1599.51	1711.71	1944.10	1923.02	2153.26
#生产费用支出	元	442.82	479.65	529.92	542.33	510.22
生活消费支出	元	1007.55	1077.66	1260.10	1245.41	1352.61
平均每人年末住房面积	平方米	22.87	23.76	25.13	26.11	26.85
#砖木结构面积	平方米	9.67	10.28	10.88	11.33	11.80
钢筋混凝土结构面积	平方米	6.60	6.99	8.05	8.66	9.14
年末住房价值	元/平方米	155.10	174.80	177.70	182.78	188.67
平均每人经营耕地面积	亩	1.66	1.68	1.67	1.62	1.61
平均每人经营山地面积	亩	0.36	0.34	0.32	0.12	0.12
户均年末固定资产原值	元	3695.05	3792.28	3960.25	4254.10	4684.25

9-18 农村居民家庭人均总收入和纯收入

单位：元

项目	2000年	2001年	2002年	2003年	2004年
一、全年总收入	**2040.86**	**2141.24**	**2261.49**	**2281.00**	**2579.31**
1.工资性收入	454.04	507.77	550.50	615.92	690.38
2.家庭经营收入	1457.09	1483.89	1538.60	1502.92	1720.92
3.转移性收入	82.70	111.67	132.84	112.97	117.41
4.财产性收入	47.03	37.91	39.55	49.19	50.60
二、全年纯收入	**1470.00**	**1520.00**	**1596.25**	**1675.66**	**1866.52**
按收入来源分					
1.工资性收入	454.04	507.77	550.50	615.92	690.38
2.家庭经营纯收入	917.46	899.88	915.32	919.69	1028.34
（1）第一产业收入	662.79	685.14	681.41	730.07	843.43
农业收入	554.37	595.29	589.09	587.14	703.82
林业收入	5.91	5.15	8.49	17.38	14.08
牧业收入	103.16	84.37	83.51	125.31	125.18
渔业收入	-0.65	0.34	0.32	0.24	0.35
（2）第二产业收入	62.14	54.64	48.83	40.29	32.18
工业收入	33.21	29.77	25.93	14.68	15.48
建筑业收入	28.93	24.87	22.90	25.61	16.70
（3）第三产业收入	192.52	160.10	185.08	149.32	152.75
交通、运输和邮电业收入	63.74	64.61	72.77	58.57	64.26
批发和零售贸易、餐饮业收入	76.40	48.79	53.95	48.62	53.30
社会服务业收入	14.21	13.17	16.33	11.98	10.07
文教卫生业收入	4.64	5.75	5.39	8.93	10.38
其他家庭经营收入	33.53	27.77	36.64	21.22	14.74
3.转移性收入	50.61	73.70	90.86	90.85	97.21
4.财产性收入	47.88	38.65	39.57	49.19	50.60
按收入性质分					
1.生产性收入	1371.51	1407.66	1465.82	1535.62	1718.71
2.非生产性收入	98.49	112.34	130.43	140.04	147.81
按收入形态分					
1.现金纯收入	1065.27	1144.06	1236.75	1333.66	1475.79
2.实物纯收入	404.73	375.94	359.50	342.00	390.73

9-19 农村居民家庭按人均纯收入分组基本情况

(2004年)

项 目	单位	合计	国定贫困线668元以下	668-924元	924-1867元	1867-2305元	2305元以上
一、调查户数	户	2220	114	167	1009	305	625
比 重	%	100.00	5.14	7.52	45.45	13.74	28.15
常住人口	人	9521	494	778	4538	1298	2413
比 重	%	100.00	5.19	8.17	47.66	13.63	25.34
平均每户常住人口	人	4.29	4.33	4.66	4.50	4.26	3.86
户均整、半劳动力	人	2.68	2.64	2.78	2.80	2.75	2.64
劳动力负担人口	人	1.60	1.64	1.68	1.61	1.55	1.46
二、平均每人全年收入							
总收入	元	2579.30	1183.45	1420.68	1940.50	2752.09	4347.04
#工资性收入	元	690.38	179.75	286.18	523.58	866.96	1143.94
家庭经营收入	元	1720.92	953.56	1070.45	1308.60	1698.03	2875.48
现金收入	元	2077.00	795.26	1016.96	1453.03	2199.96	3788.51
纯收入	元	1866.52	373.97	807.65	1384.85	2076.32	3306.48
（1）工资性收入	元	690.38	179.75	286.18	523.58	866.96	1143.94
#外出从业收入	元	378.43	80.83	171.47	291.00	435.18	639.97
（2）家庭经营收入	元	1028.34	154.91	475.30	774.26	1055.02	1848.95
（3）财产性收入	元	50.60	12.77	16.75	27.39	51.82	112.23
（4）转移性收入	元	97.21	26.54	29.43	59.62	102.53	201.36
三、平均每人全年支出							
总支出	元	2492.53	2355.77	1869.61	2012.45	2485.60	3627.94
#家庭经营费用支出	元	583.60	685.36	499.23	446.43	546.79	867.75
生活消费支出	元	1618.05	1224.16	1208.21	1382.86	1713.74	2221.67
现金支出	元	2153.26	2008.62	1540.32	1661.49	2149.61	3307.32
四、人均年末住房面积	平方米	26.85	23.75	21.60	24.22	29.00	32.95
#砖木结构面积	平方米	11.80	10.30	9.00	9.96	14.43	15.07
钢筋混凝土结构面积	平方米	9.14	6.46	6.48	7.25	9.86	13.69
五、人均经营耕地面积	亩	1.63	2.06	1.51	1.62	1.46	1.67
人均经营山地面积	亩	0.13	0.21	0.11	0.14	0.11	0.11
人均年末固定资产原值	元	1082.38	1271.61	1037.54	807.77	815.08	1718.32

9-20 农村居民家庭按人均纯收入五等份分组基本情况

(2004年)

项　　目	单位	合　计	低收入户	中低收入户	中等收入户	中高收入户	高收入户
一、调查户数	户	2220	444	444	444	444	444
比　重	%	100.00	20.00	20.00	20.00	20.00	20.00
常住人口	人	9521	2027	2049	1917	1865	1663
比　重	%	100.00	21.29	21.52	20.13	19.59	17.47
平均每户常住人口	人	4.29	4.57	4.61	4.32	4.20	3.75
户均整、半劳动力	人	2.68	2.70	2.81	2.71	2.66	2.50
劳动力负担人口	人	1.60	1.69	1.64	1.59	1.58	1.50
二、平均每人全年收入							
总收入	元	2579.30	1400.98	1828.78	2268.58	3011.93	4813.26
#工资性收入	元	690.38	277.95	472.57	692.76	942.06	1176.43
家庭经营收入	元	1720.92	1048.13	1250.08	1457.38	1881.80	3244.47
现金收入	元	2077.00	982.72	1342.20	1760.46	2472.78	4237.19
纯收入	元	1866.52	775.57	1283.32	1691.85	2261.49	3673.26
（1）工资性收入	元	690.38	277.95	472.57	692.76	942.06	1176.43
#外出从业收入	元	378.43	158.63	253.90	387.70	509.32	642.29
（2）家庭经营收入	元	1028.34	442.79	726.11	899.53	1161.42	2113.68
（3）财产性收入	元	50.60	18.63	21.28	41.58	42.61	145.02
（4）转移性收入	元	97.21	36.20	63.36	57.98	115.39	238.12
三、平均每人全年支出							
总支出	元	2492.53	2033.42	1895.72	2165.49	2632.72	4007.22
#家庭经营费用支出	元	583.60	509.45	431.55	476.14	614.01	951.13
生活消费支出	元	1618.05	1279.05	1279.10	1507.22	1766.41	2410.25
现金支出	元	2153.26	1693.76	1545.47	1816.40	2298.68	3687.45
四、人均年末住房面积	平方米	26.85	23.09	23.80	25.36	29.01	34.45
#砖木结构面积	平方米	11.80	9.56	9.52	10.93	14.55	15.27
钢筋混凝土结构面积	平方米	9.14	6.70	7.20	7.95	9.63	15.31
五、人均经营耕地面积	亩	1.63	1.74	1.53	1.65	1.52	1.69
人均经营山地面积	亩	0.13	0.13	0.14	0.16	0.10	0.11
人均年末固定资产原值	元	1082.38	995.76	875.60	708.80	968.81	2000.72

9-21 农村居民家庭按劳动力最高文化程度分组基本情况

(2004年)

项目	单位	合计	大专及以上	中专	高中	初中	小学	小学以下
一、调查户数	户	2220	51	70	614	1197	267	21
比重	%	100.00	2.30	3.15	27.66	53.92	12.03	0.95
常住人口	人	9521	203	297	2704	5200	1060	57
比重	%	100.00	2.13	3.12	28.40	54.62	11.13	0.60
平均每户常住人口	人	4.29	3.98	4.24	4.40	4.34	3.97	2.71
户均整、半劳动力	人	2.68	2.55	3.01	2.71	2.72	2.43	1.76
劳动力负担人口	人	1.60	1.56	1.41	1.63	1.60	1.63	1.54
二、平均每人全年收入								
总收入	元	2579.30	3093.46	2709.71	2779.43	2521.54	2242.05	2116.34
#工资性收入	元	690.38	1065.11	771.28	728.24	671.48	592.27	686.16
家庭经营收入	元	1720.92	1727.34	1793.68	1898.56	1683.82	1456.19	1199.75
现金收入	元	2077.00	2536.85	2131.23	2308.75	2019.77	1694.71	1493.81
纯收入	元	1866.52	2237.07	1914.94	2021.26	1822.64	1614.75	1639.98
(1)工资性收入	元	690.38	1065.11	771.28	728.24	671.48	592.27	686.16
#外出从业收入	元	378.43	531.00	373.51	387.03	379.10	332.16	252.11
(2)家庭经营收入	元	1028.34	863.92	1018.98	1159.47	1008.09	843.09	735.04
(3)财产性收入	元	50.60	73.65	36.36	42.73	59.99	24.78	38.73
(4)转移性收入	元	97.21	234.38	88.33	90.82	83.07	154.62	180.05
三、平均每人全年支出								
总支出	元	2492.53	3339.23	2558.63	2622.81	2443.84	2249.60	1911.41
#家庭经营费用支出	元	583.60	734.39	676.70	612.95	570.72	529.75	346.53
生活消费支出	元	1618.05	2127.46	1588.65	1674.55	1593.45	1522.08	1306.15
现金支出	元	2153.26	2977.33	2126.92	2313.74	2117.00	1807.96	1472.54
四、人均年末住房面积	平方米	26.85	31.13	27.77	28.18	26.79	22.43	30.14
#砖木结构面积	平方米	11.80	14.01	11.70	12.43	11.97	8.67	17.75
钢筋混凝土结构面积	平方米	9.14	10.54	8.83	11.06	9.22	3.89	4.18
五、人均经营耕地面积	亩	1.63	1.69	2.15	1.48	1.53	2.20	3.63
人均经营山地面积	亩	0.13	0.12	0.05	0.02	0.13	0.33	1.75
人均年末固定资产原值	元	1082.38	1221.52	920.98	1304.48	1027.84	773.35	1614.63

9-22 农村居民家庭按家庭类型分组基本情况

(2004年)

项　　目	单 位	单身或夫妇	夫妇一孩	夫妇二孩	夫妇多孩	单亲与孩子	三代同堂	其 他
一、调查户数	户	137	286	687	390	49	582	89
比 重	%	6.17	12.88	30.95	17.57	2.21	26.22	4.01
常住人口	人	273	873	2721	1989	137	3132	396
比 重	%	2.87	9.17	28.58	20.89	1.44	32.90	4.16
平均每户常住人口	人	1.99	3.05	3.96	5.10	2.80	5.38	4.45
户均整、半劳动力	人	1.65	2.30	2.52	3.16	1.90	3.07	2.45
劳动力负担人口	人	1.21	1.32	1.57	1.61	1.47	1.75	1.82
二、平均每人全年收入								
总收入	元	3588.81	3214.32	2677.74	2274.50	2720.30	2450.89	2304.75
#工资性收入	元	671.64	861.65	754.82	641.85	991.96	631.39	488.83
家庭经营收入	元	2253.31	2106.57	1804.84	1506.85	1464.90	1661.55	1560.47
现金收入	元	2929.03	2600.29	2180.41	1841.00	2153.82	1959.88	1710.66
纯收入	元	2747.97	2289.96	1938.19	1677.85	2155.42	1741.37	1670.48
（1）工资性收入	元	671.64	861.65	754.82	641.85	991.96	631.39	488.83
#外出从业收入	元	77.82	436.86	418.28	384.51	633.55	353.07	264.67
（2）家庭经营收入	元	1449.17	1230.62	1073.30	926.67	891.55	976.34	952.59
（3）财产性收入	元	111.20	66.46	56.92	40.91	55.65	44.51	25.43
（4）转移性收入	元	515.95	131.22	53.15	68.42	216.25	89.14	203.63
三、平均每人全年支出								
总支出	元	3293.91	3119.26	2681.64	2285.97	2686.23	2252.31	2129.31
#家庭经营费用支出	元	686.07	751.89	613.14	490.83	466.76	575.49	509.61
生活消费支出	元	2137.29	1968.89	1752.96	1597.33	1890.30	1386.21	1403.21
现金支出	元	2836.19	2724.66	2338.73	1959.02	2292.89	1938.45	1774.70
四、人均年末住房面积	平方米	47.87	34.56	27.09	21.67	32.14	25.53	28.21
#砖木结构面积	平方米	23.20	17.32	12.02	9.59	10.64	10.84	9.46
钢筋混凝土结构面积	平方米	11.38	10.35	9.79	6.93	8.69	9.38	9.73
五、人均经营耕地面积	亩	2.51	2.16	1.64	1.62	1.67	1.36	1.81
人均经营山地面积	亩	0.21	0.10	0.12	0.20	0.18	0.09	0.11
人均年末固定资产原值	元	994.97	1171.48	1171.79	985.85	870.32	1086.74	855.58

9-23 农村居民家庭人均生活消费支出

单位：元

项　目	2000年	2001年	2002年	2003年	2004年
生活消费性支出	**1251.20**	**1331.03**	**1491.20**	**1455.39**	**1618.05**
1.食　品	**543.84**	**557.83**	**565.22**	**572.67**	**686.38**
#主　食	207.29	218.43	203.05	194.32	257.10
副　食	168.42	166.79	165.39	154.87	185.44
其他食品	94.96	95.93	102.28	119.64	131.11
在外饮食	62.31	66.24	83.99	93.48	102.82
2.衣　着	**82.32**	**82.52**	**86.95**	**85.15**	**91.78**
#服　装	49.24	50.04	54.22	53.32	60.00
衣着材料	5.81	5.37	4.76	5.53	4.81
3.居　住	**199.92**	**233.83**	**330.08**	**236.33**	**237.32**
#电　费	18.16	20.89	22.35	22.06	23.88
4.家庭设备、用品及服务	**57.82**	**55.38**	**59.22**	**63.52**	**65.46**
#床上用品	5.17	6.27	6.66	5.85	6.71
家庭日用杂品	28.46	26.93	27.71	24.91	26.09
5.交通和通讯	**58.49**	**73.32**	**85.18**	**97.33**	**126.13**
#交通工具	15.93	20.16	19.84	22.78	34.56
通讯工具	3.63	4.91	7.38	8.74	15.81
交通费	19.31	21.01	21.82	24.15	28.88
邮电费	14.19	19.87	28.89	35.98	46.88
6.文教娱乐用品及服务	**181.81**	**204.99**	**227.49**	**267.87**	**258.83**
文化教育娱乐用品	46.75	53.43	52.18	55.61	60.31
文化教育娱乐服务	135.07	151.56	175.31	212.26	194.72
7.医疗保健	**91.40**	**86.02**	**103.09**	**106.66**	**118.12**
#医疗卫生保健用品	62.32	59.70	67.53	65.11	74.45
医疗保健服务费	26.72	24.29	33.65	41.55	43.68
8.其他商品和服务	**35.61**	**37.14**	**33.98**	**25.86**	**34.04**
商品性支出	8.24	8.99	10.55	9.83	10.75
服务性支出	27.36	28.15	23.42	16.03	23.29

9-24 农村居民家庭按纯收入分组人均生活消费支出

(2004年)

单位：元

项目	合计	国定贫困线668元以下	668-924元	924-1867元	1867-2305元	2305元以上
一、生活消费性支出	**1618.05**	**1224.16**	**1208.21**	**1382.86**	**1713.74**	**2221.67**
#服务性支出	532.50	366.60	356.93	414.63	554.76	832.75
1.食　品	686.38	565.57	556.84	622.05	729.55	850.62
食品消费品	573.65	503.80	497.26	545.03	617.18	642.98
食品消费服务性支出	112.73	61.76	59.58	77.02	112.37	207.64
2.衣　着	91.78	70.25	63.65	74.31	96.38	135.62
#衣着消费品	91.04	70.02	63.18	73.68	95.66	134.50
3.居　住	237.32	117.25	160.19	218.34	258.61	311.02
#居住消费品	162.18	76.67	118.82	152.21	169.29	208.60
4.家庭设备、用品	65.46	30.09	36.65	52.90	76.93	99.45
#家庭设备用品消费品	62.81	28.65	34.91	50.52	74.45	95.66
5.交通和通讯	126.13	101.71	78.19	82.93	146.25	216.99
交通和通讯用品	50.37	60.05	22.50	28.28	62.99	92.12
交通和通讯服务消费	75.76	41.66	55.68	54.65	83.27	124.87
6.文化教育、娱乐	258.83	227.82	208.81	208.20	265.34	373.03
#文化教育、娱乐用品	60.31	48.76	48.35	48.61	62.22	87.48
教育服务消费	194.72	176.10	157.83	156.76	198.91	279.54
7.医疗保健	118.12	91.59	82.95	95.00	113.19	181.03
医疗保健用品	74.45	61.39	57.66	59.94	66.42	114.14
医疗保健服务	43.68	30.20	25.29	35.07	46.77	66.89
8.其他商品和服务	34.04	19.89	20.94	29.13	27.49	53.91
二、生活消费现金性支出	**1352.61**	**980.37**	**957.84**	**1102.47**	**1438.54**	**1980.32**
1.食　品	428.89	326.36	313.59	352.73	459.87	613.60
#购买食品	316.16	264.60	254.01	275.71	347.50	405.96
食品消费服务性支出	112.73	61.76	59.58	77.02	112.37	207.64
2.衣　着	91.71	69.78	63.60	74.24	96.38	135.62
3.居　住	229.44	113.12	153.12	207.34	253.09	306.69
4.家庭设备、用品及服务	65.46	30.09	36.65	52.90	76.93	99.45
5.交通和通讯	126.13	101.71	78.19	82.93	146.25	216.99
6.文化教育、娱乐用品及服务	258.83	227.82	208.81	208.20	265.34	373.03
7.医疗保健	118.12	91.59	82.95	95.00	113.19	181.03
8.其他商品和服务	34.04	19.89	20.94	29.13	27.49	53.91

9-25 农村居民家庭按人均纯收入五等份分组人均生活消费支出

（2004年） 单位：元

项 目	合 计	低收入户	中低收入户	中等收入户	中高收入户	高收入户
一、生活消费性支出	**1618.05**	**1279.05**	**1279.10**	**1507.22**	**1766.41**	**2410.25**
#服务性支出	532.50	369.12	379.07	465.13	607.77	913.93
1.食　品	686.38	562.85	596.69	673.83	744.35	896.89
食品消费品	573.65	506.38	524.26	583.07	603.20	672.49
食品消费服务性支出	112.73	56.47	72.43	90.76	141.14	224.40
2.衣　着	91.78	65.11	70.98	83.92	104.17	145.07
#衣着消费品	91.04	64.66	70.37	83.22	103.33	143.92
3.居　住	237.32	225.30	167.07	220.17	243.89	350.94
#居住消费品	162.18	155.21	117.60	157.43	160.55	232.92
4.家庭设备、用品	65.46	40.49	48.01	59.26	72.82	116.27
#家庭设备用品消费品	62.81	38.82	45.93	56.26	70.17	112.16
5.交通和通讯	126.13	83.15	70.77	98.94	159.18	240.98
交通和通讯用品	50.37	36.63	21.27	32.68	69.83	101.52
交通和通讯服务消费	75.76	46.52	49.50	66.26	89.35	139.45
6.文化教育、娱乐	258.83	199.73	188.64	241.46	293.42	398.57
#文化教育、娱乐用品	60.31	43.79	47.24	56.40	70.92	89.14
教育服务消费	194.72	153.23	138.99	181.71	218.66	302.10
7.医疗保健	118.12	84.05	102.00	99.73	115.23	203.96
医疗保健用品	74.45	55.88	62.21	63.47	70.72	128.97
医疗保健服务	43.68	28.17	39.78	36.26	44.51	74.99
8.其他商品和服务	34.04	18.37	34.93	29.90	33.36	57.57
二、生活消费现金性支出	**1352.61**	**1020.67**	**998.53**	**1228.75**	**1497.24**	**2174.07**
1.食　品	428.89	311.97	326.97	406.82	480.17	664.90
#购买食品	316.16	255.50	254.53	316.06	339.03	440.50
食品消费服务性支出	112.73	56.47	72.43	90.76	141.14	224.40
2.衣　着	91.71	64.91	70.95	83.85	104.17	145.07
3.居　住	229.44	218.00	156.26	208.78	238.89	346.75
4.家庭设备、用品及服务	65.46	40.49	48.01	59.26	72.82	116.27
5.交通和通讯	126.13	83.15	70.77	98.94	159.18	240.98
6.文化教育、娱乐用品及服务	258.83	199.73	188.64	241.46	293.42	398.57
7.医疗保健	118.12	84.05	102.00	99.73	115.23	203.96
8.其他商品和服务	34.04	18.37	34.93	29.90	33.36	57.57

9-26 农村居民家庭按劳动力最高文化程度分组人均生活消费支出

（2004年）　　　　单位：元

项　　目	合 计	大专及以上	中 专	高 中	初 中	小 学	小学以下
一、生活消费性支出	**1618.05**	**2127.46**	**1588.65**	**1674.55**	**1593.45**	**1522.08**	**1306.15**
#服务性支出	532.50	870.93	513.16	594.73	509.60	440.36	277.61
1.食　品	686.38	806.94	723.53	686.37	676.40	701.47	693.22
食品消费品	573.65	612.56	616.73	553.10	567.89	629.51	671.95
食品消费服务性支出	112.73	194.38	106.81	133.27	108.51	71.96	21.27
2.衣　着	91.78	92.99	87.49	99.41	92.46	70.61	78.79
#衣着消费品	91.04	91.57	87.19	98.67	91.63	70.33	78.79
3.居　住	237.32	308.79	126.62	231.49	237.40	275.81	113.47
#居住消费品	162.18	181.47	91.69	153.84	168.08	175.89	63.93
4.家庭设备、用品	65.46	54.82	54.98	68.31	67.58	54.21	38.26
#家庭设备用品消费品	62.81	51.41	53.25	66.05	64.85	51.09	32.00
5.交通和通讯	126.13	192.12	141.62	146.74	121.45	80.60	105.39
交通和通讯用品	50.37	83.06	47.81	65.79	45.91	27.33	50.68
交通和通讯服务消费	75.76	109.06	93.81	80.95	75.54	53.28	54.71
6.文化教育、娱乐	258.83	371.48	274.13	304.40	243.52	197.75	148.91
#文化教育、娱乐用品	60.31	56.24	62.58	66.44	60.96	42.25	48.49
教育服务消费	194.72	307.66	205.55	234.01	179.48	149.81	97.38
7.医疗保健	118.12	250.01	145.58	103.97	119.43	116.03	97.13
医疗保健用品	74.45	162.47	106.77	64.03	74.45	74.97	77.28
医疗保健服务	43.68	87.54	38.81	39.94	44.98	41.07	19.86
8.其他商品和服务	34.04	50.32	34.70	33.86	35.21	25.60	30.98
二、生活消费现金性支出	**1352.61**	**1825.85**	**1264.19**	**1428.94**	**1334.28**	**1200.62**	**1006.37**
1.食　品	428.89	514.94	424.19	447.21	424.22	391.14	405.47
#购买食品	316.16	320.57	317.39	313.95	315.71	319.18	384.20
食品消费服务性支出	112.73	194.38	106.81	133.27	108.51	71.96	21.27
2.衣　着	91.71	92.99	87.01	99.36	92.40	70.61	78.79
3.居　住	229.44	299.17	101.98	225.10	230.47	264.68	101.44
4.家庭设备、用品及服务	65.46	54.82	54.98	68.31	67.58	54.21	38.26
5.交通和通讯	126.13	192.12	141.62	146.74	121.45	80.60	105.39
6.文化教育、娱乐用品及服务	258.83	371.48	274.13	304.40	243.52	197.75	148.91
7.医疗保健	118.12	250.01	145.58	103.97	119.43	116.03	97.13
8.其他商品和服务	34.04	50.32	34.70	33.86	35.21	25.60	30.98

9-27 农村居民家庭按家庭结构类型分组人均生活消费支出

（2004年） 单位：元

项　目	单身或夫妇	夫妇一孩	夫妇二孩	夫妇多孩	单亲与孩子	三代同堂	其 他
一、生活消费性支出	**2137.29**	**1968.89**	**1752.96**	**1597.33**	**1890.30**	**1386.21**	**1403.21**
# 服务性支出	581.94	586.87	588.62	613.92	723.38	418.35	420.68
1.食　品	909.04	862.21	719.92	666.16	893.83	596.89	652.23
食品消费品	842.02	737.19	591.11	540.92	679.86	506.47	567.09
食品消费服务性支出	67.02	125.02	128.81	125.24	213.97	90.42	85.14
2.衣　着	80.09	100.75	108.40	92.29	105.76	77.10	74.55
# 衣着消费品	79.10	99.80	107.62	91.66	105.45	76.41	73.75
3.居　住	475.35	325.72	254.59	196.46	169.52	220.00	125.49
# 居住消费品	279.39	230.90	173.57	136.21	105.22	152.75	76.43
4.家庭设备、用品	84.23	79.59	75.58	62.61	62.64	53.00	65.66
# 家庭设备用品消费品	79.52	75.85	72.60	60.60	58.77	50.74	63.26
5.交通和通讯	170.15	167.19	149.55	108.88	174.09	102.37	102.18
交通和通讯用品	70.62	64.69	68.85	27.09	66.30	44.47	35.91
交通和通讯服务消费	99.54	102.50	80.70	81.79	107.80	57.90	66.26
6.文化教育、娱乐	153.94	241.84	312.96	346.54	307.60	180.60	157.95
# 文化教育、娱乐用品	46.45	53.50	75.14	67.50	72.50	47.06	47.32
教育服务消费	101.51	183.09	233.68	274.73	219.76	131.25	108.30
7.医疗保健	217.88	154.78	101.91	89.03	121.66	125.06	170.03
医疗保健用品	147.36	107.54	63.94	50.15	66.61	79.21	110.47
医疗保健服务	70.52	47.24	37.97	38.87	55.05	45.85	59.56
8.其他商品和服务	46.61	36.80	30.05	35.37	55.19	31.20	55.13
二、生活消费现金性支出	**1799.89**	**1675.63**	**1488.11**	**1343.63**	**1586.44**	**1130.48**	**1122.24**
1.食　品	580.07	575.75	463.84	422.45	597.48	347.56	377.91
# 购买食品	513.05	450.74	335.02	297.21	383.51	257.14	292.77
食品消费服务性支出	67.02	125.02	128.81	125.24	213.97	90.42	85.14
2.衣　着	80.09	100.75	108.35	92.22	105.76	77.04	74.17
3.居　住	466.92	318.91	245.87	186.52	162.01	213.65	119.22
4.家庭设备、用品及服务	84.23	79.59	75.58	62.61	62.64	53.00	65.66
5.交通和通讯	170.15	167.19	149.55	108.88	174.09	102.37	102.18
6.文化教育、娱乐用品及服务	153.94	241.84	312.96	346.54	307.60	180.60	157.95
7.医疗保健	217.88	154.78	101.91	89.03	121.66	125.06	170.03
8.其他商品和服务	46.61	36.80	30.05	35.37	55.19	31.20	55.13

9-28 农村居民家庭平均每人主要实物消费量和每百户耐用物品拥有量

项　目	单 位	2000年	2001年	2002年	2003年	2004年
实物消费量						
粮　食	公斤	222.50	212.13	200.53	194.25	201.11
油脂类	公斤	6.27	6.49	6.48	5.83	5.43
蔬菜及菜制品	公斤	61.36	56.68	53.65	50.69	54.88
水果及水果制品	公斤	17.46	19.80	18.64	9.73	11.18
肉禽及其制品	公斤	7.62	7.30	7.25	7.53	7.29
蛋类及蛋制品	公斤	2.22	2.13	2.06	2.29	2.06
奶和奶制品	公斤	1.02	1.11	1.13	1.14	1.23
水产品	公斤	0.24	0.22	0.27	0.29	0.29
糖	公斤	1.07	0.92	1.01	0.92	0.82
酒和饮料	公斤	3.50	4.13	3.57	2.24	2.43
耐用物品每百户拥有量						
大型家具	件	239.46	240.90	247.97	251.04	251.62
洗衣机	台	34.14	35.95	38.56	40.36	44.50
电风扇	台	69.86	74.32	78.74	81.80	85.23
电冰箱	台	5.23	5.45	5.50	6.31	6.53
空调机	台	0.23	0.32	0.32	0.36	0.77
抽油烟机	台	0.68	0.68	0.54	0.63	0.68
自行车	辆	127.43	131.17	134.14	133.47	132.88
摩托车	辆	14.64	16.58	19.37	22.16	25.18
汽车（生活用）	辆	0.27	0.23	0.32	0.05	0.14
电话机	部	18.02	25.41	35.90	45.74	52.86
移动电话	部	1.58	2.75	7.25	14.32	25.63
彩色电视机	台	48.83	52.30	58.60	65.95	72.48
黑白电视机	台	47.84	47.07	45.68	42.75	39.73
录放像机	台	1.31	1.44	1.13	1.04	0.81
摄像机	台			0.13	0.27	0.09
组合音响	台			4.91	6.04	7.34
中高档乐器	台			0.45	0.59	0.27
收录机	台	22.79	22.61	22.30	22.52	21.62
照相机	架	1.49	1.80	2.03	1.85	2.03

9-29 农村居民家庭按纯收入分组平均每人主要实物消费量和每百户耐用物品拥有量

（2004年）

项　目	单 位	合 计	国定贫困线668元以下	668-924元	924-1867元	1867-2305元	2305元以上
实物消费量							
粮　食	公斤	201.11	211.20	191.34	199.85	202.85	203.63
#谷　物	公斤	193.65	202.35	182.49	191.79	197.39	196.94
薯　类	公斤	4.78	5.65	5.31	5.32	3.50	4.11
油脂类	公斤	5.43	4.97	4.44	4.92	5.84	6.60
豆类及豆制品	公斤	4.51	4.38	4.88	4.37	4.05	4.94
蔬菜及菜制品	公斤	54.88	41.95	44.61	55.59	59.14	57.24
瓜　类	公斤	4.94	2.54	3.34	3.10	5.42	9.13
水果类	公斤	11.18	8.36	7.84	10.53	12.67	13.25
坚　果	公斤	0.62	0.40	0.49	0.54	0.64	0.82
肉禽及其制品	公斤	7.29	5.85	6.38	7.09	8.45	7.62
蛋类及蛋制品	公斤	2.06	1.86	1.64	1.78	2.05	2.79
奶和奶制品	公斤	1.23	0.76	1.11	1.02	1.54	1.60
食　糖	公斤	0.82	0.82	0.87	0.78	0.81	0.89
酒	公斤	2.43	1.50	1.75	2.42	2.51	2.82
耐用物品每百户拥有量							
1.大型家具	件	251.62	10.63	17.21	115.32	37.39	71.08
2.洗衣机	台	44.50	1.76	2.75	16.40	7.03	16.58
3.电风扇	台	85.23	3.20	5.59	31.89	13.06	31.49
4.电冰箱	台	6.53	0.41	0.14	1.98	1.35	2.66
5.空调机	台	0.77			0.14	0.14	0.50
6.抽油烟机	台	0.68			0.18	0.18	0.32
9.热水器	台	3.42	0.05	0.18	1.31	0.36	1.53
10.自行车	辆	132.88	5.99	7.88	57.57	20.18	41.26
11.摩托车	辆	25.18	1.17	1.62	8.65	3.74	10.00
12.汽车(生活用)	辆	0.14	0.05		0.05		0.05
13.电话机	部	52.86	1.85	2.97	20.36	8.54	19.14
14.移动电话	部	25.63	0.81	1.22	9.10	3.06	11.44
15.寻呼机	台	0.32	0.05		0.14		0.14
16.彩色电视机	台	72.48	3.42	5.05	30.50	10.27	23.24
17.黑白电视机	台	39.73	1.85	2.79	18.65	5.63	10.81
18.录放像机	台	0.81	0.05	0.09	0.09	0.14	0.45
19.摄像机	台	0.09					0.09
20.影碟机	台	18.60	0.32	0.86	7.03	2.57	7.84
21.组合音响	台	7.34	0.23	0.32	2.39	1.31	3.11
22.收录机	台	21.62	0.86	1.35	9.23	3.38	6.80
23.照相机	架	2.03		0.18	0.63	0.18	1.04
24.家用计算机	台	0.50		0.05	0.05	0.05	0.36
25.中高档乐器	件	0.27		0.05		0.09	0.14

9-30 农村居民家庭按人均纯收入五等份分组平均每人主要实物消费量和每百户耐用物品拥有量

（2004年）

项　目	单 位	合 计	低收入户	中低收入户	中等收入户	中高收入户	高收入户
实物消费量							
粮　食	公斤	201.11	198.82	196.50	203.46	203.54	204.14
#谷　物	公斤	193.65	190.29	188.62	195.67	197.77	196.99
薯　类	公斤	4.78	5.58	5.22	4.95	3.72	4.26
油脂类	公斤	5.43	4.56	4.84	5.30	5.65	7.13
豆类及豆制品	公斤	4.51	4.36	4.03	4.85	4.09	5.36
蔬菜及菜制品	公斤	54.88	46.63	55.13	57.27	56.40	60.18
瓜　类	公斤	4.94	3.07	2.80	3.49	8.60	7.41
水果类	公斤	11.18	8.86	10.07	11.03	13.64	12.78
坚　果	公斤	0.62	0.51	0.51	0.60	0.62	0.88
肉禽及其制品	公斤	7.29	6.27	6.69	7.86	7.58	8.29
蛋类及蛋制品	公斤	2.06	1.76	1.67	1.95	2.25	2.85
奶和奶制品	公斤	1.23	0.95	1.15	1.00	1.34	1.83
食　糖	公斤	0.82	0.79	0.75	0.82	0.85	0.90
酒	公斤	2.43	1.91	2.25	2.62	2.37	3.13
耐用物品每百户拥有量							
1.大型家具	件	251.62	46.80	51.40	49.28	54.41	49.73
2.洗衣机	台	44.50	7.03	6.94	7.75	10.36	12.43
3.电风扇	台	85.23	13.24	13.92	15.36	19.05	23.65
4.电冰箱	台	6.53	0.72	1.04	0.99	1.44	2.34
5.空调机	台	0.77	0.05	0.09	0.05	0.09	0.50
6.抽油烟机	台	0.68			0.27	0.18	0.23
9.热水器	台	3.42	0.41	0.54	0.68	0.36	1.44
10.自行车	辆	132.88	22.93	25.05	26.22	29.46	29.23
11.摩托车	辆	25.18	4.01	3.56	4.28	5.95	7.39
12.汽车(生活用)	辆	0.14	0.05		0.05		0.05
13.电话机	部	52.86	7.66	8.78	9.82	12.55	14.05
14.移动电话	部	25.63	3.29	3.42	4.77	5.18	8.96
15.寻呼机	台	0.32	0.05	0.09	0.05	0.05	0.09
16.彩色电视机	台	72.48	13.33	13.51	13.60	14.64	17.39
17.黑白电视机	台	39.73	7.70	8.20	8.15	8.74	6.94
18.录放像机	台	0.81	0.14	0.09	0.05	0.14	0.41
19.摄像机	台	0.09					0.09
20.影碟机	台	18.60	2.39	3.02	3.02	4.19	5.99
21.组合音响	台	7.34	1.04	0.90	1.17	1.89	2.34
22.收录机	台	21.62	3.33	4.73	3.65	5.18	4.73
23.照相机	架	2.03	0.32	0.18	0.32	0.27	0.95
24.家用计算机	台	0.50	0.05	0.05		0.05	0.36
25.中高档乐器	件	0.27	0.05		0.05	0.09	0.09

9-31 农村居民家庭按劳动力最高文化程度分组平均每人主要实物消费量和每百户耐用物品拥有量

（2004年）

项目	单位	合计	大专及以上	中专	高中	初中	小学	小学以下
实物消费量								
粮食	公斤	201.11	200.49	199.18	200.27	199.32	210.37	244.05
#谷物	公斤	193.65	194.33	188.48	194.96	192.26	197.07	219.20
薯类	公斤	4.78	3.37	7.05	3.47	4.29	9.53	16.87
油脂类	公斤	5.43	5.26	3.23	5.64	5.60	4.83	3.48
豆类及豆制品	公斤	4.51	4.87	5.55	3.73	4.55	5.73	8.45
蔬菜及菜制品	公斤	54.88	53.18	55.23	49.17	51.75	83.23	89.12
瓜类	公斤	4.94	3.16	4.10	6.78	4.22	4.44	2.77
水果类	公斤	11.18	14.10	10.16	11.88	11.06	9.56	13.65
坚果	公斤	0.62	0.89	0.70	0.64	0.62	0.46	0.16
肉禽及其制品	公斤	7.29	8.93	11.27	5.86	6.90	11.18	11.64
蛋类及蛋制品	公斤	2.06	1.81	1.94	2.23	2.01	1.98	2.52
奶和奶制品	公斤	1.23	1.67	1.53	1.52	1.18	0.62	0.89
食糖	公斤	0.82	0.52	0.75	0.74	0.82	1.09	0.57
酒	公斤	2.43	3.64	3.46	1.86	2.20	4.50	1.83
耐用物品每百户拥有量								
1.大型家具	件	251.62	6.76	8.33	70.23	135.90	28.29	2.12
2.洗衣机	台	44.50	1.26	1.22	14.19	24.77	2.93	0.14
3.电风扇	台	85.23	2.43	2.57	26.13	47.34	6.71	0.05
4.电冰箱	台	6.53	0.18	0.36	2.12	3.47	0.36	0.05
5.空调机	台	0.77		0.05	0.32	0.36	0.05	
6.抽油烟机	台	0.68			0.23	0.45		
9.热水器	台	3.42	0.09	0.09	1.08	1.98	0.14	0.05
10.自行车	辆	132.88	3.38	3.78	41.80	74.37	9.14	0.41
11.摩托车	辆	25.18	0.77	0.68	8.60	13.56	1.40	0.18
12.汽车(生活用)	辆	0.14		0.05	0.05	0.05		
13.电话机	部	52.86	1.44	1.58	17.77	27.66	4.28	0.14
14.移动电话	部	25.63	0.77	1.04	8.24	13.20	2.16	0.23
15.寻呼机	台	0.32			0.14	0.14	0.05	
16.彩色电视机	台	72.48	1.58	2.21	21.62	39.05	7.48	0.54
17.黑白电视机	台	39.73	0.90	1.17	10.99	22.03	4.37	0.27
18.录放像机	台	0.81	0.05		0.36	0.36	0.05	
19.摄像机	台	0.09		0.05	0.05			
20.影碟机	台	18.60	0.54	0.59	6.04	10.45	0.90	0.09
21.组合音响	台	7.34	0.09	0.32	2.48	4.10	0.32	0.05
22.收录机	台	21.62	0.59	0.77	6.49	11.76	1.80	0.23
23.照相机	架	2.03	0.18	0.18	0.72	0.90	0.05	
24.家用计算机	台	0.50	0.09	0.05	0.14	0.23		
25.中高档乐器	件	0.27			0.09	0.09	0.09	

9-32 农村居民家庭按家庭结构类型分组平均每人主要实物消费量和每百户耐用物品拥有量

（2004年）

项　目	单 位	单身或夫妇	夫妇一孩	夫妇二孩	夫妇多孩	单亲与孩子	三代同堂	其 他
实物消费量								
粮　食	公斤	259.36	225.21	205.07	198.35	217.69	187.68	194.93
#谷　物	公斤	249.34	216.92	197.52	186.24	207.16	183.59	189.38
薯　类	公斤	6.03	5.65	4.80	7.93	5.80	2.55	3.38
油脂类	公斤	9.45	6.83	5.62	4.54	6.02	5.13	4.90
豆类及豆制品	公斤	7.24	5.99	4.61	5.41	6.10	3.13	4.56
蔬菜及菜制品	公斤	87.15	71.11	57.70	56.45	77.35	43.34	53.23
瓜　类	公斤	6.75	5.34	6.89	2.95	2.55	4.54	3.39
水果类	公斤	16.36	14.07	11.31	10.32	10.62	10.23	12.34
坚　果	公斤	1.07	0.80	0.65	0.42	0.50	0.59	0.87
肉禽及其制品	公斤	11.98	10.52	7.25	7.04	9.67	5.82	9.32
蛋类及蛋制品	公斤	3.81	2.84	2.07	1.66	2.57	1.88	2.46
奶和奶制品	公斤	3.38	1.63	0.74	0.63	0.69	1.60	2.62
食　糖	公斤	1.10	1.23	0.91	0.70	1.00	0.67	0.83
酒	公斤	2.75	3.76	2.66	2.42	4.05	1.73	2.78
耐用物品每百户拥有量								
1.大型家具	件	15.54	29.73	70.99	44.10	6.49	72.57	12.21
2.洗衣机	台	2.34	5.00	13.06	6.22	0.54	15.32	2.03
3.电风扇	台	5.68	9.77	23.65	10.95	1.31	30.05	3.83
4.电冰箱	台	0.36	0.90	1.53	0.99	0.09	2.39	0.27
5.空调机	台	0.05	0.14	0.23	0.09		0.27	
6.抽油烟机	台		0.05	0.32	0.09	0.05	0.18	
9.热水器	台	0.27	0.41	1.08	0.54	0.05	0.95	0.14
10.自行车	辆	6.49	15.45	39.05	23.47	2.39	41.58	4.46
11.摩托车	辆	0.95	2.75	8.06	3.24	0.32	8.74	1.13
12.汽车(生活用)	辆		0.05	0.09				
13.电话机	部	2.88	6.71	15.83	9.46	0.68	15.00	2.30
14.移动电话	部	0.86	3.60	7.66	5.14	0.59	6.98	0.81
15.寻呼机	台		0.05	0.18	0.05		0.05	
16.彩色电视机	台	4.10	8.06	20.77	11.85	0.86	23.83	3.02
17.黑白电视机	台	2.39	5.00	12.43	7.07	0.95	10.50	1.40
18.录放像机	台	0.09	0.05	0.41	0.05		0.18	0.05
19.摄像机	台				0.09			
20.影碟机	台	0.81	2.30	5.27	2.30	0.23	6.94	0.77
21.组合音响	台	0.18	0.86	1.85	1.26	0.09	2.88	0.23
22.收录机	台	0.81	2.30	6.31	4.28	0.36	6.67	0.90
23.照相机	架	0.23	0.45	0.41	0.50	0.05	0.32	0.09
24.家用计算机	台		0.05	0.18	0.05		0.18	0.05
25.中高档乐器	件		0.09	0.05	0.05		0.09	

主要统计指标解释

城镇家庭人口 指居住在一起，经济上合在一起共同生活的家庭成员。凡计算为家庭人口的成员其全部收支都包括在本家庭中。

城镇就业面 指就业人口占家庭人口的百分比。

城镇就业者负担人数 指家庭人口与就业人口之比。

城镇家庭总收入 指家庭成员得到的工薪收入、经营净收入、财产性收入、转移性收入之和，不包括出售财物收入和借贷收入。

城镇家庭可支配收入 指家庭成员得到可用于最终消费支出和其它非义务性支出以及储蓄的总和，即居民家庭可以用来自由支配的收入。它是家庭总收入扣除交纳的所得税、个人交纳的社会保障支出以及记账补贴后的收入。计算公式为：

可支配收入＝家庭总收入-交纳所得税-个人交纳的社会保障支出-记帐补贴

城镇家庭总支出 指除借贷支出以外的全部家庭支出。包括消费性支出、购房建房支出、转移性支出、财产性支出、社会保障支出。

城镇家庭消费性支出 指家庭用于日常生活的支出，包括食品、衣着、家庭设备用品及服务、医疗保健、交通和通信、娱乐教育文化服务、居住、杂项商品和服务等八大类支出。

城镇家庭收入分组方法 将所有调查户依户人均可支配收入由低到高排队，按10%，10%，20%，20%，20%，10%，10%的比例依次分成：最低收入户、低收入户、中等偏下收入户、中等收入户、中等偏上收入户、高收入户、最高收入户等七组。总体中最低5%的户为困难户。

农村住户 指农村常住户。农村常住户指长期(一年以上)居住在乡镇(不包括城关镇)行政管理区域内的住户，以及长期居住在城关镇所辖行政村范围内的农村住户。户口不在本地而在本地居住一年及以上的住户也包括在本地农村常住户范围内；有本地户口，但举家外出谋生一年以上的住户，无论是否保留承包耕地都不包括在本地农村住户范围内。

农村居民家庭常住人口 指全年经常在家或在家居住6个月以上，而且经济和生活与本户连成一体的人口。外出从业人员在外居住时间虽然在6个月以上，但收入主要带回家中，经济与本户连为一体，仍视为家庭常住人口；在家居住，生活和本户连成一体的国家职工、退休人员也为家庭常住人口。但是现役军人、中专及以上(走读生除外)的在校学生、以及常年在外(不包括探亲、看病等)且已有稳定的职业与居住场所的外出从业人员，不算家庭常住人口。家庭常住人口主要作为计算农村住户平均每人收入、消费和积累水平及分析家庭人口状况的依据。

农村居民家庭整、半劳动力 整劳动力指男子18周岁到50周岁，女子18周岁到45周岁；半劳动力指男子16周岁到17周岁，51周岁到60周岁；女子16周岁到17周岁，46周岁到55周岁，同时具有劳动能力的人。虽然在劳动年龄之内，但已丧失劳动能力的人，不应算为劳动力；超过劳动年龄，但能经常参加劳动，计入半劳动力数内。常住人口中的职工，若这些职工为劳动力，就包括在本户的整半劳动力中。

农村居民家庭总收入 指调查期内农村住户和住户成员从各种来源渠道得到的收入总和。按收入的性质划分为工资性收入、家庭经营收入、财产性收入和转移性收入。

工资性收入 指农村住户成员受雇于单位或个人，靠出卖劳动而获得的收入。

家庭经营收入 指农村住户以家庭为生产经营单位进行生产筹划和管理而获得的收入。农村住户家庭经营活动按行业划分为农业、林业、牧业、渔业、工业、建筑业、交通运输邮电业、批发和零售贸易餐饮业、社会服务业、文教卫生业和其他家庭经营。

财产性收入 指金融资产或有形非生产性资产的所有者向其他机构单位提供资金或将有形非生产性资产供其支配，作为回报而从中获得的收入。

转移性收入 指农村住户和住户成员无须付出任何对应物而获得的货物、服务、资金或资产所有权等，不包括无偿提供的用于固定资本形成的资金。一般情况下，是指农村住户在二次分配中的所有收入。

农村居民家庭现金收入 指农村住户和住户成员在调查期内得到以现金形态表现的收入。按来源分成工资性收入、家庭经营现金收入、财产性收入、转移性收入。

农村居民家庭纯收入 纯收入指农村住户当年从各个来源得到的总收入相应地扣除所发生的费用后的收入总和。计算方法：

纯收入＝总收入-税费支出-家庭经营费用支出-税费支出-生产性固定资产折旧-调查补贴-赠送农村外部亲友支出

纯收入主要用于再生产投入和当年生活消费支出，也可用于储蓄和各种非义务性支出。“农民人均纯收入”是按人口平均的纯收入水平，反映的是一个地区或一个农户农村居民的平均收入水平。

农村居民家庭总支出 指农村住户用于生产、生活和再分配的全部支出。包括家庭经营费用支出、购置生产性固定资产支出、生产性固定资产折旧、税费支出、生活消费支出、财产性支出和转移性支出。

农村居民家庭生活消费支出　指农村住户用于物质生活和精神生活的支出。生活消费支出包括食品、衣着、居住、家庭设备用品及服务、医疗保健、交通和通讯、文化教育娱乐用品及服务、其他商品和服务等消费支出。

恩格尔系数　指食品支出金额在生活消费总支出金额中所占的比例。计算公式为：

恩格尔系数（%）= 食品支出总额 / 生活消费总支出金额 × 100%

国际上常用恩格尔系数来衡量一个国家和地区人民生活水平的状况。根据联合国粮农组织提出的标准，恩格尔系数在59%以上为贫困，50-59%为温饱，40-50%为小康，30-40%为富裕，低于30%为最富裕。在我国运用这一标准进行国际和城乡对比时，要考虑到那些不可比因素，如消费品价格比价不同、居民生活习惯的差异、以及由社会经济制度不同所产生的特殊因素。对于这些横截面比较中的不可比问题，在分析和比较时应做相应的剔除。

城乡居民年末储蓄存款余额　包括城镇居民储蓄、农民个人储蓄两部分的年末余额。不包括工矿企业、部队、机关团体等集团存款。

2005

統計
年鑑

城市概况

CHENGSHIGAIKUANG

资料整理：艾　军

****

10. 城市概况

****

2004年全省13个城市(不包括市辖县)

人均公共绿地面积	4.51	平方米
人均拥有道路面积	7.16	平方米
人均日生活用水量	147.61	升
用水普及率	94.43	%
用气普及率	76.73	%
每万人拥有公共交通车辆	7.91	辆

****

城市人均公共绿地面积

(2004年)

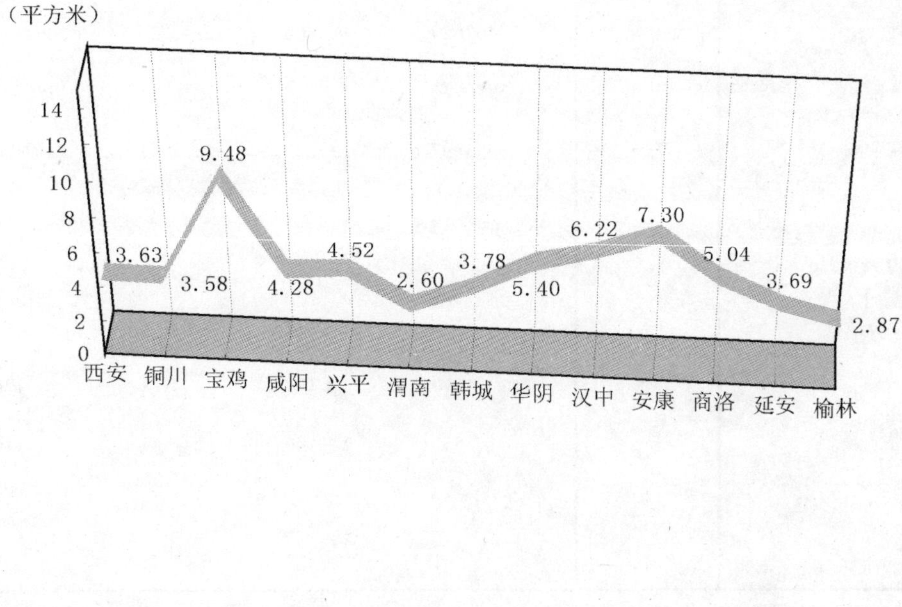

10-1 地级市基本情况

（2004年，不包括市辖县）

指　　标	单 位	西安市	铜川市	宝鸡市	咸阳市	渭南市
一、人口、劳动力及土地面积						
年末总人口	万人	516.30	75.13	74.53	84.85	91.35
#非农业人口	万人	294.35	35.71	51.91	52.16	24.51
年末总户数	万户	143.89	21.73	23.98	24.46	26.37
年末单位从业人员数	万元	108.97	9.06	20.12	18.33	6.88
第一产业	万元	0.59	0.07	0.20	0.13	0.11
第二产业	万元	51.01	5.68	10.76	11.99	2.72
第三产业	万元	57.38	3.31	9.16	6.21	4.05
私营和个体从业人员	人	417451	23922	228624	113684	35216
年末城镇登记失业人员数	人	82852	11634	1961	2225	7512
行政区划面积	平方公里	3547	2406	3574	562	1221
#建成区	平方公里	222	36	46	50	36
二、财政、金融、保险						
地方财政收入	万元	717157	23326	88649	70143	7503
地方财政支出	万元	757623	55723	114314	97567	20580
#科学支出	万元	1431	100	836	89	
教育支出	万元	80289	10925	21523	8704	7376
年末金融机构存款余额	万元	29467629	885868	2347720	2062446	699571
#城乡居民储蓄存款余额	万元	13370726	559724	1576585	1385501	439909
年末金融机构各项贷款余额	万元	19933897	533228	1218661	1279104	347986
三、工　业						
国有及年销售收入500万元以上						
非国有工业企业主要经济指标						
工业企业数	个	640	107	171	124	42
内资企业	个	553	106	161	116	38
港、澳、台商投资	个	26		5	5	2
外商投资企业	个	61	1	5	3	2

10-1 续表1 （2004年，不包括市辖县）

指　　标	单　位	西安市	铜川市	宝鸡市	咸阳市	渭南市
工业总产值	万元	7479059	515510	1226456	2072589	273548
内资企业	万元	6432814	510759	1184369	1603283	259845
港、澳、台商投资	万元	145138		42087	416023	4731
外商投资企业	万元	901107	4751		53283	8972
四、邮电通信、电力						
年末邮电局（所）数	处	261	48	41	43	34
邮政业务总量	万元	50706	3679	8883	6373	2656
电信业务总量	万元	937592	9052	77272	21505	21360
固定电话用户数	万户	257.82	16.92	39.60	31.42	16.92
全年用电量	万千瓦时	1070156	196849	253764	171173	35655
# 工业用电	万千瓦时	474144	176149	168058	118995	5891
城镇生活消费用电	万千瓦时	192780	8634	19693	22884	9548
五、贸易、外经、旅游						
限额以上批发零售贸易业商品销售总额	万元	3562375	156321	446801	173199	198232
限额以上批发零售贸易业企业数	个	151	8	30	44	11
# 零售业	个	55	6	18	22	6
按零售业态分组						
1.百货商店	个	26	6	5	7	3
2.超级市场	个	15		2	4	
限额以上连锁店（公司）数	个	11		2	7	
# 零售业	个	10		2	7	
# 超级市场	个	3			4	
当年新签项目（合同）个数	个	159	2	7	14	6
当年合同外资金额	万美元	75918	1109	1907	1991	1425
当年实际使用外资金额	万美元	26384	284	1060	1675	883
六、固定资产投资						
固定资产投资完成额	万元	5517600	251452	452162	878000	150465
# 房地产开发投资完成额	万元	1474559	32150	128788	117914	21639
# 住　宅	万元	970566	25627	114332	86203	17388
全年新增固定资产	万元	1971200	81865	236020	483021	106409
本年施工住宅面积	万平方米	1610.01	80.02	47.21	335.01	42.34
本年竣工住宅面积	万平方米	307.31	24.64	6.86	109.36	12.86

10-1 续表2 （2004年，不包括市辖县）

指 标	单 位	西安市	铜川市	宝鸡市	咸阳市	渭南市
商品房销售面积	万平方米	207.00	16.17	38.16	25.79	14.29
#销售给个人	万平方米	182.53	4.60	30.55	23.66	13.77
商品房销售额	万元	546717	12765	65168	37663	14897
#销售给个人	万元	471671	4061	50475	33802	14052
七、教育、文化、卫生						
学校数						
高等学校	所	41		2	11	2
中等职业学校	所	164	1	6	16	9
普通中学	所	324	71	104	67	36
小 学	所	1063	453	495	149	394
在校学生数						
高等学校	人	402921		17624	69111	11152
中等职业学校	人	144933	958	14008	12212	7242
普通中学	万人	38	6	11	7	7
小 学	万人	42.42	6.71	11.70	6.80	7.91
剧场、影剧院数	个	17	5	16	2	3
公共图书馆图书总藏量	千册、件	3115	332	534	300	120
医院、卫生院数	个	378	43	42	72	50
医院、卫生院床位数	张	27357	3484	4305	5470	1894
医生数	人	14973	1815	1723	2190	1018
八、人民生活						
在岗职工平均人数	万人	105.32	9.11	15.98	17.46	6.67
在岗职工工资总额	万元	1676211	98311	203835	221651	78189
居民人均可支配收入	元	8544	5114	7811	8257	6631
居民人均消费支出	元	7428	4508	5693	6439	4964
#食 品	元	2685	1786	2084	2178	1725
衣着用品	元	611	478	656	745	621
家庭设备、用品及服务	元	493	169	223	427	318
医疗保健	元	642	561	445	501	405
交通通讯	元	688	383	595	577	466
娱乐、教育、文化服务	元	1253	480	913	1373	807
居 住	元	813	456	576	438	454
居民消费价格指数（以上年为100）		102.30	101.60	104.60	103.40	104.12

10-1 续表3　　（2004年，不包括市辖县）

指　标	单　位	延安市	汉中市	榆林市	安康市	商洛市	杨凌示范区
一、人口、劳动力及土地面积							
年末总人口	万人	39.90	52.91	45.70	94.78	54.50	14.23
#非农业人口	万人	18.92	24.73	15.50	20.67	15.07	5.78
年末总户数	万户	14.55	17.37	14.30	27.61	14.42	3.25
年末单位从业人员数	万人	4.92	7.08	4.68	4.83	3.17	2.35
第一产业	万人	0.12	0.11	0.22	0.06	0.09	0.03
第二产业	万人	1.24	2.82	1.23	1.01	0.54	0.98
第三产业	万人	3.56	4.15	3.23	3.76	2.54	1.34
私营和个体从业人员	人	21054	94391	31513	22652	13161	7030
年末城镇登记失业人员数	人	1789	10027	353	3224	563	744
行政区划面积	平方公里	3541	556	7053	3644	2672	94
#建成区	平方公里	16	28	26	27	24	16
二、财政、金融、保险							
地方财政收入	万元	32461	20398	14073	12231	5700	10178
地方财政支出	万元	39021	25075	24714	33559	19967	17697
#科学支出	万元	316	46	12	17	58	823
教育支出	万元	7862	6513	7711	10749	8683	2867
年末金融机构存款余额	万元	989932	1106208	883743	626048	424308	240837
#城乡居民储蓄存款余额	万元	533303	667571	344635	362989	285211	150215
年末金融机构各项贷款余额	万元	498589	598210	691541	537728	245996	162847
三、工　业							
国有及年销售收入500万元以上							
非国有工业企业主要经济指标							
工业企业数	个	31	54	31	39	20	37
内资企业	个	31	52	31	37	20	36
港、澳、台商投资	个		2				1
外商投资企业	个				2		

10-1 续表4

（2004年，不包括市辖县）

指　　标	单　位	延安市	汉中市	榆林市	安康市	商洛市	杨凌示范区
工业总产值	万元	258695	241232	135846	131294	79635	148595
内资企业	万元	258695	235373	135846	114265	79635	137717
港、澳、台商投资	万元		5859				10878
外商投资企业	万元				17029		
四、邮电通信、电力							
年末邮电局（所）数	处	23	25	32	36	16	4
邮政业务总量	万元	3630	4293	7453	4131	2500	995
电信业务总量	万元		26073	18900	16905	9292	3700
本地电话用户数	万户	8.00	20.43	11.50	18.03	6.81	3.36
全年用电量	万千瓦时	25053	58985	34709	45156	11422	5880
#工业用电	万千瓦时	11074	35654	19609	16396	3151	2131
城镇生活消费用电	万千瓦时	3947	8132	5100	11952	4916	971
五、贸易、外经、旅游							
批发零售贸易业商品销售总额	万元	323104	171337	136283	128257	80203	4724
限额以上批发零售贸易业企业数	个	10	11	10	12	3	1
#零售业	个	6	5	6	9		
按零售业态分组							
1.百货商店	个	2	3	2	3		
2.超级市场	个	1	2	2	6		
限额以上连锁店（公司）数	个		2				
#零售业	个		2				
#超级市场	个		2				
当年新签项目（合同）个数	个		2	41			7
当年合同外资金额	万美元	6	1034	31000			2280
当年实际使用外资金额	万美元	66	420	227			392
六、固定资产投资							
固定资产投资完成额	万元	363275	179500	299715	99236	78379	90478
#房地产开发投资完成额	万元	24956	104000	47274	61665	11952	19172
#住　宅	万元	14944	88000	31843	35605	10122	12808
全年新增固定资产	万元	14984	62354	251730	103684	58081	28246
本年施工住宅面积	万平方米	42.35	98.39	70.91	75.52	19.20	40.46
本年竣工住宅面积	万平方米	12.98	22.95	12.61	31.29	4.47	15.38

10-1 续表5　　（2004年，不包括市辖县）

指　　标	单　位	延安市	汉中市	榆林市	安康市	商洛市	杨凌示范区
商品房销售面积	万平方米	10.00	31.37	11.89	24.70	2.21	9.35
#销售给个人	万平方米	10.00	31.37	11.43	23.60	2.21	9.35
商品房销售额	万元	11159	37675	17500	27428	2015	13115
#销售给个人	万元	11159	37675	17100	26728	2015	13115
七、教育、文化、卫生							
学校数							
高等学校	所	1	1	1	3	1	2
中等职业学校	所	1	17	1	13	7	
普通中学	所	43	37	45	75	39	8
小　学	所	343	164	322	484	479	40
在校学生数							
高等学校	人	9878	16957	16252	6774	4587	32120
中等职业学校	人	1391	18072	8688	5131	4356	
普通中学	万人	5	3	5	7	4	1
小　学	万人	5.67	4.05	6.28	10.22	5.84	1.49
剧场、影剧院数	个	2	2	1	2	2	
公共图书馆图书总藏量	千册、件	250	181	120	156	270	2
医院、卫生院数	个	33	40	41	59	37	9
医院、卫生院床位数	张	1719	3866	1611	2379	1045	253
医生数	人	859	3097	814	1281	768	192
八、人民生活							
在岗职工平均人数	万人	4.68	6.66	4.74	4.69	3.02	2.29
在岗职工工资总额	万元	54984	76185	57165	55259	29558	30966
居民人均可支配收入	元	6334	6138	5990	5767	6559	
居民人均消费支出	元	6681	4848	5128	4715	4255	
#食　品	元	1941	1994	1635	1844	1381	
衣着用品	元	776	536	669	457	552	
家庭设备、用品及服务	元	522	402	345	287	428	
医疗保健	元	484	308	334	334	298	
交通通讯	元	659	437	584	427	475	
娱乐、教育、文化服务	元	942	595	778	482	638	
居　住	元	1152	407	650	749	347	
居民消费价格指数(以上年为100)		102.2	102.3	102.8	103.2	104.1	

10-2 县级市基本情况

（2004年）

指　　标	单　位	兴平市	韩城市	华阴市
一、人口、劳动力及土地面积				
年末总人口	万人	56.16	38.53	25.41
#非农业人口	万人	11.64	12.34	7.07
年末总户数	万户	14.80	11.55	7.49
年末单位从业人员数	万人	5.12	4.21	2.26
第一产业	万人	0.11	0.07	0.04
第二产业	万人	3.00	2.55	1.06
第三产业	万人	2.01	1.59	1.16
城镇登记失业人员数	人		2596	1289
行政区域土地面积	平方公里	509	1621	817
二、财政、金融、保险				
地方财政收入	万元	7887	16010	4771
地方财政支出	万元	18520	21906	11768
#科学支出	万元	20	30	30
教育支出	万元	6823	5868	3056
年末金融机构各项存款余额	万元	366920	461110	286719
#城乡居民储蓄存款余额	万元	311659	339827	215765
年末金融机构各项贷款余额	万元	161367	379732	118410
保费收入	万元	3333	7468	3894
三、工　业				
规模以上的工业企业数	个	35	41	16
规模以上的工业总产值	万元	330944	740749	167505
内资企业	万元	330944	731730	167505
港澳台商投资企业	万元			
外商投资企业	万元			
四、邮电、电力				
邮政业务总量	万元	1080	1241	1210
电信业务总量	万元	3700	4022	4470
固定电话用户数	万户	8.30	9.33	3.60

10-2 续表 （2004年）

指　　标	单 位	兴平市	韩城市	华阴市
全年用电量	万千瓦时	18989	112461	7600
#工业用电	万千瓦时	8475	94576	2041
城镇生活消费用电	万千瓦时	2307	9398	2211
五、贸易、外经				
社会消费品零售总额	万元	92025	56788	35194
当年合同外资金额	万美元	16874		
当年实际使用外资金额	万美元	9027		125
六、固定资产投资				
固定资产投资完成额	万元	71467	232638	52321
房地产开发投资完成额	万元	2315	7226	1150
#住　宅	万元	1365	5250	850
全年新增固定资产	万元	36209	89814	53758
本年施工住宅面积	万平方米	47.60	19.00	12.85
本年竣工住宅面积	万平方米	25.70	11.64	12.85
商品房销售面积	万平方米	1.08	3.15	1.34
#销售给个人	万平方米	1.08	3.15	1.34
商品房销售额	万元	980	4266	1150
#销售给个人	万元	980		1150
七、教育、文化、卫生				
普通中学数	所	30	36	28
小学数	所	220	273	139
普通中学在校学生总数	万人	4.33	3.82	2.00
小学在校学生总数	万人	5.57	3.74	2.34
剧场、影剧院数	个	2	1	1
公共图书馆图书藏书量	千册、件	36	100	25
医院、卫生院数	所	26	39	16
医院、卫生院床位数	床	1332	1182	796
医生数	人	561	972	202

10-3 城市设施水平

（2004年）

城　市	人均公共绿地面积(平方米)	人均拥有道路面积(平方米)	人均日生活用水量(升)	用水普及率(%)	用气普及率(%)	每万人拥有公共交通车辆(标台)
全　省	**4.51**	**7.16**	**147.61**	**94.43**	**76.73**	**7.91**
西安市	3.63	7.96	146.82	99.09	91.20	11.42
铜川市	3.58	8.82	92.77	97.47	66.06	
宝鸡市	9.48	4.19	159.58	100.00	74.52	5.75
咸阳市	4.28	6.18	166.09	99.60	70.45	3.79
兴平市	4.52	8.09	146.01	97.31	61.82	9.79
渭南市	2.60	9.05	166.83	99.46	92.45	2.72
韩城市	3.78	6.84	133.52	97.28	44.10	12.58
华阴市	5.40	5.72	250.17	66.84	37.59	10.77
汉中市	6.22	3.52	117.14	85.68	28.56	2.11
安康市	7.30	12.78	149.11	94.76	71.13	8.19
商洛市	5.04	8.99	206.88	82.35	52.10	3.78
延安市	3.69	2.98	192.39	38.60	60.05	5.86
榆林市	2.87	9.28	91.74	89.91	72.51	6.09

10-4 城市市政设施情况

（2004年）

城　市	道路长度(公里)	道路面积(万平方米)	城市桥梁(座)	#立交桥	城市路灯(盏)	城市排水管道长度(公里)
全　省	**3060**	**5526.7**	**394**	**62**	**156488**	**2919**
西安市	1332	2916.3	124	27	72090	1520
铜川市	283	342.0	56	9	8757	275
宝鸡市	264	282.0	80	18	9937	321
咸阳市	157	509.1			16558	157
兴平市	113	141.3	35		1748	47
渭南市	273	303.2	9	2	6759	91
韩城市	75	105.5	11	1	2669	75
华阴市	50	54.2	20	2	1450	55
汉中市	156	185.0	9	1	7000	94
安康市	154	316.9	6	1	4274	87
商洛市	69	107.0	19	1	1279	67
延安市	61	104.2	16		17587	60
榆林市	74	160.0	9		6380	71

10-5 城市供水情况

(2004年)

城　市	综合生产能力(万立方米/日)	#地下水	全年供水总量(万立方米)	#生产运营用水	#公共服务用水	#居民生活用水	用水人口(万人)
全　省	**381.40**	**205.48**	**75340**	**25464**	**14170**	**25119**	**729.25**
西安市	191.90	69.90	36092	8213	7236	12228	363.20
铜川市	11.00	4.18	2261	230	350	930	37.80
宝鸡市	29.80	12.50	6662	2742		3920	67.30
咸阳市	53.90	53.90	10384	5124	2400	2571	82.00
兴平市	9.40	9.40	3156	2164	241	665	17.00
渭南市	26.60	13.10	3634	1474	1144	885	33.32
韩城市	13.60	9.60	2630	1871	399	332	15.00
华阴市	5.90	5.90	1586	862	179	399	6.33
汉中市	14.20	14.20	3597	1566	473	1451	45.00
安康市	10.00	3.00	2287	807	654	625	23.50
商洛市	5.70	5.70	967	227	120	620	9.80
延安市	5.50	0.20	1200	36	683	265	13.50
榆林市	3.90	3.90	884	148	291	228	15.50

10-6 城市园林绿化情况

(2004年)

城　市	园林绿化覆盖面积（公顷）	#建成区	园林绿地面积（公顷）	公共绿地面积（公顷）	公园个数(个)	公园面积（公顷）	公园游人量（万人次）
全　省	**18608**	**15889**	**13895**	**3481**	**67**	**1530**	**4691**
西安市	6994	6666	4502	1330	30	1081	3520
铜川市	1937	729	1780	139	2	29	25
宝鸡市	1905	1905	1589	638	9	214	800
咸阳市	1845	1803	1373	352	2	33	120
兴平市	443	434	306	79	3	3	
渭南市	873	802	656	87	1	15	24
韩城市	648	515	487	58	5	19	50
华阴市	312	308	180	51	4	8	10
汉中市	572	500	360	327	3	73	48
安康市	889	889	675	181	3	20	9
商洛市	350	296	350	60	3	29	70
延安市	294	294	220	129	1	2	10
榆林市	1547	749	1417	49	1	4	6

10-7 城市环境卫生情况

(2004年)

城　市	道路清扫保洁面积(万平方米)	#机械清扫	生活垃圾清运量(万吨)	粪便清运量(万吨)	公厕数量(座)	#水冲式	环卫专用车辆总数(台)
全　省	**4875.4**	**428.2**	**350.2**	**18.1**	**1331**	**1023**	**929**
西安市	2766.3	216.0	132.8	3.8	482	457	562
铜川市	134.3		15.1	1.4	47	21	26
宝鸡市	222.0	60.0	42.0		303	238	48
咸阳市	347.1		31.0		65	57	32
兴平市	80.0		14.0		46	42	29
渭南市	154.5	70.0	21.6	0.2	49	36	23
韩城市	93.0	76.7	7.9		23	20	12
华阴市	27.0		5.0		28	21	5
汉中市	260.0		11.2		52	22	25
安康市	102.0	5.5	40.0	5.0	69	44	60
商洛市	61.9		7.8		7	7	23
延安市	307.3		7.8	1.7	75	53	34
榆林市	320.0		14.0	6.0	85	5	50

10-8 城市燃气情况

(2004年)

城　市	煤气			天然气			液化石油气		
	供气总量(万立方米)	#家庭用量	用气人口(万人)	供气总量(万立方米)	#家庭用量	用气人口(万人)	供气总量(吨)	#家庭用量	用气人口(万人)
全　省	**4534**	**4490**	**29.8**	**60565**	**14452**	**321.6**	**51448**	**48171**	**241.2**
西安市	1082	1038	14.8	37831	7008	222.0	8564	8564	97.5
铜川市				1412	603	15.6	1787	1630	10.0
宝鸡市				4061	1650	26.0	12673	11145	24.2
咸阳市				13000	3000	36.0	9200	8600	22.0
兴平市				550	400	3.8	950	950	7.0
渭南市				235	154	5.2	4361	3886	25.7
韩城市							760	760	6.8
华阴市							485	485	3.6
汉中市	3452	3452	15.0						
安康市							1242	1025	17.6
商洛市							1375	1175	6.2
延安市				2626	1334	9.0	6451	6451	12.0
榆林市				850	303	3.9	3600	3500	8.6

10-9 国家级风景名胜区

(2004年)

风景区名称	风景区面积(平方公里)	#供游览面积	游人量(万人次)	#境外游人
总　计	**892**	**271**	**650**	**42.9**
华　山	148	49	56	0.7
骊山风景区	87	54	525	40.6
黄河壶口瀑布	178	12	14	0.2
宝鸡天台山	134	45	6	
黄帝陵	180	1	36	1.4
合阳洽川风景区	165	110	13	

主要统计指标解释

城市面积 指城市行政区域内市区的全部土地面积。包括水域面积，不包括市辖县和市辖市。

城市建成区面积 指城市行政区内实际已成片开发建设，市政公用设施和公共设施基本具备的区域。对核心城市，它包括集中连片的部分以及分散的若干个已经成片建设起来，市政公用设施和公共设施基本具备的地区；对一城多镇来说，它由几个连片开发建设起来的，市政公用设施和公共设施基本具备的地区组成。因此建成区范围，一般是指建成区外轮廓线所能包括的地区，也就是这个城市实际建设用地所达到的范围。

年末自来水生产能力 指水厂按供水设施取水、净化、送水、出厂输水干管等环节实际测定计算的综合生产能力。不包括供水高峰阶段，超负荷增加的生产能力。

年末供水管道长度 指供水设施的取水管道和供水管道长度之和。

全年供水总量 指供水企业（单位）全年供出的全部水量，包括有效供水量及漏损水量。

生产运营用水 指在城市范围内生产、运营的农、林、牧、渔业、工业、建筑业、交通运输业等单位在生产、运营过程中的用水。

公共服务用水 指为城市社会公共生活服务的用水。包括行政事业单位、部队营区和公共设施服务、社会服务业、批发零售贸易业、旅馆饮食业等单位的用水。

居民家庭用水 指城市范围内所有居民家庭的日常生活用水，包括城市居民、农民家庭、公共供水站用水。

用水普及率 指城市用水人口与城市人口的比率。计算公式为:

城市用水普及率 ＝ 城市用水人口数 / 城市人口总数 × 100%

全年供气总量 指全年燃气企业（单位）向用户供应的燃气数量。包括销售量和损失量。

用气普及率 指使用燃气的城市人口数与城市人口总数的比率。计算公式为:

城市用气普及率 ＝ 城市用气人口数 / 城市人口总数 × 100%

城市道路 指城市供车辆、行人通过的，具备一定技术条件的道路、桥梁、隧道及其附属设施。城市道路由车行道和人行道两部分组成。在统计时只统计路面宽度在3.5米以上（含3.5米）的各种铺装道路，包括开放型工业区和住宅区道路在内。

城市桥梁 指为跨越天然或人工障碍物而修建的构筑物。包括跨河桥、立交桥、人行天桥以及人行地下通道等。包括永久性桥和半永久性桥。

城市排水管道长度 指所有排水总管、干管、支管、检查井及连接井进出口等长度之和。

年末运营车数 指公交企业（单位）用于运营业务的全部车辆。

城市园林绿地面积 指用作园林和绿化的各种绿地面积。包括公共绿地、居住区绿地、单位附属绿地、生产绿地、防护绿地、道路绿地和风景林地面积。

公共绿地 指向公众开放的市级、区级、居住区级各类公园、街旁游园，包括其范围内的水域。其中居住区级公园应不小于1万平方米，街旁游园的宽度不小于8米，面积不小于400平方米。

2005

年統
鑒計

农 业

NONGYE

资料整理：孙立志

****

11. 农　业

****

2004年全省				
年末耕地面积	2795.52	千公顷	占全省土地面积	13.6%
农林牧渔业总产值	624.65	亿　元	比上年增长	9.2%
农作物播种面积	4303.04	千公顷	比上年增长	5.2%
粮食产量	1160.36	万　吨	比上年增长	19.8%
乡镇企业总收入	2364.85	亿　元	比上年增长	13.8%

****

水 果 产 量

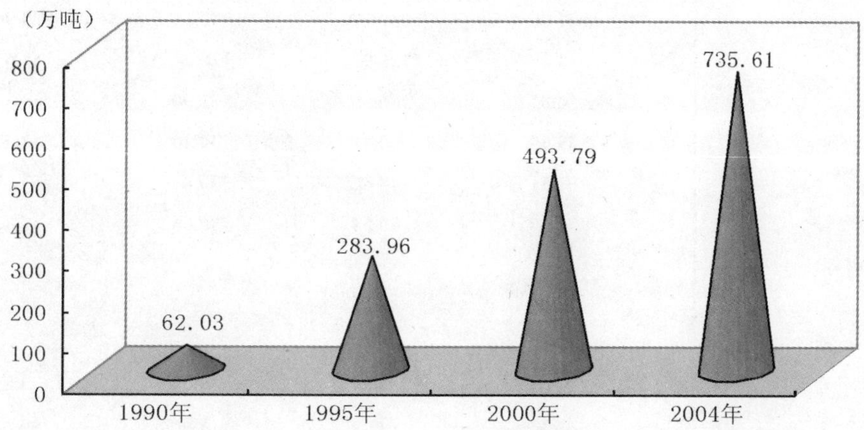

11-1 农村基层组织、乡村户数及人口

（2004年）

地 区	乡镇政府（个）	乡政府	镇政府	村民委员会（个）	乡村户数（万户）	乡村人口（万人）
全 省	**1526**	**679**	**847**	**28506**	**703.35**	**2790.78**
西安市	104	58	46	3162	101.16	407.48
铜川市	35	11	24	543	11.23	44.70
宝鸡市	129	37	92	2046	69.91	278.46
咸阳市	159	60	99	3290	94.37	388.64
渭南市	176	77	99	3236	108.92	446.54
延安市	152	81	71	3388	36.09	152.95
汉中市	216	92	124	2902	83.95	296.96
榆林市	210	111	99	5569	73.16	298.89
安康市	188	88	100	2496	65.83	250.93
商洛市	153	61	92	1803	56.77	216.57
杨凌示范区	4	3	1	71	1.95	8.66

11-2 乡村从业人员

单位：万人

指 标	1990年	1995年	2000年	2003年	2004年
乡村从业人员数	**1202.77**	**1324.91**	**1343.22**	**1396.19**	**1425.52**
1.按性别分					
男	657.91	730.41	730.67	763.97	778.44
女	544.86	594.50	612.55	632.22	647.08
2.按行业分					
第一产业	1001.00	1049.27	1002.15	988.96	957.05
农林牧渔业	1001.00	1049.27	1002.15	988.96	957.05
第二产业	94.26	126.97	136.24	153.63	173.98
工 业	54.81	66.66	61.90	64.84	76.77
建筑业	39.45	60.31	74.34	88.79	97.21
第三产业	107.51	148.67	204.83	253.60	294.49
交通运输仓储邮政业	21.30	29.54	36.06	40.42	39.22
信息传输、计算机服务和软件业					2.22
批发与零售业	20.02	32.68	47.55	49.07	44.31
住宿和餐饮业					20.36
金融保险业	1.03	2.07	3.33	4.48	5.22
其他非农行业	65.16	84.38	117.89	159.63	183.16

注：由于国民经济行业分类标准的变化，2004年以前的数据，交通运输仓储邮政业含信息传输，批发与零售业含餐饮业在内。

11-3 各市乡村从业人员

（2004年）

单位：万人

地 区	总 计	农林牧渔业	工 业	建筑业	交通运输仓储邮政业	信息传输计算机服务和软件业	批发与零售业	住宿和餐饮业	金 融保险业	其 他行 业
全 省	**1425.52**	**957.05**	**76.77**	**97.21**	**39.22**	**2.22**	**44.31**	**20.36**	**5.22**	**183.16**
西安市	222.04	140.58	16.51	19.38	8.26	0.39	7.40	3.95	0.59	24.98
铜川市	25.23	18.98	1.48	1.07	0.44		0.61	0.43	0.03	2.19
宝鸡市	144.46	88.53	10.05	16.26	5.33	0.36	5.79	2.92	0.50	14.72
咸阳市	213.83	151.79	12.46	15.06	6.08	0.38	8.25	3.25	1.90	14.66
渭南市	242.35	185.26	10.68	12.59	5.84	0.28	5.76	2.49	0.94	18.51
延安市	67.60	52.90	1.77	2.29	1.82	0.18	2.24	1.38	0.23	4.79
汉中市	144.49	86.03	5.20	6.65	3.06	0.18	4.39	2.59	0.15	36.24
榆林市	134.16	90.05	6.85	9.87	4.56	0.34	5.31	1.91	0.58	14.69
安康市	130.16	74.94	9.21	8.90	1.72	0.02	2.37	0.59	0.11	32.30
商洛市	96.11	65.27	2.25	4.52	1.92	0.07	1.81	0.77	0.16	19.34
杨凌示范区	5.09	2.72	0.31	0.62	0.19	0.02	0.38	0.08	0.03	0.74

11-4 各市退耕造林面积

单位：千公顷

地 区	1999年		2002年		2003年		2004年	
	当年造林面 积	#退耕造林	当年造林面 积	#退耕造林	当年造林面 积	#退耕造林	当年造林面 积	#退耕造林
全 省	**427.35**	**126.03**	**681.99**	**192.17**	**732.15**	**281.67**	**524.44**	**152.18**
西安市	12.15	1.36	22.43	2.15	20.48	3.83	13.93	4.34
铜川市	14.54	4.59	22.67	2.63	14.62	4.18	16.95	4.07
宝鸡市	23.14	1.69	63.19	9.96	49.69	15.16	39.09	15.67
咸阳市	18.73	1.25	37.00	5.92	49.62	19.93	25.10	12.07
渭南市	21.61	2.11	42.40	8.65	65.68	24.09	32.59	11.54
延安市	133.57	53.88	115.83	36.83	160.69	66.67	100.32	23.73
汉中市	23.13	11.22	54.22	18.56	53.13	23.33	47.13	32.79
榆林市	83.11	20.90	192.34	58.53	185.96	64.67	127.87	5.07
安康市	38.19	18.89	81.97	34.27	79.82	39.98	71.90	25.40
商洛市	59.18	10.14	49.63	14.67	51.90	19.34	49.19	17.31
杨凌示范区			0.28		0.32	0.27	0.19	0.03

注:本表未列省直单位,故各市之和不等于全省。

11-5 耕 地 面 积

年 份	年末耕地面积(千公顷)	#水 田	#水浇地	每一乡村人口占有耕地(公顷)	#水田、水浇地
1978	3853.60	170.07	1047.93	0.16	0.05
1980	3815.67	169.93	1095.80	0.16	0.05
1985	3627.07	166.13	1003.33	0.15	0.05
1990	3533.00	171.47	998.20	0.13	0.04
1991	3521.13	173.20	1006.13	0.13	0.04
1992	3487.67	174.87	1009.53	0.13	0.04
1993	3458.53	178.20	1017.00	0.13	0.04
1994	3421.00	176.30	1009.99	0.13	0.04
1995	3393.44	176.04	995.59	0.12	0.04
1996	3358.98	173.54	996.37	0.12	0.04
1997	3325.01	174.00	976.83	0.12	0.04
1998	3302.47	171.09	992.42	0.12	0.04
1999	3238.28	170.88	1007.75	0.12	0.04
2000	3113.96	172.53	997.22	0.11	0.04
2001	2965.83	163.95	968.66	0.11	0.04
2002	2854.81	159.27	974.22	0.10	0.04
2003	2795.82	154.22	916.21	0.10	0.04
2004	2795.52	156.68	897.56	0.10	0.04

11-6 各市耕地面积

（2004年）

地 区	年末耕地面积(千公顷)	#水 田	#水浇地	每一乡村人口占有耕地(公顷)	#水田、水浇地
全 省	**2795.52**	**156.68**	**897.56**	**0.10**	**0.04**
西安市	269.91	4.39	169.36	0.07	0.04
铜川市	63.96	0.11	8.18	0.14	0.02
宝鸡市	307.51	2.80	95.13	0.11	0.04
咸阳市	369.79	0.27	202.86	0.10	0.05
渭南市	514.72	0.60	287.28	0.12	0.06
延安市	228.89	1.19	8.55	0.15	0.01
汉中市	202.79	100.44	2.47	0.07	0.03
榆林市	501.22	8.38	85.34	0.17	0.03
安康市	194.44	35.66	0.70	0.08	0.01
商洛市	128.00	2.59	26.53	0.06	0.01
杨凌示范区	5.00	0.00	4.90	0.06	0.06

11-7 各市造林面积

（2004年）

地 区	当年造林面积(千公顷)	#经济林	#用材林	零星植树(万株)	育苗面积(公顷)	幼林抚育作业面积(千公顷)	迹地更新面积(公顷)
全 省	**524.44**	**36.54**	**48.80**	**15517.90**	**19420**	**667.38**	**2336**
西安市	13.93	3.01	1.86	1174.07	3529	7.33	13
铜川市	16.95	4.53	2.67	620.00	242	3.10	30
宝鸡市	39.09	4.30		1274.57	1331	9.99	200
咸阳市	25.10	2.25	2.62	1377.00	1743	13.62	
渭南市	32.59	0.42	0.45	1395.80	2201	14.20	
延安市	100.32	1.98		1262.52	2258	213.72	
汉中市	47.13	3.21	11.60	2092.23	1282	70.37	
榆林市	127.87			1183.00	4748	171.90	
安康市	71.90	12.89	22.11	2969.57	1033	140.78	1235
商洛市	49.19	3.92	7.48	2142.94	864	22.36	858
杨凌示范区	0.19			8.00	140		

注:本表未列省直单位,故各市之和不等于全省。

11-8 各市水利水保

（2004年）

单位：千公顷

地 区	水库座数(座)	库 容(万立方米)	有效灌溉库 容	旱涝保收面 积	水土保持林面 积	封山育林面 积	水保治理面 积
全 省	**1000**	**425185**	**1296.84**	**824.36**	**243.48**	**92.70**	**563.75**
西安市	92	13873	198.05	182.24	7.07	4.36	20.20
铜川市	26	3623	12.86	6.24	5.83	3.14	15.34
宝鸡市	107	54516	159.93	103.57	14.79	7.12	30.81
咸阳市	66	28751	237.46	144.77	14.70	2.13	35.36
渭南市	97	27641	334.63	167.42	5.77	3.83	20.33
延安市	29	48628	29.16	16.83	43.59	17.71	100.25
汉中市	330	43444	124.38	86.03	39.26	18.01	80.30
榆林市	78	94021	111.15	55.20	53.21	0.83	128.04
安康市	110	6758	45.93	31.16	32.67	20.57	75.58
商洛市	50	14193	31.63	20.65	26.37	15.00	57.24
杨凌示范区			4.69	3.73	0.22		0.30

注:本表水土保持林、封山育林和水保治理面积为当年完成数。

11-9 农林牧渔业总产值

单位：万元

年 份	农林牧渔业总产值	农业总产值	林业总产值	牧业总产值	渔业总产值
1952	107500	91652	183	15665	
1957	177232	146425	1329	29478	
1962	193554	173820	4471	15224	39
1965	236617	213470	6649	16451	47
1970	261585	227551	8031	25951	52
1975	339532	287396	12834	39200	102
1978	362748	309084	11717	41802	145
1980	418773	349984	16625	51996	168
1985	795777	611883	50751	131815	1328
1990	1699568	1243236	90170	357676	8486
1991	1853663	1335226	105429	402742	10266
1992	2053356	1455570	130261	454376	13149
1993	2504923	1794104	152586	543443	14790
1994	3023811	2095000	170974	738162	19675
1995	3816465	2578674	168848	1046501	22442
1996	4484603	3229267	190692	1036321	28323
1997	4555898	3214059	186349	1124778	30712
1998	4793422	3408731	192286	1158870	33535
1999	4524685	3276525	222862	989843	35455
2000	4648889	3277761	272175	1063900	35053
2001	4788356	3374163	235930	1140722	37541
2002	5090762	3532131	266225	1251170	41236
2003	5112543	3343544	268260	1455952	44787
2004	6246496	4137371	263525	1794364	51236

注：1.2002年及以前农林牧渔业总产值含农民家庭兼营工业产值，按当年市场价格计算。

2.2003年及以后不含农民家庭兼营工业和农林牧渔服务业产值，按当年农户生产者价格计算。

11-10 各市农林牧渔业总产值

（2004年）

单位：万元

地 区	农林牧渔业总产值	农业总产值	林业总产值	牧业总产值	渔业总产值	农林牧渔业总产值比上年增长%	附：农林牧渔服务业产值	附：农民家庭兼营工业产值
全 省	**6246496**	**4137371**	**263525**	**1794364**	**51236**	**9.2**	**265555**	**368454**
西安市	914816	580798	12773	314517	6728	7.6	27229	85938
铜川市	90851	63566	7448	19268	569	15.8	1572	2751
宝鸡市	650565	363474	24951	257636	4504	12.1	12788	30420
咸阳市	1216632	927244	12290	270431	6667	11.0	21516	33322
渭南市	842270	617532	46253	167693	10792	7.9	16907	37553
延安市	420553	308333	28156	82610	1454	12.1	9929	22944
汉中市	713790	444616	44486	214294	10394	6.7	20621	80120
榆林市	439536	233665	20210	183029	2632	15.6	5169	24458
安康市	535326	355478	33191	142977	3680	13.0	6681	30151
商洛市	390233	221495	33513	134053	1172	8.5	8056	19603
杨凌示范区	19278	11783	184	7311		5.4	370	843

注:本表按当年农户生产者价格计算，农林牧渔业总产值不含农民家庭兼营工业和农林牧渔服务业，增长速度按缩减法计算。

11-11 农林牧渔业总产值指数

(1952年=100)

年 份	农林牧渔业总产值	农业总产值	林业总产值	牧业总产值	渔业总产值
1952	100.0	100.0	100.0	100.0	
1957	141.2	140.2	600.0	161.0	
1962	115.0	106.7	679.7	104.0	27.3
1965	183.8	167.9	1317.9	146.8	42.0
1970	186.1	164.9	1461.8	211.9	40.9
1975	212.4	186.8	1886.6	256.5	60.6
1978	215.6	180.9	1715.5	271.5	83.6
1980	209.2	166.4	2115.0	292.3	95.1
1985	319.7	276.5	3242.2	433.2	253.9
1990	413.6	369.6	3030.7	628.7	830.3
1991	431.7	382.1	3127.3	692.6	934.1
1992	457.7	400.9	3762.2	745.1	1109.9
1993	522.3	444.3	4243.7	831.3	1260.1
1994	520.2	417.1	4316.0	960.8	1357.5
1995	541.0	437.2	4313.8	987.6	1535.6
1996	597.9	513.4	4507.6	938.0	1795.1
1997	607.7	513.7	4278.3	1011.5	1964.8
1998	661.6	561.1	4698.9	1090.1	2061.2
1999	660.3	565.6	5234.6	1023.6	2345.6
2000	690.7	587.1	5522.5	1093.2	2338.6
2001	708.0	595.3	5633.0	1154.4	2457.9
2002	751.9	630.4	6230.1	1224.8	2671.7
2003	790.2	648.1	6672.4	1363.2	2848.0
2004	862.9	726.5	6575.7	1424.6	2913.5

注：1.本表按可比价格计算，2004年发展速度用缩减法计算。 2.渔业以1959年为100。

11-12 农林牧渔业总产值指数

(上年=100)

年 份	农林牧渔业总产值	农业总产值	林业总产值	牧业总产值	渔业总产值
1978	102.7	101.6	94.4	100.5	94.3
1980	85.9	81.2	109.2	95.7	100.6
1985	102.8	100.8	113.7	115.6	148.9
1990	106.1	107.6	93.8	108.6	115.3
1991	104.4	103.4	103.2	110.2	112.5
1992	106.0	104.9	120.3	107.6	118.8
1993	114.1	133.3	112.8	111.6	113.5
1994	99.6	93.9	101.7	115.6	107.7
1995	104.0	104.8	100.0	102.8	113.1
1996	110.5	117.4	104.5	95.0	116.9
1997	101.6	100.1	94.9	107.8	109.5
1998	108.9	109.2	109.8	107.8	104.9
1999	99.8	100.8	111.4	93.9	113.8
2000	104.6	103.8	105.5	106.8	99.7
2001	102.5	101.4	102.0	105.6	105.1
2002	106.2	105.9	110.6	106.1	108.7
2003	105.1	102.8	107.1	111.3	106.6
2004	109.2	112.1	98.6	104.5	102.3

注：本表按可比价格计算，2004年发展速度用缩减法计算。

11-13 农林牧渔业分项产值

单位：万元

指　标	2002年		2003年		2004年		
	1990年不变价格	当年价格	1990年不变价格	当年价格	1990年不变价格	当年价格	缩减的可比价
农林牧渔业总产值	**2934591**	**4394016**	**3121495**	**5112543**	**3464006**	**6246496**	**5581043**
一、农业总产值	1957033	2935323	2041781	3343544	2345501	4137371	3749064
#粮食作物	684790	1258259	657319	1341377	748087	1816139	1497992
(一)谷物及其他作物	899204	1557666	871336	1669040	983893	2213966	1882299
1.谷　物	570425	1028490	545489	1069764	619963	1484227	1198607
2.薯　类	60402	143422	60950	177241	68724	203686	188712
3.豆　类	53963	86347	50880	94372	59400	128226	110672
4.油　料	60991	89698	61067	105783	67534	129788	110835
5.棉　花	32618	52806	39585	70023	59721	105526	101218
6.麻　类	434	599	244	363	410	551	460
7.糖　料	550	959	117	355	155	368	368
8.烟　草	16291	31127	15682	31279	17000	38580	32810
9.其他农作物	103530	124218	97322	119860	90986	123014	138617
#饲料作物	17515	20034	9269	14479	13513	19843	3327
野生植物采集	70040	81373	60255	71386	51179	68994	2009
(二)蔬菜、园艺作物	278203	643497	295522	784674	315514	905977	797821
#1.蔬　菜	266803	630128	271706	754614	298916	887196	778890
2.花　卉	3063	3246	11936	14903	6507	7887	7983
(三)水果、坚果、茶叶和香料作物	688321	631479	724739	680644	885179	854812	837453
#1.水果、坚果（含果用瓜）	684547	618558	719214	661364	878926	822532	815872
#园林水果	652832	564628	676746	589736	828534	734644	739041
#苹　果	449881	390323	455241	417860	550452	513035	
果用瓜类	31715	53930	41516	70644	49358	86714	75837
2.茶　叶	3774	12921	4712	18467	5693	31718	21019
(四)中药材	91305	102681	150184	209186	160915	162616	231491
#黄　姜	47264	50167	80797	104196	69903	56922	3936
二、林业产值	173281	244053	185590	268260	177292	263525	264378
(一)林木的培育和种植	92786	149526	101949	163466	84429	137268	138215
(二)竹木采运	11007	11850	12538	12218	12762	14518	13759
(三)林产品	69488	82677	71103	92576	80101	111739	112404
三、牧业产值	778412	1174004	866541	1455952	912521	1794364	1521781
(一)牲畜的饲养	153977	332691	184850	450713	209174	532930	514235
1.牛的饲养	48316	111503	51715	146966	61544	183277	182099
2.羊的饲养	27540	80642	31270	108511	32438	124767	118708
3.其他牲畜饲养	4130	6384	5318	13623	3451	11271	11278
4.奶产品	54287	119762	70512	159513	85979	190493	176202
5.毛绒产品	19704	14400	26035	22100	25762	23122	25949
(二)猪的饲养	328739	542947	365363	651066	396511	872473	660176
(三)家　禽	265810	263876	285100	316520	276325	345595	311944
#禽　蛋	208874	193904	220421	233695	216817	262048	237762
(四)狩猎和捕捉动物	1736	1974	1991	2422	1743	2292	2292
(五)其它畜牧业	28150	32516	29237	35231	28768	41074	33134
四、渔业产值	25865	40636	27583	44787	28692	51236	45820
附：农林牧渔服务业产值					117295	265555	257072
农民家庭兼营工业产值	271276	312710	249020	290057	260783	368454	352588

注:不含农民家庭兼营工业和农林牧渔服务业，当年价指农户生产者价格。

11-14 农林牧渔业增加值

单位：万元

指 标	2001年	2002年	2003年	2004年
农林牧渔业增加值	**2404029**	**2622788**	**3026637**	**3718140**
农 业	1688220	1794656	2053543	2563463
林 业	136195	159025	165869	164505
牧 业	560618	647184	781252	961916
渔 业	18996	21923	25973	28256
附：农林牧渔服务业增加值				155692
农民家庭兼营工业增加值	176283	180215	174034	221072

注:本表按当年生产者价格计算，不含农林牧渔服务业和农民家庭兼营工业。

11-15 各市农林牧渔业增加值

（2004年）

单位：万元

地 区	农林牧渔业增加值	农业增加值	林业增加值	牧业增加值	渔业增加值	附：农林牧渔服务业增加值
全 省	**3718140**	**2563463**	**164505**	**961916**	**28256**	**155692**
西安市	567651	393349	6811	164572	2919	14358
铜川市	50112	34944	4176	10674	318	721
宝鸡市	383264	210348	14737	155572	2607	8579
咸阳市	717243	568391	6191	139035	3626	12491
渭南市	509095	379720	33978	89731	5666	10078
延安市	258469	190549	16022	51014	884	5954
汉中市	412127	270414	27250	108857	5606	11835
榆林市	256038	145793	12894	95326	2025	2900
安康市	314954	222529	17760	72183	2482	4633
商洛市	229166	133343	24615	70537	671	5385
杨凌示范区	12699	8437	42	4220		157

注:本表按当年生产者价格计算，不含农民家庭兼营工业和农林牧渔服务业。

11-16 农村非农行业总产值

单位：亿元

年 份	农村非农行业总产值	农村工业总产值	农村建筑业总产值	农村运输业总产值	农村批发零售贸易 餐饮业总产值
1978	12.45	6.07	3.80	1.16	1.42
1980	14.32	7.69	3.70	1.35	1.58
1985	45.55	25.63	10.02	4.53	5.37
1990	149.80	92.67	20.67	20.31	16.15
1991	172.90	106.18	24.12	23.13	19.47
1992	222.76	140.06	31.89	27.44	23.37
1993	344.57	222.72	47.06	37.68	37.11
1994	496.38	328.27	66.48	52.34	49.29
1995	721.53	472.63	93.63	80.90	74.37
1996	977.95	646.23	119.45	105.38	106.89
1997	1210.50	785.42	153.45	132.41	139.22
1998	1478.28	940.14	185.05	161.27	191.82
1999	1743.71	1085.34	221.14	199.98	237.25
2000	1857.03	1122.98	251.36	220.51	262.18
2001	1542.63	901.55	218.95	184.49	237.64
2002	1677.76	992.11	242.34	195.25	248.06
2003	1800.40	1052.50	272.34	205.58	269.98
2004	1941.39	1140.61	298.98	218.19	283.61

注:本表按当年价格计算，下表同。

11-17 各市农村非农行业总产值

（2004年）

单位：万元

年 份	农村非农行业总产值	农村工业总产值	农村建筑业总产值	农村运输业总产值	农村批发零售贸易 餐饮业总产值
全 省	**19413857**	**11406073**	**2989812**	**2181864**	**2836108**
西安市	5679967	3242313	908052	604237	925365
铜川市	344171	208493	44222	32955	58501
宝鸡市	4140370	2580305	814981	362989	382095
咸阳市	3775997	2486151	480993	339768	469085
渭南市	1657174	962200	195842	243093	256039
延安市	261963	116888	37122	52297	55656
汉中市	1587094	747812	204812	257130	377340
榆林市	715606	405810	91449	108865	109482
安康市	562431	303698	86055	76581	96097
商洛市	667245	338272	122101	102248	104624
杨凌示范区	21839	14131	4183	1701	1824

11-18 主要农作物播种面积

单位：千公顷

年 份	总播种面 积	粮食作物		夏 粮		秋 粮			
		播种面积	占总播种面 积 %		# 小麦		# 稻谷	# 玉米	# 大豆
1949	4742.67	4210.00	88.8	2024.00	1487.33	2186.00	107.33	662.00	279.80
1952	5277.33	4612.67	87.4	2183.33	1580.00	2429.33	138.67	768.67	315.60
1957	5576.00	4852.67	87.0	2270.67	1618.67	2582.00	162.67	786.67	421.73
1962	5331.33	4790.00	89.9	2218.67	1549.33	2571.33	142.67	851.33	278.27
1965	5626.67	4881.33	86.8	2252.00	1606.00	2629.33	167.33	958.00	337.27
1970	5334.00	4661.33	87.4	2157.33	1615.33	2504.00	169.33	920.00	302.27
1975	5131.33	4368.67	85.1	2021.33	1600.67	2347.33	170.67	943.33	202.67
1978	5254.67	4488.00	85.4	1949.33	1604.67	2493.33	160.00	1090.67	206.00
1980	5072.67	4310.37	85.0	1906.67	1590.67	2404.00	162.67	1076.67	211.33
1985	4663.33	3965.33	85.0	1928.00	1693.33	2037.33	156.67	950.67	202.00
1990	4860.00	4134.67	85.1	1925.33	1690.67	2209.33	159.33	1024.67	288.67
1991	4883.33	4088.67	83.7	1921.33	1688.00	2167.33	162.00	1028.00	286.67
1992	4883.33	4059.33	83.1	1897.33	1660.00	2162.00	160.67	1000.00	274.00
1993	4790.00	4049.33	84.5	1868.67	1643.33	2180.67	162.00	1000.67	301.33
1994	4806.21	4103.80	85.4	1847.68	1623.78	2256.12	158.10	1024.12	344.91
1995	4496.85	3807.73	84.7	1805.33	1600.23	2002.40	139.35	902.63	240.51
1996	4777.32	4052.85	84.8	1813.62	1597.84	2239.23	156.87	1087.38	277.12
1997	4504.04	3811.46	84.6	1810.73	1602.80	2000.74	153.86	915.92	255.85
1998	4697.17	4030.12	85.8	1820.73	1610.54	2209.39	159.97	1065.18	291.77
1999	4726.34	4026.97	85.2	1787.79	1589.45	2239.17	154.59	1123.41	273.24
2000	4555.49	3821.59	83.9	1716.62	1537.26	2104.97	144.81	1056.96	246.96
2001	4264.84	3517.63	82.5	1590.29	1424.24	1927.34	140.78	1005.06	229.06
2002	4198.37	3397.29	80.9	1512.25	1356.75	1885.04	130.52	999.93	224.25
2003	4090.26	3157.28	77.2	1402.71	1255.11	1754.57	123.35	940.53	198.19
2004	4303.04	3362.01	78.1	1324.90	1152.70	2037.11	135.25	1132.56	237.58

年 份	棉 花	油 料	# 油菜籽	麻 类	糖 料	烤 烟	蔬 菜	瓜 类
1949	210.00	158.00	86.67	5.00	0.47	0.33	38.33	
1952	304.00	165.33	88.00	6.33	0.80	0.47	48.20	
1957	321.33	168.00	72.00	6.33	0.47	0.33	74.73	11.13
1962	193.33	92.00	34.00	6.53	0.67	0.47	99.73	9.60
1965	268.67	126.67	59.33	5.13	0.53	1.40	86.87	13.73
1970	267.33	102.00	50.67	5.87	1.20	0.60	63.13	9.93
1975	262.67	125.33	68.00	4.67	3.33	3.67	72.73	15.27
1978	252.67	130.00	73.33	7.13	2.60	7.60	78.67	14.67
1980	242.00	160.00	89.33	3.73	3.30	3.33	79.33	20.27
1985	94.67	240.00	114.00	2.20	4.33	34.67	121.33	30.60
1990	112.67	269.33	132.00	2.88	3.53	72.13	145.33	22.87
1991	134.67	305.33	145.33	2.22	4.09	81.20	144.00	32.53
1992	138.67	323.33	152.00	1.39	2.99	94.13	146.00	33.40
1993	90.00	302.67	139.33	2.50	3.80	70.67	152.00	39.00
1994	84.67	311.38	149.49	1.80	3.30	52.33	143.17	32.39
1995	72.75	302.18	169.77	1.50	2.28	48.33	174.23	27.63
1996	59.55	312.91	168.20	1.40	2.20	62.36	194.28	26.68
1997	39.86	296.68	160.29	1.20	3.50	87.04	182.74	25.26
1998	35.22	284.72	136.76	1.10	2.10	54.03	193.12	34.19
1999	27.74	308.15	153.47	1.01	1.77	46.73	216.95	31.91
2000	30.09	303.63	163.75	0.91	1.43	47.08	228.71	33.49
2001	50.38	291.14	167.70	0.75	1.52	40.60	219.43	37.07
2002	42.81	280.63	166.05	0.68	1.27	31.26	263.70	37.56
2003	65.06	285.58	165.82	0.51	0.33	30.95	276.80	43.52
2004	80.09	283.32	173.21	0.76	0.24	30.40	301.30	44.87

11-19 各市主要农作物播种面积

（2004年） 单位：千公顷

地　区	总播种面积	粮食	夏粮	#小麦	秋粮	#稻谷	#玉米	#大豆
全　省	**4303.04**	**3362.01**	**1324.90**	**1152.70**	**2037.11**	**135.25**	**1132.56**	**237.58**
西安市	502.55	420.43	211.63	207.68	208.80	3.06	191.00	7.52
铜川市	85.78	69.94	32.99	32.70	36.95	0.10	21.75	8.55
宝鸡市	461.07	380.51	196.69	193.70	183.82	1.23	156.30	11.05
咸阳市	557.45	442.47	243.31	241.24	199.16	0.20	169.96	6.32
渭南市	674.68	503.63	285.68	281.26	217.95	0.05	164.60	26.44
延安市	275.02	223.35	25.06	15.41	198.29	1.27	62.38	28.62
汉中市	443.29	303.31	88.61	47.17	214.70	92.72	77.93	17.98
榆林市	545.20	437.10	26.12	11.00	410.98	4.40	87.79	69.37
安康市	453.52	320.41	101.10	52.59	219.32	31.50	114.04	21.59
商洛市	288.95	224.98	84.16	63.14	140.82	0.57	81.63	39.18
杨凌示范区	7.34	6.57	3.21	3.21	3.35		3.31	0.01

地　区	棉花	油料	#油菜籽	麻类	糖料	烤烟	蔬菜	瓜类
全　省	**80.09**	**283.32**	**173.21**	**0.76**	**0.24**	**30.40**	**301.30**	**44.87**
西安市	3.29	6.49	4.34			0.01	51.70	6.03
铜川市	0.01	7.72	7.65			0.20	3.55	0.76
宝鸡市	0.18	14.71	13.17	0.07		4.61	37.80	3.80
咸阳市	1.27	30.86	25.09		0.12	3.72	62.54	5.47
渭南市	72.04	42.60	23.61			1.29	31.25	15.66
延安市	0.48	12.93	4.28	0.02		2.15	12.65	3.88
汉中市	0.06	70.38	64.71		0.04	3.69	39.51	2.60
榆林市	0.25	50.70		0.29	0.03	0.10	11.71	4.93
安康市	0.03	38.92	27.43	0.23	0.04	8.76	34.85	0.97
商洛市	0.02	7.53	2.82	0.15		5.86	15.07	0.40
杨凌示范区		0.11	0.11				0.62	0.04

注:本表未列省直单位，故各市区之和不等于全省。

11-20 主要农作物产品产量

单位：万吨

年 份	粮 食	夏 粮	#小 麦	秋 粮	#稻谷	#玉米	#高粱	#大豆
1949	331.10	172.00	133.60	159.00	30.90	52.70	7.50	13.45
1952	397.50	179.00	132.80	218.50	11.80	71.40	11.60	17.75
1957	444.00	210.00	165.90	230.00	58.90	85.70	10.75	23.50
1962	400.00	172.00	133.80	228.00	40.90	103.60	8.40	12.85
1965	607.50	280.00	222.10	346.50	62.80	167.80	13.40	24.50
1970	601.00	250.50	200.70	350.50	68.30	147.80	12.65	23.15
1975	810.50	372.50	322.20	438.00	71.40	213.10	37.35	15.50
1978	800.00	293.50	251.00	542.00	81.50	292.00	21.77	19.95
1980	757.00	264.00	229.90	493.00	75.70	274.70	14.02	17.86
1985	951.90	459.20	423.30	492.70	88.30	291.60	9.35	18.35
1990	1070.70	501.70	463.70	569.00	100.40	333.80	12.21	30.75
1991	1047.00	483.60	440.60	563.50	102.70	353.50	8.90	26.18
1992	1031.60	471.00	418.30	560.60	99.70	346.20	8.56	26.51
1993	1215.60	552.30	495.50	663.30	86.30	425.20	10.34	33.46
1994	944.60	455.30	403.50	489.30	70.40	271.50	10.62	36.04
1995	913.40	457.80	410.40	455.60	64.20	282.30	4.71	20.46
1996	1217.30	433.90	405.70	783.40	104.70	472.30	11.60	39.80
1997	1044.40	584.90	562.70	459.50	93.40	271.40	3.50	17.30
1998	1303.10	525.90	504.20	777.20	101.30	481.10	7.60	41.10
1999	1081.60	432.70	405.50	648.90	86.10	440.40	5.00	29.30
2000	1089.10	445.50	418.60	643.60	94.70	413.70	4.90	22.20
2001	976.61	432.74	406.63	543.87	92.05	352.81	1.93	19.60
2002	1005.60	440.10	405.30	565.50	80.30	374.50	4.50	21.20
2003	968.40	440.60	395.50	527.80	75.50	373.20	2.00	15.90
2004	1160.36	449.00	407.90	711.40	80.83	475.36	5.28	30.18

年 份	棉 花	油 料	#油菜籽	#花 生	麻 类	糖 料	烤 烟	蔬 菜
1949	4.37	5.62	2.95	0.72	0.25	0.53	0.03	
1952	7.34	6.93	3.38	1.22	0.47	0.89	0.03	
1957	11.62	6.34	2.16	2.28	0.36	0.61	0.03	
1962	4.50	1.95	0.69	0.22	0.12	0.39	0.04	
1965	11.47	5.47	3.05	0.58	0.29	0.65	0.10	
1970	9.16	4.81	2.96	0.36	0.28	0.78	0.05	
1975	8.50	7.50	5.83	0.44	0.29	2.13	0.53	
1978	10.54	5.65	4.01	0.51	0.50	1.89	1.38	
1980	8.08	10.97	7.72	1.15	0.27	3.11	0.57	
1985	4.30	29.86	16.40	10.05	0.24	7.85	6.26	297.16
1990	7.78	33.39	19.25	7.03	0.18	5.92	12.32	367.30
1991	8.99	35.43	21.06	6.88	0.15	9.32	14.42	344.68
1992	5.52	35.63	20.71	5.78	0.15	7.48	15.29	343.86
1993	5.04	40.81	23.13	7.44	0.17	6.73	11.07	372.67
1994	4.20	34.24	17.83	6.31	0.13	5.10	7.48	304.17
1995	3.99	38.15	25.45	6.02	0.11	1.03	6.34	362.86
1996	3.12	37.42	19.05	6.63	0.12	2.75	11.09	430.93
1997	2.06	36.71	25.77	4.66	0.08	3.43	12.17	391.14
1998	2.29	35.48	17.58	6.94	0.10	4.96	8.53	459.58
1999	1.95	31.92	16.75	6.68	0.09	1.81	7.46	500.11
2000	2.74	38.76	22.40	7.33	0.09	1.79	7.36	556.53
2001	4.98	37.54	23.13	7.09	0.07	1.94	6.29	525.46
2002	4.30	41.08	24.58	7.01	0.11	3.10	5.10	660.48
2003	5.27	41.33	27.05	6.90	0.07	0.80	4.88	708.94
2004	8.23	46.06	29.45	7.18	0.11	0.67	5.32	785.34

注:1989年后的粮食产量数字为抽样调查数。

11-21 各市主要农作物产品产量

（2004年）

单位：万吨

地 区	粮 食	夏 粮	#小麦	秋 粮	#稻谷	#玉米	#高粱	#大豆
全 省	**1160.36**	**449.00**	**407.90**	**711.36**	**80.83**	**475.36**	**5.28**	**30.18**
西安市	195.75	97.75	95.95	98.01	1.73	91.63		1.50
铜川市	23.46	10.00	9.94	13.45	0.04	11.22	0.02	0.87
宝鸡市	145.97	74.43	73.42	71.54	0.54	66.00	1.05	1.04
咸阳市	199.98	107.52	106.77	92.46	0.09	84.82	0.62	0.94
渭南市	191.45	107.47	106.10	83.98	0.02	72.53	0.01	3.47
延安市	73.18	6.83	4.17	66.35	0.98	36.72	0.67	5.17
汉中市	114.16	25.65	13.99	88.51	58.42	21.61		1.95
榆林市	131.71	2.88	1.11	128.83	3.23	56.27	3.17	8.03
安康市	90.38	25.31	13.47	65.08	19.25	29.02	0.03	3.10
商洛市	66.76	23.60	16.98	43.15	0.35	31.72	0.03	5.71
杨凌示范区	3.88	2.12	2.12	1.76		1.74		

地 区	棉 花 (吨)	油 料 (吨)	#油菜籽	#花 生	麻 类 (吨)	糖 料 (吨)	烤 烟 (吨)	蔬 菜 (吨)
全 省	**82260**	**460630**	**294460**	**71841**	**1098**	**6714**	**53159**	**7853420**
西安市	4006	11405	8365	735	8	15	10	1809604
铜川市	12	7649	7587				320	70733
宝鸡市	232	24287	23263	43	50		6765	702430
咸阳市	783	47761	40572	645		3674	7232	2188850
渭南市	73662	79133	34035	36245			2618	617819
延安市	283	20209	7484	2025	28		5652	376565
汉中市	66	135811	125119	7679		1454	5606	955444
榆林市	123	60084		8789	293	207	272	261536
安康市	22	61642	45639	7433	409	1364	14398	551607
商洛市	27	11145	2145	6994	310		10286	300402
杨凌示范区		236	236					17173

注:全省粮食产量数字为抽样调查数。

11-22 主要农作物单位面积产量

单位：公斤/公顷

年 份	粮 食	夏 粮	#小麦	秋 粮	#稻谷	#玉米	#高粱	#大豆
1949	786	850	898	727	2879	796	675	481
1952	862	820	841	899	851	929	990	562
1957	915	925	1025	891	3621	1089	1118	557
1962	835	775	864	887	2867	1217	938	462
1965	1245	1243	1383	1318	3753	1752	1305	726
1970	1289	1161	1242	1400	4033	1607	1298	766
1975	1855	1843	2013	1866	4184	2259	2355	765
1978	1785	1395	1470	2175	5130	2520	2250	970
1980	1755	1380	1440	2055	4650	2550	2048	844
1985	2400	2385	2550	2415	5640	3060	2055	908
1990	2595	2610	2745	2580	6300	3255	3225	1066
1991	2565	2520	2610	2595	6345	3435	2430	913
1992	2535	2490	2520	2595	6195	3465	2575	954
1993	3000	2955	3105	3045	5325	4245	2900	1110
1994	2302	2464	2485	2169	4454	2651	3202	1045
1995	2399	2536	2565	2275	4609	3128	1826	851
1996	3003	2392	2539	3498	6674	4343	3946	1436
1997	2740	3230	3511	2297	6070	2963	1277	676
1998	3233	2888	3131	3518	6332	4517	2980	1408
1999	2686	2420	2551	2898	5570	3920	2241	1072
2000	2850	2595	2723	3057	6540	3914	2578	899
2001	2776	2721	2855	2822	6539	3510	1257	856
2002	2960	2910	2987	3000	6153	3745	2711	945
2003	3067	3141	3151	3008	6121	3968	1278	802
2004	3452	3389	3539	3492	5977	4197	3410	1270

年 份	棉 花	油 料	#油菜籽	#花生	麻 类	糖 料	烤 烟	蔬 菜
1949	208	356	340	1005	495	11760	909	
1952	241	419	384	1410	705	11190	642	
1957	362	377	300	1155	570	12405	901	
1962	233	212	203	465	360	5880	857	
1965	427	432	514	1065	570	11730	714	
1970	343	472	584	720	480	6675	833	
1975	324	598	857	930	615	6420	1445	
1978	420	435	555	1080	1065	7260	1815	
1980	330	690	855	1320	735	9600	1830	
1985	450	1245	1440	2155	1095	18210	1815	24450
1990	690	1245	1455	1770	615	16755	1710	25245
1991	675	1155	1440	1890	690	22815	1770	23936
1992	405	1095	1365	1905	735	16665	1620	23552
1993	555	1350	1665	2310	690	17745	1575	24518
1994	496	1099	1193	1708	719	15520	1433	21245
1995	548	1263	1499	1830	726	4531	1312	20827
1996	524	1196	1133	2120	841	12399	1777	22180
1997	516	1237	1608	1654	712	9805	1398	21404
1998	650	1246	1285	2199	927	23370	1579	23798
1999	704	1036	1092	2103	899	10211	1596	23052
2000	911	1277	1368	2192	985	12578	1564	24334
2001	989	1290	1379	2297	960	12724	1550	23946
2002	1004	1464	1480	2367	1573	24389	1628	25047
2003	811	1447	1631	2340	1283	24147	1576	25612
2004	1027	1626	1700	2563	1451	27630	1749	26066

注:1989年后的粮食产量数字为抽样调查数。

11-23 各市主要农作物单位面积产量

（2004年）　　　　单位：公斤 / 公顷

地　区	粮 食	夏 粮	#小麦	秋 粮	#稻谷	#玉米	#高粱	#大豆
全　省	**3452**	**3389**	**3539**	**3492**	**5977**	**4197**	**3410**	**1270**
西安市	4656	4619	4620	4694	5662	4798	2750	1994
铜川市	3354	3032	3039	3642	4470	5159	6188	1013
宝鸡市	3836	3784	3790	3892	4357	4223	3876	944
咸阳市	4520	4419	4426	4643	4655	4991	3584	1493
渭南市	3801	3762	3772	3853	3289	4407	1950	1312
延安市	3277	2726	2705	3346	7745	5887	3173	1805
汉中市	3764	2895	2967	4123	6301	2773	2917	1082
榆林市	3013	1104	1007	3135	7344	6409	3699	1158
安康市	2821	2503	2562	2967	6110	2545	2232	1433
商洛市	2967	2805	2690	3064	6163	3886	2030	1458
杨凌示范区	5908	6600	6605	5245		5265		1450

地　区	棉 花	油 料	#油菜籽	#花生	麻 类	糖 料	烤 烟	蔬 菜
全　省	**1027**	**1626**	**1700**	**2563**	**1451**	**27630**	**1749**	**26066**
西安市	1219	1758	1930	2597	2000	7500	1429	35002
铜川市	1200	991	992				1592	20357
宝鸡市	1318	1651	1766	2867	746		1468	18585
咸阳市	615	1548	1617	1782		29629	1942	34997
渭南市	1023	1858	1442	2916			2031	19772
延安市	587	1563	1749	1781	1556		2626	29761
汉中市	1082	1930	1934	2550		33046	1518	24183
榆林市	488	1185		2605	1014	6273	2720	22334
安康市	733	1584	1664	1823	1802	34100	1644	15830
商洛市	1421	1481	762	2351	2040		1755	19940
杨凌示范区		2206	2210					27521

注:全省粮食产量数字为抽样调查数。

11-24 茶、桑、果面积及产量

年 份	茶 园（千公顷）	茶 叶（吨）	桑 园（千公顷）	果 园（千公顷）	水果产量（万吨）	#苹 果	#柑 桔
1949	2.13	736	0.87	3.93	8.21	0.41	0.18
1952	2.55	933	1.40	5.27	10.08	0.48	0.22
1957	4.64	1783	2.87	3.53	14.37	0.38	0.13
1962	2.16	970	1.73	12.60	9.35	0.19	0.21
1965	4.71	1578	13.40	25.13	15.91	0.79	0.24
1970	5.05	1454	13.53	35.27	15.85	1.59	0.10
1975	10.71	1450	9.87	77.87	17.84	3.56	0.22
1978	31.07	1408	12.00	98.60	33.41	9.92	0.12
1980	24.00	1428	17.40	104.27	28.00	8.93	0.30
1985	26.16	2822	46.75	109.93	33.53	14.09	0.52
1990	29.19	4548	37.31	304.78	62.03	34.93	0.89
1991	30.31	4994	47.69	334.32	80.06	50.52	1.59
1992	29.92	5403	60.66	379.87	114.69	84.30	0.20
1993	31.03	5879	65.63	477.79	168.22	131.00	1.32
1994	30.54	5407	71.62	607.31	219.89	178.56	0.71
1995	30.64	5252	76.83	685.35	283.96	233.76	1.12
1996	30.96	5831	74.99	702.19	362.15	295.89	1.52
1997	28.06	6316	66.03	691.23	326.55	263.65	2.01
1998	28.49	6288	53.86	663.84	430.77	347.35	2.77
1999	30.33	6215	53.81	649.32	493.49	399.27	2.96
2000	35.28	6126	58.76	664.76	493.79	388.57	3.52
2001	38.23	6273	65.59	680.11	534.19	408.57	5.85
2002	43.28	7003	71.43	703.75	577.35	440.59	6.40
2003	50.86	7952	75.23	750.51	621.14	461.79	9.86
2004	56.34	10239	78.30	788.47	735.61	555.21	11.75

11-25 水果生产情况

品 种	1990年		2002年		2003年		2004年	
	面 积（公顷）	产 量（吨）	面 积（公顷）	产 量（吨）	面 积（公顷）	产 量（吨）	面 积（公顷）	产 量（吨）
水果合计	**304778**	**620282**	**703748**	**5773544**	**750506**	**6211394**	**788466**	**7356140**
1.苹 果	198300	349300	369028	4405900	401499	4617921	412095	5552054
2.柑 桔	14137	8855	14552	64000	16553	98601	18115	117530
3.梨	13379	20544	57225	614500	57323	689816	59762	669327
4.葡 萄	3487	20210	10281	74100	11404	89925	12680	110842
5.桃	9703	28961	17584	120100	19078	153007	21968	216680
6.红 枣	26844	33956	95488	93500	102301	75252	110692	131213
7.杏	16568	13123	82279	42400	84409	44600	86300	57394
8.柿 子	6442	132992	21793	105100	22416	146876	24691	140688
9.猕猴桃			16314	194900	15909	204697	16306	231679
10.石 榴							2569	32277
11.其他水果	15918	12341	19204	59044	19614	90658	23288	96456

注：2003、2004年水果产量为果业监测结果，2002年水果产量是依据果业监测资料的评估调整数。

11-26 各市茶、桑、果面积及产量

(2004年)

地　区	茶　园(公顷)	茶 叶(吨)	桑　园(公顷)	果　园(公顷)	水果产量(吨)	苹 果(吨)	柑 桔(吨)	梨(吨)
全　省	**56336**	**10239**	**78296**	**788466**	**7356140**	**5552054**	**117530**	**669327**
西安市	33	912		35628	462989	66725		56596
铜川市				28854	249806	240698		2292
宝鸡市			3781	31518	435611	287041		22140
咸阳市				179678	2650400	2235813		204271
渭南市				106540	1385899	1093491		191067
延安市			3370	225550	893474	829522		38182
汉中市	31834	5201	10125	24163	151455	4271	94419	16441
榆林市			3545	132853	148134	68968		9037
安康市	18478	3663	55983	19053	69070	3449	22487	2391
商洛市	5991	463	1492	3236	49137	7421	624	738
杨凌示范区				837	16645	6070		2172

地　区	葡 萄(吨)	桃(吨)	红 枣(吨)	杏(吨)	柿 子(吨)	猕猴桃(吨)	石 榴(吨)	其它水果(吨)
全　省	**110842**	**216680**	**131213**	**57394**	**140688**	**231679**	**32277**	**96456**
西安市	26319	68654	17295	9807	9836	143697	26894	37166
铜川市	478	1351	1181	381	3360			65
宝鸡市	21392	25026	294	3169	14114	58640	292	3503
咸阳市	40637	70812	13084	22574	32411	4770	4365	21663
渭南市	10980	22276	37105	4873	21839	398	33	3837
延安市	3538	3722	4483	7973	4526			1528
汉中市	934	9793	181	727	8484	5649	681	9875
榆林市	3733	2928	56506	5680				1282
安康市	680	8702	809	1151	14595	1398	1	13407
商洛市	1162	2892	269	865	31329	282	11	3544
杨凌示范区	219	524	6	194	194	6845		421

注:全省水果产量为果业监测结果。

11-27 主要林产品产量

单位：吨

年 份	生 漆	油桐籽	五倍籽	棕 片	核 桃	板 栗	花 椒
1978	668	14800	50		28275	3460	577
1980	930	17685	83		25700	2715	539
1985	635	17718	337	1448	12826	1777	694
1990	685	18672	1589	2265	16833	4770	2501
1991	803	19971	1414	2364	18153	5253	2594
1992	851	19290	1589	2801	26157	6436	577
1993	1101	20300	1668	2853	30419	6895	5116
1994	902	18785	2616	2986	28906	8304	4657
1995	773	15460	2922	3015	30599	8019	7135
1996	978	15409	2260	3358	30433	10635	8411
1997	1222	14265	2432	3078	26222	8116	
1998	1223	11046	1771	3217	32519	18385	9747
1999	1027	12456	1009	2735	33257	14689	9747
2000	1176	12968	863	2962	34866	20098	16298
2001	893	13003	968	3060	10474	11211	16471
2002	821	9278	934	3183	34779	21352	25112
2003	975	9634	1034	3177	44091	24022	22781
2004	995	12068	1513	3059	54243	26290	28441

11-28 各市主要林产品产量

(2004年)

单位：吨

地 区	生 漆	油桐籽	五倍籽	棕 片	核 桃	板 栗	花 椒
全 省	**995**	**12068**	**1513**	**3059**	**54243**	**26290**	**28441**
西安市	7		42		2277	1650	485
铜川市	11				4335		934
宝鸡市	64				12131	2379	2140
咸阳市					613	13	298
渭南市					2530	613	22506
延安市					2947	150	871
汉中市	392	2472	768	2583	7435	5645	362
榆林市					11		16
安康市	407	5871	495	452	3399	5223	454
商洛市	114	3725	208	24	18565	10617	375
杨凌示范区							

11-29 畜牧业和渔业生产情况

指　　标	单 位	2000年	2001年	2002年	2003年	2004年
一、牲畜年末头数						
(一)大牲畜	头	3019152	2966236	3068622	3224031	3350750
#从事劳役的	头	1708425	1652167	1593399	1616296	1638954
1.牛	头	2577078	2557766	2675456	2855495	3008990
#能繁殖的母牛	头	1071402	1075816	1184187	1267761	1358904
奶　牛		157000	194750	242726	330261	395243
2.马	匹	18029	16412	14302	14491	12996
#能繁殖的母马	匹	7090	6526	5910	5640	5867
3.驴	头	299469	274004	267419	251395	234277
#能繁殖的母驴	头	121047	108467	112278	99628	91654
4.骡	头	124576	118054	111445	102650	94487
(二)年末猪存栏数	头	8843575	9098190	9765432	10128403	10810446
#能繁殖的母猪	头	664420	690164	770468	798749	889104
(三)羊年末存栏数	只	6353393	6644788	7600589	8771758	9417582
1.山　羊	只	4998742	5335502	5944105	6813205	7330169
#奶山羊	只	1219473	1331397	1628783	1802119	1801661
布尔山羊			108925	216495	303618	367529
2.绵　羊	只	1354651	1309286	1656484	1958553	2087413
(四)家禽年末存栏数	万只	6565.39	6865.51	7363.78	7614.64	7491.36
(五)年末养蜂箱数	箱	185140	165532	199070	200748	228545
(六)家兔年末存栏数	万只	147.02	171.92	151.91	153.31	174.37
二、畜产品产量						
肉类总产量	吨	921195	963244	1058270	1139438	1225460
#猪肉产量	吨	697518	726279	790604	838456	908349
牛肉产量	吨	78569	81703	93908	104700	111632
羊肉产量	吨	53976	57542	68501	79433	84354
奶类产量	吨	638781	694701	830786	1070995	1255196
#牛　奶	吨	392480	434670	540298	742077	961935
山羊毛产量	吨	1007	896	1055	1148	1230
绵羊毛产量	吨	3593	3415	3220	4187	5286
羊绒产量	公斤	546499	585677	636647	764903	834840
禽蛋产量	吨	424866	424777	463563	490472	483789
蜂蜜产量	公斤	2842306	2587778	2922832	3099934	2817379
蚕茧产量	吨	15431	16139	17173	18571	21304
三、渔　业						
1.水产品产量	吨	60840	63294	64109	66682	68562
2.养殖面积	公顷	28645	28773	26031	25621	26131

11-30 各市牲畜存栏情况

(2004年)　　单位：头

地　区	大牲畜年末头数	#能繁母畜	#役畜	牛	#黄牛	#奶牛	马	驴	骡
全　省	**3350750**	**1456425**	**1638954**	**3008990**	**2596180**	**395243**	**12996**	**234277**	**94487**
西安市	304081	157046	91912	302394	216165	86229	448	182	1057
铜川市	139197	60832	69398	139125	130859	8266	3	46	23
宝鸡市	540738	281613	237087	531631	406038	125582	1794	5028	2285
咸阳市	447566	212242	152684	442550	319232	123318	1498	747	2771
渭南市	446502	209891	246617	440707	416314	24393	833	2358	2604
延安市	301728	123285	146647	201214	199736	1478	1117	73977	25420
汉中市	340014	108903	176718	338333	320023	3173	1522	109	50
榆林市	341050	129459	236817	123517	109563	13954	5499	151815	60219
安康市	235317	75006	146645	235017	232472	222	282	11	7
商洛市	243232	91881	134233	243183	242835	252		4	45
杨凌示范区	9502	5743		9502	1135	8367			

地　区	猪年末头数	#母猪	羊(只)	#山羊	#奶山羊	#布尔山羊	兔(万只)	家禽(万只)	蜂(箱)
全　省	**10810446**	**889104**	**9417582**	**7330169**	**1801661**	**367529**	**174.37**	**7491.36**	**228545**
西安市	1367297	121596	551084	536604	376992	9217	19.47	1351.80	23532
铜川市	73608	7713	145627	140796	35007	8028	0.29	96.74	724
宝鸡市	1119365	92970	804127	800065	443821	210223	38.15	1180.07	35309
咸阳市	1434656	131278	774892	659390	505800	89920	56.34	1304.97	4385
渭南市	864430	77579	773798	559551	372558	16509	12.66	884.98	22591
延安市	557698	46276	956975	693262	16437	3378	21.69	323.42	4342
汉中市	2038617	150037	336376	329302	1543	1897	3.26	788.29	77440
榆林市	876712	70768	3822993	2374436	43427	15022	17.57	463.43	14474
安康市	1419002	108697	697166	697116	10	979	2.98	533.14	32995
商洛市	1030927	79191	538572	525761	704	10451	1.54	527.92	12373
杨凌示范区	23586	2385	8135	7332	5362	1905	0.42	35.00	380

11-31 各市主要畜产品和水产品产量

(2004年)

单位：吨

地　区	肉类总产量	#猪肉	#牛肉	#羊肉	奶类产量	牛奶	羊奶
全　省	**1225460**	**908349**	**111632**	**84354**	**1255196**	**961935**	**293261**
西安市	171545	126404	13641	5874	384319	289564	94755
铜川市	12143	5308	4751	1238	10039	9241	798
宝鸡市	155048	101872	27403	8035	318828	281685	37143
咸阳市	142096	105357	13630	6603	357319	281286	76033
渭南市	110462	73535	17707	7042	119713	42212	77501
延安市	56528	37494	5127	8068	5490	3503	1987
汉中市	201176	175877	8699	3754	8167	7438	729
榆林市	132041	83782	3156	29044	34997	31450	3547
安康市	123704	102477	6116	6956	770	764	6
商洛市	118056	94249	11172	7660	899	716	183
杨凌示范区	2179	1632	187	18	14637	14058	579

地　区	山羊毛	绵羊毛	羊绒(公斤)	禽蛋	蜂蜜(公斤)	蚕茧	水产品产量	养殖面积(公顷)
全　省	**1230**	**5286**	**834840**	**483789**	**2817379**	**21304**	**68562**	**26131**
西安市	21	5		117597	449765		9721	1642
铜川市	22	8	6303	5442	7080		833	484
宝鸡市	28	6	5208	78901	381056	930	5751	2121
咸阳市	89	263	47923	85324	90220		8035	1653
渭南市	72	418	14358	66200	368283		15155	2945
延安市	279	528	232534	16286	79967	280	2049	1432
汉中市	12	5		38133	805841	3905	17817	4180
榆林市	668	4040	527958	27990	311470	26	3665	10004
安康市				10901	180360	15404	4239	1118
商洛市	39	13	86	35456	141817	759	1267	544
杨凌示范区				1536	1520			

11-32 粮食生产大县情况

县 区	1990年		2000年		2003年		2004年	
	播种面积(公顷)	产 量(吨)	播种面积(公顷)	产 量(吨)	播种面积(公顷)	产 量(吨)	播种面积(公顷)	产 量(吨)
全 省	**4134673**	**10707000**	**3821588**	**10891000**	**3157280**	**9684000**	**3362012**	**11603595**
生产大县合计	1877585	6523184	1780668	6754089	1585149	6169084	1612983	6904952
生产大县占全省%	45.41	60.92	46.59	62.02	50.21	63.70	47.98	59.51
阎良区	24413	101546	23010	116359	19186	96360	18880	106779
临潼区	76627	274091	81950	353592	76116	298817	75864	348091
长安区	94860	325265	87984	361843	81780	311052	81238	351973
蓝田县	70887	197572	72971	250618	61775	210510	65521	258595
周至县	71873	228110	66435	262898	60452	234365	59161	255329
户 县	66260	244250	63938	300973	62352	292429	61791	317726
高陵县	33493	169615	30283	211113	28543	189815	28016	192128
陈仓区	88600	280402	87997	239085	60050	159758	63669	207311
凤翔县	63347	211400	67754	224559	62733	217907	63668	250154
岐山县	51460	183803	51877	178238	46633	165729	53304	239501
扶风县	62367	249000	54868	263346	51909	251428	53871	292818
眉 县	38180	133923	36792	145682	35247	131519	34089	136528
千阳县	25953	65816	22494	57440	17148	56436	19703	60369
三原县	46887	168209	45258	182412	42665	177041	44466	218603
泾阳县	60307	228557	53917	222529	52299	220349	52362	236042
乾 县	69860	243917	65698	270276	63643	272457	63629	287756
武功县	42120	181836	42687	189332	42430	191596	42666	213440
兴平市	52113	226284	50044	213083	48956	215527	49303	230074
临渭区	90533	327513	94262	346528	90906	325674	92847	354088
华 县	33060	97005	32818	121266	31360	90858	28850	126238
大荔县	68320	222219	72582	255228	48912	188138	42784	165473
合阳县	62920	170582	58164	168013	51141	168174	49005	178177
澄城县	59467	142236	47240	126508	38318	122752	36226	125564
蒲城县	104413	274512	91674	250270	83514	289061	77531	286793
富平县	85293	249802	84314	280985	83641	345026	81995	362000
韩城市	35153	96610	32196	97416	27927	81215	27358	81744
汉台区	25833	155085	20604	131827	17547	98072	18624	119703
南郑县	50020	245468	41900	177861	37298	146086	39512	167095
城固县	45413	227338	35142	175790	28004	123181	32672	158668
洋 县	43020	185093	38581	159063	32880	150376	36918	166291
勉 县	44053	178499	40513	159570	31517	114486	36719	147002
汉滨区	90480	237626	84721	260386	68267	232890	80741	262899

11-33 商品棉基地县情况

县 区	1990年		2000年		2003年		2004年	
	播种面积(公顷)	产 量(吨)	播种面积(公顷)	产 量(吨)	播种面积(公顷)	产 量(吨)	播种面积(公顷)	产 量(吨)
全 省	**112393**	**77755**	**30092**	**27407**	**65062**	**52740**	**80085**	**82260**
基地县合计	71507	54331	20226	22176	48858	40392	60187	62098
基地县占全省%	63.62	69.87	67.21	80.91	75.09	76.59	75.15	75.49
阎良区	3047	2582	390	380	1112	1389	2035	2611
临潼区	4427	3452	779	613	581	429	828	779
临渭区	17560	14578	5092	4174	9860	6864	12123	13264
华 县	4333	2787	192	163	444	127	719	757
大荔县	26667	24321	11774	15371	29676	24981	31340	31497
蒲城县	9200	4351	1718	1222	6616	6312	11866	12459
富平县	6273	2260	281	253	569	290	1276	731

11-34 猕猴桃基地县情况

县 区	1995年		2000年		2003年		2004年	
	年末面积(公顷)	产 量(吨)	年末面积(公顷)	产 量(吨)	年末面积(公顷)	产 量(吨)	年末面积(公顷)	产 量(吨)
全 省	**10386**	**16072**	**16260**	**164666**	**15909**	**204697**	**16306**	**231679**
基地县合计	8411	14822	13253	128933	13121	160800	13401	193584
基地县占全省%	80.98	92.22	81.51	78.30	82.48	78.56	82.18	83.56
灞桥区	1315	1500	1063	10334	808	15195	820	15762
长安区	1473	187	362	4195	391	4948	510	5924
周至县	4555	10090	8667	65000	8667	65000	8667	101400
户 县	425	233	994	15782	1085	18286	1054	18820
眉 县	505	2303	1399	31814	1641	37204	1927	37031
城固县	138	509	768	1808	529	3108	423	4647

注：2003、2004年基地县猕猴桃产量为监测推算结果。

11-35 苹果基地县情况

县 区	1990年		2000年		2003年		2004年	
	苹果园面积(公顷)	产 量(吨)	苹果园面积(公顷)	产 量(吨)	苹果园面积(公顷)	产 量(吨)	苹果园面积(公顷)	产 量(吨)
全 省	**198300**	**349300**	**395463**	**3885700**	**401499**	**4617921**	**412095**	**5552054**
基地县合计	104110	206630	275602	3254446	307339	3972400	317301	4801700
基地县占全省%	52.50	59.16	69.69	83.75	76.55	86.02	77.00	86.49
印台区	1985	1760	4185	40000	6733	55024	7400	80000
耀洲区	1500	1353	7703	49081	8628	75083	8396	78750
宜君县	1638	385	7285	31050	8828	45866	7937	51168
陈仓区	5608	12328	3613	44323	2219	30533	3451	42686
凤翔县	2104	766	3820	57558	3140	61967	3150	63106
岐山县	1874	511	4266	64000	4076	64800	3800	69240
扶风县	1531	6488	3124	66597	3208	55113	3310	65797
陇 县	611	359	2922	14313	2542	13659	2570	16694
千阳县	2665	1055	1839	12032	1136	6425	1191	7226
乾 县	2721	1680	19736	301358	17667	302500	18213	321000
礼泉县	8165	50235	23300	610500	25919	486374	26749	626000
永寿县	2567	803	11462	71806	14733	130000	13000	150150
彬 县	3230	547	13048	115600	10000	136100	10553	166300
长武县	1650	2282	10000	60000	10397	82000	10370	90000
旬邑县	2708	2719	10062	130000	14200	170900	15534	211800
淳化县	6397	17629	18000	250000	24667	330600	23333	405518
合阳县	3916	7466	10910	106875	9882	92071	10003	114164
澄城县	3620	10087	17252	181398	16553	141692	16675	158173
蒲城县	4708	8456	13670	203825	13224	203800	8649	129184
白水县	7912	36272	20185	328118	19397	247910	21390	388190
富平县	1580	1734	7342	109015	7798	116903	7833	116987
韩城市	1131	2971	2150	31977	1827	30492	1827	32107
宝塔区	12636	7836	14035	24654	14035	32017	16000	76000
富 县	4822	4339	12015	60000	17374	80000	20076	100000
洛川县	8091	15104	19936	230000	28098	278000	33130	350018
宜川县	4387	5360	6542	17366	11992	42730	13378	72431
黄陵县	4353	6105	7200	43000	9066	60600	9383	120400

注：2003和2004年基地县苹果产量为监测推算结果。

11-36 梨基地县情况

县 区	1990年		2000年		2003年		2004年	
	梨园面积(公顷)	产 量(吨)	梨园面积(公顷)	产 量(吨)	梨园面积(公顷)	产 量(吨)	梨园面积(公顷)	产 量(吨)
全 省	**13379**	**20544**	**55580**	**458306**	**57323**	**689816**	**59762**	**669300**
基地县合计	3526	7708	29053	312597	25131	560700	26395	472500
基地县占全省%	26.35	37.52	52.27	68.21	43.84	81.28	44.17	70.60
秦都区	4	13	1995	51660	1557	41387	1551	42353
乾 县	521	1158	1186	28417	1740	30000	1533	30000
礼泉县	600	3234	2798	75000	3486	83450	3457	80000
彬 县	1039	518	6879	16400	1474	29170	1452	18340
临渭区	16	60	2603	25295	3624	47762	3746	50942
蒲城县	625	1174	5446	87535	5047	69310	6623	83326
富平县	24	353	738	18400	709	21301	720	21812
子长县	62	152	2616	3580	3163	9200	3213	9900
宜川县	462	58	1542	810	2033	2649	1748	2699
洋 县	173	988	3250	5500	2298	10818	2352	9117

注：2003和2004年基地县梨产量为监测推算结果。

11-37 烤烟基地县情况

县 区	1990年		2000年		2003年		2004年	
	播种面积(公顷)	产 量(吨)	播种面积(公顷)	产 量(吨)	播种面积(公顷)	产 量(吨)	播种面积(公顷)	产 量(吨)
全 省	**72100**	**123216**	**47075**	**73617**	**30949**	**48786**	**30397**	**53159**
基地县合计	65331	114350	38410	58199	23290	36688	23000	41019
基地县占全省%	90.61	92.80	81.50	79.06	75.25	75.20	75.67	77.16
宜君县	1173	1426	224	403	67	55	125	93
陇 县	2373	2134	4127	4875	3577	5287	4070	6002
千阳县	1720	2196	1475	1670				
三原县	2440	3871	669	622	325	266		
泾阳县	547	1377	102	153				
乾 县	833	625	289	368	453	951	480	956
永寿县	3353	6883	1533	1100	409	900	323	604
彬 县	3973	6516	927	1575	430	948	634	1431
长武县	2740	5163	1973	3848	352	784	855	1606
旬邑县	4413	9818	1520	1575	857	1350	1135	2132
淳化县	3980	7857	1339	2009	378	624	297	503
合阳县	4647	6160	1084	1586	582	1099	494	1029
澄城县	3087	6043	1197	1798	419	629	694	1385
蒲城县	1400	3341			2	5		
白水县	1560	3253	81	111				
富平县	687	1133	403	756	31	23	8	6
宝塔区	1973	3356	560	1121	192	340	202	646
延长县	1460	1729	187	226				
延川县	280	451	131	414				
安塞县	1533	2722	640	1311	104	493	70	203
甘泉县	687	1437	971	1414			73	317
富 县	3820	8252	2824	4067	903	1761	570	1379
洛川县	4773	9743	1870	3450	548	1233	566	1274
宜川县	2933	6555		2250	235	700	230	1000
黄龙县	920	1771	774	1122	416	687	373	632
黄陵县	2020	4431	442	918	21	41	1	3
洋 县	993	1077	649	941	297	561	394	721
西乡县	340	532	1799	3250	893	1043	667	628
绥德县	340	452						
平利县	133	142	384	473	774	600	420	625
旬阳县	3113	3226	6772	8476	7002	9730	6254	10144
洛南县	1087	678	3361	6057	3998	6540	4035	7655
山阳县			103	260	25	38	30	45

11-38 农业现代化情况

指 标	单 位	1990年	1995年	2000年	2003年	2004年
农用机械总动力合计	亿瓦特	71.20	78.05	104.68	122.81	130.70
大中型拖拉机	台	21241	19373	27445	29353	34109
	亿瓦特	7.59	6.63	8.20	8.99	10.12
小型拖拉机	万台	23.55	22.94	19.91	18.38	18.08
	亿瓦特	23.87	24.53	21.80	20.88	19.89
大中型拖拉机配套农具	万部	2.25	2.99	3.65	4.69	4.97
小型拖拉机配套农具	万部	23.88	25.46	26.59	24.45	24.83
农用柴油机	万台	1.90	1.90	2.80	3.17	3.07
	亿瓦特	1.98	1.86	2.38	2.82	2.68
农用电动机	万台	15.20	19.84	23.43	24.76	24.60
	亿瓦特	11.97	12.25	15.13	14.30	13.98
农用水泵	万台	15.70	20.52	25.70	27.73	30.22
节水灌溉类机械	套	1682	1442	5349	6078	6413
联合收割机	台	388	3233	9677	11550	13248
	万瓦特	596.0	2894.0	25569.6	38441.9	44740.0
机动脱粒机	万台	12.21	11.67	13.25	12.73	13.14
农用运输车	辆	2571	9192	247320	374375	404632
	千瓦	39170	257047	2902224	4694974	5013671
#机动三轮车	辆			206355	336707	362396
当年机耕地面积	公顷	1602413	1468258	1632392	1539184	1564944
当年机械播种面积	公顷	1212500	1343937	1481282	1366737	1412334
当年机械收获面积	公顷	218980	466781	808024	839886	843429
农用化肥施用量(折纯量)	万吨	67.94	111.99	131.19	142.73	143.13
氮 肥	万吨	48.62	66.88	73.01	77.77	77.50
磷 肥	万吨	10.13	17.81	16.89	15.76	16.09
钾 肥	万吨	2.26	5.72	8.17	8.96	8.81
复合肥	万吨	6.93	21.58	27.25	32.22	34.07
农用塑料薄膜使用量	吨	9319	13636	25343	21778	22913
#地膜使用量	吨	5300	8506	19060	13314	15533
地膜覆盖面积	公顷		198455	430390	319233	377899
农用柴油使用量	万吨		32.49	55.77	42.56	48.07
农药使用量	吨	10624	10740	10323	9761	9735
农村用电量	亿千瓦小时	29.98	44.59	58.49	79.15	84.03

11-39 各市农业现代化情况

(2004年)

地 区	农用机械总动力合计(万千瓦)	大中型拖拉机(台)	小型拖拉机(台)	大中型机配农具(部)	小型机配农具(部)	农用柴油机(台)	农用电动机(台)	农用水泵(台)
全 省	**1307.01**	**34109**	**180758**	**49731**	**248337**	**30743**	**246046**	**302238**
西安市	214.07	7500	27225	18446	47260	2522	78542	74701
铜川市	24.69	301	4428	424	6191	125	770	603
宝鸡市	127.85	5822	33658	7659	53095	1808	22510	44756
咸阳市	191.69	4446	13364	8507	29427	5556	34298	32883
渭南市	299.36	8053	54208	11286	67617	3483	44981	47394
延安市	83.69	702	17177	608	18365	2551	5358	9748
汉中市	86.79	4756	5550	918	4926	3989	23573	23244
榆林市	162.11	244	18231	489	14172	6329	20679	40253
安康市	64.98	1445	1975	496	1638	3791	7248	10691
商洛市	43.54	530	3620	308	3752	512	7035	16767
杨凌示范区	6.38	186	1167	354	1739		399	399

地 区	节水灌溉类机械(套)	联合收割机(台)	机动脱粒机(台)	农用运输车(辆)	#机动三轮车(辆)	化肥施用折纯量(吨)	农用塑料薄膜使用量(吨)	农村用电量(万千瓦时)
全 省	**6413**	**13248**	**131445**	**404632**	**362396**	**1431275**	**22913**	**840258**
西安市	1141	4053	13060	42247	34736	210661	1570	168430
铜川市	1704	18	1301	11896	11118	32600	541	13101
宝鸡市	210	1751	10244	25842	26471	164509	2067	73320
咸阳市	800	2819	15267	75136	72281	283368	4241	106058
渭南市	489	4324	7500	118856	110399	321156	4825	137674
延安市	1099	18	470	36445	30820	65894	2939	43304
汉中市	185	115	36231	9148	6068	118710	1784	41757
榆林市	347	2	2228	60497	54121	86647	2353	213748
安康市	21	19	25682	8537	2987	87009	1327	23547
商洛市	401	2	19215	15011	12492	55207	1104	17208
杨凌示范区		85	240	860	820	2812	24	2111

11-40 乡镇企业基本情况

指　　标	单 位	1995年	2000年	2003年	2004年
一、乡镇企业单位数	万个	81.55	89.75	85.77	87.19
#集　体	万个	4.22	2.15	0.90	0.63
按国民经济部门分					
农　业	万个	0.95	0.42	1.23	1.37
工　业	万个	21.66	22.83	19.53	19.35
交通运输业	万个	22.89	24.63	21.14	21.02
建筑业	万个	4.70	4.67	4.14	4.22
其　他	万个	31.35	37.20	39.73	41.23
二、乡镇企业人数	万人	359.52	400.99	393.06	404.85
#集　体	万人	111.42	76.84	36.82	27.06
按国民经济部门分					
农　业	万人	6.94	4.47	7.01	6.72
工　业	万人	160.80	167.75	153.71	158.72
交通运输业	万人	41.21	53.33	49.51	49.58
建筑业	万人	73.68	73.41	67.81	72.13
其　他	万人	76.89	102.03	115.02	117.70
三、营业收入	亿元	755.52	2322.29	2077.60	2364.85
四、总产值	亿元	755.53	2010.73	2066.25	2348.17
农　业	亿元	8.54	9.89	25.38	25.00
工　业	亿元	464.11	1068.09	1095.22	1297.98
交通运输业	亿元	88.33	252.44	232.15	259.81
建筑业	亿元	118.11	319.46	279.88	273.21
其　他	亿元	76.44	360.85	433.61	492.17
五、增加值	亿元		504.89	544.98	619.09
农　业	亿元		2.45	6.04	5.74
工　业	亿元		268.09	278.27	325.98
交通运输业	亿元		65.28	67.07	69.89
建筑业	亿元		69.11	70.47	73.95
其　他	亿元		99.96	123.13	143.53

11-41 各市乡镇企业主要指标

(2004年)

地 区	企业单位数(个)	年末职工人数(人)	固定资产原值(万元)	工资总额(万元)	上交税金(万元)	乡镇企业人数占乡村从业人数比重(%)
全 省	**871904**	**4048549**	**6217962**	**1917574**	**379372**	**28.4**
西安市	122070	810754	1743925	480810	95127	36.5
铜川市	17842	82325	133806	35434	8993	32.6
宝鸡市	143636	682094	1010399	318744	64048	47.2
咸阳市	114049	546689	811958	251863	45078	25.6
渭南市	121173	619920	748933	254479	36379	25.6
延安市	43185	152085	153177	47683	18001	22.5
汉中市	99991	426000	472471	174718	31470	29.5
榆林市	53226	261027	576634	133104	35247	19.5
安康市	83258	217062	333299	123359	28184	16.7
商洛市	71459	231892	203527	90855	15350	24.1
杨凌示范区	2015	18701	29833	6525	1495	36.7

11-42 各市灾情

(2004年)

地 区	受灾情况		绝收面积(千公顷)	直接经济损失(万元)	
	面积(千公顷)	人口(万人)			#农业直接经济损失
全 省	**1105.58**	**971.90**	**255.65**	**257735.04**	**165030.74**
西安市	97.30	84.50	22.70	6313.20	5934.00
铜川市	57.80	35.70	23.50	23000.00	19000.00
宝鸡市	80.10	98.30	7.10	11940.00	11340.00
咸阳市	123.80	124.70	67.60	40219.00	37288.00
渭南市	56.30	84.30	4.30	11459.00	10342.00
延安市	255.70	86.60	53.40	47916.74	37410.94
汉中市	169.45	86.70	17.10	24975.80	18812.00
榆林市	105.96	110.50	31.38	61335.00	11000.00
安康市	50.12	77.30	13.00	14123.30	10353.60
商洛市	108.45	182.90	15.50	16453.00	14550.20
杨凌示范区	0.60	0.40	0.07		

11-43 乡镇企业营业收入5亿元以上的县(市、区)

(2004年)

单位：万元

县 区	营业收入	县 区	营业收入
未央区	1280500	洛南县	198245
雁塔区	981013	府谷县	195171
陈仓区	964772	耀州区	188402
长安县	937920	澄城县	175057
岐山县	892359	商州区	157422
灞桥区	874132	合阳县	152553
秦都区	821400	洋 县	137700
金台区	738205	印台区	135910
户 县	731258	白水县	132460
临潼区	723870	山阳县	126995
凤翔县	671100	汉阴县	126683
渭城区	621492	丹凤县	117754
泾阳县	603106	西乡县	101000
兴平县	558636	华 县	98653
三原县	553659	商南县	95976
临渭区	520013	新城区	93944
眉 县	491330	王益区	82303
扶风县	486512	华阴市	79867
韩城市	423067	凤 县	78130
汉滨区	400245	宝塔区	77998
礼泉县	395106	淳化县	76098
乾 县	379887	旬邑县	73500
城固县	375500	榆阳区	71364
汉台区	374836	彬 县	71200
神木县	372109	黄陵县	70200
渭滨区	355930	略阳县	68103
蓝田县	351673	石泉县	67817
富平县	350615	莲湖区	60501
勉 县	314650	镇安县	60061
南郑县	314023	宁强县	59297
高陵县	310939	靖边县	59067
武功县	306004	绥德县	56900
阎良区	302083	定边县	55822
大荔县	277728	潼关县	54839
周至县	276910	子洲县	53413
蒲城县	273366	杨陵区	51448
陇 县	216728	千阳县	50936
旬阳县	214285	平利县	50290

11-44 乡镇企业营业收入过亿元的乡镇

(2004年)

单位：万元

乡 镇	营业收入	乡 镇	营业收入
宝鸡市金台区陈仓镇	628781	宝鸡市渭滨区马营镇	94155
宝鸡市陈仓区虢镇镇	315000	宝鸡市陈仓区千河镇	92818
西安市未央区谭家街道办事处	257000	西安市户县五竹乡	90905
西安市未央区三桥街道办事处	254805	咸阳市秦都区古渡街道办事处	90529
咸阳市泾阳县泾干镇	203600	宝鸡市陇县城关镇	90270
宝鸡市陈仓区阳平镇	195012	宝鸡市眉县首善镇	89269
宝鸡市岐山县凤鸣镇	171203	西安市阎良区关山镇	88095
咸阳市乾县城关镇	167590	西安市未央区未央宫街道办事处	87895
渭南市韩城市龙门镇	164650	咸阳市秦都区渭西街道办事处	87174
西安市长安区韦曲街道办事处	164500	汉中市南郑县大河坎镇	86000
咸阳市三原县城关镇	164400	西安市灞桥区新合街道办事处	81980
西安市未央区大明宫街道办事处	162300	西安市户县余下镇	81965
咸阳市秦都区渭滨镇	157679	宝鸡市渭滨区石鼓镇	81506
西安市未央区六村堡街道办事处	152766	西安市临潼区代王街道办事处	79205
宝鸡市岐山县蔡家坡镇	151264	西安市临潼区相桥镇	79054
西安市灞桥区洪庆街道办事处	145580	西安市未央区汉城街道办事处	78500
西安市雁塔区鱼化寨街道办事处	145078	渭南市富平县杜村镇	78210
西安市户县甘亭镇	144928	宝鸡市扶风县绛帐镇	76942
西安市雁塔区电子城街道办事处	142005	西安市临潼区骊山街道办事处	73900
咸阳市三原县大程镇政府	140617	西安市临潼区秦陵街道办事处	73800
咸阳市渭城区底张镇	140175	宝鸡市岐山县五丈原镇	72465
宝鸡市岐山县雍川镇	133656	宝鸡市渭滨区高家镇	72229
汉中市汉台区北关街道办事处	132212	安康市汉滨区新城街道办事处	70800
西安市雁塔区丈八街道办事处	132206	咸阳市秦都区陈杨街道办事处	70756
西安市雁塔区长延堡街道办事处	132120	宝鸡市渭滨区神农镇	70110
西安市临潼区新丰街道办事处	129047	咸阳市泾阳县泾干镇	70000
西安市灞桥区十里铺街道办事处	128570	咸阳市兴平市东乘街道办事处	69846
咸阳市秦都区沣东镇	127584	安康市汉阴县城关镇	67820
西安市灞桥区席王街道办事处	127577	咸阳市兴平市西吴镇	67800
西安市灞桥区红旗街道办事处	127003	咸阳市兴平市赵村镇	67300
西安市雁塔区曲江街道办事处	120108	西安市蓝田县蓝关镇	67200
宝鸡市凤翔县城关镇	118800	西安市周至县哑柏镇	65745
咸阳市渭城区周陵镇	116216	咸阳市泾阳县云阳镇	65030
西安市雁塔区等驾坡街道办事处	112448	西安市户县秦渡镇	63798
西安市未央区张家堡街道办事处	108500	西安市未央区草滩街道办事处	63516
西安市灞桥区灞桥街道办	108012	渭南市大荔县城关镇	63500
汉中市城固县博望镇	105050	西安市长安区兴隆乡	63130
西安市长安区郭杜街道办事处	104530	咸阳市礼泉县烽火镇	62453
咸阳市渭城区渭阳街道办事处	103947	咸阳市渭城区正阳镇	62400
咸阳市礼泉县城关镇	103690	宝鸡市眉县常兴镇	62075
宝鸡扶风县城关镇	101710	宝鸡市凤翔县横水镇	61904
西安市雁塔区大雁塔街道办事处	100114	西安市长安区细柳镇	61701
汉中市勉县勉阳镇	99960	渭南市临渭区向阳街道办事处	61601
宝鸡市凤翔县陈村镇	99797	渭南市韩城市新城街道办事处	60065
西安市雁塔区小寨路街道办事处	96934	渭南市韩城市金城街道办事处	60062

11-44 续表1 (2004年) 单位：万元

乡　镇	营业收入	乡　镇	营业收入
宝鸡市金台区陈仓镇	628781	宝鸡市渭滨区马营镇	94155
宝鸡市陈仓区虢镇镇	315000	宝鸡市陈仓区千河镇	92818
西安市未央区谭家街道办事处	257000	西安市户县五竹乡	90905
西安市未央区三桥街道办事处	254805	咸阳市秦都区古渡街道办事处	90529
咸阳市泾阳县泾干镇	203600	宝鸡市陇县城关镇	90270
宝鸡市陈仓区阳平镇	195012	宝鸡市眉县首善镇	89269
宝鸡市岐山县凤鸣镇	171203	西安市阎良区关山镇	88095
咸阳市乾县城关镇	167590	西安市未央区未央宫街道办事处	87895
渭南市韩城市龙门镇	164650	咸阳市秦都区渭西街道办事处	87174
西安市长安区韦曲街道办事处	164500	汉中市南郑县大河坎镇	86000
咸阳市三原县城关镇	164400	西安市灞桥区新合街道办事处	81980
西安市未央区大明宫街道办事处	162300	西安市户县余下镇	81965
咸阳市秦都区渭滨镇	157679	宝鸡市渭滨区石鼓镇	81506
西安市未央区六村堡街道办事处	152766	西安市临潼区代王街道办事处	79205
宝鸡市岐山县蔡家坡镇	151264	西安市临潼区相桥镇	79054
西安市灞桥区洪庆街道办事处	145580	西安市未央区汉城街道办事处	78500
西安市雁塔区鱼化寨街道办事处	145078	渭南市富平县杜村镇	78210
西安市户县甘亭镇	144928	宝鸡市扶风县绛帐镇	76942
西安市雁塔区电子城街道办事处	142005	西安市临潼区骊山街道办事处	73900
咸阳市三原县大程镇政府	140617	西安市临潼区秦陵街道办事处	73800
咸阳市渭城区底张镇	140175	宝鸡市岐山县五丈原镇	72465
宝鸡市岐山县雍川镇	133656	宝鸡市渭滨区高家镇	72229
汉中市汉台区北关街道办事处	132212	安康市汉滨区新城街道办事处	70800
西安市雁塔区丈八街道办事处	132206	咸阳市秦都区陈杨街道办事处	70756
西安市雁塔区长延堡街道办事处	132120	宝鸡市渭滨区神农镇	70110
西安市临潼区新丰街道办事处	129047	咸阳市泾阳县泾干镇	70000
西安市灞桥区十里铺街道办事处	128570	咸阳市兴平市东乘街道办事处	69846
咸阳市秦都区沣东镇	127584	安康市汉阴县城关镇	67820
西安市灞桥区席王街道办事处	127577	咸阳市兴平市西吴镇	67800
西安市灞桥区红旗街道办事处	127003	咸阳市兴平市赵村镇	67300
西安市雁塔区曲江街道办事处	120108	西安市蓝田县蓝关镇	67200
宝鸡市凤翔县城关镇	118800	西安市周至县哑柏镇	65745
咸阳市渭城区周陵镇	116216	咸阳市泾阳县云阳镇	65030
西安市雁塔区等驾坡街道办事处	112448	西安市户县秦渡镇	63798
西安市未央区张家堡街道办事处	108500	西安市未央区草滩街道办事处	63516
西安市灞桥区灞桥街道办	108012	渭南市大荔县城关镇	63500
汉中市城固县博望镇	105050	西安市长安区兴隆乡	63130
西安市长安区郭杜街道办事处	104530	咸阳市礼泉县烽火镇	62453
咸阳市渭城区渭阳街道办事处	103947	咸阳市渭城区正阳镇	62400
咸阳市礼泉县城关镇	103690	宝鸡市眉县常兴镇	62075
宝鸡扶风县城关镇	101710	宝鸡市凤翔县横水镇	61904
西安市雁塔区大雁塔街道办事处	100114	西安市长安区细柳镇	61701
汉中市勉县勉阳镇	99960	渭南市临渭区向阳街道办事处	61601
宝鸡市凤翔县陈村镇	99797	渭南市韩城市新城街道办事处	60065
西安市雁塔区小寨路街道办事处	96934	渭南市韩城市金城街道办事处	60062

11-44 续表2 (2004年) 单位：万元

乡　　镇	营业收入	乡　　镇	营业收入
宝鸡市凤翔县米杆桥镇	33465	铜川市印台区金锁关镇	26332
安康市汉滨区江北街道办事处	33340	铜川市印台区陈炉镇	26230
宝鸡市岐山县青化镇	33278	宝鸡市金台区陵塬乡	26060
咸阳市兴平市马嵬镇	33110	渭南市大荔县八鱼乡	26030
西安市长安区杜曲镇	33020	西安市阎良区新华路街道办事处	25819
渭南市澄城县城关镇	32775	咸阳市兴平市庄头镇	25729
西安市户县甘河镇	32699	西安市蓝田县曳湖镇	25647
西安市高陵县泾渭镇	32251	宝鸡市扶风县太白乡	25460
渭南市临渭区站南街道办事处	31860	咸阳市秦都区吴家堡街道办事处	25412
咸阳市泾阳县王桥镇	31360	安康市旬阳县关口镇	25367
咸阳市礼泉县阡东镇	31311	渭南市蒲城县荆姚镇	25200
咸阳市秦都区马庄镇	31192	宝鸡市凤翔县尹家务乡	25046
宝鸡市扶风县杏林镇	31058	咸阳市泾阳县药路乡	24943
渭南市白水县城关镇	30780	西安市长安区王莽乡	24905
宝鸡市眉县槐芽镇	30720	汉中市汉台区褒城镇	24890
咸阳市武功县大庄镇	30540	渭南市大荔县许庄镇	24640
宝鸡市扶风县南阳镇	30280	汉中市勉县黄沙镇	24335
西安市周至县终南镇	30111	咸阳市礼泉县史德镇	24300
渭南市富平县庄里镇	30110	渭南市临渭区官底镇	24088
西安市高陵县崇皇乡	30026	铜川市耀州区董家河镇	24010
安康市汉滨区关庙镇	29946	西安市长安区黄良乡	23894
西安市蓝田县三里镇	29800	宝鸡市扶风县午井镇	23690
咸阳市武功县小村镇	29782	西安市长安区杨庄乡	23571
渭南市临渭区阳郭镇	29464	咸阳市兴平市田阜乡	23510
宝鸡市扶风县上宋乡	29450	铜川市耀州区孙塬镇	23040
西安市高陵县姬家乡	29423	渭南市临渭区固市镇	22995
西安市蓝田县小寨乡	28950	西安市户县石井镇	22985
咸阳市兴平市汤坊乡	28872	汉中市南郑县新集镇	22900
宝鸡市岐山县曹家镇	28728	咸阳市秦都区西兰街道办事处	22646
汉中市勉县定军山镇	28720	杨凌区杨村乡	22332
咸阳市彬县城关镇	28644	宝鸡市岐山县大营乡	22084
宝鸡市扶风县段家镇	28522	渭南市临渭区官路镇	22011
渭南市合阳县城关镇	28450	宝鸡市眉县横渠镇	21930
宝鸡市凤翔县长青镇	28441	西安市蓝田县孟村乡	21819
汉中市城固县桔园镇	27820	西安市蓝田县安村乡	21806
西安市长安区马王街道办事处	27810	安康市石泉县城关镇	21749
咸阳市武功县武功镇	27695	西安市户县玉蝉乡	21691
西安市阎良区北屯街道办事处	27600	汉中市勉县金泉镇	21690
榆林市靖边县张家畔镇	27593	宝鸡市凤翔县唐村乡	21520
渭南市澄城县韦庄镇	27540	宝鸡市金台区金河乡	21304
渭南市韩城市桑树坪镇	27458	咸阳市兴平市南市乡	21200
西安市高陵县榆楚乡	27363	咸阳市兴平市南位镇	21200
咸阳市泾阳县桥底镇	27135	安康市汉滨区五里镇	21080
宝鸡市凤翔县虢王镇	26421	宝鸡市陇县堎底下镇	21070
汉中市城固县龙头镇	26379	商洛市商州区大赵峪街道办事处	21065

11-44 续表3 (2004年) 单位：万元

乡　　镇	营业收入	乡　　镇	营业收入
汉中市汉台区柳林镇	21040	咸阳市泾阳县中张镇	17621
咸阳市武功县代甲乡	20950	汉中市南郑县梁山镇	17410
西安市户县祖庵镇	20912	宝鸡市凤翔县董家河乡	17320
西安市蓝田县华胥镇	20909	铜川市印台区城关街道办事处	17300
咸阳市武功县普集街乡	20830	渭南市澄城县交道镇	17251
咸阳市礼泉县药王洞乡	20806	西安市长安区东大街道办事处	17238
宝鸡市扶风县天度镇	20710	咸阳市礼泉县西张堡镇	17200
西安市长安区灵沼乡	20556	咸阳市礼泉县骏马乡	17160
咸阳市礼泉县赵镇	20400	渭南市临渭区三张镇	17145
汉中市汉台区上元观镇	20095	咸阳市兴平市阜寨乡	17132
渭南市临渭区下吉镇	20038	渭南市富平县宫里镇	17100
西安市周至县楼观镇	19951	铜川市耀州区瑶曲镇	17067
咸阳市乾县姜村镇	19950	咸阳市乾县阳洪镇	17000
渭南市富平县美原镇	19900	渭南市合阳县王村镇	16875
西安市高陵县湾子乡	19810	汉中市勉县老道寺镇	16835
西安市阎良区新兴街道办事处	19700	宝鸡市陈仓区县功镇	16603
西安市高陵县药惠乡	19635	渭南市临渭区吝店镇	16502
西安市长安区王曲镇	19622	西安市户县天桥乡	16488
咸阳市三原县新兴镇	19500	铜川市印台区印台乡	16448
西安市蓝田县普华镇	19451	西安市周至县马召镇	16440
西安市蓝田县玉山镇	19200	汉中市城固县文川镇	16350
渭南市韩城市芝川镇	19200	西安市蓝田县史家寨乡	16336
宝鸡市眉县青化乡	19018	渭南市蒲城县翔村乡	16270
渭南市富平县华朱乡	19003	汉中市城固县董家营乡	16240
咸阳市乾县梁村镇	19000	咸阳市武功县长宁镇	16090
渭南市白水县西固镇	18970	商洛市商州区沙河子镇	16008
宝鸡市陇县东风镇	18700	西安市临潼区斜口街道办事处	16000
汉中市汉台区汉中路街道办事处	18653	汉中市南郑县高台镇	16000
汉中市汉台区宗营镇	18627	渭南市临渭区龙背乡	15864
渭南市富平县老庙镇	18613	西安市户县渭丰乡	15645
咸阳市礼泉县昭陵乡	18500	渭南市韩城市王峰乡	15600
咸阳市泾阳县太平镇	18465	渭南市大荔县两宜镇	15510
渭南市大荔县朝邑镇	18400	渭南市临渭区官道乡	15302
安康市汉滨区大同镇	18322	西安市蓝田县前卫镇	15280
渭南市澄城县庄头乡	18149	咸阳市武功县南仁乡	15271
汉中市勉县新街子镇	18062	安康市旬阳县蜀河镇	15203
安康市汉阴县涧池镇	18000	咸阳市武功县河道乡	15100
安康市石泉县池河镇	17985	汉中市南郑县阳春镇	15080
渭南市韩城市昝村镇	17923	咸阳市泾阳县口镇	15040
安康市白河县城关镇	17917	渭南市临渭区南师乡	15015
渭南市澄城县寺前镇	17905	渭南市白水县北井头乡	14870
西安市周至县尚村镇	17855	铜川市印台区红土镇	14650
延安市宝塔区桥沟镇	17810	咸阳市乾县大杨乡	14500
西安市长安区五星乡	17720	汉中市城固县沙河营镇	14490
西安市灞桥区梁家街街道办事处	17700	渭南市合阳县路井镇	14186

11-44 续表4 (2004年) 单位：万元

乡　镇	营业收入	乡　镇	营业收入
西安市户县涝峪镇	14068	渭南市合阳县坊镇镇	12050
榆林市子洲县城关镇	14060	西安市临潼区栎阳镇	12000
西安市临潼区北田镇	14033	铜川市耀州区坡头镇	12000
咸阳市乾县新阳乡	14008	渭南市临渭区交斜镇	11950
咸阳市乾县马连镇	14000	汉中市勉县茶店镇	11860
咸阳市泾阳县崇文乡	14000	咸阳市乾县灵源镇	11700
渭南市华县金堆镇	13720	安康市汉滨区河西镇	11540
宝鸡市岐山县京当乡	13697	安康市旬阳县吕河镇	11460
渭南市白水县杜康镇	13590	西安市周至县广济镇	11330
咸阳市武功县大庄镇方寨村	13530	西安市临潼区交口镇	11330
安康市汉阴县蒲溪镇	13509	渭南市临渭区凭信乡	11325
咸阳市泾阳县白王镇	13502	渭南市大荔县段家乡	11304
咸阳市乾县临平镇	13500	渭南市华县高塘镇	11300
西安市蓝田县汤峪镇	13442	渭南市合阳县百良镇	11295
西安市高陵县通远镇	13371	汉中市宁强县大安镇	11161
西安市户县太平乡	13322	西安市户县苍游乡	11082
宝鸡市凤县河口镇	13310	汉中市洋县谢村镇	11080
渭南市大荔县苏村乡	13186	陈塬街道办事处	11069
汉中市洋县戚氏镇	13110	渭南市大荔县范家镇	11030
宝鸡市凤县凤州镇	13012	延安市宝塔区川口	11010
宝鸡市凤县双石铺镇	13008	汉中市汉台区武乡镇	10996
西安市蓝田县焦岱镇	13007	渭南市大荔县冯村乡	10986
安康市汉滨区花园乡	12958	西安市户县涝店镇	10825
渭南市临渭区崇宁镇	12850	汉中市宁强县汉源镇	10805
渭南市临渭区解放办事处	12800	渭南市临渭区桥南镇	10803
渭南市蒲城县永丰镇	12718	渭南市韩城市板桥乡	10765
渭南市白水县冯雷镇	12660	汉中市城固县原公镇	10620
西安市临潼区马额镇	12600	西安市灞桥区灞桥街道办事处	10600
渭南市大荔县高明镇	12587	渭南市澄城县冯原镇	10540
汉中市西乡县堰口镇	12570	汉中市略阳县硖口驿镇	10500
渭南市合阳县和家庄镇	12513	汉中市宁强县代家坝镇	10488
汉中市略阳县城关镇	12510	咸阳市武功县游风镇	10480
汉中市南郑县圣水镇	12480	安康市汉滨区张滩镇	10470
杨凌区李台乡	12410	渭南市临渭区田市镇	10404
延安市宝塔区柳林	12310	商洛市商州区夜村镇	10400
安康市旬阳县白柳镇	12298	汉中市宁强县阳平关镇	10257
汉中市南郑县协税镇	12180	西安市周至县集贤镇	10220
安康市旬阳县构元乡	12173	西安市临潼区行者街道办事处	10188
渭南市富平县流曲镇	12150	西安市周至县青化乡	10170
咸阳市礼泉县新时乡	12127	渭南市华县华州镇	10048
汉中市洋县磨桥镇	12087	铜川市宜君县太安镇	10035
西安市高陵县耿镇	12071	渭南市临渭区辛市镇	10000
渭南市临渭区闫村镇	12052		

11-45 乡镇企业营业收入过亿元的村

(2004年)　　单位：万元

村　名	营业收入	村　名	营业收入
宝鸡市金台区陈仓镇东岭村	583430	宝鸡市陈仓区天王镇八庙村	16003
西安市未央区大明宫街办先锋村	107800	宝鸡市岐山县凤鸣镇城北村	15971
宝鸡市岐山县蔡家坡镇岐星村	50323	宝鸡市渭滨区石鼓镇党家村	15581
西安市未央区三桥街办后围寨村	40056	西安市灞桥区十里铺	15468
西安市未央区三桥街办三桥村	40006	西安市未央区张家堡街办二府庄村	15360
宝鸡市陈仓区虢镇巩家泉村	38000	西安市雁塔区鱼化村	15328
宝鸡市凤翔县陈村镇水沟村	36212	西安市未央区三桥街办贺家村	14633
宝鸡市岐山县五丈原镇北星村	34120	咸阳市秦都区古渡办石斗村	14555
宝鸡市陈仓区阳平镇窑底村	33989	西安市灞桥区长乐坡村	14500
宝鸡市眉县营头镇永安村	32810	宝鸡市陈仓区虢镇高家塄村	14298
西安市未央区张家堡街办肖家村	32300	宝鸡市渭滨区马营镇明星村	14251
榆林市府谷县府谷镇贾家湾村	28895	汉中市城固县三村	14133
西安市临潼区骊山街道办事处西街村	28156	西安市未央区三桥街办新店村	14103
咸阳市秦都区渭滨镇留印村	27150	汉中市汉台区叶家营村	13989
宝鸡市陈仓区虢镇镇西堡村	26450	宝鸡市岐山县雍川镇马江村	13928
汉中市汉台区黄家塘村	26153	西安市阎良区新跃村	13599
咸阳市礼泉县袁家村	25762	宝鸡市陈仓区阳平镇东风村	13396
渭南市临渭区杜桥办事处五里铺村	25575	咸阳市秦都区陈杨办陈家寨村	13200
西安市未央区三桥街办和平村	25449	咸阳市秦都区古渡办魏家泉	13142
西安市雁塔区吉祥村	25132	宝鸡市陈仓区天王镇天王村	13079
宝鸡市金台区陈仓镇联盟村	24996	咸阳市秦都区古渡办肖家堡	12990
宝鸡市渭滨区石鼓镇石坝河村	24573	西安市未央区张家堡街办方新村	12920
汉中市汉台区青龙观村	24376	西安市未央区三桥街办北沙口村	12904
咸阳市礼泉县烽火村	23758	宝鸡市岐山县凤鸣镇朝阳村	12900
西安市未央区大明宫街办孙家湾村	23120	西安市莲湖区五　村	12877
西安市未央区郝家村	23100	宝鸡市陈仓区阳平镇联合村	12708
西安市临潼区骊山街道办事处东街村	22235	汉中市汉台区东塔村	12480
榆林市府谷县府谷镇西山村	22000	咸阳市秦都区沣东镇七里铺	12354
宝鸡市凤翔县横水镇尹稼坞村	21800	宝鸡市陈仓区虢镇镇南堡村	12280
宝鸡市岐山县凤鸣镇太子村	21662	宝鸡市陈仓区虢镇李家崖村	12200
宝鸡市陈仓区虢镇镇东堡村	21606	西安市雁塔区北山门口村	12110
西安市未央区张家堡街办红色村	21260	西安市灞桥区张一村	12100
汉中市汉台区张万营村	21240	西安市未央区三桥街办蔺高村	12089
西安市未央区辛家坡村	20980	渭南市韩城市龙门镇阳山庄村	12000
西安市雁塔区北池头村	20053	宝鸡市陈仓区虢镇镇南阳村	11960
西安市雁塔区田家湾村	20037	宝鸡市陈仓区千河镇冯家嘴	11889
西安市未央区二府庄	19899	宝鸡市渭滨区马营镇永清村	11644
宝鸡市陈仓区虢镇镇大众村	19275	咸阳市秦都区古渡苏家堡	11528
宝鸡市岐山县蔡家坡镇另胡村	19164	宝鸡市陈仓区千河镇底店村	11500
西安市临潼区新市乡郝邢村	18900	汉中市城固县小西关村	11500
渭南市临渭区人民办事处园里堡村	18654	宝鸡市凤翔县陈村镇紫荆村	11474
西安市雁塔区长延堡村	18520	西安市灞桥区五星村	11435
宝鸡市渭滨区石鼓镇相家庄村	18436	西安市灞桥区三殿村	11421
宝鸡市陈仓区虢镇镇大王村	18220	西安市灞桥区神鹿坊村	11302
汉中市勉县勉阳镇联盟村	17802	咸阳市秦都区沣东镇胡家村	11203
宝鸡市岐山县蔡家坡镇水寨村	17523	榆林市府谷县府谷镇高石崖村	11190
西安市雁塔区西等驾坡村	17500	西安市阎良区农兴村	11087
渭南市临渭区白杨乡盈田村	17403	宝鸡市陈仓区阳平镇新秦村	10851
宝鸡市渭滨区马营镇旭光村	17345	宝鸡市凤翔县城关镇马家庄村	10850
宝鸡市凤翔县陈村镇东街村	17073	汉中市勉县勉阳镇高潮村	10756
咸阳市秦都区沣东镇黄家寨	16697	西安市灞桥区向阳沟村	10617
西安市未央区张家堡街办南康村	16680	咸阳市秦都区古渡办杨家台	10588
西安市雁塔区西八里村	16554	宝鸡市凤翔县城关镇铁丰村	10560
西安市雁塔区东八里村	16213	西安市灞桥区高桥村	10238
宝鸡市岐山县蔡家坡镇龚刘村	16122	榆林市府谷县府谷镇东山村	10100

11-46 乡镇企业营业收入5000万元以上的企业

（2004年）　　　　　　　　　　　　　　　　　　　　单位：万元

企 业 名 称	营业收入	利润总额	实交税金	年末固定资产原值
陕西省东岭集团	583430	26752	18876	35386
陕西龙门钢厂西安分厂	219200	-3980	1072	26000
西安石油化工总厂	84987	3082	3656	11553
西安邦淇科技制油有限公司	67867	-5382	246	7217
西安银桥股份有限公司	61514	6573	1705	9681
韩城市龙门焦化集团	50400	2020	1975	25570
西安伊利泰普克饮品有限公司	41481	2466	1565	18516
韩城市黄河矿业公司	40000	2600	1562	11642
西安国维淀粉有限责任公司	39800	380	300	12700
陕西世民科技股份有限责任公司	37300	1500	144	8980
陕西省星王集团公司	32810	2591	366	8890
宝鸡众喜水泥有限公司	27645	948	1701	33956
西安大明宫建材实业有限公司	27000	2707	1998	24610
中国咸阳505集团	22738	2858	130	23218
西安市西部国际汽车城	20929	170	150	9000
西安永丰塑料集团有限公司	20580	680	50	1940
宝鸡市陈仓区育才玻璃制品有限公司	20549	39	57	8372
府谷县天桥化工集团公司	19000	1200	1300	20000
陕西老牛面粉有限公司	16240	236	102	1422
华县陕西金洲管道有限责任公司	16000	1800	280	1038
西安市临潼区汉兴实业公司	15817	1675	153	12217
西安草堂铆焊集团公司(8个分公司)	15704	129		202
蒲城县陕西尧柏特种水泥公司	15600	1310	176	32500
华阴市新西北特种钢有限责任公司	15041	-895	357	8691
西安市大明宫新型管业基地批发市场	15000	685	120	2200
富平县钢厂兴宝有限责任公司	14907	717	166	15000
大荔县八鱼油脂公司	14717	365	115	5020
富平县富民面粉厂	14580	697	162	5000
西安市东方乳品厂	13519	639	269	5115
蒲城县石羊集团蒲城饲料公司	13416	327	19	1692
泾云企业集团	13119	895	53	11680
陕西蓝马啤酒有限公司	13013	164	647	5396
家世界咸阳分公司	13005	450	658	1532
咸阳彩虹电子配件有限公司	12306	1260	1600	12000
北京汇源集团咸阳食品饮料公司	12000	1458	205	8000
通达果汁礼泉有限公司	12000	1080	108	7568
府谷县天龙镁业有限责任公司	12000	1000	800	6000
陕西咸阳华龙企业集团	11845	398	326	5274
陕西白鹿制药股份有限公司	11766	272	448	5997
汉中市勉县明信铁合金冶炼有限公司	11662	-133	579	799
西安市阎良宏远建筑工程有限公司	11599	122	392	2278
武功县东方纸业集团	11500	563	157	3320
蒲城县石羊集团蒲城油脂公司	11419	-837	13	3712
彬长煤业火石咀煤矿	11252	806	351	8857
陕西华祥食品集团公司	11237	307	134	9457
陕西汉中市勉县建兴农业科技有限公司	11226	364	98	4096

11-46 续表1 （2004年） 单位：万元

企业名称	营业收入	利润总额	实交税金	年末固定资产原值
步长制药有限公司	11031	2135	4626	14526
陕西新丰泰贸易有限公司	11010	602	98	2011
宝鸡真空开关三分厂	10947	611	480	595
西安明珠家居有限公司	10800	323	148	2910
陕西海升果业发展公司乾县分公司	10703	182	286	12321
西安科氏沥青产品有限公司	10674	-249	326	3814
府谷县黄河福利铁合金厂	10565	1800	800	2000
陕西伊势威贸易有限公司	10300	560	91	1875
西安市延西精细化工厂	10254	100	3255	2464
陕西伊利食品有限责任公司	10021	49	301	736
兴平市晁庄实业总公司	10012	1411	196	1050
咸阳周陵苏家寨农机建材市场	10006	801	110	1498
西安市人人乐有限公司咸阳购物广场	10000	-104	206	955
横山县进出口有限责任公司	9943	30		15430
西安茂源建材实业有限公司	9830	521	81	2010
陕西通力专用汽车有限责任公司	9822	14	100	2995
河南斯美特食品有限责任公司	9500	49	90	2345
蒲城县陕西西荆集团	9079	343	58	8065
安康长兴房建公司	8815	384	136	1689
西安五龙实业集团公司	8783	170	86	620
杨凌博迪森生物科技发展股份有限公司	8741	1570	290	1934
陕西龙首油脂有限责任公司	8729	371	161	3078
岐山华强工贸有限公司	8651	452	430	4081
陕西京泰纺织化纤集团公司	8537	75	158	5460
西安市蔡伦造纸厂	8509	122	124	6836
西安市长安区铸造机械厂	8292	37	205	602
汉中市汉台区瓜果批发服务中心	8177	37	26	729
西安大明宫石材有限公司	8100	403	44	4110
陕西社会水泥有限责任公司	8026	274	311	29536
韩城市华阳选矿公司	8002	480	1002	947
汉中市西乡县黄池房地产开发公司	7901	24	37	724
陕西联合建筑公司	7800	140	110	1578
西安市西北双鹤药业	7742	-344	83	1200
西安市庆华民用爆破器材有限公司	7720	300	200	610
合阳县万里焦化有限责任公司	7514	951	16	2855
凤凰胶粘制品有限公司	7480	98	80	4210
陕西圣龙纸业有限公司	7469	387	164	15940
眉县霸王河化工厂	7342	234	366	617
西安市下店淀粉厂	7300	147	98	1006
宝鸡市陈仓区毅武面粉有限公司	7091	114	66	1776
西安寰宇水泥机械公司	7080	300	37	1450
富平县三阳果蔬汁有限责任公司	7008	310	84	5800
西安市临潼区秦兴制份有限公司	6910	122	13	1428
府谷县方正化工有限公司	6900	40	340	1560
陕西法门寺纸业有限责任公司	6842	-5	154	11370
西安市阎良区第三建筑工程公司	6829	62	91	2247

11-46 续表2　　（2004年）　　单位：万元

企业名称	营业收入	利润总额	实交税金	年末固定资产原值
府谷县府兴工贸公司	6800	1200	450	2500
陕西恒兴汁饮料有限公司	6732	-190	201	7554
宝鸡建忠佳家乐食品有限公司	6691	-15	106	1566
西安远通铝业有限责任公司	6599	390	170	1327
宝鸡市陈仓区惠民乳品（集团）公司	6565	261	133	5992
西安万方汽车零部件有限责任公司	6522	420	191	720
西安高压电器研究所电器制造厂	6509	112	339	1325
宝鸡市万国建筑装饰材料批发中心	6500	30	100	600
宝鸡市陈仓区惠沣建筑有限公司	6500	292	80	3538
咸阳声威水泥厂	6443	511	96	20180
咸阳国美电器有限公司	6422	-52	129	582
华县矿业焙烧厂	6403	38	159	34
陕西海达汽车贸易有限公司	6200	338	55	1120
陕西永大电工有限公司	6176	128	48	2120
安康兴科房建集团有限公司	6174	339	429	1171
宝塔区龙飞公司	6150	480	213	5100
洛南县富康钼加工厂	6148	72	145	284
咸阳彩虹商贸食品有限公司	6100	320	185	1200
宝塔区王西林汽车联营公司	6100	610	420	7600
西安市西京城建总公司	6050	160	46	520
汉中市城固县振华有限责任公司	6004	145	145	1700
韩城市北龙钢铁公司	6000	150	150	2000
陕西大发实业公司	5741	51	6	833
西安市迎信纺织制衣有限公司	5710	600	24	12700
光明乳业泾阳有限公司	5703	-267	56	7420
陕西神果股份有限公司	5655	747	62	4015
彬县通达果汁厂	5577	177	322	4752
宝鸡市陈仓区联合有色金属加工厂	5560	91	160	261
旬阳县银联矿业有限公司	5550	560	230	1903
汉中南郑大华房地产公司	5454	555	212	542
旬阳县五联构元矿业有限责任公司	5443	166	98	789
长安城堡大酒店有限公司	5411	429	553	18893
陕西宏达实业有限公司	5390	208	322	2315
绥德县第一建筑工程公司	5379	120	183	2212
金擀公司纺织泾阳有限公司	5340	-386	32	2410
咸阳富安果汁有限公司	5335	1200	42	4562
蒲城县陕西天菊面粉有限责任公司	5308	8	15	1447
金裕制药有限公司	5300	330	68	1005
咸阳彩联包装有限公司	5295	747	591	2295
礼泉秦岭水泥有限责任公司	5200	220	102	1200
岐山县第三建筑工程公司	5120	210	226	2763
旬阳县科达锌业有限责任公司	5114	143	181	1151
宝鸡秦峰建筑工程有限责任公司	5103	404	132	3548
绥德县汽车客运有限责任公司	5100	800	127	3000
西安市天石实业公司	5000	200	78	4000
府谷县三源集团公司	5000	700	400	16400

11-47 各市县农村经济主要指标

（2004年）

地 区	乡镇个数(个)	村民委员会(个)	乡村人口(万人)	年末耕地面积(公顷)	农用机械总动力(千瓦)	农用化肥施用折纯量(吨)	农用塑料薄膜使用量(吨)
全 省	**1526**	**28506**	**2790.78**	**2795521**	**13070083**	**1431275**	**22913**
关中“一线两带”	**607**	**12348**	**1574.48**	**1530896**	**8640457**	**1015106**	**13267**
西安市	**104**	**3162**	**407.48**	**269908**	**2140737**	**210661**	**1570**
新城区		13	1.16	7	4670	7	…
碑林区		15	1.15	2	9416		
莲湖区		35	3.50	260	7723	215	11
灞桥区		229	27.50	13789	255522	9548	119
未央区		212	20.86	6504	71732	2055	31
雁塔区		120	15.35	3296	38956	3043	53
阎良区	2	80	16.34	16610	119053	16288	546
临潼区	17	285	56.15	50991	277824	35763	221
长安区	15	671	80.80	47634	391546	33060	134
蓝田县	22	519	56.97	41074	234947	34088	138
周至县	21	378	58.54	34527	252206	31096	81
户 县	18	518	48.41	38889	335028	23901	93
高陵县	9	87	20.75	15132	137067	21090	95
铜川市	**35**	**543**	**44.70**	**63957**	**246870**	**32600**	**541**
王益区	3	39	3.99	3788	35346	1510	9
印台区	9	107	9.47	11453	49543	5346	68
耀州区	13	191	19.48	31110	86861	17915	162
宜君县	10	178	8.06	15042	43024	6118	294
新 区		28	3.70	2564	32096	1711	8
宝鸡市	**129**	**2046**	**278.46**	**307512**	**1278507**	**164509**	**2067**
渭滨区	6	121	11.14	6738	47237	3736	25
金台区	5	103	11.95	9671	63086	3748	8
陈仓区	17	371	49.63	52828	200170	20601	151
凤翔县	16	250	47.00	48340	249472	30523	175
岐山县	13	182	38.03	37891	159316	24151	644
扶风县	11	189	41.78	38477	236678	30676	61
眉 县	10	155	26.84	26386	130988	24435	112
陇 县	14	240	21.59	36301	59701	9445	532
千阳县	10	98	11.17	18204	28435	7280	98
麟游县	9	100	7.71	18813	33562	5401	2
凤 县	11	150	7.60	8849	42767	2878	202
太白县	7	87	4.02	5014	27095	1635	57
咸阳市	**159**	**3290**	**388.64**	**369794**	**1916892**	**283368**	**4241**
秦都区	6	148	19.29	13016	123065	13661	302
渭城区	6	147	15.36	15440	139280	11891	87
三原县	13	319	33.08	33239	166855	29244	406
泾阳县	15	255	45.59	43374	263077	43771	613

11-47 续表1

（2004年）

地 区	乡镇个数(个)	村民委员会(个)	乡村人口(万人)	年末耕地面积(公顷)	农用机械总动力(千瓦)	农用化肥施用折纯量(吨)	农用塑料薄膜使用量(吨)
乾 县	19	413	51.85	50434	198677	32356	483
礼泉县	14	448	42.21	36058	321717	37703	31
永寿县	12	253	16.37	28360	96366	12687	78
彬 县	15	292	28.84	29030	37979	23692	517
长武县	10	233	15.65	10704	75380	9612	660
旬邑县	13	275	25.93	27102	61090	18122	553
淳化县	14		17.47	21780	69227	16346	391
武功县	11	262	32.00	26547	163238	16770	32
兴平市	11	245	45.00	34710	200941	17513	87
渭南市	**176**	**3236**	**446.54**	**514723**	**2993628**	**321156**	**4825**
临渭区	22	495	65.68	67512	501962	64265	544
华 县	13	242	29.75	24005	78121	18462	210
潼关县	7	83	11.91	9995	55348	3640	19
大荔县	25	415	63.64	73246	762303	61979	1787
合阳县	15	353	39.41	58103	159838	24862	468
澄城县	13	266	31.23	41403	183478	14120	373
蒲城县	23	373	65.01	101012	465967	46327	752
白水县	13	194	24.22	27587	140179	29005	83
富平县	23	337	67.94	71292	392086	41059	317
韩城市	14	276	27.15	26122	193674	10759	63
华阴市	7	186	18.34	12905	53148	5583	208
延安市	**152**	**3388**	**152.95**	**228888**	**836871**	**65894**	**2939**
宝塔区	20	621	19.88	34210	116884	8273	161
延长县	11	288	11.48	16144	38970	1696	33
延川县	13	346	13.90	24417	64445	2934	79
子长县	12	355	18.82	26691	45900	2639	938
安塞县	11	211	14.08	25702	35949	3533	420
志丹县	10	192	10.50	19059	48000	2256	164
吴旗县	11	164	10.65	20000	66840	2702	270
甘泉县	7	116	4.87	9305	59075	1686	237
富 县	12	241	11.46	10131	73073	7961	213
洛川县	15	362	16.23	12220	140275	16008	119
宜川县	11	214	9.43	11997	61304	7248	78
黄龙县	9	87	3.23	9407	20315	3751	77
黄陵县	10	191	8.42	9605	65841	5207	149
汉中市	**216**	**2902**	**296.96**	**202792**	**867921**	**118710**	**1784**
汉台区	9	214	28.12	15442	83329	11779	108
南郑县	29	501	46.43	30452	91060	19098	255
城固县	23	392	42.49	25940	89422	25855	248
洋 县	25	366	36.53	28172	139844	18147	266

11-47 续表2 （2004年）

地 区	乡镇个数(个)	村民委员会(个)	乡村人口(万人)	年末耕地面积(公顷)	农用机械总动力(千瓦)	农用化肥施用折纯量(吨)	农用塑料薄膜使用量(吨)
西乡县	22	284	34.17	20775	128691	10732	149
勉 县	24	250	34.13	23720	84558	12787	104
宁强县	25	305	29.80	21122	75759	9313	104
略阳县	20	183	14.61	9963	94962	3452	97
镇巴县	23	250	24.29	22669	42993	6109	407
留坝县	8	98	3.70	2987	22474	1042	31
佛坪县	8	59	2.69	1550	14829	396	16
榆林市	**210**	**5569**	**298.89**	**501217**	**1621111**	**86647**	**2353**
榆阳区	23	488	30.14	52716	222929	18896	224
神木县	18	729	36.41	40010	208344	6891	73
府谷县	19	328	18.90	43296	221111	7282	73
横山县	17	358	29.91	57293	136939	6330	198
靖边县	21	211	25.06	53748	207352	7315	411
定边县	24	334	27.34	88843	279973	11515	500
绥德县	19	661	30.36	41220	66126	8324	89
米脂县	12	396	18.91	29589	59220	5486	411
佳 县	19	653	23.40	31333	71300	4434	68
吴堡县	7	221	7.06	8683	32583	942	12
清涧县	14	640	19.35	25112	61137	3580	172
子洲县	17	550	32.05	29374	54097	5652	122
安康市	**188**	**2496**	**250.93**	**194440**	**649822**	**87009**	**1327**
汉滨区	43	819	74.23	41722	200850	21332	324
汉阴县	17	179	25.76	20941	81691	8042	69
石泉县	14	219	15.27	14340	49708	3853	71
宁陕县	13	98	6.05	3426	21824	554	21
紫阳县	24	212	29.82	26199	98761	5610	77
岚皋县	16	198	14.95	15374	29504	4099	105
平利县	11	190	19.60	18190	56483	4459	162
镇坪县	9	78	4.90	4922	5427	938	38
旬阳县	27	379	41.63	35566	77707	31553	374
白河县	14	124	18.72	13760	27867	6569	86
商洛市	**153**	**1803**	**216.57**	**128002**	**435364**	**55207**	**1104**
商州区	26	409	45.62	23116	77808	10683	85
洛南县	24	376	43.19	31336	89115	12438	317
丹凤县	20	208	27.05	12049	41541	10117	37
商南县	15	166	20.51	12995	50162	4871	225
山阳县	29	320	38.94	23497	67460	8108	253
镇安县	24	204	27.64	17031	81701	4779	80
柞水县	15	120	13.62	7978	27577	4211	107
杨凌示范区	**4**	**71**	**8.66**	**5002**	**63823**	**2812**	**24**

11-47 续表3

（2004年）

地 区	粮食总产量(吨)	油料总产量(吨)	棉花总产量(吨)	蔬菜总产量(吨)	水果总产量(吨)	肉类总产量(吨)	禽蛋总产量(吨)
全 省	**11603595**	**460630**	**82260**	**7853420**	**7356140**	**1225460**	**483789**
关中“一线两带”	**7604862**	**170471**	**78695**	**5406609**	**5201350**	**593473**	**355000**
西安市	**1957534**	**11405**	**4006**	**1809604**	**462989**	**171545**	**117597**
新城区	7			600			
碑林区							
莲湖区	256			23012			
灞桥区	76245	716	67	246504	44057	3693	2989
未央区	33407	162		86034	25887	3468	949
雁塔区	16177	17		68613	8104	2977	606
阎良区	106779	736	2611	267210	27166	7122	7286
临潼区	348091	2676	779	341309	35492	34784	24000
长安区	351973	1687	26	331710	27311	36400	30960
蓝田县	258595	2562	504	99209	99698	23199	12600
周至县	255329	1728		77630	116150	19187	5708
户 县	317726	794	16	175684	43331	21595	13142
高陵县	192128	283	2	86271	30505	19037	19357
铜川市	**234583**	**7649**	**12**	**70733**	**249806**	**12143**	**5442**
王益区	12128	215		4984	20278	445	418
印台区	40320	818		4233	80315	2328	1859
耀州区	100957	3781		46426	82098	4510	2114
宜君县	62051	2195		2864	56111	4334	314
新 区	19127	640	12	12226	11004	526	737
宝鸡市	**1459659**	**24287**	**232**	**702430**	**435611**	**155048**	**78901**
渭滨区	27775	715	3	54266	16613	3290	3734
金台区	30185	901	4	14600	2839	3177	1243
陈仓区	207311	2184	9	76238	62498	35520	12526
凤翔县	250154	5329	4	127917	68740	22363	10659
岐山县	239501	4789	12	93255	98334	20097	12495
扶风县	292818	5952	162	60091	78256	25937	27806
眉 县	136528	1233	37	29971	64452	17358	6662
陇 县	106454	1793		52789	26112	9333	1244
千阳县	60369	442	1	41679	8229	5550	1665
麟游县	62880	703		3804	816	8011	407
凤 县	33594	148		15486	5520	2444	350
太白县	12090	98		132334	3202	1968	110
咸阳市	**1999799**	**47761**	**783**	**2188850**	**2650400**	**142096**	**85324**
秦都区	84763	1305		301136	90000	7191	4145
渭城区	113064	2749	76	105300	30639	6590	8150
三原县	218603	4928	13	698607	78400	14653	15600
泾阳县	236042	4312	561	710755	91220	20144	15500

11-47 续表4　　（2004年）

地　区	粮 食 总产量 (吨)	油 料 总产量 (吨)	棉 花 总产量 (吨)	蔬 菜 总产量 (吨)	水 果 总产量 (吨)	肉 类 总产量 (吨)	禽 蛋 总产量 (吨)
乾　县	287756	7121	81	17359	380900	9848	4660
礼泉县	162886	3374		45000	750300	6154	2070
永寿县	87827	3862	34	5362	165870	5052	885
彬　县	109162	4109		12619	189609	3796	2070
长武县	58753	938		7524	93187	2624	2488
旬邑县	93775	4922		31387	215833	9288	4985
淳化县	103654	5309		6868	422569	7884	3117
武功县	213440	3106	13	112933	51289	22457	9800
兴平市	230074	1726	5	134000	90584	26415	11854
渭南市	**1914495**	**79133**	**73662**	**617819**	**1385899**	**110462**	**66200**
临渭区	354088	10442	13264	173149	105415	25724	18112
华　县	126238	2262	757	98009	11304	3083	2910
潼关县	42152	1800	432	3674	7221	1472	516
大荔县	165473	35306	31497	97676	167006	22594	8453
合阳县	178177	6505	5597	19373	122713	6671	2531
澄城县	125564	7536	6818	4877	165606	8294	4689
蒲城县	286793	6521	12459	7996	224362	13297	6880
白水县	96568	2389	26	2460	391810	3816	1647
富平县	362000	3325	731	76845	146167	15138	16064
韩城市	81744	1049	178	110527	35086	5901	1990
华阴市	84336	1717	1902	23013	8346	2778	1058
延安市	**731819**	**20209**	**283**	**376565**	**893474**	**56528**	**16286**
宝塔区	95817	1162	1	33043	81021	7913	2859
延长县	29489	1286	197	21538	65780	2321	715
延川县	42248	1326	51	14795	16025	2982	779
子长县	75468	402		66300	14800	6625	1026
安塞县	65595	3018		64859	31200	5239	2181
志丹县	53110	2691		13428	12612	6438	1744
吴旗县	45089	1720		35000	3163	5899	707
甘泉县	25089	409		55422	3508	2550	1400
富　县	50386	1324		29850	100614	2216	930
洛川县	86816	4477		13936	354181	8525	1672
宜川县	35676	563	34	7063	75928	1010	703
黄龙县	75312	352		972	12083	2047	520
黄陵县	51724	1479		20359	122559	2763	1050
汉中市	**1141564**	**135811**	**66**	**955444**	**151455**	**201176**	**38133**
汉台区	119703	13781		123749	7857	14634	6399
南郑县	167095	27674		71000	4970	23060	4604
城固县	158668	18040		398668	90935	28690	6526
洋　县	166291	18169	38	186893	24636	23162	3614

11-47 续表5

（2004年）

地 区	粮 食 总产量 (吨)	油 料 总产量 (吨)	棉 花 总产量 (吨)	蔬 菜 总产量 (吨)	水 果 总产量 (吨)	肉 类 总产量 (吨)	禽 蛋 总产量 (吨)
西乡县	120095	20529	17	33566	4123	28783	1434
勉 县	147002	19516	11	51908	2858	26164	6667
宁强县	97965	7869		20972	2957	20688	3120
略阳县	49088	1735		17873	5574	8769	3080
镇巴县	97582	7741		36881	6526	24175	2274
留坝县	10576	457		3969	562	1922	301
佛坪县	7499	300		9965	457	1129	114
榆林市	**1317141**	**60084**	**123**	**261536**	**148134**	**132041**	**27990**
榆阳区	225005	2589		70787	9133	41647	7128
神木县	144647	1806		5100	8225	14293	4300
府谷县	61532	1853	27	2321	1811	3884	540
横山县	144858	1593		9961	4765	14255	3200
靖边县	166998	3199		51627	1638	14880	2981
定边县	199685	18696		54343	3798	15778	2872
绥德县	78972	12466		15176	32000	4186	1500
米脂县	64538	3216		6834	7388	3793	1374
佳 县	58686	976		5706	13459	6781	1320
吴堡县	15620	598	35	8514	15195	777	288
清涧县	59311	4918	61	25439	30345	3997	837
子洲县	97289	8174		5728	20377	7770	1650
安康市	**903844**	**61642**	**22**	**551607**	**69070**	**123704**	**10901**
汉滨区	262899	20062	9	100493	21332	32123	2414
汉阴县	91735	14177	7	80041	9082	12832	1671
石泉县	67258	5105	2	21709	1646	9236	747
宁陕县	22136	247		16153	1100	3136	308
紫阳县	122556	4875		88248	2530	13703	1094
岚皋县	67456	1548		72310	1423	8425	646
平利县	82086	5770		59457	6360	10785	712
镇坪县	26031	665		18229	806	5262	228
旬阳县	126785	6687	4	54284	17886	19815	1780
白河县	34902	2506		40683	6905	8387	1301
商洛市	**667563**	**11145**	**27**	**300402**	**49137**	**118056**	**35456**
商州区	124522	293		42076	11679	17993	5500
洛南县	164311	1227	14	124887	6724	26894	5918
丹凤县	79638	881	2	14842	6981	20630	4738
商南县	68884	5204		31063	2597	13668	5213
山阳县	80655	967		35568	6553	16404	6635
镇安县	107553	2384	11	43916	8186	15344	5421
柞水县	42000	189		8050	6417	7123	2031
杨凌示范区	**38792**	**236**		**17173**	**16645**	**2179**	**1536**

11-47 续表6 (2004年)

地 区	奶类总产量(吨)	大牲畜存栏头数(万头)	猪存栏头数(万头)	羊存栏只数(万只)	农村非农行业总产值(万元)	农林牧渔业总产值(万元)	农林牧渔业增加值(万元)
全 省	**1255196**	**335.08**	**1081.04**	**941.76**	**19413857**	**6246496**	**3718140**
关中“一线两带”	**1204855**	**188.76**	**488.29**	**305.77**	**15619518**	**3734412**	**2240064**
西安市	**384319**	**30.41**	**136.73**	**55.11**	**5679967**	**914816**	**567651**
新城区	640	0.02			60306	172	99
碑林区					11421		
莲湖区					89929	2435	1793
灞桥区	35483	1.30	3.14	1.24	530871	59434	37304
未央区	5103	0.21	3.26	0.22	852384	22946	16268
雁塔区	2023	0.05	2.89	0.09	408096	19330	13234
阎良区	54610	1.36	5.42	4.65	340058	81370	53508
临潼区	142694	5.31	24.54	15.01	705457	175425	110835
长安区	17500	4.91	30.90	5.90	1411832	153672	102918
蓝田县	21873	9.16	9.82	15.55	237744	110774	64040
周至县	5387	4.10	20.81	2.52	211109	87981	53222
户 县	12366	2.03	22.76	2.56	643751	110175	70070
高陵县	68073	1.51	13.19	7.38	177009	84981	42606
铜川市	**10039**	**13.92**	**7.36**	**14.56**	**344171**	**90851**	**50112**
王益区	683	0.35	0.46	0.43	100605	4915	2751
印台区	776	1.57	1.74	1.90	71242	17458	9556
耀州区	6874	6.66	3.18	6.35	120433	38048	20650
宜君县	438	4.93	1.57	5.23	32111	23397	13026
新 区	1268	0.41	0.41	0.65	19780	7033	4129
宝鸡市	**318828**	**54.07**	**111.94**	**80.41**	**4140370**	**650565**	**383264**
渭滨区	4773	0.85	2.01	2.22	366082	22163	11421
金台区	5899	1.26	2.54	1.20	249906	10861	6303
陈仓区	45066	8.06	24.97	7.11	698743	100313	55286
凤翔县	40790	9.98	14.33	8.38	713200	112873	68317
岐山县	33161	4.24	17.61	4.72	964811	85701	43034
扶风县	38749	4.19	19.37	4.98	365780	93775	60082
眉 县	21102	1.83	18.07	4.46	432491	63325	36729
陇 县	81032	8.44	4.87	7.27	190355	70735	45608
千阳县	48163	5.46	2.17	9.00	39901	34467	23333
麟游县	22	6.62	1.53	25.76	17724	28533	17646
凤 县	25	2.15	3.04	2.83	69647	7670	4475
太白县	46	1.00	1.42	2.50	31730	20149	11030
咸阳市	**357319**	**44.76**	**143.47**	**77.49**	**3775997**	**1216632**	**717243**
秦都区	5403	0.89	8.40	0.81	718413	94700	53974
渭城区	17241	0.90	5.92	1.50	483252	54620	33867
三原县	18512	4.80	13.02	12.26	557691	152443	88332
泾阳县	152038	5.45	14.75	15.52	641780	212538	124050

11-47 续表7 (2004年)

地 区	奶类总产量(吨)	大牲畜存栏头数(万头)	猪存栏头数(万头)	羊存栏只数(万只)	农村非农行业总产值(万元)	农林牧渔业总产值(万元)	农林牧渔业增加值(万元)
乾 县	50011	5.47	13.20	3.00	153559	114808	67806
礼泉县	16378	2.11	4.13	6.50	192490	114205	74596
永寿县	1472	3.54	3.25	9.96	35331	45810	24839
彬 县	3810	2.53	2.92	2.92	45207	55796	31279
长武县	7698	2.44	2.35	5.01	22171	29941	15847
旬邑县	502	4.72	8.87	5.99	31106	63922	41326
淳化县	13454	3.55	6.16	8.30	57172	83029	44018
武功县	60000	4.68	24.50	1.82	333441	87625	49109
兴平市	10800	3.68	36.00	3.91	504384	107195	68200
渭南市	**119713**	**44.65**	**86.44**	**77.38**	**1657174**	**842270**	**509095**
临渭区	26147	11.09	14.62	6.81	316727	149011	89328
华 县	307	1.49	2.91	1.86	87307	34106	16443
潼关县		0.98	1.25	0.71	48264	10989	6226
大荔县	6195	8.35	15.61	10.50	245376	141503	76183
合阳县	6186	4.71	6.56	7.71	87136	69167	39531
澄城县	78	1.54	12.00	3.37	80670	65701	40931
蒲城县	20390	5.39	10.07	11.95	141270	110101	74315
白水县	4765	2.36	3.15	8.06	124530	59130	37064
富平县	53244	3.69	12.51	18.10	270864	112429	67286
韩城市	135	2.91	4.88	7.17	199471	61502	43026
华阴市	1216	2.07	2.01	1.03	48320	24578	16555
延安市	**5490**	**30.17**	**55.77**	**95.70**	**261963**	**420553**	**258469**
宝塔区	2466	3.52	6.90	2.08	36954	43583	29366
延长县	58	2.01	1.40	8.01	9748	29203	17557
延川县	161	2.72	3.93	6.06	19856	20987	12786
子长县	217	2.37	6.25	12.07	35720	36152	22323
安塞县	80	1.92	5.40	12.14	14462	32879	19077
志丹县	16	8.52	6.28	18.20	23919	26699	17570
吴旗县	175	1.85	4.68	25.43	21279	34104	21530
甘泉县	95	1.17	2.84	3.17	10174	13407	8421
富 县	28	1.57	2.08	1.51	14817	36628	21807
洛川县	1749	1.16	10.78	2.84	21360	82560	49537
宜川县	35	0.89	0.76	2.15	10840	18517	11103
黄龙县		1.32	1.62	1.27	7214	17471	10424
黄陵县	410	1.15	2.84	0.76	35620	28363	16968
汉中市	**8167**	**34.00**	**203.86**	**33.64**	**1587094**	**713790**	**412127**
汉台区	4862	1.11	12.36	0.50	302039	67352	38691
南郑县	539	3.42	22.91	2.43	275689	92284	47738
城固县	282	3.18	28.39	2.36	369212	154175	91009
洋 县	448	5.83	23.15	5.89	90031	80501	47169

11-47 续表8 (2004年)

地 区	奶类总产量(吨)	大牲畜存栏头数(万头)	猪存栏头数(万头)	羊存栏只数(万只)	农村非农行业总产值(万元)	农林牧渔业总产值(万元)	农林牧渔业增加值(万元)
西乡县	45	2.89	32.37	4.88	100028	67962	39773
勉 县	1807	2.86	26.52	1.38	249661	79701	45177
宁强县	80	6.31	21.73	2.65	88671	66754	41775
略阳县	62	3.16	8.53	2.20	39981	35968	20115
镇巴县	42	4.54	24.45	10.10	56537	53770	32196
留坝县		0.55	2.10	1.02	11527	10698	6324
佛坪县		0.16	1.35	0.21	3718	4625	2160
榆林市	**34997**	**34.11**	**87.67**	**382.30**	**715606**	**439536**	**256038**
榆阳区	9555	4.23	28.40	81.02	73523	76356	38759
神木县	9100	5.87	7.73	62.50	250000	57199	30395
府谷县	292	1.37	3.05	15.10	168658	17510	9942
横山县	1116	4.02	6.50	45.60	27001	49544	31607
靖边县	4162	4.70	13.28	55.20	40119	52135	27312
定边县	5167	5.43	10.10	45.76	18735	50696	33662
绥德县	1717	0.92	3.10	12.00	47740	25266	18035
米脂县	1102	1.15	1.83	15.78	10337	19874	10939
佳 县	310	1.80	4.30	15.00	17786	26864	17443
吴堡县	130	0.04	0.17	2.55	32152	7812	5480
清涧县	306	1.46	5.01	9.19	22197	25990	15069
子洲县	2040	3.11	4.20	22.60	7358	30290	17395
安康市	**770**	**23.53**	**141.90**	**69.72**	**562431**	**535326**	**314954**
汉滨区	770	6.67	31.83	7.66	164570	116707	67881
汉阴县		2.15	12.15	1.92	55562	60901	36326
石泉县		2.06	10.27	3.75	58924	36906	21600
宁陕县		0.57	3.69	1.14	19822	20533	11907
紫阳县		1.07	17.51	11.46	28301	71927	43064
岚皋县		0.31	9.22	2.84	24568	39430	22947
平利县		0.91	11.50	11.52	22240	55163	31720
镇坪县		0.27	5.95	1.22	9729	15650	8789
旬阳县		8.16	32.07	17.95	139938	77371	46422
白河县		1.36	7.71	10.26	38777	40738	24298
商洛市	**899**	**24.32**	**103.09**	**53.86**	**667245**	**390233**	**229166**
商州区	592	5.85	16.38	2.02	174359	57675	34260
洛南县	94	9.30	22.38	6.55	198829	85014	46564
丹凤县	34	1.79	16.30	7.58	34707	52110	31135
商南县	30	0.90	12.13	3.85	89798	43717	25630
山阳县	36	2.17	12.79	11.81	82185	57666	34939
镇安县	113	3.33	15.39	19.13	56536	67008	40095
柞水县		0.97	7.73	2.92	30831	27043	16543
杨凌示范区	**14637**	**0.95**	**2.36**	**0.81**	**21839**	**19278**	**12699**

主要统计指标解释

农林牧渔业总产值 指以货币形式表现的农、林、牧、渔业全部产品的总量，它反映一定时期内农业生产总规模和总成果。农林牧渔业总产值的计算方法通常是按农、林、牧、渔业产品及其副产品的产量分别乘以各自单位产品价格求得；少数生产周期较长，当年没有产品或产品产量不易统计的，则采用间接方法匡算其产值；然后将四业产品产值相加即为农业总产值。1957年以前的农业总产值中包括了厩肥和农民自给性手工业(如农民自制衣服、鞋、袜，自己从事粮食初步加工等)。1958年及以后的农业总产值，林业中增加了村及村以下竹木采伐产值；牧业中取消了厩肥产值；副业中取消了农民自给性手工业产值，增加了村及村以下办的工业产值；渔业中增加了海洋捕捞水产品产值。1980年及以后的农业总产值，在副业中增加了农民家庭兼营工业商品部分的产值。从1984年起村及村以下工业产值划归工业。从1993年起取消副业，将野生动物的捕猎划入牧业、野生植物采集和农民家庭兼营商品性工业划归农业。

粮食产量 指稻谷、小麦、玉米、高粱等谷物及薯类和豆类全社会的产量。包括国有经济经营的、集体统一经营的和农民家庭经营的粮食产量，还包括工矿企业办的农场和其他生产单位的产量。其产量计算方法，豆类按去豆荚后的干豆计算；薯类(包括甘薯和马铃薯，不包括芋头和木薯)1963年以前按每4公斤鲜薯折1公斤粮食计算，从1964年开始改为按5公斤鲜薯折1公斤粮食计算。城市郊区作为蔬菜的薯类(如马铃薯等)按鲜品计算，并且不作粮食统计。其他粮食一律按脱粒后的原粮计算。

棉花产量 指春播棉和夏播棉的全社会产量。产量按皮棉计算。3公斤籽棉折1公斤皮棉，不包括木棉。

油料产量 指全部油料作物的生产量。包括花生、油菜籽、芝麻、向日葵籽、胡麻籽（亚麻籽）和其他油料。不包括大豆、木本油料和野生油料。花生以带壳干花生计算。

水产品产量 指人工养殖的水产品和天然生长的水产品的捕捞量。包括海水的鱼类、虾蟹类、贝类和藻类以及内陆水域的鱼类、虾蟹类和贝类，不包括淡水生植物。

猪、牛、羊肉产量 指当年出栏并已屠宰、除去头蹄下水后带骨肉(即胴体重)的重量。

期初(末)畜禽存栏头(只)数 指报告期初(末)农村各种合作经济组织和国营农场、农民个人、机关、团体、学校、工矿企业、部队等单位以及城镇居民饲养的大牲畜、猪、羊、家禽等畜禽的存栏数。

常用耕地 指耕地总资源中专门种植农作物并经常进行耕种、能够正常收获的土地。包括当年实际耕种的熟地；弃耕、休闲不满三年，随时可以复耕的地；开荒利用三年以上的地。不包括临时种植农作物的坡度在25度以上的陡坡地；在河套、湖畔、库区临时开发的成片或零星土地；也不包括已列为国家和省（区、市）退耕计划但临时耕种的土地。

农作物播种面积 指实际播种或移植有农作物的面积。凡是实际种植农作物的面积，不论种植在耕地上还是种植在非耕地上，均包括在农作物播种面积中。在播种季节基本结束后，因遭灾而重新改种和补种的农作物面积，也包括在内。该指标可以反映耕地面积的利用情况。

有效灌溉面积 指具有一定的水源，地块比较平整，灌溉工程或设备已经配套，在一般年景下当年能够进行正常灌溉的耕地面积。在一般情况下，有效灌溉面积应等于灌溉工程或设备已经配备，能够进行正常灌溉的水田和水浇地面积之和。该指标可以反映耕地的抗旱能力。

农用化肥施用量 指本年内实际用于农业生产的化肥数量，包括氮肥、磷肥、钾肥和复合肥。化肥施用量要求按折纯量计算数量。折纯量是指把氮肥、磷肥、钾肥分别按含氮、含五氧化二磷、含氧化钾的百分之一百成份进行折算后的数量。复合肥按其所含主要成分折算。

农业机械总动力 指主要用于农、林、牧、渔业的各种动力机械的动力总和。包括耕作机械、排灌机械、收获机械、农用运输机械、植物保护机械、牧业机械、林业机械、渔业机械和其他农业机械〔内燃机按引擎马力折成瓦(特)计算、电动机按功率折成瓦(特)计算〕。不包括专门用于乡、镇、村、组办工业、基本建设、非农业运输、科学试验和教学等非农业生产方面用的动力机械与作业机械。

2005 統計年鑑

工 业

GONGYE

资料整理：刘琼怡　王　萌

****

12. 工　业

****

2004 年全省

规模以上工业企业单位数	2547	个
# 大中型工业企业	420	个
全部工业总产值	3081.37	亿元
# 规模以上工业	2426.71	亿元

****

工业总产值构成

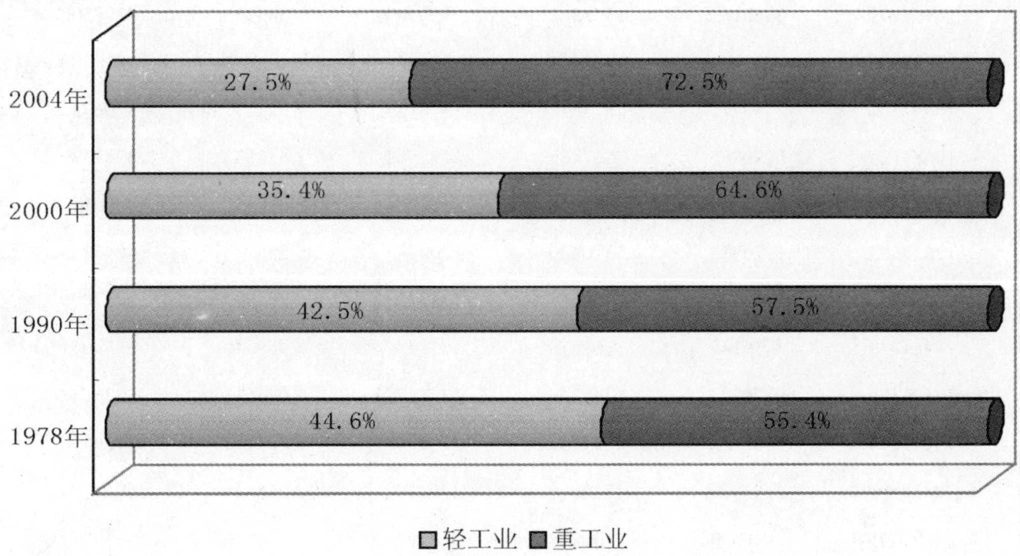

12-1 全部工业总产值

单位：万元

年 份	全部工业总产值	国有工业	集体工业	其他经济类型工业	城乡个体工业	轻工业	重工业
1952	49492	11334	297	21380	16481	37713	11779
1957	113399	63050	14969	33112	2268	83348	30051
1962	181444	153320	26128		1996	99068	82376
1965	296456	271257	25199			148228	148228
1970	516132	476906	39226			198195	317937
1975	753553	654398	99155			319506	434047
1978	964783	812623	152160			430615	534168
1979	1057930	901878	156052			472341	585589
1980	1099578	925712	173689	177		550945	548633
1981	1086391	912233	173170	988		592448	493943
1982	1177066	981640	194121	1305		589898	587168
1983	1317677	1103777	212417	1483		618638	699039
1984	1506960	1196530	291404	2177	16849	645520	861440
1985	1920827	1456872	423890	2861	37204	801061	1119766
1986	2192621	1596572	514751	5299	75999	924427	1268194
1987	2584397	1852541	607894	8076	115886	1080936	1503461
1988	3317423	2355412	781040	11114	169857	1399515	1917908
1989	4067087	2849125	944847	23649	249466	1687032	2380055
1990	4425767	3041692	1028562	37235	318278	1880238	2545529
1991	5088106	3486405	1144049	81734	375918	2144068	2944038
1992	5995407	3960162	1375360	150707	509178	2398502	3596905
1993	7937800	4839700	1947400	376953	773747	2810300	5127500
1994	10097561	5850772	2573879	578139	1094771	3706733	6390828
1995	10687123	6279888	2667785	1127313	612137	3981339	6705784
1996	11685390	6714800	3098965	1152974	718651	4265167	7420223
1997	12688503	6720873	3310430	1700487	956713	4845739	7842764
1998	13006274	7173954	3566540	1389780	876000	5017096	7989178
1999	14461849	8086145	3867578	1539486	968640	5634001	8827848
2000	16303339	9270722	4241869	1744127	1046621	5775640	10527699
2001	18275204	10383742	4534432	2193916	1163114	6420990	11854214
2002	20434508	11553929	4832016	2769737	1278826	6955184	13479324
2003	24699495	13920630	5500818	3873977	1404070	7619789	17079706
2004	30813745	18022960	6454426	4780232	1556127	8485384	22328361

12-2 规模以上工业企业主要经济指标

（2004年）

单位：万元

指标	企业单位数（个）	#亏损企业	工业总产值（当年价格）	工业销售产值（当年价格）
总 计	**2547**	**939**	**24267145**	**23524617**
#亏损企业	939	939	3259524	3108720
#国有及国有控股企业	1222	547	18022960	17581991
#农村工业	143	31	468063	438150
一、按登记注册类型分				
内资企业	2405	902	22509480	21808535
国有企业	885	433	9102481	8874715
中央企业	118	44	2822023	2766057
地方企业	767	389	6280458	6108658
集体企业	265	71	721436	665399
股份合作企业	83	28	171629	163404
联营企业	30	10	103693	95333
国有联营企业	9	3	59086	52589
集体联营企业	10	5	11808	12036
国有与集体联营企业	6	2	16745	14764
其他联营企业	5		16055	15944
有限责任公司	567	204	6808276	6594534
国有独资公司	36	20	1200452	1174752
其他有限责任公司	531	184	5607824	5419782
股份有限公司	156	43	4386803	4280751
私营企业	413	112	1196130	1115021
私营独资企业	119	29	210423	192527
私营合作企业	11		12854	12663
私营有限责任公司	255	73	906523	847148
私营股份有限公司	28	10	66330	62683
其他企业	6	1	19033	19378
港、澳、台商投资企业	51	19	628603	612194
合资经营企业(港或澳、台资)	43	15	384669	372462
合作经营企业(港或澳、台资)	1		207214	207214
港澳台商独资经营企业	5	3	27696	23916
港澳台商投资股份有限公司	2	1	9023	8602
外商投资企业	91	18	1129063	1103889
中外合资经营企业	69	17	890113	857107
中外合作经营企业	5		60118	60734
外资企业	16	1	178353	185041
外商投资股份有限公司	1		479	1007

12-2 续表1 （2004年） 单位：万元

指标	企业单位数（个）	#亏损企业	工业总产值（当年价格）	工业销售产值（当年价格）
二、按经济组织类型分				
独资企业	1290	537	10240389	9941599
国有企业	885	433	9102481	8874715
集体企业	265	71	721436	665399
私营独资企业	119	29	210423	192527
港澳台商独资经营企业	5	3	27696	23916
外资企业	16	1	178353	185041
合作、合伙企业	136	39	574540	558725
股份合作企业	83	28	171629	163404
国有联营企业	9	3	59086	52589
集体联营企业	10	5	11808	12036
国有与集体联营企业	6	2	16745	14764
其他联营企业	5		16055	15944
私营合伙企业	11		12854	12663
合作经营企业(港或澳、台资)	1		207214	207214
中外合作经营企业	5		60118	60734
其他企业（内资）	6	1	19033	19378
股份有限公司	187	54	4462635	4353043
股份有限公司(内资)	156	43	4386803	4280751
私营股份有限公司	28	10	66330	62683
港澳台商投资股份有限公司	2	1	9023	8602
外商投资股份有限公司	1		479	1007
有限责任公司	934	309	8989581	8671251
国有独资公司	36	20	1200452	1174752
私营有限责任公司	255	73	906523	847148
合资经营企业(港或澳、台资)	43	15	384669	372462
中外合资经营企业	69	17	890113	857107
其他有限责任公司	531	184	5607824	5419782
三、按轻重行业分				
轻工业	978	420	4816897	4632776
重工业	1569	519	19450248	18891842
四、按企业规模分				
大型企业	65	7	12423152	12208654
中型企业	355	103	7171538	6916022
小型企业	2127	829	4672455	4399942

12-2 续表2

（2004年）

单位：万元

指　　标	企业单位数（个）	#亏损企业	工业总产值（当年价格）	工业销售产值（当年价格）
五、按工业行业分				
煤炭开采和洗选业	86	9	916311	901205
石油和天然气开采业	19	1	4376713	4355573
黑色金属矿采选业	16	2	66143	61507
铁矿采选	12	2	60738	56793
有色金属矿采选业	81	12	520216	494190
常用有色金属矿采选	30	5	105916	104437
贵金属矿采选	40	7	123625	120169
非金属矿采选业	18	4	17078	16294
农副食品加工业	171	62	748370	719015
谷物磨制	63	19	161254	150968
饲料加工	32	8	128896	128702
植物油加工	30	14	229400	223789
屠宰及肉类加工	22	11	114246	109799
其他农副食品加工	22	9	106181	97411
食品制造业	95	39	313100	302790
焙烤食品制造	13	4	18311	19570
方便食品制造	10	6	75535	76189
液体乳及乳制品制造	42	18	190954	180415
调味品、发酵制品制造	13	4	5057	5013
饮料制造业	67	20	473239	455832
酒的制造	31	8	217339	206388
软饮料制造	31	11	244766	238273
烟草制品业	10	2	535104	543835
纺织业	93	57	573532	557184
棉、化纤纺织及印染精加工	55	34	501681	486465
毛纺织和染整精加工	8	5	22881	23268
丝绢纺织及精加工	13	8	25496	24359
纺织制成品制造	9	6	12618	12162
针织品、编织品及其制品制造	8	4	10857	10930
纺织服装、鞋、帽制造业	18	8	28529	32176
纺织服装制造	18	8	28529	32176
皮革、毛皮、羽毛(绒)及其制品业	7	4	13858	13923
木材加工及木、竹、藤、棕、草制品业	7	3	14520	13322
家具制造业	15	7	14580	14364
造纸及纸制品业	76	20	197223	183789
造　纸	57	15	164499	153870
纸制品制造	19	5	32724	29919
印刷业和记录媒介的复制	71	33	241844	229137
文教体育用品制造业	2		1023	1009
石油加工、炼焦及核燃料加工业	41	12	1876497	1827384

12-2 续表3 （2004年） 单位：万元

指 标	企业单位数（个）	#亏损企业	工业总产值（当年价格）	工业销售产值（当年价格）
原油加工及石油制品制造	13	4	1348228	1325699
炼 焦	27	8	461755	435025
化学原料及化学制品制造业	166	60	1067171	1014770
基础化学原料制造	48	18	260076	257742
肥料制造	46	16	454474	422378
农药制造	6	3	6162	4823
涂料、油墨、颜料及类似产品制造	9	3	31306	30650
合成材料制造	11	3	43020	39048
专用化学产品制造	40	15	180394	175873
日用化学产品制造	6	2	91739	84258
医药制造业	162	68	1123270	1057252
化学药品原药制造	45	24	138120	123467
化学药品制剂制造	32	13	596373	584990
中药饮片加工	14	3	40679	35189
中成药制造	54	21	294146	262668
生物、生化制品的制造	11	3	50999	47702
化学纤维制造业	2		5375	4484
橡胶制品业	12	2	33545	34604
塑料制品业	43	17	57576	54570
非金属矿物制品业	262	109	609594	571849
水泥、石灰和石膏的制造	157	62	423539	391392
水泥及石膏制品制造	29	15	69717	69101
砖瓦、石材及其他建筑材料制造	32	15	13928	13627
玻璃及玻璃制品制造	21	8	80200	75699
陶瓷制品制造	6	2	2810	3159
耐火材料制品制造	3	1	3650	3557
黑色金属冶炼及压延加工业	45	21	976776	925357
炼 铁	7		196174	183498
炼 钢	5	2	159178	151601
钢压延加工	21	11	542834	513966
铁合金冶炼	12	8	78591	76292
有色金属冶炼及压延加工业	64	18	708487	670759
常用有色金属冶炼	31	7	406633	397759
贵金属冶炼	2	1	8495	8486
稀有稀土金属冶炼	6	2	45794	45285
有色金属合金制造	3	1	8496	9401
有色金属压延加工	22	7	239070	209827
金属制品业	57	17	149735	144937
通用设备制造业	134	41	861252	833574
锅炉及原动机制造	17	6	101398	98468
金属加工机械制造	22	6	258426	251482

12-2 续表4　　（2004年）　　单位：万元

指　　标	企业单位数（个）	#亏损企业	工业总产值（当年价格）	工业销售产值（当年价格）
泵、阀门、压缩机及类似机械的制造	25	9	128235	124443
轴承、齿轮、传动和驱动部件的制造	5	3	5933	4937
风机、衡器、包装设备等通用设备	15	7	222049	213830
金属铸、锻加工	28	5	74728	73568
专用设备制造业	134	62	948536	869064
矿山、冶金、建筑专用设备制造	32	13	399909	362777
食品、饮料、烟草及饲料生产专用设备制造	14	5	18860	18613
纺织、服装和皮革工业专用设备制造	21	9	126838	115249
电子和电工机械专用设备制造	14	8	269833	248634
农、林、牧、渔专用机械制造	19	12	28059	26695
医疗仪器设备及器械制造	8	2	35005	31381
交通运输设备制造业	96	35	2652042	2603262
铁路运输设备制造	17	7	273585	260128
汽车制造	42	18	1029811	1000603
自行车制造	5	2	3103	2938
航空航天器制造	30	7	1343434	1337504
电气机械及器材制造业	113	35	1007887	977567
电机制造	8	2	99107	101338
输配电及控制设备制造	52	13	682711	678437
电线、电缆、光缆及电工器材制造	36	12	145162	124032
家用电力器具制造	7	5	39635	37563
照明器具制造	3	1	8075	8939
通信设备、计算机及其他电子设备制造业	66	21	1440346	1369358
通信设备制造	23	8	164890	157946
雷达及配套设备制造	3	2	34100	34162
广播电视设备制造	2	1	10210	8909
电子计算机制造	3	1	92538	89072
电子器件制造	9	2	676277	649517
电子元件制造	19	5	275426	255356
家用视听设备制造	4	2	143541	142789
仪器仪表及文化、办公用机械制造业	28	11	123443	108112
通用仪器仪表制造	15	7	23525	19983
专用仪器仪表制造	7	3	96464	85359
光学仪器及眼镜制造	4		2655	1975
工艺品及其他制造业	14	6	46735	42010
电力、热力的生产和供应业	146	54	1421648	1410929
电力生产	87	35	987303	977561
电力供应	52	13	423170	422006
热力生产和供应	7	6	11175	11362
燃气生产和供应业	7	4	21282	26838
水的生产和供应业	103	63	84567	82793

12-2 续表5　　(2004年)　　单位：万元

指　　标	资产总计	产成品	流动资产年平均余额	固定资产净值年平均余额	负债合计
总　计	**41648869**	**1860747**	**16521089**	**18577501**	**26421486**
#亏损企业	7693175	480771	3225678	3400073	6440732
#国有及国有控股企业	34000810	1273783	12853719	15945679	21971911
#农村工业	548673	45699	181088	228826	258852
一、按登记注册类型分					
内资企业	39587916	1722995	15347506	17809035	25353992
国有企业	16703559	578078	6538777	7697930	11173162
中央企业	6254691	150196	2695989	3123861	4008015
地方企业	10448868	427883	3842789	4574070	7165147
集体企业	820875	72518	397777	270332	439939
股份合作企业	311530	26016	129281	120966	212282
联营企业	154863	10531	61999	64586	100918
国有联营企业	99074	3277	32430	49404	69882
集体联营企业	23679	2542	14844	7806	18541
国有与集体联营企业	17365	1885	7391	4919	5604
其他联营企业	14744	2827	7335	2458	6891
有限责任公司	12031350	558410	4838306	4697291	8802362
国有独资公司	3457189	76942	1004197	1609550	2531596
其他有限责任公司	8574161	481468	3834110	3087741	6270766
股份有限公司	8290386	337406	2837712	4523381	3949375
私营企业	1264098	137047	535534	431490	668976
私营独资企业	195493	24490	80291	87431	104320
私营合作企业	12385	900	6659	4377	7984
私营有限责任公司	978739	98440	406078	308609	508086
私营股份有限公司	77480	13218	42506	31073	48586
其他企业	11255	2988	8120	3060	6978
港、澳、台商投资企业	702876	31287	324753	331106	318859
合资经营企业(港或澳、台资)	325425	29816	180484	116487	194056
合作经营企业(港或澳、台资)	337967		133941	201394	104452
港澳台商独资经营企业	18048	947	6743	7254	15869
港澳台商投资股份有限公司	21436	523	3584	5971	4482
外商投资企业	1358077	106465	848830	437360	748635
中外合资经营企业	1045099	96549	761134	236096	575872
中外合作经营企业	136528	827	15913	111405	96287
外资企业	173985	9089	71058	88231	75527
外商投资股份有限公司	2466		727	1629	950

12-2 续表6 （2004年） 单位：万元

指　　标	资产总计	产成品	流动资产年平均余额	固定资产净值年平均余额	负债合计
二、按经济组织类型分					
独资企业	17911960	685124	7094646	8151177	11808817
国有企业	16703559	578078	6538777	7697930	11173162
集体企业	820875	72518	397777	270332	439939
私营独资企业	195493	24490	80291	87431	104320
港澳台商独资经营企业	18048	947	6743	7254	15869
外资企业	173985	9089	71058	88231	75527
合作、合伙企业	964528	41262	355912	505788	528901
股份合作企业	311530	26016	129281	120966	212282
国有联营企业	99074	3277	32430	49404	69882
集体联营企业	23679	2542	14844	7806	18541
国有与集体联营企业	17365	1885	7391	4919	5604
其他联营企业	14744	2827	7335	2458	6891
私营合伙企业	12385	900	6659	4377	7984
合作经营企业(港或澳、台资)	337967		133941	201394	104452
中外合作经营企业	136528	827	15913	111405	96287
其他企业（内资）	11255	2988	8120	3060	6978
股份有限公司	8391768	351147	2884529	4562053	4003392
股份有限公司(内资)	8290386	337406	2837712	4523381	3949375
私营股份有限公司	77480	13218	42506	31073	48586
港澳台商投资股份有限公司	21436	523	3584	5971	4482
外商投资股份有限公司	2466		727	1629	950
有限责任公司	14380614	783214	6186003	5358483	10080376
国有独资公司	3457189	76942	1004197	1609550	2531596
私营有限责任公司	978739	98440	406078	308609	508086
合资经营企业(港或澳、台资)	325425	29816	180484	116487	194056
中外合资经营企业	1045099	96549	761134	236096	575872
其他有限责任公司	8574161	481468	3834110	3087741	6270766
三、按轻重行业分					
轻工业	6464522	501387	3089271	2348243	4273762
重工业	35184347	1359360	13431819	16229258	22147725
四、按企业规模分					
大型企业	20982182	627307	7792143	9976850	12269724
中型企业	13412201	617825	5509105	5808913	8984863
小型企业	7254486	615616	3219842	2791739	5166899

12-2 续表7　　（2004年）　　单位：万元

指　　标	资产总计	产成品	流动资产年平均余额	固定资产净值年平均余额	负债合计
五、按工业行业分					
煤炭开采和洗选业	2430962	36267	620454	1184358	1555418
石油和天然气开采业	7635582	120265	1684064	5128208	3637673
黑色金属矿采选业	59312	2663	33781	9133	27135
铁矿采选	51754	1507	28958	7497	22114
有色金属矿采选业	717970	27579	288888	231448	352576
常用有色金属矿采选	111985	9431	60830	39607	74620
贵金属矿采选	214053	4062	59770	113827	156070
非金属矿采选业	23374	2279	14524	6026	16891
农副食品加工业	468229	44693	217107	169187	331578
谷物磨制	102957	6565	42840	42556	77614
饲料加工	66440	3689	29014	27127	39253
植物油加工	116946	13188	63327	37779	87349
屠宰及肉类加工	107327	6954	38300	35647	75157
其他农副食品加工	70233	13644	42276	24054	52085
食品制造业	356340	27970	143857	155080	225866
焙烤食品制造	24129	1195	12720	10102	17544
方便食品制造	92743	2092	33055	50360	54416
液体乳及乳制品制造	172339	18303	78534	63141	103582
调味品、发酵制品制造	16844	3103	6042	6484	11339
饮料制造业	699031	91661	305995	306463	538341
酒的制造	226190	40513	105338	67760	136423
软饮料制造	435785	49973	190750	221072	365043
烟草制品业	645023	7383	467241	147892	423766
纺织业	914512	87814	340382	413710	775224
棉、化纤纺织及印染精加工	699916	60775	261057	345976	475136
毛纺织和染整精加工	101361	14606	41721	19229	153074
丝绢纺织及精加工	59336	7532	23054	29223	87737
纺织制成品制造	35329	2791	9781	8543	42359
针织品、编织品及其制品制造	18570	2110	4769	10739	16918
纺织服装、鞋、帽制造业	42907	4015	26307	11357	30148
纺织服装制造	42907	4015	26307	11357	30148
皮革、毛皮、羽毛(绒)及其制品业	51634	5642	34746	11146	44917
木材加工及木、竹、藤、棕、草制品业	62326	2572	16159	24352	45837
家具制造业	21842	1997	14092	6562	14454
造纸及纸制品业	297432	32153	115838	139443	194552
造　纸	255501	26980	95068	129593	170645
纸制品制造	41931	5173	20770	9850	23908
印刷业和记录媒介的复制	448595	17715	181765	164640	217843
文教体育用品制造业	1157	174	983	111	303
石油加工、炼焦及核燃料加工业	1155366	50472	418617	470923	730127

12-2 续表8　　(2004年)　　单位：万元

指　　标	资产总计	产成品	流动资产年平均余额	固定资产净值年平均余额	负债合计
原油加工及石油制品制造	647639	21087	205570	237804	430758
炼　焦	348914	28996	162203	118249	220667
化学原料及化学制品制造业	1952710	84161	646159	910696	1431905
基础化学原料制造	372950	16111	150780	138177	264930
肥料制造	931641	30136	229966	515397	793807
农药制造	16160	1354	7111	8912	6967
涂料、油墨、颜料及类似产品制造	31575	2201	15699	12888	25242
合成材料制造	75842	5879	34813	28046	42395
专用化学产品制造	404017	22057	140333	162538	246021
日用化学产品制造	120526	6424	67457	44740	52544
医药制造业	1519475	119219	814844	448490	832646
化学药品原药制造	263149	19911	133499	79063	152683
化学药品制剂制造	580037	41381	351725	134406	311829
中药饮片加工	80179	3660	45750	27244	40692
中成药制造	342319	41803	165253	104102	197552
生物、生化制品的制造	245585	10291	113860	100604	124214
化学纤维制造业	3368	384	1311	1721	1164
橡胶制品业	48669	4148	29728	14853	44330
塑料制品业	102814	14333	56891	36856	79301
非金属矿物制品业	1273993	86175	445156	583950	957111
水泥、石灰和石膏的制造	887230	51388	286341	433485	646020
水泥及石膏制品制造	126918	15041	71896	46205	95427
砖瓦、石材及其他建筑材料制造	86404	3377	12680	31028	67289
玻璃及玻璃制品制造	119466	11714	49966	52121	105100
陶瓷制品制造	14039	1598	6849	6363	13621
耐火材料制品制造	7376	462	2132	1198	1909
黑色金属冶炼及压延加工业	1086982	70630	549748	370893	797790
炼　铁	169639	10189	71900	85647	142734
炼　钢	110266	3684	55975	42763	120720
钢压延加工	728237	47845	374469	212470	489519
铁合金冶炼	78839	8912	47405	30013	44818
有色金属冶炼及压延加工业	925745	71288	406217	258214	596209
常用有色金属冶炼	554658	25068	201486	151656	335700
贵金属冶炼	5831	18	3521	2023	5658
稀有稀土金属冶炼	21754	8871	13455	6694	15100
有色金属合金制造	3959	302	3000	328	3594
有色金属压延加工	339544	37030	184756	97512	236158
金属制品业	254961	38615	136861	79513	187420
通用设备制造业	1334637	93290	868185	306966	945006
锅炉及原动机制造	206154	11050	126047	62619	189652
金属加工机械制造	385604	27830	224294	89685	232799

12-2 续表9 （2004年） 单位：万元

指　　标	资产总计	产成品	流动资产年平均余额	固定资产净值年平均余额	负债合计
泵、阀门、压缩机及类似机械的制造	203966	19428	131755	41094	70494
轴承、齿轮、传动和驱动部件的制造	40411	6102	28269	9077	50974
风机、衡器、包装设备等通用设备	316561	14435	251756	34293	240698
金属铸、锻加工	85909	7968	51007	43884	74648
专用设备制造业	1900402	144230	967874	661605	1334520
矿山、冶金、建筑专用设备制造	647948	64719	399849	174494	520912
食品、饮料、烟草及饲料生产专用设备制造	60944	4780	25295	27340	46482
纺织、服装和皮革工业专用设备制造	195448	22771	111359	42770	115254
电子和电工机械专用设备制造	670407	26061	241196	314548	393267
农、林、牧、渔专用机械制造	130590	7194	65876	50865	121689
医疗仪器设备及器械制造	49361	6552	31591	11556	31083
交通运输设备制造业	4437755	229031	2607893	943298	3165129
铁路运输设备制造	332015	45662	210831	97625	208636
汽车制造	1036225	62905	554756	260107	652614
自行车制造	3725	355	1928	702	1912
航空航天器制造	3058499	120078	1838787	579332	2297274
电气机械及器材制造业	1686439	163586	983370	395004	1274316
电机制造	92440	9510	61404	16443	62354
输配电及控制设备制造	1117004	91709	659591	218380	779569
电线、电缆、光缆及电工器材制造	269250	34102	145777	87861	207049
家用电力器具制造	134475	17223	85315	43733	188070
照明器具制造	40015	5808	15976	18482	24885
通信设备、计算机及其他电子设备制造业	2428115	124056	1469243	663056	1389350
通信设备制造	449764	22866	330935	64346	272283
雷达及配套设备制造	189228	981	120348	43933	69454
广播电视设备制造	72610	4238	59938	6620	87813
电子计算机制造	157759	14703	81165	49072	89742
电子器件制造	833394	28777	500067	303948	415398
电子元件制造	558127	49470	326021	158505	371466
家用视听设备制造	42358	637	21805	14373	34969
仪器仪表及文化、办公用机械制造业	346677	44386	236690	83561	276630
通用仪器仪表制造	117186	20113	78177	20508	87599
专用仪器仪表制造	215231	22562	151436	55982	180828
光学仪器及眼镜制造	11154	1587	5521	5554	6723
工艺品及其他制造业	168048	9903	87768	13776	47700
电力、热力的生产和供应业	5746730		1203035	3998360	3671895
电力生产	4687549		1021497	3272407	3415706
电力供应	974281		160522	688836	206042
热力生产和供应	84899		21016	37118	50147
燃气生产和供应业	70579		20288	44308	42633
水的生产和供应业	329179		65030	182343	183785

12-2 续表10　　（2004年）　　单位：万元

指　　标	产品销售收　入	产品销售成　本	产品销售费　用	产 品 销 售税金及附加
总　计	**24969640**	**18525349**	**799889**	**531435**
#亏损企业	3263744	2686211	111231	26664
#国有及国有控股企业	19324389	14009295	442116	491008
#农村工业	430807	355183	17367	3147
一、按登记注册类型分				
内资企业	23359619	17399624	623718	528403
国有企业	10157462	7463078	212434	374709
中央企业	4268083	3314836	54800	227521
地方企业	5889380	4148241	157634	147189
集体企业	658703	537397	19628	4272
股份合作企业	159153	121744	5335	2078
联营企业	85718	64181	7323	512
国有联营企业	43752	28739	5484	285
集体联营企业	13145	12238	432	66
国有与集体联营企业	12723	10455	374	78
其他联营企业	16097	12749	1032	83
有限责任公司	6467018	5291969	228516	52495
国有独资公司	1204230	990563	19808	14153
其他有限责任公司	5262788	4301406	208708	38341
股份有限公司	4746856	3006173	106345	84350
私营企业	1065815	899904	43646	9872
私营独资企业	194299	159220	7433	2191
私营合作企业	12837	11486	185	81
私营有限责任公司	802942	676161	33309	7262
私营股份有限公司	55738	53037	2719	338
其他企业	18895	15179	493	117
港、澳、台商投资企业	447733	333022	22111	1169
合资经营企业(港或澳、台资)	235524	179183	20535	1169
合作经营企业(港或澳、台资)	187473	130565		
港澳台商独资经营企业	16347	16228	428	
港澳台商投资股份有限公司	8388	7046	1148	
外商投资企业	1162288	792703	154060	1863
中外合资经营企业	918223	619248	130615	1789
中外合作经营企业	59750	30505	445	11
外资企业	183096	142290	23000	11
外商投资股份有限公司	1220	660		51

12-2 续表11 （2004年） 单位：万元

指 标	产品销售收入	产品销售成本	产品销售费用	产品销售税金及附加
二、按经济组织类型分				
独资企业	11209907	8318213	262922	381183
国有企业	10157462	7463078	212434	374709
集体企业	658703	537397	19628	4272
私营独资企业	194299	159220	7433	2191
港澳台商独资经营企业	16347	16228	428	
外资企业	183096	142290	23000	11
合作、合伙企业	523824	373660	13780	2798
股份合作企业	159153	121744	5335	2078
国有联营企业	43752	28739	5484	285
集体联营企业	13145	12238	432	66
国有与集体联营企业	12723	10455	374	78
其他联营企业	16097	12749	1032	83
私营合伙企业	12837	11486	185	81
合作经营企业(港或澳、台资)	187473	130565		
中外合作经营企业	59750	30505	445	11
其他企业（内资）	18895	15179	493	117
股份有限公司	4812202	3066915	110211	84739
股份有限公司(内资)	4746856	3006173	106345	84350
私营股份有限公司	55738	53037	2719	338
港澳台商投资股份有限公司	8388	7046	1148	
外商投资股份有限公司	1220	660		51
有限责任公司	8423707	6766561	412975	62714
国有独资公司	1204230	990563	19808	14153
私营有限责任公司	802942	676161	33309	7262
合资经营企业(港或澳、台资)	235524	179183	20535	1169
中外合资经营企业	918223	619248	130615	1789
其他有限责任公司	5262788	4301406	208708	38341
三、按轻重行业分				
轻工业	4289344	3071066	376656	244409
重工业	20680296	15454282	423233	287026
四、按企业规模分				
大型企业	12998037	9049406	230408	309875
中型企业	7880456	6108413	372736	185834
小型企业	4091147	3367530	196745	35726

12-2 续表12

（2004年）

单位：万元

指　　标	产品销售收　入	产品销售成　本	产品销售费　用	产品销售税金及附加
五、按工业行业分				
煤炭开采和洗选业	979180	709754	33643	19363
石油和天然气开采业	4682433	2658127	14227	122787
黑色金属矿采选业	63751	36182	1829	946
铁矿采选	58990	33873	1162	835
有色金属矿采选业	474617	214529	6452	2969
常用有色金属矿采选	96700	66326	2448	815
贵金属矿采选	107935	77455	551	671
非金属矿采选业	13117	8261	2348	394
农副食品加工业	693612	616570	20612	1338
谷物磨制	146345	132737	3087	399
饲料加工	122057	99373	3417	42
植物油加工	217351	209046	4662	176
屠宰及肉类加工	102754	81484	2612	433
其他农副食品加工	97005	86083	6826	259
食品制造业	285238	224586	27161	502
焙烤食品制造	18536	14376	1586	54
方便食品制造	67980	60798	5297	36
液体乳及乳制品制造	175170	132644	17817	296
调味品、发酵制品制造	4487	2074	192	4
饮料制造业	453591	303197	59949	25645
酒的制造	209465	121626	33319	24352
软饮料制造	235548	173680	26401	1179
烟草制品业	537341	227100	20366	204596
纺织业	525278	485751	8545	2348
棉、化纤纺织及印染精加工	466485	427954	6847	2139
毛纺织和染整精加工	17175	17826	542	70
丝绢纺织及精加工	20815	21414	398	77
纺织制成品制造	11211	9546	513	16
针织品、编织品及其制品制造	9592	9012	247	45
纺织服装、鞋、帽制造业	31767	23506	3149	164
纺织服装制造	31767	23506	3149	164
皮革、毛皮、羽毛(绒)及其制品业	12937	11174	433	112
木材加工及木、竹、藤、棕、草制品业	15287	13136	286	5
家具制造业	12964	9764	1042	33
造纸及纸制品业	174625	150837	6453	867
造　纸	146796	128174	4890	704
纸制品制造	27829	22664	1562	162
印刷业和记录媒介的复制	243548	170016	6714	2374
文教体育用品制造业	1028	840	20	24
石油加工、炼焦及核燃料加工业	1859018	1589945	18492	83703

12-2 续表13 （2004年） 单位：万元

指 标	产品销售收入	产品销售成本	产品销售费用	产品销售税金及附加
原油加工及石油制品制造	1334997	1147634	6041	68923
炼 焦	453705	379769	12407	14775
化学原料及化学制品制造业	973128	759807	45580	4411
基础化学原料制造	244847	185220	14317	1720
肥料制造	403956	325670	11195	1133
农药制造	5043	4029	317	11
涂料、油墨、颜料及类似产品制造	25470	21715	1468	106
合成材料制造	38038	29270	3038	231
专用化学产品制造	175428	130836	7568	969
日用化学产品制造	80345	63068	7679	242
医药制造业	968112	570651	199562	4339
化学药品原药制造	109142	87000	3494	398
化学药品制剂制造	573009	331068	124257	2204
中药饮片加工	34459	17935	9408	245
中成药制造	202394	103399	56502	1077
生物、生化制品的制造	46531	29077	5734	409
化学纤维制造业	4303	3829	128	7
橡胶制品业	31520	23663	1312	153
塑料制品业	51172	43138	1652	231
非金属矿物制品业	521363	412018	24536	4839
水泥、石灰和石膏的制造	371036	293263	17911	3714
水泥及石膏制品制造	54048	44561	3248	341
砖瓦、石材及其他建筑材料制造	11029	8885	456	176
玻璃及玻璃制品制造	65117	49193	1688	395
陶瓷制品制造	2641	1646	427	33
耐火材料制品制造	3377	3087	42	23
黑色金属冶炼及压延加工业	917520	852490	14753	3330
炼 铁	177269	172296	1804	700
炼 钢	137562	129059	532	572
钢压延加工	530796	484065	10711	1835
铁合金冶炼	71894	67070	1706	224
有色金属冶炼及压延加工业	629966	558339	11366	2188
常用有色金属冶炼	365128	329740	7105	1485
贵金属冶炼	8750	8028		9
稀有稀土金属冶炼	45781	41769	1182	153
有色金属合金制造	8591	8059	59	24
有色金属压延加工	201716	170742	3021	518
金属制品业	144084	114828	5805	580
通用设备制造业	773993	603476	28834	4412
锅炉及原动机制造	96002	82545	3097	607
金属加工机械制造	222660	184490	7919	1134

12-2 续表14　　（2004年）　　单位：万元

指　　标	产品销售收　入	产品销售成　本	产品销售费　用	产品销售税金及附加
泵、阀门、压缩机及类似机械的制造	110611	79544	5150	253
轴承、齿轮、传动和驱动部件的制造	3644	3012	138	20
风机、衡器、包装设备等通用设备	210418	142286	7716	1783
金属铸、锻加工	69715	59002	2349	366
专用设备制造业	872928	672681	36369	3267
矿山、冶金、建筑专用设备制造	359012	280845	15001	1451
食品、饮料、烟草及饲料生产专用设备制造	16477	10546	815	40
纺织、服装和皮革工业专用设备制造	131648	101292	5684	365
电子和电工机械专用设备制造	246286	194532	4225	900
农、林、牧、渔专用机械制造	27679	23400	2157	109
医疗仪器设备及器械制造	26842	15175	4803	175
交通运输设备制造业	2581260	2087537	79521	8199
铁路运输设备制造	234361	191770	5517	558
汽车制造	943028	750153	40181	4734
自行车制造	2693	2253	106	31
航空航天器制造	1399078	1141199	33709	2868
电气机械及器材制造业	962738	760538	60136	4208
电机制造	97246	89612	3137	286
输配电及控制设备制造	677725	516484	48733	3116
电线、电缆、光缆及电工器材制造	123628	104876	4979	240
家用电力器具制造	33613	24726	1771	255
照明器具制造	8550	6374	687	21
通信设备、计算机及其他电子设备制造业	1339347	1059955	42810	6286
通信设备制造	239575	175133	12922	2056
雷达及配套设备制造	33809	22597	211	20
广播电视设备制造	6399	5911	344	9
电子计算机制造	89737	72541	1319	92
电子器件制造	659324	547461	13408	2687
电子元件制造	258442	197359	11906	1248
家用视听设备制造	18190	16533	186	12
仪器仪表及文化、办公用机械制造业	124114	89845	8761	394
通用仪器仪表制造	34118	25358	4729	173
专用仪器仪表制造	86802	61732	3863	207
光学仪器及眼镜制造	2451	2219	84	10
工艺品及其他制造业	23205	19513	1376	100
电力、热力的生产和供应业	2887647	2355870	1744	15404
电力生产	2204471	1995065	525	13185
电力供应	671406	348871	683	2156
热力生产和供应	11770	11935	536	63
燃气生产和供应业	26449	22494	999	209
水的生产和供应业	77461	61405	2927	710

12-2 续表15 （2004年） 单位：万元

指 标	管理费用	利息支出	利润总额	亏损企业亏损额	利税总额	本年应交增值税	全部从业员年平均人数（人）
总 计	**1829131**	**502802**	**2453265**	**369301**	**4317336**	**1332637**	**1153937**
#亏损企业	330199	144791	-369301	369301	-227237	115400	327535
#国有及国有控股企业	1561723	418124	2136112	307110	3720936	1093816	861288
#农村工业	16396	9261	25473	3495	45668	17048	37399
一、按登记注册类型分							
内资企业	1751596	485195	2262320	356114	4046976	1256252	1120879
国有企业	844099	213721	689865	230066	1679890	615316	511032
中央企业	264167	77174	61958	116479	519670	230191	160253
地方企业	579932	136547	627907	113588	1160221	385125	350779
集体企业	31493	9793	42595	4192	72874	26007	57982
股份合作企业	19549	4930	3852	5506	13933	8002	19738
联营企业	6853	3631	3706	996	8142	3925	6986
国有联营企业	4502	3272	1724	394	4329	2320	3109
集体联营企业	688	126	-357	445	-43	248	810
国有与集体联营企业	1054	123	793	158	1486	615	1631
其他联营企业	609	110	1545		2370	742	1436
有限责任公司	486203	196589	241521	88657	572637	278621	331615
国有独资公司	129529	55792	-2957	35908	66380	55184	91923
其他有限责任公司	356675	140797	244478	52748	506257	223437	239692
股份有限公司	321720	39437	1247216	16916	1619409	287842	127237
私营企业	40508	17001	32999	9673	79295	36424	65054
私营独资企业	5397	3421	5315	1527	12644	5138	12896
私营合作企业	328	217	508		1167	578	1609
私营有限责任公司	31597	12587	24661	7595	60124	28201	45437
私营股份有限公司	3186	777	2515	551	5360	2508	5112
其他企业	1170	94	566	109	796	114	1235
港、澳、台商投资企业	17268	5875	66307	5359	88571	21095	14401
合资经营企业(港或澳、台资)	12240	4009	16082	3988	25010	7760	9130
合作经营企业(港或澳、台资)	3733	1722	51254		63979	12725	2386
港澳台商独资经营企业	817	126	-742	883	-477	265	2075
港澳台商投资股份有限公司	478	18	-287	488	59	346	810
外商投资企业	60267	11732	124638	7829	181790	55290	18657
中外合资经营企业	49584	6965	101523	7542	150626	47314	13085
中外合作经营企业	2960	3796	11923		17102	5168	1066
外资企业	7461	968	10658	287	13294	2625	4406
外商投资股份有限公司	263	4	534		768	183	100

12-2 续表16 （2004年） 单位：万元

指 标	管理费用	利息支出	利润总额	亏损企业亏损额	利税总额	本年应交增值税	全部从业员年平均人数（人）
二、按经济组织类型分							
独资企业	889267	228028	747691	236955	1778225	649351	588391
国有企业	844099	213721	689865	230066	1679890	615316	511032
集体企业	31493	9793	42595	4192	72874	26007	57982
私营独资企业	5397	3421	5315	1527	12644	5138	12896
港澳台商独资经营企业	817	126	-742	883	-477	265	2075
外资企业	7461	968	10658	287	13294	2625	4406
合作、合伙企业	34593	14389	71809	6611	105119	30513	33020
股份合作企业	19549	4930	3852	5506	13933	8002	19738
国有联营企业	4502	3272	1724	394	4329	2320	3109
集体联营企业	688	126	-357	445	-43	248	810
国有与集体联营企业	1054	123	793	158	1486	615	1631
其他联营企业	609	110	1545		2370	742	1436
私营合伙企业	328	217	508		1167	578	1609
合作经营企业(港或澳、台资)	3733	1722	51254		63979	12725	2386
中外合作经营企业	2960	3796	11923		17102	5168	1066
其他企业（内资）	1170	94	566	109	796	114	1235
股份有限公司	325647	40236	1249978	17954	1625596	290878	133259
股份有限公司(内资)	321720	39437	1247216	16916	1619409	287842	127237
私营股份有限公司	3186	777	2515	551	5360	2508	5112
港澳台商投资股份有限公司	478	18	-287	488	59	346	810
外商投资股份有限公司	263	4	534		768	183	100
有限责任公司	579624	220149	383787	107781	808397	361896	399267
国有独资公司	129529	55792	-2957	35908	66380	55184	91923
私营有限责任公司	31597	12587	24661	7595	60124	28201	45437
合资经营企业(港或澳、台资)	12240	4009	16082	3988	25010	7760	9130
中外合资经营企业	49584	6965	101523	7542	150626	47314	13085
其他有限责任公司	356675	140797	244478	52748	506257	223437	239692
三、按轻重行业分							
轻工业	276926	74408	175546	98241	635088	215133	287180
重工业	1552205	428394	2277720	271060	3682249	1117503	866757
四、按企业规模分							
大型企业	945596	198160	1986571	23182	3022408	725962	379575
中型企业	577714	211358	416637	190411	1067493	465022	412519
小型企业	305821	93284	50057	155708	227436	141653	361843

12-2 续表17 （2004年） 单位：万元

指 标	管理费用	利息支出	利润总额	亏损企业亏损额	利税总额	本年应交增值税	全部从业员年平均人数（人）
五、按工业行业分							
煤炭开采和洗选业	146816	33817	55820	982	156505	81322	99804
石油和天然气开采业	290234	35050	1535122	2	2049875	391965	81053
黑色金属矿采选业	6200	738	17767	40	25193	6480	4134
铁矿采选	5098	518	17452	40	24205	5919	3235
有色金属矿采选业	78799	2807	154310	3081	178920	21641	24525
常用有色金属矿采选	11192	1122	12623	307	20809	7371	6839
贵金属矿采选	19683	2492	7702	2775	10163	1790	10445
非金属矿采选业	1393	328	70	156	1302	839	1900
农副食品加工业	17061	7156	-833	11652	4020	3516	26238
谷物磨制	4056	954	-465	1902	582	648	6306
饲料加工	2940	728	2454	212	2562	66	2461
植物油加工	4820	3160	-5554	7748	-4652	726	3629
屠宰及肉类加工	3159	698	1373	1180	2412	607	10376
其他农副食品加工	1881	1623	1329	602	2932	1345	3053
食品制造业	12314	3198	5441	4366	14998	9054	19128
焙烤食品制造	1831	237	175	425	1131	902	2270
方便食品制造	1767	691	-606	954	1769	2339	3129
液体乳及乳制品制造	6730	1995	5996	2546	11177	4886	10309
调味品、发酵制品制造	231	39	31	48	74	38	697
饮料制造业	25318	6623	26669	7609	74244	21930	17852
酒的制造	14941	1990	13410	2826	54164	16402	10136
软饮料制造	9683	4054	14220	3744	20609	5210	6111
烟草制品业	38899	11259	37298	3474	302528	60634	7002
纺织业	38318	14664	-27816	30898	-5959	19508	91790
棉、化纤纺织及印染精加工	32007	8159	-14484	17086	5684	18029	78612
毛纺织和染整精加工	2398	4380	-7854	7925	-7407	377	3541
丝绢纺织及精加工	1875	1857	-4602	4775	-3748	778	4665
纺织制成品制造	1295	196	-358	508	-205	136	3217
针织品、编织品及其制品制造	743	73	-518	605	-284	188	1755
纺织服装、鞋、帽制造业	3320	251	954	831	2756	1638	5136
纺织服装制造	3320	251	954	831	2756	1638	5136
皮革、毛皮、羽毛(绒)及其制品业	1874	829	-861	917	-472	277	2070
木材加工及木、竹、藤、棕、草制品业	1675	947	85	327	705	615	1683
家具制造业	978	444	-671	895	-133	505	2407
造纸及纸制品业	6739	4873	2800	4677	8558	4891	25201
造 纸	5177	4276	780	4436	4835	3350	21956
纸制品制造	1563	597	2020	241	3723	1541	3245
印刷业和记录媒介的复制	25168	3183	36839	3913	55813	16600	13635
文教体育用品制造业	47		104		181	54	147
石油加工、炼焦及核燃料加工业	45221	13087	101746	15640	265548	80099	18832

12-2 续表18 （2004年） 单位：万元

指 标	管理费用	利息支出	利润总额	亏损企业亏损额	利税总额	本年应交增值税	全部从业员年平均人数（人）
原油加工及石油制品制造	25874	6545	76537	14173	197213	51753	6585
炼 焦	13035	6700	24190	1467	67291	28326	9579
化学原料及化学制品制造业	85542	38427	37955	14258	84674	42307	69078
基础化学原料制造	16322	14114	7833	2383	26206	16653	15661
肥料制造	34694	17687	14653	6683	28574	12789	28537
农药制造	776	183	-5	377	84	78	322
涂料、油墨、颜料及类似产品制造	2291	345	-90	907	877	861	1483
合成材料制造	2313	1191	819	444	1884	834	1610
专用化学产品制造	24749	3190	9281	2484	17146	6896	18656
日用化学产品制造	4397	1717	5465	981	9903	4197	2809
医药制造业	65205	14312	95458	11189	160358	60561	36279
化学药品原药制造	5781	4930	9204	2660	11248	1646	5943
化学药品制剂制造	32077	2833	70762	3494	114486	41520	15162
中药饮片加工	4714	717	185	1490	2745	2316	2619
中成药制造	19260	2388	11023	2983	24871	12772	9748
生物、生化制品的制造	3085	3395	4360	437	6886	2117	2210
化学纤维制造业	97	30	211		330	112	112
橡胶制品业	3841	921	1160	206	2830	1516	4446
塑料制品业	4842	1558	-133	3250	1385	1287	5583
非金属矿物制品业	45669	22464	2675	25420	43083	35569	69707
水泥、石灰和石膏的制造	30042	16927	1727	15715	32425	26985	46957
水泥及石膏制品制造	5517	1170	-2013	3820	1146	2818	6084
砖瓦、石材及其他建筑材料制造	1450	690	-688	1219	-16	497	4951
玻璃及玻璃制品制造	6656	3364	4034	3977	8797	4369	8789
陶瓷制品制造	469	40	6	105	298	260	699
耐火材料制品制造	352	2	-76	93	14	68	862
黑色金属冶炼及压延加工业	35122	15338	3767	9018	43776	36679	25478
炼 铁	3117	601	1831		10553	8022	6977
炼 钢	5881	2630	314	986	7860	6974	6585
钢压延加工	22873	10759	2757	6054	23545	18953	10008
铁合金冶炼	3250	1348	-1135	1978	1819	2729	1908
有色金属冶炼及压延加工业	26511	12000	26022	1880	52368	24158	24127
常用有色金属冶炼	10964	7041	15242	828	31961	15234	13764
贵金属冶炼	368	28	360	28	408	38	277
稀有稀土金属冶炼	640	101	2594	73	4211	1464	1037
有色金属合金制造	256	39	89	4	340	227	276
有色金属压延加工	14284	4792	7737	947	15449	7194	8773
金属制品业	17077	3292	-632	4124	5706	5758	13824
通用设备制造业	85603	16968	52992	13736	93943	36539	50146
锅炉及原动机制造	16564	2935	-1098	1971	1126	1617	11102
金属加工机械制造	19021	4476	8519	1664	18856	9203	12921

12-2 续表19 （2004年） 单位：万元

指 标	管理费用	利息支出	利润总额	亏损企业亏损额	利税总额	本年应交增值税	全部从业员年平均人数（人）
泵、阀门、压缩机及类似机械的制造	8339	1847	20754	1056	26207	5201	6674
轴承、齿轮、传动和驱动部件的制造	1019	909	-1434	1435	-1183	232	2817
风机、衡器、包装设备等通用设备	29986	-1120	31316	390	49647	16548	5814
金属铸、锻加工	5773	4336	-1869	2743	507	2010	6166
专用设备制造业	116117	26804	28612	28905	58366	26487	76956
矿山、冶金、建筑专用设备制造	43350	9174	14475	5695	29397	13470	21651
食品、饮料、烟草及饲料生产专用设备制造	3090	871	-2731	2800	-2324	367	4214
纺织、服装和皮革工业专用设备制造	10510	846	18526	874	22736	3845	7323
电子和电工机械专用设备制造	37870	9335	817	7557	3737	2021	28163
农、林、牧、渔专用机械制造	6614	3005	-6769	6947	-5550	1110	5733
医疗仪器设备及器械制造	2675	447	3047	167	5091	1869	2068
交通运输设备制造业	259813	40410	129495	20586	183159	45466	134705
铁路运输设备制造	30185	2953	3480	4281	10893	6855	18374
汽车制造	52230	9571	96849	5741	124497	22914	31066
自行车制造	134	8	37	20	82	14	292
航空航天器制造	176601	27783	31059	8599	49578	15651	84616
电气机械及器材制造业	104833	17124	24374	12440	67720	39138	43372
电机制造	5606	1160	1094	339	4212	2831	5435
输配电及控制设备制造	80944	9311	24576	2097	59311	31618	22953
电线、电缆、光缆及电工器材制造	7930	3581	2469	4056	5130	2422	5698
家用电力器具制造	7625	2494	-3982	3998	-1894	1833	5363
照明器具制造	1465	345	-929	1870	-826	82	3285
通信设备、计算机及其他电子设备制造业	132056	25000	85298	15764	139065	47481	58404
通信设备制造	33621	5467	12668	3519	20977	6254	8562
雷达及配套设备制造	10698	1236	-1367	2080	-1215	132	4164
广播电视设备制造	1103	2161	-2611	2700	-2494	108	2002
电子计算机制造	13367	1444	2406	254	3261	764	4499
电子器件制造	41150	8014	57231	3293	87098	27180	19754
电子元件制造	27808	6655	14065	2229	26593	11280	14492
家用视听设备制造	2617	35	-820	1690	27	835	3553
仪器仪表及文化、办公用机械制造业	46504	6369	-29508	33056	-25881	3232	12668
通用仪器仪表制造	4551	1459	-1194	3275	172	1193	4260
专用仪器仪表制造	41224	4813	-28352	29722	-26259	1886	7396
光学仪器及眼镜制造	591	90	97		221	114	897
工艺品及其他制造业	1229	241	992	363	1823	731	3309
电力、热力的生产和供应业	38206	120133	56017	76643	269849	198428	67688
电力生产	30418	113863	50579	72486	234219	170456	52682
电力供应	6181	5982	6244	2813	36173	27774	14035
热力生产和供应	1607	288	-805	1344	-543	199	971
燃气生产和供应业	4897	678	-3331	3988	-1841	1281	2193
水的生产和供应业	15597	1483	-3001	5015	2044	4336	13325

12-3 国有及国有控股工业企业主要经济指标

（2004年）

单位：万元

指 标	企业单位数（个）	#亏损企业	工业总产值（当年价格）	工业销售产值（当年价格）
总 计	**1222**	**547**	**18022960**	**17581991**
#亏损企业	547	547	2213687	2146530
一、按隶属关系分				
中央企业	155	58	7999430	7892608
地方企业	1067	489	10023530	9689383
二、按轻重工业分				
轻工业	438	241	2124144	2075335
重工业	784	306	15898816	15506655
三、按企业规模分				
大型企业	69	8	12123784	11926052
中型企业	229	82	4417830	4235062
小型企业	924	457	1481346	1420876
四、按工业行业分				
煤炭开采和洗选业	58	7	825736	812268
石油和天然气开采业	18	1	4365281	4344141
黑色金属矿采选业	5	1	10502	9996
铁矿采选	3	1	8536	8302
有色金属矿采选业	32	5	393820	369684
常用有色金属矿采选	7	1	37356	37164
贵金属矿采选	22	4	87689	86599
非金属矿采选业	5		4890	4610
农副食品加工业	68	41	128427	126675
谷物磨制	26	15	35064	34167
饲料加工	12	6	27884	29884
植物油加工	10	7	9085	10146
屠宰及肉类加工	13	7	54361	50763
食品制造业	34	11	35499	34776
焙烤食品制造	9	3	6826	6736
方便食品制造	1	1	3046	4233
液体乳及乳制品制造	8	3	13823	12305
调味品、发酵制品制造	10	2	1154	1100
饮料制造业	26	11	166352	154581
酒的制造	15	5	122750	116642
软饮料制造	10	5	42634	36847
烟草制品业	10	2	535104	543835
纺织业	50	36	415227	413325
棉、化纤纺织及印染精加工	26	18	368148	365873
毛纺织和染整精加工	5	5	17559	18072
丝绢纺织及精加工	7	5	14393	14897
纺织制成品制造	8	5	12535	11851
针织品、编织品及其制品制造	4	3	2593	2632
纺织服装、鞋、帽制造业	5	2	700	654
纺织服装制造	5	2	700	654
皮革、毛皮、羽毛(绒)及其制品业	3	3	5276	5254
木材加工及木、竹、藤、棕、草制品业	3	2	1245	755

12-3 续表1　　（2004年）　　单位：万元

指　标	企业单位数（个）	#亏损企业	工业总产值（当年价格）	工业销售产值（当年价格）
家具制造业	4	1	1064	1084
造纸及纸制品业	13	7	21001	20742
造　纸	9	6	9595	11028
纸制品制造	4	1	11406	9714
印刷业和记录媒介的复制	47	23	183877	175221
文教体育用品制造业	1		324	324
石油加工、炼焦及核燃料加工业	10	2	1578605	1551530
原油加工及石油制品制造	3	1	1244469	1225667
炼　焦	6	1	267621	259203
化学原料及化学制品制造业	77	37	753379	719266
基础化学原料制造	18	10	161985	161994
肥料制造	28	12	376734	348620
农药制造	3	2	2166	1728
涂料、油墨、颜料及类似产品制造	4	3	23686	23391
合成材料制造	3	1	32917	29081
专用化学产品制造	19	8	129168	127629
日用化学产品制造	2	1	26723	26824
医药制造业	45	19	297873	269920
化学药品原药制造	11	5	34482	29503
化学药品制剂制造	15	4	196822	190766
中药饮片加工	3		4014	2318
中成药制造	11	7	46309	32629
生物、生化制品的制造	4	2	16223	14681
橡胶制品业	4		18805	19632
塑料制品业	14	8	13320	11750
非金属矿物制品业	96	53	217815	208790
水泥、石灰和石膏的制造	45	26	154398	146108
水泥及石膏制品制造	15	7	21774	21990
砖瓦、石材及其他建筑材料制造	22	11	8380	7904
玻璃及玻璃制品制造	5	2	23129	23046
陶瓷制品制造	3	2	723	672
耐火材料制品制造	1	1	1909	1840
黑色金属冶炼及压延加工业	12	6	171063	171773
炼　铁	2		426	417
钢压延加工	5	3	129332	130362
铁合金冶炼	3	2	28387	30690
有色金属冶炼及压延加工业	21	7	381802	359438
常用有色金属冶炼	9	3	205731	206308
贵金属冶炼	2	1	8495	8486
稀有稀土金属冶炼	2		9656	9418
有色金属压延加工	8	3	157921	135226
金属制品业	28	11	99846	96408
通用设备制造业	64	28	682965	664024

12-3 续表2　　（2004年）　　单位：万元

指　标	企业单位数（个）	#亏损企业	工业总产值（当年价格）	工业销售产值（当年价格）
锅炉及原动机制造	12	4	91042	89457
金属加工机械制造	14	4	236325	230463
泵、阀门、压缩机及类似机械的制造	13	7	81123	80998
轴承、齿轮、传动和驱动部件的制造	5	3	5933	4937
风机、衡器、包装设备等通用设备	5	4	203719	195830
金属铸、锻加工	7	2	31042	30036
专用设备制造业	84	45	831209	761676
矿山、冶金、建筑专用设备制造	22	9	349654	316585
食品、饮料、烟草及饲料生产专用设备制造	7	4	6752	6470
纺织、服装和皮革工业专用设备制造	7	5	109739	99862
电子和电工机械专用设备制造	12	7	268837	248047
农、林、牧、渔专用机械制造	15	9	25158	23418
医疗仪器设备及器械制造	5	2	10824	10776
交通运输设备制造业	62	24	2496155	2448066
铁路运输设备制造	10	4	236011	222869
汽车制造	22	14	917295	888055
航空航天器制造	29	6	1342088	1336369
电气机械及器材制造业	35	15	688050	667441
电机制造	5	2	6377	5232
输配电及控制设备制造	14	4	574321	572426
电线、电缆、光缆及电工器材制造	9	3	63419	47625
家用电力器具制造	4	4	34041	31757
照明器具制造	1	1	1020	1884
通信设备、计算机及其他电子设备制造业	37	13	1345103	1276827
通信设备制造	11	5	140759	133852
雷达及配套设备制造	3	2	34100	34162
广播电视设备制造	1	1	7978	6774
电子器件制造	7	2	663828	638350
电子元件制造	11	2	246412	227756
家用视听设备制造	2	1	138230	138230
仪器仪表及文化、办公用机械制造业	16	9	105854	92649
通用仪器仪表制造	7	5	12978	9511
专用仪器仪表制造	5	3	90433	81265
光学仪器及眼镜制造	3		2221	1554
工艺品及其他制造业	5	4	2641	2642
电力、热力的生产和供应业	125	48	1143616	1138666
电力生产	66	29	709270	705299
电力供应	52	13	423170	422006
热力生产和供应	7	6	11175	11362
燃气生产和供应业	4	2	19487	24294
水的生产和供应业	101	63	81048	79275

12-3 续表3　　（2004年）　　单位：万元

指　　标	资产总计	产成品	流动资产年平均余额	固定资产净值年平均余额	负债合计
总　计	**34000810**	**1273783**	**12853719**	**15945679**	**21971911**
#亏损企业	5986894	340019	2412088	2731625	5257831
一、按隶属关系分					
中央企业	17268715	459507	6405542	8965788	10722965
地方企业	16732095	814276	6448177	6979891	11248946
二、按轻重工业分					
轻工业	3376396	218693	1559557	1258499	2451244
重工业	30624414	1055089	11294161	14687180	19520667
三、按企业规模分					
大型企业	23493253	612841	8336888	11658693	13856412
中型企业	7345206	428088	3293880	2940842	5366150
小型企业	3162351	232854	1222951	1346145	2749348
四、按工业行业分					
煤炭开采和洗选业	2229816	22025	554126	1146049	1468325
石油和天然气开采业	7622551	120265	1678676	5122464	3631104
黑色金属矿采选业	15852	506	4829	4364	10310
铁矿采选	12081	132	3172	3277	7637
有色金属矿采选业	605950	22252	242063	185419	291595
常用有色金属矿采选	60781	5365	33396	21963	45248
贵金属矿采选	169270	3263	47866	90906	131730
非金属矿采选业	7961	994	2937	3546	6216
农副食品加工业	117931	9149	48019	56205	98730
谷物磨制	23249	1110	10671	11424	24789
饲料加工	12416	668	6853	4114	10313
植物油加工	13544	1958	5018	6598	15020
屠宰及肉类加工	62031	5108	23499	29679	43295
食品制造业	74476	3371	25361	24475	51298
焙烤食品制造	6986	395	3064	3707	5177
方便食品制造	2182	98	1466	606	1910
液体乳及乳制品制造	39169	2496	13258	10297	20447
调味品、发酵制品制造	2891	59	802	1368	2518
饮料制造业	257391	33096	104609	93377	206167
酒的制造	152549	25173	75237	39689	105387
软饮料制造	75715	7633	24242	37999	69285
烟草制品业	645023	7383	467241	147892	423766
纺织业	794676	73071	297976	358287	701788
棉、化纤纺织及印染精加工	603136	50534	229751	299508	417212
毛纺织和染整精加工	98420	14093	40649	17822	150782
丝绢纺织及精加工	44171	5388	16058	23620	77774
纺织制成品制造	34682	2601	9210	8496	41592
针织品、编织品及其制品制造	14268	456	2309	8842	14429
纺织服装、鞋、帽制造业	2848	76	1466	1407	6126
纺织服装制造	2848	76	1466	1407	6126
皮革、毛皮、羽毛(绒)及其制品业	22939	1551	13345	4380	23883
木材加工及木、竹、藤、棕、草制品业	28860	1498	6509	12267	21803

12-3 续表4 （2004年） 单位：万元

指 标	资产总计	产成品	流动资产年平均余额	固定资产净值年平均余额	负债合计
家具制造业	3511	644	1979	1367	2681
造纸及纸制品业	108501	11984	46742	47152	90115
造 纸	96432	11231	42581	43768	82805
纸制品制造	12069	753	4160	3384	7311
印刷业和记录媒介的复制	312928	10695	122264	117248	144589
文教体育用品制造业	908	82	892	7	82
石油加工、炼焦及核燃料加工业	894504	32794	311833	409047	574688
原油加工及石油制品制造	558864	16689	183824	223391	385090
炼 焦	176826	15717	77166	70788	110896
化学原料及化学制品制造业	1561930	54993	464946	786709	1218306
基础化学原料制造	283812	10084	102264	111440	199775
肥料制造	834822	26082	186321	493946	750031
农药制造	3703	334	1532	1894	2163
涂料、油墨、颜料及类似产品制造	22307	952	11193	11007	21901
合成材料制造	62955	3507	29466	22120	38188
专用化学产品制造	309281	12750	102187	135683	201646
日用化学产品制造	45049	1284	31983	10619	4602
医药制造业	412450	33173	191748	117110	230028
化学药品原药制造	75648	5284	31681	26013	53943
化学药品制剂制造	250726	14189	104554	67685	112529
中药饮片加工	5589	833	4092	1242	4030
中成药制造	60471	9206	34164	14506	43898
生物、生化制品的制造	19794	3658	17084	7617	15424
橡胶制品业	30641	2153	19623	8889	29190
塑料制品业	40538	3344	22776	12774	36579
非金属矿物制品业	643987	38767	224283	296638	544216
水泥、石灰和石膏的制造	397298	20614	137091	197350	320504
水泥及石膏制品制造	70661	8590	33921	28898	60682
砖瓦、石材及其他建筑材料制造	76005	2080	9800	27017	63607
玻璃及玻璃制品制造	59007	5417	26797	26665	65727
陶瓷制品制造	9754	135	4635	4825	9663
耐火材料制品制造	6595	439	1518	973	1187
黑色金属冶炼及压延加工业	331288	27535	184951	123263	242681
炼 铁	3402	140	1769	1075	5791
钢压延加工	249380	21158	143801	84079	161478
铁合金冶炼	57112	5452	30583	26361	23786
有色金属冶炼及压延加工业	534078	34839	245510	153461	389864
常用有色金属冶炼	272692	8402	89329	90801	212497
贵金属冶炼	5831	18	3521	2023	5658
稀有稀土金属冶炼	2149	982	1587	523	1602
有色金属压延加工	253407	25437	151074	60114	170107
金属制品业	190239	29417	98739	60525	149200
通用设备制造业	1094164	72963	717894	255830	841285

12-3 续表5　　（2004年）　　单位：万元

指　　标	资产总计	产成品	流动资产年平均余额	固定资产净值年平均余额	负债合计
锅炉及原动机制造	186681	9989	115815	57443	177516
金属加工机械制造	355977	23101	205518	82472	213040
泵、阀门、压缩机及类似机械的制造	96639	11987	56376	25997	45321
轴承、齿轮、传动和驱动部件的制造	40411	6102	28269	9077	50974
风机、衡器、包装设备等通用设备	299191	12575	243944	27377	230623
金属铸、锻加工	53697	4996	35007	34409	60117
专用设备制造业	1711606	128969	839185	624832	1208904
矿山、冶金、建筑专用设备制造	570961	60728	341344	166113	473791
食品、饮料、烟草及饲料生产专用设备制造	35572	2694	12116	17088	19494
纺织、服装和皮革工业专用设备制造	178738	20652	100687	39567	105473
电子和电工机械专用设备制造	666249	25504	238380	314281	391982
农、林、牧、渔专用机械制造	116574	5812	58399	46367	108695
医疗仪器设备及器械制造	16622	3561	7806	7229	11545
交通运输设备制造业	4217845	220127	2513202	841510	3034592
铁路运输设备制造	279573	43824	180423	78534	178145
汽车制造	890845	56093	497112	185599	566764
航空航天器制造	3046367	120078	1835072	576912	2289294
电气机械及器材制造业	1302051	124011	757034	296331	1056275
电机制造	34800	1295	27045	5057	19316
输配电及控制设备制造	1003758	78224	584963	193489	724417
电线、电缆、光缆及电工器材制造	111706	19897	54990	44609	109313
家用电力器具制造	125856	16913	79509	42702	183451
照明器具制造	17815	5808	7019	9551	14261
通信设备、计算机及其他电子设备制造业	2273239	114860	1353085	635931	1327922
通信设备制造	389786	20111	283701	57636	247348
雷达及配套设备制造	189228	981	120348	43933	69454
广播电视设备制造	69770	3882	58864	5879	86775
电子器件制造	817077	28485	485223	302748	405965
电子元件制造	518208	46351	299856	147846	358123
家用视听设备制造	39815	22	20121	13426	33074
仪器仪表及文化、办公用机械制造业	307942	36811	210293	77647	257619
通用仪器仪表制造	86652	16430	56769	16850	72531
专用仪器仪表制造	207965	18718	147008	54047	177207
光学仪器及眼镜制造	10559	1587	5132	5342	6596
工艺品及其他制造业	4165	385	1931	1462	3356
电力、热力的生产和供应业	5220279		995741	3701084	3436293
电力生产	4161099		814203	2975131	3180104
电力供应	974281		160522	688836	206042
热力生产和供应	84899		21016	37118	50147
燃气生产和供应业	58309		18696	35371	33772
水的生产和供应业	319434		63212	181360	178567

12-3 续表6 （2004年） 单位：万元

指 标	产品销售收入	产品销售成本	产品销售费用	产品销售税金及附加
总 计	**19324389**	**14009295**	**442116**	**491008**
#亏损企业	2395934	1902887	68794	18625
一、按隶属关系分				
中央企业	9995675	7161842	107243	316107
地方企业	9328714	6847453	334873	174901
二、按轻重工业分				
轻工业	1892077	1268927	118882	225585
重工业	17432311	12740368	323234	265423
三、按企业规模分				
大型企业	14124496	10021338	235706	320991
中型企业	4167132	3145984	157893	161718
小型企业	1032761	841973	48517	8299
四、按工业行业分				
煤炭开采和洗选业	890241	643146	28489	18297
石油和天然气开采业	4671002	2650282	13722	122553
黑色金属矿采选业	10812	6785	588	178
铁矿采选	9071	6219	315	159
有色金属矿采选业	353851	127909	4807	1796
常用有色金属矿采选	30768	16737	953	251
贵金属矿采选	76956	55692	436	277
非金属矿采选业	3229	2269	320	79
农副食品加工业	114382	92792	3218	295
谷物磨制	29534	27883	746	73
饲料加工	28315	26223	973	2
植物油加工	10017	9339	227	9
屠宰及肉类加工	44648	27692	1209	198
食品制造业	32514	26026	4069	118
焙烤食品制造	6808	5050	780	22
方便食品制造	3271	3165	83	
液体乳及乳制品制造	13158	11517	1441	23
调味品、发酵制品制造	596	447	57	3
饮料制造业	157219	93316	22688	13945
酒的制造	122537	66469	21471	13785
软饮料制造	34092	26089	1217	150
烟草制品业	537341	227100	20366	204596
纺织业	403709	373200	6152	1230
棉、化纤纺织及印染精加工	368945	338016	4819	1138
毛纺织和染整精加工	12092	13018	448	23
丝绢纺织及精加工	10024	11176	312	51
纺织制成品制造	10861	9200	511	16
针织品、编织品及其制品制造	1787	1790	62	2
纺织服装、鞋、帽制造业	798	744	2	4
纺织服装制造	798	744	2	4
皮革、毛皮、羽毛(绒)及其制品业	5343	4662	371	98
木材加工及木、竹、藤、棕、草制品业	735	798	45	4

12-3 续表7 （2004年） 单位：万元

指 标	产品销售收入	产品销售成本	产品销售费用	产品销售税金及附加
家具制造业	335	221	67	2
造纸及纸制品业	19556	18091	676	72
造 纸	10878	11052	414	26
纸制品制造	8679	7039	262	46
印刷业和记录媒介的复制	170747	117334	5225	1887
文教体育用品制造业	348	226	16	7
石油加工、炼焦及核燃料加工业	1560821	1333601	7594	78938
原油加工及石油制品制造	1237932	1068613	5554	65658
炼 焦	252573	202445	1997	13274
化学原料及化学制品制造业	685640	534249	24099	2809
基础化学原料制造	149800	109640	9582	1146
肥料制造	329733	266518	6083	1095
农药制造	1718	1593	28	1
涂料、油墨、颜料及类似产品制造	19700	17086	1142	62
合成材料制造	28318	22502	2238	79
专用化学产品制造	129577	97150	4669	421
日用化学产品制造	26795	19759	357	5
医药制造业	258764	162064	48419	2207
化学药品原药制造	23265	19593	1409	52
化学药品制剂制造	202661	126731	36286	1916
中药饮片加工	4288	3056	697	6
中成药制造	18287	8020	6494	64
生物、生化制品的制造	10242	4644	3530	170
橡胶制品业	20292	14777	901	64
塑料制品业	10609	8594	450	76
非金属矿物制品业	207292	158915	11864	1911
水泥、石灰和石膏的制造	148402	111470	9408	1366
水泥及石膏制品制造	20202	17133	1061	170
砖瓦、石材及其他建筑材料制造	5848	4500	247	139
玻璃及玻璃制品制造	24450	18354	851	187
陶瓷制品制造	260	178	33	8
耐火材料制品制造	1564	1411	1	5
黑色金属冶炼及压延加工业	185410	154010	9565	763
炼 铁	910	758	9	
钢压延加工	149551	121795	8713	738
铁合金冶炼	26946	23543	829	11
有色金属冶炼及压延加工业	335956	290063	6302	1179
常用有色金属冶炼	183583	165999	4053	689
贵金属冶炼	8750	8028		9
稀有稀土金属冶炼	9319	6934	94	36
有色金属压延加工	134305	109103	2156	445
金属制品业	96339	76867	4176	469
通用设备制造业	627032	483927	20947	3557

12-3 续表8

（2004年）

单位：万元

指　　标	产品销售收入	产品销售成本	产品销售费用	产品销售税金及附加
锅炉及原动机制造	90335	78964	2308	594
金属加工机械制造	201460	167176	6766	1049
泵、阀门、压缩机及类似机械的制造	82093	59792	3383	107
轴承、齿轮、传动和驱动部件的制造	3644	3012	138	20
风机、衡器、包装设备等通用设备	192839	127638	6491	1664
金属铸、锻加工	26031	20281	789	41
专用设备制造业	775436	604918	26213	2824
矿山、冶金、建筑专用设备制造	316044	248056	11558	1226
食品、饮料、烟草及饲料生产专用设备制造	5393	4297	391	30
纺织、服装和皮革工业专用设备制造	117947	90426	5010	310
电子和电工机械专用设备制造	245700	193986	4180	898
农、林、牧、渔专用机械制造	24821	20626	1790	100
医疗仪器设备及器械制造	9513	6751	786	86
交通运输设备制造业	2428335	1957917	73446	6273
铁路运输设备制造	196421	163591	3901	346
汽车制造	833288	653288	35949	3062
航空航天器制造	1397811	1140290	33561	2864
电气机械及器材制造业	672724	514306	49326	3022
电机制造	5352	4819	947	9
输配电及控制设备制造	578186	440544	43651	2719
电线、电缆、光缆及电工器材制造	50655	39169	2697	95
家用电力器具制造	29420	21625	1436	191
照明器具制造	1539	1495	253	8
通信设备、计算机及其他电子设备制造业	1248439	994367	37147	5880
通信设备制造	214471	157318	11289	1915
雷达及配套设备制造	33809	22597	211	20
广播电视设备制造	4200	3900	320	8
电子器件制造	648082	538640	12747	2663
电子元件制造	233487	181049	10682	1022
家用视听设备制造	14426	13138	12	4
仪器仪表及文化、办公用机械制造业	98057	71907	5463	248
通用仪器仪表制造	12838	10891	1906	50
专用仪器仪表制造	82912	58936	3433	189
光学仪器及眼镜制造	2030	1829	84	9
工艺品及其他制造业	2599	2690	29	2
电力、热力的生产和供应业	2640732	2180961	1503	14807
电力生产	1957556	1820155	284	12588
电力供应	671406	348871	683	2156
热力生产和供应	11770	11935	536	63
燃气生产和供应业	23758	20715	961	112
水的生产和供应业	73990	59550	2890	707

12-3 续表9

（2004年）

单位：万元

指　　标	管理费用	利息支出	利润总额	亏损企业亏损额	利税总额	本年应交增值税	全部从业员年平均人数（人）
总　计	**1561723**	**418124**	**2136112**	**307110**	**3720936**	**1093816**	**861288**
#亏损企业	269246	120309	-307110	307110	-201506	86979	249286
一、按隶属关系分							
中央企业	698464	184408	1333480	133676	2206371	556784	321685
地方企业	863259	233716	802632	173434	1514565	537032	539603
二、按轻重工业分							
轻工业	170021	43541	57585	67320	415611	132441	159499
重工业	1391702	374583	2078527	239790	3305325	961374	701789
三、按企业规模分							
大型企业	1006029	231549	2064520	22450	3196009	810498	425733
中型企业	420330	135405	133423	178651	535140	239998	265099
小型企业	135364	51170	-61831	106009	-10212	43319	170456
四、按工业行业分							
煤炭开采和洗选业	138806	31155	50022	248	141168	72849	91147
石油和天然气开采业	289573	35032	1534861	2	2049227	391812	80593
黑色金属矿采选业	2292	450	313	34	1441	950	1241
铁矿采选	1573	334	296	34	1203	748	788
有色金属矿采选业	68104	1607	135390	2413	151366	14180	16840
常用有色金属矿采选	5990	642	4756	88	7520	2513	2619
贵金属矿采选	15150	2024	3474	2325	4959	1208	7651
非金属矿采选业	471	34	32		291	180	804
农副食品加工业	6328	1666	-2602	3707	-1829	477	6669
谷物磨制	1399	350	-939	1016	-800	66	1707
饲料加工	717	260	174	200	186	9	589
植物油加工	1508	426	-1234	1240	-1148	78	1031
屠宰及肉类加工	2376	612	-299	946	176	278	2974
食品制造业	3192	208	-469	1145	1314	1666	4430
焙烤食品制造	928	55	203	265	789	564	760
方便食品制造	114	26	-116	116	-92	24	180
液体乳及乳制品制造	800	80	-426	576	-66	337	1486
调味品、发酵制品制造	159	1	-12	25	20	29	454
饮料制造业	10642	3356	8766	4695	35057	12345	7653
酒的制造	7886	1622	10726	2218	35390	10880	5201
软饮料制造	2327	1284	-920	1438	667	1438	1687
烟草制品业	38899	11259	37298	3474	302528	60634	7002
纺织业	34791	13444	-26415	28322	-8337	16849	74259
棉、化纤纺织及印染精加工	28970	7309	-13116	14863	3904	15882	63230
毛纺织和染整精加工	2330	4348	-7925	7925	-7612	290	2993
丝绢纺织及精加工	1606	1531	-4426	4436	-3857	518	3420
纺织制成品制造	1282	196	-348	498	-196	136	3089
针织品、编织品及其制品制造	603	61	-601	601	-576	23	1527
纺织服装、鞋、帽制造业	475	110	-375	380	-361	11	304
纺织服装制造	475	110	-375	380	-361	11	304
皮革、毛皮、羽毛(绒)及其制品业	1528	465	-666	666	-538	29	1481
木材加工及木、竹、藤、棕、草制品业	1118	70	-189	189	-132	52	392

12-3 续表10　　　　（2004年）　　　　单位：万元

指　　标	管理费用	利息支出	利润总额	亏损企业亏损额	利税总额	本年应交增值税	全部从业员年平均人数（人）
家具制造业	51	10	-3	3	24	25	237
造纸及纸制品业	2161	1142	-2527	3288	-1654	801	4651
造　纸	1464	974	-3210	3262	-2790	393	3369
纸制品制造	697	168	682	26	1136	408	1282
印刷业和记录媒介的复制	17915	2613	25069	3198	38256	11300	9729
文教体育用品制造业	42		66		111	39	82
石油加工、炼焦及核燃料加工业	36970	8893	86915	14100	224005	58152	11482
原油加工及石油制品制造	23520	5459	66427	14099	180882	48796	5473
炼　焦	7137	3592	19469	1	42079	9336	3341
化学原料及化学制品制造业	68666	33997	22270	12091	57032	31953	54018
基础化学原料制造	11958	13044	1837	1962	14388	11405	10751
肥料制造	31217	16876	8750	6524	22207	12362	25148
农药制造	141	86	-148	167	-143	5	113
涂料、油墨、颜料及类似产品制造	1951	215	-389	907	283	610	1132
合成材料制造	1581	1178	601	421	1315	635	1109
专用化学产品制造	20525	2894	5867	1959	11442	5155	15411
日用化学产品制造	1293	-297	5752	152	7540	1783	354
医药制造业	23411	4705	22992	4038	43424	18224	14707
化学药品原药制造	2385	1763	166	1320	476	258	2700
化学药品制剂制造	16742	1985	22232	1106	38583	14436	8445
中药饮片加工	238	129	55		287	226	222
中成药制造	2902	626	248	1168	2359	2047	2651
生物、生化制品的制造	1140	198	302	433	1728	1257	681
橡胶制品业	2879	716	683		1672	926	3139
塑料制品业	2766	743	-588	2180	61	573	2083
非金属矿物制品业	26618	12254	-10866	19735	4937	13892	35326
水泥、石灰和石膏的制造	16663	7851	-4855	12097	6648	10137	21030
水泥及石膏制品制造	3605	784	-2627	2640	-1479	978	4321
砖瓦、石材及其他建筑材料制造	1071	561	-771	1024	-352	279	3385
玻璃及玻璃制品制造	4213	2839	-1972	3329	317	2103	4884
陶瓷制品制造	99	8	-105	105	-64	34	194
耐火材料制品制造	314	-1	-93	93	-42	46	821
黑色金属冶炼及压延加工业	17331	4035	2548	3227	12126	8816	6679
炼　铁	246		33		33		302
钢压延加工	14222	3000	2966	2069	11269	7565	3976
铁合金冶炼	2343	1034	-359	1067	842	1190	553
有色金属冶炼及压延加工业	19292	8109	13142	999	28983	14662	13901
常用有色金属冶炼	6296	4540	2990	556	11626	7947	6788
贵金属冶炼	368	28	360	28	408	38	277
稀有稀土金属冶炼	155	19	2353		2769	381	278
有色金属压延加工	12474	3521	7439	416	14180	6296	6558
金属制品业	13950	2776	-1431	3522	3616	4579	10150
通用设备制造业	75661	15272	41831	12786	77328	31941	37464

12-3 续表11 （2004年） 单位：万元

指　　标	管理费用	利息支出	利润总额	亏损企业亏损额	利税总额	本年应交增值税	全部从业员年平均人数（人）
锅炉及原动机制造	15527	2732	-1015	1847	1029	1450	9877
金属加工机械制造	17656	4099	7688	1574	17396	8659	11300
泵、阀门、压缩机及类似机械的制造	5415	1396	13572	650	17915	4236	3438
轴承、齿轮、传动和驱动部件的制造	1019	909	-1434	1435	-1183	232	2817
风机、衡器、包装设备等通用设备	28985	-1224	29898	238	47476	15914	4082
金属铸、锻加工	3937	3861	-2473	2566	-1748	684	3307
专用设备制造业	107029	25403	23268	26491	48509	22417	68822
矿山、冶金、建筑专用设备制造	39533	8782	11472	5621	24963	12265	19491
食品、饮料、烟草及饲料生产专用设备制造	2485	760	-2437	2451	-2121	287	2273
纺织、服装和皮革工业专用设备制造	9609	682	17462	799	20949	3177	5692
电子和电工机械专用设备制造	37747	9334	967	7404	3881	2017	28100
农、林、牧、渔专用机械制造	6085	2601	-5837	5997	-4711	1025	5010
医疗仪器设备及器械制造	1125	236	127	167	720	507	1462
交通运输设备制造业	246295	38164	129851	14591	178024	41900	124573
铁路运输设备制造	24251	2570	1395	2345	7707	5967	14099
汽车制造	45955	7811	96810	4235	120146	20274	25923
航空航天器制造	176057	27783	31646	8011	50161	15651	84496
电气机械及器材制造业	87373	13928	10962	10721	45356	31372	29142
电机制造	1544	41	-257	339	-191	57	689
输配电及控制设备制造	72932	8962	14458	1744	45402	28225	18440
电线、电缆、光缆及电工器材制造	4596	2045	2268	2761	3603	1240	2645
家用电力器具制造	7012	2483	-3988	3988	-2055	1742	4656
照明器具制造	930	345	-1870	1870	-1785	78	2583
通信设备、计算机及其他电子设备制造业	122788	24494	76174	14582	125063	43010	54356
通信设备制造	30723	5262	11229	2889	18244	5100	7186
雷达及配套设备制造	10698	1236	-1367	2080	-1215	132	4164
广播电视设备制造	1051	2115	-2700	2700	-2601	91	1922
电子器件制造	39807	8005	57079	3293	86632	26890	19452
电子元件制造	24965	6506	9313	1990	19551	9216	12975
家用视听设备制造	2393	10	-762	1630	-77	681	3150
仪器仪表及文化、办公用机械制造业	43963	6277	-31525	32773	-29246	2031	10953
通用仪器仪表制造	2566	1401	-2988	2992	-2662	276	3003
专用仪器仪表制造	40783	4784	-28561	29722	-26727	1645	7158
光学仪器及眼镜制造	572	90	83		196	104	752
工艺品及其他制造业	152	55	-259	260	-110	146	328
电力、热力的生产和供应业	31833	113595	-3090	76157	191582	179865	61627
电力生产	24045	107324	-8529	71999	155952	151893	46621
电力供应	6181	5982	6244	2813	36173	27774	14035
热力生产和供应	1607	288	-805	1344	-543	199	971
燃气生产和供应业	3759	623	-1959	2082	-823	1024	2009
水的生产和供应业	14600	1468	-3377	5015	1464	4134	13015

12-4 外商及港澳台商投资工业企业主要经济指标

（2004年）

单位：万元

指标	企业单位数（个）	#亏损企业	工业总产值（当年价格）	工业销售产值（当年价格）
总计	**142**	**37**	**1757666**	**1716083**
#亏损企业	37	37	123309	118936
#国有及国有控股企业	44	16	531905	506329
#农村工业	4	2	5320	6064
一、按登记注册类型分				
港、澳、台商投资企业	51	19	628603	612194
合资经营企业(港或澳、台资)	43	15	384669	372462
合作经营企业(港或澳、台资)	1		207214	207214
港澳台商独资经营企业	5	3	27696	23916
港澳台商投资股份有限公司	2	1	9023	8602
外商投资企业	91	18	1129063	1103889
中外合资经营企业	69	17	890113	857107
中外合作经营企业	5		60118	60734
外资企业	16	1	178353	185041
外商投资股份有限公司	1		479	1007
二、按轻重工业分				
轻工业	67	22	1015692	996206
重工业	75	15	741974	719877
三、按企业规模分				
大型企业	1		207214	207214
中型企业	23	6	1013395	993920
小型企业	118	31	537057	514949
四、按工业行业分				
农副食品加工业	5	1	88114	87277
食品制造业	10	3	121624	118595
饮料制造业	12	3	125471	127167
纺织业	5	3	40683	36236
纺织服装、鞋、帽制造业	1	1	1067	1067
皮革、毛皮、羽毛(绒)及其制品业	1	1	6649	6798
木材加工及木、竹、藤、棕、草制品业	3	2	1638	1601
家具制造业	2	1	3015	3037
造纸及纸制品业	1		1437	1250
印刷业和记录媒介的复制	4	1	19514	19614
石油加工、炼焦及核燃料加工业	2		12705	14278
化学原料及化学制品制造业	4	1	58736	57678
医药制造业	15	5	423766	411812
塑料制品业	8	3	10883	10272
非金属矿物制品业	8	1	25871	25999
黑色金属冶炼及压延加工业	2	1	30334	32347
有色金属冶炼及压延加工业	3		24689	22230
金属制品业	6	2	12003	11798
通用设备制造业	8	1	83983	83398
专用设备制造业	6		51513	40624
交通运输设备制造业	3	1	24363	25705
电气机械及器材制造业	16	3	113687	102557
通信设备、计算机及其他电子设备制造业	8	1	221924	220622
仪器仪表及文化、办公用机械制造业	3	1	4553	4400
工艺品及其他制造业	1		4527	4279
电力、热力的生产和供应业	3	1	241437	241437
燃气生产和供应业	1		479	1007
水的生产和供应业	1		3000	3000

12-4 续表1　　（2004年）　　单位：万元

指　　标	资产总计	产成品	流动资产年平均余额	固定资产净值年平均余额	负债合计
总　　计	**2060953**	**137752**	**1173583**	**768466**	**1067494**
# 亏损企业	358167	33942	188308	135739	241358
# 国有及国有控股企业	801173	61359	445168	279165	434552
# 农村工业	30677	1818	10695	19065	13689
一、按登记注册类型分					
港、澳、台商投资企业	702876	31287	324753	331106	318859
合资经营企业(港或澳、台资)	325425	29816	180484	116487	194056
合作经营企业(港或澳、台资)	337967		133941	201394	104452
港澳台商独资经营企业	18048	947	6743	7254	15869
港澳台商投资股份有限公司	21436	523	3584	5971	4482
外商投资企业	1358077	106465	848830	437360	748635
中外合资经营企业	1045099	96549	761134	236096	575872
中外合作经营企业	136528	827	15913	111405	96287
外资企业	173985	9089	71058	88231	75527
外商投资股份有限公司	2466		727	1629	950
二、按轻重工业分					
轻工业	812847	73009	506445	257398	470452
重工业	1248107	64743	667138	511068	597043
三、按企业规模分					
大型企业	337967		133941	201394	104452
中型企业	1010829	74274	619411	341861	565116
小型企业	712158	63478	420232	225212	397926
四、按工业行业分					
农副食品加工业	40138	1970	25081	13898	28402
食品制造业	113592	8211	46053	44433	57366
饮料制造业	203670	20814	76067	112179	140649
纺织业	21583	2979	8861	9058	22594
纺织服装、鞋、帽制造业	1600	25	568	773	898
皮革、毛皮、羽毛(绒)及其制品业	18991	2556	15380	3611	12611
木材加工及木、竹、藤、棕、草制品业	24096	1853	7369	7201	21116
家具制造业	6059	526	4628	1300	2845
造纸及纸制品业	1905	42	1388	514	1631
印刷业和记录媒介的复制	15196	1340	10876	3472	11146
石油加工、炼焦及核燃料加工业	3656	193	2454	2244	1896
化学原料及化学制品制造业	71770	4595	49844	17175	12916
医药制造业	298947	31852	263642	44920	168568
塑料制品业	23078	2286	12234	9581	12019
非金属矿物制品业	35313	937	21376	12989	21953
黑色金属冶炼及压延加工业	56164	2932	31777	25260	23681
有色金属冶炼及压延加工业	13289	1547	8731	4057	9835
金属制品业	36144	1525	13978	15598	18858
通用设备制造业	77342	7562	49811	18591	24388
专用设备制造业	46229	5392	32148	10174	14287
交通运输设备制造业	38939	1629	24448	13313	21715
电气机械及器材制造业	134506	18094	85984	43589	63517
通信设备、计算机及其他电子设备制造业	292971	16655	221168	42952	174144
仪器仪表及文化、办公用机械制造业	17196	1757	11715	2343	9457
工艺品及其他制造业	6156	482	4354	1450	610
电力、热力的生产和供应业	451246		141264	306012	184366
燃气生产和供应业	2466		727	1629	950
水的生产和供应业	8713		1659	152	5079

12-4 续表2　　（2004年）　　单位：万元

指　　标	产品销售收　入	产品销售成　本	产品销售费　用	产品销售税金及附加
总　计	**1610020**	**1125724**	**176171**	**3031**
#亏损企业	101162	90302	9262	35
#国有及国有控股企业	464026	348094	20795	1653
#农村工业	6346	5469	264	82
一、按登记注册类型分				
港、澳、台商投资企业	447733	333022	22111	1169
合资经营企业(港或澳、台资)	235524	179183	20535	1169
合作经营企业(港或澳、台资)	187473	130565		
港澳台商独资经营企业	16347	16228	428	
港澳台商投资股份有限公司	8388	7046	1148	
外商投资企业	1162288	792703	154060	1863
中外合资经营企业	918223	619248	130615	1789
中外合作经营企业	59750	30505	445	11
外资企业	183096	142290	23000	11
外商投资股份有限公司	1220	660		51
二、按轻重工业分				
轻工业	810704	527866	149006	1270
重工业	799317	597858	27164	1761
三、按企业规模分				
大型企业	187473	130565		
中型企业	924103	603905	147162	1535
小型企业	498445	391255	29009	1497
四、按工业行业分				
农副食品加工业	79885	65389	2947	7
食品制造业	116489	86248	15770	
饮料制造业	123892	90332	20504	816
纺织业	23220	21881	1018	336
纺织服装、鞋、帽制造业	1061	975	51	
皮革、毛皮、羽毛(绒)及其制品业	6061	5799	9	
木材加工及木、竹、藤、棕、草制品业	1463	1171	74	
家具制造业	3092	2067	514	
造纸及纸制品业	715	551	486	
印刷业和记录媒介的复制	16701	15515	544	
石油加工、炼焦及核燃料加工业	14342	13824	52	
化学原料及化学制品制造业	55554	38710	1925	
医药制造业	379789	193167	105547	71
塑料制品业	10044	8724	232	40
非金属矿物制品业	24075	18562	1761	26
黑色金属冶炼及压延加工业	31359	28369	1120	10
有色金属冶炼及压延加工业	23731	20660	1221	11
金属制品业	11792	8185	908	1
通用设备制造业	83227	61984	2382	
专用设备制造业	45832	32195	2462	5
交通运输设备制造业	26189	17793	1321	20
电气机械及器材制造业	103005	85266	4424	13
通信设备、计算机及其他电子设备制造业	182459	144090	8276	1559
仪器仪表及文化、办公用机械制造业	16065	10638	2241	65
工艺品及其他制造业	4290	3715	372	
电力、热力的生产和供应业	221432	147675	11	
燃气生产和供应业	1220	660		51
水的生产和供应业	3038	1582		

12-4 续表3 （2004年） 单位：万元

指 标	管理费用	利息支出	利润总额	亏损企业亏损额	利税总额	本年应交增值税	全部从业员年平均人数（人）
总 计	**77535**	**17608**	**190945**	**13188**	**270361**	**76385**	**33058**
# 亏损企业	9827	4642	-13188	13188	-10081	3071	6689
# 国有及国有控股企业	26698	12373	56029	6598	78472	20790	9745
# 农村工业	515	660	-1414	1515	-1236	96	592
一、按登记注册类型分							
港、澳、台商投资企业	17268	5875	66307	5359	88571	21095	14401
合资经营企业(港或澳、台资)	12240	4009	16082	3988	25010	7760	9130
合作经营企业(港或澳、台资)	3733	1722	51254		63979	12725	2386
港澳台商独资经营企业	817	126	-742	883	-477	265	2075
港澳台商投资股份有限公司	478	18	-287	488	59	346	810
外商投资企业	60267	11732	124638	7829	181790	55290	18657
中外合资经营企业	49584	6965	101523	7542	150626	47314	13085
中外合作经营企业	2960	3796	11923		17102	5168	1066
外资企业	7461	968	10658	287	13294	2625	4406
外商投资股份有限公司	263	4	534		768	183	100
二、按轻重工业分							
轻工业	36811	3341	70582	7206	114151	42299	19372
重工业	40723	14266	120363	5981	156210	34086	13686
三、按企业规模分							
大型企业	3733	1722	51254		63979	12725	2386
中型企业	43547	10541	109948	4506	162249	50766	16076
小型企业	30255	5345	29742	8681	44132	12893	14596
四、按工业行业分							
农副食品加工业	1038	521	1043	193	1147	97	676
食品制造业	4650	913	5555	692	10360	4805	4230
饮料制造业	4856	1997	5320	2645	7266	1130	2749
纺织业	879	361	-999	1209	-349	313	2261
纺织服装、鞋、帽制造业	80	3	-2	2	-2		250
皮革、毛皮、羽毛(绒)及其制品业	338	358	-251	251	-17	234	153
木材加工及木、竹、藤、棕、草制品业	307		-218	218	-207	11	49
家具制造业	348	125	30	9	255	225	353
造纸及纸制品业	92		212		325	113	484
印刷业和记录媒介的复制	332	315	73	376	351	278	515
石油加工、炼焦及核燃料加工业	105	90	198		347	148	142
化学原料及化学制品制造业	3641	-28	11912	80	15085	3173	1010
医药制造业	20690	-945	50657	1605	82801	32073	5276
塑料制品业	653	102	401	590	638	197	388
非金属矿物制品业	1533	251	1899	162	3294	1369	1087
黑色金属冶炼及压延加工业	2234	978	-985	1057	-29	946	345
有色金属冶炼及压延加工业	1161	292	961		1138	166	437
金属制品业	1670	449	415	226	1222	807	921
通用设备制造业	3760	787	13944	84	18160	4216	1162
专用设备制造业	2601	-46	8403		9132	724	747
交通运输设备制造业	3074	521	2435	1435	2689	235	534
电气机械及器材制造业	4954	1229	8178	1530	10059	1868	2788
通信设备、计算机及其他电子设备制造业	10839	3840	16447	717	22916	4910	2661
仪器仪表及文化、办公用机械制造业	800	2	1773	59	2299	460	436
工艺品及其他制造业	241	1	62		199	136	205
电力、热力的生产和供应业	5498	5475	62600	46	79994	17394	2871
燃气生产和供应业	263	4	534		768	183	100
水的生产和供应业	900	15	349		524	175	228

12-5 大中型工业企业主要经济指标

（2004年）

单位：万元

指　　标	企业单位数（个）	#亏损企业	工业总产值（当年价格）	工业销售产值（当年价格）
总　计	**420**	**110**	**19594690**	**19124676**
#亏损企业	110	110	1964566	1910371
#国家及国有控股企业	301	90	16633078	16264295
#农村工业	12	2	195375	180221
一、按登记注册类型分				
内资企业	397	104	18384320	17932341
国有企业	180	60	8358618	8165806
中央企业	73	24	2733981	2680735
地方企业	107	36	5624637	5485071
集体企业	12		227938	207892
股份合作企业	4	1	35666	37602
联营企业	5		32738	29790
国有联营企业	4		24487	22865
国有与集体联营企业	1		8251	6926
有限责任公司	124	31	5476922	5331951
国有独资公司	24	12	1172652	1147525
其他有限责任公司	100	19	4304270	4184426
股份有限公司	52	9	3921412	3847484
私营企业	20	3	331027	311816
私营独资企业	3		20538	18408
私营有限责任公司	15	3	306288	289173
私营股份有限公司	1		4201	4235
港、澳、台商投资企业	9	3	490399	477111
合资经营企业(港或澳、台资)	6	1	260061	250495
合作经营企业(港或澳、台资)	1		207214	207214
港澳台商独资经营企业	2	2	23124	19402
外商投资企业	14	3	719971	715224
中外合资经营企业	10	3	592914	575556
中外合作经营企业	1		33383	33383
外资企业	3		93674	106285
二、按经济组织类型分				
独资企业	200	62	8723892	8517793
国有企业	180	60	8358618	8165806
集体企业	12		227938	207892
私营独资企业	3		20538	18408
港澳台商独资经营企业	2	2	23124	19402
外资企业	3		93674	106285
合作、合伙企业	12	1	309001	307989
股份合作企业	4	1	35666	37602
国有联营企业	4		24487	22865
国有与集体联营企业	1		8251	6926
合作经营企业(港或澳、台资)	1		207214	207214
中外合作经营企业	1		33383	33383
股份有限公司	53	9	3925613	3851719
股份有限公司(内资)	52	9	3921412	3847484
私营股份有限公司	1		4201	4235

12-5 续表1 （2004年） 单位：万元

指 标	企业单位数（个）	#亏损企业	工业总产值（当年价格）	工业销售产值（当年价格）
有限责任公司	155	38	6636185	6447175
国有独资公司	24	12	1172652	1147525
私营有限责任公司	15	3	306288	289173
合资经营企业(港或澳、台资)	6	1	260061	250495
中外合资经营企业	10	3	592914	575556
其他有限责任公司	100	19	4304270	4184426
三、按轻重工业分				
轻工业	118	35	2885439	2829922
重工业	302	75	16709252	16294754
四、按企业规模分				
大型企业	65	7	12423152	12208654
中型企业	355	103	7171538	6916022
五、按工业行业分				
煤炭开采和洗选业	15		797301	781732
石油和天然气开采业	15		4363889	4342992
黑色金属矿采选业	1		31181	27046
有色金属矿采选业	16	1	385206	361912
农副食品加工业	9	1	157364	149098
食品制造业	8	1	156093	149370
饮料制造业	12	1	219817	228999
烟草制品业	6	1	522613	527395
纺织业	23	16	438898	432036
纺织服装、鞋、帽制造业	3		18383	22074
皮革、毛皮、羽毛(绒)及其制品业	1	1	5052	5083
木材加工及木、竹、藤、棕、草制品业	1		10247	10001
造纸及纸制品业	10	3	106860	99647
印刷业和记录媒介的复制	10	2	186032	175571
石油加工、炼焦及核燃料加工业	10	1	1677371	1642529
化学原料及化学制品制造业	27	10	672573	636673
医药制造业	20	3	703995	689758
橡胶制品业	1		13457	14528
塑料制品业	1	1	2987	2351
非金属矿物制品业	26	12	269012	251126
黑色金属冶炼及压延加工业	9	4	797228	759272
有色金属冶炼及压延加工业	14	2	530459	508728
金属制品业	8	1	85892	83401
通用设备制造业	18	4	675795	652919
专用设备制造业	29	9	801292	735909
交通运输设备制造业	39	10	2519094	2478593
电气机械及器材制造业	16	7	745051	735048
通信设备、计算机及其他电子设备制造业	24	5	1321736	1257692
仪器仪表及文化、办公用机械制造业	5	3	94164	84247
工艺品及其他制造业	3		28868	24812
电力、热力的生产和供应业	37	11	1199322	1191866
燃气生产和供应业	2		16312	21122
水的生产和供应业	1		41146	41146

12-5 续表2 （2004年） 单位：万元

指 标	资产总计	产成品	流动资产年平均余额	固定资产净值年平均余额	负债合计
总 计	**34394383**	**1245131**	**13301248**	**15785762**	**21254587**
# 亏损企业	4465390	223440	1908391	2073899	3608589
# 国家及国有控股企业	30531332	1033516	11541386	14455401	19110733
# 农村工业	257704	12246	67613	98679	103953
一、按登记注册类型分					
内资企业	33060087	1169644	12547660	15244985	20582789
国有企业	14606694	444264	5773135	6736224	9274144
中央企业	6070012	131371	2599314	3055741	3859257
地方企业	8536682	312894	3173822	3680483	5414887
集体企业	327186	15132	146257	90012	131730
股份合作企业	93910	5246	38813	39769	67768
联营企业	63499	1015	18605	34634	45045
国有联营企业	55808	562	16463	33168	42636
国有与集体联营企业	7692	453	2142	1466	2409
有限责任公司	10166616	400023	4062533	3985080	7506062
国有独资公司	3201364	70653	907914	1506370	2388132
其他有限责任公司	6965252	329369	3154619	2478710	5117930
股份有限公司	7416911	256941	2356730	4260293	3384180
私营企业	385270	47024	151587	98973	173861
私营独资企业	40775	5350	17602	15973	23416
私营有限责任公司	335245	41371	128735	81068	143828
私营股份有限公司	4182	203	3450	597	1917
港、澳、台商投资企业	483737	13581	218409	252952	178234
合资经营企业(港或澳、台资)	131340	12663	79412	45233	60251
合作经营企业(港或澳、台资)	337967		133941	201394	104452
港澳台商独资经营企业	14430	917	5056	6326	13531
外商投资企业	850559	61907	535179	287826	493564
中外合资经营企业	642996	58981	500391	125354	381450
中外合作经营企业	110950		6374	103315	79054
外资企业	96613	2926	28414	59157	33059
二、按经济组织类型分					
独资企业	15085699	468589	5970465	6907692	9475879
国有企业	14606694	444264	5773135	6736224	9274144
集体企业	327186	15132	146257	90012	131730
私营独资企业	40775	5350	17602	15973	23416
港澳台商独资经营企业	14430	917	5056	6326	13531
外资企业	96613	2926	28414	59157	33059
合作、合伙企业	611394	6360	199533	380447	301020
股份合作企业	93910	5246	38813	39769	67768
国有联营企业	55808	562	16463	33168	42636
国有与集体联营企业	7692	453	2142	1466	2409
合作经营企业(港或澳、台资)	337967		133941	201394	104452
中外合作经营企业	110950		6374	103315	79054
股份有限公司	7421093	257144	2360180	4260890	3386097
股份有限公司(内资)	7416911	256941	2356730	4260293	3384180
私营股份有限公司	4182	203	3450	597	1917

12-5 续表3　　（2004年）　　单位：万元

指　　标	资产总计	产成品	流动资产年平均余额	固定资产净值年平均余额	负债合计
有限责任公司	11276198	513038	4771070	4236734	8091591
国有独资公司	3201364	70653	907914	1506370	2388132
私营有限责任公司	335245	41371	128735	81068	143828
合资经营企业(港或澳、台资)	131340	12663	79412	45233	60251
中外合资经营企业	642996	58981	500391	125354	381450
其他有限责任公司	6965252	329369	3154619	2478710	5117930
三、按轻重工业分					
轻工业	3825574	227172	1897570	1314178	2272790
重工业	30568809	1017959	11403678	14471585	18981797
四、按企业规模分					
大型企业	20982182	627307	7792143	9976850	12269724
中型企业	13412201	617825	5509105	5808913	8984863
五、按工业行业分					
煤炭开采和洗选业	2274624	27706	567707	1119020	1450322
石油和天然气开采业	7601030	119857	1673124	5115144	3600961
黑色金属矿采选业	25497		17004	980	3793
有色金属矿采选业	588758	22127	239555	172922	265917
农副食品加工业	127940	17938	68003	39407	86154
食品制造业	120199	8754	62300	45279	64478
饮料制造业	276918	28599	107793	119070	155519
烟草制品业	624188	3677	451105	140982	409815
纺织业	654360	56012	248664	318517	437005
纺织服装、鞋、帽制造业	29179	2717	18673	6754	16365
皮革、毛皮、羽毛(绒)及其制品业	18383	1092	11185	4090	18585
木材加工及木、竹、藤、棕、草制品业	25957	85	4956	9541	17197
造纸及纸制品业	106306	6144	32457	59446	57228
印刷业和记录媒介的复制	323472	11974	126283	120855	132619
石油加工、炼焦及核燃料加工业	993420	35081	357941	432924	642931
化学原料及化学制品制造业	1260510	41505	335186	686405	1048663
医药制造业	957095	55525	522221	266467	495859
橡胶制品业	21400	1000	13600	7550	24000
塑料制品业	11785	967	7296	4359	14821
非金属矿物制品业	626596	36095	198542	274040	473803
黑色金属冶炼及压延加工业	951264	55716	479243	310918	671055
有色金属冶炼及压延加工业	792669	54918	337928	202962	496695
金属制品业	150109	25360	84009	40807	100078
通用设备制造业	1002730	59293	667053	227651	706064
专用设备制造业	1539171	112263	778200	540885	1008019
交通运输设备制造业	4240807	213855	2503314	882390	3029838
电气机械及器材制造业	1252864	113807	724740	284739	1010020
通信设备、计算机及其他电子设备制造业	2158381	101728	1302572	609395	1197774
仪器仪表及文化、办公用机械制造业	246767	23782	167973	63465	215874
工艺品及其他制造业	148642	7557	76877	7812	38750
电力、热力的生产和供应业	5015166		1074924	3554150	3234018
燃气生产和供应业	44656		12793	28997	25243
水的生产和供应业	183541		28026	87842	105126

12-5 续表4　　　　（2004年）　　　　单位：万元

指　　标	产品销售收　入	产品销售成　本	产品销售费　用	产 品 销 售税金及附加
总　计	**20878493**	**15157819**	**603143**	**495709**
#亏损企业	2205664	1734875	57531	17595
#国有及国有控股企业	18140368	13044264	389253	480804
#农村工业	175048	138073	5684	975
一、按登记注册类型分				
内资企业	19775879	14430122	457067	494174
国有企业	9527512	6949821	185860	366935
中央企业	4188021	3248873	51696	225743
地方企业	5339491	3700948	134165	141192
集体企业	204126	151762	3548	1208
股份合作企业	40666	27190	733	656
联营企业	29246	18241	3331	216
国有联营企业	23327	13294	3331	178
国有与集体联营企业	5919	4947		39
有限责任公司	5321794	4327375	168002	42872
国有独资公司	1176234	968695	19021	14021
其他有限责任公司	4145560	3358680	148980	28851
股份有限公司	4352017	2702107	82292	81242
私营企业	300519	253628	13301	1046
私营独资企业	19635	15068	618	153
私营有限责任公司	276401	235566	12177	854
私营股份有限公司	4483	2993	506	39
港、澳、台商投资企业	326671	234450	11940	
合资经营企业(港或澳、台资)	127359	91690	11683	
合作经营企业(港或澳、台资)	187473	130565		
港澳台商独资经营企业	11839	12196	257	
外商投资企业	775943	493247	134137	1535
中外合资经营企业	637613	400335	114204	1535
中外合作经营企业	33111	16305		
外资企业	105219	76607	19933	
二、按经济组织类型分				
独资企业	9868331	7205453	210216	368296
国有企业	9527512	6949821	185860	366935
集体企业	204126	151762	3548	1208
私营独资企业	19635	15068	618	153
港澳台商独资经营企业	11839	12196	257	
外资企业	105219	76607	19933	
合作、合伙企业	290495	192300	4063	872
股份合作企业	40666	27190	733	656
国有联营企业	23327	13294	3331	178
国有与集体联营企业	5919	4947		39
合作经营企业(港或澳、台资)	187473	130565		
中外合作经营企业	33111	16305		
股份有限公司	4356500	2705100	82798	81281
股份有限公司(内资)	4352017	2702107	82292	81242
私营股份有限公司	4483	2993	506	39

12-5 续表5 （2004年） 单位：万元

指 标	产品销售收入	产品销售成本	产品销售费用	产品销售税金及附加
有限责任公司	6363168	5054966	306066	45260
国有独资公司	1176234	968695	19021	14021
私营有限责任公司	276401	235566	12177	854
合资经营企业(港或澳、台资)	127359	91690	11683	
中外合资经营企业	637613	400335	114204	1535
其他有限责任公司	4145560	3358680	148980	28851
三、按轻重工业分				
轻工业	2648692	1697074	283849	229979
重工业	18229800	13460745	319294	265730
四、按企业规模分				
大型企业	12998037	9049406	230408	309875
中型企业	7880456	6108413	372736	185834
五、按工业行业分				
煤炭开采和洗选业	859883	634426	24738	16128
石油和天然气开采业	4670247	2650787	13995	121198
黑色金属矿采选业	29801	10800	41	414
有色金属矿采选业	350207	120460	4954	1868
农副食品加工业	148693	120342	7675	182
食品制造业	145106	104369	18209	107
饮料制造业	239305	145907	44016	17507
烟草制品业	522063	215693	20235	204474
纺织业	425741	390054	5672	1345
纺织服装、鞋、帽制造业	22233	15437	2686	138
皮革、毛皮、羽毛(绒)及其制品业	5246	4580	365	97
木材加工及木、竹、藤、棕、草制品业	11908	10228	85	
造纸及纸制品业	91200	77226	3433	398
印刷业和记录媒介的复制	195475	130130	5142	2094
石油加工、炼焦及核燃料加工业	1669961	1430533	11255	79757
化学原料及化学制品制造业	602752	471151	25724	2647
医药制造业	665774	344535	161779	2677
橡胶制品业	15900	11100	678	46
塑料制品业	1921	1338	194	15
非金属矿物制品业	240907	179564	13157	1807
黑色金属冶炼及压延加工业	782446	725860	13371	2961
有色金属冶炼及压延加工业	471825	409666	8903	1803
金属制品业	81950	65072	3803	338
通用设备制造业	623109	478909	20660	3491
专用设备制造业	750682	580011	27018	2657
交通运输设备制造业	2450547	1979777	75702	7722
电气机械及器材制造业	735649	574895	49710	3280
通信设备、计算机及其他电子设备制造业	1227213	977572	34920	5891
仪器仪表及文化、办公用机械制造业	90009	65200	3617	226
工艺品及其他制造业	6832	4846	253	94
电力、热力的生产和供应业	2685895	2179921	328	14019
燃气生产和供应业	20589	17379	214	104
水的生产和供应业	37424	30053	609	225

12-5 续表6　　　　（2004年）　　　　单位：万元

指　　标	管理费用	利息支出	利润总额	亏损企业亏损额	利税总额	本年应交增值税	全部从业员年平均人数（人）
总　计	**1523310**	**409518**	**2403208**	**213593**	**4089901**	**1190984**	**792094**
#亏损企业	198938	85123	-213593	213593	-119529	76468	165921
#国家及国有控股企业	1413139	363287	2187402	199494	3712093	1043887	685515
#农村工业	5672	4835	18500	1935	26098	6623	16421
一、按登记注册类型分							
内资企业	1476541	396660	2243884	208140	3865702	1127644	774525
国有企业	744884	178030	740162	150986	1694271	587174	386156
中央企业	251977	75501	65082	108263	516256	225432	149345
地方企业	492908	102529	675080	42723	1178014	361742	236811
集体企业	9444	3307	29701		40949	10040	14250
股份合作企业	6203	2668	3430	91	6689	2603	4933
联营企业	4071	2243	1827		4391	2348	2594
国有联营企业	3635	2190	1190		3377	2009	1809
国有与集体联营企业	436	54	636		1013	338	785
有限责任公司	406440	169562	241186	46472	522505	238448	244945
国有独资公司	120576	54284	-1195	33493	67610	54784	85083
其他有限责任公司	285864	115277	242380	12979	454895	183664	159862
股份有限公司	295767	34744	1217874	9359	1574844	275728	104915
私营企业	9733	6107	9705	1231	22055	11303	16732
私营独资企业	253	737	493		1133	487	1700
私营有限责任公司	8907	5369	8756	1231	19946	10336	13182
私营股份有限公司	573		456		976	481	990
港、澳、台商投资企业	10739	3661	64008	2316	81526	17518	8203
合资经营企业(港或澳、台资)	6370	1849	13635	1435	18286	4651	4381
合作经营企业(港或澳、台资)	3733	1722	51254		63979	12725	2386
港澳台商独资经营企业	637	91	-882	882	-739	142	1436
外商投资企业	36030	9197	95316	3137	142672	45821	9366
中外合资经营企业	31459	4829	78248	3137	118899	39117	6824
中外合作经营企业	1655	3751	11392		16026	4634	363
外资企业	2916	617	5677		7747	2071	2179
二、按经济组织类型分							
独资企业	758134	182782	775151	151868	1743360	599914	405721
国有企业	744884	178030	740162	150986	1694271	587174	386156
集体企业	9444	3307	29701		40949	10040	14250
私营独资企业	253	737	493		1133	487	1700
港澳台商独资经营企业	637	91	-882	882	-739	142	1436
外资企业	2916	617	5677		7747	2071	2179
合作、合伙企业	15662	10384	67903	91	91084	22310	11136
股份合作企业	6203	2668	3430	91	6689	2603	4933
国有联营企业	3635	2190	1190		3377	2009	1809
国有与集体联营企业	436	54	636		1013	338	785
合作经营企业(港或澳、台资)	3733	1722	51254		63979	12725	2386
中外合作经营企业	1655	3751	11392		16026	4634	363
股份有限公司	296340	34744	1218330	9359	1575820	276209	105905
股份有限公司(内资)	295767	34744	1217874	9359	1574844	275728	104915
私营股份有限公司	573		456		976	481	990

12-5 续表7 （2004年） 单位：万元

指 标	管理费用	利息支出	利润总额	亏损企业亏损额	利税总额	本年应交增值税	全部从业员年平均人数（人）
有限责任公司	453175	181608	341824	52275	679636	292551	269332
国有独资公司	120576	54284	-1195	33493	67610	54784	85083
私营有限责任公司	8907	5369	8756	1231	19946	10336	13182
合资经营企业(港或澳、台资)	6370	1849	13635	1435	18286	4651	4381
中外合资经营企业	31459	4829	78248	3137	118899	39117	6824
其他有限责任公司	285864	115277	242380	12979	454895	183664	159862
三、按轻重工业分							
轻工业	178909	43640	185399	28402	590858	175480	152254
重工业	1344401	365878	2217809	185191	3499043	1015503	639840
四、按企业规模分							
大型企业	945596	198160	1986571	23182	3022408	725962	379575
中型企业	577714	211358	416637	190411	1067493	465022	412519
五、按工业行业分							
煤炭开采和洗选业	131201	31723	43715		132895	73052	75838
石油和天然气开采业	289077	34721	1534800		2046246	390247	80370
黑色金属矿采选业	1577		16696		20409	3300	581
有色金属矿采选业	67586	1308	140218	1495	157632	15546	14659
农副食品加工业	2304	1851	2819	91	4326	1326	5383
食品制造业	4605	1190	7077	276	12347	5163	6118
饮料制造业	12258	2955	19988	1562	51951	14456	7559
烟草制品业	37256	10950	39182	842	303072	59416	6453
纺织业	30989	8028	-13402	15266	4769	16826	66730
纺织服装、鞋、帽制造业	2159	26	1741		3384	1505	3153
皮革、毛皮、羽毛(绒)及其制品业	1128	335	-381	381	-258	26	1059
木材加工及木、竹、藤、棕、草制品业	357	875	363		878	516	1026
造纸及纸制品业	3214	2707	2957	1410	5497	2141	13576
印刷业和记录媒介的复制	20033	1394	34723	1364	50817	14000	7906
石油加工、炼焦及核燃料加工业	40253	10945	92328	14099	240671	68587	14560
化学原料及化学制品制造业	55010	30716	19983	6814	52850	30220	41016
医药制造业	44762	8632	91182	1707	145296	51437	18624
橡胶制品业	2600	661	550		1346	750	2395
塑料制品业	1047	358	-945	945	-775	155	911
非金属矿物制品业	23190	13524	6898	12426	29634	20929	27909
黑色金属冶炼及压延加工业	31004	14048	4335	6844	41035	33739	18730
有色金属冶炼及压延加工业	21639	9901	21797	509	44664	21064	17874
金属制品业	11168	1820	-636	1796	3972	4269	7407
通用设备制造业	70149	12979	48766	8091	83457	31200	29097
专用设备制造业	94699	19606	36897	14318	60984	21431	53676
交通运输设备制造业	243978	38395	130377	13957	180808	42710	121727
电气机械及器材制造业	85852	14605	12973	7953	49664	33411	29324
通信设备、计算机及其他电子设备制造业	115306	21080	84729	6642	133409	42788	49848
仪器仪表及文化、办公用机械制造业	42173	5907	-30824	31985	-28897	1701	8773
工艺品及其他制造业	381	102	1280		1602	228	1616
电力、热力的生产和供应业	28228	107061	51770	62821	251117	185329	54457
燃气生产和供应业	2530	611	123		1251	1024	812
水的生产和供应业	5597	507	1128		3847	2494	2927

12-6 规模以上工业企业主要经济效益指标

（2004年）

单位：%

指 标	总资产贡献率	资本保值增值率	资产负债率	流动资产周转率
总 计	**12.38**	**111.77**	**63.44**	**1.51**
#亏损企业	-1.09	81.36	83.72	1.01
#国有及国有控股企业	12.98	115.40	64.62	1.50
#农村工业	11.29	148.80	47.18	2.38
一、按登记注册类型分				
内资企业	12.28	116.96	64.04	1.52
国有企业	11.90	113.50	66.89	1.55
中央企业	9.81	104.76	64.08	1.58
地方企业	13.19	120.38	68.57	1.53
集体企业	10.54	119.71	53.59	1.66
股份合作企业	6.34	103.55	68.14	1.23
联营企业	8.07	183.54	65.17	1.38
国有联营企业	8.08	195.97	70.53	1.35
集体联营企业	0.34	91.01	78.30	0.89
国有与集体联营企业	10.00	189.29	32.27	1.72
其他联营企业	21.56	297.98	46.74	2.19
有限责任公司	6.83	108.88	73.16	1.34
国有独资公司	3.84	104.90	73.23	1.20
其他有限责任公司	8.02	110.57	73.14	1.37
股份有限公司	22.30	123.49	47.64	1.67
私营企业	9.08	160.60	52.92	1.99
私营独资企业	9.16	150.53	53.36	2.42
私营合作企业	11.47	78.51	64.47	1.93
私营有限责任公司	9.16	175.90	51.91	1.98
私营股份有限公司	7.75	78.51	62.71	1.31
其他企业	9.08	144.17	62.00	2.33
港、澳、台商投资企业	13.54	105.17	45.36	1.38
合资经营企业(港或澳、台资)	8.95	106.33	59.63	1.30
合作经营企业(港或澳、台资)	18.90	98.27	30.91	1.40
港澳台商独资经营企业	-2.50	68.65	87.93	2.42
港澳台商投资股份有限公司	0.66	207.45	20.91	2.34
外商投资企业	14.75	109.40	55.12	1.37
中外合资经营企业	15.53	111.28	55.10	1.21
中外合作经营企业	15.34	75.86	70.53	3.75
外资企业	8.98	121.39	43.41	2.58
外商投资股份有限公司	32.46	118.38	38.53	1.68

12-6 续表1　　（2004年）　　单位：%

指　　标	总资产贡献率	资本保值增值率	资　产负债率	流动资产周转率
二、按经济组织类型分				
独资企业	11.77	114.39	65.93	1.58
国有企业	11.90	113.50	66.89	1.55
集体企业	10.54	119.71	53.59	1.66
私营独资企业	9.16	150.53	53.36	2.42
港澳台商独资经营企业	-2.50	68.65	87.93	2.42
外资企业	8.98	121.39	43.41	2.58
合作、合伙企业	12.59	102.63	54.84	1.47
股份合作企业	6.34	103.55	68.14	1.23
国有联营企业	8.08	195.97	70.53	1.35
集体联营企业	0.34	91.01	78.30	0.89
国有与集体联营企业	10.00	189.29	32.27	1.72
其他联营企业	21.56	297.98	46.74	2.19
私营合伙企业	11.47	78.51	64.47	1.93
合作经营企业(港或澳、台资)	18.90	98.27	30.91	1.40
中外合作经营企业	15.34	75.86	70.53	3.75
其他企业（内资）	9.08	144.17	62.00	2.33
股份有限公司	22.12	123.47	47.71	1.67
股份有限公司(内资)	22.30	123.49	47.64	1.67
私营股份有限公司	7.75	78.51	62.71	1.31
港澳台商投资股份有限公司	0.66	207.45	20.91	2.34
外商投资股份有限公司	32.46	118.38	38.53	1.68
有限责任公司	7.68	113.81	70.10	1.36
国有独资公司	3.84	104.90	73.23	1.20
私营有限责任公司	9.16	175.90	51.91	1.98
合资经营企业(港或澳、台资)	8.95	106.33	59.63	1.30
中外合资经营企业	15.53	111.28	55.10	1.21
其他有限责任公司	8.02	110.57	73.14	1.37
三、按轻重行业分				
轻工业	11.35	102.19	66.11	1.39
重工业	12.58	119.07	62.95	1.54
四、按企业规模分				
大型企业	16.31	113.23	58.48	1.67
中型企业	10.13	114.68	66.99	1.43
小型企业	4.90	135.77	71.22	1.27

12-6 续表2

（2004年）

单位：%

指　　标	总资产贡献率	资本保值增值率	资产负债率	流动资产周转率
五、按工业行业分				
煤炭开采和洗选业	8.98	113.36	63.98	1.58
石油和天然气开采业	31.17	134.19	47.64	2.78
黑色金属矿采选业	58.04	345.68	45.75	1.89
铁矿采选	64.62	414.01	42.73	2.04
有色金属矿采选业	29.48	165.50	49.11	1.64
常用有色金属矿采选	21.26	127.46	66.63	1.59
贵金属矿采选	6.53	153.35	72.91	1.81
非金属矿采选业	7.32	111.42	72.26	0.90
农副食品加工业	2.47	105.32	70.82	3.19
谷物磨制	1.60	111.58	75.38	3.42
饲料加工	4.88	99.15	59.08	4.21
植物油加工	-1.29	104.40	74.69	3.43
屠宰及肉类加工	2.90	102.38	70.03	2.68
其他农副食品加工	7.39	109.23	74.16	2.29
食品制造业	5.63	129.18	63.38	1.98
焙烤食品制造	6.94	140.73	72.71	1.46
方便食品制造	2.69	98.99	58.67	2.06
液体乳及乳制品制造	8.50	144.68	60.10	2.23
调味品、发酵制品制造	0.65	352.85	67.32	0.74
饮料制造业	12.92	106.03	77.01	1.48
酒的制造	25.75	132.77	60.31	1.99
软饮料制造	6.64	85.22	83.77	1.23
烟草制品业	45.62	113.85	65.70	1.15
纺织业	0.95	70.93	84.77	1.54
棉、化纤纺织及印染精加工	1.97	80.83	67.88	1.79
毛纺织和染整精加工	-2.96	110.41	151.02	0.41
丝绢纺织及精加工	-3.17	99.85	147.86	0.90
纺织制成品制造	-0.03	105.18	119.90	1.15
针织品、编织品及其制品制造	-0.99	33.22	91.11	2.01
纺织服装、鞋、帽制造业	6.93	97.38	70.26	1.21
纺织服装制造	6.93	97.38	70.26	1.21
皮革、毛皮、羽毛(绒)及其制品业	0.63	59.64	86.99	0.37
木材加工及木、竹、藤、棕、草制品业	2.49	103.38	73.54	0.95
家具制造业	1.43	80.67	66.17	0.92
造纸及纸制品业	4.79	143.07	65.41	1.51
造　纸	3.81	140.86	66.79	1.54
纸制品制造	10.42	154.48	57.02	1.34
印刷业和记录媒介的复制	14.00	109.77	48.56	1.34
文教体育用品制造业	15.46	88.38	26.23	1.05
石油加工、炼焦及核燃料加工业	25.86	117.86	63.19	4.44
原油加工及石油制品制造	34.98	120.61	66.51	6.49
炼　焦	23.14	154.02	63.24	2.80

12-6 续表3　　（2004年）　　单位：%

指　　标	总资产贡献率	资本保值增值率	资产负债率	流动资产周转率
化学原料及化学制品制造业	6.61	121.39	73.33	1.51
基础化学原料制造	11.53	103.37	71.04	1.62
肥料制造	5.08	132.49	85.21	1.76
农药制造	1.68	101.45	43.11	0.71
涂料、油墨、颜料及类似产品制造	3.59	51.64	79.94	1.62
合成材料制造	4.71	253.28	55.90	1.09
专用化学产品制造	5.51	128.47	60.89	1.25
日用化学产品制造	9.90	107.93	43.60	1.19
医药制造业	12.04	105.62	54.80	1.19
化学药品原药制造	6.93	118.24	58.02	0.82
化学药品制剂制造	19.31	90.76	53.76	1.63
中药饮片加工	4.20	106.87	50.75	0.75
中成药制造	9.05	131.17	57.71	1.22
生物、生化制品的制造	4.71	109.10	50.58	0.41
化学纤维制造业	11.33	199.02	34.58	3.28
橡胶制品业	7.54	71.01	91.08	1.06
塑料制品业	3.08	87.36	77.13	0.90
非金属矿物制品业	5.43	122.57	75.13	1.17
水泥、石灰和石膏的制造	5.93	121.41	72.81	1.30
水泥及石膏制品制造	1.96	101.24	75.19	0.75
砖瓦、石材及其他建筑材料制造	0.78	163.67	77.88	0.87
玻璃及玻璃制品制造	10.40	177.68	87.97	1.30
陶瓷制品制造	2.43	-306.98	97.02	0.39
耐火材料制品制造	0.21	86.75	25.89	1.58
黑色金属冶炼及压延加工业	5.46	86.38	73.39	1.67
炼　铁	5.85	23.50	84.14	2.47
炼　钢	8.35	298.62	109.48	2.46
钢压延加工	4.97	126.50	67.22	1.42
铁合金冶炼	4.13	96.91	56.85	1.52
有色金属冶炼及压延加工业	7.37	114.00	64.40	1.55
常用有色金属冶炼	7.52	132.41	60.52	1.81
贵金属冶炼	10.89	-15.96	97.04	2.49
稀有稀土金属冶炼	23.56	168.78	69.41	3.40
有色金属合金制造	9.37	56.51	90.77	2.86
有色金属压延加工	6.15	86.01	69.55	1.09
金属制品业	3.74	118.76	73.51	1.05
通用设备制造业	9.03	123.35	70.81	0.89
锅炉及原动机制造	2.49	150.01	92.00	0.76
金属加工机械制造	6.40	116.95	60.37	0.99
泵、阀门、压缩机及类似机械的制造	14.96	145.55	34.56	0.84
轴承、齿轮、传动和驱动部件的制造	-0.61	139.05	126.14	0.13
风机、衡器、包装设备等通用设备	17.09	158.85	76.04	0.84
金属铸、锻加工	5.22	33.96	86.89	1.37

12-6 续表4 （2004年） 单位：%

指　　标	总资产贡献率	资本保值增值率	资产负债率	流动资产周转率
专用设备制造业	4.71	117.49	70.22	0.90
矿山、冶金、建筑专用设备制造	6.50	163.12	80.39	0.90
食品、饮料、烟草及饲料生产专用设备制造	-2.33	62.24	76.27	0.65
纺织、服装和皮革工业专用设备制造	11.99	89.41	58.97	1.18
电子和电工机械专用设备制造	2.03	112.07	58.66	1.02
农、林、牧、渔专用机械制造	-1.91	53.64	93.18	0.42
医疗仪器设备及器械制造	11.87	118.42	62.97	0.85
交通运输设备制造业	5.21	98.17	71.32	0.99
铁路运输设备制造	4.26	95.63	62.84	1.11
汽车制造	14.21	129.02	62.98	1.70
自行车制造	2.43	77.17	51.32	1.40
航空航天器制造	2.57	88.18	75.11	0.76
电气机械及器材制造业	5.45	95.78	75.56	0.98
电机制造	6.31	105.67	67.45	1.58
输配电及控制设备制造	6.57	101.63	69.79	1.03
电线、电缆、光缆及电工器材制造	3.87	236.22	76.90	0.85
家用电力器具制造	0.43	-263.79	139.86	0.39
照明器具制造	-1.31	111.64	62.19	0.54
通信设备、计算机及其他电子设备制造业	6.94	113.83	57.22	0.91
通信设备制造	6.24	118.18	60.54	0.72
雷达及配套设备制造	0.01	262.75	36.70	0.28
广播电视设备制造	-0.45	111.44	120.94	0.11
电子计算机制造	3.24	117.88	56.89	1.11
电子器件制造	11.62	99.85	49.84	1.32
电子元件制造	6.18	107.79	66.56	0.79
家用视听设备制造	0.14	72.50	82.55	0.83
仪器仪表及文化、办公用机械制造业	-5.65	73.04	79.79	0.52
通用仪器仪表制造	1.47	114.11	74.75	0.44
专用仪器仪表制造	-9.72	54.03	84.02	0.57
光学仪器及眼镜制造	2.78	92.93	60.27	0.44
工艺品及其他制造业	1.21	100.71	28.38	0.26
电力、热力的生产和供应业	7.15	117.16	63.90	2.40
电力生产	8.81	241.06	72.87	2.16
电力供应	2.92	62.18	21.15	4.18
热力生产和供应	-0.43	448.46	59.07	0.56
燃气生产和供应业	-1.66	91.88	60.40	1.30
水的生产和供应业	1.18	109.71	55.83	1.19

12-6 续表5

（2004年）

指　　标	成本费用利润率（%）	工业产品销售率（%）	产值利税率（%）	每百元销售收入实现利税（元）
总　计	**11.31**	**96.94**	**17.79**	**17.29**
#亏损企业	-11.26	95.37	-6.98	-6.97
#国有及国有控股企业	12.98	97.55	20.64	19.25
#农村工业	6.39	93.61	9.76	10.60
一、按登记注册类型分				
内资企业	11.15	96.89	17.98	17.32
国有企业	7.89	97.50	18.45	16.54
中央企业	1.67	98.02	18.41	12.18
地方企业	12.49	97.26	18.47	19.70
集体企业	7.11	92.23	10.10	11.06
股份合作企业	2.53	95.21	8.10	8.73
联营企业	4.50	91.94	7.84	9.49
国有联营企业	4.08	89.00	7.33	9.89
集体联营企业	-2.62	101.93	-0.43	-0.39
国有与集体联营企业	6.61	88.17	8.87	11.68
其他联营企业	10.65	99.31	14.76	14.72
有限责任公司	3.88	96.86	8.41	8.85
国有独资公司	-0.25	97.86	5.53	5.51
其他有限责任公司	4.86	96.65	9.02	9.61
股份有限公司	35.82	97.58	36.91	34.11
私营企业	3.28	93.22	6.63	7.44
私营独资企业	3.02	91.50	6.01	6.51
私营合作企业	4.15	98.51	9.07	9.09
私营有限责任公司	3.26	93.45	6.63	7.49
私营股份有限公司	4.14	94.50	8.08	9.62
其他企业	3.34	101.81	4.18	4.21
港、澳、台商投资企业	17.51	97.39	14.09	19.78
合资经营企业(港或澳、台资)	7.43	96.83	6.50	10.62
合作经营企业(港或澳、台资)	37.68	100.00	30.88	34.13
港澳台商独资经营企业	-4.21	86.35	-1.77	-3.01
港澳台商投资股份有限公司	-3.30	95.33	0.65	0.70
外商投资企业	12.18	97.77	16.09	15.63
中外合资经营企业	12.53	96.29	16.91	16.39
中外合作经营企业	31.45	101.03	28.45	28.62
外资企业	6.11	103.75	7.45	7.26
外商投资股份有限公司	57.67	210.12	160.25	62.98

12-6 续表6 （2004年）

指 标	成本费用利润率（%）	工业产品销售率（%）	产值利税率（%）	每百元销售收入实现利税（元）
二、按经济组织类型分				
独资企业	7.70	97.08	17.36	15.86
国有企业	7.89	97.50	18.45	16.54
集体企业	7.11	92.23	10.10	11.06
私营独资企业	3.02	91.50	6.01	6.51
港澳台商独资经营企业	-4.21	86.35	-1.77	-3.01
外资企业	6.11	103.75	7.45	7.26
合作、合伙企业	16.41	97.25	18.29	20.06
股份合作企业	2.53	95.21	8.10	8.73
国有联营企业	4.08	89.00	7.33	9.89
集体联营企业	-2.62	101.93	-0.43	-0.39
国有与集体联营企业	6.61	88.17	8.87	11.68
其他联营企业	10.65	99.31	14.76	14.72
私营合伙企业	4.15	98.51	9.07	9.09
合作经营企业(港或澳、台资)	37.68	100.00	30.88	34.13
中外合作经营企业	31.45	101.03	28.45	28.62
其他企业（内资）	3.34	101.81	4.18	4.21
股份有限公司	35.19	97.54	36.42	33.78
股份有限公司(内资)	35.82	97.58	36.91	34.11
私营股份有限公司	4.14	94.50	8.08	9.62
港澳台商投资股份有限公司	-3.30	95.33	0.65	0.70
外商投资股份有限公司	57.67	210.12	160.25	62.98
有限责任公司	4.80	96.46	8.99	9.59
国有独资公司	-0.25	97.86	5.53	5.51
私营有限责任公司	3.26	93.45	6.63	7.49
合资经营企业(港或澳、台资)	7.43	96.83	6.50	10.62
中外合资经营企业	12.53	96.29	16.91	16.39
其他有限责任公司	4.86	96.65	9.02	9.61
三、按轻重行业分				
轻工业	4.61	96.18	13.17	14.79
重工业	12.73	97.13	18.93	17.81
四、按企业规模分				
大型企业	19.03	98.27	24.33	23.25
中型企业	5.72	96.44	14.88	13.54
小型企业	1.26	94.17	4.86	5.55

12-6 续表7

（2004年）

指 标	成本费用利润率（%）	工业产品销售率（%）	产值利税率（%）	每百元销售收入实现利税（元）
五、按工业行业分				
煤炭开采和洗选业	6.04	98.35	17.08	15.98
石油和天然气开采业	51.19	99.52	46.84	43.78
黑色金属矿采选业	39.52	92.99	38.09	39.52
铁矿采选	42.93	93.50	39.85	41.03
有色金属矿采选业	50.85	95.00	34.39	37.70
常用有色金属矿采选	15.55	98.60	19.65	21.52
贵金属矿采选	7.65	97.20	8.22	9.42
非金属矿采选业	0.55	95.41	7.63	9.93
农副食品加工业	-0.13	96.08	0.51	0.55
谷物磨制	-0.33	93.62	0.28	0.31
饲料加工	2.31	99.85	1.99	2.10
植物油加工	-2.50	97.55	-2.06	-2.17
屠宰及肉类加工	1.56	96.11	2.11	2.34
其他农副食品加工	1.38	91.74	2.76	3.02
食品制造业	2.03	96.71	4.79	5.26
焙烤食品制造	0.97	106.87	6.18	6.10
方便食品制造	-0.88	100.87	2.34	2.60
液体乳及乳制品制造	3.76	94.48	5.85	6.38
调味品、发酵制品制造	1.23	99.13	1.46	1.64
饮料制造业	6.68	96.32	15.68	16.36
酒的制造	7.77	94.96	24.92	25.86
软饮料制造	6.54	97.35	8.41	8.74
烟草制品业	12.53	101.63	56.54	56.30
纺织业	-5.08	97.15	-1.04	-1.13
棉、化纤纺织及印染精加工	-3.05	96.97	1.13	1.22
毛纺织和染整精加工	-31.22	101.69	-32.37	-43.12
丝绢纺织及精加工	-18.01	95.54	-14.70	-18.00
纺织制成品制造	-3.10	96.39	-1.62	-1.83
针织品、编织品及其制品制造	-5.13	100.68	-2.62	-2.96
纺织服装、鞋、帽制造业	3.15	112.78	9.61	8.63
纺织服装制造	3.15	112.78	9.61	8.63
皮革、毛皮、羽毛(绒)及其制品业	-6.02	100.47	-3.41	-3.65
木材加工及木、竹、藤、棕、草制品业	0.52	91.75	4.86	4.61
家具制造业	-5.49	98.52	-0.91	-1.03
造纸及纸制品业	1.66	93.19	4.34	4.90
造 纸	0.55	93.54	2.94	3.29
纸制品制造	7.62	91.43	11.38	13.38
印刷业和记录媒介的复制	17.95	94.75	23.02	22.86
文教体育用品制造业	11.49	98.66	17.73	17.64
石油加工、炼焦及核燃料加工业	6.10	97.38	14.15	14.28
原油加工及石油制品制造	6.45	98.33	14.63	14.77
炼 焦	5.87	94.21	14.57	14.83

12-6 续表8

(2004年)

指　　标	成本费用利润率(%)	工业产品销售率(%)	产值利税率(%)	每百元销售收入实现利税(元)
化学原料及化学制品制造业	4.05	95.09	7.93	8.70
基础化学原料制造	3.39	99.10	10.08	10.70
肥料制造	3.72	92.94	6.29	7.07
农药制造	-0.09	78.27	1.36	1.66
涂料、油墨、颜料及类似产品制造	-0.35	97.90	2.80	3.44
合成材料制造	2.27	90.77	4.38	4.95
专用化学产品制造	5.54	97.49	9.50	9.77
日用化学产品制造	7.10	91.84	10.79	12.33
医药制造业	11.16	94.12	14.28	16.56
化学药品原药制造	9.09	89.39	8.14	10.31
化学药品制剂制造	14.38	98.09	19.20	19.98
中药饮片加工	0.55	86.50	6.75	7.97
中成药制造	6.00	89.30	8.46	12.29
生物、生化制品的制造	10.49	93.53	13.50	14.80
化学纤维制造业	5.17	83.43	6.14	7.67
橡胶制品业	3.90	103.16	8.43	8.98
塑料制品业	-0.26	94.78	2.41	2.71
非金属矿物制品业	0.53	93.81	7.07	8.26
水泥、石灰和石膏的制造	0.48	92.41	7.66	8.74
水泥及石膏制品制造	-3.69	99.12	1.64	2.12
砖瓦、石材及其他建筑材料制造	-5.99	97.84	-0.11	-0.14
玻璃及玻璃制品制造	6.62	94.39	10.97	13.51
陶瓷制品制造	0.21	112.42	10.59	11.27
耐火材料制品制造	-2.17	97.45	0.39	0.42
黑色金属冶炼及压延加工业	0.41	94.74	4.48	4.77
炼　铁	1.03	93.54	5.38	5.95
炼　钢	0.23	95.24	4.94	5.71
钢压延加工	0.52	94.68	4.34	4.44
铁合金冶炼	-1.54	97.07	2.31	2.53
有色金属冶炼及压延加工业	4.26	94.67	7.39	8.31
常用有色金属冶炼	4.27	97.82	7.86	8.75
贵金属冶炼	4.28	99.90	4.80	4.66
稀有稀土金属冶炼	5.92	98.89	9.19	9.20
有色金属合金制造	1.05	110.66	4.00	3.95
有色金属压延加工	4.01	87.77	6.46	7.66
金属制品业	-0.45	96.80	3.81	3.96
通用设备制造业	7.21	96.79	10.91	12.14
锅炉及原动机制造	-1.04	97.11	1.11	1.17
金属加工机械制造	3.94	97.31	7.30	8.47
泵、阀门、压缩机及类似机械的制造	21.87	97.04	20.44	23.69
轴承、齿轮、传动和驱动部件的制造	-28.23	83.21	-19.94	-32.46
风机、衡器、包装设备等通用设备	17.51	96.30	22.36	23.59
金属铸、锻加工	-2.61	98.45	0.68	0.73

12-6 续表9 （2004年）

指 标	成本费用利润率（%）	工业产品销售率（%）	产值利税率（%）	每百元销售收入实现利税（元）
专用设备制造业	3.35	91.62	6.15	6.68
矿山、冶金、建筑专用设备制造	4.15	90.71	7.35	8.19
食品、饮料、烟草及饲料生产专用设备制造	-17.80	98.69	-12.32	-14.10
纺织、服装和皮革工业专用设备制造	15.64	90.86	17.92	17.27
电子和电工机械专用设备制造	0.33	92.14	1.38	1.52
农、林、牧、渔专用机械制造	-19.28	95.14	-19.78	-20.05
医疗仪器设备及器械制造	13.16	89.65	14.54	18.97
交通运输设备制造业	5.23	98.16	6.91	7.10
铁路运输设备制造	1.51	95.08	3.98	4.65
汽车制造	11.36	97.16	12.09	13.20
自行车制造	1.45	94.68	2.63	3.03
航空航天器制造	2.24	99.56	3.69	3.54
电气机械及器材制造业	2.58	96.99	6.69	7.00
电机制造	1.10	102.25	4.25	4.33
输配电及控制设备制造	3.75	99.37	8.69	8.75
电线、电缆、光缆及电工器材制造	2.03	85.44	3.53	4.14
家用电力器具制造	-10.77	94.77	-4.92	-5.80
照明器具制造	-10.26	110.70	-10.22	-9.65
通信设备、计算机及其他电子设备制造业	6.76	95.07	9.65	10.38
通信设备制造	5.59	95.79	12.69	8.74
雷达及配套设备制造	-3.93	100.18	-3.56	-3.59
广播电视设备制造	-27.43	87.25	-24.42	-38.97
电子计算机制造	2.71	96.25	3.52	3.63
电子器件制造	9.37	96.04	12.88	13.21
电子元件制造	5.77	92.71	9.66	10.29
家用视听设备制造	-4.23	99.48	0.02	0.15
仪器仪表及文化、办公用机械制造业	-19.47	87.58	-20.97	-20.85
通用仪器仪表制造	-3.31	84.95	0.73	0.50
专用仪器仪表制造	-25.38	88.49	-27.22	-30.25
光学仪器及眼镜制造	3.23	74.38	8.33	9.02
工艺品及其他制造业	4.43	89.89	3.90	7.86
电力、热力的生产和供应业	2.23	99.25	18.98	9.34
电力生产	2.36	99.01	23.72	10.62
电力供应	1.73	99.72	8.55	5.39
热力生产和供应	-5.60	101.67	-4.86	-4.62
燃气生产和供应业	-11.47	126.11	-8.67	-6.98
水的生产和供应业	-3.67	97.90	2.42	2.64

12-7 国有及国有控股工业企业主要经济效益指标

（2004年）

单位：%

指 标	总资产贡献率	资本保值增值率	资产负债率	流动资产周转率
总 计	**12.98**	**115.40**	**64.62**	**1.50**
#亏损企业	-1.36	68.58	87.82	0.99
一、按隶属关系分				
中央企业	14.82	114.69	62.09	1.56
地方企业	11.10	116.26	67.23	1.45
二、按轻重工业分				
轻工业	13.65	93.13	72.60	1.21
重工业	12.90	117.75	63.74	1.54
三、按企业规模分				
大型企业	16.25	129.61	58.98	1.69
中型企业	9.55	102.22	73.06	1.27
小型企业	1.09	39.25	86.94	0.84
四、按工业行业分				
煤炭开采和洗选业	8.98	113.36	63.98	1.58
石油和天然气开采业	31.17	134.19	47.64	2.78
黑色金属矿采选业	58.04	345.68	45.75	1.89
铁矿采选	64.62	414.01	42.73	2.04
有色金属矿采选业	29.48	165.50	49.11	1.64
常用有色金属矿采选	21.26	127.46	66.63	1.59
贵金属矿采选	6.53	153.35	72.91	1.81
非金属矿采选业	7.32	111.42	72.26	0.90
农副食品加工业	2.47	105.32	70.82	3.19
谷物磨制	1.60	111.58	75.38	3.42
饲料加工	4.88	99.15	59.08	4.21
植物油加工	-1.29	104.40	74.69	3.43
屠宰及肉类加工	2.90	102.38	70.03	2.68
食品制造业	5.63	129.18	63.38	1.98
焙烤食品制造	6.94	140.73	72.71	1.46
方便食品制造	2.69	98.99	58.67	2.06
液体乳及乳制品制造	8.50	144.68	60.10	2.23
调味品、发酵制品制造	0.65	352.85	67.32	0.74
饮料制造业	12.92	106.03	77.01	1.48
酒的制造	25.75	132.77	60.31	1.99
软饮料制造	6.64	85.22	83.77	1.23
烟草制品业	45.62	113.85	65.70	1.15
纺织业	0.95	70.93	84.77	1.54
棉、化纤纺织及印染精加工	1.97	80.83	67.88	1.79
毛纺织和染整精加工	-2.96	110.41	151.02	0.41
丝绢纺织及精加工	-3.17	99.85	147.86	0.90
纺织制成品制造	-0.03	105.18	119.90	1.15
针织品、编织品及其制品制造	-0.99	33.22	91.11	2.01
纺织服装、鞋、帽制造业	6.93	97.38	70.26	1.21
纺织服装制造	6.93	97.38	70.26	1.21

12-7 续表1　　(2004年)　　单位：%

指　　标	总资产贡献率	资本保值增值率	资产负债率	流动资产周转率
皮革、毛皮、羽毛(绒)及其制品业	0.63	59.64	86.99	0.37
木材加工及木、竹、藤、棕、草制品业	2.49	103.38	73.54	0.95
家具制造业	1.43	80.67	66.17	0.92
造纸及纸制品业	4.79	143.07	65.41	1.51
造　纸	3.81	140.86	66.79	1.54
纸制品制造	10.42	154.48	57.02	1.34
印刷业和记录媒介的复制	14.00	109.77	48.56	1.34
文教体育用品制造业	15.46	88.38	26.23	1.05
石油加工、炼焦及核燃料加工业	25.86	117.86	63.19	4.44
原油加工及石油制品制造	34.98	120.61	66.51	6.49
炼　焦	23.14	154.02	63.24	2.80
化学原料及化学制品制造业	6.61	121.39	73.33	1.51
基础化学原料制造	11.53	103.37	71.04	1.62
肥料制造	5.08	132.49	85.21	1.76
农药制造	1.68	101.45	43.11	0.71
涂料、油墨、颜料及类似产品制造	3.59	51.64	79.94	1.62
合成材料制造	4.71	253.28	55.90	1.09
专用化学产品制造	5.51	128.47	60.89	1.25
日用化学产品制造	9.90	107.93	43.60	1.19
医药制造业	12.04	105.62	54.80	1.19
化学药品原药制造	6.93	118.24	58.02	0.82
化学药品制剂制造	19.31	90.76	53.76	1.63
中药饮片加工	4.20	106.87	50.75	0.75
中成药制造	9.05	131.17	57.71	1.22
生物、生化制品的制造	4.71	109.10	50.58	0.41
橡胶制品业	7.54	71.01	91.08	1.06
塑料制品业	3.08	87.36	77.13	0.90
非金属矿物制品业	5.43	122.57	75.13	1.17
水泥、石灰和石膏的制造	5.93	121.41	72.81	1.30
水泥及石膏制品制造	1.96	101.24	75.19	0.75
砖瓦、石材及其他建筑材料制造	0.78	163.67	77.88	0.87
玻璃及玻璃制品制造	10.40	177.68	87.97	1.30
陶瓷制品制造	2.43	-306.98	97.02	0.39
耐火材料制品制造	0.21	86.75	25.89	1.58
黑色金属冶炼及压延加工业	5.46	86.38	73.39	1.67
炼　铁	5.85	23.50	84.14	2.47
钢压延加工	4.97	126.50	67.22	1.42
铁合金冶炼	4.13	96.91	56.85	1.52
有色金属冶炼及压延加工业	7.37	114.00	64.40	1.55
常用有色金属冶炼	7.52	132.41	60.52	1.81
贵金属冶炼	10.89	-15.96	97.04	2.49
稀有稀土金属冶炼	23.56	168.78	69.41	3.40
有色金属压延加工	6.15	86.01	69.55	1.09
金属制品业	3.74	118.76	73.51	1.05

12-7 续表2 （2004年） 单位：%

指标	总资产贡献率	资本保值增值率	资产负债率	流动资产周转率
通用设备制造业	9.03	123.35	70.81	0.89
锅炉及原动机制造	2.49	150.01	92.00	0.76
金属加工机械制造	6.40	116.95	60.37	0.99
泵、阀门、压缩机及类似机械的制造	14.96	145.55	34.56	0.84
轴承、齿轮、传动和驱动部件的制造	-0.61	139.05	126.14	0.13
风机、衡器、包装设备等通用设备	17.09	158.85	76.04	0.84
金属铸、锻加工	5.22	33.96	86.89	1.37
专用设备制造业	4.71	117.49	70.22	0.90
矿山、冶金、建筑专用设备制造	6.50	163.12	80.39	0.90
食品、饮料、烟草及饲料生产专用设备制造	-2.33	-62.24	76.27	0.65
纺织、服装和皮革工业专用设备制造	11.99	89.41	58.97	1.18
电子和电工机械专用设备制造	2.03	112.07	58.66	1.02
农、林、牧、渔专用机械制造	-1.91	53.64	93.18	0.42
医疗仪器设备及器械制造	11.87	118.42	62.97	0.85
交通运输设备制造业	5.21	98.17	71.32	0.99
铁路运输设备制造	4.26	95.63	62.84	1.11
汽车制造	14.21	129.02	62.98	1.70
航空航天器制造	2.57	88.18	75.11	0.76
电气机械及器材制造业	5.45	95.78	75.56	0.98
电机制造	6.31	105.67	67.45	1.58
输配电及控制设备制造	6.57	101.63	69.79	1.03
电线、电缆、光缆及电工器材制造	3.87	236.22	76.90	0.85
家用电力器具制造	0.43	-263.79	139.86	0.39
照明器具制造	-1.31	111.64	62.19	0.54
通信设备、计算机及其他电子设备制造业	6.94	113.83	57.22	0.91
通信设备制造	6.24	118.18	60.54	0.72
雷达及配套设备制造	0.01	262.75	36.70	0.28
广播电视设备制造	-0.45	111.44	120.94	0.11
电子计算机制造	3.24	117.88	56.89	1.11
电子器件制造	11.62	99.85	49.84	1.32
电子元件制造	6.18	107.79	66.56	0.79
家用视听设备制造	0.14	72.50	82.55	0.83
仪器仪表及文化、办公用机械制造业	-5.65	73.04	79.79	0.52
通用仪器仪表制造	1.47	114.11	74.75	0.44
专用仪器仪表制造	-9.72	54.03	84.02	0.57
光学仪器及眼镜制造	2.78	92.93	60.27	0.44
工艺品及其他制造业	1.21	100.71	28.38	0.26
电力、热力的生产和供应业	7.15	117.16	63.90	2.40
电力生产	8.81	241.06	72.87	2.16
电力供应	2.92	62.18	21.15	4.18
热力生产和供应	-0.43	448.46	59.07	0.56
燃气生产和供应业	-1.66	91.88	60.40	1.30
水的生产和供应业	1.18	109.71	55.83	1.19

12-7 续表3

（2004年）

指　　标	成本费用利润率（%）	工业产品销售率（%）	产　值利税率（%）	每百元销售收入实现利税（元）
总　计	**12.98**	**97.55**	**20.64**	**19.25**
# 亏损企业	-12.99	96.97	-9.12	-8.42
一、按隶属关系分				
中央企业	16.34	98.66	27.58	22.07
地方企业	9.68	96.67	15.10	16.23
二、按轻重工业分				
轻工业	3.59	97.70	19.54	21.94
重工业	14.00	97.53	20.79	18.96
三、按企业规模分				
大型企业	17.94	98.37	26.36	22.63
中型企业	3.45	95.86	12.11	12.84
小型企业	-5.72	95.92	-0.72	-1.03
四、按工业行业分				
煤炭开采和洗选业	6.04	98.35	17.08	15.98
石油和天然气开采业	51.19	99.52	46.84	43.78
黑色金属矿采选业	39.52	92.99	38.09	39.52
铁矿采选	42.93	93.50	39.85	41.03
有色金属矿采选业	50.85	95.00	34.39	37.70
常用有色金属矿采选	15.55	98.60	19.65	21.52
贵金属矿采选	7.65	97.20	8.22	9.42
非金属矿采选业	0.55	95.41	7.63	9.93
农副食品加工业	-0.13	96.08	0.51	0.55
谷物磨制	-0.33	93.62	0.28	0.31
饲料加工	2.31	99.85	1.99	2.10
植物油加工	-2.50	97.55	-2.06	-2.17
屠宰及肉类加工	1.56	96.11	2.11	2.34
食品制造业	2.03	96.71	4.79	5.26
焙烤食品制造	0.97	106.87	6.18	6.10
方便食品制造	-0.88	100.87	2.34	2.60
液体乳及乳制品制造	3.76	94.48	5.85	6.38
调味品、发酵制品制造	1.23	99.13	1.46	1.64
饮料制造业	6.68	96.32	15.68	16.36
酒的制造	7.77	94.96	24.92	25.86
软饮料制造	6.54	97.35	8.41	8.74
烟草制品业	12.53	101.63	56.54	56.30
纺织业	-5.08	97.15	-1.04	-1.13
棉、化纤纺织及印染精加工	-3.05	96.97	1.13	1.22
毛纺织和染整精加工	-31.22	101.69	-32.37	-43.12
丝绢纺织及精加工	-18.01	95.54	-14.70	-18.00
纺织制成品制造	-3.10	96.39	-1.62	-1.83
针织品、编织品及其制品制造	-5.13	100.68	-2.62	-2.96
纺织服装、鞋、帽制造业	3.15	112.78	9.61	8.63
纺织服装制造	3.15	112.78	9.61	8.63

12-7 续表4

（2004年）

指　　标	成本费用利润率（%）	工业产品销售率（%）	产　值利税率（%）	每百元销售收入实现利税（元）
皮革、毛皮、羽毛(绒)及其制品业	-6.02	100.47	-3.41	-3.65
木材加工及木、竹、藤、棕、草制品业	0.52	91.75	4.86	4.61
家具制造业	-5.49	98.52	-0.91	-1.03
造纸及纸制品业	1.66	93.19	4.34	4.90
造　纸	0.55	93.54	2.94	3.29
纸制品制造	7.62	91.43	11.38	13.38
印刷业和记录媒介的复制	17.95	94.75	23.02	22.86
文教体育用品制造业	11.49	98.66	17.73	17.64
石油加工、炼焦及核燃料加工业	6.10	97.38	14.15	14.28
原油加工及石油制品制造	6.45	98.33	14.63	14.77
炼　焦	5.87	94.21	14.57	14.83
化学原料及化学制品制造业	4.05	95.09	7.93	8.70
基础化学原料制造	3.39	99.10	10.08	10.70
肥料制造	3.72	92.94	6.29	7.07
农药制造	-0.09	78.27	1.36	1.66
涂料、油墨、颜料及类似产品制造	-0.35	97.90	2.80	3.44
合成材料制造	2.27	90.77	4.38	4.95
专用化学产品制造	5.54	97.49	9.50	9.77
日用化学产品制造	7.10	91.84	10.79	12.33
医药制造业	11.16	94.12	14.28	16.56
化学药品原药制造	9.09	89.39	8.14	10.31
化学药品制剂制造	14.38	98.09	19.20	19.98
中药饮片加工	0.55	86.50	6.75	7.97
中成药制造	6.00	89.30	8.46	12.29
生物、生化制品的制造	10.49	93.53	13.50	14.80
橡胶制品业	3.90	103.16	8.43	8.98
塑料制品业	-0.26	94.78	2.41	2.71
非金属矿物制品业	0.53	93.81	7.07	8.26
水泥、石灰和石膏的制造	0.48	92.41	7.66	8.74
水泥及石膏制品制造	-3.69	99.12	1.64	2.12
砖瓦、石材及其他建筑材料制造	-5.99	97.84	-0.11	-0.14
玻璃及玻璃制品制造	6.62	94.39	10.97	13.51
陶瓷制品制造	0.21	112.42	10.59	11.27
耐火材料制品制造	-2.17	97.45	0.39	0.42
黑色金属冶炼及压延加工业	0.41	94.74	4.48	4.77
炼　铁	1.03	93.54	5.38	5.95
钢压延加工	0.52	94.68	4.34	4.44
铁合金冶炼	-1.54	97.07	2.31	2.53
有色金属冶炼及压延加工业	4.26	94.67	7.39	8.31
常用有色金属冶炼	4.27	97.82	7.86	8.75
贵金属冶炼	4.28	99.90	4.80	4.66
稀有稀土金属冶炼	5.92	98.89	9.19	9.20
有色金属压延加工	4.01	87.77	6.46	7.66
金属制品业	-0.45	96.80	3.81	3.96

12-7 续表5

（2004年）

指 标	成本费用利润率（%）	工业产品销售率（%）	产值利税率（%）	每百元销售收入实现利税（元）
通用设备制造业	7.21	96.79	10.91	12.14
锅炉及原动机制造	-1.04	97.11	1.11	1.17
金属加工机械制造	3.94	97.31	7.30	8.47
泵、阀门、压缩机及类似机械的制造	21.87	97.04	20.44	23.69
轴承、齿轮、传动和驱动部件的制造	-28.23	83.21	-19.94	-32.46
风机、衡器、包装设备等通用设备	17.51	96.30	22.36	23.59
金属铸、锻加工	-2.61	98.45	0.68	0.73
专用设备制造业	3.35	91.62	6.15	6.68
矿山、冶金、建筑专用设备制造	4.15	90.71	7.35	8.19
食品、饮料、烟草及饲料生产专用设备制造	-17.80	98.69	-12.32	-14.10
纺织、服装和皮革工业专用设备制造	15.64	90.86	17.92	17.27
电子和电工机械专用设备制造	0.33	92.14	1.38	1.52
农、林、牧、渔专用机械制造	-19.28	95.14	-19.78	-20.05
医疗仪器设备及器械制造	13.16	89.65	14.54	18.97
交通运输设备制造业	5.23	98.16	6.91	7.10
铁路运输设备制造	1.51	95.08	3.98	4.65
汽车制造	11.36	97.16	12.09	13.20
航空航天器制造	2.24	99.56	3.69	3.54
电气机械及器材制造业	2.58	96.99	6.69	7.00
电机制造	1.10	102.25	4.25	4.33
输配电及控制设备制造	3.75	99.37	8.69	8.75
电线、电缆、光缆及电工器材制造	2.03	85.44	3.53	4.14
家用电力器具制造	-10.77	94.77	-4.92	-5.80
照明器具制造	-10.26	110.70	-10.22	-9.65
通信设备、计算机及其他电子设备制造业	6.76	95.07	9.65	10.38
通信设备制造	5.59	95.79	12.69	8.74
雷达及配套设备制造	-3.93	100.18	-3.56	-3.59
广播电视设备制造	-27.43	87.25	-24.42	-38.97
电子计算机制造	2.71	96.25	3.52	3.63
电子器件制造	9.37	96.04	12.88	13.21
电子元件制造	5.77	92.71	9.66	10.29
家用视听设备制造	-4.23	99.48	0.02	0.15
仪器仪表及文化、办公用机械制造业	-19.47	87.58	-20.97	-20.85
通用仪器仪表制造	-3.31	84.95	0.73	0.50
专用仪器仪表制造	-25.38	88.49	-27.22	-30.25
光学仪器及眼镜制造	3.23	74.38	8.33	9.02
工艺品及其他制造业	4.43	89.89	3.90	7.86
电力、热力的生产和供应业	2.23	99.25	18.98	9.34
电力生产	2.36	99.01	23.72	10.62
电力供应	1.73	99.72	8.55	5.39
热力生产和供应	-5.60	101.67	-4.86	-4.62
燃气生产和供应业	-11.47	126.11	-8.67	-6.98
水的生产和供应业	-3.67	97.90	2.42	2.64

12-8 外商及港澳台商投资工业企业主要经济效益指标

（2004年）

单位：%

指 标	总资产贡献率	资本保值增值率	资产负债率	流动资产周转率
总 计	**14.33**	**107.72**	**51.80**	**1.37**
#亏损企业	-1.64	133.01	67.39	0.54
#国有及国有控股企业	11.88	113.85	54.24	1.04
#农村工业	-2.05	107.30	44.62	0.59
一、按登记注册类型分				
港、澳、台商投资企业	13.54	105.17	45.36	1.38
合资经营企业(港或澳、台资)	8.95	106.33	59.63	1.30
合作经营企业(港或澳、台资)	18.90	98.27	30.91	1.40
港澳台商独资经营企业	-2.50	68.65	87.93	2.42
港澳台商投资股份有限公司	0.66	207.45	20.91	2.34
外商投资企业	14.75	109.40	55.12	1.37
中外合资经营企业	15.53	111.28	55.10	1.21
中外合作经营企业	15.34	75.86	70.53	3.75
外资企业	8.98	121.39	43.41	2.58
外商投资股份有限公司	32.46	118.38	38.53	1.68
二、按轻重工业分				
轻工业	14.57	104.26	57.88	1.60
重工业	14.17	109.64	47.84	1.20
三、按企业规模分				
大型企业	18.90	98.27	30.91	1.40
中型企业	17.53	109.14	55.91	1.49
小型企业	7.32	113.76	55.88	1.19
四、按工业行业分				
农副食品加工业	3.99	77.03	70.76	3.19
食品制造业	10.67	158.68	50.50	2.53
饮料制造业	4.72	106.49	69.06	1.63
纺织业	0.07	58.34	104.69	2.62
纺织服装、鞋、帽制造业	0.04	49.06	56.14	1.87
皮革、毛皮、羽毛(绒)及其制品业	1.66	99.69	66.40	0.39
木材加工及木、竹、藤、棕、草制品业	-0.73	130.77	87.63	0.20
家具制造业	5.70	76.61	46.96	0.67
造纸及纸制品业	10.87	45.68	85.60	0.52
印刷业和记录媒介的复制	4.44	99.40	73.35	1.54
石油加工、炼焦及核燃料加工业	9.55	47.53	51.86	5.84
化学原料及化学制品制造业	22.50	117.36	18.00	1.11
医药制造业	26.09	89.65	56.39	1.44
塑料制品业	3.24	114.12	52.08	0.82
非金属矿物制品业	10.46	78.18	62.17	1.13
黑色金属冶炼及压延加工业	1.61	97.05	42.16	0.99
有色金属冶炼及压延加工业	10.74	127.59	74.01	2.72
金属制品业	4.86	112.08	52.18	0.84
通用设备制造业	28.63	130.30	31.53	1.67
专用设备制造业	20.82	92.63	30.90	1.43
交通运输设备制造业	8.80	111.84	55.77	1.07
电气机械及器材制造业	9.82	159.16	47.22	1.20
通信设备、计算机及其他电子设备制造业	9.79	136.33	59.44	0.82
仪器仪表及文化、办公用机械制造业	16.76	139.25	54.99	1.37
工艺品及其他制造业	3.22	103.25	9.91	0.99
电力、热力的生产和供应业	18.52	94.67	40.86	1.57
燃气生产和供应业	32.46	118.38	38.53	1.68
水的生产和供应业	9.10	340.77	58.29	1.83

12-8 续表

(2004年)

指 标	成本费用利润率(%)	工业产品销售率(%)	产值利税率(%)	每百元销售收入实现利税(元)
总 计	**13.62**	**97.63**	**15.37**	**16.78**
# 亏损企业	-11.38	96.45	-8.22	-10.02
# 国有及国有控股企业	13.74	95.19	14.74	16.90
# 农村工业	-20.30	114.00	-23.23	-19.47
一、按登记注册类型分				
港、澳、台商投资企业	17.51	97.39	14.09	19.78
合资经营企业(港或澳、台资)	7.43	96.83	6.50	10.62
合作经营企业(港或澳、台资)	37.68	100.00	30.88	34.13
港澳台商独资经营企业	-4.21	86.35	-1.77	-3.01
港澳台商投资股份有限公司	-3.30	95.33	0.65	0.70
外商投资企业	12.18	97.77	16.09	15.63
中外合资经营企业	12.53	96.29	16.91	16.39
中外合作经营企业	31.45	101.03	28.45	28.62
外资企业	6.11	103.75	7.45	7.26
外商投资股份有限公司	57.67	210.12	160.25	62.98
二、按轻重工业分				
轻工业	9.78	98.08	11.23	14.07
重工业	17.69	97.02	21.05	19.54
三、按企业规模分				
大型企业	37.68	100.00	30.88	34.13
中型企业	13.61	98.08	16.01	17.56
小型企业	6.49	95.88	8.19	8.82
四、按工业行业分				
农副食品加工业	1.49	99.05	1.22	1.34
食品制造业	5.16	97.51	8.52	8.89
饮料制造业	4.49	101.35	5.78	5.86
纺织业	-4.13	89.07	-0.86	-1.50
纺织服装、鞋、帽制造业	-0.16	100.00	-1.50	-1.51
皮革、毛皮、羽毛(绒)及其制品业	-3.86	102.25	-0.26	-0.29
木材加工及木、竹、藤、棕、草制品业	-12.41	97.77	-12.67	-14.17
家具制造业	0.97	100.71	8.44	8.23
造纸及纸制品业	18.81	86.93	22.60	45.42
印刷业和记录媒介的复制	0.44	100.51	1.80	2.10
石油加工、炼焦及核燃料加工业	1.41	112.38	2.73	2.42
化学原料及化学制品制造业	26.85	98.20	25.68	27.15
医药制造业	15.73	97.18	19.54	21.80
塑料制品业	4.09	94.38	5.86	6.35
非金属矿物制品业	8.59	100.50	12.73	13.68
黑色金属冶炼及压延加工业	-3.01	106.64	-0.10	-0.09
有色金属冶炼及压延加工业	4.14	90.04	4.61	4.79
金属制品业	3.69	98.29	10.18	10.37
通用设备制造业	20.22	99.30	21.62	21.82
专用设备制造业	22.51	78.86	17.72	19.91
交通运输设备制造业	10.60	105.51	11.04	10.27
电气机械及器材制造业	8.52	90.21	8.85	9.77
通信设备、计算机及其他电子设备制造业	9.87	99.41	10.31	12.54
仪器仪表及文化、办公用机械制造业	12.96	96.64	50.49	14.31
工艺品及其他制造业	1.44	94.51	4.38	4.63
电力、热力的生产和供应业	39.46	100.00	33.13	36.13
燃气生产和供应业	57.67	210.12	160.25	62.98
水的生产和供应业	12.94	100.00	17.45	17.24

12-9 大中型工业企业主要经济效益指标

（2004年）　　单位：%

指　　标	总资产贡献率	资本保值增值率	资产负债率	流动资产周转率
总　计	**13.90**	**113.72**	**61.80**	**1.57**
#亏损企业	-0.75	70.78	80.81	1.16
#国有及国有控股企业	14.21	114.32	62.59	1.57
#农村工业	14.08	160.77	40.34	2.59
一、按登记注册类型分				
内资企业	13.73	114.40	62.26	1.58
国有企业	13.51	113.09	63.49	1.65
中央企业	10.05	104.80	63.58	1.61
地方企业	16.07	119.80	63.43	1.68
集体企业	14.24	115.98	40.26	1.40
股份合作企业	11.22	105.52	72.16	1.05
联营企业	10.70	184.00	70.94	1.57
国有联营企业	10.04	170.95	76.40	1.42
有限责任公司	16.30	227.28	31.32	2.76
国有独资公司	7.13	102.46	73.83	1.31
其他有限责任公司	4.07	96.15	74.60	1.30
股份有限公司	8.50	105.51	73.48	1.31
私营企业	23.97	122.81	45.63	1.85
私营独资企业	9.13	196.19	45.13	1.98
私营有限责任公司	4.92	132.11	57.43	1.12
私营股份有限公司	9.71	209.70	42.90	2.15
其他企业	22.48	104.19	45.84	1.30
港、澳、台商投资企业	17.61	101.58	36.85	1.50
合资经营企业(港或澳、台资)	15.90	112.43	45.87	1.60
合作经营企业(港或澳、台资)	18.90	98.27	30.91	1.40
港澳台商独资经营企业	-6.73	-912.07	93.77	2.34
外商投资企业	17.95	102.74	58.03	1.45
中外合资经营企业	19.42	106.97	59.32	1.27
中外合作经营企业	17.71	74.22	71.25	5.19
外资企业	8.61	105.94	34.22	3.70
二、按经济组织类型分组				
独资企业	13.46	113.17	62.81	1.65
国有企业	13.51	113.09	63.49	1.65
集体企业	14.24	115.98	40.26	1.40
私营独资企业	4.92	132.11	57.43	1.12
港澳台商独资经营企业	-6.73	-912.07	93.77	2.34
外资企业	8.61	105.94	34.22	3.70
合作、合伙企业	16.64	98.04	49.24	1.46
股份合作企业	11.22	105.52	72.16	1.05
国有联营企业	10.04	170.95	76.40	1.42
合作经营企业(港或澳、台资)	16.30	227.28	31.32	2.76
中外合作经营企业	18.90	98.27	30.91	1.40
其他企业（内资）	17.71	74.22	71.25	5.19
股份有限公司	23.97	122.80	45.63	1.85
股份有限公司(内资)	23.97	122.81	45.63	1.85
私营股份有限公司	22.48	104.19	45.84	1.30

12-9 续表1

（2004年）

单位：%

指　　标	总资产贡献率	资本保值增值率	资产负债率	流动资产周转率
有限责任公司	8.03	106.31	71.76	1.33
国有独资公司	4.07	96.15	74.60	1.30
私营有限责任公司	9.71	209.70	42.90	2.15
合资经营企业(港或澳、台资)	15.90	112.43	45.87	1.60
中外合资经营企业	19.42	106.97	59.32	1.27
其他有限责任公司	8.50	105.51	73.48	1.31
三、按轻重工业分				
轻工业	16.68	96.94	59.41	1.40
重工业	13.53	116.42	62.10	1.60
四、按企业规模分				
大型企业	16.31	113.23	58.48	1.67
中型企业	10.13	114.68	66.99	1.43
五、按工业行业分				
煤炭开采和洗选业	8.28	111.98	63.76	1.51
石油和天然气开采业	31.25	134.59	47.37	2.79
黑色金属矿采选业	127.16	518.49	14.88	1.75
有色金属矿采选业	31.47	162.29	45.17	1.46
农副食品加工业	5.28	113.42	67.34	2.19
食品制造业	11.18	103.62	53.64	2.33
饮料制造业	20.35	120.29	56.16	2.22
烟草制品业	47.48	114.52	65.66	1.16
纺织业	1.95	80.52	66.78	1.71
纺织服装、鞋、帽制造业	11.56	105.95	56.09	1.19
皮革、毛皮、羽毛(绒)及其制品业	0.37	-5.04	101.10	0.47
木材加工及木、竹、藤、棕、草制品业	6.76	100.97	66.25	2.40
造纸及纸制品业	8.76	165.94	53.83	2.81
印刷业和记录媒介的复制	16.65	102.42	41.00	1.55
石油加工、炼焦及核燃料加工业	26.66	108.83	64.72	4.67
化学原料及化学制品制造业	6.59	84.84	83.19	1.80
医药制造业	16.44	103.01	51.81	1.27
橡胶制品业	9.09	182.58	112.15	1.17
塑料制品业	-3.47	144.99	125.76	0.26
非金属矿物制品业	7.39	124.71	75.62	1.21
黑色金属冶炼及压延加工业	5.66	80.37	70.54	1.63
有色金属冶炼及压延加工业	7.37	120.36	62.66	1.40
金属制品业	4.09	119.94	66.67	0.98
通用设备制造业	10.47	111.01	70.41	0.93
专用设备制造业	5.48	112.61	65.49	0.96
交通运输设备制造业	5.36	95.92	71.44	0.98
电气机械及器材制造业	5.32	73.60	80.62	1.02
通信设备、计算机及其他电子设备制造业	7.32	114.52	55.49	0.94
仪器仪表及文化、办公用机械制造业	-8.96	46.90	87.48	0.54
工艺品及其他制造业	1.11	100.48	26.07	0.09
电力、热力的生产和供应业	7.39	115.94	64.48	2.50
燃气生产和供应业	3.95	94.00	56.53	1.61
水的生产和供应业	2.63	101.54	57.28	1.34

12-9 续表2

（2004年）

指 标	成本费用利润率（%）	工业产品销售率（%）	产值利税率（%）	每百元销售收入实现利税（元）
总 计	**13.56**	**97.60**	**20.87**	**19.59**
#亏损企业	-10.28	97.24	-6.09	-5.43
#国有及国有控股企业	14.36	97.78	22.32	20.46
#农村工业	11.97	92.24	13.36	14.91
一、按登记注册类型分				
内资企业	13.37	97.54	21.03	19.55
国有企业	9.18	97.69	20.27	17.78
中央企业	1.79	98.05	18.88	12.33
地方企业	15.23	97.52	20.94	22.06
集体企业	17.68	91.21	17.96	20.06
股份合作企业	9.32	105.43	18.67	16.37
联营企业	6.49	91.00	13.41	15.01
国有联营企业	5.24	93.38	13.79	14.48
有限责任公司	11.71	83.94	12.28	17.12
国有独资公司	4.74	97.35	9.54	9.82
其他有限责任公司	-0.10	97.86	5.77	5.75
股份有限公司	6.18	97.22	10.57	10.97
私营企业	39.07	98.11	40.16	36.19
私营独资企业	3.43	94.20	6.66	7.34
私营有限责任公司	2.96	89.63	5.52	5.77
私营股份有限公司	3.34	94.41	6.51	7.22
其他企业	11.20	100.82	23.23	21.77
港、澳、台商投资企业	24.53	97.29	16.62	24.96
合资经营企业(港或澳、台资)	12.21	96.32	7.03	14.36
合作经营企业(港或澳、台资)	37.68	100.00	30.88	34.13
港澳台商独资经营企业	-6.67	83.90	-3.20	-6.25
外商投资企业	14.12	99.34	19.82	18.39
中外合资经营企业	14.15	97.07	20.05	18.65
中外合作经营企业	52.47	100.00	48.01	48.40
外资企业	5.66	113.46	8.27	7.36
二、按经济组织类型分				
独资企业	9.27	97.64	19.98	17.66
国有企业	9.18	97.69	20.27	17.78
集体企业	17.68	91.21	17.96	20.06
私营独资企业	2.96	89.63	5.52	5.77
港澳台商独资经营企业	-6.67	83.90	-3.20	-6.25
外资企业	5.66	113.46	8.27	7.36
合作、合伙企业	30.49	99.67	29.47	31.34
股份合作企业	9.32	105.43	18.67	16.37
国有联营企业	5.24	93.38	13.79	14.48
合作经营企业(港或澳、台资)	11.71	83.94	12.28	17.12
中外合作经营企业	37.68	100.00	30.88	34.13
其他企业（内资）	52.47	100.00	48.01	48.40
股份有限公司	39.03	98.12	40.14	36.17
股份有限公司(内资)	39.07	98.11	40.16	36.19
私营股份有限公司	11.20	100.82	23.23	21.77

12-9 续表3 （2004年）

指 标	成本费用利润率（%）	工业产品销售率（%）	产值利税率（%）	每百元销售收入实现利税（元）
有限责任公司	5.68	97.15	10.24	10.68
国有独资公司	-0.10	97.86	5.77	5.75
私营有限责任公司	3.34	94.41	6.51	7.22
合资经营企业(港或澳、台资)	12.21	96.32	7.03	14.36
中外合资经营企业	14.15	97.07	20.05	18.65
其他有限责任公司	6.18	97.22	10.57	10.97
三、按轻重工业分				
轻工业	8.39	98.08	20.47	22.30
重工业	14.30	97.52	20.94	19.19
四、按企业规模分				
大型企业	19.03	98.27	24.33	23.25
中型企业	5.72	96.44	14.88	13.54
五、按工业行业分				
煤炭开采和洗选业	5.32	98.05	16.67	15.46
石油和天然气开采业	51.35	99.52	46.89	43.81
黑色金属矿采选业	134.44	86.74	65.45	68.49
有色金属矿采选业	71.96	93.95	40.92	45.01
农副食品加工业	2.13	94.75	2.73	2.89
食品制造业	5.51	95.69	7.91	8.51
饮料制造业	9.70	104.18	23.63	21.71
烟草制品业	13.79	100.91	57.99	58.05
纺织业	-3.08	98.44	1.09	1.12
纺织服装、鞋、帽制造业	8.57	120.08	18.41	15.22
皮革、毛皮、羽毛(绒)及其制品业	-5.94	100.61	-5.10	-4.91
木材加工及木、竹、藤、棕、草制品业	3.14	97.60	8.57	7.38
造纸及纸制品业	3.41	93.25	5.14	6.03
印刷业和记录媒介的复制	22.14	94.38	27.24	25.92
石油加工、炼焦及核燃料加工业	6.18	97.92	14.35	14.41
化学原料及化学制品制造业	3.40	94.66	7.86	8.77
医药制造业	16.21	97.98	20.64	21.82
橡胶制品业	3.66	107.96	10.00	8.47
塑料制品业	-32.17	78.72	-25.95	-40.35
非金属矿物制品业	3.00	93.35	11.02	12.30
黑色金属冶炼及压延加工业	0.55	95.24	5.15	5.24
有色金属冶炼及压延加工业	4.83	95.90	8.42	9.47
金属制品业	-0.78	97.10	4.62	4.85
通用设备制造业	8.37	96.62	12.35	13.39
专用设备制造业	5.11	91.84	7.61	8.12
交通运输设备制造业	5.56	98.39	7.18	7.38
电气机械及器材制造业	1.79	98.66	6.66	6.74
通信设备、计算机及其他电子设备制造业	7.37	95.15	10.09	10.87
仪器仪表及文化、办公用机械制造业	-26.36	89.47	-30.69	-32.10
工艺品及其他制造业	22.94	85.95	5.55	23.45
电力、热力的生产和供应业	2.24	99.38	20.94	9.35
燃气生产和供应业	0.59	129.49	7.67	6.08
水的生产和供应业	3.07	100.00	9.35	10.28

12-10 八大工业支柱产业主要经济指标

（2004年） 单位：万元

指 标	企业单位数（个）	#亏损企业	工业总产值（当年价格）	资产总计
全省规模以上工业总计	**2547**	**939**	**24267145**	**41648869**
八大工业合计	**2234**	**799**	**23628294**	**40226337**
1. 电子及通信设备制造业	66	21	1440346	2428115
2. 能源化工工业	515	155	9754836	19076200
3. 装备制造工业	562	201	5742894	9960871
4. 医药制造业	162	68	1123270	1519475
5. 食品工业	343	123	2069813	2168623
6. 纺织服装工业	118	69	615919	1009053
7. 非金属矿物制品业	262	109	609594	1273993
8. 有色冶金工业	206	53	2271623	2790009

行 业	产成品	流动资产年平均余额	固定资产净值年平均余额	负债合计
全省规模以上工业总计	**1860747**	**16521089**	**18577501**	**26421486**
八大工业合计	**1793954**	**16004643**	**17995940**	**25657490**
1. 电子及通信设备制造业	124056	1469243	663056	1389350
2. 能源化工工业	310028	4660259	11745976	11151813
3. 装备制造工业	713137	5800872	2469947	7183021
4. 医药制造业	119219	814844	448490	832646
5. 食品工业	171707	1134200	778622	1519551
6. 纺织服装工业	97472	401434	436213	850289
7. 非金属矿物制品业	86175	445156	583950	957111
8. 有色冶金工业	172160	1278635	869687	1773710

12-10 续表 （2004年） 单位：万元

行业	产品销售收入	产品销售成本	产品销售费用	产品销售税金及附加	管理费用	利息支出
全省规模以上工业总计	**24969640**	**18525349**	**799889**	**531435**	**1829131**	**502802**
八大工业合计	**24381957**	**18069085**	**777723**	**526720**	**1771409**	**490626**
1. 电子及通信设备制造业	1339347	1059955	42810	6286	132056	25000
2. 能源化工工业	11468402	8144133	116777	246060	614797	243022
3. 装备制造工业	5459117	4328906	219425	21059	629946	110966
4. 医药制造业	968112	570651	199562	4339	65205	14312
5. 食品工业	1969781	1371452	128087	232080	93591	28235
6. 纺织服装工业	569981	520432	12127	2624	43512	15745
7. 非金属矿物制品业	521363	412018	24536	4839	45669	22464
8. 有色冶金工业	2085854	1661538	34400	9433	146632	30883

行业	利润总额	亏损企业亏损额	税金总额	本年应交增值税	全部从业人员年平均人数（人）
全省规模以上工业总计	**2453265**	**369301**	**1864071**	**1332637**	**1153937**
八大工业合计	**2419380**	**349968**	**1829504**	**1302784**	**1090137**
1. 电子及通信设备制造业	85298	15764	53767	47481	58404
2. 能源化工工业	1787898	110982	1043097	797037	346596
3. 装备制造工业	205333	112847	177679	156621	331671
4. 医药制造业	95458	11189	64900	60561	36279
5. 食品工业	68574	27102	327215	95134	70220
6. 纺织服装工业	-27723	32646	24047	21424	98996
7. 非金属矿物制品业	2675	25420	40407	35569	69707
8. 有色冶金工业	201866	14019	98391	88958	78264

12-11 主要工业产品产量

（2004年）

产品名称	单位	产量	产品名称	单位	产量
原煤	万吨	8425.99	机制纸板	万吨	6.97
洗煤	万吨	245.75	原油加工量	万吨	1018.02
原油	万吨	1527.97	汽油	万吨	310.03
天然气（油田天然气）	亿立方米	74.56	煤油	万吨	7.21
铁矿石原矿量	万吨	187.37	柴油	万吨	453.62
钼精矿折合量	吨	29209	润滑油	万吨	0.58
硫铁矿生产量	万吨	67.42	燃料油	万吨	55.29
磷矿石生产量	万吨	8.29	液化石油气	万吨	68.12
原盐	万吨	10	焦炭	万吨	316.14
精炼食用植物油	吨	141946	硫酸	万吨	83.03
乳制品	吨	253689	盐酸	万吨	8.97
罐头	吨	2585	氢氧化钠（烧碱）	万吨	10.46
白酒	千升	30687	无水碳酸钠（纯碱）	万吨	18.67
啤酒	千升	619182	电石（折合量）	万吨	32.90
卷烟	亿支	620.58	合成氨	万吨	142.04
纱	万吨	18.63	农用化肥（折纯）	万吨	117.85
布	万米	74688	氮肥	万吨	93.14
印染布	万米	6113	磷肥	万吨	24.71
棉布	万米	50292	精甲醇	万吨	35.12
呢绒	万米	5.10	化学农药	吨	2267
服装	万件	621.55	油漆	吨	27740
丝	吨	1250	肥皂	吨	13907
丝织品	万米	296.51	合成洗涤剂	吨	107748
人造板	万立方米	10.78	牙膏	万支	592
纤维板	万立方米	10.78	化学原料药	吨	3784
机制纸及纸板	万吨	52.36	家具	万件	12.11
机制纸	万吨	45.39	水泥	万吨	1800.50

12-11 续表　　（2004年）

产品名称	单位	产量	产品名称	单位	产量
砖	亿 块	2.15	塑料制品	万 吨	2.62
瓦	万 片	1541	风 机	台	3609
大理石板材	万平方米	18.80	矿山设备	吨	41665
平板玻璃	万重量箱	477.99	金属轧制设备	吨	13489
日用陶瓷	万 件	215.50	混凝土机械	台	1642
玻璃纤维纱	吨	5430	轴 承	万 套	113
生 铁	万 吨	170.32	小型拖拉机	台	680
粗 钢	万 吨	220.71	汽 车	辆	49492
钢 材	万 吨	201.28	摩托车	辆	76722
铁合金	万 吨	10.91	自行车	辆	23129
铜加工材	吨	2960	交流电动机	万千瓦	413.68
铝	吨	70762	变压器	万千伏安	3402.44
锌	吨	177916	家用洗衣机	万 台	13.77
铅	吨	17522	家用电冰箱	万 台	10.54
工业锅炉	蒸发量吨	1984	房间空调器	台	41
泵	台	5616	空调器用压缩机	万 台	510.10
内燃机	万千瓦	18.92	电光源（灯泡）	万 只	446.38
金属切削机床	台	10773	程控交换机	万 线	147.38
#数控机床	台	2643	微型电子计算机	部	12838
高精度机床	台	791	彩色显象管	万 只	1363.70
大型机床	台	726	半导体分立器件	万 只	29.77
锻压设备	吨	2339	#彩色电视机	万 部	150.50
起重设备	吨	514	缝纫机	万 架	48.75
叉 车	台	3592	自动化仪表及系统	万台（套）	26.11
铁路货车	辆	3023	发电量	亿千瓦小时	480.95
中成药	吨	5777	火 电	亿千瓦小时	444.39
化学纤维	吨	8172	水 电	亿千瓦小时	36.56

12-12 主要工业产品生产能力

（2004年）

产品名称	单位	生产能力	产品名称	单位	生产能力
铁矿石开采	万吨	172.50	金属切削机床	台	6349
铁矿选矿处理能力	万吨	233.00	塑　料	万吨	4.39
炼　铁	万吨	277.00	化学农药	吨	6500
炼　钢	万吨	373.75	重型汽车	辆	15000
钢　材	万吨	185.05	手扶拖拉机	辆	40000
铁合金	万吨	5.35	化学纤维	吨	35500
铅锌矿采矿	万吨	68	机制纸及纸板	万吨	135
铅锌矿选矿处理能力	万吨	84	缝纫机（按两班）	万架	71.18
钼精矿采矿	万吨	756	程控交换机	万线	300
钼精矿选矿能力	万吨	756	移动通信手机	万部	60
电解铜	吨	2000	水　泥	万吨	2026
电解铝	吨	111000	日用搪瓷制品	吨	5400
发电设备装机容量	万千瓦	819.77	合成洗涤剂	万吨	8.53
水　电	万千瓦	146.23	原　盐	万吨	11.79
火　电	万千瓦	673.54	卷　烟（按两班）	万箱	175.96
6000千瓦及以上电厂	万千瓦	776.27	工业锅炉	蒸吨	9939
#火　电	万千瓦	650.15	内燃机	万千瓦	147.62
原煤开采	处一万吨	112-3704	交整流电动机	万千瓦	333
机　焦	万吨	175	印染布	万米	50632
原油开采	万吨	970	电视机	万部	200
原油加工	万吨	940	#彩色电视机	万部	190
硫　酸	万吨	65	彩色显像管	万只	1000
纯　碱	万吨	13	家用洗衣机	万台	29
烧　碱	万吨	9	轮胎外胎	万条	42
农用化肥	万吨	119	油　漆	万吨	8
氮　肥	万吨	101	合成氨	万吨	147
磷　肥	万吨	18	微型计算机	万台	40

12-13 全省用电总量

单位：亿千瓦小时

指　　标	1995年	2000年	2001年	2002年	2003年	2004年
全省用电量总计	**236.72**	**292.76**	**321.54**	**355.97**	**393.68**	**386.17**
一、农、林、牧、渔、水利用电	22.84	22.90	25.11	26.45	25.84	28.39
#排灌用电	15.00	16.49	18.36	19.69	18.93	20.29
二、工业用电	165.24	196.00	211.85	234.60	263.64	288.38
轻工业	29.34	32.67	33.68	35.09	39.51	41.94
重工业	135.90	163.33	178.17	199.51	224.13	246.44
#自来水生产和供应业	3.58	2.79	2.41	2.71	2.76	2.18
#电力蒸汽热水生产供应业	42.34	50.37	55.28	62.31	63.86	79.79
#厂用电量	18.63	23.86	27.23	32.24	33.25	51.25
#线路损失电量	22.24	23.78	25.98	27.78	28.24	28.54
三、地质普查和勘探业用电	0.20	0.16	0.20	0.20	0.22	0.33
四、建筑业用电	2.24	2.28	2.82	2.71	3.11	3.81
五、交通运输、邮电通讯业	11.35	14.01	17.48	20.27	21.99	24.81
交通运输业	10.80	12.73	16.02	18.65	20.19	23.08
邮电通讯业	0.46	1.29	1.46	1.62	1.80	1.72
六、商业、公共饮食业、物资供销和仓储业用电	5.70	8.44	9.95	11.81	12.45	14.23
七、其它事业用电	9.44	15.66	18.38	20.04	22.53	26.22
八、城乡居民生活用电	19.71	33.31	35.77	39.89	43.91	45.40
乡村用电	7.47	12.00	12.57	13.84	15.71	15.88
城市用电	12.34	21.31	23.20	26.04	28.21	29.52

主要统计指标解释

工业 指从事自然资源的开采，对采掘品和农产品进行加工和再加工的物质生产部门。具体包括：(1)对自然资源的开采，如采矿、晒盐、森林采伐等(但不包括禽兽捕猎和水产捕捞)；(2)对农副产品的加工、再加工，如粮油加工、食品加工、轧花、缫丝、纺织、制革等；(3)对采掘品的加工、再加工，如炼铁、炼钢、化工生产、石油加工、机器制造、木材加工等，以及电力、自来水、煤气的生产和供应等；(4)对工业品的修理、翻新，如机器设备的修理、交通运输工具(包括小卧车)的修理等。

轻、重工业 轻工业指主要提供生活消费品和制作手工工具的工业，重工业指为国民经济各部门提供物质技术基础的主要生产资料的工业。

规模以上工业企业 指全部国有及年产品销售收入500万元及以上的非国有工业企业。

国有及国有控股企业 指国有企业加上国有控股企业。国有企业（即过去的全民所有制工业或国营工业）是指企业全部资产归国家所有，并按《中华人民共和国企业法人登记管理条例》规定登记注册的非公司制的经济组织。包括国有企业、国有独资公司和国有联营企业。1957年以前的公私合营和私营工业，后均改造为国营工业，1992年改为国有工业，这部分工业的资料不单独分列时，均包括在国有企业内。国有控股企业是对混合所有制经济的企业进行的“国有控股”分类。它是指这些企业的全部资产中国有资产（股份）相对其他所有者中的任何一个所有者占资（股）最多的企业。该分组反映了国有经济控股情况。

大、中、小型企业 以从业人员数、销售额（工业企业以产品销售收入代替）和资产总额三项指标为划分依据。工业企业规模的具体划分标准是：

大型：从业人员2000人及以上、销售额30000万元及以上、资产总额40000万元及以上。

中型：从业人员300-2000人以下、销售额3000-30000万元以下、资产总额4000-40000万元以下。

小型：从业人员300人以下、销售额3000万元以下、资产总额4000万元以下。

工业总产值 是以货币表现的工业企业在一定时期内生产的已出售或可供出售工业产品总量，它反映一定时间内工业生产的总规模和总水平。包括三项内容：即本期生产成品价值、对外加工费收入、在制品半成品期末期初差额价值三部分。凡是企业在报告期生产的经检验合格的产品，不管是否在报告期销售，均包括在内。凡是计入工业总产值的产品，必须是本企业生产的经检验合格的，不需要再进行任何加工的最终产品。如果企业有中间产品(半成品)对外销售，则对外销售的中间产品应视为企业的最终产品。

工业总产值采用“工厂法”计算，以工业企业作为基本计算(核算)单位，即按企业的最终产品计算工业总产值。按这种方法计算的工业总产值，不允许同一产品价值在企业内部重复计算，不能把企业内部各个车间(分厂)生产的成果相加，但允许企业间的重复计算。

轻重工业总产值的划分也是按“工厂法”计算的，即一个工业企业在正常情况下生产的主要产品的性质属于轻工业，则该企业的全部总产值作为轻工业总产值，如它的主要产品的性质属于重工业，则该企业的全部总产值作为重工业总产值。

工业增加值 指工业企业在报告期内以货币表现的工业生产活动的最终成果。

工业增加值有两种计算方法：一是生产法，即工业总产出减去工业中间投入加上应交增值税；二是收入法，即从收入的角度出发，根据生产要素在生产过程中应得到的收入份额计算，具体构成项目有固定资产折旧、劳动者报酬、生产税净额、营业盈余，这种方法也称要素分配法。本年鉴中的工业增加值是以生产法计算的。

生产法工业增加值的计算方法为：

工业增加值 = 工业总产出 - 工业中间投入 + 应交增值税

资产总计 指企业拥有或控制的能以货币计量的经济资源。包括各种财产、债权和其他权利。资产按其流动性划分为流动资产、长期投资、固定资产、无形及递延资产和其他资产。

(1)流动资产 指企业可以在一年内或者超过一年的一个生产周期内变现或耗用的资产合计。包括现金及各种存款、短期投资、应收及预付款项、存货等。

(2)固定资产 指企业固定资产净值、固定资产清理、在建工程、待处理固定资产损失所占用的资金合计。

(3)无形资产 指企业长期使用而没有实物形态的资产。包括专利权、非专利技术、商标权、著作权、土地使用权、商誉等。

流动资产平均余额 指企业在报告期内全部流动资产的平均余额。

固定资产原价 指企业在建造、购置、安装、改建、扩建、技术改造某项固定资产时所支出的全部货币总额。它一般包括买价、包装费、运杂费和安装费等。

固定资产净值年平均余额 指固定资产净值在报告期内余额的平均数。计算公式为：

固定资产净值年平均余额 = 1至12月各月月初、月末固定资产净值之和/24

固定资产净值 指固定资产原价减去历年已提折旧额后的净额。计算公式为：

固定资产净值 = 固定资产原价 - 累计折旧

负债合计 指企业承担的能以货币计量，将以资产或劳务偿付的债务。负债一般按偿还期长短分为流动负债和长期负债、递延税项等。

流动负债合计 指将在一年或超过一年的一个营业周期内偿还的债务。流动负债包括短期负债、应付票据、应付帐款、预收帐款、应付工资、应付福利费、应交税金、应付利润、其他应付款、预提费用等。流动负债具有偿还期限短，在债权人提出要求时即期偿付，或在一年内必须偿还的特点。

长期负债合计 指偿还期在一年或超过一年的一个营业周期以上的债务，它是除了投资人投入企业的资本以外，企业向债权人筹集、可供企业长期使用的资金，是企业必须以资产或劳务偿还的经济责任，包括长期借款、应付债款、长期应付款、其他长期负债等。与流动负债相比，长期负债具有为数较大、偿还期限较长的特点，且对投资者来说可带来更大的利益。

产品销售收入 指企业在报告期内生产的成品、自制半成品和工业性劳务取得的收入。

产品销售成本 指企业在报告期内销售本企业生产的成品、自制半成品和工业性劳务等的实际成本。

产品销售税金及附加 指企业在报告期内销售产品、提供的劳务等主要经营业务应负担的城市维护建设税、消费税、资源税和教育费附加等。

利润总额 指企业生产经营活动的最终成果，是企业在一定时期内实现的盈亏相抵后的利润总额(亏损以“-”号表示)，它等于营业利润加上补贴收入加上投资收益加上营业外净收入再加上以前年度损益调整。

本年应交增值税 指企业在报告期内应交纳的增值税额。它等于本年销项税额加上出口退税加上进项税额转出数减去本年进项税额。小规模纳税企业直接按全年计税销售额乘以征收率计算取得。

年末从业人员平均人数 从业人员是指在企业工作并取得劳动报酬的全部人员数。包括在岗职工、再就业的离退休人员、民办教师及在企业工作的外方人员和港澳台方人员、兼职人员、借用的外单位人员和第二职业者。不包括离开本单位但仍保留劳动关系的职工。

从业人员平均人数是指报告期内每天拥有的从业人员人数。其计算公式为：

月平均人数 = 报告月内每天实有人数之和 / 报告月日历日数

季平均人数 = 季内各月平均人数之和 / 3

年平均人数 = 年内各月平均人数之和 / 12

总资产贡献率 反映企业全部资产的获利能力，是企业经营业绩和管理水平的集中体现，是评价和考核企业盈利能力的核心指标。计算公式为：

总资产贡献率（%）= 利润总额 +税 金总额 + 利息支出 / 平均资金总额×100%

公式中：税金总额为产品销售税金及附加与应交增值税之和；平均资产总额为期初期末资产之和的算术平均值。

资产负债率 该指标既反映企业经营风险的大小，也反映企业利用债权人提供的资金从事经营活动的能力。计算公式为：

资产负债率（%）= 负债总额 / 资产总额×100%

资产与负债均为报告期期末数。

流动资产周转次数 指一定时期内流动资产完成的周转次数，反映投入工业企业流动资金的周转速度。计算公式为：

流动资产周转次数 = 产品销售收入 / 全部流动资产平均余额

公式中：全部流动资产平均余额为期初和期末的流动资产之和的算术平均值。

成本费用利润率 反映企业投入的生产成本及费用的经济效益，同时也反映企业降低成本所取得的经济效益。计算公式为：

成本费用利润（%）= 利润总额 / 成本费用总额×100%

公式中：成本费用总额为产品销售成本、销售费用、管理费用、财务费用之和。

全员劳动生产率 该指标反映企业的生产效率和劳动投入的经济效益。计算公式为：

全员劳动生产率（元/人）= 工业增加值 / 全部从业人员平均人数

产品销售率 该指标反映工业产品已实现销售的程度，是分析工业产销衔接情况、研究工业产品满足社会需求的指标。计算公式为：

产品销售率（%）= 工业销售产值 / 工业总产值（现价）×100%

2005

統計年鑒

建筑业

JIANZHUYE

资料整理：梁玉萍

****

13. 建筑业

****

2004 年全省具有建筑业资质等级的建筑施工企业

企业个数	738	个
# 国有及国有控股企业	164	个
施工企业总产值	525.01	亿 元
# 国有及国有控股企业	364.98	亿 元
房屋建筑竣工面积	1448.97	万平方米
房屋建筑面积竣工率	36.2	%

****

建筑施工企业总产值

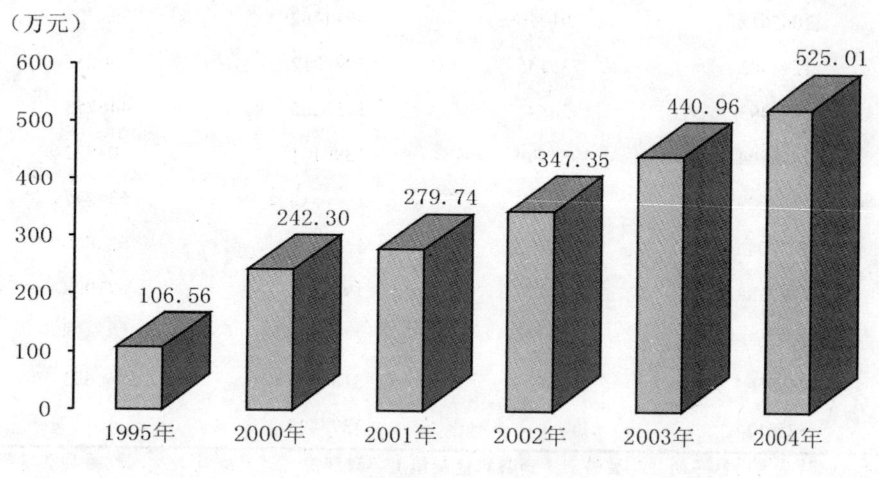

13-1 建筑施工企业总产值

单位：万元

年 份	建筑业总产值	#地方属企 业	国有企业	#地方属企 业	集体企业
1957	34567	7620	34567	7620	
1962	11340	3055	9824	1539	1516
1965	38425	15551	31458	8584	6967
1970	37180	23414	31070	17304	6110
1975	67377	45824	58946	37393	8431
1978	86642	60131	75082	48571	11560
1979	91932	66057	77854	51979	14078
1980	97607	71142	80505	54040	17102
1981	82528	65171	65789	48432	16739
1982	98176	70799	79749	52072	18427
1983	110401	75874	85828	51301	24573
1984	139234	92633	111271	64670	27963
1985	164405	100322	132119	68036	32286
1986	183081	112965	150795	74608	38357
1987	208180	125264	165971	83055	42209
1988	242409	134927	197920	90438	44489
1989	273554	144417	230069	100932	43485
1990	325034	155840	278358	109164	46676
1991	360774	173400	306098	118724	54676
1992	479806	228929	410445	159568	69361
1993	751613	331449	650865	230800	100649
1994	980260	414949	856685	293000	121941
1995	1065612	501076	914782	357201	143870
1996	1294502	735145	940012	380656	335948
1997	1642493	928341	1158205	446758	461272
1998	1879804	983440	1399161	503822	394712
1999	2183009	1188225	1640515	635775	432628
2000	2423046	1205275	1843456	625816	439089
2001	2797388	1424557	1970842	671008	479810
2002	3473536	1735125	2474524	737488	490351
2003	4409564	2076800	3138878	960693	456851
2004	5250124		3878423		

注：1.1996年以后建筑业年报统计范围由往年的县及县以上（含县级建制镇）各种经济类型的建筑企业，改为具有建筑业资质等级四级及四级以上的各种经济类型的建筑施工企业；2002年改为具有建筑业资质等级的各种经济类型的建筑施工企业。

2.1998年以后国有经济为国有及国有控股企业。

13-2 建筑业企业生产情况

(2004年)

项　　目	单 位	总 计	#国有及国有控股企业
一、企业个数	个	738	164
二、建筑业合同情况			
签订的合同额	万 元	10683614	7834847
1.上年结转合同额	万 元	3994872	2803575
2.本年新签合同额	万 元	6688742	5031272
三、承包工程完成情况			
1.直接从建设单位承揽工程完成的产值	万 元	5183953	3607488
自行完成施工产值	万 元	4988730	3520418
分包出去工程的产值	万 元	195223	87070
2.从建设单位以外承揽工程完成的产值	万 元	261394	129416
四、建筑业总产值	万 元	5250124	3649834
#装饰装修产值	万 元	96498	56661
在外省完成的产值	万 元	2209939	2022085
1.建筑工程产值	万 元	4772475	3338763
2.安装工程产值	万 元	392644	251789
3.其他产值	万 元	85005	59282
五、竣工产值	万 元	2947951	1566578
六、房屋建筑施工面积	万平方米	4004.71	1793.23
#新开工面积	万平方米	1735.92	767.71
#实行投标承包面积	万平方米	2739.99	1239.72
#新开工面积	万平方米	1338.60	561.23
七、劳动人员情况			
年平均人数	人	527178	298137
期末从业人数	人	421261	199697
#工程技术人员	人	68694	29515
持有一级资质证书的	人	3126	2437

13-3 建筑企业房屋建筑完成情况

(2004年)

项　　目	房屋建筑竣工面积（万平方米）	房屋建筑竣工价值（万元）	每平米房屋竣工造价（元）
总　计	**1448.97**	**1117640**	**771**
1.厂房、仓库	63.94	79450	1243
2.住　宅	1027.64	732475	713
3.办公用房	131.28	125065	953
4.批发和零售用房	16.85	12148	721
5.住宿和餐饮用房	48.39	41713	862
6.居民服务业用房	21.06	18426	875
7.教育用房	84.79	62086	732
8.文化、体育和娱乐用房	5.58	4490	805
9.卫生医疗用房	9.03	6865	760
10.科研用房	9.44	7814	828
11.其他用房	30.97	27108	876

13-4 各市建筑业总产值及构成

(2004年)

单位：万元

地　区	建筑业总产值	#装饰装修产值	#在外省完成的产值	按构成分		
				建筑工程产值	安装工程产值	其他产值
全　省	**5250124**	**96498**	**2209939**	**4772475**	**392644**	**85005**
关　中	4688751	85822	2189301	4239140	376065	73546
西安市	2278904	65901	904836	2026275	229612	23017
铜川市	51000	587		47252	3679	69
宝鸡市	451924	11751	133345	413215	32919	5790
咸阳市	1551917	6323	993321	1463372	46524	42021
渭南市	306465	1260	149262	272947	32791	727
杨凌示范区	48541		8537	16079	30540	1922
陕　南	299395	9358	20063	276170	12641	10584
汉中市	136860	1694	2929	128182	5223	3455
安康市	69242	1148	8494	65911	1536	1795
商洛市	93293	6516	8640	82077	5882	5334
陕　北	261978	2068287	575	257165	3938	875
延安市	91926	1318		89216	1894	816
榆林市	170052	1178	575	167949	2044	59

13-5 各市建筑业合同情况

(2004年)　　单位：万元

地区	签订的合同额	上年结转合同额	本年新签合同额
全省	**10683614**	**3994872**	**6688742**
关中	9840006	3639484	6200522
西安市	5093994	2153716	2940278
铜川市	75496	42389	33107
宝鸡市	676803	223895	452908
咸阳市	3325252	904392	2420860
渭南市	599253	285933	313320
杨凌示范区	69208	29159	40049
陕南	444031	195681	248350
汉中市	205952	87290	118662
安康市	107494	52072	55422
商洛市	130585	56319	74266
陕北	399577	159707	239870
延安市	151579	82701	68878
榆林市	247998	77006	170992

13-6 各市建筑业承包工程完成情况

(2004年)　　单位：万元

地区	直接从建设单位承揽工程完成的产值	自行完成施工产值	分包出去工程的产值	从建设单位以外承揽工程完成的产值
全省	**5183953**	**4988730**	**195223**	**261394**
关中	4624010	4435271	188739	253480
西安市	2244276	2174425	69851	104479
铜川市	57084	50960	6124	40
宝鸡市	431819	332645	99174	119279
咸阳市	1540364	1529497	10867	22420
渭南市	301874	299305	2569	7160
杨凌示范区	48593	48439	154	102
陕南	298452	292068	6364	7327
汉中市	135917	135657	260	1203
安康市	66965	66965		2277
商洛市	95570	89446	6124	3847
陕北	261491	261391	100	587
延安市	91956	91856	100	70
榆林市	169535	169535		517

13-7 各市建筑业房屋建筑施工面积及竣工率

(2004年)

地 区	房屋建筑施工面积（万平方米）	#新开工面积	#实行投标承包面积	#新开工面积	房屋建筑竣工面积（万平方米）	竣工产值（万元）	房屋建筑面积竣工率（%）
全 省	**4004.71**	**1735.92**	**2739.99**	**1338.60**	**1448.97**	**2947951**	**36.18**
关 中	3047.98	1261.54	1876.07	922.95	1066.75	2021245	35.00
西安市	1410.86	572.61	1075.05	501.50	384.61	937489	27.26
铜川市	62.06	38.84	58.24	37.12	31.73	29442	51.12
宝鸡市	814.23	256.11	58.79	30.63	370.17	255402	45.46
咸阳市	552.18	267.95	501.01	240.80	199.67	679326	36.16
渭南市	181.93	115.61	156.26	102.48	72.70	96054	39.96
杨凌示范区	26.72	10.43	26.72	10.43	7.88	23532	29.48
陕 南	588.22	275.78	527.25	225.67	253.93	778153	43.17
汉中市	296.79	124.31	274.39	93.33	112.71	81232	37.98
安康市	149.32	64.68	130.31	56.98	79.71	55211	53.38
商洛市	142.11	86.80	122.55	75.37	61.51	641710	43.28
陕 北	368.51	198.60	336.67	189.98	128.29	148553	34.81
延安市	140.57	72.32	114.19	63.80	64.88	67758	46.15
榆林市	227.94	126.28	222.48	126.19	63.41	80795	27.82

13-8 各市建筑业劳动人员情况

(2004年)

地 区	单位数（个）	平均人数（人）	期末从业人数（人）	#工程技术人员	#持有一级资质证书的项目经理	按总产值计算的劳动生产率（元/人）
全 省	**738**	**527178**	**421261**	**68694**	**3126**	**99589**
关 中	437	428882	322894	53200	2893	109325
西安市	182	230055	140845	25669	1346	99059
铜川市	18	8513	7612	1431	34	59908
宝鸡市	82	63636	46312	9877	720	71017
咸阳市	64	87308	87582	9255	559	177752
渭南市	84	34110	35350	6110	154	89846
杨凌示范区	7	5260	5193	858	80	92283
陕 南	191	66704	64077	11810	153	44884
汉中市	90	35258	33526	5537	93	38817
安康市	51	13003	13106	2907	22	53251
商洛市	50	18443	17445	3366	38	50585
陕 北	110	31592	34290	3684	80	82925
延安市	36	14073	9158	1320	41	65321
榆林市	74	17519	25132	2364	39	97067

13-9 各市建筑业房屋建筑竣工面积

(2004年)

单位：万平方米

地区	总计	厂房、仓库	住宅	办公用房	批发和零售用房	住宿和餐饮用房
全省	**1448.97**	**63.94**	**1027.64**	**131.28**	**16.85**	**48.39**
关中	1066.75	56.42	781.85	91.55	10.61	38.07
西安市	384.61	28.53	248.48	37.30	4.14	27.16
铜川市	31.73		28.32	0.19	0.12	
宝鸡市	370.17	3.84	338.87	22.65	0.46	0.86
咸阳市	199.67	21.10	121.48	22.98	4.68	3.79
渭南市	72.70	2.95	39.07	6.71	1.20	6.25
杨凌示范区	7.88		5.62	1.72		
陕南	253.93	6.19	172.17	29.13	4.06	4.23
汉中市	112.71	1.34	76.02	12.80	2.99	3.14
安康市	79.71	0.54	55.88	11.05	0.24	0.68
商洛市	61.51	4.31	40.27	5.29	0.83	0.41
陕北	128.29	1.33	73.62	10.61	2.19	6.10
延安市	64.88	0.13	39.78	4.83	0.78	0.53
榆林市	63.41	1.20	33.84	5.78	1.41	5.56

地区	居民服务业用房	教育用房	文化、体育和娱乐用房	卫生医疗用房	科研用房	其他用房
全省	**21.06**	**84.79**	**5.58**	**9.03**	**9.44**	**30.97**
关中	15.50	44.53	3.74	4.42	8.20	11.88
西安市	11.75	14.60	2.62	1.34	0.93	7.77
铜川市		1.37	0.25	0.30	0.81	0.35
宝鸡市		2.87				0.62
咸阳市	1.39	14.61	0.16	2.63	6.31	0.54
渭南市	2.36	11.08	0.71	0.16	0.15	2.07
杨凌示范区						0.53
陕南	3.55	26.21	1.26	3.85	0.41	2.86
汉中市	2.36	11.00	0.92	0.93		1.21
安康市	1.07	6.84	0.21	1.72	0.41	1.08
商洛市	0.12	8.37	0.13	1.21		0.57
陕北	2.01	14.05	0.58	0.76	0.83	16.21
延安市	2.01	8.33	0.55	0.12		7.81
榆林市		5.72	0.03	0.64	0.83	8.40

13-10 各市建筑业房屋竣工价值

(2004年)　　单位：万元

地区	总计	厂房、仓库	住宅	办公用房	批发和零售用房	住宿和餐饮用房
全省	**1117640**	**79450**	**732475**	**125065**	**12148**	**41713**
关中	847758	73910	564178	95466	7294	33301
西安市	351356	49790	203766	34544	3101	25256
铜川市	20741		17888	188	78	
宝鸡市	255402	2986	212566	34459	416	1037
咸阳市	167549	18552	100405	20670	3061	3441
渭南市	47442	2582	25769	4622	638	3567
杨凌示范区	5268		3784	983		
陕南	157128	4852	100289	20280	3323	2388
汉中市	64143	1078	40258	9036	2561	1771
安康市	47645	543	31633	6887	164	516
商洛市	45340	3231	28398	4357	598	101
陕北	112754	688	68008	9319	1531	6024
延安市	60374	93	41538	3856	700	390
榆林市	52380	595	26470	5463	831	5634

地区	居民服务业用房	教育用房	文化、体育和娱乐用房	卫生医疗用房	科研用房	其他用房
全省	**18426**	**62086**	**4490**	**6865**	**7814**	**27108**
关中	14139	32934	3347	3924	6747	12518
西安市	11263	10028	2561	1163	815	9069
铜川市		1388	208	210	558	223
宝鸡市		3449				489
咸阳市	1248	11758	110	2436	5304	564
渭南市	1628	6311	468	115	70	1672
杨凌示范区						501
陕南	2331	18348	507	2457	512	1841
汉中市	1470	6362	323	514		770
安康市	779	4711	93	1092	512	715
商洛市	82	7275	91	851		356
陕北	1956	10804	636	484	555	12749
延安市	1956	6772	588	83		4398
榆林市		4032	48	401	555	8351

13-11 各市建筑业每平米房屋竣工造价

(2004年)

单位：元

地　区	总　计	厂房、仓库	住　宅	办公用房	批发和零售用　　房	住宿和餐饮用　　房
全　省	**771**	**1243**	**713**	**953**	**721**	**862**
关　中	795	1310	722	1043	688	875
西安市	914	1745	820	926	749	930
铜川市	654		632	967	650	
宝鸡市	690	777	627	1522	899	1200
咸阳市	839	879	827	900	654	908
渭南市	653	877	660	689	532	571
杨凌示范区	669		673	571		
陕　南	619	784	583	696	818	565
汉中市	569	804	530	706	858	564
安康市	598	1009	566	623	680	763
商洛市	737	750	705	824	717	246
陕　北	879	517	924	878	701	988
延安市	931	729	1044	799	903	732
榆林市	826	494	782	945	589	1013

地　区	居民服务业用　　房	教育用房	文化、体育和娱乐用房	卫生医疗用　　房	科研用房	其他用房
全　省	**875**	**732**	**805**	**760**	**828**	**876**
关　中	912	740	895	888	823	1054
西安市	959	687	979	871	879	1168
铜川市		1013	817	706	686	633
宝鸡市		1200				794
咸阳市	901	805	694	926	841	1052
渭南市	688	570	660	737	467	807
杨凌示范区						944
陕　南	656	700	402	638	1239	643
汉中市	622	578	350	553		638
安康市	729	689	445	637	1239	660
商洛市	678	869	700	705		622
陕　北	971	769	1094	636	672	786
延安市	971	813	1067	687		563
榆林市		705	1589	626	672	994

主要统计指标解释

建筑业统计单位 指从事房屋、构筑物建造和设备安装活动的法人企业。建筑业法人企业应同时具备的条件是：①依法成立，有自己的名称、组织机构和场所，能够承担民事责任；②独立拥有和使用资产，承担负债，有权与其他单位签订合同；③独立核算盈亏，能够编制资产负债表。

建筑业总产值(即自行完成施工产值) 是以货币形式表现的建筑安装企业在一定时期内生产的建筑业产品的总和。建筑业总产值包括：

⑴建筑工程产值：指列入建筑工程预算内的各种工程价值。

⑵安装工程产值：指设备安装工程价值，不包括被安装设备本身价值。

⑶其他产值：建筑业总产值中除建筑工程、安装工程以外的产值，包括房屋、构筑物修理产值、非标准设备制造产值、总包企业向分包企业收取的管理费以及不能明确划分的施工活动所完成的产值。

房屋、构筑物修理产值：指房屋、构筑物修理所完成的价值，但不包括被修理房屋、构筑物本身的价值和生产设备的修理价值。

非标准设备制造产值：指加工制造没有定型的、非标准的生产设备的加工费和原材料价值，以及附属加工厂为本企业承建工程制作的非标准设备的价值。

建筑业增加值 指建筑业企业在报告期内以货币形式表现的建筑业生产经营活动的最终成果。目前建筑业增加值采用分配法（收入法）计算，即从收入的角度出发，根据生产要素在生产过程中应得的收入份额计算。具体计算公式为：

建筑业增加值 = 本年提取的固定资产折旧 + 应付工资 + 应付福利费 + 管理费用中的劳动待业保险金、税金 + 工程结算税金及附加 + 工程结算利润

房屋建筑面积 指房屋全部平面面积的总和。它从房屋的外墙线算起，包括可供使用的有效面积和墙柱等结构占用面积。多层房屋按各层（包括地下室）面积总和计算。旧房加层或改造，只计算增加的建筑面积；旧房拆除重建，计算其全部面积；临时房屋不计算建筑面积。

房屋建筑施工面积 指在报告期内施过工的全部房屋建筑面积，包括本期新开工的房屋面积、上期施工跨入本期继续施工的房屋面积、上期停缓建在本期恢复施工的房屋面积、本期竣工的房屋面积及本期施工后又停缓建的房屋面积。

房屋建筑竣工面积 指在报告期内房屋建筑按照设计要求全部完工，达到了使用条件，经验收鉴定合格，正式移交使用单位的房屋建筑面积。

2005

統計年鑑

运输和邮电

YUNSHUHEYOUDIAN

资料整理：张　虹　杨　琨

****

14. 运输和邮电

****

2004 年全省

客运量	35682	万　人	比上年增长 14.3%
旅客周转量	517.13	亿人公里	比上年增长 24.5%
货运量	41139	万　吨	比上年增长 14.8%
货物周转量	1031.83	亿吨公里	比上年增长 18.9%
邮电业务总量	244.77	亿　元	比上年增长 40.6%
每百人拥有固定电话	21.4	部	
每百人拥有移动电话	21.3	部	

****

高速公路里程

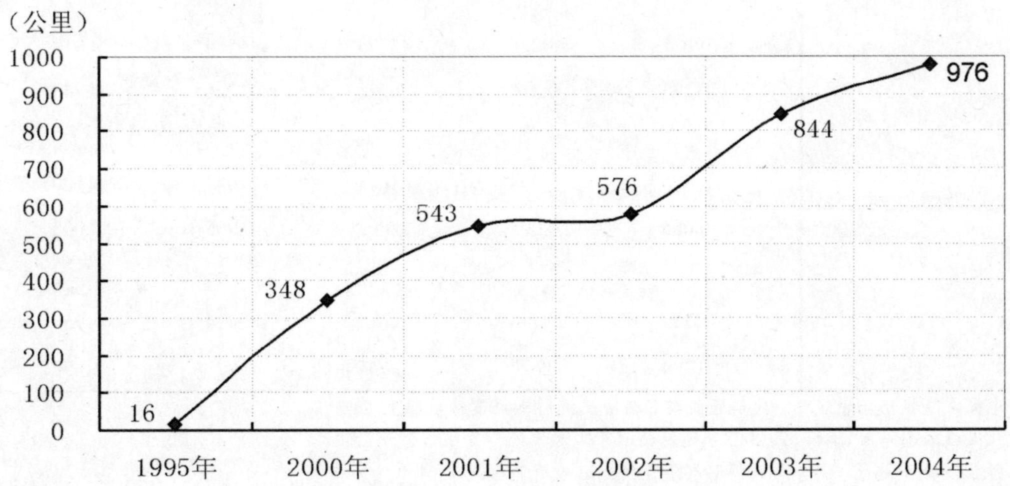

14-1 运输线路里程、质量和运输网密度

指　　标	1995年	2000年	2001年	2002年	2003年	2004年
一、运输线路里程(公里)						
铁路正线延展里程	2621	3498	3876	3887	4032	4335
#营业里程	2271	3073	3454	3462	3464	3696
公路通车里程	39621	44225	45273	46564	50019	52720
内河航道里程	998	998	1033	1033	1100	1100
#机动船航道	508	508	563	563	557	563
民航通航里程	155926	187568	209243	251274	485438	386953
#不重复里程	62355	139764	154614	180424	381955	324236
二、运输线路质量						
铁路营业里程(公里)	2271	3073	3454	3462	3464	3696
#复线里程	328	394	394	523	781	835
复线里程比重(%)	14.4	12.8	11.4	15.1	22.5	22.6
公路线路里程(公里)	39621	44225	45273	46564	50019	52720
#有路面里程	28961	30840	32178	33908	37160	6708
有路面里程比重(%)	73.1	69.7	71.1	72.8	74.3	12.7
内河航道里程(公里)	998	998	1033	1033	1100	1100
#水深一米以上	508	508	563	563	557	563
水深一米以上比重(%)	50.9	50.9	54.5	54.5	50.6	51.2
三、运输网密度(公里/平方公里)						
1.铁　路						
省内营业里程(公里)	1957	2205	2209	2216	2989	3248
密　度	0.010	0.011	0.011	0.011	0.015	0.016
2.公　路						
线路长度(公里)	39621	44225	45273	46564	50019	52720
密　度	0.193	0.214	0.221	0.226	0.243	0.256
3.水　路						
通航里程(公里)	998	998	1033	1033	1100	1100
密　度	0.005	0.005	0.005	0.005	0.005	0.005
4.民　航						
通航里程(公里)	62355	139764	154614	180424	381955	324236
密　度	0.304	0.679	0.754	0.877	1.856	1.576

注：1.铁路线路为中央在陕铁路局管线路；民航通航里程为陕西民航飞机飞行航线里程。

2.铁路省内营业里程为国家反馈数，从2003年起包含国家、地方、合资铁路营业里程。

3.铁路线路里程从2000年起包含神华神朔铁路有限责任公司专用铁路线路。

4.民航通航里程2003年数字较大是由于长安航空合并重组海南航空后航线增加所致。

5.公路线路有路面里程从2004年起仅指高级路面，与2003年统计口径不可比。

14-2 铁路、公路线路长度及民航航线

指　　标	单 位	1995年	2000年	2001年	2002年	2003年	2004年
一、铁路线路长度							
正线延展里程	公 里	2621	3498	3876	3887	4032	4335
# 省境内	公 里	2313	3005	3342	3599	3449	3755
营业里程	公 里	2271	3073	3454	3462	3464	3696
# 省境内	公 里	1957	2584	2970	2978	2980	3212
电气化里程(省境内)	公 里	1270	1772	1772	1949	1781	2514
省内复线里程	公 里	328	333	333	410	513	571
二、公路线路长度							
公路线路里程	公 里	39621	44225	45273	46564	50019	52720
# 晴雨通车里程	公 里	23156	32905	33614	34979	38290	39753
有路面里程	公 里	28961	30840	32178	33908	37160	6708
# 高级及次高级路面	公 里	13395	20835	21523	23115	24659	25991
等级公路	公 里	32201	38128	39300	40800	44422	47324
# 高速公路	公 里	16	348	543	576	844	976
一级公路	公 里	228	232	168	168	187	349
二级公路	公 里	1549	4607	4697	5109	5335	5552
三级公路	公 里	10947	11398	11895	12635	13529	14181
等级公路占合计比重	%	81.3	86.2	86.8	87.6	88.8	89.8
三、民航航线							
航线里程	公 里	155926	187568	209243	251274	485438	386953
# 国际航线	公 里	2931	16925	18729	23568	48491	50130
港澳航线	公 里	4052	3497	3497	5544	6314	3028
航线条数	条	113	128	149	174	357	280
# 国际航线	条	1	6	8	10	21	22
港澳航线	条	2	2	2	3	4	2
通航城市	个	62	79	93	101	127	132
# 国际航线	个	1	6	8	10	15	19
港澳航线	个	1	2	2	2	3	2

注：铁路线路长度从2000年起包含神华神朔铁路有限责任公司专用铁路线路。

14-3 运输工具

指　　标	单位	1995年	2000年	2001年	2002年	2003年	2004年
一、铁路运输工具							
机　车	台	532	582	690	715	783	837
#蒸　汽	台	70	19	9			
内　燃	台	118	159	172	184	210	244
电　力	台	344	404	509	531	573	593
客　车	辆	1411	1572	1543	1643	1635	1746
二、公路运输工具							
民用汽车	辆	245205	364673	435257	483424	540104	625319
#新注册	辆					92587	115772
载客汽车	辆	90158	194215	266019	323803	349878	418441
载货汽车	辆	138996	140168	153317	146211	178767	190175
特种车	辆	5251	17124	18159	15518	17374	18366
汽车挂车	辆	6120	3034	3837	3007	6228	6516
拖拉机	辆	243286	220000	216400	223434	216456	210000
三、水运运输工具							
机动船	艘	48	19	1155	1238	1235	1181
客船载客量	客位	1617	675	12863	15753	17682	16032
货船净载重量	吨	907	23	6094	7236	7473	6896
拖轮功率	千瓦	249	243	294	299	167	385
驳　船	艘/吨位	16/2292	7/1095	293/728	292/862	361/1065	502/1161
四、民航运输工具							
民航飞机	架	40	51	42	40	35	40

注:水运运输工具2000年前为交通部门水运运输工具,2001年以后为全社会水运运输工具;民航飞机为陕西机场的飞机。

铁路运输工具从2000年起包含神华神朔铁路有限责任公司机车数。

14-4 各市公路里程

（2004年）　　单位：公里

地　区	公路里程	#等级公路	#高速公路	#一级公路	#二级公路	#三级公路
全　省	**52720**	**47324**	**976**	**349**	**5552**	**14181**
西安市	3856	3811	238	151	770	959
铜川市	2022	2004	96		271	306
宝鸡市	4737	4501	80	11	620	1837
咸阳市	4679	4615	125	76	485	2275
渭南市	5631	5460	96		653	808
延安市	5291	4882	36		669	2799
汉中市	6990	5148	55		650	808
榆林市	7348	6475	250	103	893	2027
安康市	6119	5002			258	1278
商洛市	6047	5426		8	283	1084

14-5 客运量、旅客周转量及构成

指　　标	单位	1995年	2000年	2001年	2002年	2003年	2004年
一、客运量	**万人**	**24267**	**28693**	**30614**	**31857**	**31207**	**35682**
铁　路	万人	2773	2661	2651	2669	2500	3231
中　央	万人	2742	2605	2597	2610	2435	3057
地　方	万人	31	56	54	59	64	174
公　路	万人	21252	25600	27500	28663	28159	31763
水　运	万人	119	234	253	299	321	356
民用航空	万人	123	198	210	226	227	332
二、旅客周转量	**百万人公里**	**27319**	**37699**	**40640**	**42997**	**41543**	**51713**
铁　路	百万人公里	14502	17889	19173	20742	20784	25545
中　央	百万人公里	14442	17775	19053	20527	20530	24775
地　方	百万人公里	60	114	120	215	254	770
公　路	百万人公里	9776	15104	16561	17074	17426	19430
水　运	百万人公里	20	40	44	51	53	58
民用航空	百万人公里	3021	4666	4862	5130	3280	6680
三、客运量构成	%	**100.00**	**100.00**	**100.00**	**100.00**	**100.00**	**100.00**
铁　路	%	11.43	9.27	8.64	8.38	8.01	9.05
公　路	%	87.58	89.17	89.63	89.97	90.23	89.02
水　运	%	0.49	0.81	0.82	0.94	1.03	1.00
民用航空	%	0.50	0.75	0.91	0.71	0.73	0.93
四、旅客周转量构成	%	**100.00**	**100.00**	**100.00**	**100.00**	**100.00**	**100.00**
铁　路	%	53.08	47.45	47.18	48.24	50.03	49.40
公　路	%	35.79	40.06	40.75	39.71	41.95	37.57
水　运	%	0.07	0.11	0.11	0.12	0.13	0.11
民用航空	%	11.06	12.38	11.96	11.93	7.90	12.92

注：本表资料为全社会口径。中央铁路部分为国家返馈陕西省境数。

14-6 货运量、货物周转量及构成

指　标	单 位	1995年	2000年	2001年	2002年	2003年	2004年
一、货运量	**万 吨**	**29234**	**29973**	**32646**	**35230**	**35847**	**41139**
铁 路	万 吨	3629	4697	5596	7126	7568	10985
中 央	万 吨	3294	3279	3576	4212	5053	5693
地 方	万 吨	335	654	751	1135	2515	5292
公 路	万 吨	25560	25200	26964	28002	28165	30038
水 运	万 吨	43	73	82	98	110	113
民用航空	万 吨	2	3	4	4	4	3
二、货物周转量	**百万吨公里**	**50582**	**59324**	**70721**	**81713**	**86780**	**103183**
铁 路	百万吨公里	40068	44815	54585	64114	68610	83517
中 央	百万吨公里	39639	41854	50432	58203	63341	71530
地 方	百万吨公里	429	1100	1229	2146	5269	11987
公 路	百万吨公里	10423	14364	16016	17473	18079	19516
水 运	百万吨公里	25	26	25	27	30	29
民用航空	百万吨公里	66	119	95	99	61	121
三、货运量构成	%	**100.00**	**100.00**	**100.00**	**100.00**	**100.00**	**100.00**
铁 路	%	12.41	15.67	17.14	20.23	21.11	26.70
公 路	%	87.43	84.08	82.60	79.48	78.57	73.02
水 运	%	0.15	0.24	0.25	0.28	0.31	0.27
民用航空	%	0.01	0.01	0.01	0.01	0.01	0.01
四、货物周转量构成	%	**100.00**	**100.00**	**100.00**	**100.00**	**100.00**	**100.00**
铁 路	%	79.21	75.54	77.18	78.46	79.06	80.94
公 路	%	20.61	24.22	22.65	21.38	20.83	18.91
水 运	%	0.05	0.04	0.04	0.04	0.04	0.03
民用航空	%	0.13	0.20	0.13	0.12	0.07	0.12

注：1.本表资料为全社会口径。中央铁路部分为国家返馈陕西省境数。

2.铁路货运量和货物周转量从2000年起包含神华神朔铁路有限责任公司专用铁路货运量和货物周转量。

14-7 民用汽车拥有量

(2004年末)　　单位：辆

地区	民用汽车总计	载客汽车	载货汽车	其他专用汽车	特种汽车	摩托车	#普通
全省	**625319**	**418441**	**190175**	**16703**	**18366**	**1109107**	**1026229**
西安市	266012	195524	64557	5931	13022	156709	119792
铜川市	27225	17185	9025	1015	578	18449	18151
宝鸡市	43265	26195	15629	1441	714	146376	140095
咸阳市	52385	32123	19020	1242	743	143716	137292
渭南市	55059	32057	21045	1957	625	209231	195421
延安市	43834	26872	15126	1836	592	43297	43297
汉中市	40138	24718	14075	1345	573	126504	115170
榆林市	40202	26828	12726	648	605	109603	107959
安康市	29478	17542	11042	894	528	72520	67160
商洛市	27721	19397	7930	394	386	82702	81892

14-8 私人车辆拥有量

(2004年末)　　单位：辆

地区	私人汽车总计	载客汽车	载货汽车	摩托车	#普通
全省	**317065**	**232608**	**77776**	**1061684**	**985202**
西安市	168471	129391	32399	145637	109051
铜川市	7112	5142	1970	18449	18151
宝鸡市	16799	11468	5331	142765	136615
咸阳市	24170	19317	4853	140990	134679
渭南市	28281	18468	9813	205356	195303
延安市	18449	11795	6654	43297	43297
汉中市	14366	9115	5251	108151	98233
榆林市	18878	13792	5086	109603	107959
安康市	11441	7152	4289	66181	61453
商洛市	9098	6968	2130	81255	80461

14-9 公路部门营运汽车拥有量

（2004年末）

地区	合计(辆)	载客汽车(辆)	#大型	#中型	载客汽车客位(客位)	#大型	#中型
全省	**150325**	**49190**	**2256**	**13005**	**542762**	**81719**	**278071**
西安市	62538	16733	880	2655	145888	34309	55778
铜川市	4053	1257	58	310	11449	1827	5379
宝鸡市	13049	5627	61	1753	69241	2421	39332
咸阳市	16919	5130	226	1240	64382	7643	33360
渭南市	12894	3893	158	1706	51574	6201	36136
延安市	7398	1787	210	944	35725	7560	21835
汉中市	10083	3919	190	1557	50467	6882	31606
榆林市	14133	4933	385	1061	52993	11935	19940
安康市	6688	4180	81	722	37942	2656	14604
商洛市	2570	1731	7	1057	23101	285	20101

地区	普通载货车辆		大型		中型		专用载货车辆	
	辆数	吨位	辆数	吨位	辆数	吨位	辆数	吨位
全省	**97869**	**317112**	**36518**	**234514**	**7635**	**22119**	**3282**	**31179**
西安市	45506	116481	11174	78005	1751	5302	299	2292
铜川市	2763	10515	1344	8383	331	858	33	343
宝鸡市	7339	25517	3032	18738	654	2003	99	649
咸阳市	11566	36124	4757	25182	1245	2966	223	1769
渭南市	8766	43149	4385	35951	635	2232	235	1773
延安市	4023	18185	2702	15658	328	1063	1588	18899
汉中市	6076	16529	2241	11567	546	1653	88	531
榆林市	8514	40558	5704	34224	1500	4500	686	4785
安康市	2477	7375	848	4764	494	1209	31	138
商洛市	839	2679	331	2042	151	333		

注：本表数字为在运管部门注册登记的全社会营运汽车数。

14-10 铁路客货运输量

指　　标	单 位	1995年	2000年	2001年	2002年	2003年	2004年
一、路局范围							
客运量	万 人	2849	2711	2699	2701	2510	3098
旅客周转量	百万人公里	16813	20107	21882	23361	23451	28243
货运量	万 吨	3543	3609	4018	3748	4318	4847
货物周转量	百万吨公里	45877	48260	56894	63589	69569	79947
二、省境内							
客运量	万 人	2742	2605	2597	2610	2435	3057
旅客周转量	百万人公里	14442	17775	19053	20527	20530	24775
货运量	万 吨	3294	3279	3576	4212	5053	3693
货物周转量	百万吨公里	39639	41854	50432	58203	63341	71530

注：本表路局范围为郑州铁路局西安、安康分局数字，省境内为国家反馈数。

14-11 公路运输部门客货运输量

（2004年末）

地　　区	客 运 量 (万人)	客运周转量 (万人公里)	货 运 量 (万吨)	货运周转量 (万吨公里)
全　　省	**31763**	**1942978**	**30038**	**1951613**
西 安 市	8831	427733	10714	607368
铜 川 市	608	44863	1410	88434
宝 鸡 市	4281	321715	2713	157937
咸 阳 市	4430	239040	3473	237990
渭 南 市	4448	245124	3588	239020
延 安 市	1836	115533	1746	207816
汉 中 市	3010	153867	1328	71015
榆 林 市	2038	251233	3030	266520
安 康 市	1608	101505	1131	36733
商 洛 市	673	42365	905	38780

14-12 铁路运输主要经济技术指标

指标	单位	1995年	2000年	2001年	2002年	2003年	2004年
日均装车	车	1704	2398	2903	3132	3944	4618
日均卸车	车	1513	1641	1707	1848	1699	1977
货车平均静载重	吨	57.0	58.6	58.7	59.5	58.8	59.9
货车周转时间	天	1.7	1.9	1.7	1.5	1.4	1.4
货运机车日产量	万吨公里	80.5	78.9	68.9	76.4	85.0	99.0
内燃机车耗油	公斤/万吨公里	44.9	43.3	42.5	39.8	38.0	38.0
电力机车耗电	千瓦小时/万吨公里	118.2	121.5	127.8	129.2	134.0	140.0
货物列车出发正点率	%	89.9	93.7	94.7	97.5	95.3	94.2
货物列车运行正点率	%	90.5	93.8	95.5	95.2	95.5	95.6
旅客列车出发正点率	%	99.5	96.6	99.3	100.0	100.0	99.9
旅客列车运行正点率	%	96.8	95.7	99.2	99.7	99.0	99.6
客运密度	万人公里/公里	638.60	658.01	636.99	681.01	684.29	784.96
每万名旅客拥有座卧车数	辆	0.42	1.76	1.78	1.68	1.57	1.87
每百万旅客人公里拥有座卧车数	辆		12.86	14.26	14.35	14.50	16.62
货物列车旅行速度	公里/小时	24.90	27.70	27.35	33.30	40.00	33.00
货运密度	万吨公里/公里	1764.30	1634.59	1767.43	2007.49	2258.03	2487.19
一次货物作业时间	小时	17.30	22.30	24.63	21.10	22.00	17.00

14-13 铁路主要财务指标及劳动生产率

指标	单位	1995年	2000年	2001年	2002年	2003年	2004年
运输收入	万元	235854	408335	732807	638501	973440	1205482
运输支出	万元	256345	386322	673783	600716	905057	1144589
实现利润	万元	-30269	3503	27104	-3661	40415	82123
运输单位固定资产原值	万元	1853318	2278420	3576203	3882672	5587204	6739505
运输单位职工人数	千人	89	79	105	97	102	94
运输全员劳动生产率	万吨公里/人	71	86	81	89	99	114

注：运输收入为清算收入。从2000年起包含神华神朔铁路有限责任公司。

14-14 铁路分品类货物发送量及装车数

品种	货物发送量(万吨)			装车数(车)		
	2002年	2003年	2004年	2002年	2003年	2004年
合计	**6744.6**	**8470.0**	**10138.6**	**1190317**	**1439844**	**1688289**
煤	4399.7	5966.2	7481.2	754915	976710	1215052
焦炭	275.7	311.8	361.5	47411	51605	49394
石油	494.8	560.5	555.6	118222	118550	101031
钢铁	179.2	264.0	260.5	33931	50422	50316
金属矿石	105.8	136.1	140.8	17406	22556	23197
非金属矿石	168.3	168.0	160.2	28248	27939	26610
矿建材料	176.5	169.5	146.0	33119	28841	24629
水泥	49.8	37.8	48.2	8380	6321	8057
木材	4.3	3.3	3.0	693	549	491
化肥及农药	158.9	156.1	198.0	26781	26358	33002
粮食	141.3	170.3	196.0	24496	28649	33229
棉花	0.8	0.6	0.5	161	121	110
其他	589.5	525.8	580.0	96554	101223	121990

注：本表包含神华神朔铁路有限责任公司。

14-15 公路运输主要技术指标

指标	单位	1995年	2000年	2001年	2002年	2003年	2004年
一、载客汽车							
载客汽车工作率	%	77.5	89.3	87.9	94.1	87.0	97.7
载客汽车实载率	%	60.4	66.2	69.3	65.3	65.1	64.4
行程利用率	%	98.5	99.1	99.5	99.4	95.9	89.5
每百车公里耗汽油	公升	31.9	21.5	20.5	19.7	22.6	23.8
每百车公里耗柴油	公升	28.0	18.9	20.6	21.2	21.6	20.7
每百吨公里耗汽油	公升	11.8	11.4	11.1	11.5	11.7	13.9
每百吨公里耗柴油	公升	10.1	11.2	10.9	12.3	11.8	13.8
二、载货汽车							
载货汽车工作率	%	59.8	77.3	78.1	81.8	79.7	84.4
载货汽车实载率	%	67.9	68.1	67.3	65.5	61.4	62.1
行程利用率	%	57.0	61.8	88.1	69.3	66.4	89.1
每百车公里耗汽油	公升	34.7	28.1	25.9	24.5	23.1	21.7
每百车公里耗柴油	公升	41.0	29.2	35.2	32.1	27.6	25.9
每百吨公里耗汽油	公升	8.0	6.9	7.8	9.4	8.3	8.6
每百吨公里耗柴油	公升	6.4	6.2	8.2	6.4	6.5	6.8
三、通公路的行政村比重	%	79.4	91.9	96.4	90.2	90.8	92.2

14-16 邮电业务总量

年 份	邮电业务总量(万元)	函 件(万件)	报刊期发数(万份)	电 报(万份)	长途电话(万次)	城市电话(户)	乡村电话(户)
1978	5025	9188	319	428	603	32356	14100
1980	5595	10386	494	426	658	36521	14668
1985	7871	13275	869	634	1013	53828	15978
1990	16936	15955	506	818	2073	96573	21184
1991	37813	14715	1117	797	2736	112896	23377
1992	49102	15426	1023	845	4378	147724	27608
1993	71005	16656	800	797	7071	224949	31673
1994	103187	21738	1069	631	10804	386536	44667
1995	145408	24277	1017	451	17198	601136	78244
1996	206467	26456	1122	336	24638	882485	153767
1997	278942	15787	888	224	27415	1174607	237720
1998	395410	14281	1335	172	33053	1507041	311724
1999	538640	15678	521	108	34705	1822476	499096
2000	850392	17444	454	100	43183	2528584	923865
2001	945861	18518	386	83	44256	2905202	1285409
2002	1331745	20323	347	28	45958	3444609	1798321
2003	1741428	20307	312	22	58399	4577207	2147725
2004	2447665	19915	283	16	65194	5412164	2507240

注:邮电业务总量1990年以前按1980年不变价计算,1991年以后按1990年不变价计算,2001年以后按2000年不变价计算.

14-17 邮电通信水平

指 标	单 位	2000年	2001年	2002年	2003年	2004年
平均每一邮电局所服务面积	平方公里	109.60	113.59	114.77	115.00	118.00
平均每一邮电局所服务人口	万人	1.87	1.98	1.99	2.00	2.00
平均每人每年发函件数	件	4.98	5.17	5.69	6.00	5.00
平均每百人订有报刊数	份	12.47	10.56	9.46	11.00	11.00
平均每百人拥有固定电话数	部	9.67	12.16	15.20	18.23	21.37
城市平均每百人拥有固定电话数	部	31.01	36.73	42.00	51.30	58.62
乡村平均每百人拥有固定电话数	部	3.35	4.71	6.34	7.81	9.01
平均每百人拥有移动电话数	部	4.25	8.13	13.33	16.56	21.29
邮政储蓄市场占有率	%	8.2	9.6	10.5	11.4	11.6
已通电话的乡(镇)比重	%	99.1	96.8	98.6	100.0	100.0
已通电话的行政村比重	%	62.1	70.4	76.6	77.8	78.7

14-18 各市邮电业务量

(2004年)

地　区	邮电业务总　量(万元)	函 件(万件)	包 件(万件)	报 刊累计数(万份)	电 报(份)	传 真(份)	长途电话(万次)	城市电话(户)	乡村电话(户)
全　省	**2447665**	**19915**	**288**	**40191**	**159944**	**164540**	**58457**	**5412164**	**2507240**
西安市	1027461	10962	106	10791	125928	18125	28968	2485448	480392
铜川市	50981	330	3	1261	503	7797	1206	137116	53083
宝鸡市	204544	1718	33	3530	5825	26929	4806	514246	367117
咸阳市	240590	1772	41	4982	3285	14336	6554	547597	267379
渭南市	249956	1277	16	5258	6487	25565	5640	408373	530744
延安市	158427	583	6	3911	4052	11302	2341	264437	134314
汉中市	160005	1303	33	3407	4154	22464	2713	360768	258602
榆林市	195325	495	7	3391	250	1964	2415	308755	136525
安康市	98910	933	27	1957	7884	19484	2079	243253	150165
商洛市	61465	542	16	1703	1576	16574	1736	142171	128919

注：邮电业务总量为2000年不变价。

14-19 邮电业务总量构成

(2004年)

单位：万元

地　区	邮电业务总　量	邮政业务总　量	电信业务总　量	电信通信业务量	移动通信业务量	联通通信业务量	铁　通业务量	网　通业务量	卫星通信业务量
全　省	**2447665**	**148220**	**2299444**	**503098**	**1119169**	**623929**	**36711**	**16174**	**363**
西安市	1027461	52370	975091	215686	422637	303430	22761	10213	363
铜川市	50981	3977	47004	11848	22177	12420	367	192	
宝鸡市	204544	18001	186543	45972	82059	52144	5140	1228	
咸阳市	240590	15928	224662	49069	124548	47734	2203	1108	
渭南市	249956	12294	237662	53466	128623	53487	1468	618	
延安市	158427	8182	150245	27102	83205	39042	367	529	
汉中市	160005	13383	146622	32374	74664	36866	2203	515	
榆林市	195325	7458	187867	29961	109581	47106	367	851	
安康市	98910	8257	90653	21439	45646	21165	1836	567	
商洛市	61465	8370	53095	16180	26029	10534		352	

注：邮电业务总量为2000年不变价。

14-20 各市邮电局所和服务点

(2004年)　　单位：个

地　区	邮电局所总　计	邮　政自办局所	邮　政代办所	电　信自办局所	电信代办所	公　用电　话
全　省	**3497**	**1512**	**237**	**182**	**1566**	**600938**
西安市	657	289	42	20	306	336527
铜川市	93	47	1	3	42	6593
宝鸡市	215	157	12	18	28	38985
咸阳市	357	165	19	21	152	46607
渭南市	595	174	36	19	366	32142
延安市	235	135	15	19	66	23193
汉中市	370	170	32	22	146	38725
榆林市	377	159	53	21	144	37132
安康市	239	136	18	29	56	26497
商洛市	359	80	9	10	260	14537

14-21 各市邮电通信工具拥有量

(2004年)　　单位：户

地　区	固定电话用　户	#小灵通	移　动电　话	无　线寻　呼	数字数据用　户	国际互联网用　户
全　省	**7919404**	**1693099**	**7886903**	**6706**	**11881**	**1801232**
西安市	2965840	814200	3201200	813	7918	1220925
铜川市	190199	42821	166049		192	16913
宝鸡市	881363	174558	583510	1892	801	131365
咸阳市	814976	140589	794997		859	133469
渭南市	939117	102232	875885		418	90382
延安市	398751	95646	555709		11	32681
汉中市	619370	100709	435727	4001	352	64222
榆林市	445280	104882	521208		698	48171
安康市	393418	78934	391510		419	24674
商洛市	271090	38528	361108		213	38430

14-22 各市邮运工具拥有量和邮电线路

(2004年)

地 区	邮路长度(公里)	农村投递线路总长度(公里)	电话交换机容量(门)	长话电路(路)	数据通信网长途电路(路)
全 省	**94002**	**125062**	**10339602**	**532939**	**404517**
西安市	69606	9879	3986641	513839	384767
铜川市	940	3242	249024	286	475
宝鸡市	4194	10167	1085694	2485	2606
咸阳市	2387	11983	1070394	126	6
渭南市	1788	12830	1182640	1530	1501
延安市	3573	11710	511294	10624	11165
汉中市	2808	13133	795515	1217	1186
榆林市	4447	24141	587439	37	7
安康市	2308	16434	501118	2734	2795
商洛市	1951	11543	369843	61	9

14-23 邮电通信企业主要财务指标

单位：万元

指 标	1995年	2000年	2001年	2002年	2003年	2004年
邮电业务收入总计	149010	676815	786276	919202	1095004	1269625
#中央国营	134550	283753	786276	919202	1071674	1247511
业务支出	125849	548527	719206	822320	790608	820324
营业外损益净额	-765	-4822	6629	1116	-12414	-1016
税 金	6895	21928	33222	51074	39380	66936
教育附加费		89	559	557	544	449
收支差额	-20567	-83217	-31753	15726	-35698	76000
年末固定资产原值	36226	1854177	2459891	2832118	3195606	3654876

主要统计指标解释

铁路营业里程 又称营业长度（包括正式营业和临时营业里程），指办理客货运输业务的铁路正线总长度。凡是全线或部分建成双线及以上的线路，以第一线的实际长度计算；复线、站线、段管线、岔线和特殊用途线以及不计算运费的联络线都不计算营业里程。该指标可以反映铁路运输业基础设施的发展水平，也是计算客货周转量、运输密度和机车车辆运用效率等指标的基础资料。

铁路电气化里程 指在全部铁路营业里程中已安装了供电线路及设备，可以供电力机车牵引列车运行的区段的总里程。

公路里程 指在一定时期内实际达到《公路工程[WTBZ]技术标准JTJ01-88》规定的等级公路，并经公路主管部门正式验收交付使用的公路里程数。包括大中城市的郊区公路以及通过小城镇街道部分的公路里程和桥梁、渡口的长度，不包括大中城市的街道、厂矿、林区生产用道和农业生产用道的里程。两条或多条公路共同经由同一路段，只计算一次，不得重复计算里程长度。该指标可以反映公路建设的发展规模，也是计算运输网密度等指标的基础资料。

内河航道里程 也称内河通航里程，指在一定时期内，能通航运输船舶及排筏的天然河流、湖泊水库、运河及通航渠道的长度。包括全年季节性通航累计三个月以上的航道，不包括仅供零散流放竹、木排的河道。该指标可以反映内河水运网的规模、水平和发展情况。

民用航空航线里程 指民航运输定期班机飞行的航线长度的总和。航线长度按机场之间的距离计算，通常有两种计算方法：一是将每条航线长度相加称为重复计算航线里程；一是将两线或两条以上航线经过同一区段里程，只计算一次航线长度称为不重复计算航线里程。一般常用的是后者，该指标可以确切反映民航运输网的规模，是表明民航事业为国民经济服务和方便人民生活程度的主要指标。

货(客)运量 指在一定时期内，各种运输工具实际运送的货物(旅客)数量。它是反映运输业为国民经济和人民生活服务的数量指标，也是制定和检查运输生产计划、研究运输发展规模和速度的重要指标。货运按吨计算，客运按人计算。货物不论运输距离长短、货物类别，均按实际重量统计。旅客不论行程远近或票价多少，均按一人一次客运量统计；半价票、小孩票也按一人统计。

货物(旅客)周转量 指在一定时期内，由各种运输工具运送的货物(旅客)数量与其相应运输距离的乘积之总和。该指标可以反映运输业生产的总成果，也是编制和检查运输生产计划，计算运输效率、劳动生产率以及核算运输单位成本的主要基础资料。计算货物周转量通常按发出站与到达站之间的最短距离，也就是计费距离计算。计算公式为:

货物(旅客)周转量 ＝ Σ货物(旅客)运输量 × 运输距离

民用汽车拥有量 指报告期末，在公安交通管理部门按照《机动车注册登记工作规范》，已注册登记领有民用车辆牌照的全部汽车数量。汽车拥有量统计的主要分类：根据汽车结构分为载客汽车、载货及其他汽车；根据汽车所有者不同分为个人（私人）汽车、单位汽车；根据汽车的使用性质分为营运汽车、非营运汽车和特种汽车；根据汽车大小规格不同载客汽车分为大型、中型、小型和微型，载货汽车分为重型、中型、轻型和微型。

铁路货车平均静载重 指铁路货车在始发站静止状态下平均每车装载的货物重量，用以分析货车完成装车时车辆载重力的利用情况。计算公式为:

货车平均静载重 ＝ 货物发送吨数 / 装车数

静载重的多少取决于运送货物的性质、种类、车辆的类型和装载技术的高低。根据货车的平均标记载重与静载重进行对比，可以反映货车载重能力的利用程度。计算公式为:

货车载重力利用率(%) ＝ 货车平均静载重 / 货车平均标记载重 × 100%

铁路货运机车日产量 指在一定时期内，平均每台货运机车在一昼夜内所完成的总重吨公里数，包括载运货物的重量和车辆本身的自重。它从时间和牵引能力两方面反映了机车运用效率。计算公式为:

货运机车平均日产量 ＝ 货运总重吨公里数 / 货运机车台日数

邮电业务总量 指以货币形式表现的邮电通信企业为社会提供各类邮电通信服务的总数量。邮电业务量按专业分类包括函件、包件、汇票、报刊发行、邮政快件、特快专递、邮政储蓄、集邮、公众电报、用户电报、传真、长途电话、出租电路、无线寻呼、移动电话、分组交换数据通信、出租代维等。计算方法为各类产品乘以相应的平均单价(不变价)之和，再加上出租电路和设备、代用户维护电话交换机和线路等的服务收入。该指标综合反映了一定时期邮电业务发展的总成果，是研究邮电业务量构成和发展趋势的重要指标。计算公式为:

邮电业务总量 ＝ Σ（各类邮电业务量 × 不变单价） ＋ 出租代维及其他业务收入

＝ 邮政业务量 ＋ 电信业务量

移动电话用户 指通过移动电话交换机进入移动电话网、占用移动电话号码的各类电话用户。包括签约用户和智能网预付费用户。一个移动电话号码统计为一户。

本地电话用户 指接入本地电信运营商固定电话网上的电话用户。包括住宅用户、单位用户、公用电话用户等。按电话用户位置又分为市内电话用户和农村电话用户。1997年以前，“市内电话用户”是指接入县城及县以上城市的电话网上的电话用户；“农村电话用户”是指接入县邮电局农话台及县以下农村电话交换点，以县城为中心（除市话用户外）联通县、乡（镇）、行政村、村民小组的用户。从1997年起，电话用户数分组调整为以用户所在区域划分为“城市电话用户”和“乡村电话用户”，与过去的按市内电话和农村电话划分方法不同。而电话用户总数、电话机总部数统计范围不变。

城市电话用户 指直辖市、省辖市、地级市、县级市的市区、市郊区及县城(包括县人民政府所在地的县城关区或行政建制相当于县人民政府所在地的镇)范围内接入局用交换机的电话用户数，包括分布在农村地区的独立工矿区、林区、驻军等电话用户数。

乡村电话用户 指按行政区划属于城市范围以外的乡（镇）、村电话用户数。

住宅电话用户 指安装在居民住宅或农民家里并按照住宅电话用户登记注册和收费的电话用户。包括私人付费、单位付费和按规定免费安装的住宅电话用户。

2005 統計年鑒

国内贸易

GUONEIMAOYI

资料整理：寇亚萍　李菊英

****

15. 国内贸易

****

2004 年全省

批发贸易业网点	4.05	万个	
零售贸易业网点	37.39	万个	
餐饮业网点	9.54	万个	
社会消费品零售总额	966.49	亿元	比上年增长 13.3%
# 批发零售贸易业零售额	724.87	亿元	
餐饮业零售额	216.93	亿元	

****

社会消费品零售总额

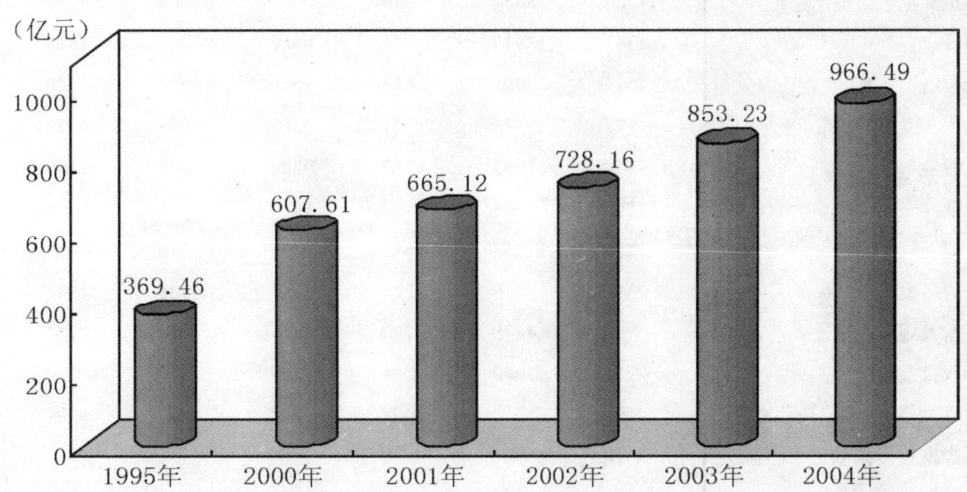

15-1 批发业贸易业网点、人员

(2004年)

指　　标	合计		市		县		县以下	
	网点(个)	人员(人)	网点(个)	人员(人)	网点(个)	人员(人)	网点(个)	人员(人)
总　　计	**40494**	**215696**	**26357**	**146221**	**8364**	**43425**	**5773**	**26050**
一、按登记注册类型分								
内资企业	12570	149675	8179	100004	2659	32013	1732	17658
国有企业	3141	65168	1294	35135	1235	20314	612	9719
集体企业	1895	16894	892	8799	460	3714	543	4381
股份合作企业	252	3487	204	2847	47	620	1	20
联营企业	72	550	59	489	12	56	1	5
有限责任公司	2278	28847	2014	25837	200	1887	64	1123
股份有限公司	486	9203	398	8226	54	651	34	326
私营企业	3778	23259	2862	17573	582	3897	334	1789
其他企业	668	2267	456	1098	69	874	143	295
港澳台商投资企业	10	345	10	345				
外商投资企业	25	324	25	324				
个体经济	27889	65352	18143	45548	5705	11412	4041	8392
二、按国民经济行业分								
食品、饮料、烟草和家庭用品批发业	24275	116465	15604	74036	5689	26163	2982	16266
食品、饮料、烟草批发业	9854	56287	5188	32503	3096	15075	1570	8709
棉、麻、土畜产品批发业	1511	13422	774	5544	428	3713	309	4165
纺织品、服装和鞋帽批发业	4088	12428	3499	10410	377	1143	212	875
日用百货批发业	4419	12321	3001	8971	939	2326	479	1024
日用杂品批发业	1333	3595	757	2238	357	905	219	452
五金、交电、化工批发业	1936	7753	1538	6309	271	1051	127	393
药品及医疗器械批发业	1134	10659	847	8061	221	1950	66	648
能源、材料和机械电子设备批发业	11529	73481	9316	60120	1268	9158	945	4203
能源批发业	1341	13413	821	8666	262	2815	258	1932
化工材料批发业	1095	5492	644	3613	185	1129	266	750
木材批发业	117	536	61	261	48	256	8	19
建筑材料批发业	2074	11082	1710	9240	258	1568	106	274
矿产品批发业	1207	5797	1083	5039	88	455	36	303
金属材料批发业	1789	11355	1542	10494	110	499	137	362
机械、电子设备批发业	2353	17848	2211	16151	126	1541	16	156
汽车、摩托车及零配件批发业	798	4878	700	4428	76	384	22	66
再生物资回收批发业	755	3080	544	2228	115	511	96	341
其他批发业	4690	25750	1437	12065	1407	8104	1846	5581
工艺美术品批发业	19	466	19	466				
图书报刊批发业	156	1572	84	1175	49	360	23	37
农业生产资料批发业	1880	8769	357	2332	667	3522	856	2915
其他类未包括的批发业	2635	14943	977	8092	691	4222	967	2629

15-2 零售业贸易业网点、人员

(2004年)

指标	合计		市		县		县以下	
	网点(个)	人员(人)	网点(个)	人员(人)	网点(个)	人员(人)	网点(个)	人员(人)
总计	**373910**	**785779**	**136896**	**360721**	**92319**	**184046**	**144695**	**241012**
一、按登记注册类型分								
内资企业	22458	206919	11214	134417	4776	43338	6468	29164
国有企业	4326	49789	1242	23817	1844	17184	1240	8788
集体企业	6673	31513	1411	11248	1012	7344	4250	12921
股份合作企业	364	6658	233	4898	93	1185	38	575
联营企业	132	831	102	548	20	86	10	197
有限责任公司	2810	46885	2399	42207	227	3568	184	1110
股份有限公司	695	14981	482	13258	144	1389	69	334
私营企业	6694	51507	4770	35408	1317	11343	607	4756
其他企业	764	4755	575	3033	119	1239	70	483
港澳台商投资企业	22	407	22	407				
外商投资企业	37	971	37	971				
个体经济	351393	577482	125623	224926	87543	140708	138227	211848
二、按国民经济行业分								
食品、饮料和烟草零售业	88463	177780	32959	78473	22070	41456	33434	57851
日用百货零售业	73957	170221	24939	87362	19803	35491	29215	47368
纺织品、服装和鞋帽零售业	63620	127084	22099	56261	16399	27828	25122	42995
日用杂品零售业	28739	56922	8368	20755	9788	17228	10583	18939
五金、交电、化工零售业	24897	54669	12883	30882	6283	13116	5731	10671
药品及医疗器械零售业	12510	30620	5305	15722	2667	7502	4538	7396
图书报刊零售业	6352	14822	3287	6895	1180	4017	1885	3910
其他零售业	75372	153661	27056	64371	14129	37408	34187	51882

15-3 餐饮业网点、人员

(2004年)

指标	合计		市		县		县以下	
	网点(个)	人员(人)	网点(个)	人员(人)	网点(个)	人员(人)	网点(个)	人员(人)
总计	**95389**	**348971**	**42704**	**200171**	**26398**	**80858**	**26287**	**67942**
一、按登记注册类型分								
内资企业	3882	71859	2374	54108	947	13199	561	4552
国有企业	376	7750	168	4423	168	2266	40	1061
集体企业	451	2876	133	2039	65	464	253	373
股份合作企业	67	1902	35	900	31	992	1	10
联营企业	9	179	9	179				
有限责任公司	431	15086	385	13678	37	1209	9	199
股份有限公司	80	5345	68	4712	12	633		
私营企业	2252	35930	1392	25878	614	7348	246	2704
其他企业	216	2791	184	2299	20	287	12	205
港澳台商投资企业	33	2714	33	2714				
外商投资企业	25	1851	23	1631			2	220
个体经济	91449	272547	40274	141718	25451	67659	25724	63170
二、按国民经济行业分								
正餐	27678	131627	14392	87368	6831	26670	6455	17589
快餐	3682	15667	845	6674	1667	6162	1170	2831
其他餐饮业	64029	201677	27467	106129	17900	48026	18662	47522

15-4 各市批发零售贸易业、餐饮业网点、人员

(2004年)

地 区	合 计		市		县		县以下	
	网点(个)	人员(人)	网点(个)	人员(人)	网点(个)	人员(人)	网点(个)	人员(人)
一、批发贸易业								
全 省	**40494**	**215696**	**26357**	**146221**	**8364**	**43425**	**5773**	**26050**
西安市	19696	102779	18017	92499	727	4286	952	5994
铜川市	305	2692	218	2038	73	619	14	35
宝鸡市	3137	14648	1980	12211	660	1417	497	1020
咸阳市	4057	20196	1111	8101	2220	9213	726	2882
渭南市	3385	20996	991	8613	1484	7599	910	4784
延安市	1769	11181	415	5309	862	4144	492	1728
汉中市	3183	18325	1904	9112	756	5217	523	3996
榆林市	1957	10751	433	2455	804	6194	720	2102
安康市	2069	9370	914	3927	466	2789	689	2654
商洛市	749	3762	187	960	312	1947	250	855
杨凌示范区	187	996	187	996				
二、零售贸易业								
全 省	**373910**	**785779**	**136896**	**360721**	**92319**	**184046**	**144695**	**241012**
西安市	106477	281221	67869	204107	9121	16682	29487	60432
铜川市	9456	18117	3787	8107	2405	5878	3264	4132
宝鸡市	37430	71288	16280	33630	8307	16968	12843	20690
咸阳市	54263	102650	20063	40597	16191	32563	18009	29490
渭南市	38211	80038	7441	20440	9451	25033	21319	34565
延安市	20343	36569	4044	11980	10298	16227	6001	8362
汉中市	37800	69781	7422	15942	12840	23626	17538	30213
榆林市	22586	48378	3079	8486	10190	24215	9317	15677
安康市	25912	42708	2891	8963	7314	11832	15707	21913
商洛市	19799	31896	2387	5336	6202	11022	11210	15538
杨凌示范区	1633	3133	1633	3133				
三、餐饮业								
全 省	**95389**	**348971**	**42704**	**200171**	**26398**	**80858**	**26287**	**67942**
西安市	27905	132855	21235	111029	1729	6229	4941	15597
铜川市	2345	6447	1240	3507	643	1951	462	989
宝鸡市	11744	49478	5297	23909	3349	13032	3098	12537
咸阳市	12430	38370	4822	16756	4244	13930	3364	7684
渭南市	9483	28734	3237	17316	4014	7782	2232	3636
延安市	7083	21126	1728	7491	3438	9166	1917	4469
汉中市	8135	23786	1752	6519	2916	8123	3467	9144
榆林市	6530	23251	1139	5421	2820	11862	2571	5968
安康市	5418	13355	1283	4131	1706	4396	2429	4828
商洛市	3851	9310	506	1833	1539	4387	1806	3090
杨凌示范区	465	2259	465	2259				

15-5 社会消费品零售总额

单位：亿元

年 份	社会消费品零售总额	按地区分		
		市的零售额	县的零售额	县以下的零售额
1978	33.37	11.93	9.79	11.65
1980	43.38	17.47	12.18	13.73
1985	80.01	39.83	19.45	20.73
1990	159.67	91.21	34.29	34.17
1991	176.60	102.21	36.98	37.41
1992	208.37	123.12	43.63	41.62
1993	245.53	150.95	47.64	46.94
1994	305.95	188.83	57.32	59.80
1995	369.46	229.90	70.56	69.00
1996	432.14	270.19	82.78	79.17
1997	490.54	316.44	87.48	86.62
1998	520.01	338.11	89.96	91.94
1999	557.04	363.37	95.96	97.71
2000	607.61	400.73	103.08	103.80
2001	665.12	443.49	110.52	111.11
2002	728.16	489.05	119.68	119.43
2003	853.23	565.55	149.15	138.53
2004	966.49	647.76	163.70	155.03

年 份	按行业分				
	批发零售贸易业零售额	餐饮业零售额	制造业零售额	其他行业零售额	农民对非农业居民零售额
1978	28.29	1.32	2.32	0.82	0.62
1980	35.86	1.78	3.35	0.74	1.65
1985	61.23	3.84	8.25	1.59	5.10
1990	118.55	7.99	13.62	3.39	16.12
1991	126.83	9.29	16.48	4.28	19.72
1992	145.45	12.58	17.57	5.06	27.71
1993	166.56	15.26	19.95	5.93	37.83
1994	198.79	19.98	25.92	7.45	53.81
1995	231.87	24.68	35.80	14.85	62.26
1996	275.66	30.94	41.32	9.54	74.68
1997	309.65	40.08	47.04	11.50	82.27
1998	321.96	48.82	49.82	12.81	86.60
1999	345.98	54.79	50.58	13.16	92.52
2000	380.70	63.13	52.54	13.34	97.90
2001	418.20	72.23	56.00	14.64	104.05
2002	461.95	85.00	61.72	16.34	103.15
2003	646.28	184.34		22.61	
2004	724.87	216.93		24.69	

15-6 各市社会消费品零售总额

（2004年）　　单位：亿元

指　　标	全　省	西安市	铜川市	宝鸡市	咸阳市	渭南市
社会消费品零售总额	**966.49**	**503.35**	**19.93**	**93.37**	**90.28**	**66.34**
一、按销售地区分						
市的零售额	647.76	453.16	12.47	60.87	43.10	16.67
县的零售额	163.70	24.05	4.64	16.20	24.22	22.54
县以下的零售额	155.04	26.14	2.82	16.30	22.96	27.13
二、按登记注册类型分						
内资企业	568.50	322.11	10.61	57.93	56.46	35.59
国有企业	147.00	51.91	4.83	19.81	17.11	15.92
集体企业	93.18	49.19	1.28	6.99	11.63	10.17
股份合作企业	23.54	19.89		0.53	1.44	
联营企业	1.57	1.53				
有限责任公司	100.88	78.58		7.99	5.50	0.23
股份有限公司	49.38	36.84		4.69	4.12	1.15
私营企业	152.52	83.91	4.50	17.92	16.66	8.11
其他企业	0.44	0.28				
港澳台商投资企业	15.42	14.02			0.20	
外商投资企业	4.29	4.49				
个体经济	353.60	149.54	9.12	33.81	32.30	28.20
其　他	24.69	13.18	0.19	1.63	1.32	2.55
三、按行业分						
批发零售贸易业	724.87	373.12	11.16	77.52	65.93	54.08
餐饮业	216.93	117.05	8.58	14.21	23.03	9.71
其他行业	24.69	13.18	0.20	1.63	1.32	2.55

指　　标	延安市	汉中市	榆林市	安康市	商洛市	杨凌示范区
社会消费品零售总额	**32.70**	**54.70**	**39.82**	**35.75**	**25.29**	**2.35**
一、按销售地区分						
市的零售额	13.25	22.88	5.03	11.03	3.97	2.35
县的零售额	12.01	17.82	20.61	10.90	9.42	
县以下的零售额	7.44	14.00	14.18	13.81	11.90	
二、按登记注册类型分						
内资企业	11.34	28.65	20.66	12.09	11.56	0.84
国有企业	8.26	11.33	8.71	4.58	3.97	0.29
集体企业	2.02	6.65	1.32	1.08	2.47	0.08
股份合作企业	0.14		0.08	0.10	1.11	
联营企业						
有限责任公司	0.49	3.79	2.26	1.22	1.60	0.30
股份有限公司	0.18		1.75	0.44		
私营企业	0.25	6.88	6.38	4.67	2.41	0.17
其他企业			0.16			
港澳台商投资企业						
外商投资企业						
个体经济	20.81	25.96	14.91	22.94	13.74	1.34
其　他	0.55	0.09	4.25	0.72		0.17
三、按行业分						
批发零售贸易业	23.19	44.16	26.86	26.68	22.25	1.43
餐饮业	8.96	10.46	8.71	8.35	3.04	0.75
其他行业	0.55	0.09	4.25	0.72		0.17

注：由于资料来源不同，各市汇总数不等于全省数。

15-7 各市县社会消费品零售总额

(2004年) 单位：万元

地 区	合 计	批发零售贸易业	餐饮业	其他行业
全 省	**9664894**	**7248747**	**2169297**	**246850**
西安市	**5033517**	**3731195**	**1170485**	**131837**
市辖区	4716286	3473781	1123638	118867
新城区	1255737	928651	286034	41052
碑林区	1163367	791233	331936	40198
莲湖区	1100260	782968	288039	29253
灞桥区	151596	126937	24659	
未央区	248450	206865	41585	
雁塔区	469771	378725	91046	
阎良区	88229	72470	14999	760
临潼区	98098	76621	18922	2555
长安区	140778	109311	26418	5049
蓝田县	96572	70687	23477	2408
周至县	87896	74548	10476	2872
户 县	93374	84114	8872	388
高陵县	39389	31345	5871	2173
铜川市	**199324**	**111578**	**85784**	**1961**
市直单位	48291	10171	37647	473
王益区	59164	35566	23537	62
印台区	32758	19346	12798	614
耀州区	48950	38770	9399	781
宜君县	10161	7726	2404	32
宝鸡市	**933653**	**775172**	**142142**	**16338**
渭滨区	280724	260434	20290	
金台区	184621	151218	26261	7142
陈仓区	124977	94344	30633	
凤翔县	70918	54712	13264	2942
岐山县	82647	69423	10038	3186
扶风县	45522	36491	9030	
眉 县	46095	33355	12741	
陇 县	36469	30058	6411	
千阳县	18706	14282	4423	
麟游县	9792	8702	1039	51
凤 县	24082	15254	6428	2400
太白县	9101	6899	1584	618
咸阳市	**902833**	**659262**	**230321**	**13250**
秦都区	194169	137467	53794	2908
渭城区	169156	105900	58520	4736
三原县	64642	49316	14179	1147
泾阳县	76826	60144	15390	1291
乾 县	84524	66534	17105	885
礼泉县	68484	53555	14224	705
永寿县	12394	9877	2376	141

注：由于资料来源不同，部分县（区）汇总数不等于本市数；县(区)汇总数不等于全省数。

15-7 续表1　　(2004年)　　单位：万元

地区	合计	批发零售贸易业	餐饮业	其他行业
彬县	33770	28426	5047	297
长武县	11033	8685	2236	112
旬邑县	18596	14550	3864	183
淳化县	18248	14409	3645	194
武功县	58888	45687	12785	416
兴平市	92103	64711	27157	235
渭南市	**663404**	**540764**	**97136**	**25504**
临渭区	118964	100622	15514	2828
华县	24528	21726	1174	1628
潼关县	19779	15532	1586	2661
大荔县	85954	67064	16080	2810
合阳县	50172	42790	6433	949
澄城县	44599	36419	6579	1601
蒲城县	91696	70536	19641	1519
白水县	32635	25439	5285	1911
富平县	91748	84394	7354	0
韩城市	56788	40952	9334	6502
华阴市	35194	26434	5812	2948
开发区	11346	8854	2344	149
延安市	**327047**	**231887**	**89611**	**5549**
宝塔区	132529	97844	33359	1326
延长县	13154	9747	3248	159
延川县	16694	11839	4480	375
子长县	22441	17531	3908	1002
安塞县	17438	9180	7951	307
志丹县	17165	10969	6033	163
吴旗县	13066	10870	2014	182
甘泉县	9034	5628	3155	251
富县	15662	11222	4062	378
洛川县	29181	17431	11109	641
宜川县	9816	7626	1893	297
黄龙县	4640	3678	867	95
黄陵县	26227	18322	7532	373
汉中市	**546982**	**441568**	**104561**	**853**
汉台区	225966	194271	30842	853
南郑县	52292	39046	13246	
城固县	69929	42881	27048	
洋县	33073	27858	5214	
西乡县	28129	26158	1971	

15-7 续表2　　(2004年)　　单位：万元

地　区	合　计	批发零售贸易业	餐饮业	其他行业
勉　县	48407	36179	12228	
宁强县	23841	21113	2728	
略阳县	27362	23815	3547	
镇巴县	20312	18778	1534	
留坝县	14550	8650	5900	
佛坪县	3723	2819	904	
榆林市	**398159**	**268554**	**87139**	**42466**
榆阳区	73149	39984	23057	10108
神木县	53941	34559	19152	230
府谷县	32525	26514	5951	60
横山县	23008	13406	5035	4568
靖边县	30702	12219	6566	11917
定边县	25800	16459	8245	1096
绥德县	63394	60635	1483	1276
米脂县	22444	14584	4687	3173
佳　县	18594	13251	2699	2644
吴堡县	8625	4553	1652	2420
清涧县	17858	11094	4592	2172
子洲县	28119	21297	4020	2802
安康市	**357477**	**266825**	**83490**	**7162**
汉滨区	158362	112159	42543	3660
汉阴县	28639	23597	5042	
石泉县	18500	12817	3824	1859
宁陕县	11065	7825	3212	28
紫阳县	32789	26264	6309	216
岚皋县	15320	11315	4005	
平利县	17232	13316	3281	635
镇坪县	6980	5841	533	606
旬阳县	48391	36306	11941	144
白河县	20199	17385	2800	14
商洛市	**252940**	**222506**	**30435**	
商州区	62062	54818	7244	
洛南县	50643	45073	5570	
丹凤县	30134	26358	3776	
商南县	22774	19868	2906	
山阳县	41296	37052	4244	
镇安县	30721	26750	3971	
柞水县	15310	12587	2723	
杨凌示范区	**23471**	**14284**	**7531**	**1656**

15-8 各市批发零售贸易业、餐饮业零售额

(2004年) 单位：亿元

地 区	批发零售贸易业零售额	限额以上	限额以下	个体户
全 省	**724.87**	**174.95**	**309.12**	**240.80**
西安市	373.12	104.25	168.41	100.46
铜川市	11.16	2.16	4.73	4.27
宝鸡市	77.52	28.19	24.74	24.59
咸阳市	65.93	8.55	37.11	20.27
渭南市	54.08	9.36	22.95	21.77
延安市	23.19	4.71	6.02	12.45
汉中市	44.16	7.90	17.45	18.81
榆林市	26.86	3.85	12.72	10.29
安康市	25.73	4.39	5.61	15.73
商洛市	22.25	1.41	9.21	11.64
杨凌示范区	1.43		0.49	0.94

地 区	餐饮业零售额	限额以上	限额以下	个体户
全 省	**216.93**	**39.28**	**65.46**	**112.19**
西安市	117.05	34.14	33.83	49.08
铜川市	8.58		3.93	4.65
宝鸡市	14.21	0.75	4.25	9.21
咸阳市	23.03	0.18	10.73	12.13
渭南市	9.71		3.29	6.43
延安市	8.96	0.02	0.58	8.36
汉中市	10.46	0.59	2.71	7.15
榆林市	8.71		4.19	4.52
安康市	9.30	0.47	1.61	7.22
商洛市	3.04		0.94	2.10
杨凌示范区	0.75		0.35	0.40

15-9 各市按注册类型分批发零售贸易业零售额

（2004年） 单位：亿元

地区	批发零售贸易业零售额	按登记注册类型分				
		国有企业	集体企业	股份合作企业	联营企业	有限责任公司
全省	**724.87**	**134.03**	**83.88**	**21.48**	**1.21**	**86.05**
西安市	373.12	43.74	43.52	18.18	1.21	66.18
铜川市	11.16	4.37	0.81			
宝鸡市	77.52	18.94	6.32	0.53		7.17
咸阳市	65.93	16.43	11.22	1.44		4.44
渭南市	54.08	15.13	9.77			0.23
延安市	23.19	8.11	1.97	0.14		0.27
汉中市	44.16	10.78	5.63			3.79
榆林市	26.86	7.98	1.10	0.01		1.66
安康市	25.73	4.51	1.07	0.10		1.10
商洛市	22.25	3.78	2.40	1.09		1.58
杨凌示范区	1.43	0.26	0.08			0.09

地区	按登记注册类型分					
	股份有限公司	私营企业	其他企业	港澳台商投资企业	外商投资企业	个体户
全省	**34.10**	**116.06**	**0.33**	**5.26**	**1.20**	**241.28**
西安市	23.50	69.68	0.19	5.26	1.20	100.46
铜川市		1.66				4.32
宝鸡市	4.69	15.27				24.59
咸阳市	2.96	9.26				20.18
渭南市	1.15	6.01				21.77
延安市	0.15	0.10				12.45
汉中市		5.14				18.81
榆林市	1.21	4.37	0.15			10.39
安康市	0.42	2.81				15.73
商洛市		1.77				11.64
杨凌示范区		0.06				0.94

15-10 各市按注册类型分餐饮业零售额

（2004年）

单位：亿元

地区	餐饮业零售额	按登记注册类型分				
		国有企业	集体企业	股份合作企业	联营企业	有限责任公司
全　省	**216.93**	**12.98**	**9.31**	**2.05**	**0.36**	**14.82**
西安市	117.05	8.17	5.67	1.71	0.33	12.40
铜川市	8.58	0.46	0.48			
宝鸡市	14.21	0.86	0.67			0.82
咸阳市	23.03	0.68	0.41			1.06
渭南市	9.71	0.79	0.40			
延安市	8.96	0.16	0.06			0.22
汉中市	10.46	0.55	1.02			
榆林市	8.71	0.73	0.22	0.07		0.60
安康市	9.30	0.07		0.01		0.12
商洛市	3.04	0.19	0.08	0.02		0.02
杨凌示范区	0.75	0.03				0.21

地区	按登记注册类型分					
	股份有限公司	私营企业	其他企业	港澳台商投资企业	外商投资企业	个体户
全　省	**15.28**	**36.46**	**0.10**	**10.17**	**3.09**	**112.32**
西安市	13.33	14.22	0.09	8.77	3.29	49.08
铜川市		2.84				4.80
宝鸡市		2.65				9.21
咸阳市	1.16	7.40		0.20		12.12
渭南市		2.09				6.43
延安市	0.02	0.15				8.36
汉中市		1.74				7.15
榆林市	0.54	2.01	0.02			4.52
安康市	0.01	1.86				7.22
商洛市		0.64				2.10
杨凌示范区		0.11				0.40

15-11 限额以上批发零售贸易业商品销售类值

单位：万元

类　别	合　计		批　发		零　售	
	2003年	2004年	2003年	2004年	2003年	2004年
食品、饮料、烟酒类	1560302	1612729	1320994	1310187	239309	302542
#肉禽蛋类	22146	29324	2445	1802	19701	27522
其它食品类	182319	204437	56039	43890	126280	160547
饮料类	79746	82919	34781	19762	44965	63157
烟酒类	1276091	1296048	1227728	1244734	48363	51315
服装鞋帽针纺织品类	320128	386841	64418	64842	255710	321998
#服装类	180059	216883	25318	19608	154741	197275
鞋帽类	69632	85073	6090	4764	63542	80309
针纺织类	70438	84885	33011	40471	37427	44414
化妆品类	49575	64828	10842	15411	38734	49416
金银珠宝类	32108	38901	1793	1436	30315	37465
日用品类	146441	159220	65011	69252	81430	89968
#洗涤用品类	56063	44871	19910	4254	36153	40616
儿童玩具类	6383	7129	1236	814	5147	6314
五金、电工器具类	73211	71657	64785	63929	8426	7728
体育、娱乐用品类	23845	26110	6893	7119	16952	18991
书报、杂志类	123542	137658	77263	76075	46279	61583
电子出版及音像制品类	7769	6038	4179	3654	3590	2385
家用电器和音像器材类	253650	263593	25963	25629	227687	237963
中西药品类	315572	389886	205992	278796	109581	111090
#西　药	231947	300313	146687	219086	85260	81227
中草药及中成药	78899	83217	56192	57218	22707	25999
文化办公用品类	47669	137689	27370	117463	20299	20227
家俱类	4563	7111	306	1477	4257	5634
通讯器材类	118366	137582	63074	63754	55292	73828
煤炭及制品类	22796	37623	22036	37537	760	86
木材及制品类	2482	8022	1142	6529	1339	1493
石油及制品类	1002182	1076706	802950	762908	199232	313798
化工材料及制品类	79493	85927	79493	85927		
#化肥类	25894	13681	25894	13681		
金属材料类	327628	877350	327628	877350		
建筑及装潢材料类	24291	20713	9314	6029	14977	14684
机电产品及设备类	436172	463819	383649	395802	52523	68017
#农机类	5892	3674	5892	3674		
汽车类	222701	215290	176363	152444	46338	62847
种子饲料类	2930	774	2930	774		
棉麻类	12342	9379	12342	9374		5
其他类	61053	29991	11000	19350	50053	10640

15-12 限额以上批发零售贸易业商品销售数量

商品名称	单位	合计		批发		零售	
		2003年	2004年	2003年	2004年	2003年	2004年
粮食	吨	212813	196515	185265	157443	27548	39072
食用植物油	吨	7971	8320			7971	8320
食糖	吨	10043	10850	7612	9118	2430	1733
卷烟	万只		7075097		7024989		50108
酒	吨		7873		2627		5246
#白酒	吨		2851		1054		1797
啤酒	吨		4307		1342		2965
棉花	吨	9251	5429	9250	5428	1	1
布	百米	243010	150077	229783	134450	13227	15627
各种服装	百件		250600		42258		208342
#童装	百件		75791		18571		57220
鞋	百双	236534	401163	9331	837	227203	400326
照相机	台	26549	46924	271	1904	26278	45020
#数码照相机	台	3741	15773		381	3741	15392
彩色电视机	台	274112	295999	32754	26901	241358	269098
组合音响	台	17913	14486	727	305	17186	14181
摄像机	台	7056	7985	511	551	6545	7434
影碟机	台	127012	101207	16101	2814	110911	98393
家用电冰箱	台	104764	114454	11371	6668	93393	107786
家用洗衣机	台	124002	153772	14143	10858	109859	142914
房间空调器	台	128035	187535	19857	23371	108178	164164
微波炉	台	108674	82121	15190	2296	93484	79825
微型计算机	台	18058	177259	2470	157318	15588	19941
普通电话机	部	175392	210624	129420	158416	45972	52208
移动电话机	部	1271841	1056618	438692	584248	833149	472370
化学肥料	吨	301381	136592	301381	136592		
化学农药	吨	330	111	330	111		
农用塑料薄膜	吨	122	86	122	86		
煤炭	吨	1287406	740679	1211287	703721	76119	36958
木材	立方米	6744	10189	2679		4065	10189
汽油	吨	844777	748123	649267	478238	195510	269885
煤油	吨	129730	146583	128818	144979	912	1604
柴油	吨	1959786	1886494	1739862	1543146	219924	343348
钢材	吨	747234	968304	747234	968304		
铜	吨	4110	95298	4110	95298		
铝	吨	253	165	253	165		
水泥	吨	139514	9111	139514	9111		
汽车	辆	23561	24397	18509	16672	5052	7725
#轿车	辆	10822	10274	8460	7139	2362	3135
摩托车	辆	9333	3781	4908	1490	4425	2291
拖拉机	辆	293	225	293	225		

15-13 各市按规模分商品销售额

（2004年）

单位：万元

地　区	限额以上企业（单位）			限额以下及个体户		
	合计	批发	零售	合计	批发	零售
全　省	**6050145**	**4300603**	**1749542**	**8158811**	**2659606**	**5499205**
西安市	3601334	2558830	1042504	3683142	994451	2688691
铜川市	45915	24301	21614	125735	35771	89964
宝鸡市	896162	614302	281860	825074	321445	503628
咸阳市	265396	179715	85681	984960	403834	581126
渭南市	272762	177409	95353	745585	298375	447210
延安市	361807	314684	47124	272327	86894	185432
汉中市	213730	134766	78963	606388	243784	362605
榆林市	162092	123636	38456	344685	113257	231429
安康市	110073	66158	43916	301771	88369	213402
商洛市	114579	100508	14071	241717	33282	208435
杨凌示范区	6295	6295		54428	40144	14284

15-14 各市按行业分商品销售额

（2004年）

单位：万元

地　区	批发业			零售业		
	合计	批发	零售	合计	批发	零售
全　省	**7129604**	**5715528**	**1414076**	**7079353**	**1244681**	**5834672**
西安市	3578109	3174168	403941	3706366	379113	3327253
铜川市	89823	44010	45813	81828	16062	65766
宝鸡市	941608	745059	196549	779628	190689	588939
咸阳市	512646	239255	273391	737710	344294	393416
渭南市	476911	388255	88656	541436	87528	453908
延安市	449212	383849	65363	184923	17729	167193
汉中市	429661	291080	138581	390457	87470	302987
榆林市	272104	142710	129393	234674	94183	140491
安康市	177732	136111	41621	234112	18416	215696
商洛市	159366	126957	32409	196929	6833	190097
杨凌示范区	46432	44074	2358	14291	2365	11926

15-15 批发零售贸易业、餐饮业连锁企业经济情况

单位：万元

类别	合计		直销店		加盟店	
	2003年	2004年	2003年	2004年	2003年	2004年
门店总数（个）	935	984	361	360	574	624
营业面积（平方米）	231905	330302	205010	301722	26895	28580
从业人数（人）	14131	14490	9020	8779	5111	5711
销售总额	185817	186200	156275	153011	29543	33189
#零售额	166796	164959	139480	134505	27315	30454
利润总额	1701	835	1701	835		
资产总计	70753	85867	70753	85867		
负债总计	58004	72663	58004	72663		

15-16 连锁企业主要经济指标

企业名称	门店总数（个）	从业人数（人）	销售总额（万元）	#零售额
西安秋林公司	12	1081	43000	42421
宝鸡市向阳餐饮有限责任公司	4	900	971	971
渭南糖酒副食服务总公司	8	210	5189	3863
陕西十万大山实业股份有限公司	13	59	5669	3106
十九粮油食品贸易总公司连锁公司	69	579	755	755
西安解放路饺子连锁有限责任公司	2	87	326	314
陕西伟志集团股份有限公司	547	5215	30752	29156
陕西同一医药连锁有限公司	35	251	2286	2286
陕西海星连锁超级市场有限责任公司	109	2321	64579	54158
陕西竹园村餐饮有限责任公司	6	980	4610	4610
陕西三棵树超市商贸有限责任公司	6	467	6791	6791
西安小六汤包餐饮有限责任公司	5	98	473	473
西安屈崔氏餐饮娱乐有限公司	3	110	200	200
陕西国大药房连锁有限公司	35	404	2857	2587
汉中桃心岛商贸有限责任公司	13	421	10415	5748
西安市中药集团公司藻露堂连锁店	70	417	1299	1299
西安市心连欣食品连锁有限公司	5	37	727	727
陕西省汉中医药连锁经营公司	6	90	1000	1000
西安双鹤医药股份有限公司	33	332	487	487
服务集团股份有限公司老孙家饭庄	3	431	4085	4007

15-17　重点市场商品销售类值

(2004年)

类　　别	摊位数（个）	全年总成交额（万元）	#零售额
合　计	**12297**	**606982**	**182441**
食品、饮料、烟酒类	4217	191549	32019
#粮油果菜类	3127	198476	21427
服装鞋帽针纺织品类	3822	164355	65086
化妆品类	123	29583	5315
日用品类	580	46761	20535
五金、电工器具类	250	35871	8365
体育、娱乐用品类	184	15679	8327
书报杂志类	12	90	47
电子出版及音像制品类	4	4660	43
家用电器和音响制品类	18	12333	4617
中西药品类	120	8365	1471
#中草药及中成药	112	11948	1380
文化办公用品类	92	9128	5054
煤炭及制品类	17	618	7
木材及制品类	28	859	434
化工材料及制品类	193	6584	191
金属材料类	982	50607	4913
建筑及装潢材料类	1315	98589	16327
机电产品及设备类	1419	105099	25270
#农机类	1194	80574	16215
汽车类	225	18001	9055
其他类	115	636	636

15-18　重点商品交易市场成交情况

(2004年)

市　　场	摊位数（个）	全年总成交额（万元）	#零售额
康复路工业品批发市场	1701	257597	89578
西北五金工具批发市场	66	11957	
轻工市场		40337	12049
西安摩尔农产品批发市场	520	29728	8494
西安新土门蔬菜批发市场	247	5336	1854
西安土门市场	672	11848	5924
锦绣鞋城	490	15460	
胡家庙蔬菜批发市场	120	61850	4700
文艺南路布匹市场	760	52000	
西安市汽车自选市场	46	63188	14582
西安市干鲜果调味副食公司	291	20128	8288
西安市汽车配件市场	560	7046	1633
重信汽车配件交易市场	588	17500	
大明宫建材装饰材料市场	720	28757	850
朱雀蔬菜鲜果批发市场	375	3590	160
大雁塔装饰材料市场	212	5794	2881
宝鸡市肉菜果品批发市场	150	6311	225
咸阳嘉惠商场	898	12538	6269
大荔县同州农副产品批发市场	810	21660	3610
陕西城固经贸市场	760	20769	9299
洛南县河南市场	1475	17792	8240

主要统计指标解释

批发贸易业 指从工农业生产者或从商品流通企业购进商品，转卖给工业、农业、建筑业、运输邮电业、餐饮业、服务业以及其他批发零售企业作为生产经营用的商品流通企业（单位）。农副产品采购、供应企业，进口、出口国（境）外商品的对外贸易企业、物资供销企业等，一般都属于批发贸易业。

零售贸易业 指从工农业生产者、批发贸易业或居民购进商品，转卖给城乡居民作为生活消费和售给社会集团作为公共消费的商品流通企业（单位）。有些商品流通企业兼营批发零售业务，应以其主营业务来划分批发业和零售业，即以批发业务为主的作为批发贸易业，以零售业务为主的作为零售贸易业。

餐饮业 指从事食品的烹饪、调制并直接售给消费者供现场食用的企业（单位）和个体户，包括中西餐馆、饭馆、各种小吃店、冷饮店、酒店、茶馆等。

限额以上批发零售贸易、餐饮企业 限额标准为：批发业年销售额2000万元及以上，年末从业人员20人及以上；零售业年销售额500万元及以上，年末从业人员60人及以上；餐饮业年营业额200万元及以上，年末从业人员40人及以上。

网点 指从事批发零售贸易活动和餐饮活动的法人企业设立的从事商品批发、零售业务的自然单位数和从事餐饮活动的自然单位数。

人员 即从业人员，指从事批发零售贸易业、餐饮业劳动并取得劳动报酬或经营收入的人员。包括职工（含长期职工、合同制职工、临时职工）和其他从业人员（含再就业的离退休人员、三资企业中的外方人员和港澳台方人员）。

社会消费品零售总额 指国民经济各行业直接售给城乡居民和社会集团的消费品总额。它是反映各行业通过多种商品流通渠道向居民和社会集团供应的生活消费品总量，是研究国内零售市场变动情况、反映经济景气程度的重要指标。

社会消费品零售总额包括：⑴售给城乡居民作为生活用的商品和修建房屋用的建筑材料；⑵售给社会集团的各种办公用品和公用消费品；⑶售给机关、团体、学校、部队、企业、事业单位的职工食堂和旅店(招待所)附设专门供本店旅客食用，不对外营业的食堂的各种食品、燃料；企业、单位和国营农场直接售给本单位职工和职工食堂的自己生产的产品；⑷售给部队干部、战士生活用的粮食、副食品、衣着品、日用品、燃料；⑸售给来华的外国人、华侨、港澳台同胞的消费品；⑹居民自费购买的中、西药品、中药材及医疗用品；⑺报社、出版社直接售给居民和社会集团的报纸、图书、杂志，集邮公司出售的新、旧纪念邮票、特种邮票、首日封、集邮册、集邮工具等；⑻旧货寄售商店自购、自销部分的商品；⑼煤气公司、液化石油气站售给居民和社会集团的煤气灶具和罐装液化石油气；⑽农民售给非农业居民和社会集团的商品。不包括售给国民经济各部门企业、事业单位(包括国有经济的农场)生产经营用的各种原材料、燃料、设备、工具等和售给批发零售贸易业、餐饮业作为转卖用的商品，旧货寄售商店受托寄售卖出的商品，服务业的营业收入，邮局出售邮票的收入，自来水、电力、煤气生产(供应)单位的产品供应收入，也不包括农民之间的商品销售。

商品销售总额 指对本企业(单位)以外的单位和个人出售(包括对境外直接出口)的商品总额。它反映批发零售贸易业在国内市场上销售商品以及出口商品的总量。商品销售总额包括：⑴售给城乡居民和社会集团消费用的商品；⑵售给工业、农业、建筑业、运输邮电业、批发零售贸易业、餐饮业、服务业等作为生产、经营使用的商品；⑶售给批发零售贸易业作为转卖或加工后转卖的商品；⑷对国(境)外直接出口的商品。不包括出售本企业(单位)自用的废旧包装用品；未通过买卖行为付出的商品；经本单位介绍，由买卖双方直接结算，本单位只收取手续费的业务；购货退出的商品以及商品损耗和损失等。

餐饮业商品零售额 指餐饮企业、产业活动单位或个体户直接对居民和社会集团零售的各种商品。包括：(1)经烹饪、调制加工后出售的各种食品，如主食、炒菜、凉拌菜等；(2)不经加工直接转卖的各种外购商品，如卷烟、酒、饮料、熟食、水果等；(3)附设非独立核算的专门销售商品的小卖部出售的各种食品及其他商品。

连锁企业（或称连锁店、连锁公司） 指在核心企业或总店的领导下，由分散的、经营同类商品或服务的企业或活动单位，采取共同方针，实行集中采购和分散销售的有机结合，通过规范化经营，实现规模效益的经济联合组织形式。一般连锁店应由若干个分店组成。其经营特征：（1）经营同类商品；（2）使用统一商号；（3）统一采购配送，采购与销售相分离（部分商品可根据物流合理和保质保鲜原则，由供应商直接送货到门店，其余均由总部统一配送）。

连锁门店包括下列两种形式：

直营连锁：指正规连锁。连锁门店均由总部独资或控股开设，在总部的直接领导下统一经营。

加盟连锁：指特许连锁。各连锁门店（被特许人）通过合同形式，取得使用总部（特许人）商标、商号、经营技术和销售总部开发的商品的特许权，各加盟连锁门店为独立法人，在总部指导下统一经营。

消费品市场成交额 指在消费品交易市场成交的全部商品金额。消费品市场包括农副产品市场和工业消费品市场。

2005 統計年鑒

对外经济贸易和旅游

DUIWAIJINGJIMAOYIHELUYOU

资料整理：江 洪

****

16. 对外经济贸易和旅游

****

2004 年全省

进出口总额	36.42	亿美元	比上年增长	30.8%
# 出　口	23.97	亿美元	比上年增长	38.1%
实际利用外商直接投资额	5.27	亿美元	比上年增长	13.0%
国际旅游人数	80.02	万　人	比上年增长	71.8%
国际旅游收入	3.60	亿美元	比上年增长	81.4%

****

进出口总额

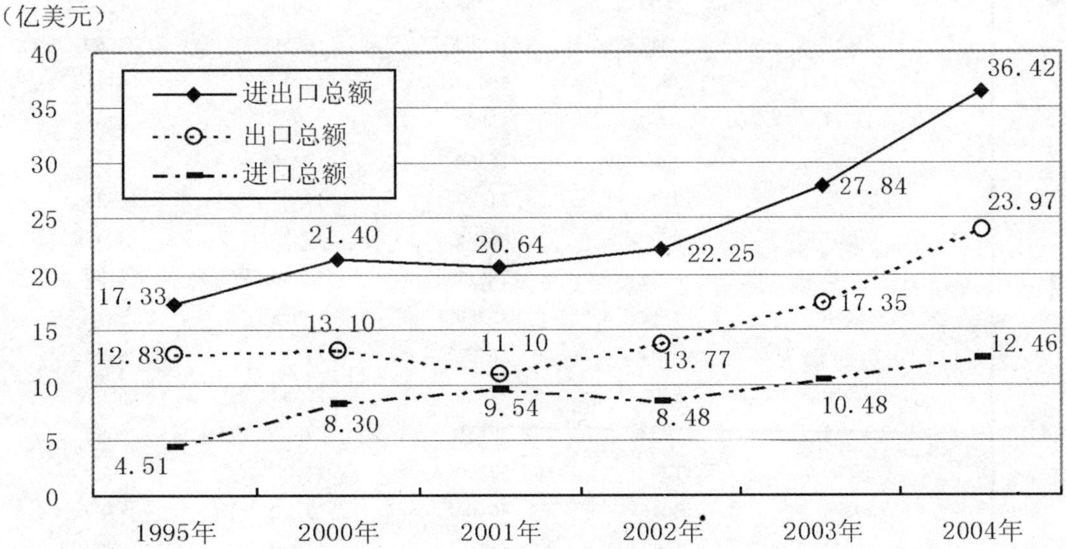

16-1 外贸进出口总额

单位：万美元

年 份	进出口总额	#出口总额	工矿产品类出口额	#纺织品类	#轻工业品类	#工艺品类
1978		1190	802	771	11	
1980		973	388	18	95	1
1985	15712	10359	8299	6477	257	48
1990	57728	46059	39300	17755	6551	941
1991	81359	60502	49169	20377	5870	843
1992	111885	76531	63686	25805	5565	1070
1993	149599	99347	81621	30092	6739	1039
1994	160061	121615	104218	38590	9384	1944
1995	173323	128261	112938	40022	12394	3245
1996	178406	126922	111173	35575	12646	1461
1997	173413	123120	103302	31826	11403	398
1998	205148	117668	100273	32378	8956	278
1999	200834	115225	94863	24701	9922	600
2000	214009	131003	109170	25323	11911	392
2001	206444	111044	89757	13018	8755	259
2002	222517	137717	113317	13544	11586	233
2003	278371	173523	159603	28571	5993	5579
2004	364238	239658	220470	39467	7614	7707

年 份	#五金矿产类	#化工医药类	#机械产品类	农副产品类出口额	#粮油食品类	#土畜产品类
1978	4		16	388	97	291
1980	4	193	77	585	168	417
1985	562	600	355	2060	1224	836
1990	5050	2247	6756	6759	3859	2900
1991	6996	3671	10968	11333	6411	4922
1992	11324	5457	13805	12845	8263	4582
1993	20187	7200	16364	17726	12473	5253
1994	22382	9344	21677	17397	10528	6869
1995	20563	9966	26155	15323	8948	6375
1996	24249	8555	28687	15749	9127	6622
1997	19576	14319	25780	19818	5819	13999
1998	21604	10904	26153	17395	5494	11901
1999	22650	9104	27886	20362	6597	13765
2000	26934	9052	35558	21833	6696	15137
2001	24226	11209	32290	21287	9002	12285
2002	29806	13046	45104	23219	8789	14430
2003	45812	15462	58186	13920	8628	5292
2004	63283	21359	80376	19229	11919	7310

注:本表1996年及以前系外贸部门资料,1997年以后为海关资料,两个部门资料因口径不同没有可比性。

16-2 按贸易方式分外贸出口总值

单位: 万美元

贸易方式类别	2003年	2004年	2004年比2003年增长%
出口总值	**173523**	**239658**	**38.1**
1.一般贸易	147844	192300	30.1
2.国家间、国际组织无偿援助和赠送的物资	19	67	250.8
3.租赁贸易		188	
4.来料加工装配贸易	1527	1041	-31.8
5.进料加工贸易	23990	45445	89.4
6.边境小额贸易	10		
7.对外承包工程出口货物	133	605	355.7
8.出料加工贸易			
9.保税仓库进出境货物		10	56058.0
10.其 他		1	588.5

16-3 按贸易方式分外贸进口总值

单位: 万美元

贸易方式类别	2003年	2004年	2004年比2003年增长%
进口总值	**104848**	**124580**	**18.8**
1.一般贸易	81043	102598	26.6
2.国家间、国际组织无偿援助和赠送的物资	31	8	-74.6
3.华侨、港澳台同胞、外籍华人捐赠物资	51	9	-81.9
4.来料加工装配贸易	1507	711	-52.8
5.进料加工贸易	13218	17372	31.4
6 寄售、代售贸易			
7 来料加工装配进口的设备	24	55	123.9
8.租赁贸易	1		
9.外商投资企业作为投资进口的设备、物品	4783	3150	-34.1
10.出料加工贸易	8		
11.保税仓库进出境货物	3893	240	-93.8
12.出口加工区进口设备		32	
13.其 他	289	406	40.6

16-4 按国别(地区)分外贸进出口总额

单位：万美元

国别（地区）	2003年	2004年	2004年比2003年增长%
进出口总额	**278371**	**364238**	**30.9**
#美　国	42015	52945	26.0
日　本	36610	44125	20.5
德意志联邦共和国	22856	37446	63.8
荷　兰	12011	26402	119.8
香　港	13299	16717	25.7
比利时	11952	13568	13.5
韩　国	11436	13343	16.7
法　国	4615	9411	103.9
意大利	8726	8493	-2.7
英　国	7320	8314	13.6
新加坡	5520	6932	25.6
马来西亚	3708	6835	84.4
台　湾	5459	6613	21.2
俄罗斯	2728	6388	134.2
印　度	3845	6283	63.4
加拿大	3585	5574	55.5
澳大利亚	5650	5541	-1.9
爱尔兰	3820	4810	25.9
南　非	2952	4667	58.1
瑞　典	5164	4096	-20.7
印　尼	3454	4060	17.6
阿拉伯联合酋长国	2786	3899	40.0
泰　国	2799	3595	28.5
巴　西	1679	3179	89.3
西班牙	2424	3099	27.9
奥地利	691	3044	340.5
瑞　士	2541	3037	19.5
土耳其	5439	2595	-52.3
乌克兰	690	2106	205.0
菲律宾	1340	2082	55.4
以色列	2004	2038	1.7

16-5 按国别(地区)分外贸出口总额

单位：万美元

国别(地区)	2003年	2004年	2004年比2003年增长%	国别(地区)	2003年	2004年	2004年比2003年增长%
出口总额	**173523**	**239658**	**38.1**	加拿大	2810	4358	55.1
#美 国	27155	35091	29.2	澳大利亚	2623	3005	14.5
日 本	15055	20717	37.6	爱尔兰	221	291	31.8
德意志联邦共和国	7844	15304	95.1	南 非	2951	4382	48.5
荷 兰	11595	25130	116.7	瑞 典	690	862	25.0
香 港	12707	16059	26.4	印 尼	3406	4025	18.2
比利时	2637	2479	-6.0	阿拉伯联合酋长国	2785	3808	36.7
韩 国	8805	10341	17.5	泰 国	2390	3440	43.9
法 国	1537	5004	225.7	巴 西	808	2096	159.5
意大利	4850	5244	8.1	西班牙	2274	3047	34.0
英 国	5790	6040	4.3	奥地利	54	48	-11.7
新加坡	4376	5620	28.4	瑞 士	72	266	270.8
马来西亚	2910	5646	94.0	土耳其	5393	2456	-54.5
台 湾	3310	4362	31.8	乌克兰	175	922	426.4
俄罗斯	2277	5918	159.9	菲律宾	1258	1933	53.7
印 度	3816	5723	50.0	以色列	1641	1542	-6.0

16-6 按国别(地区)分外贸进口总额

单位：万美元

国别(地区)	2003年	2004年	2004年比2003年增长%	国别(地区)	2003年	2004年	2004年比2003年增长%
进口总额	**104848**	**124581**	**18.8**	加拿大	775	1216	56.9
#美 国	14859	17854	20.2	澳大利亚	3027	2537	-16.2
日 本	21555	23408	8.6	爱尔兰	3598	4519	25.6
德意志联邦共和国	15013	22142	47.5	南 非	0.5	285	59747.8
荷 兰	416	1273	206.0	瑞 典	4474	3234	-27.7
香 港	592	658	11.3	印 尼	48	36	-25.2
比利时	9315	11088	19.0	阿拉伯联合酋长国	0.2	92	55560.5
韩 国	2631	3002	14.1	泰 国	409	155	-62.1
法 国	3079	4408	43.2	巴 西	871	1083	24.3
意大利	3876	3250	-16.2	西班牙	150	52	-65.3
英 国	1530	2274	48.6	奥地利	637	2996	370.3
新加坡	1144	1312	14.8	瑞 士	2469	2770	12.2
马来西亚	798	1190	49.2	土耳其	46	139	201.9
台 湾	2149	2251	4.8	乌克兰	515	1184	129.8
俄罗斯	452	470	4.1	菲律宾	82	149	80.9
印 度	29	560	1829.8	以色列	363	496	36.6

16-7 出口商品分类金额

单位：千美元

商 品 分 类	2003年	2004年	2004年比2003年增长%
出 口 总 额	**1735226**	**2396577**	**38.1**
第一类 活动物;动物产品			
01章 活动物	2135	3384	58.5
02章 肉及食用杂碎	7	67	846.4
03章 鱼及其他水生无脊椎动物	15	66	353.4
04章 乳;蛋;蜂蜜;其他食用动物产品	3152	2737	-13.2
05章 其他动物产品	488	373	-23.7
第二类 植物产品			
06章 活植物;茎、根；插花、簇叶	395	317	-19.7
07章 食用蔬菜、根及块茎	24105	23680	-1.8
08章 食用水果及坚果;甜瓜等水果的果皮	8633	12029	39.3
09章 咖啡、茶、马黛茶及调味香料	2201	1888	-14.2
10章 谷物	2735	1401	-48.8
11章 制粉工业产品;麦芽;淀粉;面筋	564	360	-36.1
12章 油籽;子仁;工业用或药用植物;饲料	6466	5466	-15.5
13章 虫胶;树胶、树脂及其他植物液、汁	1920	3010	56.8
14章 编结用植物材料;其他植物产品	23	21	-8.3
第三类 动、植物油、脂、蜡；精制的食用油脂			
15章 动、植物油、脂、蜡；精制的食用油脂	82	310	276.4
第四类 食品;饮料、酒及醋；烟草及其制品	98	147	49.0
16章 肉、鱼及其他水生无脊椎动物制品	2166	3772	74.2
17章 糖及糖食		6	
19章 谷物粉、淀粉或乳的制品；糕饼	193	58	-70.0
20章 蔬菜、水果、坚果或植物其他部分的制品	74792	122401	63.7
21章 杂项食品	406	470	15.6
22章 饮料、酒及醋	55	7	-87.8
23章 食品工业的残渣及废料;配制的饲料	479	246	-48.6
24章 烟草、烟草及烟草代用品的制品	8088	9990	23.5
第五类 矿产品			
25章 盐;硫磺;泥土及石料;石灰及水泥等	6946	11237	61.8
26章 矿砂、矿渣及矿灰	112245	305906	172.5
27章 矿物燃料、矿物油及其产品；沥青等	18860	28221	49.6
第六类 化学工业及其相关工业的产品			
28章 无机化学品;贵金属等的化合物	68603	67562	-1.5
29章 有机化学品	63798	71536	12.1

16-7 续表1

单位：千美元

商　品　分　类	2003年	2004年	2004年比2003年增长%
30章 药品	4225	5896	39.6
31章 肥料	886	428	-51.7
32章 鞣料;着色料;染料、油灰；墨水、油墨等	9190	5667	-38.3
33章 精油及香膏;芳香料制品及化妆盥洗品	699	1726	147.1
34章 洗涤剂、润滑剂、人造蜡、塑型膏等	1061	1632	53.8
35章 蛋白类物质;改性淀粉;胶;酶	2525	6142	143.3
36章 炸药;烟火;引火品;易燃材料制品	672	551	-18.0
37章 照相及电影用品	142	406	185.6
38章 杂项化学产品	2822	3500	24.0
第七类 塑料及其制品;橡胶及其制品			
39章 塑料及其制品	16652	31262	87.7
40章 橡胶及其制品	3174	4503	41.9
第八类 革、毛皮及其制品；箱包；肠线制品			
41章 生皮(毛皮除外)及革皮	8	79	908.8
42章 皮革制品;旅行包箱、动物线制品	8579	18753	118.6
43章 毛皮、人造毛皮及其制品	148	93	-36.9
第九类 木及制品;木炭;软木;编织品			
44章 木及木制品;木炭	12226	14014	14.6
45章 软木及软木制品	4812	6565	36.4
46章 编结材料制品;篮筐及柳条编结	579	537	-7.2
第十类 纤维素浆;废纸、纸及制品			
47章 木浆及其他纤维;回收纸或纸版	4	79	1906.1
48章 纸及纸板;纸浆、纸或纸板制品	3852	6285	63.2
49章 印刷品;手稿、打字稿及设计图	644	1396	116.8
第十一类 纺织原料及纺织制品			
50章 蚕丝	4122	2435	-40.9
51章 羊毛等动物毛;马毛纱线及其机织物	16099	16652	3.4
52章 棉花	102815	87704	-14.7
53章 其他植物纺织纤维;纸纱线及其机织物	297	190	-35.9
54章 化学纤维长丝	6051	3598	-40.5
55章 化学纤维短纤	26317	28177	7.1
56章 絮胎、毡呢及无纺织物；线绳制品等	1213	1698	39.9
57章 地毯及纺织材料的其他铺地制品	17244	12091	-29.9
58章 特种机织物;簇绒织物;刺绣品等	3579	3395	-5.1
59章 浸、包或层压织物;工业用纺织制品	886	811	-8.4
60章 针织物及钩编织物	3411	1138	-66.6
61章 针织或钩编的服装及衣着附件	26272	74745	184.5
62章 非针织或非钩编的服装及衣着附件	50937	55972	9.9
63章 其他纺织制成品;成套物品;旧纺织品	26471	29848	12.8

16-7 续表2

单位:千美元

商品分类	2003年	2004年	2004年比2003年增长%
第十二类 鞋帽伞等;羽毛品;人造花			
64章 鞋靴、护腿和类似品及其零件	5886	26956	358.0
65章 帽类及其零件	1443	1971	36.6
66章 伞、手杖、鞭子、马鞭及其零件	851	1914	124.8
67章 已加工羽毛及制品;人造花;人发制品	1066	2300	115.7
第十三类 矿物材料制品、陶瓷品;玻璃及制品			
68章 矿物材料的制品	3041	7146	135.0
69章 陶瓷产品	2886	4330	50.0
70章 玻璃及其制品	67557	82406	22.0
第十五类 贱金属及其制品			
71章 天然或养殖珍珠、宝石或半宝石、贵金属、包贵金属及其制品;仿首饰;硬币	1080	1411	30.6
72章 钢铁	31556	82239	160.6
73章 钢铁制品	89168	106804	19.8
74章 铜及其制品	10393	24857	139.2
75章 镍及其制品	218	352	61.5
76章 铝及其制品	3576	6347	77.5
78章 铅及其制品	2328	430	-81.6
79章 锌及其制品	27008	5225	-80.7
80章 锡及其制品	4	89	1920.7
81章 其他贱金属、金属陶瓷及其制品	39364	80313	104.0
82章 贱金属器具、利口器、餐具及其零件	33351	35128	5.3
83章 贱金属杂项制品	8542	13994	63.8
第十六类 机电、音像设备及其零件、附件			
84章 锅炉、机械器具及其零件	218170	262191	20.2
85章 电机、电气、音像设备及零件	271535	291121	7.2
第十七类 车辆、航空器、船舶及有关运输设备			
86章 铁道车辆;轨道装置;信号设备	1824	3223	76.7
87章 车辆及其零件,但铁道车辆除外	26777	59685	122.9
88章 航空器、航天器及其零件	148	442	199.7
89章 船舶及浮动结构体	27660	89970	225.3
第十八类 光学、医疗等仪器;钟表及零件			
90章 光学、照相、医疗等设备及零件	35217	22232	-36.9
91章 钟表及其零件	400	1593	297.7
92章 乐器及其零件、附件	124	710	471.7
第十九类 武器、弹药及其零件、附件			
93章 武器、弹药及其零件、附件	7	37	440.4
第二十类 杂项制品			
94章 家具;寝具等;灯具;活动房	43645	51080	17.0
95章 玩具、游戏品或运动用品及其零件	4816	8669	80.0
96章 杂项制品	7304	11506	57.5
第二十一类 艺术品、收藏品及古物			
97章 艺术品、收藏品及古物	20	173	764.7

16-8 进口商品分类金额

单位：千美元

商 品 分 类	2003年	2004年	2004年比2003年增长%
进 口 总 额	**1048480**	**1245806**	**18.8**
第一类 活动物;动物产品			
01章 活动物		4240	
02章 肉及食用杂碎			
03章 鱼及其他水生无脊椎动物		71	
04章 乳;蛋;蜂蜜;其他食用动物产品	262	22	-91.7
05章 其他动物产品	2		
第二类 植物产品			
06章 活植物;茎、根；插花、簇叶		138	
07章 食用蔬菜、根及块茎	39	33	-16.4
08章 食用水果及坚果;甜瓜等水果的果皮		534	
09章 咖啡、茶、马黛茶及调味香料	146		
10章 谷物			
11章 制粉工业产品;麦芽;淀粉;面筋	7		
12章 油籽;子仁;工业用或药用植物;饲料	486	833	71.3
13章 虫胶;树胶、树脂及其他植物液、汁	575	1553	170.0
14章 编结用植物材料;其他植物产品	6	131	2112.7
第三类 动、植物油、脂、蜡；精制的食用油脂			
15章 动、植物油、脂、蜡；精制的食用油脂	7063	13810	95.5
第四类 食品;饮料、酒及醋；烟草及其制品			
16章 肉、鱼及其他水生无脊椎动物制品			
17章 糖及糖食	125	103	-18.0
18章 可可及可可制品	29		
19章 谷物粉、淀粉或乳的制品；糕饼		1	
20章 蔬菜、水果或植物其他部分的制品	53	25	-53.7
21章 杂项食品	143	51	-64.6
22章 饮料、酒及醋			
23章 食品工业的残渣及废料;配制的饲料	606	810	33.6
24章 烟草及烟草代用品的制品	7217		
第五类 矿产品			
25章 盐;硫磺;泥土及石料;石灰及水泥等	405	1326	227.3
26章 矿砂、矿渣及矿灰	6874	29725	332.5
27章 矿物燃料、矿物油及其产品；沥青等	8007	4881	-39.0
第六类 化学工业及其相关工业的产品			
28章 无机化学品;贵金属等的化合物	42328	2564	-93.9
29章 有机化学品	121810	149174	22.5
30章 药品	18317	27718	51.3
31章 肥料			
32章 鞣料;着色料;染料、油灰；墨水等	4218	4183	-0.8

16-8 续表1

单位：千美元

商 品 分 类	2003年	2004年	2004年比2003年增长%
33章 精油及香膏;芳香料制品及化妆盥洗品	325	249	-23.4
34章 洗涤剂、润滑剂、人造蜡、塑型膏等	1748	1897	8.6
35章 蛋白类物质;改性淀粉;胶;酶	1358	1739	28.1
37章 照相及电影用品	97	193	97.9
38章 杂项化学产品	2457	2610	6.2
第七类 塑料及其制品;橡胶及其制品			
39章 塑料及其制品	26785	30686	14.6
40章 橡胶及其制品	2535	1974	-22.1
第八类 革、毛皮及其制品；箱包；肠线制品			
41章 生皮(毛皮除外)及革皮	1097	286	-73.9
42章 皮革制品;旅行包箱、动物线制品	16	6	-62.0
43章 毛皮、人造毛皮及其制品		5	
第九类 木及制品;木炭;软木;编织品			
44章 木及木制品;木炭	19233	11804	-38.6
45章 软木及软木制品	66	59	-10.1
46章 编结材料制品;篮筐及柳条编结			
第十类 纤维素浆;废纸、纸及制品			
47章 木浆等纤维状纤维素浆;纸及纸板	666	832	24.9
48章 纸及纸板;纸浆、纸或纸板制品	3276	3987	21.7
49章 印刷品;手稿、打字稿及设计图	1711	2701	57.9
第十一类 纺织原料及纺织制品			
50章 蚕丝		6	
51章 羊毛等动物毛;马毛纱线及其机织物	49	18	-63.0
52章 棉花	9517	26152	174.8
53章 其他植物纺织纤维;纸纱线及其机织物	41	117	185.0
54章 化学纤维长丝	378	229	-39.5
55章 化学纤维短纤	3258	1496	-54.1
56章 絮胎、毡呢及无纺织物；线绳制品等	43	229	433.0
57章 地毯及纺织材料的其他铺地制品	246	524	113.6
58章 特种机织物;簇绒织物;刺绣品等	312	206	-34.1
59章 浸、包或层压织物;工业用纺织制品	251	419	66.8
60章 针织物及钩编织物	51	6	-88.0
61章 针织或钩编的服装及衣着附件	16	11	-32.9
62章 非针织或非钩编的服装及衣着附件	34	27	-20.0
63章 其他纺织制成品;成套物品;旧纺织品	42	324	679.7
第十二类 鞋帽伞等;羽毛品;人造花			
64章 鞋靴、护腿和类似品及其零件		15	
65章 帽类及其零件	1		
66章 伞、手杖、鞭子、马鞭及其零件	34		
67章 已加工羽毛及制品;人造花;人发制品			

16-8 续表2

单位：千美元

商 品 分 类	2003年	2004年	2004年比2003年增长%
第十三类 矿物材料制品、陶瓷品；玻璃及制品			
68章 石料、石膏、水泥、石棉等矿物及制品	2041	2875	40.9
69章 陶瓷产品	1563	5217	233.8
70章 玻璃及其制品	14004	4124	-70.6
第十五类 贱金属及其制品			
71章 天然或养殖珍珠、宝石或半宝石、贵金属、包贵金属及其制品；仿首饰；硬币	492	751	52.6
72章 钢铁	32418	16713	-48.5
73章 钢铁制品	9815	13371	36.2
74章 铜及其制品	18765	12503	-33.4
75章 镍及其制品	3220	7304	126.8
76章 铝及其制品	11973	17405	45.4
78章 铅及其制品	575	1	-99.9
79章 锌及其制品	21	4	-82.8
80章 锡及其制品	31	96	213.9
81章 其他贱金属、金属陶瓷及其制品	15920	20961	31.7
82章 贱金属器具、利口器、餐具及其零件	8876	14296	61.1
83章 贱金属杂项制品	266	682	156.7
第十六类 机电、音像设备及其零件、附件			
84章 核反应堆、锅炉、机械器具及其零件	344519	422495	22.6
85章 电机、电气、音像设备及零件	154290	203950	32.2
第十七类 车辆、航空器、船舶及有关运输设备			
86章 铁道车辆;轨道装置;信号设备	6429	13724	113.5
87章 车辆及其零件,但铁道车辆除外	27594	32950	19.4
88章 航空器、航天器及其零件	7744	8192	5.8
89章 船舶及浮动结构体	36	199	460.2
第十八类 光学、医疗等仪器;钟表及零件			
90章 光学、照相、医疗等设备及零件	91628	114721	25.2
91章 钟表及其零件	277	235	-15.2
92章 乐器及其零件、附件		1	
第十九类 武器、弹药及其零件、附件			
93章 武器、弹药及其零件、附件			
第二十类 杂项制品			
94章 家具;寝具等;灯具;活动房	1124	1617	43.9
95章 玩具、游戏品或运动用品及其零件	260	314	21.1
96章 杂项制品	220	345	56.7
第二十一类 艺术品、收藏品及古物			
97章 艺术品、收藏品及古物		23	
第二十二类 特殊交易品及未分类商品			
98章 特殊交易品及未分类商品	20		

16-9 主要出口商品数量、金额

(2004年)

商品名称	单位	数量	金额(千美元)
水海产品	吨	104.40	66
冻鱼、冻鱼片	吨	104.40	66
谷物及谷物粉	吨	7433.84	1401
蔬　菜	吨	3603.89	2208
#鲜或冷冻蔬菜	吨	2768.97	1137
干的食用菌类	吨	35.85	129
干　豆	吨	45787.27	20828
鲜的、干水果及坚果	吨	20165.02	11782
#鲜苹果	吨	14991.24	8136
核桃仁	吨	120.00	395
松子仁	吨	40.71	23
食用油籽	吨	1291.42	584
#大　豆	吨	23.00	9
花生、花生仁	吨	789.04	182
烘焙花生	吨	15.00	14
天然蜂蜜	吨	1216.25	1476
辣椒干	吨	1116.11	1761
蘑菇罐头	吨	616.76	611
植物榨油后的剩余物	吨	593.13	188
猪　鬃	吨	17.68	147
药　材	吨	809.64	2916
烤　烟	吨	4251.00	6674
纸　烟	五条	86000	1743
锯　材	立方米	2645	1555
生　丝	吨	30.74	502
山羊绒	吨	232.34	13830
黏土及其他耐火矿物	吨	9675.88	1444
#天然石墨	吨	121.08	18
天然碳酸镁；氧化镁	吨	513.70	33
天然硫酸钡(重晶石)	吨	11514.00	873
焦炭、半焦炭	吨	81119.04	27825
氧化锌及过氧化锌	吨	651.05	611
糠　醛	吨	2128.77	1766
合成有机染料	吨	167.57	584
锌钡白（立德粉）	吨	125.00	41
医药品	吨	2318.28	35360
#抗菌素（制剂除外）	吨	533.09	11521
中式成药	吨	15.38	253
医用敷料	吨	220.03	324
美容化妆品及护肤品	吨	62.88	84
口腔及牙齿清洁剂	吨	66.91	47
洗衣粉	吨	77.27	31
烟花、爆竹	吨	404.17	551
初级形状的聚氯乙烯	吨	4.80	3
新的充气橡胶轮胎	条	10881	34
家用或装饰用木制品	吨	281.29	605
纸及纸板（未切成型的）	吨	406.06	458
纺织纱线、织物及制品			173129
#棉纱线	吨	286.29	601
含合成短纤85%及以上的纱线	吨	638.36	1659
合成短纤与棉混纺纱线	吨	33.10	108
丝织物	万米	2.85	97
坯　绸	万米	0.87	35
其他丝织物	万米	1.97	62
毛纺机织物	万米	2.91	132
棉机织物	万米	12869.93	88388
棉坯布	万米	10806.31	72301
棉与化纤混纺坯布	万米	735.02	4417
其他棉机织物	万米	1328.60	11671
亚麻及苎麻机织物	万米	9.27	111
合成短纤与棉混纺机织物	万米	3897.59	19050
聚酯短纤与棉混纺坯布	万米	3048.18	13384
其他合成短纤与棉混纺机	万米	849.41	5666
人造纤维短纤机织物	万米	55.96	488
地　毯	万米	105.79	12091
棉浴巾	万条	350.82	3978
针织或钩编台布、盘垫	万件	59.14	468
塑料编织带（周转带除外）	万条	142.78	101
水　泥	吨	72.00	7
花岗岩石材及制品	吨	19715.17	2345
平板玻璃	平方米	1225484	778
玻璃制品			78168
家用陶瓷器皿	吨	1329.63	673
装饰用陶瓷制品	吨	772.34	886
珍珠、宝石及半宝石	千克	4654	50
硅　铁	吨	24036.09	18139
钢坯及粗锻件	吨	26000.56	8589
钢　材	吨	48591.27	44835
#钢铁棒材	吨	1464.73	707
角钢及型钢	吨	263.16	486
钢铁板材	吨	202.73	455
钢铁线材	吨	24583.22	14607
钢铁管配件	吨	20454.51	26812
未锻造的铜及铜材	吨	6734.38	23654
未锻造的铜（包括铜合金）	吨	7.77	31
铜　材	吨	6726.62	23624
未锻造的铝及铝材	吨	692.52	2344
铝　材	吨	692.52	2344
未锻造的锌及锌合金	吨	5177.56	5000
未锻造的锰	吨	2529.00	3774
钢铁或铜制标准紧固件	吨	1962.08	2426
不锈钢厨具、餐具等家用器具	吨	68.44	346
餐桌、厨房及其他家用搪瓷器	吨	2081.50	2633
手用或机用工具	吨	17070.17	31320
锁	吨	2087.48	3995
电　扇	台	29857	250
纺织机械及零件			2708
普通缝纫机	台	5750	183
工业用缝纫机	台	197989	51820
金属加工机床	台	28459	9999
#车　床	台	1209	6681
铣　床	台	64	156

16-9 续表

（2004年）

商品名称	单位	数量	金额(千美元)
电子计算器(包括具有计算功能)	台	1402272	649
自动数据处理设备及其部件	台	4629328	936
#数字式自动数据处理设备	台	21	29
数字式中央处理部件	台	2	60
输入或输出部件	台	294922	300
#显示器	台	445	43
键盘、鼠标器	台	289468	241
自动数据处理设备零件			347
轴　承	万套	6548.43	23942
电动机及发电机	万台	98.81	8889
变压器	万个	21.10	10487
静止式变流气	万个	802.01	2398
原电池	万个	1204.27	693
蓄电池	万个	56.59	1018
手电筒	万个	591.79	1443
有线电话机（包括无绳电话机）	万台	26.57	237
扬声器	万个	869.92	4922
激光唱机	万台	2.24	79
录、放像机	万台	5.01	1064
录音机及收录（放）音组合机	万台	59.63	734
收音机	万台	208.49	1046
电视机（包括成套散件）	万台	23.74	6660
彩色电视机（包括成套散件）	万台	6.20	3507
黑白电视机（包括成套散件）	万台	17.53	3152
录放音、像机及唱机的零附件	吨	622.15	1724
电视、收音机及无线电讯设备的零件附件	吨	945.91	11138
电容器	吨	344.38	1656
印刷电路	万块	279.67	458
通断保护电路装置及零件			23473
二极管及类似半导体器件	万个	7976.14	36769
集成电路及微电子组件	万个	106.47	200
电线和电缆	吨	1918.06	5968
汽车和汽车底盘	辆	182	6695
汽车零件			37935
摩托车	辆	952	292
自行车	辆	24850	321
摩托车及自行车的零件			1742
船　舶	艘	5	89945
照相机	架	43382	82
复印机	台	3	2
医疗仪器和器械			2011
手　表	万只	199.13	604
机械手表	万只	49.00	310
电动手表	万只	150.13	294
日用钟	万只	101.02	418
家具及其零件			15510
床垫、寝具及类似品			5575
灯具、照明装置及类似品			29689
旅行用品及箱包			14749
服装及衣着附件			137757
#织物制服装			114092

商品名称	单位	数量	金额(千美元)
非针织钩编织物服装			48261
针织或钩编的服装			65830
皮革服装	件	13846	336
裘皮服装	千克	44	13
皮革手套	万双	580.07	3063
织物制手套	万双	5007.03	6068
织物制袜子	万双	2776.46	2696
手　帕	万条	596.49	1042
帽　类	万个	652.97	1971
鞋　类			26956
鞋	万双	2360.93	24424
#外底及鞋面均为橡胶或塑料制的	万双	1921.88	18814
皮面鞋	万双	224.13	3753
橡胶或塑料底纺织材料为面的鞋	万双	160.47	1400
鞋靴零件；护腿及类似品	吨	1732.88	2531
塑料制品	吨	27270.11	25738
玩　具			2829
游戏机	万台	84.29	592
圣诞用品	吨	1295.56	1012
足球、篮球、排球	万个	50.20	366
铅　笔	吨	1074.29	2257
艺术品、收藏品及古董			173
伞	万把	249.02	1543
竹编结品	吨	47.17	75
藤编结品	吨	10.83	9
草编结品	吨	43.32	61
柳编结品	吨	89.65	171
鬃　刷	万把	449.12	413
人造花	吨	3424.41	2255
热水瓶	万个	19.79	142
机电产品			956750
金属制品			188667
机械设备			262191
电器及电子产品			291121
运输工具			153320
仪器仪表			22232
其　他			39219
高新技术产品			142264
生物技术			7168
生命科学技术			14782
光电技术			2370
计算机与通信技术			14489
电子技术			41734
计算机集成制造技术			6871
材料技术			456
航空航天技术			53692
其他技术			702
工业氧化钼	吨	15380.99	305860
苹果汁	吨	169180.58	114184
活　牛	头	5303	3372

16-10 主要进口商品数量、金额

（2004年）

商品名称	单位	数量	金额（千美元）	商品名称	单位	数量	金额（千美元）
食用植物油	吨	23551.43	13669	毛纱线	吨	0.42	4
#豆　油	吨	7625.00	4822	棉纱线	吨	1.12	16
棕榈油	吨	3672.19	1612	合成纤维纱线	吨	3.07	74
菜子油及芥子油	吨	8894.77	5336	#聚酰胺纤维长丝(缝纫线除外)	吨	0.26	1
饲料用鱼粉	吨	1300.00	810	丝织物	米	592	6
原　木	立方米	56	10	棉机织物	米	339462	890
锯　材	立方米	29997	11561	合成纤维长丝机织物	米	86084	116
纸　浆	吨	1321.57	832	涂覆浸渍塑料的织物	吨	0.85	38
棉　花	吨	15081.85	25246	针织或钩编织物	吨	2.02	6
纺织用合成纤维	吨	781.00	1063	鞋靴零件；护腿及类似品	吨	6.82	15
#聚酯纤维	吨	587.61	692	制电灯泡及类似品用玻璃外壳	吨	168.37	339
聚丙烯腈纤维	吨	175.00	298	玻璃纤维及其制品	吨	205.52	1491
纺织用人造纤维	吨	189.86	383	钢　材	吨	12487.16	19606
人造纤维短纤	吨	189.86	383	#钢铁棒材	吨	83.94	570
铁矿砂及其精矿	吨	182138.63	10741	角钢及型钢	吨	2016.45	1953
锰矿砂及其精矿	吨	103376.46	11877	钢铁板材	吨	9401.79	12445
铜矿砂及其精矿	吨	6362.99	2608	钢铁管材及空心异型材	吨	966.68	4404
铬矿砂及其精矿	吨	4071.22	673	钢铁制标准坚固件	吨	648.90	5313
氧化铝	吨	6.32	156	未锻造的铜及铜材	吨	1794.26	7465
成品油	吨	378.07	770	未锻造的铜（包括铜合金）	吨	999.97	2987
碳酸钠（纯碱）	吨	0.34	9	铜　材	吨	794.30	4478
医药品	吨	128.14	27727	未锻造的铝及铝材	吨	2410.51	11810
#抗菌素制剂	吨	4.29	1007	铝　材	吨	2410.51	11810
合成有机染料	吨	59.99	292	钢铁或铝制结构体及其部件	吨	206.39	3514
聚合物油漆及清漆	吨	290.13	1707	钢铁或铝制绞股线及类似品	吨	2.01	45
感光材料			61	蒸汽及过热水锅炉的辅助设备	万台	75.26	3259
初级形状的塑料	吨	10332.44	21227	蒸汽及过热水锅炉的辅助设备	吨	21928	265
#初级形状的聚乙烯	吨	195.75	191	汽轮机零件	吨	45.27	1572
初级形状的聚丙烯	吨	63.00	103	活塞式内燃机的零件	吨	11.04	457
初级形状的聚苯乙烯	吨	166.60	330	涡轮喷气发动机	台	6	3467
其他初级形状的聚苯乙烯	吨	166.60	330	液泵及液体提升机	台	3711	8294
初级形状的聚酯	吨	17.37	9	制冷设备用压缩机	台	22	3716
其他初级形状的聚酯	吨	17.37	9	空气调节器	台	158	750
非泡沫塑料的板、片、膜、箔	吨	285.49	3054	冷冻机和制冷设备			1460
牛皮革及马皮革	吨	14.80	14	非家用型水的过滤、净化机器	台	487	927
胶合板及类似多层板	立方米	214	123	饮料及液体食品灌装设备	台	5	2634
#木质薄板制胶合板	立方米	174	106	机械提升搬运装卸设备及零件			10056
纸及纸板（未切成型的）	吨	2347.77	3306	建筑及采矿用机械及零件			4345
#牛皮纸	吨	1228.70	1215	食品加工机械及零件			3760
无机物涂布纸	吨	956.42	791	制造纸及纸制品用机械及零件			962

16-10 续表

（2004年）

商品名称	单位	数量	金额(千美元)	商品名称	单位	数量	金额(千美元)
印刷、装订机械及零件			12522	彩色显像管	只	438	33
纺织机械及零件			3165	二极管及类似半导体器件	万个	13724.18	37206
#纺织纱线生产及预处理机	台	6	866	集成电路及微电子组件	万个	777.73	11554
织　机	台	36	1266	电线和电缆	吨	209.90	2910
花边绣品饰带织机，簇绒机	台	1	25	汽车和汽车底盘	辆	37	3138
纱线织物等后整理机器	台	2	91	卡车（包括整套散件）	辆	22	812
工业用缝纫机	台	34	55	专用汽车	辆	9	1900
金属加工机床	台	435	43543	10座至29座的客车	辆	1	26
金属冶炼铸造设备及零件			135	装有引擎的汽车底盘	辆	5	400
金属轧机及零件			1448	汽车零件			29811
玻璃热加工机械及零件			14514	航空器零件	吨	21.51	8186
橡胶或塑料加工机械及零件			4042	船　舶	艘	6	122
型模及金属铸造用型箱			4945	复印机	台	9021	1206
阀　门	万套	6.57	10422	复印机零附件	吨	32.61	106
自动数据处理设备及其部件	台	4182	15451	医疗仪器及器械			15863
#数字式自动数据处理设备	台	441	7391	计量检测分析自控仪器及器具			75253
数字式中央处理部件	台	11	59	计钟表机芯及钟表零件			24
输入或输出部件	台	694	694	印刷品	吨	83.59	2701
自动数据处理设备的零件	吨	3.90	1581	塑料制品	吨	700.93	4173
电动机及发电机	台	15720	8989	纽扣及其零件	吨	6.60	110
发电机组及旋转式变流机	台	923	6648	拉链及其零件	吨	180.92	110
旋转式电力设备的零件	吨	138.46	2571	机电产品			836387
变压、整流、电感器及零件			15605	金属制品			37657
电　池	个	1251	166	机械设备			422495
焊接机器及零件			3047	电器及电子产品			203950
有线电话或电报交换机	台	10	41	运输工具			55066
有线电话电报设备的零附件	吨	1.81	5520	仪器仪表			114721
未录的磁带及类似品			4	其　他			2497
无线电导航雷达及遥控设备	台	1754	2439	高新技术产品			475685
录放音、像机及唱机的零附件	千克	1	14	生物技术			62
电视摄像	台	38	484	生命科学技术			186301
电视机（包括整套散件）	台	3	73	光电技术			20397
#彩色电视机（含整套散件）	台	2	72	计算机与通信技术			51214
电视、收音机及无线电讯设备的				电子技术			62032
零附件	吨	24.12	1268	计算机集成制造技术			129750
电容器	吨	51.72	1534	材料技术			4100
电阻器	吨	13.24	2656	航空航天技术			47264
印刷电路	块	45744	336	其他技术			933
断路保护电路装置及零件			28502	其他燃料油	吨	0.59	8
电视显像管	只	438	33				

16-11 外国和港澳台地区在陕直接投资情况

单位：万美元

指标	新签项目数(个)		客方协议投资额		客方实际投资额	
	2003年	2004年	2003年	2004年	2003年	2004年
总计	**229**	**271**	**83428**	**104877**	**46602**	**52664**
一、按投资方式分						
1.外资企业	96	144	28004	62113	13525	27126
2.中外合资经营企业	93	95	10617	19114	22681	18980
3.中外合作经营企业	40	92	44806	22054	6164	8599
4.其他	2				1797	
二、按国民经济行业分						
1.农、林、牧、渔业	12	9	1397	6430	58	9
2.采掘业	5	8	2191	6382	285	959
3.制造业	131	160	33340	49133	26608	24141
4.电力、煤气及水生产和供应业	6	7	3968	5209	272	2141
5.建筑业	6	5	6954	757	830	220
6.地质勘查业、水利管理业						
7.交通运输、仓储及邮电通信业	3	2	3557	1114	77	383
8.批发和零售贸易、餐饮业	9	15	965	96	1611	
9.房地产业	6	20	4537	18287	4706	3418
10.社会服务业	33	26	16350	3871	6928	17005
11.卫生、体育和社会福利业	3	3	627	200	4394	
12.科学研究和综合技术服务业	3		3598		80	577
13.其他行业	12	16	5944	13398	753	3881
三、按国别(地区)分						
#维而京岛	11	24	2059	14610	5425	19450
香港	86	91	38153	35782	17949	11016
凯曼群岛						
美国	46	50	15826	18391	6522	2588
台湾	18	16	4841	1857	1252	748
日本	10	13	2102	1524	2893	2953
澳门	1		-894	16	207	207
英国	6	6	874	656	1751	922
泰国	3	2	842	3298	1361	1944
德国	2	6	-70	221	1173	298
加拿大	10	8	13458	-140	896	535
马来西亚	1	2	-94	-106	87	68
比利时	2		151		207	18
菲律宾						
韩国	6	7	419	1516	232	670
印尼			-115			
澳大利亚	5	5	943	243	1066	203
新西兰	1	4	31	1351		9
新加坡	14	17	1897	14750	1465	1751

16-12 利用外资情况

单位：万美元

年 份	签订合同项目(个)	签订外商直接投资合同		实际利用外商直接投资	
		金 额	比上年增长%	金 额	比上年增长%
1983		825			
1984		181	-78.1	1807	
1985		40216	22118.8	1374	-24.0
1986		43191	7.4	3717	170.5
1987		23465	-45.7	7278	95.8
1988		2580	-89.0	11173	53.5
1989		3106	20.4	9719	-13.0
1990		1133	-63.5	4191	-56.9
1991		2068	82.5	3159	-24.6
1992		52290	2428.5	4583	45.1
1993		92204	76.3	23432	411.3
1994		41142	-55.4	23809	1.6
1995		41521	0.9	32407	36.1
1996	280	60056	44.6	33008	1.9
1997	182	65990	9.9	62816	90.3
1998	196	37582	-43.1	30010	-52.2
1999	157	42693	13.9	26528	-11.6
2000	215	49931	17.0	30042	13.2
2001	222	73009	46.2	35174	17.1
2002	203	84064	15.1	41064	16.7
2003	229	83428	-0.8	46602	13.5
2004	271	104877	25.7	52664	13.0

16-13 各市对外经济情况和星级饭店数

地 区	进出口总额(万美元)	#出 口	外商直接投资(万美元)	星级饭店数(个)
全 省	**364238.3**	**239657.7**	**52664**	**221**
西安市	309257.9	203502.0	28835	63
铜川市	2464.8	2143.9	16	11
宝鸡市	10685.9	4845.6	1977	33
咸阳市	25487.2	16521.3	2875	26
渭南市	6023.6	3859.4	910	16
延安市	539.3	525.7	56	18
汉中市	1744.9	1667.2	511	14
榆林市	1113.6	1113.6		13
安康市	189.1	189.1	173	12
商洛市	109.3	109.3	12	10
杨凌示范区	6622.6	5180.6	394	5

注：全省外商直接投资省直单位为16905万美元。

16-14 旅游事业发展情况

指　标	1995年	2000年	2001年	2002年	2003年	2004年
国际旅游人数(万人)	44.23	71.28	75.92	85.01	46.58	80.02
1.华　侨	0.17					
2.港澳同胞	2.01	5.80	6.29	6.78	8.17	10.36
3.台湾同胞	2.32	7.00	5.88	6.42	7.63	8.73
4.外国人	39.73	58.48	63.75	71.81	30.78	60.93
国际旅游收入(万美元)	14090	28025	30871	35000	19843	36000
1.商品性收汇	5726	10092	10620	12040	6826	12384
商品销售收入	2281	7405	7409	8400	4762	8669
饮食销售收入	3445	2687	3211	3640	2064	3715
2.劳务性收汇	8364	17933	20251	22960	13017	23616
旅行社旅游业务费收入	564	1462	1358	1540	873	1584
宿　费	2578	3045	3890	4410	2500	4536
长途交通费	3455	7015	8613	9765	5536	10044
市内交通费	416	1387	957	1085	615	1116
邮政电讯费	396	1377	988	1120	635	1152
文化娱乐费	325	1489	1142	1295	734	1332
其　它	630	2158	3303	3745	2124	3853
国际旅游者在陕人均消费(美元)	318.6	393.2	406.6	411.8	426	450
国内旅游人数（万人）		3060.0	3364	3732.7	3300	4150
国内旅游收入（亿元）		127.0	142.2	158.1	143.6	185.0
国际旅行社数（个）		31	31	31	33	33
涉外饭店数（个）		110	198	203	233	233

注：从2000年起，旅游部门不单独统计华侨旅游人数。下表同。

16-15 国际旅游宾客构成

单位：人

国别和地区	1995年	2000年	2001年	2002年	2003年	2004年
总　计	**442264**	**712800**	**759197**	**850072**	**465808**	**800192**
#港澳同胞	18575	58014	62861	67817	81721	103602
台湾同胞	23219	69979	58780	64166	76329	87274
日　本	13548	194909	184482	190704	70231	126982
韩　国	27521	51911	72816	88300	58848	92333
美　国	45590	89064	106120	113720	37203	97277
英　国	21087	36002	42454	49641	25177	41636
德　国	28794	42599	48461	57225	18071	32649
法　国	28710	32760	36509	41171	10370	34302
澳大利亚	7001	12019	13812	16557	9367	22575
加拿大	5999	11736	12603	17917	7675	14535
马来西亚	11202	3423	5079	7073	4281	8299
泰　国	3058	2265	3569	8723	3861	11087
意大利	15692	15810	14240	14231	3730	8092
新加坡	6171	6800	7131	4627	3717	6723
瑞　典	5448	6211	6006	6608	3276	9526
印度尼西亚		3989	5389	6575	3266	4964
荷　兰	6606	9818	9902	9400	2779	9163
西班牙	7465	10917	9713	9629	1544	8517
瑞　士	3845	3231	2890	2287	947	3063
华　侨	3167					

16-16 主要星级饭店基本情况

(2004年)

饭店名称	地址	星级	客房总数(间)	床位总数(张)
凯悦（阿房宫）饭店	西安市东大街158号	五	404	694
西安喜来登大酒店	西安市西郊沣镐路17号	五	450	751
长安城堡酒店	西安市环城南路西段12号	五	360	690
香格里拉金花饭店	西安市长乐西路8号	五	450	980
西安宾馆	西安市长安路北段26号	四	515	1010
古都新世界大酒店	西安市莲湖路48号	四	501	901
建国饭店	西安市金花南路8号	四	888	1400
西安皇城宾馆	西安市东大街334号	四	439	860
延安宾馆	延安市凤凰山路中心大街105号	四	187	329
西安骊苑酒店	西安市劳动南路8号	四	296	560
唐华宾馆	西安市大雁塔东侧雁引路40号	四	301	602
西安好世界大酒店	西安市莲湖路28号	四	135	231
人民大厦	西安市东新街319号	三	600	1200
秦都酒店	西安市环城西路北段55号	三	177	345
万年饭店	西安市长乐中路副11号	三	166	315
钟楼饭店	西安市钟楼西南角	四	321	542
城市酒店	西安市南大街5号	三	138	250
神州明珠酒店	西安市环城东路南段8号	三	355	600
唐城宾馆	西安市含光路南段3号	四	377	737
西安东方大酒店	西安市小寨西路26号	三	286	570
陇海大酒店	西安市解放路278号	三	304	600
新纪元宾馆	西安市高新路	三	177	347
民生大酒店	西安市南大街70号	三	147	226
西安皇后大酒店	西安市兴庆路45号	三	229	509
秦宝宾馆	咸阳市渭阳西路60A号	三	241	450
彩虹宾馆	咸阳市彩虹路1号	三	143	300
航空大酒店	西安咸阳国际机场	三	287	536
华懋白宫酒店	咸阳市渭阳西路60号B	三	58	106
汉中田园大厦	汉中市劳动东路1号	三	64	140
金江大酒店	汉中市人民路北端	三	172	318
宝金公爵饭店	宝鸡市东风路1号	三	66	120
西凤大酒店	宝鸡市体育路中段	三	46	88
太白度假村	眉县汤峪口	三	117	295
陕西省止园饭店	西安市青年路111号	三	387	758
西北民航大厦	西安市劳动南路中段296号	三	212	365
西安国宾大酒店	西安市环城东路中段1号	三	93	175
延炼大厦	西安市南二环东段3号	三	192	371
陕西江河大厦	西安市西七路198号	三	90	175
西安长庆宾馆	西安市北二环长庆兴隆园小区	三	165	310
西安邮政大酒店	西安市东五路61号	三	103	2020
大庆长缨宾馆	西安市长缨东路233号	三	156	300
西安秦大饭店	西安市东大街130号	三	85	160
文商宾馆	西安市骡马市30号	三	178	312
凯瑞交通大厦	西安市友谊西路352号	三	70	130
锦苑双龙大酒店	西安市未阳路95号	三	200	400
西安黄河宾馆	西安市幸福北路1号	三	96	189
西安房地大酒店	西安市东五路75号	三	140	270
西安半坡湖度假村	西安市咸宁东路产河西岸	三	120	250

16-16 续表 (2004年)

饭店名称	地　址	星级	客房总数(间)	床位总数(张)
西安美伦酒店	西安市西大街86号	三	140	200
陕西榴花宾馆	西安市环城西路北段228号	三	140	260
临潼宾馆	西安市临潼区东环路23号	三	73	146
兴平茂林大酒店	兴平市南关西路49号	三	78	156
荷李活宾馆	咸阳市咸兴路18号	三	45	81
咸阳云锦园宾馆	咸阳市人民路14号	三	61	122
咸阳天一酒店	咸阳市玉泉西路5号	三	63	123
新好望角大酒店	咸阳民生路48号	三	127	246
咸阳财苑宾馆	咸阳市渭阳西路1号	四	133	256
汉中古月大酒店	汉中市人民路中段	三	60	116
金龙宾馆	榆林市榆兴路20号	三	114	300
榆林银河大酒店	榆林市长城路中段	三	158	290
神木亚华宾馆	神木县神木镇东兴北段	三	70	152
颐和酒店	宝鸡市开发区火炬路中段	三	137	226
国贸大酒店	宝鸡市经二路155号	三	257	500
白云宾馆	宝鸡市经二路12号	三	75	200
铁苑宾馆	宝鸡市大庆路中段	三	60	131
万全宾馆	宝鸡市经二路58号	三	145	300
宝鸡金都大酒店	宝鸡市经二路南165号	三	108	200
西安中伟外商会所	西安市雁塔路8号	三	88	152
西安鸿业大酒店	西安市含光路137号	三	217	495
西安尚德大厦	西安市尚德路155号	三	154	298
西安钟鼓楼大酒店	西安市社会路甲字9号	三	115	225
宝鸡大酒店	宝鸡市中山东路210号	三	245	510
天外天大酒店	宝鸡市陈仓区	三	166	460
渭河花园宾馆	渭南市经济开发区	三	100	200
华山金融宾馆	华阴市华山玉泉路	三	97	242
机场宾馆	西安咸阳机场候机楼东侧	三	110	280
祥龙宾馆	渭南市朝阳西路	三	101	227
汉园宾馆	汉中市汉中路15号	三	100	189
银河大酒店	韩城市龙门大街南段	三	133	259
亚圣大酒店	延安市二道街	三	189	372
西北饭店	西安市长安区韦曲镇友谊街	三	350	800
翠坪山庄	安康市汉滨区瀛湖镇	三	63	122
民航安康大酒店	安康市兴安西路94号	三	62	119
观瀑舫大酒店	宜川县壶口景区	三	87	196
陕西耀州宾馆	铜川市耀州区耀州路中段	三	40	80
昭陵饭店	礼泉县药王洞	三	108	260
耀县花园饭店	铜川市耀州区北新街花园什字	三	270	270
铜川银河大酒店	铜川市新区咸丰路21号	三	68	136
铜川市红玫瑰大酒店	铜川市红旗街58号	三	82	160
铜川新懋酒店	铜川市新区长虹北路	三	46	85
安康宾馆	安康市育才路	三	120	300
华山莲花山庄	华阴市	三	94	180
渭河宾馆	渭南市经济开发区	三	100	200
蒲城兴隆温泉大厦	蒲城县东风路东段	三	98	190
杨凌田园大酒店	杨凌示范区邵城南路1号	三	218	410
杨凌国际会展中心	杨凌示范区新桥北路1号	四	145	270

主要统计指标解释

进出口总额 海关进出口总额指实际进出我国国境的货物总金额。包括对外贸易实际进出口货物，来料加工装配进出口货物，国家间、联合国及国际组织无偿援助物资和赠送品，华侨、港澳台同胞和外籍华人捐赠品，租赁期满归承租人所有的租赁货物，进料加工进出口货物，边境地方贸易及边境地区小额贸易进出口货物(边民互市贸易除外)，中外合资企业、中外合作经营企业、外商独资经营企业进出口货物和公用物品，到、离岸价格在规定限额以上的进出口货样和广告品(无商业价值、无使用价值和免费提供出口的除外)，从保税仓库提取在中国境内销售的进口货物，以及其他进出口货物。进出口总额用以观察一个国家在对外贸易方面的总规模。我国规定出口货物按离岸价格统计，进口货物按到岸价格统计。

商品经营单位所在地进、出口额 指所在地海关注册登记的有进出口经营权的企业实际进、出口额。

商品目的地进口额和商品货源地出口额 目的地进口额指进口货物的消费、使用或最终抵运地的实际进口额，货源地出口额是指出口货物的产地或原始发货地的实际出口额。

利用外资 指我国各级政府、部门、企业和其他经济组织通过对外借款、吸收外商直接投资以及用其他方式筹措的境外现汇、设备、技术等。

外商直接投资 指外国企业和经济组织或个人(包括华侨、港澳台胞以及我国在境外注册的企业)按我国有关政策、法规，用现汇、实物、技术等在我国境内开办外商独资企业、与我国境内的企业或经济组织共同举办中外合资经营企业、合作经营企业或合作开发资源的投资(包括外商投资收益的再投资)，以及经政府有关部门批准的项目投资总额内企业从境外借入的资金。

旅游人数

⑴国际旅游人数：指来中国参观、访问、旅行、探亲、访友、休养、考察、参加会议和从事经济、科技、文化、教育、宗教等活动的外国人、华侨、港澳同胞和台湾同胞的人数。不包括外国在我国的常驻机构，如使领馆、通讯社、企业办事处的工作人员；来我国常住的外国专家、留学生以及在岸逗留不过夜人员。

⑵国内旅游人数：指我国大陆居民和在我国常住1年以上的外国人、华侨、港澳台同胞离开常住地在境内其他地方的旅游设施内至少停留一夜，最长不超过6个月的人数。

国际旅游(外汇)收入 指入境旅游的外国人、华侨、港澳同胞和台湾同胞在中国大陆旅游过程中发生的一切旅游支出，对于国家来说就是国际旅游(外汇)收入。

星级饭店 指已评定星级的饭店。

2005 統計年鑒

金融和保险

JINRONGHEBAOXIAN

资料整理：张红霞

****

17. 金融和保险

****

2004 年末全省

金融机构存款额	5380.27	亿元
金融机构贷款额	3829.57	亿元
金融机构现金收入	12219.51	亿元
金融机构现金支出	12016.01	亿元
货币投放(+)或回笼(-)	-203.50	亿元
保险公司保险业务收入	82.61	亿元

****

城乡居民年末储蓄存款余额

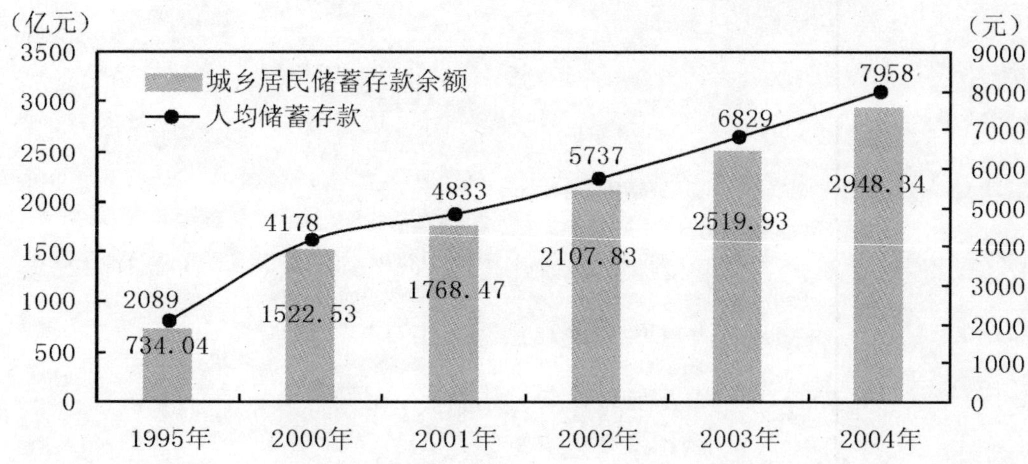

17-1 金融机构存、贷款总额

（2004年末） 单位：亿元

项 目	合 计	#国家银行	#城市信用社	#农村信用社
各项存款合计	**5380.27**	**3605.61**	**15.09**	**617.45**
企业存款	1665.92	1021.86	10.24	18.96
财政存款	155.65	153.52		
机关团体存款	162.76	127.75		3.70
城乡储蓄存款	2948.34	2177.71	4.70	489.16
农业存款	112.59	9.47		102.03
信托类存款	0.92			
其他类存款	334.09	115.30	0.15	3.60
各项贷款合计	**3829.57**	**2521.46**	**9.59**	**472.58**
1.短期贷款	1783.08	949.34	9.01	423.40
工业贷款	552.75	421.79	0.69	
商业贷款	316.00	267.68	2.95	
建筑业贷款	28.96	10.45	0.68	
农业贷款	303.88	23.47		279.64
乡镇企业贷款	119.95	32.08		87.71
私营企业及个体贷款	17.85	3.37	1.34	7.65
三资企业贷款	3.70	1.52		
其他短期贷款	439.99	188.98	3.35	48.40
2.中期流动资金贷款	136.90	122.07		
3.中长期贷款	1597.86	1322.68	0.31	37.15
4.信托类贷款	7.49			
5.其它类贷款	304.24	127.37	0.27	12.03

17-2 金融机构现金收入和支出

单位：亿元

项　目	1995年	2000年	2001年	2002年	2003年	2004年
现金收入合计	**1756.87**	**5550.53**	**6514.66**	**8077.06**	**10005.81**	**12219.51**
商品销售收入	321.90	728.94	849.67	1033.58	1225.01	1481.86
服务事业收入	92.14	280.18	315.64	370.56	414.51	519.21
储蓄存款收入	995.27	3499.89	4144.73	5218.27	6629.75	8200.75
信用收入	121.45	216.00	232.65	257.01	316.20	382.24
税款收入	14.61	38.00	46.21	55.51	60.65	70.26
汇兑收入	32.44	113.89	127.99	145.77	136.05	131.87
其他收入	178.77	673.63	797.77	996.36	1223.64	1433.32
现金支出合计	**1710.82**	**5550.16**	**6454.08**	**7984.46**	**9859.75**	**12016.01**
工资和对个人支出	248.56	419.59	476.67	562.64	698.17	896.88
行政、企事业管理费支出	123.20	380.01	435.76	518.68	562.56	652.02
农副产品采购支出	62.42	236.31	275.48	321.02	445.19	302.70
信用支出	112.53	210.14	242.35	272.91	328.32	397.33
储蓄存款支出	935.33	3497.75	4047.91	5090.49	6397.27	7950.33
汇兑支出	36.71	89.01	109.98	113.91	97.84	93.94
其他支出	192.07	717.35	865.93	1104.81	1330.40	1722.81
货币投放(+)或回笼(-)	**-46.05**	**-0.37**	**-60.58**	**-92.60**	**-146.06**	**-203.50**

17-3 保险业务主要指标

单位：亿元

项　目	1995年	2000年	2001年	2002年	2003年	2004年
一、财产保险金额	**1142.15**	**2137.18**	**2613.43**	**3003.28**	**3633.75**	**5371.58**
1.企事业财产险	720.32	1186.03	1189.36	1450.48	1728.03	2085.04
2.家庭财产险	36.78	69.68	171.00	116.17	138.45	157.60
3.运输工具及责任险	177.37	329.21	423.74	702.05	954.17	1432.01
4.货物运输险	168.99	204.52	243.48	224.75	228.10	240.64
5.农业险	12.13	10.26	159.75	4.58	5.16	4.11
6.其他险	26.56	337.48	426.10	505.25	579.84	1452.18
二、保险业务收入	**13.21**	**31.17**	**43.13**	**61.77**	**74.89**	**82.61**
1.财产保险业务	7.59	10.75	13.42	14.76	17.67	21.84
企事业财产险	1.32	2.02	2.37	2.32	2.42	2.79
家庭财产险	1.11	0.18	0.24	0.26	0.61	0.12
运输工具及责任险	4.20	7.14	8.84	9.81	11.38	16.08
货物运输险	0.51	0.57	0.63	0.57	0.56	0.58
农业险	0.18	0.06		0.05	0.04	0.03
其他险	0.27	0.78	1.34	1.75	2.66	2.24
2.人身保险业务	4.75	17.77	29.71	47.01	57.22	60.77
3.涉外业务	0.87	2.65				
三、保险业务支出	**6.48**	**13.20**	**13.36**	**13.44**	**14.31**	**17.67**
1.财产保险业务	4.17	5.38	6.52	8.04	8.70	10.55
企事业财产险	0.54	0.89	1.00	1.37	1.19	1.26
家庭财产险	0.69	0.03	0.07	0.06	0.05	0.03
运输工具及责任险	2.54	4.02	4.43	5.60	6.53	8.29
货物运输险	0.14	0.16	0.20	0.15	0.20	0.19
农业险	0.12	0.04		0.04	0.03	0.03
其他险	0.14	0.24	0.82	0.82	0.70	0.75
2.人身保险业务	2.11	7.82	6.84	5.40	5.61	7.12
3.涉外业务	0.20					

17-4 各市保险业务情况

（2004年）

地区	保费收入（万元）		赔款和给付（万元）		赔付率（%）	
	财产保险	人身保险	财产保险	人身保险	财产保险	人身保险
全　省	**224587**	**601135**	**107151**	**69569**	**47.7**	**11.6**
西安市	109677	289137	52134	28970	47.5	10.0
铜川市	4545	13511	2517	1680	55.4	12.4
宝鸡市	15119	69322	7533	7782	49.8	11.2
咸阳市	15484	66498	7255	8719	46.9	13.1
渭南市	16348	53866	8623	6957	52.7	12.9
延安市	14816	15103	6406	3410	43.2	22.6
汉中市	11286	38681	4968	3634	44.0	9.4
榆林市	26500	25043	12181	3024	46.0	12.1
安康市	6867	11602	3188	2390	46.4	20.6
商洛市	3945	18372	2346	3003	59.5	16.3

17-5 各保险公司业务情况

（2004年）

保险公司		保费收入（万元）	各项赔款和给付（万元）	赔付率（%）
财产险公司	中国人民保险公司陕西省分公司	126426	68447	54.1
	中国太平洋财产保险股份有限公司西安分公司	18070	11397	63.1
	中国平安财产保险股份有限公司西安分公司	18517	8520	46.0
	永安财产保险公司	34388	13122	38.2
	华泰财产保险股份有限公司西安分公司	2714	958	35.3
	天安保险股份有限公司西安分公司	6931	1216	17.6
	中华联合财产保险公司西安分公司	15497	3393	21.9
寿险公司	中国人寿保险股份有限公司陕西省分公司	396898	55378	14.0
	中国太平洋人寿保险股份有限公司西安分公司	53981	3865	7.2
	中国平安人寿保险股份有限公司西安分公司	77933	8840	11.3
	泰康人寿保险股份有限公司西安分公司	55946	547	1.0
	新华人寿保险股份有限公司西安分公司	16376	933	5.7

主要统计指标解释

信贷资金 指金融机构以信用方式积聚和分配的货币资金。金融机构信贷资金的来源有各项存款、金融债券发行、应付及暂收款、对国际金融机构负债、流通中货币、各项准备、所有者权益和其他项目等；信贷资金的运用有各项贷款、有价证券及投资、应收及预付款、委托投资、金银占款、外汇占款、库存现金、财政借款及在国际金融机构中的资产等。

存款 指企业、机关、团体或居民根据资金必须收回的原则，把货币资金存入银行或其他信用机构保管并取得一定利息的一种信用活动形式。根据存款对象的不同可划分为企业存款、财政存款、机关团体存款、基本建设存款、储蓄存款、农村存款、委托存款、其他存款等科目。它是银行信贷资金的主要来源。

贷款 指银行或其他信用机构根据资金必须归还的原则，按一定利率，为企业、个人等提供资金的一种信用活动形式。我国银行贷款分为短期贷款、中期流动资金贷款、中长期贷款、信托贷款、融资租赁、委托贷款、票据融资、各项垫款等。

保险公司 在中国境内的、经过保险监督部门批准设立，并依法登记注册的各类商业保险公司。

保险金额 指保险人承担赔偿或者给付保险金责任的最高限额。

保费 指投保人为取得保险人在约定范围内所承担赔偿责任而支付给保险人的费用。

赔款 指保险人根据保险合同的规定，向被保险人支付的赔偿保险责任损失的金额。

给付 包括死伤医疗给付和满期给付。死伤医疗给付是指保险人根据人寿保险及长期健康保险合同的规定，因被保险人在保险期内发生保险责任范围内的保险事故支付给被保险人（或受益人）的金额。满期给付是指被保险人生存期满，保险人按人寿保险合同规定支付给被保险人的满期保险金额。

2005 統計年鑒

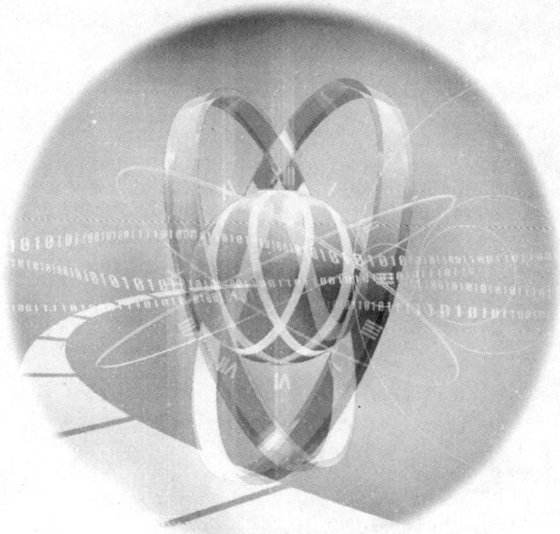

教育、科技和文化

JIAOYUKEJIHEWENHUA

资料整理：方　志　杨小佚

****

18. 教育、科技和文化

****

2004 年全省

普通高等学校在校学生	58.39	万人
中等学校在校学生	353.44	万人
从事科技活动人员数	13.31	万人
# 科学家和工程师	8.05	万人
图书出版量	16245	万册
杂志出版量	6374	万册
报纸出版量	69029	万份

****

高等学校在校学生数

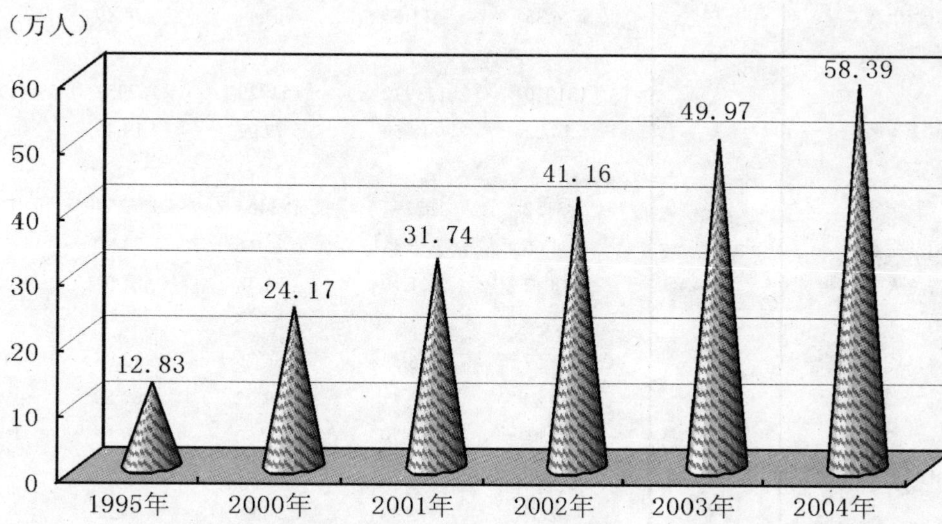

18-1 各级各类学校基本情况

(2004年)

指　　标	学校数（所）	招生数（万人）	在校学生数（万人）	毕业生数（万人）	教职工数（人）	#专任教师
一、普通高等学校	62	19.98	58.39	11.10	74607	37145
二、中等学校	3307	126.38	353.44	103.60	227325	178110
1.中等职业学校	448	17.22	41.31	11.09	32940	20035
普通中专	88	4.26	12.76	3.52	12713	6688
成人中专	70	0.93	2.38	1.10	3722	2116
职业中专	290	12.03	26.17	6.47	16505	11231
2.普通中学	2719	103.76	302.56	90.27	185508	154242
#高　中	624	30.55	83.33	22.00		
3.技工学校	132	5.26	9.14	2.13	8630	3600
4.职业初中学	8	0.14	0.43	0.11	247	233
三、小　学	22988	48.16	370.97	76.57	204007	188062
四、幼儿园、学前班	2346		47.74		23269	1614
五、特殊教育学校	29	0.10	0.73	0.10	658	489
六、工读学校	1		0.0084		42	27

18-2 各级学校教师负担学生数及平均每万人口在校学生数

指　　标	单位	1995年	2000年	2001年	2002年	2003年	2004年
高等学校							
教师数	人	20200	20723	23613	27637	35716	37145
每个教师负担学生数	人	6.35	11.66	13.44	14.89	14.00	15.72
中等学校							
教师数	人	121010	143972	151929	162952	173480	178110
每个教师负担学生数	人	14.22	18.54	19.02	19.45	19.66	19.84
小　学							
教师数	人	183152	182297	183464	188394	190964	188062
每个教师负担学生数	人	24.66	26.38	25.16	23.00	21.02	19.73
在校学生占全省总人口	%	18.12	21.19	21.38	21.54	21.48	21.13
平均每万人口中							
大学生	人	36.52	66.33	86.75	112.04	135.44	157.60
中学生	人	489.84	732.41	789.92	862.89	924.19	953.95
小学生	人	1285.45	1319.79	1261.60	1179.25	1088.17	1001.26
占学生总数							
大学生	%	2.02	3.13	4.06	5.20	6.31	7.46
中学生	%	27.04	34.57	36.94	40.06	43.03	45.15
小学生	%	70.94	62.30	59.00	54.74	50.66	47.39

18-3 普通高等学校基本情况

年 份	学校数（所）	招生数（万人）	在校学生数（万人）	毕业生数（万人）	教职工数（人）	#专任教师
1978	30	1.37	3.44	0.82	27210	10699
1980	34	1.44	5.39	0.38	31694	12066
1985	45	2.86	8.21	1.47	43210	16516
1990	47	2.62	9.54	2.81	51130	19558
1991	47	2.72	9.43	2.69	51284	19434
1992	45	3.29	10.07	2.61	50948	19384
1993	45	4.16	11.73	2.49	51084	19373
1994	47	3.87	12.69	2.82	52218	20148
1995	46	4.07	12.83	3.75	52440	20200
1996	43	4.28	13.56	3.71	50981	19730
1997	43	4.30	14.10	3.52	50400	19302
1998	42	4.53	15.09	3.44	49279	19250
1999	43	6.90	18.19	3.68	50819	19750
2000	39	9.52	24.17	3.51	52220	20723
2001	47	11.55	31.74	4.35	58846	23613
2002	52	14.70	41.16	5.16	63412	27637
2003	57	16.84	49.97	7.98	67405	35716
2004	62	19.98	58.39	11.10	74607	37145

18-4 中等专业学校基本情况

年 份	学校数（所）	招生数（万人）	在校学生数（万人）	毕业生数（万人）	教职工数（人）	#专任教师
1978	89	1.77	2.93	0.45	10401	3297
1980	162	2.54	6.55	0.92	15246	5699
1985	382	5.54	11.92	3.14	29279	11893
1990	499	7.48	17.99	5.89	39880	17960
1991	520	8.28	19.49	6.53	40804	18524
1992	524	9.18	21.20	6.43	40731	18500
1993	519	9.16	21.91	6.46	41620	18883
1994	521	9.22	23.08	7.11	41111	19067
1995	569	11.64	27.01	8.39	41736	20926
1996	591	13.08	29.56	8.76	43031	21689
1997	588	13.96	32.54	9.02	40318	21095
1998	652	14.23	34.70	10.24	42719	22628
1999	658	14.90	37.37	10.72	41037	21606
2000	648	13.66	36.37	11.38	40692	21693
2001	535	13.07	34.43	11.49	38050	20746
2002	533	17.26	38.54	10.80	37540	22760
2003	607	20.12	45.57	12.14	41265	25043
2004	588	22.61	50.88	13.33	41817	23868

注：本表包括中等职业、技校、职业初中学。

18-5 普通中学基本情况

年份	学校数（所）	招生数（万人）	在校学生数（万人）	毕业生数（万人）	教职工数（人）	#专任教师
1978	7558	90.52	193.47	73.47	116097	91701
1980	5838	52.56	180.85	31.21	127056	97643
1985	3103	56.24	170.33	41.32	122187	93102
1990	3041	47.18	132.64	45.95	127861	98272
1991	2974	48.79	135.07	41.64	128134	98641
1992	2900	47.66	137.33	36.31	130290	99841
1993	2843	47.02	129.62	39.64	128103	98672
1994	2829	51.23	134.24	37.75	128118	99166
1995	2788	55.71	145.07	37.48	129046	100084
1996	2697	56.16	157.21	39.74	131298	102723
1997	2645	65.12	169.01	44.03	134072	105457
1998	2614	70.11	183.60	47.78	137332	109569
1999	2586	78.84	204.41	51.28	142131	115007
2000	2599	88.94	230.52	56.25	149267	122279
2001	2680	97.02	254.75	63.42	160109	131183
2002	2699	103.01	278.26	72.35	169628	140192
2003	2714	104.15	295.41	80.51	178330	148437
2004	2719	103.73	302.56	90.27	185508	154242

18-6 普通小学基本情况

年份	学校数（所）	招生数（万人）	在校学生数（万人）	毕业生数（万人）	教职工数（人）	#专任教师
1978	39747	117.01	450.51	67.91	180682	173003
1980	40800	87.10	452.14	58.76	198082	187394
1985	38815	59.93	367.87	61.41	186208	169225
1990	37155	58.42	353.75	42.74	193292	176756
1991	36963	66.03	363.99	44.84	194719	177956
1992	36693	71.85	379.08	45.04	195881	178648
1993	36578	76.15	397.78	44.82	198194	180592
1994	36456	82.89	425.00	46.64	201217	184164
1995	36471	86.30	451.58	50.12	200359	183152
1996	36201	85.97	474.27	53.79	198460	181326
1997	36025	83.05	489.93	59.33	199093	180704
1998	34634	77.31	496.58	66.00	193177	175173
1999	34336	71.57	492.18	71.73	196011	178655
2000	33336	68.22	480.93	77.00	199395	182297
2001	29359	66.87	461.57	81.32	200185	183464
2002	26989	59.51	433.22	83.04	203733	188394
2003	24922	53.01	401.48	80.62	206447	190964
2004	22988	48.16	370.97	76.57	204007	188062

18-7 普通高等学校一览表

（2004年）

单位：人

校　名	毕业生数	招生数	在校学生数	教职工数	#专任教师
总　计	**110975**	**199803**	**583926**	**74607**	**37145**
部委院校	**26263**	**29231**	**115810**	**23053**	**10200**
西安交通大学	5386	4441	20800	6592	3216
西北工业大学	4195	5098	22394	3202	1565
西安电子科技大学	3761	5606	19294	2756	1478
长安大学	5743	5656	20726	3390	1432
西北农林科技大学	4395	4811	19331	4670	1327
陕西师范大学	2783	3619	13265	2443	1182
省属院校	**79115**	**147487**	**426867**	**49719**	**25808**
西北大学	3491	3633	14944	2264	1130
西安理工大学	4113	4855	18079	2177	1073
西安工业学院	3456	4301	14352	1356	907
西安建筑科技大学	3789	4921	17333	2124	1028
西安科技大学	2386	4216	13632	1590	818
西安石油大学	2558	3080	16728	1396	837
陕西科技大学	2795	4520	14338	1708	909
西安工程科技学院	4562	4629	15210	1568	898
陕西中医学院	1075	1614	5258	705	354
延安大学	3214	4559	13146	1294	763
陕西理工学院	3703	5366	16957	1618	864
宝鸡文理学院	3552	4336	13339	1146	742
咸阳师范学院	1906	4126	10533	799	489
渭南师范学院	2045	4272	11152	961	630
西安外国语学院	1588	3294	9863	1102	604
西北政法学院	2790	3941	12732	1229	710
西安体育学院	1232	1873	6116	716	399
西安音乐学院	676	952	3701	464	249
西安美术学院	768	1730	5146	546	344
陕西工业职业技术学院	1848	3274	8245	989	461
杨凌职业技术学院	2241	3502	9577	784	498
西安文理学院	1309	2846	7804	730	356
榆林学院	1445	3194	8011	539	396
商洛师范专科学校	759	1705	4587	440	302
安康师范专科学校	709	1811	4701	572	316
西安培华学院	1002	4399	8688	761	414
西安财经学院	4848	5584	19129	1389	874
西安邮电学院	1641	3674	12346	940	610
西安航空技术高等专科学校	1059	2968	6949	617	302
西安电力高等专科学校	110	645	1327	402	113
陕西医学高等专科学校	1163	1638	4401	554	336

18-7 续表　　(2004年)　　单位：人

校　名	毕业生数	招生数	在校学生数	教职工数	#专任教师
陕西能源职业技术学院	380	1748	5164	621	294
西安欧亚职业学院	2064	4280	11103	1460	528
西安外事职业学院	2404	5554	14970	2120	1155
西安翻译职业学院	1805	4601	10601	1550	355
西京职业学院	1827	3206	7557	1240	538
陕西国防工业职业技术学院	489	1818	4177	416	213
西安航空职业技术学院		2349	5382	480	248
陕西财经职业技术学院	387	928	3447	265	138
陕西交通职业技术学院	915	1409	4199	408	206
陕西职业技术学院		1392	4921	466	274
西安思源职业学院		2487	4678	989	198
西安高新科技职业学院		1893	4142	1561	668
陕西国际商贸职业学院		1180	1892	596	309
西安三资职业学院		195	517	228	60
陕西服装艺术职业学院		2033	2534	465	195
陕西铁路工程职业技术学院		782	2646	266	191
宝鸡职业技术学院		1096	1902	795	498
陕西航空职业技术学院	282	1708	3027	465	362
西安科技商贸职业学院		278	435	260	80
陕西电子信息职业技术学院		390	507	186	78
陕西邮电职业技术学院		661	991	161	72
西安海棠职业学院		163	163	137	32
西安汽车科技职业学院		291	291	169	76
西安东方亚太职业技术学院		6	6	334	52
陕西警官职业学院	729	1581	3291	601	262
独立学院		**5145**	**5145**	**1835**	**1137**
西安交通大学城市学院		1112	1112	155	109
西北大学现代学院		925	925	145	106
西安建筑科技大学华清学院		728	728	263	201
西安财经学院行知学院		756	756	221	141
陕西科技大学镐京学院		422	422	226	168
西安工业学院北方信息工程学院		420	420	217	147
延安大学西安创新学院		461	461	418	110
西安电子科技大学长安学院		321	321	190	155
不计校数	**2068**	**7315**	**16267**		
西藏民族学院	194	263	789		
西安师范学校大专班	98	356	356		
武警工程学院	18	19	291		
空军工程大学	888	1173	3486		
西安政治学院	227				
中国人民解放军西安通信学院		1254	2739		
第四军医大学	476	2850	5503		
西安市第二炮兵工程学院	167	930	1848		
西安陆军学院		470	1255		
成人高校	**3529**	**10625**	**19837**		

18-8 研究生概况

(2004年)

单位：人

指　标	培养研究生单位数	毕业生			招生数			在学研究生		
		攻读博士学位	攻读硕士学位	研究生班	攻读博士学位	攻读硕士学位	研究生班	攻读博士学位	攻读硕士学位	研究生班
总　计	**49**	**1189**	**7907**	**70**	**2772**	**16277**	**224**	**9999**	**39465**	**465**
国家任务		751	4133		2017	8163		6876	21220	
委托培养		184	1017		440	789		1880	2970	
自筹经费		254	2757	70	315	7325	224	1243	15275	465
一、中央部委所属	32	965	5475		2327	10774		8818	26626	
国家任务		624	2943		1809	5865		6209	15045	
委托培养		96	705		256	488		1452	2159	
自筹经费		245	1827		262	4421		1157	9422	
1.教育部	5	723	4079		1630	8275		6141	20199	
国家任务		439	2108		1359	4362		4577	11133	
委托培养		77	550		201	381		1127	1690	
自筹经费		207	1421		70	3532		437	7376	
2.其它部委	27	242	1396		697	2499		2677	6427	
国家任务		185	835		450	1503		1632	3912	
委托培养		19	155		55	107		325	469	
自筹经费		38	406		192	889		720	2046	
二、地方所属	17	224	2432	70	445	5503	224	1181	12839	465
国家任务		127	1190		208	2298		667	6175	
委托培养		88	312		184	301		428	811	
自筹经费		9	930	70	53	2904	224	86	5853	465
1.教育部门	14	222	2208	70	417	4950	84	1100	11537	325
国家任务		126	1072		187	1956		612	5372	
委托培养		88	293		179	246		408	706	
自筹经费		8	843	70	51	2748	84	80	5459	325
2.其它部门	3	2	224		28	553	140	81	1302	140
国家任务		1	118		21	342		55	803	
委托培养			19		5	55		20	105	
自筹经费		1	87		2	156	140	6	394	140

18-9 高等学校分科学生数及专任教师数

(2004年)　　单位：人

学　科	毕业生数	招生数	在校学生数	专任教师	#正高级	#副高级	#中级	#初级
合　计	**110975**	**199803**	**583926**	**42076**	**4613**	**11885**	**13997**	**9022**
哲　学	58	140	400	1272	146	407	464	209
经济学	3732	9468	28390	2663	252	717	1068	538
法　学	7365	10332	29290	1586	145	524	475	285
教育学	5469	10816	28405	4438	279	1122	1514	1147
文　学	15161	32829	90219	7633	527	1690	2637	2209
历史学	965	1350	3778	549	79	147	204	95
理　学	10136	18474	55035	4928	640	1563	1592	833
工　学	42881	69560	217676	13395	1887	4108	4073	2600
农　学	2533	2699	9392	860	112	262	256	206
医　学	5899	9574	27563	2618	332	733	1000	459
管理学	16776	34561	93778	2134	214	612	714	441

18-10 中等职业学校分科类情况

(2004年)　　单位：人

学校类别	毕业生数	招生数	在校学生数
合　计	**110851**	**172129**	**413101**
农林类	10566	10827	27525
资源与环境类	1019	596	1073
能源类	322	1484	3803
土木水利工程类	2585	4684	10641
加工制造类	11438	32064	62924
交通运输类	1150	2530	4830
信息技术类	21564	39290	84328
医药卫生类	14720	15973	46246
商贸与旅游类	8390	10542	25768
财经类	4480	5143	14078
文化艺术与体育类	8705	11506	31481
社会公共事业类	2580	5161	10589
师范类	15301	14926	48105
其　他	8031	17403	41710

18-11 中等职业学校基本情况

（2004年）

指　　标	学校数（所）	毕业生数（人）	招生数（人）	在校学生数（人）	教职工数（人）	#专任教师
总　计	**501**	**110851**	**172129**	**413101**	**32940**	**20035**
按学校类型分						
1.普通中专学校	88	29600	37285	110667	12713	6688
2.成人中专学校	70	8759	6733	18203	3722	2116
3.职业高中学校	290	62460	116312	253657	15850	10761
4.其他机构	53	10032	11799	30574	655	470
按主办部门分						
1.中央部门	9	2051	3844	11707	1112	544
2.地方部门	390	95165	143186	346756	28035	17583
教育部门	304	74822	114440	271680	19540	13286
非教育部门	86	20343	28746	75076	8495	4297
3.民　办	100	13635	25099	54638	3793	1908

18-12 技工学校基本情况

（2004年）

指　　标	学校数（所）	毕业生数（人）	招生数（人）	在校学生数（人）	教职工数（人）	#专任教师
总　计	**132**	**21263**	**52643**	**91405**	**8630**	**3600**
一、劳动部门办校	19	4188	10051	16211	1177	590
二、国有经济单位办校	77	9683	25206	46583	4575	1988
行业办校	36	6099	12841	22530	2710	1219
企业办校	41	3584	12365	24053	1865	769
三、国家各部委办校	14	4496	8885	17885	1909	715
四、民　办	21	2745	8005	9989	706	262
五、其他部门办校	1	151	496	737	263	45

18-13 普通中学按城乡、部门分类

(2004年)

指标	学校数(所)	#高中	毕业生数(人)	#高中	招生数(人)	#高中	在校学生数(人)	#高中	专任教师(人)
合计	**2719**	**624**	**902659**	**219980**	**1037337**	**305475**	**3025555**	**833275**	**154242**
一、城市	477	269	163644	68687	190445	95504	553729	264745	28533
教育部门和集体办	167	87	90119	40456	100558	53132	299428	152343	15174
社会力量办	111	70	19259	7007	28433	14041	77322	34336	4320
其他部门办	172	106	54266	21224	61454	28331	176979	78066	9039
二、县镇	623	206	179457	82436	237010	128658	673103	350311	31355
教育部门和集体办	259	127	179894	92688	211522	118124	604636	322743	28102
社会力量办	76	25	10459	3841	19478	7905	51541	20577	2310
其他部门办	26	12	5053	1856	6010	2629	16926	6991	943
三、农村	1614	149	549306	58605	609882	81313	1798723	218219	94354
教育部门和集体办	1772	153	531217	53235	586469	72316	1733133	195295	90365
社会力量办	58	15	6564	1101	12258	4196	29742	8636	1632
其他部门办	78	29	11525	4269	11155	4801	35848	14288	2357

18-14 小学按城乡、部门分类

(2004年)

指标	学校数(所)	毕业生数(人)	招生数(人)	在校学生数(人)	教职工数(人)	#专任教师
合计	**22988**	**765673**	**481638**	**3709746**	**204007**	**188062**
一、城市	604	78090	76946	482586	26531	22762
教育部门和集体办	391	46762	44695	282500	15932	14013
社会力量办	74	4963	5033	34980	2557	1675
其他部门办	139	26365	27218	165106	8042	7074
二、县镇	707	71082	54325	393113	21390	19304
教育部门和集体办	630	64286	49463	353271	19077	17567
社会力量办	61	4312	2682	26069	1553	1045
其他部门办	16	2484	2180	13773	760	692
三、农村	21677	616501	350367	2834047	156086	145996
教育部门和集体办	21451	601171	338140	2740132	150103	141313
社会力量办	176	8496	6131	53024	3324	2259
其他部门办	50	6834	6096	40891	2659	2424

18-15 幼儿园及特殊教育学校基本情况

指　　标	单 位	1995年	2000年	2001年	2002年	2003年	2004年
幼儿园							
园　数	所	1380	2803	2219	2103	2288	2346
班　数	个	25481	25156	24968	22512	21951	21606
在园幼儿数	万人	78.91	60.36	53.28	50.20	48.29	47.74
教职工人数	人	23198	22132	16833	17369	21020	23269
#保健员	人	1432	1154	1064	1020	1392	1614
特殊教育学校							
学校数	所	28	35	30	28	28	29
招生数	人	1594	898	775	758	694	992
在校学生数	人	6988	6869	5456	6152	5704	7346
毕业生数	人	342	666	585	579	598	985
教职工数	人	553	683	605	627	662	658
#专任教师	人	383	485	437	447	481	489

18-16 小学、初中升学率及小学学龄儿童入学率

指　　标	单 位	1995年	2000年	2001年	2002年	2003年	2004年
小　学							
小学毕业生数	万人	50.12	77.00	81.32	83.04	80.62	76.58
初中招生数	万人	45.18	70.78	75.46	77.54	76.80	73.19
升学率	%	90.14	91.92	92.79	93.38	95.26	95.57
初　中							
毕业生数	万人	30.62	46.44	52.32	58.44	62.68	68.27
高中招生数	万人	10.53	18.17	21.56	25.47	27.35	30.55
升学率	%	34.39	39.13	41.21	43.58	43.63	44.75
小学学龄儿童入学率							
学龄儿童总数	万人	430.88	467.54	433.06	409.15	379.99	352.01
#农　村	万人	286.78	254.37	332.59	309.23	282.27	268.12
入学儿童总数	万人	426.46	464.62	426.28	402.99	374.62	348.68
#农　村	万人	283.01	252.69	327.48	305.67	278.49	265.61
入学率	%	98.97	99.38	98.43	98.49	98.59	99.05
#农　村	%	98.68	99.34	98.64	98.85	98.66	99.06

注：初中升学率仅指初中毕业生升入普通高中的学生数。

18-17 各市普通中学基本情况

（2004年）

地　区	学校数(所)	#高中	毕业生数(人)	#高中	招生数(人)	#高中	在校学生数(人)	#高中	教职工数(人)	#专任教师
全　省	**2719**	**624**	**902659**	**219980**	**1037337**	**305475**	**3025555**	**833275**	**185508**	**154242**
西安市	461	190	180107	51504	188524	68756	565362	190628	39121	30600
铜川市	79	18	21227	5078	22522	6582	68654	18344	4442	3558
宝鸡市	278	70	104171	23727	104397	33169	317301	89542	19324	17183
咸阳市	348	79	130740	34039	147857	45197	432214	126382	26357	21256
渭南市	426	82	145150	37410	165405	47385	493007	131634	29874	24622
延安市	180	35	50079	11185	73766	19861	198013	51654	12242	10046
汉中市	256	49	71702	15232	74959	21811	228809	59189	14217	12309
榆林市	274	37	85147	20648	121822	31601	324445	83100	17084	14757
安康市	222	35	54710	9369	68796	15412	193666	39559	10932	9569
商洛市	187	26	55439	10616	65431	14518	191382	39390	11000	9615
杨凌示范区	8	3	4187	1172	3858	1183	12702	3853	915	727

18-18 各市小学基本情况

（2004年）

地　区	学校数(所)	毕业生数(人)	招生数(人)	在校学生数(人)	教职工数(人)	#专任教师
全　省	**22988**	**765673**	**481638**	**3709746**	**204007**	**188062**
西安市	2016	123735	91200	637474	33794	29367
铜川市	676	16514	8900	76680	5121	4891
宝鸡市	1837	74521	46047	357201	18387	17022
咸阳市	2385	103952	68132	553884	30001	27869
渭南市	2804	116574	63324	510151	30260	27738
延安市	2754	57994	35400	262736	15794	14834
汉中市	2455	58358	47427	318408	17986	16908
榆林市	3425	93711	48311	407785	21783	20628
安康市	1879	58051	39861	298444	17633	16380
商洛市	2725	60009	31516	275846	12451	11717
杨凌示范区	32	2254	1520	11137	797	708

18-19 各市职业初中学校基本情况

(2004年)

地 区	学校数(所)	毕业生数(人)	招生数(人)	在校学生数(人)	教职工数(人)	#专任教师
全 省	**8**	**1110**	**1352**	**4280**	**247**	**233**
西安市						
铜川市						
宝鸡市	1	43				
咸阳市						
渭南市						
延安市						
汉中市						
榆林市	2	403	234	986	78	71
安康市	4	594	968	2886	124	120
商洛市	1	70	150	408	45	42
杨凌示范区						

18-20 各级学校女学生和女教师数

单位：万人

指 标	1995年	2000年	2001年	2002年	2003年	2004年
一、女学生数	295.69	362.29	365.64	369.38	368.12	362.80
高等学校	4.18	9.07	11.82	16.70	20.26	25.41
中等职业学校	4.44	8.29	7.96	7.81	20.74	21.57
普通中学	66.48	106.79	119.19	131.02	139.57	143.24
职业初中学	6.48	9.15	9.12	10.46	0.23	0.21
小 学	214.11	228.99	217.55	203.39	187.32	172.37
二、女教师数	12.44	15.26	16.55	17.94	19.21	20.68
高等学校	0.61	0.73	0.88	1.04	1.22	1.68
中等职业学校	0.25	0.32	0.23	0.30	0.85	1.29
普通中学	3.28	4.96	5.60	6.18	6.75	7.21
职业初中学	0.22	0.37	0.41	0.44	0.03	0.01
小 学	8.08	8.88	9.43	9.98	10.36	10.49

18-21 成人中高等教育基本情况

（2004年）

学校类别	学校数(所)	招生数(人)	在校学生数(人)	毕业生数(人)	教职工数(人)	#专任教师
一、成人高等学校	24	19442	28542	18605	7021	3621
职工高等学校	15	4728	9017	4002	2334	1280
农民高等学校						
管理干部学院	4	1667	1667	1615	702	300
教育学院	3	5322	6674	3903	756	398
独立函授学院						
广播电视大学	2	5650	8831	8429	2924	1481
其他机构		2075	2353	656	305	162
二、成人中等专业学校	70	9255	23790	10977	3722	2116

18-22 成人中小学教育基本情况

（2004年）

学校类别	学校数(所)	结业生数(人)	注册学生数(人)	教职工数(人)	#专任教师
一、成人中学	184	107452	59717	955	791
职工中学	11	1335	1707	145	118
农民中学	173	106117	58010	810	673
二、成人小学	7712	237927	262622	9903	4283
职工小学	31	2095	2887	81	61
民办小学	7681	235832	259735	9822	4222

18-23 职业技术培训机构基本情况

（2004年）

机构类别	学校数(所)	结业生数(人)	注册学生数(人)	教职工数(人)
总计	**15141**	**2040592**	**1762488**	**30457**
一、职工技术培训学校(机构)	131	43629	41849	1368
教育部门和集体办	27	17455	22767	465
其他部门办	78	18996	14172	650
民　办	26	7178	4910	253
二、农村成人文化技术培训学校(机构)	14288	1782030	1590019	20765
教育部门和集体办	14250	1776553	1584310	20574
其他部门办	21	3129	3344	86
民　办	17	2348	2365	105
三、其他培训机构(含社会培训机构)	722	214933	130620	8324
教育部门和集体办	4	1695	1895	86
其他部门办	19	2702	5759	307
民　办	699	210536	122966	7931

18-24 全省科技活动情况

指　　标	单 位	1995年	2000年	2001年	2002年	2003年	2004年
一、全省从事科技活动人员总计	人	164892	155051	141140	135251	135997	133103
#科学家和工程师	人	88188	85843	85260	82712	86696	80524
按隶属关系分							
中　央	人	120891	102993	93752	80021	78894	83030
地　方	人	42451	52058	47388	55230	57103	50073
二、机构数							
1.科研院所	个	295	193	166	133	131	126
2.高等院校	个	46	275	118	319	95	98
3.大中型工业企业	个	473	245	236	219	212	247
4.其　他	个		409	409	339	306	259
三、科技活动经费筹集与使用情况							
1.当年科技活动经费筹集额	万元	422377	869024	978205	1131084	1239689	1592929
政府资金	万元	143963	417623	496334	645655	626189	736259
企业资金	万元	138388	277067	315883	316016	460573	651599
金融机构贷款	万元	70185	55988	59999	51723	40604	24176
其他资金	万元	69841	118346	105989	117690	46860	58159
2.当年科技活动经费内部使用额	万元	398618	851823	983389	963736	1141387	1527027
人员劳务费	万元	96121	162982	185199	222657	240943	273996
固定资产购建	万元	97845	178071	267665	281542	333430	527706
其　他	万元	204652	510770	530525	459537	567014	725325
四、科技成果与著作情况							
1.科技论文	篇	21130	25389	27877	31155	35168	36925
2.出版科技著作	种	1625	1212	1678	1780	2099	1446

18-25 全省地方省级以上重大科技成果

单位：项

指　　标	2000年	2001年	2002年	2003年	2004年
总　　计	**530**	**492**	**347**	**351**	**442**
农、林、牧、渔业	66	62	77	57	58
采掘业	17	16	13	17	12
制造业	101	77	50	77	65
电力、煤气及水的生产和供应业	29	17	32	32	33
建筑业	6	18	9	9	11
地质勘察业、水利管理业	8	7	10	12	15
交通运输、仓储及邮电通讯业	30	21	33	36	38
卫生、体育和社会福利业	41	54	74	50	61
教育、文化艺术及广播电影电视业	5	4	6	6	5
科学研究和综合技术服务业	3	6	36	37	35
国际领先水平	8	10	14	18	16
国际先进水平	103	107	94	80	81
国内领先水平	145	136	115	132	111
国内先进水平	78	72	49	49	52

18-26 地方国有企业单位各类专业技术人员

(2004年)　　单位：人

行业	专业技术人员	#工程技术人员	#农业技术人员	#科学研究人员	#卫生技术人员	#教学人员
总计	**125773**	**51196**	**817**	**133**	**8931**	**11111**
农林牧渔业	3072	1096	473	1	175	158
采矿业	18035	6071	7		2373	3716
制造业	58578	25820	136	45	3735	6240
电力、燃气及水的生产和供应业	3589	1977	1	1	24	87
建筑业	16061	9711	12	1	675	668
交通运输、仓储和邮政业	6349	1858	68	3	221	73
信息传输、计算机服务和软件业						
批发和零售业	10848	1000	103	21	1376	45
住宿和餐饮业	798	83			29	16
金融业	985	8				
房地产业	509	294				
租赁和商务服务业	688	85	6		62	
科学研究、技术服务业和地质勘查业	3106	2451	5	61	29	61
水利、环境和公共设施管理业	408	336			3	
居民服务和其他服务业	1546	272	2		21	8
教　育	51	5			0	34
卫生、社会保障和社会福利业	548	2			200	
文化、体育和娱乐业	346	57	4		7	2
公共管理和社会组织	256	70			1	3

18-27 地方国有事业单位各类专业技术人员

(2004年)　　单位：人

行业	专业技术人员	#工程技术人员	#农业技术人员	#科学研究人员	#卫生技术人员	#教学人员
总计	**567865**	**41827**	**23533**	**2735**	**83567**	**368622**
农林牧渔业	33707	8784	21354	49	254	773
采矿业	413	261	3		1	1
制造业	124	72				2
电力、燃气及水的生产和供应业	377	234	1			36
建筑业	2556	2081	2		4	0
交通运输、仓储和邮政业	7079	3604	17		27	32
信息传输、计算机服务和软件业	438	201	15	9		10
批发和零售业	773	80	36	1		
住宿和餐饮业	334	21			3	
金融业	445	23	2		0	8
房地产业	973	501	2		4	10
租赁和商务服务业	352	42	11		1	
科学研究、技术服务业和地质勘查业	10312	5983	327	599	1165	513
水利、环境和公共设施管理业	14442	11959	211	18	113	56
居民服务和其他服务业	1995	332	253	10	191	443
教　育	377400	3300	102	1702	2445	363556
卫生、社会保障和社会福利业	84728	551	145	173	78335	823
文化、体育和娱乐业	19956	2155	162	136	250	2009
公共管理和社会组织	11461	1643	890	38	774	350

18-28 全省高新技术产业开发区情况

指　　标	单位	2004年	指　　标	单位	2004年
一、开发区企业数	个	7490	六、总收入	万元	11119725
#高新技术企业数	个	1141	#技术收入	万元	1374853
二、年末从业人员	人	352063	#产品销售收入	万元	7954233
#大专以上学历人数	人	150001	#高新产品	万元	3223665
#从事技术开发人数	人	31494	#商品销售收入	万元	2816724
三、技术开发经费筹集额	万元	277126	七、增加值	万元	3025093
#自　筹	万元	81890	八、利润总额	万元	507636
四、技术开发经费支出总额	万元	330241	九、上缴税费总额	万元	511426
#研究与发展支出	万元	160654	十、出口创汇总额	万美元	56469
五、工业总产值	万元	8390347			

18-29 西安市高新技术产业开发区情况

指　　标	单位	2004年	指　　标	单位	2004年
一、开发区企业数	个	6895	六、总收入	万元	8009400
#高新技术企业数	个	951	#技术收入	万元	1342032
二、年末从业人员	人	246000	#产品销售收入	万元	5246879
#大专以上学历人数	人	119000	#高新产品	万元	1766242
#从事技术开发人数	人	21435	#商品销售收入	万元	1426863
三、技术开发经费筹集额	万元	184651	七、增加值	万元	2080000
#自　筹	万元		八、利润总额	万元	332767
四、技术开发经费支出总额	万元	243264	九、上缴税费总额	万元	340212
#研究与发展支出	万元	107957	十、出口创汇总额	万美元	42329
五、工业总产值	万元	5105173			

18-30 宝鸡市高新技术产业开发区情况

指　　标	单 位	2004年	指　　标	单 位	2004年
一、开发区企业数	个	165	六、总收入	万元	1113156
#高新技术企业数	个	86	#技术收入	万元	1844
二、年末从业人员	人	50337	#产品销售收入	万元	1058236
#大专以上学历人数	人	16285	#高新产品	万元	647781
#从事技术开发人数	人	4825	#商品销售收入	万元	19754
三、技术开发经费筹集额	万元	49851	七、增加值	万元	344049
#自　筹	万元	42415	八、利润总额	万元	58787
四、技术开发经费支出总额	万元	50029	九、上缴税费总额	万元	55069
#研究与发展支出	万元	21699	十、出口创汇总额	万美元	6579
五、工业总产值	万元	1166720			

18-31 咸阳市高新技术产业开发区情况

指　　标	单 位	2004年	指　　标	单 位	2004年
一、开发区企业数	个	267	六、总收入	万元	1530000
#高新技术企业数	个	29	#技术收入	万元	8932
二、年末从业人员	人	35620	#产品销售收入	万元	1320000
#大专以上学历人数	人	6821	#高新产品	万元	800000
#从事技术开发人数	人	4153	#商品销售收入	万元	1320000
三、技术开发经费筹集额	万元	38000	七、增加值	万元	440000
#自　筹	万元	35600	八、利润总额	万元	74000
四、技术开发经费支出总额	万元	32500	九、上缴税费总额	万元	108000
#研究与发展支出	万元	30400	十、出口创汇总额	万美元	1750
五、工业总产值	万元	1740000			

18-32 渭南市高新技术产业开发区情况

指　标	单 位	2004年	指　标	单 位	2004年
一、开发区企业数	个	75	六、总收入	万元	191000
#高新技术企业数	个	26	#技术收入	万元	21000
二、年末从业人员	人	10936	#产品销售收入	万元	120861
#大专以上学历人数	人	3638	#高新产品	万元	3460
#从事技术开发人数	人	727	#商品销售收入	万元	19036
三、技术开发经费筹集额	万元	1918	七、增加值	万元	88750
#自　筹	万元	1918	八、利润总额	万元	31062
四、技术开发经费支出总额	万元	1782	九、上缴税费总额	万元	2650
#研究与发展支出	万元		十、出口创汇总额	万美元	254
五、工业总产值	万元	137500			

18-33 杨凌农业高新技术产业示范区情况

指　标	单 位	2004年	指　标	单 位	2004年
一、开发区企业数	个	88	六、总收入	万元	276169
#高新技术企业数	个	49	#技术收入	万元	1045
二、年末从业人员	人	9170	#产品销售收入	万元	208257
#大专以上学历人数	人	4257	#高新产品	万元	6182
#从事技术开发人数	人	354	#商品销售收入	万元	31071
三、技术开发经费筹集额	万元	2706	七、增加值	万元	72294
#自　筹	万元	1957	八、利润总额	万元	11020
四、技术开发经费支出总额	万元	2666	九、上缴税费总额	万元	5495
#研究与发展支出	万元	598	十、出口创汇总额	万美元	5558
五、工业总产值	万元	240954			

18-34 各类技术合同签定情况

指　　标	合同数(个)		成交金额(万元)	
	2003年	2004年	2003年	2004年
合　　计	**3221**	**2467**	**159862**	**139128**
技术开发合同	2159	1418	114808	72197
技术转让合同	158	111	13209	8602
技术咨询合同	186	318	7089	10595
技术服务合同	718	620	32915	47734

18-35 专 利 项 目

单位：项

指　　标	1995年	2000年	2001年	2002年	2003年	2004年
一、申请量总计	**1721**	**2080**	**2326**	**2527**	**3421**	**3217**
发明专利	318	435	476	681	1191	1099
实用新型专利	1227	1307	1449	1470	1737	1587
外观设计专利	176	338	401	376	493	531
二、授权量总计	**1085**	**1462**	**1354**	**1524**	**1610**	**2007**
发明专利	52	188	132	146	180	459
实用新型专利	934	1022	959	1053	1093	1193
外观设计专利	99	252	263	325	337	355

18-36 文化事业发展情况

指　　标	单 位	1995年	2000年	2001年	2002年	2003年	2004年
艺术表演团体演出场次	万场	2.3	2.2	2.4	2.2	1.8	2.0
观众人次	万人次	2900	3046	5553	4616	2799	1880
图书馆藏书数	万册	733	836	825	840	852	864
书刊文献外借人次	万人次	3025	475		157	270	142
书刊文献外借册数	万册次	238	605		294	460	256

18-37 文化事业机构和人员

指　　标	2000年		2001年		2002年		2003年		2004年	
	机构数(个)	人 数(人)	机构数(个)	人 数(人)	机构数(个)	人 数(人)	机构数(个)	人 数(人)	机构数(个)	人 数(人)
总　　计	**2375**	**19100**	**2362**	**17295**	**2111**	**18292**	**2126**	**17980**	**2129**	**17544**
一、艺术事业	230	9687	224	8982	236	9055	225	8740	239	8966
#表演团体	118	8005	116	7510	116	7473	116	7271	115	7253
表演场所	112	1682	108	1472	110	1496	109	1469	108	1538
二、图书馆事业	114	1572	110	1555	111	1605	111	1604	112	1640
三、群众文化事业	1974	5123	1977	5140	1731	5282	1744	5172	1741	5005
四、艺术教育事业	10	526	11	517	11	504	11	481	11	580
五、制片厂	1	1335	1	1295	1	1257	1	1179	1	791
六、其他文化产业	46	857	7	750	21	589	34	804	25	562

18-38 群众艺术馆、文化馆（站）活动情况

指　　标	单 位	1995年	2000年	2001年	2002年	2003年	2004年
机构数	个	133	1974	1977	1731	1744	1741
举办展览次数	次	634	3743	4328	3446	3459	4289
组织文艺活动次数	次	1205	8468	10401	7565	25829	7076
举办训练班班次	次	595	5983	6204	4078	4829	4166
举办训练班结业人数	万人次	2.07	24.40	29.40	22.30	18.50	21.3
藏　书	万册	14.78	138.90	160.90	136.10	140.10	122.3
总收入	万元	263.9	3769.9	4097.5	5002.9	4809.1	5402.0
总支出	万元	1569.1	3623.9	4061.2	4810.3	4573.1	5540.1

注：2000年及以后数据包含了乡镇文化站的活动情况。

18-39 文 物 事 业

指　　标	单 位	1995年	2000年	2001年	2002年	2003年	2004年
一、文物机构							
机构数	个	179	176	181	201	218	195
人员数	人	2513	3233	2745	2922	3229	2311
藏品件数	万件	17.38	19.92	20.50	26.83	28.51	8.07
#一级品	万件	0.01	0.03	0.04	0.05	0.06	0.02
参观人次	万人次	255.50	470.00	301.10	456.90	404.90	381.00
二、博物馆							
机构数	个	59	67	75	88	81	81
人员数	人	2297	3159	3142	2978	2903	3226
藏品件数	万件	32.81	33.40	35.24	64.33	65.26	58.19
#一级品	万件	0.19	0.34	0.40	0.41	0.38	0.35
参观人次	万人次	556.8	894.1	690.4	565.0	428.5	629.0
三、文物商店							
机构数	个	3	2	2	2	2	2
人员数	人	119	69	56	67	67	53
商品销售件数	万件	1.01	0.24	0.11	0.13	0.14	0.13
全年销售金额	万元	145.5	142.8	156.4	153.1	135.4	347.0

18-40 国家级文物古迹一览表

名 称	时 代	地 址	说 明
一、古建筑(30处)			
昭仁寺大殿	唐	长武县	系唐贞观年间(627—649)玄宗李世民为纪念在高摭(今长武县)与薛仁杲作战阵亡的将士而建立的寺院。
兴教寺塔	唐	长安县杜曲	唐代寺院。内有唐代名僧玄奘及弟子窥基、园测(新罗人)的墓塔。
大雁塔	唐	西安市	在唐慈恩寺内。系唐代名僧玄奘译经处，为唐建砖塔。
小雁塔	唐	西安市	在荐福寺内，唐建砖塔，通高43米，型体秀丽，美观。
西安清真寺	明	西安市	又名化觉寺，是我国现存规模最大，保存最完整的清真寺。
西安城墙	明	西安市	全国现存最大型的保存最完整的明代城墙。
西岳庙	明	华阴县老城	始建于汉代，历代重修，现存建筑均为明清遗物。
西安钟楼、鼓楼	明	西安市	钟楼建于公元1384年，是西安古城的标志。鼓楼建于公元1380年，是我国现存最大的鼓楼。
水陆庵	明	蓝田县普化乡	始建于唐，其大殿内有彩雕3700多尊，为国内现存最完整、数量最多的彩塑泥像群。
府州城	五代至清	府谷县城	位于黄河北岸石山梁上，面积约2.3万平方米，城墙周长2320米，高7.2米。
仙游寺法王塔	隋	周至县马召乡黑水峪口	我国现存唯一的隋代砖塔，建于公元601年，为舍利塔。
韩城大禹庙	元	韩城市	全称大夏禹王庙, 建于1301年.
三原城隍庙	明	三原县	是陕西现存最完整的明代整体建筑群，内有岳飞手书的诸葛亮前、后《出师表》碑刻。
鸠摩罗什舍利塔	唐	户　县	为八角形亭阁式石塔，塔体通高2.5米，塔身用汉白玉等8种颜色和玉石雕刻而成，俗称八宝玉石塔。是一件极为精美的石刻建筑。
公输堂	明	户　县	原名“万佛塔”，为木式建筑，雕刻极精巧，属古建中之精制。
仓颉墓与庙	明、清	白水县	为祀词建筑，始建年代已不可考。
泰塔	北宋	旬邑县	塔共七层，八棱形仿木楼阁式结构，高层53米。
香积寺善导塔	唐	长安县	706年怀恽（圆寂后谥号为隆阐大禅师）为祭祀其师善导和尚而建，塔基平面呈正方形，仿木结构、密檐式砖塔。
西安城隍庙	明、清	西安市	明洪武二十年创建，清代多次修建，现存二门、戏楼、二道牌坊、大殿和东西厢房等。
白云山庙	明、清	佳　县	依山而上，因地势高低修庙建祠，共600余阶台阶，是陕北最为壮丽的一组古建筑群。
八云塔	唐	户　县	为密檐式砖塔，平面呈方形，十三层，单壁中空，通高35.74米，因其底层四面各有两块明显的阴湿痕迹，虽大旱亦不干，行如浮云，故俗称“八云塔”
泾阳崇文塔	明	泾阳县	为八角形十三层仿木楼阁式结构，80年在塔顶发现鎏金卧佛、弥勒佛、天王力士铜佛像三尊。
彬县开元寺塔	北宋	彬　县	位于唐开元寺遗址内，是一座平面呈八角形七层仿木结构的楼阁式砖塔。
韩城市普照寺	元	韩城市	元代建筑，现存大殿、东西厢房和大殿前两座砖作碑楼。
韩城文庙	明	韩城市	明洪武四年在元代旧址上重建，整个建筑群自南而北由四进院落组成。
韩城城隍庙	明	韩城市	庙坐北向南，庙中所有建筑均为彻上明造。
党家村古建筑群	明、清	韩城市	明、清时期民居群，村落现存四合院137座，街巷有序、堂、碑、楼、塔，错落有致，富有地方特色，是少有的一处民居群体建筑。
耀县文庙	明	耀　县	明代建筑，现存有棂星门和大成殿。
澄城城隍庙神楼	明	澄城县	亦名乐楼，共三座，是一组保持完好的明代古建筑。
长城一镇北台	明	榆林市	明长城防御体系的一个组成部分，是陕北地区现存长城遗址中最为宏大、最有气势的建筑工程。

18-40 续表1

名　称	时代	地址	说　明
二、古遗址(29处)			
蓝田猿人遗址	旧石器时代	兰田县公王岭	1963年、1964年分别在陈家窝和公王岭各发现一具早期猿人化石，两地化石统一命名为蓝田中国猿人。现在公王岭建立蓝田猿人遗址保管所。
半坡遗址	新石器时代	西安市	是新石器时代母系氏族社会典型的村落遗址。
周原遗址	西周	扶风县和岐山县交界处	是一座埋藏极其丰富的地下文物宝库，出土了大量青铜窑藏。
丰镐遗址	西周	长安县斗门镇	是西周文王所建丰邑和武王所建镐京的合称，总面积逾10平方公里。
秦雍城遗址	春秋至战国	凤翔县	先秦建都之地。经初步发掘，发现有秦宫殿遗址3处。
秦都咸阳城遗址	秦	咸阳市	秦始皇统一全国的过程中，在咸阳塬上仿建了六国宫室，扩建了皇宫，咸阳成为最繁华的城市。目前，考古发掘工作仍在继续进行。
阿房宫遗址	秦	西安市三桥镇	是秦代著名宫殿遗址。
汉长安城遗址	汉	西安市西北郊	汉长安城，是西汉国都。（包括兆伦铸钱遗址）
唐大明宫遗址	唐	西安市北郊	是唐长安城的宫城。
耀州瓷窑遗址	唐至元代	铜川市黄堡镇	古有“十里窑场”之称。有重要的历史、文化和艺术价值。
隋大兴唐长安城遗址(包括青龙寺遗址)	隋、唐时代	西安市铁炉庙村	隋代名大兴城,唐称长安城,为当时世界上特大城市之一。
华清宫遗址	唐	临潼县骊山镇	唐贞观十八年(664年)建"汤泉宫",天宝六年(747年)扩建后改名"华池宫",为研究唐代宫廷建筑和古代沐浴史等方面提供了实据。
姜寨遗址	新石器时代	临潼县骊山镇姜寨村	
隋仁寿宫唐九成宫遗址	隋唐时代	麟游县城	隋唐著名离宫,建于隋开皇十三年(593年)。
甘泉宫遗址	秦-汉	淳化县铁王乡凉武帝村	建于秦代,存有大型汉代圆雕石熊和宋代石鼓,石鼓上有北宋政和年题记。
郑国渠首遗址	战国	泾阳县王桥乡上然村北	建于公元前246年,是世界上最早的大坝之一，被誉为中国水利史的"天然博物馆"。
统万城遗址	十六国	靖边县红土冬界乡	大夏凤翔元年(413年)始筑，为十六国夏都城。
魏长城遗址	战国	华阴市、大荔县、韩城市	战国时期魏国防御秦国所筑，起自秦岭，至黄河止,全长约200余公里。
灞桥遗址	隋至元	西安市	是国内已知多孔石拱桥中跨度最长、规模最宏伟、时代最早的石拱桥。
延一井旧址	清	延长县	1903年9月10日出油，为中国大陆第一口油井。
甜水沟遗址	旧石器时代	大荔县	是分布范围较广、时代延续较长的旧石器地点群遗址。
花石浪遗址	旧石器时代	洛南县	我国近年来发现的仅次于北京人遗址的一处极具价值的旧石器时代遗址。
元君庙遗址	新石器时代	华　县	是一处基本保存完整的半坡文化墓地。
唐家遗址	新石器时代	西安市	目前陕西境内面积最大、保存较好的龙山文化遗址。
老牛坡遗址	新石器时代	西安市	在此发现的大面积夯土建筑遗址为陕西商代考古中的重大发现。
栎阳城遗址	战国至汉	西安市	秦国都城，后汉高祖刘邦也一度以此为都城。
京师仓遗址	西汉	华阴市	汉武帝时建造，是专供储粮的“京师仓”，有储备、转运、中运等多种功能，是研究秦汉仓储制度及技术的重要资料。
良周遗址	秦汉	澄城县	是一处秦汉大型宫殿建筑群遗址。
东渭桥遗址	唐	高陵县	在当时是沟通唐长安城与渭北及黄河之东各重要关津要隘联系的桥，也是渭水运漕极佳的中转集散地。
玉华宫遗址	唐	铜川市	唐武德七年建“仁智宫”（624年）,贞观二十年(647年)扩建并改名"玉华宫",主要从事佛事活动。
三、古墓葬(16处)			
黄帝陵	新石器时代	黄陵县桥山	轩辕黄帝陵。
秦始皇陵	秦	临潼县东	秦始皇嬴政墓，东侧有从葬兵马俑坑，规模宏大，已辟为博物馆。
长　陵	汉	咸阳市渭城区窑店乡	是汉高祖刘邦和皇后吕雉的合葬茔地。
茂　陵	汉	兴平县	汉武帝刘彻之墓。附近有卫青、霍光、霍去病、金日禅等陪葬墓。现已在茂陵建立博物馆，展出陵区出土文物数百件。

18-40 续表2

名 称	时 代	地 址	说 明
霍去病墓	汉	兴平市	霍去病为西汉名将。在基墓前共发现石刻16件，有石人、石马、马踏匈奴、怪兽食羊、卧牛、人与熊等，是我国迄今已发现时代最早保存最完整的大型石雕工艺品，现存茂陵博物馆内。
司马迁墓和祠	西汉至宋	韩城市芝川镇	司马迁是汉代著名的史学家、文学家，所著《史记》一书，开创我国第一部通史体例。
杜 陵	汉	西安市雁塔区三兆村	汉宣帝刘询之墓。
昭 陵	唐	礼泉县九峻山	唐太宗李世民墓。陵园内分布有二百多个陪葬墓和著名的石碑，现已建立昭陵博物馆。
顺 陵	唐	咸阳渭城区底张乡	唐女皇武则天之母杨氏墓，墓前有高大的石狮、独角兽等著名石刻。
乾 陵	唐	乾县梁山	唐高宗李治和武则天合葬墓。墓前有石人、石马、石狮等很多名贵石刻。现已建立乾陵博物馆。
桥 陵	唐	蒲城县丰山	唐睿宗李旦的陵墓。
武侯墓	三国	勉县定军山西北	三国蜀汉丞相诸葛亮的墓园与宇。
泰 陵	隋	咸阳市杨陵区五泉乡王上村	隋文帝杨坚与文献皇后独孤是氏合葬之陵。
永 陵	西魏	富平县留古乡何家村	西魏文帝元宝炬与皇后乙弗氏，郁久氏的合葬陵。
西汉帝陵	西汉	咸阳、西安	包括惠帝安陵、文帝霸陵、景帝阳陵、昭帝平陵、元帝渭陵、成帝延陵、平帝康陵、哀帝义陵等8处帝陵。
唐代帝陵	唐	富平、蒲城、三原、泾阳、礼泉、乾县	包括高祖献陵、中宗定陵、宣宗泰陵、肃宗建陵、代宗元陵、平帝崇陵、穆宗光陵、顺宗丰陵、宪宗景陵、敬宗庄陵、德宗崇陵、文宗陵、武宗端陵、懿宗简陵、宣宗贞陵、僖宗靖陵等16处帝陵。
四、石窟寺(5处)			
大佛寺石窟	唐	彬 县	主要由大佛窟、罗汉洞、千佛洞组成，内有许多精美的石佛、菩萨造像和浮雕。
药王山石刻	隋唐至明清	耀 县	后人为纪念唐代杰出医学家孙思邈，在五台山上修建药王庙，此山遂更名为药王山。药王山上遍布石刻，主要有碑刻和石窟两部分。山上还有一座保存完好的药王庙。
钟山石窟	宋	子长县安定镇	石窟开凿于北宋年间(1067年)，以后历代屡经修葺。
重阳宫祖庵碑林	元至清	户 县	现收集陈列金元时道教全真派石刻文物80余通（件），为陕西著名碑林之一。
慈善寺石窟	隋唐	麟游县	属唐代初期作品，窟内所雕佛像，刀法简练有力，神态完美。
五、石刻及其他(2处)			
褒斜道石门及其摩崖石刻	东汉至宋	汉中市	褒斜道石门为汉代开凿，北魏永平二年(509年)重修。门上凿刻有东汉至宋代摩崖石刻多处，石刻中有《石门颂》，《大开通》，《杨淮表》等有名的隶书摩崖。
西安碑林	汉至清	西安市	自汉以来历代名碑一千多座，是全国规模最大，年代最早的碑林，是全国碑石文物精华荟萃之处。
六、革命旧址(6处)			
西安事变旧址	1936年	西安市	包括杨虎成、张学良公馆，新城黄楼等旧址。
瓦窑堡革命旧址	1935年12月— 1936年7月	子长县	包括中共中央瓦窑堡会议旧址、毛泽东旧居、中央军委驻地旧址。
延安革命旧址	1935年—1948年	延安市	包括凤凰山、枣园、杨家岭、王家坪等中共中央、八路军总部及陕甘宁边区政府曾使用过的旧址及其建筑物。
八路军西安办事处旧址	1937年— 1946年	西安市七贤庄	中国共产党领导的八路军1936—1946年在国民党统治区设立的公开合法机构。
洛川会议旧址	1937年	洛川县	1937年8月中国共产党在此召开政治局扩大会议，将红军改变为国民革命军第八路军
杨家沟革命旧址	1947—1948年	米脂县	包括11孔窑洞，是中共中央转战陕北的最后一个居住地。

18-41 图 书 出 版

（2004年）

类　　别	图书种数(种)	总印数(万册)	类　　别	图书种数(种)	总印数(万册)
图 书 总 计	**4540**	**16245**	N.自然科学总论	5	2
(一)使用“中国标准书号”合计	4424	16094	O.数理科学、化学	158	91
A.马列主义、毛泽东思想	19	9	P.天文学、地球科学	11	1
B.哲　学	58	40	Q.生物科学	8	7
C.社会科学总论	33	13	R.医药、卫生	31	15
D.政治、法律	106	82	S.农业科学	13	3
E.军　事	3	1	T.工业技术	731	467
F.经　济	170	133	U.交通运输	4	3
G.文化、科学、教育、体育	2255	14430	Y.航空、航天	3	1
H.语言、文字	180	149	X.环境科学	6	2
I.文　学	222	223	Z.综合性图书	19	14
J.艺　术	176	212	(二)不使用“中国标准书号”合计	116	151
K.历史、地理	213	196			

18-42 杂志、报纸出版

类　别	种　数(种)		总 印 数(万份)		总 印 张(千印张)	
	2003年	2004年	2003年	2004年	2003年	2004年
一、杂　志	**270**	**274**	**6317**	**6374**	**266739**	**316761**
1.综　合	45	2	2971	8	131212	555
2.哲学、社会科学	30	60	956	4182	42606	222362
3.自然科学技术	153	165	720	650	34975	39651
4.文化教育	25	31	681	621	30071	27377
5.文学、艺术	12	12	452	360	17220	15975
6.少年儿童	4	3	534	549	10491	10578
7.画　刊	1	1	3	4	165	263
二、报　纸	**95**	**44**	**66237**	**69029**	**3170319**	**3367432**
1.省　级	53	28	52868	40678	3012241	2351068
2.地(市)级	33	16	11490	28351	137733	1016364
3.县　级	9		1879		20345	

注：2004年不含院校杂志、报纸数。

18-43 广播电视基本情况

项 目	单 位	1995年	2000年	2001年	2002年	2003年	2004年
一、无线广播宣传基本情况							
广播电台	座	9	9	9	10	11	11
发射台及转播台	座	12	12	12	12	12	12
发射机功率	部／千瓦	24/443	19/411	22/456	22/446	22/456	22/416
节目套数	套	66	82	82	84	86	87
平均每日播出时间	时：分	416:49	632:05	638:35	658:09	731:23	747:23
广播人口覆盖率	%	74.8	90.3	90.6	91.5	92	92.68
全年制作广播节目	时	53433	106134	99580	114539	139858	146022
新闻节目	时	11616	14757	16500	15500	20109	27173
专题节目	时	12679	23070	19486	25310	35018	43497
文艺节目	时	16426	29396	32962	36381	41849	47183
其他类	时	12712	27604	30632	37348	42882	28169
二、电视宣传基本情况							
电视台	座	11	11	11	11	11	11
发射台及转播台	座	2265	7878	7401	8498	8695	8351
发射机功率	部／千瓦	2531/ 228.072	13868/ 226.585	13518/ 223.156	15290/ 222.615	15212/ 223.844	15629/ 223.048
节目套数	套	15	15	36	123	122	126
平均每周播出时间	时：分	838:01	1105:16	5926:50	6086:49	6333:21	7793:21
电视人口覆盖率	%	79.1	91.41	92.49	92.87	93.18	93.66
卫星收转系统	座	4337	38140	56189	60658	83662	101986
制作电视节目	时	8152	16174	64946	42767	74609	60039
新闻节目	时	1433	2986	11650	13007	14532	18807
专题节目	时	970	2554	10826	11536	14418	11608
文艺节目	时	2976	3456	17134	15361	15117	8663
其他节目	时	2773	7178	25336	2863	30542	20961
三、县广播电视台	个		67	67	87	87	87

18-44 各市图书馆个数及藏书量、广播电视人口覆盖率

（2004年）

地 区	公共图书馆（个）	公共图书馆藏书量（千册）	广播人口覆盖率（%）	电视人口覆盖率（%）
全 省	**112**	**8640**	**92.68**	**93.66**
西 安 市	14	720	98.84	97.07
铜 川 市	5	346	93.01	97.57
宝 鸡 市	12	977	98.96	98.34
咸 阳 市	13	703	98.41	98.79
渭 南 市	11	597	83.57	88.11
延 安 市	13	430	91.22	93.22
汉 中 市	11	472	91.50	90.84
榆 林 市	12	689	86.88	84.66
安 康 市	11	419	86.77	89.81
商 洛 市	8	505	91.39	94.51
杨凌示范区	1		100.00	100.00
省直单位	1	2782		

主要统计指标解释

普通高等学校 指按照国家规定的设置标准和审批程序批准举办的，通过全国普通高等学校统一招生考试，招收高中毕业生为主要培养对象，实施高等教育的全日制大学、独立设置的学院和高等专科学校、高等职业学校和其他机构。

大学、独立设置的学院主要实施本科层次以上的教育，高等专科学校、高等职业学校实施专科层次的教育，其他机构是承担国家普通招生计划任务不计校数的机构。包括普通高等学校分校和批准筹建的普通高等学校等。

成人高等学校 指按照国家规定的设置标准和审批程序批准举办的，通过全国成人高等学校统一招生考试，招收具有高中毕业或同等学历的在职从业人员为主要培养对象，利用函授、业余、脱产等多种形式对其实施高等学历教育的学校。包括职工高等学校、农民高等学校、管理干部学院、教育学院、独立函授学院、广播电视大学、其他机构等。其他机构是承担国家成人招生计划不计校数的机构。

小学学龄儿童入学率 指调查范围内已入小学学习的学龄儿童占校内外学龄儿童总数(包括弱智儿童，不包括盲聋哑儿童)的比重。计算公式为:

小学学龄儿童入学率 = 已入学的小学学龄儿童 / 校内外学龄儿童总数 × 100%

科技活动 指在自然科学、农业科学、医药科学、工程与技术科学、人文与社会科学领域（简称科学技术领域）中与科技知识的产生、发展、传播和应用密切相关的有组织的活动。可分为研究与试验发展（R&D）、研究与试验发展成果应用及相关的科技服务三类活动。

科技活动人员 指直接从事科技活动、以及专门从事科技活动管理和为科技活动提供直接服务的人员,累计的实际工作时间占全年制度工作时间10%及以上的人员。（1）直接从事科技活动的人员包括：在独立核算的科学研究与技术开发机构、高等学校、各类企业及其他事业单位内设的研究室、实验室、技术开发中心及中试车间（基地）等机构中从事科技活动的研究人员、工程技术人员、技术工人及其它人员；虽不在上述机构工作，但编入科技活动项目（课题）组的人员；科技信息与文献机构中的专业技术人员；从事论文设计的研究生等。（2）专门从事科技活动管理和为科技活动提供直接服务的人员包括：独立核算的科学研究与技术开发机构、科技信息与文献机构、高等学校、各类企业及其他事业单位主管科技工作的负责人，专门从事科技活动的计划、行政、人事、财务、物资供应、设备维护、图书资料管理等工作的各类人员，但不包括保卫、医疗保健人员、司机、食堂人员、茶炉工、水暖工、清洁工等为科技活动提供间接服务的人员。该指标用来反映投入科技活动人力的规模。

科学家与工程师 指科技活动人员中具有高、中级技术职称（职务）的人员和不具有高、中级技术职称（职务）的大学本科及以上学历人员。该指标用来反映投入科技活动人力的素质。

专业技术人员 指从事专业技术工作和专业技术管理工作的人员，即企事业单位中已经聘任专业技术职务从事专业技术工作和专业技术管理工作的人员，以及未聘任专业技术职务，现在专业技术岗位上工作的人员。包括工程技术人员，农业技术人员，科学研究人员，卫生技术人员，教学人员，经济人员，会计人员，统计人员，翻译人员，图书资料、档案、文博人员，新闻出版人员，律师、公证人员，广播电视播音人员，工艺美术人员，体育人员，艺术人员及企业政治思想工作人员，共十七个专业技术职务类别。

专利 是专利权的简称，是对发明人的发明创造经审查合格后，由专利局依据专利法授予发明人和设计人对该项发明创造享有的专有权。包括发明、实用新型和外观设计。反映拥有自主知识产权的科技和设计成果情况。

发明 指对产品、方法或者其改进所提出的新的技术方案。是国际通行的反映拥有自主知识产权技术的核心指标。

实用新型 指对产品的形状、构造或者其结合所提出的适于实用的新的技术方案。反映具有一定技术含量的技术成果情况。

外观设计 指对产品的形状、图案、色彩或者其结合所作出的富有美感并适于工业上应用的新设计。反映拥有自主知识产权的外观设计成果情况。

文化事业机构 指从事专业文化工作和为专业文化工作服务的独立建制的单位。不包括这些单位另外举办独立核算的其他机构和各部门的业余文化组织。该指标主要反映文化事业机构发展规模水平。

艺术表演团体 指从事戏曲、音乐、舞蹈、杂技等专业艺术表演，有独立帐户的单位，不包括半工半艺、半农半艺和民间职业剧团。该指标主要反映专业艺术表演团体发展规模水平。

电影放映单位 指具有放映机器设备、固定或不固定的放映场所与专职或兼职的放映技术人员，经有关部门登记批准，经常为一定的观众对象放映电影的机构。包括经批准对外开放进行营业，并与电影发行放映管理机构分帐的专用放映单位和军委系统租片单位。

艺术表演观众人数(人次) 指售票、包场演出或民族地区免费演出的艺术表演观众人次数，不包括彩排审查和内部观摩演出的观看人次数。该指标主要反映观看专业艺术表演团体演出的效益规模。

2005

統計

年鑒

体育、卫生、社会福利和其他

TIYUWEISHENGSHEHUIFULIHEQITA

资料整理：方　志

****

19. 体育、卫生、社会福利和其他

****

2004 年全省

等级运动员发展人数	384	人
等级裁判员发展人数	755	人
卫生机构数	5138	个
# 医　院	2710	个
卫生技术人员	13.46	万人
# 执业(助理)医师	5.97	万人
环境监测站	69	个
自然保护区	46	个
环境污染治理投资总额	49.15	亿元

****

卫生技术人员和医生数

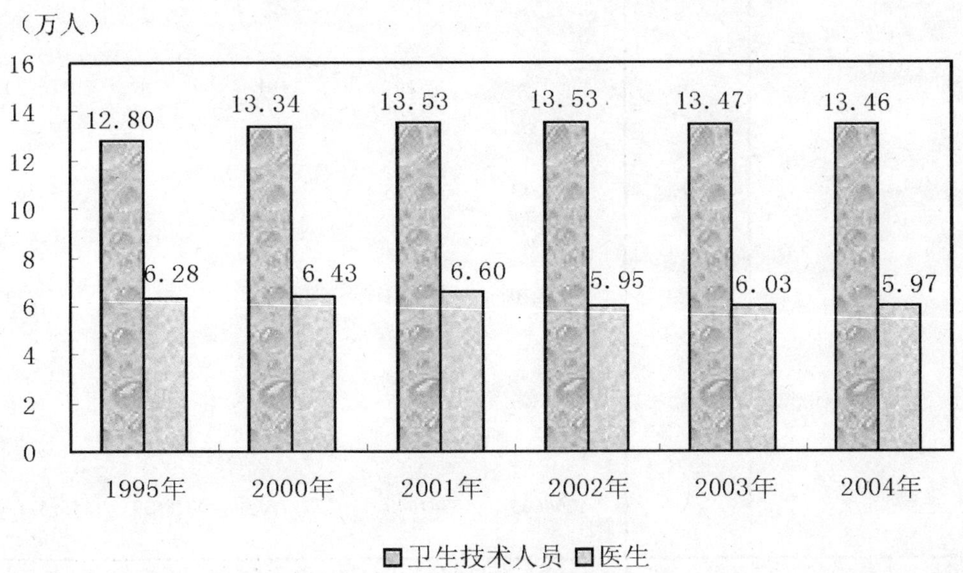

19-1 体 育 事 业

指　　标	单 位	1995年	2000年	2001年	2002年	2003年	2004年
一、、体育系统职工人数	人	4006	4387	4420	4128	4028	4251
二、等级运动员发展人数	人	693	2837	3339	859	759	384
# 女运动员	人	247	1195	1369	305	288	149
# 国际健将	人	6		1		2	1
运动健将	人	11	12	14	15	36	58
三、等级裁判员发展人数	人	429	1533	1804	1189	491	755
# 女裁判员	人	109	413	507	361	125	195
# 国际级	人					2	
国家级	人	12	28	10	12	9	14
四、少年儿童业余体校	所	94	101	101	69	70	89
# 重点体校	所	13	5	5	6	63	63
在校学生	人	7210	10141	11226	8500	9239	9602
五、各级各系统举办县级以上运动会次数	次	1300	1347	1219	1120	95	1089
六、《国家体育锻炼标准》达标人数	人	1234663	3341049	3277777	4038539	4594117	4567152

注:1.2002年等级运动员发展人数只统计健将级和一、二级人数。等级裁判员发展人数只统计国家级和一、二级人数。

2.2002年少年儿童业余体校只统计体育系统政府办的。

3.2003年县级以上运动会指综合性运动会。

19-2 等级运动员发展人数

（2004年）　　　　单位：人

地　　区	等级运动员	#女	国际级健将	运动健将	一　级	二　级
全　　省	**384**	**149**	**1**	**57**	**25**	**301**
省级直属	83	39	1	57	25	
西安市	68	25				68
铜川市						
宝鸡市	109	40				109
咸阳市						
渭南市						
延安市						
汉中市	39	13				39
榆林市	36	19				36
安康市	18	7				18
商洛市	31	6				31

19-3 体育活动情况

(2004年)

地　　区	举办运动会或比赛		举办全民健身活动情况		国际体育活动情况		电脑体育彩票销售量（万元）	电脑体育彩票应分配公益金（万元）
	举办综合运动会次数	举办单项比赛次数	举办全民健身活动次数	参加活动人数	出访起数	出访人次		
全　　省	**254**	**835**	**1270**	**2480242**	**49**	**103**	**28926.6**	**4930.7**
省级直属	1	31	27	21000	44	74		2769.0
西安市	28	139	117	192000	3	26	15094.7	1194.4
铜川市	11	33	254	88700			2246.1	157.8
宝鸡市	97	138	164	1612403			2406.5	202.4
咸阳市	20	132	116	121530			1963.3	137.8
渭南市	15	64	80	48200			1842.7	129.0
延安市	15	69	141	25690			1725.0	121.3
汉中市	36	63	124	188833			1320.0	113.4
榆林市	17	103	78	47440	1	2	963.7	6.5
安康市	5	17	59	24350	1	1	720.4	50.6
商洛市	9	46	110	110096			577.4	43.8
杨凌示范区							66.8	4.7

19-4 卫生机构、床位及人员数

年 份	机构合计(个)	#医 院	床位合计(万张)	#医 院	卫生技术人员(万人)	#医 生	#护士（师）
1952	715	135	0.50	0.34	0.95	0.40	0.12
1957	3170	148	1.32	0.85	2.99	1.65	0.37
1962	5105	231	2.28	1.66	3.71	1.93	0.53
1965	5146	266	2.52	1.86	3.87	2.05	0.64
1970	4007	2268	3.16	2.89	4.25	2.26	0.89
1975	5122	3008	4.74	4.36	6.27	2.96	1.15
1978	5598	3064	5.39	4.99	7.12	3.43	1.11
1979	5780	3078	5.78	5.32	7.58	3.60	1.17
1980	5845	3095	6.08	5.52	8.05	3.72	1.19
1981	6158	3109	6.37	5.72	8.84	4.07	1.40
1982	6369	3113	6.51	5.92	9.23	4.20	1.57
1983	6280	3106	6.66	6.06	9.57	4.38	1.73
1984	6251	3119	6.87	6.23	10.01	4.63	1.81
1985	6346	2218	7.20	6.46	10.61	4.97	1.88
1986	6309	2439	7.45	6.70	10.89	5.12	1.93
1987	6293	2559	7.68	6.95	11.22	5.29	2.04
1988	6248	2502	8.03	7.22	11.48	5.70	2.41
1989	6312	2515	8.29	7.47	11.63	5.84	2.64
1990	6416	2521	8.55	7.80	11.82	5.91	2.72
1991	6433	2577	9.02	8.22	11.99	5.87	2.81
1992	6404	2604	9.29	8.51	12.33	5.97	2.87
1993	6215	2389	9.56	8.81	12.28	5.89	2.91
1994	6227	3040	9.84	9.07	12.60	6.20	3.03
1995	6215	3313	9.88	9.05	12.80	6.28	3.10
1996	6033	3315	9.59	9.05	12.82	6.30	3.10
1997	5947	3217	9.48	9.04	12.99	6.23	3.25
1998	5639	2779	9.48	9.09	13.03	6.17	3.37
1999	5493	2753	9.68	9.22	13.28	6.37	3.48
2000	5572	2779	9.69	9.26	13.34	6.43	3.56
2001	5563	2780	9.91	9.43	13.53	6.60	3.62
2002	5240	2748	10.00	9.53	13.53	5.95	3.65
2003	5039	2740	10.27	9.89	13.47	6.03	3.72
2004	5138	2710	10.31	9.97	13.46	5.97	3.75

注：1.本表医院、医院床位数含卫生院、妇幼保健院和专科疾病防治院。

2.2002年起医生为执业医师和执业助理医师，护士（师）为注册护师。

19-5 各类卫生机构、床位及人员数

（2004年）

指标	机构数（个）	床位数（张）	人员合计（人）	卫生技术人员	其他技术人员	管理人员	工勤人员
总计	**5138**	**103075**	**163850**	**134591**	**5540**	**12243**	**11476**
一、医院合计	823	77798	96106	76225	3259	8242	8380
综合医院	577	61278	75884	60608	2479	6255	6542
中医医院	150	10426	14124	11256	617	1140	1111
中西医结合医院	6	264	214	143	10	16	45
民族医院	1	21	10	8		1	1
专科医院	89	5809	5874	4210	153	830	681
口腔医院	8	135	547	399	12	84	52
眼科医院	6	183	133	106		9	18
耳鼻喉科医院	1	32	33	25		6	2
肿瘤医院	4	480	463	328	11	78	46
胸科医院	1						
血液病医院	1	40	22	17		4	1
妇产(科)医院	4	94	66	49		12	5
儿童医院	2	443	812	577	9	179	47
精神病医院	21	1719	1328	994	37	159	138
传染病医院	2	436	558	338	9	87	124
皮肤病医院	1	10	12	8		2	2
结核病医院	2	643	538	354	25	97	62
麻风病医院	1	50	34	19	2	13	0
骨科医院	13	491	448	378	10	13	47
康复医院	14	812	712	485	31	71	125
美容医院	1						
其他专科医院	7	241	168	133	7	16	12
二、疗养院	7	2404	862	415	11	129	307
三、社区卫生服务站	195		714	714			
四、卫生院	1818	18548	27651	24361	590	1520	1180
街道卫生院	45	854	892	770	5	46	71
乡镇卫生院	1773	17694	26759	23591	585	1474	1109
中心卫生院	650	11464	16534	14614	394	864	662
乡卫生院	1123	6230	10225	8977	191	610	447
五、门诊部	218	560	2352	1981	24	164	183
六、急救中心（站）	3		176	102		32	42
七、采供血机构	13		569	371	50	108	40
八、妇幼保健院(所、站)	116	3555	6345	5279	265	489	312
妇幼保健院	68	3269	5132	4286	226	377	243
妇幼保健所	9	77	272	219	17	25	11
妇幼保健站	39	209	941	774	22	87	58
九、专科疾病防治院(所、站)	8	125	175	112	19	25	19
十、疾病预防控制中心(防疫站)	126		6295	4742	401	640	512
疾病预防控制中心/防疫站	122		6273	4725	398	638	512
疾病预防控制中心	57		2710	1966	189	286	269
卫生防疫站	65		3563	2759	209	352	243
预防保健中心	4		22	17	3	2	
十一、卫生监督所	46		1085	806	50	144	85
十二、卫生监督检验(监测、检测)所(站)							
十三、医学科学研究机构	17	80	405	262	26	63	54
十四、医学在职培训机构	68		2658	959	811	606	282
十五、健康教育所(站、中心)	2		51	18	15	15	3
十六、其他卫生机构	30	5	412	250	19	66	77
十七、卫生所、医务室	1648		5185	5185			
十八、个体诊所			12809	12809			

19-6 传染病发病率和死亡率

（2004年）

病名	发病率(1/10万)	死亡率(1/10万)	病死率(%)	病名	发病率(1/10万)	死亡率(1/10万)	病死率(%)
合计	**388.29**	**0.44**	**0.11**	猩红热	2.10		
鼠疫				出血热	4.93	0.07	1.33
霍乱				狂犬病			100.00
肝炎	178.75	0.13	0.07	钩体病			
痢疾	86.93	0.01	0.01	布病	0.72		
伤寒+副伤寒	0.23			炭疽	0.01		20.00
艾滋病	0.05	0.02	47.06	斑疹伤寒	0.13		
淋病	10.20			乙脑	0.71	0.02	2.33
梅毒	2.36			黑热病			
脊灰				疟疾	0.14		
麻疹	7.89		0.03	新生儿破伤风	11.11	0.57	5.13
百日咳	1.33			登革热			
白喉				肺结核	91.47	0.17	0.18
流脑	0.22	0.01	5.06	非典（临床诊断）			

19-7 出院病人前十位疾病构成

（2004年）

序号	城市		农村	
	疾病	构成(%)	疾病	构成(%)
1	循环系统疾病	13.34	损伤、中毒和外因的某些其他后果	20.68
2	呼吸系统疾病	12.48	妊娠、分娩和产褥期	15.73
3	消化系统疾病	11.20	呼吸系统疾病	14.35
4	妊娠、分娩和产褥期	10.13	消化系统疾病	12.84
5	肿瘤	9.72	循环系统疾病	11.42
6	损伤、中毒和外因的某些其他后果	8.88	某些传染病和寄生虫病	5.31
7	泌尿生殖系统疾病	5.07	肿瘤	3.74
8	某些传染病和寄生虫病	4.91	泌尿生殖系统疾病	3.58
9	影响健康状态和与保健机构接触的因素	4.29	起源于围生期的某些情况	2.29
10	眼和附器疾病	3.44	肌肉骨骼系统和结缔组织疾病	1.51
	构成合计	83.47	构成合计	91.45

19-8　各市卫生机构、床位及人员数

(2004年)

地　区	机构合计(个)	#医院	#卫生院	个体诊所(个)	床位合计(张)	#医院	人员合计(人)	卫生技术人员(人)	#执业(助理)医师	#注册护师
全　省	**5138**	**823**	**1818**	**6565**	**103075**	**99735**	**163850**	**134591**	**59683**	**37476**
西安市	1243	303	192	1172	32854	31422	51126	40289	16749	13433
铜川市	147	31	37	312	3754	3744	4963	4102	1742	1332
宝鸡市	652	93	172	654	11426	11019	18080	15049	6569	4099
咸阳市	435	108	192	648	12749	12697	19827	16626	7499	4831
渭南市	450	83	216	674	9530	9510	16516	13765	6189	3548
延安市	403	43	170	141	5844	5743	9826	7955	3665	2029
汉中市	545	61	241	1415	10217	9332	16034	13630	5417	3128
榆林市	494	48	230	481	7090	6967	10775	8927	4650	1951
安康市	436	32	200	644	5123	5118	8779	7629	3968	1855
商洛市	322	17	164	399	4150	3845	7450	6208	3010	1164
杨凌示范区	11	4	4	25	338	338	474	411	225	106

注：医院病床数中含卫生院、妇幼保健院和专科疾病防治院。

19-9　各市农村村级卫生组织情况

（2004年）

地　区	行政村数(个)	#无医疗点的村数	村卫生室数(个)	乡村医生和卫生员数(人)	乡村医生	卫生员	农村接生员(人)	村卫生室覆盖率(%)
全　省	**29516**	**5081**	**21973**	**31859**	**29549**	**2310**		**82.8**
西安市	3161		2639	4266	4075	191		100.0
铜川市	793	12	695	592	578	14	16	98.5
宝鸡市	2200	114	2015	3728	3457	271	26	94.8
咸阳市	3740	106	3104	3490	3404	86	1058	97.2
渭南市	3225	44	2184	4384	4281	103	881	98.6
延安市	3387	1502	1354	1446	1376	70	876	55.7
汉中市	2903		2864	4752	4008	744		100.0
榆林市	5568	2612	2377	2481	2285	196	859	53.1
安康市	2658	656	2238	2816	2279	537	1452	75.3
商洛市	1810	35	2432	3821	3723	98	565	98.1
杨凌示范区	71		71	83	83			100.0

19-10 社会福利事业、企业单位机构和人员

指标	机构（个）		工作人员（人）	
	2003年	2004年	2003年	2004年
总计	**1771**	**1484**	**31179**	**26324**
一、社会福利事业单位	724	699	3555	4139
二、社会福利企业单位	791	599	24527	19717
国有办	81	76	2671	2448
集体办	581	444	18898	15778
民办	129	79	2958	1491
三、烈士纪念建筑物管理单位	31	31	268	267
四、救助站	84	82	817	854
五、殡葬事业单位	68	73	1264	1347
六、其他非收养性单位	73		748	

19-11 社会福利事业单位基本情况

(2004年)

指标	院数（个）	工作人员（人）	床位（张）	年在院总人数（万人）
总计	**699**	**4139**	**19155**	**413.58**
一、民政部门办社会福利事业单位	102	2764	9336	203.50
优抚休、疗养院	48	1530	3214	42.78
城市福利院	54	1234	6212	160.72
二、老年收养性机构	597	1375	9819	210.08

注：1.优抚休、疗养院包括荣誉军人康复医院、复退军人慢性疗养院、复退军人精神病院和国家办光荣院。

2.城市福利院包括社会福利院、社会儿童福利院、社会精神病人福利院。

3.老年收养性机构包括城镇、农村的敬老院、养老院、老年性公寓。

19-12 社会福利企业基本情况

(2004年)

地　区	单位数(个)	年末职工人数(人)	#残疾职工	#女性
全　省	**599**	**19717**	**8485**	**2947**
西安市	210	7668	3328	1134
铜川市	13	424	195	110
宝鸡市	142	4490	1941	904
咸阳市	36	1427	696	252
渭南市	62	1113	477	127
延安市	19	525	198	72
汉中市	52	1561	596	193
榆林市	21	612	267	72
安康市	9	209	91	57
商洛市	9	157	73	24
杨凌示范区				
厅级小计	26	1531	623	2

19-13 各市城镇社区服务设施

(2004年)

地　区	城镇社区服务设施数(个)	从业人员(人)	#安置下岗人员数	便民利民服务网点(个)
全　省	**7674**	**61776**	**34926**	**23711**
西安市	1146	8756	4432	13700
铜川市	544	3970	1180	1162
宝鸡市	1583	24873	20814	2049
咸阳市	715	4086	558	850
渭南市	3024	14709	6133	3722
延安市	43	308	94	108
汉中市	187	2993	953	1101
榆林市	121	484	134	160
安康市	203	864	318	674
商洛市	71	587	275	172
杨凌示范区	37	146	35	13

19-14 社会捐赠情况

（2004年）

地　区	捐赠款数额（万元）	捐赠其他物资价值（万元）	接收捐赠衣被件数（万件）	#棉衣被
全　省	**2121.90**	**50.70**	**83.90**	**2.50**
西安市	164.0	4.2	13.1	0.1
铜川市	112.1		4.1	
宝鸡市	71.1	0.2	0.1	
咸阳市	142.4	1.2	1.4	0.3
渭南市	42.9	0.4	0.6	0.1
延安市	160.5	3.5		
汉中市	30.9	0.5	20.1	0.4
榆林市	109.1		0.1	0.1
安康市	28.6	9.2	21.3	0.3
商洛市	17.7	31.5	23.1	1.2
杨凌示范区	2.6			
厅级小计	1240.0			

19-15 收养登记情况

（2004年）　　单位：人

地　区	收养登记合计	中国公民收养登记	#港澳居民	#台湾居民	#华侨	外国人收养登记
全　省	**551**	**307**	**3**			**244**
西安市	60	60	1			
铜川市	11	11				
宝鸡市	20	20	2			
咸阳市	47	47				
渭南市	7	7				
延安市	12	12				
汉中市	57	57				
榆林市	28	12				16
安康市	43	43				
商洛市	32	32				
杨凌示范区	6	6				
厅级小计	228					228

19-16 律师、公证及人民调解工作

(2004年)

项　　目	单 位	实有数	项　　目	单 位	实有数
一、律师工作			**二、公证工作**		
律师人员	人	3889	公证处	个	117
#专　职	人	2411	#涉外公证处	个	20
兼　职	人	421	公证人员	人	847
刑事诉讼辩护及代理	件	7293	办理公证文书	件	136819
民事诉讼代理	件	14284	**三、人民调解工作**		
经济诉讼代理	件	7499	专职司法助理员	人	3873
行政诉讼代理	件	999	人民调解委员会	个	32052
担任法律顾问	家	6236	调解委员	万人	12.35
代写法律文书	件	35654	调解民间纠纷	万件	18.39
律师事务所	个	273			

19-17 国内公证文书分类

(2004年)

分　　类	办证件数 (件)	比 重 (%)	分　　类	办证件数 (件)	比 重 (%)
一、民事公证事项			**二、经济公证事项**		
合　计	38539	100.0	合　计	67293	100.0
收　养	77	0.2	购销合同	75	0.1
解除收养	40	0.1	联营合同	695	1.0
继承权	2533	6.6	拍　卖	1649	2.5
遗　嘱	970	2.5	贷款合同	39158	58.2
产　权	325	0.8	担保书	2861	4.3
亲属关系	1122	2.9	招标、投标	1768	2.6
死　亡	78	0.2	科技协作	1	0.0
房屋买卖	4609	12.0	供用电合同	49	0.1
房屋租赁	816	2.1	劳务合同	1385	2.1
留学协议	102	0.3	建筑工程承包	87	0.1
遗赠扶养协议	261	0.7	工商服务业承包	286	0.4
委托书	5089	13.2	农林牧渔业承包	1341	2.0
赠与书	1506	3.9	乡镇企业承包	125	0.2
声明书	2811	7.3	财产租赁	197	0.3
现场监督	1673	4.3	企业租赁	89	0.1
签名印鉴属实	798	2.1	资产经营责任制	19	0.0
文本相符	1281	3.3	还款协议	1627	2.4
宅基地使用权	117	0.3	土地使用权出让转让	512	0.8
证据保全	1368	3.5	其他经济合同	3276	4.9
拆迁协议	525	1.4	法人资格	283	0.4
计划生育	22	0.1	法人委托书	1648	2.4
赡养协议	126	0.3	公司章程	11	0.0
合伙协议	391	1.0	执行许可证明	285	0.4
夫妻财产协议	436	1.1	提　存	49	0.1
其他民事协议	5736	14.9	抵押登记	3126	4.6
更改姓名			公司会议记录	1279	1.9
其　他	5727	14.9	其　他	5412	8.0

19-18 婚姻登记情况

指　　标	单 位	1995年	2000年	2001年	2002年	2003年	2004年
一、登记结婚数							
1.内地居民登记结婚数	对	241605	203173	203358	188412	190391	205091
初婚数	人	461431	382458	368940	348864	355983	370754
再婚数	人	21779	23888	37776	27960	24799	39428
#恢复结婚数	人	1074	1473	1944	1741	1446	2165
2.涉外婚姻数	对	289	425	480	421	392	514
二、登记离婚数							
1.内地居民登记离婚数	对	20484	26023	34387	31894	33963	39950
2.涉外婚姻数	对	4	8	13	6	10	555

19-19 各市婚姻登记情况

(2004年)

地　区	准予登记结婚数(对)	初婚数(人)	再婚数(人)	#恢复结婚数	登记离婚数(对)	#港澳台华侨离婚数
全　省	**205605**	**370754**	**39428**	**2165**	**40505**	**555**
西安市	55987	95552	16418	405	12702	3
铜川市	4373	8338	408	42	1244	
宝鸡市	18001	30617	5385	118	4402	
咸阳市	24430	45057	3803	953	5147	
渭南市	23868	44996	2740	81	5061	
延安市	12215	22296	2134	43	2290	465
汉中市	21552	39474	3630	193	4315	
榆林市	16867	32384	1350	99	1977	64
安康市	15581	28757	2405	185	1895	1
商洛市	11284	21483	1085	42	1290	
杨凌示范区	935	1800	70	4	160	
厅级小计	512				22	22

19-20 工 会 工 作

（2004年）

项　目	单位	实有数	项　目	单位	实有数
一、全省工会组织概况			三、工会保障工作		
基层工会			基层工会		
1.工会委员会	个	31465	1.参加联系生活困难职工户的领导干部数	人	20924
2.会员人数	万人	345	2.联系的困难职工户数	户	26418
#女性	万人	127	基层以上工会		
3.工会专职工作人员数	人	6884	1.建立特困职工档案的工会数	个	558
#女　性	人	2407	2.参加联系生活困难职工户的领导干部数	人	13062
4.工会经费审查委员会数	个	8574	联系的困难职工户数	户	12283
经费审查委员会委员人数	人	20298	3.建立送温暖工程基金的工会	个	109
基层以上工会			四、工会经济技术工作		
1.工会组织	个	1332	基层工会		
专职干部人数	人	2259	1.开展经济技术创新工程活动的单位	个	3076
2.工会女职工工作组织数	个	773	2.开展合理化建议活动提出建议数	件	111603
工会专职女职工工作干部	人	248	可计算创造（节约）的金额	万元	38201
3.工会经费审查委员会数	个	436	3.参加劳动竞赛活动的职工人次数	万人次	111
经费审查委员会委员人数	人	1711	4.参加技术练兵、技术比武职工人次数	万人次	71
4.工会资产管理机构数	个	120	五、工会劳动保护工作		
二、工会民主管理工作			基层工会		
基层工会			1.劳动保护监督检查委员会数	个	2084
1.建立职代会制度的单位	个	4358	2.参加安全生产检查次数	次	31763
召开职代会制度的单位	个	8324	基层以上工会		
2.实行业务招待费使用情况向职代会			1.建立劳动保护监督检查组织个数	个	205
报告的单位数	个	6722	2. 参加安全生产检查次数	次	2807
3.职代会民主评议企事业领导干部的单位	个	7598	六、工会法律工作		
4.实行厂（校、政）务公开的单位	个	9266	基层工会		
5.建立平等协商、签定集体合同的企业	个	7819	1.建立劳动争议调解委员会的单位	个	2380
6.集体合同覆盖的职工人数	万人	155	参加的工会和职工代表数	人	6714
7.职工代表参加董事会的企业数	个	1425	受理的劳动争议件数	件	4275
董事会中的职工代表数	人	1364	调解成功的劳动争议件数	件	937
8.职工代表参加监事会的企业数	个	1132	2.建立劳动法律监督组织的工会数	个	1311
监事会中的职工代表数	人	901	基层以上工会		
基层以上工会			1.建立劳动法律监督组织的工会数	个	86
1.与同级政府（行政）召开联席会的工会	个	62	2.建立法律援助机构的工会数	个	44
2.建立三方协调机制的工会数	个	103			

19-21 妇 女 工 作

(2004年)

项　目	单 位	合 计	省 级	地、市级	县、区级	乡、镇级
一、组织状况						
妇女联合会	个	1948	1	11	107	1829
基层妇代会	个	29562				
妇委会	个	1938				
二、妇联干部	人	2169	44	135	1990	
三、妇联杂志						
公开发行	份					
期发行量	万 份					
内部发行	份	1	1			
期发行量	万 份	0.30	0.30			
四、维护妇女合法权益工作						
律师事务所	个					
妇联维权干部中取得						
律师资格人数	人					
来信件数	件	624	546	35	43	
来访人次	人	8916	1980	1797	5139	
五、实施春蕾计划						
资助女童入学或返校	人	7791	1000	1517	5274	
社会捐资总数	万 元	266	30	58	179	
六、其他工作情况						
妇女、儿童活动中心	个	7	1	2	4	
三八红旗手	人	612	12	154	446	
三八红旗集体	个	64	2	6	56	
五好文明家庭	户	41203	100	1127	39976	

19-22 环境保护与治理情况

指　标	单 位	2001年	2002年	2003年	2004年
环境监测站	个	70	74	66	69
环境监测人员	人	1497	1687	1400	1520
自然保护区个数	个	23	32	36	46
#国家级	个	6	6	6	6
自然保护区面积	公 顷	589991	676358	809326	1005381
环境污染治理投资总额	亿 元	35.64	42.41	42.71	49.15
环境污染与破坏事故次数	次	29	68	16	41
#水污染	次	11	49	7	26
大气污染	次	12	5	5	5
固体废物污染	次	2	3		1
噪声与振动危害	次	3	4		3
环境污染直接经济损失	万 元	108	261	6.3	61.9
环境污染事故罚款金额	万 元	11.8	74.9	14.8	68.4

19-23 各市交通事故情况

地 区	事故次数（件）		死亡人数（人）		受伤人数（人）		损失折款（万元）	
	2003年	2004年	2003年	2004年	2003年	2004年	2003年	2004年
全 省	**12502**	**13348**	**2324**	**2949**	**9406**	**8988**	**3893**	**6243**
西安市	4686	5215	545	783	3007	2927	1352	1983
铜川市	527	641	49	81	425	524	183	501
宝鸡市	1336	1352	248	270	685	764	354	602
咸阳市	818	933	163	226	694	718	221	471
渭南市	2324	1737	311	362	2073	1536	553	663
延安市	646	686	245	326	636	609	313	315
汉中市	980	867	233	228	722	735	345	299
安康市	213	217	81	81	209	217	72	72
商洛市	499	386	209	212	534	380	292	151
榆林市	450	531	237	317	405	406	186	252
杨凌示范区	23	51	3	7	16	45	22	18
高交路		732		56		127		915

19-24 各市火灾事故情况

地 区	事故次数（件）		死亡人数（人）		受伤人数（人）		损失折款（万元）	
	2003年	2004年	2003年	2004年	2003年	2004年	2003年	2004年
全 省	**3992**	**6954**	**42**	**43**	**58**	**70**	**1229**	**2448**
西安市	1540	2648	10	8	13	10	265	579
铜川市	82	121	1			1	36	37
宝鸡市	540	909	4	2	2		222	168
咸阳市	327	687	4	1	11	4	44	283
渭南市	691	1102	2	6	3	8	151	445
延安市	105	181	10	7	5	17	254	174
汉中市	144	450	5	2	2	2	45	208
榆林市	233	82		4	11	11	91	119
安康市	128	317		9	3	7	66	100
商洛市	157	374	4	4		8	21	313
杨凌示范区	45	83	2		8	2	34	22

19-25 各市工业固体废物排放及处理情况

(2004年)

地区	工业固体废物产生量(万吨)	工业固体废物排放量(万吨)	#危险废物排放量（吨）	工业固体废物贮存量(万吨)	#危险废物贮存量（吨）
全省	**3819.72**	**32.35**	**14.02**	**1892.88**	**30260.22**
西安市	134.23	0.79	14.00	16.79	20.20
铜川市	82.62	1.61		37.68	
宝鸡市	275.00	1.13		3.62	8.72
咸阳市	162.41	1.12		13.80	294.20
渭南市	2168.09	0.16		1409.56	
延安市	12.09	0.11		5.16	
汉中市	373.02	1.20	0.02	232.49	5437.10
榆林市	416.75	20.10		10.79	
安康市	60.82	5.66		34.17	
商洛市	134.20	0.43		128.82	24500.00
杨凌示范区	0.49	0.04			

地区	工业固体废物处置量(万吨)	#危险废物处置量（吨）	#处置往年贮存量（万吨）	工业固体废物综合利用量(万吨)	“三废”综合利用产品产值(万元)
全省	**1082.84**	**3443.22**	**8.86**	**831.39**	**44156.30**
西安市	3.04	894.45	0.90	119.83	6762.3
铜川市	22.09			26.25	3686.2
宝鸡市	172.76	139.77		97.93	4202.0
咸阳市	28.50	930.00		119.02	4091.4
渭南市	474.72			283.65	16404.9
延安市	0.26	1305.00		6.56	100.0
汉中市	31.83	174.00	6.36	113.86	7093.9
榆林市	347.86		1.60	39.61	815.0
安康市	1.52			19.47	484.2
商洛市	0.26			4.75	426.4
杨凌示范区				0.46	90.0

19-26 各市工业废水排放及处理量

(2004年)

地　区	工业用水总量（万吨）	工业废水排放总量(万吨)	工业废水排放达标量(万吨)	废水治理设施运行费用（万元）
全　省	**562673.57**	**36833.08**	**33736.77**	**28656.8**
西安市	80514.16	12578.88	11283.90	7260.6
铜川市	2101.54	341.24	308.91	417.9
宝鸡市	69420.96	7110.29	6871.34	3673.4
咸阳市	104999.37	7242.99	7227.09	3920.2
渭南市	213859.80	4584.03	3973.21	6768.5
延安市	22446.04	519.59	319.30	994.1
汉中市	44428.26	2013.89	1765.59	3769.5
榆林市	21679.26	1083.71	1044.25	733.0
安康市	1123.79	561.12	443.36	337.6
商洛市	1899.32	757.42	465.26	778.3
杨凌示范区	201.07	39.92	34.56	3.7

19-27 各市废水处理设施运行情况

(2004年)

地　区	废水治理设施数(套)	废水治理设施处理能力(万吨/日)	工业用水重复利用率（%）	排入污水处理厂的（万吨）	工业废水排放达标率（%）
全　省	**1721**	**301.74**	**85.35**	**3400.73**	**91.59**
西安市	528	59.46	76.84	2230.61	89.71
铜川市	49	1.50	70.24		90.52
宝鸡市	266	56.20	86.39		96.64
咸阳市	159	26.70	90.52	871.08	99.78
渭南市	186	82.78	86.86	29.92	86.67
延安市	34	3.10	64.61	269.12	61.45
汉中市	286	60.77	91.43		87.67
榆林市	70	2.36	90.40		96.36
安康市	47	3.14	39.32		79.01
商洛市	94	5.71	48.81		61.43
杨凌示范区	2	0.02	17.29		86.58

19-28 各市工业废气排放及处理情况

(2004年)

地　区	工业废气排放总量(万标立方米)	燃料燃烧过程中废气排放量(万标立方米)	生产工艺过程中废气排放量(万标立方米)	废气治理设施数(套)	废气治理设施处理能力(万标立方米/时)
全　省	**43743128**	**28038108**	**15705020**	**4079**	**6996.74**
西安市	4283105	3358880	924225	972	908.98
铜川市	4292733	472635	3820098	606	570.10
宝鸡市	8116250	5672144	2444106	735	1645.69
咸阳市	4676572	3901352	775220	334	1059.27
渭南市	12719622	8953821	3765801	610	1839.13
延安市	534229	532538	1691	47	25.55
汉中市	3303705	1755798	1547907	472	346.33
榆林市	4958492	3144857	1813635	132	456.90
安康市	420704	88565	332139	115	108.78
商洛市	428160	147962	280198	55	35.96
杨凌示范区	9556	9556		1	0.05

地　区	工业二氧化硫排放量(吨)	烟尘排放量(吨)	烟尘去除量(吨)	工业粉尘去除量(吨)	废气治理设施运行费用(万元)
全　省	**706281.55**	**286345.27**	**4318626.11**	**957316.01**	**38792.80**
西安市	90508.10	43766.97	594938.44	57358.41	2628.50
铜川市	8956.95	2619.58	5247.08	286300.53	3387.90
宝鸡市	85323.66	15305.19	543500.93	151277.42	7657.10
咸阳市	128762.46	35723.94	690397.04	23295.99	10302.70
渭南市	263092.00	101022.32	2053602.95	167680.28	6909.90
延安市	9278.45	5336.19	25237.83	104.20	192.10
汉中市	49370.87	33736.63	259472.88	180347.50	4554.60
榆林市	57506.21	35222.03	142177.69	32463.71	2230.50
安康市	4858.30	4054.63	3204.64	12420.00	371.40
商洛市	8542.76	9535.94	787.63	46067.97	557.90
杨凌示范区	81.79	21.85	59.00		0.20

主要统计指标解释

等级运动员人数 指经考核正式批准授予等级运动员称号的人数。运动员等级分为国际级运动健将、运动健将、一级运动员、二级运动员、三级运动员、少年级运动员。该指标主要反映运动员队伍的技术质量水平。

等级裁判员人数 指经考核正式批准授予等级裁判员称号的人数。裁判员等级分为国际裁判、国家级裁判、一级裁判、二级裁判、三级裁判。该指标主要反映裁判员队伍的技术质量水平。

卫生机构 包括医疗机构、疾病预防控制中心（防疫站）、采供血机构、卫生监督及监测（检验）机构、医学科研和在职培训机构、健康教育所等。

医院 包括综合医院、中医医院、中西医结合医院、各类专科医院和护理院。

卫生技术人员 指卫生机构中医生、护理人员、药剂人员、检验人员等卫生技术人员。

医生 指在医疗、预防保健机构工作且取得《执业医师证书》的执业医师和执业助理医师。

社会福利事业单位 指集中收养社会孤老、残、幼的机构，包括由民政部门管理的社会福利院、儿童福利院、精神病人福利院和城镇集体举办的福利院及农村集体举办的敬老院以及优抚医院和具有收养能力的社区服务中心等。

社会福利事业单位收养人数 包括民政部门管理和城镇、农村集体举办的社会福利事业单位中收养的老人、少年儿童、缺乏生活自理能力的残疾人员和精神病人。

社会福利企业单位 指以安置城镇有一定劳动能力的盲、聋、哑和肢体残疾人员就业为目的，享受国家减免税待遇的国有或集体企业。包括福利工厂、福利商业和服务业、假肢厂和安置农场等单位。

律师 指依法取得律师执业证书，担任法律顾问、民事（刑事、行政）案件代理人、刑事案件辩护人，办理非诉讼业务、解答法律询问，代写法律事务文书等，为社会提供法律服务的人员。

公证人员 指在公证处工作的人员总称，包括公证处主任、副主任、公证员、公证员助理（助理公证员）和其他从事辅助性工作的人员。

公证文书 指公证处根据当事人申请，依照事实和法律，按照法定程序制作的，具有法律效力的司法证明文书。根据公证书用途和使用地，公证书分为国内公证书、国内经济公证书、涉外民事公证书、涉外经济公证书四类。

调解人员 指在人民调解委员会担负调解民间纠纷工作的人员，包括调解委员会的委员和调解小组的调解员。

调解民间纠纷 指调解委员会按照法律规定，根据自愿原则，用说服教育的方法调解民间发生的有关民事权利和义务争执的件数，包括调解成功数和未调解成功数。

受理劳动争议案件数 指劳动争议仲裁委员会根据国家有关规定，对劳动争议当事人的申请予以审查，符合受理条件而正式立案、准备处理的劳动争议案件数。

工业废水排放量 指经过企业厂区所有排放口排到企业外部的工业废水量。包括生产废水、外排的直接冷却水、超标排放的矿井地下水和与工业废水混排的厂区生活污水，不包括外排的间接冷却水(清污不分流的间接冷却水应计算在内)。

工业废水排放达标量 指报告期内废水中各项污染物指标都达到国家或地方排放标准的外排工业废水量，包括未经处理外排达标和经污水处理厂处理后达标排放的两部分。

工业废水处理量 指报告期内各种水治理设施实际处理的工业废水量，包括处理后外排和处理后回用的工业废水量和虽经处理但未达到国家或地方排放标准的废水量。如车间和厂排放口均有治理设施，并对同一废水分级处理时，不应重复计算工业废水处理量。

工业废气排放量 指报告期内企业厂区内燃料燃烧和生产工艺过程中产生的各种排入大气的含有污染物的气体总量，按标准状态〔273K，101325Pa〕计算。

工业二氧化硫排放量 指报告期内企业在燃料燃烧和生产工艺过程中排入大气的二氧化硫总量。

工业烟尘排放量 指企业厂区内燃料燃烧过程中产生的烟气中夹带的颗粒物排放量。

工业粉尘排放量 指企业在生产工艺过程中排放的能在空气中悬浮一定时间的颗粒物排放量，如钢铁企业的耐火材料粉尘、焦化企业的筛焦系统粉尘、烧结机的粉尘、石灰窑的粉尘、建材企业的水泥粉尘等。不包括电厂排入大气的烟尘。

工业固体废物产生量 指报告期内企业在生产过程中产生的固体状、半固体状和高浓度液体状废弃物的总量，包括危险废物、冶炼废渣、粉煤灰、炉渣、煤矸石、尾矿、放射性废物和其他废物等；不包括矿山开采的剥离废石和掘进废石(煤矸石和呈酸性或碱性的废石除外)。酸性或碱性废石指采掘的废石其流经水、雨淋水的pH值小于4或pH值大于10.5者。

工业固体废物综合利用量 指报告期内企业通过回收、加工、循环、交换等方式，从固体废物中提取或者使其转化为可以利用的资源、能源和其他原材料的固体废物量(包括当年利用往年的工业固体废物累计贮存量)，如用作农业肥料、生产建筑材料、筑路等。综合利用量由原产生固体废物的单位统计。

工业固体废物贮存量 指报告期内企业以综合利用或处置为目的，将固体废物暂时贮存或堆存在专设的贮存设施或专设的集中堆存场所内的数量。专设的固体废物贮存场所或贮存设施必须有防扩散、防流失、防渗漏、防止污染大气、水体的措施。

工业固体废物处置量 指报告期内企业将固体废物焚烧或者最终置于符合环境保护规定要求的场所，并不再回取的工业固体废物量(包括当年处置往年的工业固体废物累计贮存量)。处置方法有填埋(其中危险废物应安全填埋)、焚烧、专业贮存场(库)封场处理、深层灌注、回填矿井等。

工业固体废物排放量 指报告期内企业将所产生的固体废物排到固体废物污染防治设施、场所以外的数量，不包括矿山开采的剥离废石和掘进废石(煤矸石和呈酸性或碱性的废石除外)。

“三废”综合利用产品产值 指利用“三废”(废液、废气、废渣)作为主要原料生产的产品价值(现行价)；已经销售或准备销售的应计算产品价值，留作生产自用的不应计算产品价值。

自然保护区 指对有代表性的自然生态系统、珍稀濒危野生动植物物种的天然分布区、水源涵养区、有特殊意义的自然历史遗迹等保护对象所在的陆地、陆地水体或海域，依法划出一定面积进行特殊保护和管理的区域。以县及县以上各级人民政府正式批准建立的自然保护区为准(包括“六五”以前由部门或“革委会”批准且现仍存在的自然保护区)。风景名胜区、文物保护区不计在内。

环境污染与破坏事故 指由于违反环境保护法规的经济、社会活动与行为，以及意外因素的影响或不可抗拒的自然灾害等原因，致使环境受到污染，国家重点保护的野生动植物、自然保护区受到破坏，人体健康受到危害，社会经济和人民财产受到损失，造成不良社会影响的突发性事件。

环境污染治理投资 指在工业污染源治理和城市环境基础设施建设的资金投入中，用于形成固定资产的资金。包括工业新老污染源治理工程投资、建设项目“三同时”环保投资，以及城市环境基础设施建设所投入的资金。

2005

統計年鑒

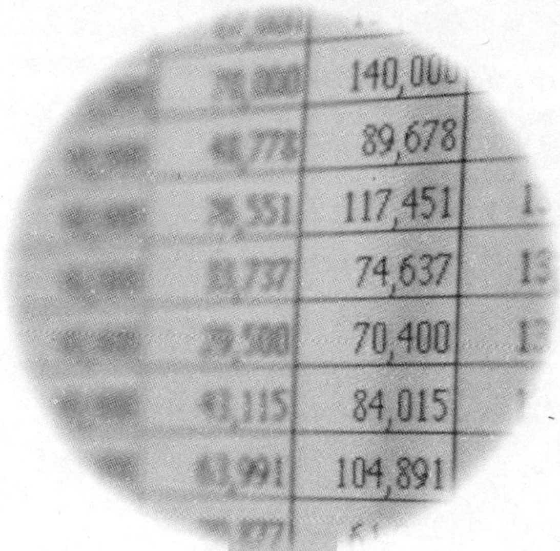

企业调查资料

QIYEDIAOCHAZILIAO

资料整理：朱雅丽　门丽琼

20-1 企业集团基本情况

（2004年）

企业集团名称	主要产品（或活动）	母公司控股情况	母公司登记注册类型
庆安集团	空调器压缩机	国有绝对控股	其他有限责任公司
西安飞机工业集团	航空零部件、豪华客车	国有绝对控股	其他有限责任公司
陕西秦岭水泥（集团）股份有限公司	水泥	国有相对控股	股份有限公司
陕西华山化工集团	尿素、磷酸二铵	国有绝对控股	国有独资公司
陕西渭河煤化工集团	尿素、合成氨	国有绝对控股	其他有限责任公司
陕西龙门钢铁集团	钢材、钢坯、生铁	国有相对控股	其他有限责任公司
陕西汽车集团	重型载货汽车、中型载货汽车、大客车底盘	国有绝对控股	其他有限责任公司
西安交大开元集团	可视系列产品、房地产开发与管理、阳光教育	国有相对控股	股份有限公司
标准工业集团	工业缝纫机	国有绝对控股	国有独资公司
西安民生集团	百货零售	其　他	股份有限公司
煤航集团	建筑施工、测绘、商品贸易	国有绝对控股	国有企业
陕西西安新大陆集团	房地产开发、装饰业务	其　他	其他有限责任公司
西安海星科技投资控股集团	饮料、计算机、超市	其　他	其他有限责任公司
陕西省高速公路建设集团	通行费征收	国有绝对控股	国有独资公司
陕西众兴企业集团	汽车贸易、房地产开发及其他、投资	其　他	其他有限责任公司
陕西黄河集团	雷达及配套设备制造	国有绝对控股	国有独资公司
陕西煤业集团	煤炭开采、煤炭销售	国有绝对控股	国有独资公司
长岭集团	电冰箱、仿电产品、军电产品	国有绝对控股	国有独资公司
陕西有色金属控股集团有限责任公司	钼精矿、钛材、电解铝	国有绝对控股	国有独资公司
陕西鼓风机集团	风机、风机配件	国有绝对控股	国有独资公司
利君企业集团	红霉素碱、盐酸四环素、片剂	国有绝对控股	其他有限责任公司
陕西旅游集团	景点收入	国有绝对控股	国有独资公司
长安信息产业集团	房地产开发、药品销售、医疗服务	其　他	股份有限公司
五环集团	纺纱、纺布	其　他	其他有限责任公司
陕西开成集团	服装、布类、矿产品	国有绝对控股	其他有限责任公司
陕西华远医药商业集团	药品批发	国有绝对控股	其他有限责任公司
陕西银河发展集团	综合自动化、仪表、开关	国有相对控股	其他有限责任公司
西安高科集团公司	房地产开发、工业产值、商品贸易	国有绝对控股	国有企业
西仪集团	电子控制装置、压力仪表	国有绝对控股	国有独资公司
陕西建设企业集团	翻斗车、摊铺机、搅拌机	国有绝对控股	国有独资公司
西安解放集团	国内贸易	其　他	股份有限公司
西安东盛集团	白加黑、盖天力、维奥欣	其　他	其他有限责任公司
陕西丹尼尔企业集团	房地产开发、商贸租赁	其　他	其他有限责任公司
金花企业集团	转移因子口服液、转移因子胶囊、商品零售	其　他	其他有限责任公司
陕西建工集团	建筑业、摊铺机、锅炉	国有绝对控股	国有企业
陕西煤航数码测绘集团	商品销售	国有相对控股	股份有限公司
宝鸡忠诚机床集团	金属切削机床	国有绝对控股	国有企业
陕西宝光企业集团	真空开关管、真空开关、弹操机构	国有绝对控股	其他有限责任公司
陕西烽火通信集团有限公司	通信电台、电子元件	国有绝对控股	其他有限责任公司
陕西秦明电子(集团)有限公司	心脏起博器、传感器及变送器	其　他	其他有限责任公司
陕西省双菱化工集团有限公司	过磷酸钙、硫酸、`磷酸一铵	国有绝对控股	股份有限公司
宝鸡商场(集团)股份有限公司	商业销售、酒店、路桥、制药	国有相对控股	股份有限公司
秦川机床集团有限公司	金属切削机床、塑料加工机械、铸件	国有相对控股	其他有限责任公司
陕西东岭集团	物资流通、锌冶炼、焦炭冶炼	集体绝对控股	股份有限公司
陕西毅武集团	方便面、纯净水、白酒	其　他	股份有限公司
陕西省延长石油工业集团公司	柴油、汽油、液化气	国有绝对控股	国有独资公司
陕西金山电气集团有限公司	彩偏磁芯、恒磁、电感器件	国有绝对控股	国有独资公司
陕西兴化企业集团	合成氨、硝酸铵、编织袋	国有绝对控股	国有独资公司
陕西宴友思集团公司	肉制品、秦川牛肉	国有绝对控股	国有企业
西北二棉集团有限公司	棉纱、棉布	国有绝对控股	国有独资公司
咸阳偏转集团公司	偏转线圈、彩色显示器	国有绝对控股	国有企业
陕西金叶科教集团	印刷服务、高新技术产业、房地产	国有相对控股	股份有限公司
陕西省物资产业集团	生产资料购销	国有绝对控股	国有企业
陕西华圣企业集团	信息产业投资、报纸传媒收入、果品加工销售	国有相对控股	股份有限公司
渭南市白杨集团	脂肪酸、洗衣粉	其　他	其他有限责任公司

20-1 续表 （2004年）

企业集团名称	主要产品（或活动）	母公司控股情况	母公司登记注册类型
长庆实业集团	原油、原油批发、建筑安装业	国有绝对控股	其他有限责任公司
西安银桥企业集团	奶粉、液奶	其 他	股份有限公司
陕西省机场管理集团	飞机起降保障、旅客吞吐保障、货邮吞吐保障	国有绝对控股	国有企业
西安东方机电集团	空调压缩机、摩托车、砼砌块生产机械	国有绝对控股	国有独资公司
西安昆仑工业集团	军品生产与销售	国有绝对控股	国有独资公司
西安秦骊置业集团	超级市场零售、房地产开发	其 他	其他有限责任公司
陕西伟达企业集团	坯布、色织布	其 他	其他有限责任公司
西安航天恒星集团	微波合路器、滤波器、卫星导航接收机、天线、图象传输、医疗电子产品	国有绝对控股	国有独资公司
陕西伟志集团	西服、衬衫、领带、西裤、休闲裤、夹克	其 他	股份有限公司
陕西广电网络传媒集团	广告代理、有限电视、门票收入	国有绝对控股	股份有限公司
西安旅游集团	旅行社收入、旅游饭店收入、门票收入	国有绝对控股	国有独资公司
西安鼎天科技实业集团	移动通讯设备及增值服务系统、腐殖酸液肥、双烯醇酮	其 他	其他有限责任公司
西部投资集团	房地产开发建设	其 他	其他有限责任公司
西安饮食服务集团	餐饮、住宿、零售	国有相对控股	股份有限公司
西安骊山乳业集团	奶粉、液态奶、纸箱	国有绝对控股	国有企业
陕西中强实业集团	房地产收入	其 他	其他有限责任公司
西安永德信企业集团	沥青、钢材、床上用品	其 他	其他有限责任公司
西安友谊集团	库房出租	国有绝对控股	国有企业
西安中富实业集团	树苗育种、房地产开发	其 他	其他有限责任公司
西安华通集团	电缆、电线	其 他	其他有限责任公司
西安太阳食品集团	香辣酱、锅巴、调味品	国有绝对控股	国有企业
西安航空发动机集团	航空发动机零部件、铝型材、高线轧机	国有绝对控股	其他有限责任公司
陕西老三届企业集团	房地产开发	其 他	其他有限责任公司
西安福乐集团	弹簧软床垫、沙发两用床	集体绝对控股	港澳台合资企业
西安中药集团	中药成药品	国有绝对控股	国有独资公司
西安荣华企业集团	房地产、钴酸锂	其 他	其他有限责任公司
陕西怡兰企业集团	出租车运营、物业管理、房地产	其 他	其他有限责任公司
陕西省通达公路建设集团	公路施工	国有绝对控股	其他有限责任公司
陕西唐华纺织印染集团	棉纱、棉布	国有绝对控股	国有独资公司
西安糖酒副食企业集团	副食贸易	国有绝对控股	国有企业
西安西无二电子信息企业集团	行输出变压器、压敏电阻器、安全交流电容器	国有绝对控股	国有独资公司
陕西农工贸集团	农业物资	国有绝对控股	国有企业
西安唐城百货服装企业集团	零售贸易	国有绝对控股	股份有限公司
山海丹企业集团	山海丹胶囊	国有绝对控股	国有企业
万鼎企业集团	计算机销售	其 他	其他有限责任公司
陕西石羊集团	食用油加工、动物饲料加工	其 他	股份有限公司
西安三宝双喜集团	补肾十七味膏剂、肾阳胶囊、荣发胶囊	集体绝对控股	其 他
陕西东隆企业集团	餐饮服务业、汽车销售	其 他	其他有限责任公司
宝鸡好猫实业集团有限公司	柔性版印刷、铝箔纸、纸箱	集体绝对控股	其他有限责任公司
陕西飞机工业（集团）有限公司	运八飞机系列、汉江微车系列	国有绝对控股	其他有限责任公司
榆林市海龙集团	商品房、物业管理、石油销售	其 他	其他有限责任公司
陕西荣民集团	房地产开发	其 他	其他有限责任公司
榆林龙洋机电集团	工程机械销售	其 他	股份有限公司
榆林东方集团	车辆销售	其 他	股份有限公司
陕西方圆化工集团有限责任公司	合成氨	国有绝对控股	其他有限责任公司
榆林市长盛集团	公路路面、公路路基、桥梁	其 他	股份有限公司
榆林市兴亚集团	房屋建筑	其 他	其 他
榆林市文昌建工集团	房屋建筑 、房地产开发	其 他	其 他
榆林市金域集团	房地产开发、建筑业	其 他	其他有限责任公司
榆林市民生建工集团	房屋建筑业	其 他	股份有限公司
榆林市龙盟集团	房地产开发	其 他	其他有限责任公司
榆林市东洲大地集团	汽车销售	集体绝对控股	其他有限责任公司
陕西安康天宝集团有限公司	葛根素、薯芋皂素、书刊印刷	其 他	其他有限责任公司
西安立丰企业发展投资(集团)有限公司	房地产销售	其 他	其他有限责任公司
中国西电集团	六氟化硫组合电器、变压器、高压电瓷	国有绝对控股	国有企业
彩虹集团公司	彩色显像管	国有绝对控股	国有企业
咸阳西北医疗器械（集团）有限公司	牙科综合治疗机、牙科用手机、牙科技工设备	其 他	其他有限责任公司
陕西咸阳五鑫集团有限公司	五金	国有绝对控股	国有企业

20-2 企业集团主要经济指标

（2004年）

单位：万元

分　组	单位数（个）	年末资产总　计	固定资产原　价	累　计折　旧	本　年折　旧	存　货	流动资产年平均余额
总　计	**113**	**21844206**	**10242679**	**3815896**	**618300**	**2998366**	**10046447**
按集团审批部门分							
国务院	2	1817300	916979	735769	28405	289974	932598
国务院主管部门	6	1458753	720242	271892	33421	247165	741016
省级人民政府	27	8888256	4999961	1722429	391056	826813	3445556
省级人民政府主管部门	37	4755196	2353884	724898	102855	520034	2069821
其　他	41	4924701	1251613	360908	62563	1114380	2857456
按母公司控股情况分							
国有绝对控股	56	16696436	8692693	3488791	557750	2311017	7669965
国有相对控股	8	888837	362727	117515	17482	111013	408264
集体绝对控股	5	332219	64461	17123	3827	46345	173866
集体相对控股	2	520616	144059	32550	6038	53779	209173
其　他	42	3406098	978739	159917	33203	476212	1585179
按集团主营行业分							
第一产业	1	38586	6193	1623	307	10290	1741
农、林、牧、渔业	1	38586	6193	1623	307	10290	1741
第二产业	69	15930336	8307583	3407459	547790	2056325	7535543
工　业	63	14932183	8074499	3346700	490238	1929520	6793811
采矿业	4	3896429	3444278	1450628	307980	321662	1299603
制造业	59	11035754	4630221	1896072	182258	1607858	5494208
建筑业	6	998153	233084	60759	57552	126805	741732
第三产业	43	5875284	1928903	406814	70203	931751	2509163
交通运输、仓储和邮政业	3	2337233	1127592	223320	37628	24735	393801
批发和零售业	19	1130456	358040	87767	16275	169418	618822
住宿和餐饮业	1	86453	37002	8631	1081	1665	25036
房地产业	14	1621642	166209	25840	5286	698628	1200142
其　他	6	699500	240060	61256	9933	37305	271362
按母公司登记注册类型分							
国有企业	17	4724987	1737286	944186	114529	1103756	2982177
公司制企业小计	93	17077872	8501866	2869945	503529	1890323	7048508
国有独资企业	22	8010685	5393768	2009049	366051	570150	2607580
其他有限责任公司	48	7509284	2487352	697004	105939	1160367	3782530
股份有限公司	22	1541505	612100	161509	31339	159698	649542
港澳台合资企业	1	16398	8646	2383	200	108	8856
其　他	3	41347	3527	1765	242	4287	15762

20-2 续表1 (2004年) 单位：万元

分　组	年末负债合　计	流　动负　债	年末股东权益总计	股　本	营　业收　入	主营业务收　入	主营业务成　本
总　　计	**14387025**	**10408586**	**7457181**	**3802040**	**12461712**	**12038510**	**9466131**
按集团审批部门分							
国务院	995043	931317	822257	250150	1239099	1200189	934616
国务院主管部门	926175	730345	532578	388834	685684	676613	570284
省级人民政府	6031946	3882239	2856310	1111844	4930029	4896341	3640753
省级人民政府主管部门	3182699	2234463	1572497	1091925	3343122	3028030	2518784
其　他	3251162	2630222	1673539	959287	2263778	2237337	1801694
按母公司控股情况分							
国有绝对控股	11512670	8133469	5183766	2827957	9059548	8679191	6664147
国有相对控股	537688	452363	351149	226731	391673	377197	267612
集体绝对控股	214269	184532	117950	24406	525095	524490	469681
集体相对控股	421065	299518	99551	56442	404980	393698	365985
其　他	1701333	1338704	1704765	666504	2080416	2063934	1698706
按集团主营行业分							
第一产业	15623	10616	22963	8000	8829	8790	5673
农、林、牧、渔业	15623	10616	22963	8000	8829	8790	5673
第二产业	10069679	8080002	5860657	2740451	10246979	9852507	7684488
工　业	9292342	7345836	5639841	2612765	9601624	9212829	7112279
采矿业	2352466	1843884	1543963	699865	3217899	2931077	2019083
制造业	6939876	5501952	4095878	1912900	6383725	6281752	5093196
建筑业	777337	734166	220816	127686	645355	639678	572209
第三产业	4301723	2317968	1573561	1053589	2205904	2177213	1775970
交通运输、仓储和邮政业	1844199	359346	493034	313257	159641	154577	101121
批发和零售业	874015	801115	256441	238107	1241468	1228152	1113042
住宿和餐饮业	55586	38185	30867	17162	27228	27228	10837
房地产业	1141766	857921	479876	315430	491293	489513	365398
其　他	386157	261401	313343	169633	286274	277743	185572
按母公司登记注册类型分							
国有企业	3177793	2748297	1547194	825699	2557460	2506426	2066763
公司制企业小计	11191607	7644264	5886265	2954191	9889442	9517274	7386664
国有独资企业	5332620	3114600	2678065	1219520	4312980	4000644	2805161
其他有限责任公司	4889863	3708980	2619421	1443769	4232261	4190627	3495204
股份有限公司	960385	811945	581120	283556	1340826	1322676	1084425
港澳台合资企业	8739	8739	7659	7346	3375	3327	1874
其　他	17625	16025	23722	22150	14810	14810	12704

20-2 续表2 (2004年) 单位：万元

分组	主营业务税金及附加	其他业务收入	新产品销售收入	存货跌价损失和营业、管理财务等费用合计	税金	损益收益	营业外收入
总计	**221188**	**423202**	**423202**	**1660645**	**26394**	**31771**	**21543**
按集团审批部门分							
国务院	6245	38910	38910	179208	3208	87	6107
国务院主管部门	2602	9071	9071	103867	790	7328	1872
省级人民政府	168228	33688	33688	584736	9625	-694	5789
省级人民政府主管部门	18307	315092	315092	423070	8316	23437	5574
其他	25806	26441	26441	369764	4455	1613	2201
按母公司控股情况分							
国有绝对控股	179943	380357	380357	1230057	19928	22784	19784
国有相对控股	7357	14476	14476	94426	2679	-2050	566
集体绝对控股	1123	605	605	22072	129	742	323
集体相对控股	1515	11282	11282	23525	771	1209	165
其他	31250	16482	16482	290565	2887	9086	705
按集团主营行业分							
第一产业	167	39	39	1984	6	93	
农、林、牧、渔业	167	39	39	1984	6	93	
第二产业	186412	394472	394472	1314397	21250	27976	19197
工业	169193	388795	388795	1261299	20395	27825	16413
采矿业	125484	286822	286822	324349	6354	5	3210
制造业	43709	101973	101973	936950	14041	27820	13203
建筑业	17219	5677	5677	53098	855	151	2784
第三产业	34609	28691	28691	344264	5138	3702	2346
交通运输、仓储和邮政业	5356	5064	5064	70042	472	2239	891
批发和零售业	3526	13316	13316	112888	2718	1139	620
住宿和餐饮业	1382			13349	273	-45	8
房地产业	18856	1780	1780	77397	694	502	70
其他	5489	8531	8531	70588	981	-133	757
按母公司登记注册类型分							
国有企业	36820	51034	51034	323752	5369	2309	9403
公司制企业小计	183733	372168	372168	1335618	20961	29462	12122
国有独资企业	136022	312336	312336	574628	9759	6265	8012
其他有限责任公司	36252	41634	41634	586446	7375	25343	3470
股份有限公司	11387	18150	18150	173076	3792	-2290	637
港澳台合资企业	72	48	48	1468	35	144	3
其他	635			1275	64		18

20-2 续表3　　(2004年)　　单位：万元

分　组	利　润 总　额	应　交 所得税	应　交 增值税	固定资产 投资完成额	研究开发 费　用	从业人员 年末人数 （人）
总　计	**826660**	**152567**	**419118**	**1743468**	**281824**	**446924**
按集团审批部门分						
国务院	81169	20579	61486	76977	117482	37566
国务院主管部门	14572	3720	13404	70936	74194	42094
省级人民政府	556614	94255	220275	1356076	23072	139846
省级人民政府主管部门	115173	18580	91052	127983	14723	155159
其　他	59132	15433	32901	111496	52353	72259
按母公司控股情况分						
国有绝对控股	682026	113350	354435	1609362	267471	368550
国有相对控股	6785	9391	13059	22991	4090	16192
集体绝对控股	34083	2933	2497	5799	43	4271
集体相对控股	7704	1274	14064	36825	186	8483
其　他	96062	25619	35063	68491	10034	49428
按集团主营行业分						
第一产业	1088	160				186
农、林、牧、渔业	1088	160				186
第二产业	767640	128849	405411	1026868	281297	396027
工　业	762893	126530	402760	1026868	281297	372067
采矿业	475207	64787	203647	629264	2385	128484
制造业	287686	61743	199113	397604	278912	243583
建筑业	4747	2319	2651			23960
第三产业	57932	23558	13707	716600	527	50711
交通运输、仓储和邮政业	-4104	1882	437	674604		9281
批发和零售业	8204	6776	8392	12376		20157
住宿和餐饮业	2963	1014	77			3183
房地产业	29200	8379	3755	15913	527	8670
其　他	21669	5507	1046	13707		9420
按母公司登记注册类型分						
国有企业	83057	27390	70046	88758	119601	80183
公司制企业小计	743708	125162	348982	1654710	162211	366013
国有独资企业	535171	78190	239145	1363825	25841	202994
其他有限责任公司	153086	31112	90820	258907	133509	132953
股份有限公司	55325	15840	18687	31978	2861	29742
港澳台合资企业	126	20	330			324
其　他	-105	15	90		12	728

20-3 企业集团主要经济效益指标

（2004年）

单位：%

分　组	净资产收益率	总资产报酬率	销　售利润率	资本保值增值率	成本费用利润率	资　产利税率	总资产使用率	劳动生产率(万元/人)
总　计	**9.04**	**3.54**	**4.47**	**27.88**	**4.84**	**4.82**	**52.16**	**26.63**
按集团审批部门分								
国务院	7.37	5.06	6.45	32.98	6.96	7.51	63.21	29.24
国务院主管部门	2.04	2.13	1.95	16.29	1.92	1.54	34.53	11.32
省级人民政府	16.19	3.72	4.90	35.25	5.45	6.00	50.51	27.75
省级人民政府主管部门	6.14	4.53	4.44	21.55	4.73	5.12	70.59	31.05
其　他	2.61	2.38	3.23	31.33	3.45	2.61	43.08	27.86
按母公司控股情况分								
国有绝对控股	10.97	3.51	4.79	24.58	5.19	4.97	49.16	23.62
国有相对控股	-0.74	-1.02	-6.83	24.19	-6.64	-0.61	41.08	22.04
集体绝对控股	26.41	14.30	7.01	122.94	7.59	14.40	186.55	95.89
集体相对控股	6.46	4.49	4.60	47.74	4.99	7.69	74.79	51.05
其　他	4.13	4.04	5.07	42.09	5.57	4.57	56.17	37.38
按集团主营行业分								
第一产业	4.04	6.37	20.02	47.47	25.01	5.10	23.32	40.66
农、林、牧、渔业	4.04	6.37	20.02	47.47	25.01	5.10	23.32	40.66
第二产业	10.90	4.43	5.63	25.87	6.19	6.34	57.56	24.84
工　业	11.28	4.69	6.01	25.81	6.63	6.68	57.78	25.18
采矿业	26.58	11.19	12.19	25.05	15.10	17.98	82.11	40.80
制造业	5.52	3.26	3.90	26.21	4.14	4.19	52.41	22.26
建筑业	1.10	1.04	0.54	26.93	0.58	1.87	54.75	21.09
第三产业	2.18	1.11	-0.31	43.50	-0.31	0.75	37.94	37.50
交通运输、仓储和邮政业	-1.21	1.00	-5.00	17.20	-5.03	-0.12	7.19	13.14
批发和零售业	0.56	-1.66	-3.13	61.59	-3.05	-2.12	104.76	48.80
住宿和餐饮业	6.31	4.63	9.75	8.55	11.06	5.15	37.19	11.62
房地产业	4.34	2.57	6.03	56.67	6.64	3.14	29.74	59.47
其　他	5.16	1.64	0.86	30.39	0.86	0.93	30.43	23.12
按母公司登记注册类型分								
国有企业	3.60	2.49	3.19	31.90	3.40	3.52	48.34	27.69
公司制企业小计	10.51	3.88	4.86	27.02	5.28	5.25	53.46	26.36
国有独资企业	17.06	4.63	6.90	21.25	7.84	7.23	48.39	21.97
其他有限责任公司	4.66	3.46	4.40	31.83	4.70	4.03	52.17	27.83
股份有限公司	6.79	2.98	1.46	45.08	1.51	3.29	80.66	38.39
港澳台合资企业	1.38	2.26	3.44	10.42	3.81	3.97	25.42	13.26
其　他	-0.51	0.48	-1.86	20.34	-1.98	0.56	23.32	11.36

20-3 续表 （2004年） 单位：%

分组	流动资产比率	资金利润率	资产负债率	长期负债与资产总计比率	流动比率	速动比率	新产品销售收入与营业收入比率	研究开发费用与主营业务收入比率
总计	**45.99**	**5.02**	**65.86**	**18.21**	**96.52**	**67.71**	**9.80**	**2.34**
按集团审批部门分								
国务院	51.32	7.29	54.75	3.51	100.14	69.00		9.79
国务院主管部门	50.80	1.23	63.49	13.42	101.46	67.62	45.91	10.97
省级人民政府	38.77	8.28	67.86	24.19	88.75	67.45	5.12	0.47
省级人民政府主管部门	43.53	3.11	66.93	19.94	92.63	69.36	7.38	0.49
其他	58.02	1.58	66.02	12.61	108.64	66.27	17.97	2.34
按母公司控股情况分								
国有绝对控股	45.94	5.30	68.95	20.24	94.30	65.89	13.01	3.08
国有相对控股	45.93	1.04	60.49	9.60	90.25	65.71	4.91	1.08
集体绝对控股	52.33	15.41	64.50	8.95	94.22	69.11		0.01
集体相对控股	40.18	2.40	80.88	23.35	69.84	51.88		0.05
其他	46.54	4.00	49.95	10.65	118.41	82.84	1.11	0.49
按集团主营行业分								
第一产业	4.51	17.24	40.49	12.98	16.40	-80.53		
农、林、牧、渔业	4.51	17.24	40.49	12.98	16.40	-80.53		
第二产业	47.30	6.17	63.21	12.49	93.26	67.81	11.82	2.86
工业	45.50	6.62	62.23	13.04	92.49	66.22	12.62	3.05
采矿业	33.35	14.43	60.37	13.05	70.48	53.04	0.80	0.08
制造业	49.79	3.50	62.89	13.03	99.86	70.64	18.58	4.44
建筑业	74.31	0.52	77.88	4.33	101.03	83.76		
第三产业	42.71	1.44	73.22	33.76	108.25	68.05	0.41	0.02
交通运输、仓储和邮政业	16.85	-0.32	78.91	63.53	109.59	102.70		
批发和零售业	54.74	0.92	77.32	6.45	77.25	56.10		
住宿和餐饮业	28.96	5.55	64.30	20.13	65.57	61.20		
房地产业	74.01	2.18	70.41	17.50	139.89	58.46	1.85	0.11
其他	38.79	4.81	55.20	17.84	103.81	89.54		
按母公司登记注册类型分								
国有企业	63.12	2.20	67.26	9.09	108.51	68.35	4.57	4.77
公司制企业小计	41.27	5.87	65.53	20.77	92.21	67.48	11.16	1.70
国有独资企业	32.55	8.93	66.57	27.69	83.72	65.42	6.14	0.65
其他有限责任公司	50.37	2.75	65.12	15.73	101.98	70.70	19.65	3.19
股份有限公司	42.14	5.03	62.30	9.63	80.00	60.33	0.56	0.22
港澳台合资企业	54.01	0.83	53.29	0.00	101.34	100.10		
其他	38.12	-0.60	42.63	3.87	98.36	71.61		0.08

20-4 建立现代企业制度重点监测企业主要经济指标

（2004年）　　单位：万元

分组	企业数（个）	注册资本合计	资产总计	负债合计	主营业务收入	利润总额
总计	132	4081526	24420849	16593298	14023489	983839
按控股情况分						
国有及国有控股	105	3639231	21362160	14824494	11163742	715700
国有绝对控股	88	3331483	20115635	14081914	10602703	677376
国有相对控股	17	307748	1246525	742580	561039	38324
集体控股	6	39011	636450	470326	836192	30676
集体绝对控股	4	34581	626292	466099	823172	30457
集体相对控股	2	4430	10158	4227	13020	219
其他	21	403284	2422239	1298478	2023555	237463
按主营行业分						
农、林、牧、渔业	1	10000	76815	64039	29319	1706
工业	113	3618261	19789651	12890480	12459519	903521
采矿业	5	634504	2799605	1684513	1445022	94170
制造业	100	2287548	13341084	8903082	9225145	728352
电力、燃气及水的生产和供应业	8	696209	3648962	2302885	1789352	80999
建筑业	2	113000	2064393	1773724	157696	8713
交通运输、仓储和邮政业	1	25810	180816	150662	84462	14092
批发和零售业	10	100758	923975	648628	868738	39070
住宿和餐饮业	1	17162	86453	55586	27228	2963
金融业	1	31419	173710	142209	15374	1124
房地产业	1	150000	1076540	840535	334439	11103
租赁和商务服务业	2	15116	48496	27435	46714	1547
按登记注册类型分						
国有企业	26	1214850	5736263	3724961	3282348	144895
公司制企业	106	2866676	18684586	12868337	10741141	838944
国有独资企业	18	564851	8188686	5653718	4306890	414573
其他有限责任公司	48	1550564	7396251	5488079	4217867	200665
股份有限公司	36	522290	2528357	1511052	1619457	112191
中外合资企业	2	42021	219781	111267	394839	59389
港澳台合资企业	2	186950	351511	104221	202088	52126
按企业规模分						
大型	62	3257899	18701251	12719469	10520468	819960
中型	61	750051	5381032	3543558	3426913	167819
小型	6	27041	116360	160627	14020	-6611
其他	3	46535	222206	169644	62088	2671
按三次产业分						
第一产业	1	10000	76815	64039	29319	1706
第二产业	115	3731261	21854044	14664204	12617215	912234
第三产业	16	340265	2489990	1865055	1376955	69899

20-5 建立现代企业制度重点监测企业主要经济效益指标

（2004年）　　单位：%

分　组	净资产收益率	总资产报酬率	销　售利润率	资本保值增值率	成本费用利润率	资　产利税率	总资产使用率	劳　动生产率(万元/人)
总　计	**10.40**	**5.27**	**6.90**	**109.32**	**7.65**	**9.26**	**57.42**	**30.72**
按控股情况分								
国有及国有控股	9.01	4.58	6.29	108.72	6.96	8.66	52.26	28.25
国有绝对控股	9.28	4.58	6.27	108.92	6.95	8.86	52.71	28.82
国有相对控股	5.78	4.64	6.60	106.38	7.26	5.43	45.01	20.62
集体控股	12.29	6.55	3.65	149.18	3.79	9.90	131.38	52.98
集体绝对控股	13.16	6.61	3.68	151.67	3.83	9.98	131.44	54.95
集体相对控股	-11.23	3.35	1.68	103.29	1.69	4.99	128.17	16.17
其　他	18.18	10.95	11.66	108.54	13.34	14.40	83.54	44.80
按主营行业分								
农、林、牧、渔业	13.35	3.62	5.82	117.53	7.00	2.42	38.17	26.34
工　业	10.96	5.84	7.12	112.84	7.94	10.75	62.96	29.08
采矿业	6.11	4.16	6.08	105.40	7.26	15.47	51.62	17.89
制造业	13.95	6.71	7.81	119.27	8.82	11.03	69.15	30.91
电力、燃气及水的生产和供应业	5.13	3.94	4.47	100.80	4.43	6.13	49.04	37.71
建筑业	2.46	1.75	5.43	65.57	5.30	0.67	7.64	22.79
交通运输、仓储和邮政业	43.11	10.39	16.68	190.03	20.36	8.44	46.71	195.97
批发和零售业	8.57	5.18	4.47	116.11	4.69	7.49	94.02	90.34
住宿和餐饮业	6.31	4.21	10.88	106.81	12.25	5.11	31.49	8.55
金融业	3.43	1.23	7.31	77.39	7.01	1.10	8.85	43.80
房地产业	3.16	1.57	3.31	95.02	3.57	2.37	31.07	64.03
租赁和商务服务业	6.78	4.33	3.29	101.98	3.50	4.52	96.33	50.24
按登记注册类型分								
国有企业	4.88	3.17	4.26	107.84	4.92	8.83	57.22	24.08
公司制企业	12.30	5.91	7.72	109.85	8.45	9.40	57.49	33.61
国有独资企业	14.03	6.44	9.52	110.76	10.64	12.63	52.60	36.19
其他有限责任公司	9.13	4.28	4.70	109.56	4.99	4.99	57.03	30.21
股份有限公司	8.78	5.83	6.83	114.14	7.36	7.22	64.05	30.61
中外合资企业	48.02	26.58	15.02	86.17	17.83	43.01	179.65	90.57
港澳台合资企业	17.87	15.31	25.75	100.00	34.69	21.46	57.49	57.20
按企业规模分								
大　型	11.31	5.51	7.67	110.06	8.66	9.79	56.26	29.91
中　型	7.68	4.73	4.80	108.07	5.06	8.06	63.69	33.80
小　型	14.94	-3.15	-46.01	121.24	-29.35	-4.92	12.05	6.54
其　他	4.77	1.91	4.28	85.67	4.43	1.84	27.94	48.49
按三次产业分								
第一产业	13.35	3.62	5.82	117.53	7.00	2.42	38.17	26.34
第二产业	10.62	5.45	7.10	109.64	7.90	9.80	57.73	28.98
第三产业	7.76	3.67	5.05	105.63	5.39	4.76	55.30	69.82

20-5 续表 （2004年） 单位：%

分组	流动资产比率	资金利润率	资产负债率	长期负债与资产总计比率	流动比率	速动比率	新产品销售收入与销售收入比率	研究开发费用与营业收入比率
总计	**40.90**	**5.19**	**67.95**	**24.32**	**93.75**	**64.95**	**12.14**	**1.33**
按控股情况分								
国有及国有控股	39.88	4.26	69.40	26.45	92.87	63.51	13.33	1.50
国有绝对控股	39.50	4.26	70.00	27.55	93.02	63.72	13.29	1.50
国有相对控股	46.04	4.20	59.57	8.83	90.74	60.68	14.17	1.51
集体控股	46.84	7.21	73.90	12.38	76.13	52.08		
集体绝对控股	46.96	7.26	74.42	12.58	75.93	52.17		
集体相对控股	39.22	3.65	41.61	0.03	94.32	43.28		
其他	48.35	13.57	53.61	8.65	107.54	81.64	10.46	0.92
按主营行业分								
农、林、牧、渔业	53.96	2.35	83.37	13.13	76.83	49.64		1.02
工业	40.20	5.72	65.14	20.23	89.52	63.37	13.64	1.49
采矿业	33.23	4.42	60.17	23.99	91.86	67.81	1.82	0.36
制造业	46.52	6.98	66.73	14.80	89.59	60.02	18.25	1.94
电力、燃气及水的生产和供应业	22.41	2.51	63.11	37.20	86.50	83.18		0.12
建筑业	18.32	0.83	85.92	70.63	119.83	117.18		
交通运输、仓储和邮政业	18.59	8.71	83.32	66.92	113.35	106.13		
批发和零售业	48.73	5.91	70.20	6.39	76.37	58.52		0.01
住宿和餐饮业	28.96	5.55	64.30	20.13	65.57	61.20		
金融业	85.36	0.75	81.87	9.91	118.63	100.48		
房地产业	87.10	1.12	78.08	22.93	157.93	58.55	0.06	0.05
租赁和商务服务业	38.31	3.60	56.57	11.80	85.57	82.65		
按登记注册类型分								
国有企业	56.01	3.03	64.94	11.93	105.66	61.95	8.45	1.08
公司制企业	36.26	5.91	68.87	28.12	89.00	66.14	13.29	1.41
国有独资企业	24.29	6.67	69.04	38.66	79.95	66.05	4.92	0.52
其他有限责任公司	44.78	3.61	74.20	24.36	89.83	63.86	23.25	2.63
股份有限公司	46.54	5.94	59.76	10.74	94.93	63.76	6.89	0.72
中外合资企业	70.94	30.74	50.63	4.34	153.26	110.75	31.40	1.58
港澳台合资企业	40.38	15.93	29.65	1.97	145.92	138.85		
按企业规模分								
大型	41.46	5.76	68.01	24.21	94.65	63.61	12.66	1.50
中型	37.42	3.76	65.85	25.10	91.84	70.00	10.82	0.83
小型	46.35	-8.04	138.04	32.81	44.04	24.73		0.01
其他	75.09	1.38	76.35	10.32	113.74	97.84		
按三次产业分								
第一产业	53.96	2.35	83.37	13.13	76.83	49.64		1.02
第二产业	38.13	5.42	67.10	24.99	90.56	65.22	13.47	1.47
第三产业	64.80	3.40	74.90	18.76	115.42	63.74	0.01	0.02

20-6 建立现代企业制度重点监测企业组织机构组建情况

(2004年) 单位：个

分　　组	成立股东会	成立董事会	成立监事会	设立独立董事	董事长与总经理由一人兼任
总　　计	**73**	**101**	**87**	**41**	**26**
按控股情况分					
国有及国有控股小计	53	74	63	30	15
国有绝对控股	36	57	47	20	12
国有相对控股	17	17	16	10	3
集体控股小计	6	6	6	2	4
集体绝对控股	4	4	4	1	3
集体相对控股	2	2	2	1	1
其　他	14	21	18	9	7
按登记注册类型分					
国有企业					
公司制企业小计	73	101	86	41	26
国有独资企业		15	10	5	3
其他有限责任公司	37	46	40	14	14
股份有限公司	36	36	35	22	9
中外合资企业		2	1		
港澳台合资企业		2			
按企业规模分					
大　型	27	44	39	16	10
中　型	39	50	41	23	13
小　型	4	4	4		2
其　他	3	3	3	2	1

20-7 建立现代企业制度重点监测企业劳动工资指标

指　　标	单　位	2001年	2002年	2003年	2004年
调查企业单位数	个	138	150	150	132
从业人员年末人数	人	503166	517717	513239	464284
#在岗职工	人	493507	506417	507757	444180
#研究开发人员	人	26275	26237	25125	20566
从业人员劳动报酬	万 元	646627	728148	814807	847554
#在岗职工劳动报酬	万 元	638933	719382	810492	831423
#研究开发人员劳动报酬	万 元	40947	49947	50599	47152

20-8 建立现代企业制度重点监测企业基本情况一览表

（2004年）

企业名称	企业规模	主营行业或主要产品	登记注册类型	企业控股情况
西安飞机工业（集团）有限责任公司	大型	飞机制造及修理、无纺布	其他有限责任公司	国有绝对控股
秦川机床集团有限公司	大型	金属切削机床、塑料加工机械、汽配、电脑主板及铸件	其他有限责任公司	国有相对控股
金堆城钼业公司	大型	钼精矿、氧化钼、钼酸铵	国有企业	国有绝对控股
长岭(集团)股份有限公司	中型	电冰箱、纺织电子应用仪器	股份有限责任公司	国有相对控股
西安电力机械制造公司	大型	六氟化硫全封闭组合、变压器、高压电瓷	国有企业	国有绝对控股
韩城矿务局	大型	原煤、精煤、焦炭	国有企业	国有绝对控股
庆安集团有限公司	大型	飞机制造及修理、家用空气调节器制造	其他有限责任公司	国有绝对控股
西安标准工业股份有限公司	中型	缝纫机机械制造	股份有限责任公司	国有绝对控股
长庆石油勘探局	大型	钻井工程、井下作业、建筑施工	国有企业	国有绝对控股
陕西新黄工机械有限责任公司	中型	推土机、装载机、挖掘机	其他有限责任公司	其　他
西安冶金机械有限公司	大型	冶金专用设备制造业	其他有限责任公司	国有绝对控股
西安华联制皮工业股份有限公司	小型	皮革鞣制加工	股份有限责任公司	其　他
陕西汽车集团有限责任公司	大型	汽车整车制造	其他有限责任公司	国有绝对控股
青岛啤酒西安有限责任公司	中型	啤酒制造	其他有限责任公司	国有绝对控股
陕西远丰纺织有限公司	中型	服装、针纺织品销售、其他商品进出口业务	其他有限责任公司	集体相对控股
西安华山机械工业有限公司	大型	武器弹药制造、焊接设备制造、粉末冶金制品制造	国有独资公司	国有绝对控股
陕西省国际信托投资股份有限公司	其他	信托投资业	股份有限责任公司	国有绝对控股
陕西法士特齿轮有限责任公司	大型	重型汽车变速器、汽车配件、OEM配套出口齿轮	其他有限责任公司	其　他
西安航天发动机厂	大型	航天器制造产品、炼油、化工生产专用设备、印刷专用设备	国有企业	国有绝对控股
西仪集团有限责任公司	中型	工业自动控制系统装置	国有独资公司	国有绝对控股
陕西省电力公司	中型	电力供应	国有独资公司	国有绝对控股
陕西开成集团有限责任公司	大型	进出口贸易	其他有限责任公司	国有绝对控股
西安交通大学开元集团	中型	可视系列产品、阳光教育	股份有限责任公司	国有相对控股
陕西八大电力股份有限公司	中型	生产、销售电力	股份有限责任公司	国有绝对控股
西安银桥股份有限公司	中型	奶粉、液奶	股份有限责任公司	其　他
陕西秦龙电力股份有限公司	中型	电力生产	股份有限责任公司	国有绝对控股
西安航空动力控制工程有限责任公司	大型	单螺杆泵、非标设备、热能去毛刺机	国有独资公司	国有绝对控股
陕西省高速公路建设集团公司	大型	公路建、营、养、管	国有独资公司	国有绝对控股
西安中国国际旅行社集团有限责任公司	其他	旅游业	其他有限责任公司	国有绝对控股
西安航空发动机（集团）有限公司	大型	航空发动机、航空发动机零部件、剑杆织机	其他有限责任公司	国有绝对控股
陕西海升果业发展股份有限公司	中型	浓缩苹果汁加工销售、其他果汁加工销售、	股份有限责任公司	其　他
中国北车集团西安车辆厂	大型	新造货车、修理客车、修理货车	国有企业	国有绝对控股
西安利君制药有限责任公司	大型	利君沙、派奇冻干粉针、红霉素片	中外合资企业	其　他
西安解放集团股份有限公司	大型	国内贸易、房地产开发、停车场	股份有限责任公司	其　他
陕西金叶科教股份有限公司	中型	印刷服务、高新技术产业、教育产业	股份有限责任公司	国有相对控股
陕西鼓风机集团有限公司	大型	风机、风机配件	国有独资公司	国有绝对控股
陕西广电网络传媒股份有限公司	其他	广告业、有线广播电视传输服务	股份有限责任公司	国有绝对控股
陕西建设机械股份有限公司	中型	沥青混凝土摊铺机、稳定土拌和机、钢结构产品	股份有限责任公司	国有绝对控股
陕西华圣企业（集团）股份有限公司	中型	果品选购、贮存、分选、报纸传媒、塑料建材生产	股份有限责任公司	国有相对控股
陕西唐华纺织印染集团有限公司	大型	棉纱、棉布	国有独资公司	国有绝对控股
西安开米股份有限公司	中型	合成洗涤剂	股份有限责任公司	其　他
陕西省天然气有限责任公司	中型	管道运输	其他有限责任公司	国有绝对控股
西安杨森制药有限公司	中型	吗丁啉、达克宁、西比灵	中外合资企业	其　他
西安印钞厂	大型	钞票印刷、税票印刷、证券印刷	国有企业	国有绝对控股

20-8 续表1

（2004年）

企 业 名 称	企业规模	主营行业或主要产品	登记注册类型	企业控股情况
西安民生集团股份有限公司	大型	百货零售	股份有限责任公司	国有相对控股
西安东方机电（集团）有限公司	大型	空调压缩机、摩托车、砼砌块加工生产机械	国有独资公司	国有绝对控股
西安海星科技投资控股（集团）有限公司	大型	饮料、计算机、超市	其他有限责任公司	其 他
西安西化热电化工有限责任公司	大型	烧碱、聚氯乙烯、盐酸	其他有限责任公司	国有绝对控股
西安市自来水公司	大型	自来水生产与供应	国有企业	国有绝对控股
西安市西无二电子信息集团有限公司	中型	行输出变压器、压敏电阻器、热敏电阻器	国有独资公司	国有绝对控股
西安高科（集团）公司	大型	房地产经营开发、工业企业产品、商品贸易	国有企业	国有绝对控股
陕西省糖酒副食总公司	中型	酒批发、糖批发	国有企业	国有绝对控股
西安东盛集团有限公司	大型	白加黑、盖天力、维奥欣	其他有限责任公司	其 他
陕西农工贸（集团）总公司	小型	农业物资	国有企业	国有绝对控股
西安石化分公司	中型	汽油、柴油、石油沥青	国有企业	国有绝对控股
西安筑路机械有限公司	中型	沥青混合搅拌设备、沥青混合料摊扑机、养护机械	其他有限责任公司	国有绝对控股
西安大唐电信有限公司	中型	SP300；程控数字交换、移动通信设备、SCDMA系列产品	其他有限责任公司	国有绝对控股
陕西省物资产业集团总公司	中型	物资购销、房地产开发、进出口及信息咨询	国有企业	国有绝对控股
五环（集团）实业有限公司	大型	纺纱、纺布、纺线	其他有限责任公司	国有绝对控股
汉中八一锌业有限责任公司	中型	电解锌、电解铅、硫酸	其他有限责任公司	国有绝对控股
汉川机床有限责任公司	中型	卧式镗床系列、数控铣、加工中心系列、数控电加工系列	其他有限责任公司	国有绝对控股
汉江工具有限责任公司	中型	金属切削工具	其他有限责任公司	国有绝对控股
陕西略阳钢铁有限责任公司	大型	生铁、钢锭、钢材	其他有限责任公司	其 他
陕西城化股份有限公司	中型	尿素、碳酸氢铵、甲醇	股份有限责任公司	其 他
陕西汉江药业集团股份有限公司	中型	苯硫咪唑、盐酸左旋咪唑、甲苯咪唑	股份有限责任公司	国有相对控股
汉中万目仪表有限责任公司	中型	量具、仪器、仪表、高低压成品设备、电子、工具、刀具、电子产品	其他有限责任公司	国有绝对控股
陕西汉中变压器有限责任公司	中型	变压器、净油机	其他有限责任公司	国有绝对控股
陕西飞机工业（集团）有限公司	大型	运八飞机系列、汉江微车系列	其他有限责任公司	国有绝对控股
陕西汉江机床有限公司	中型	金属切削机床制造业、滚动功能部件制造业、各种专机及检测仪器等	其他有限责任公司	国有绝对控股
中铁宝桥股份有限公司	大型	钢梁钢结构、道岔、高锰钢辙叉	股份有限责任公司	国有相对控股
陕西秦明电子(集团)有限公司	中型	心脏起搏器、压力传感及变送器	其他有限责任公司	其 他
西北机器厂	中型	电子专用设备制造业	国有企业	国有绝对控股
宝鸡石油机械有限责任公司	大型	石油钻采专用设备制造	其他有限责任公司	国有绝对控股
陕西西凤酒股份有限公司	中型	生产经销西凤酒	股份有限责任公司	国有绝对控股
宝鸡卷烟厂	大型	卷 烟	国有企业	国有绝对控股
宝鸡有色金属加工厂	大型	钛材、钨材、钼材	国有企业	国有绝对控股
宝鸡石油钢管有限责任公司	中型	钢压延加工业	其他有限责任公司	国有绝对控股
陕西炭素制品有限责任公司	中型	石墨电极、炭块、非标制品	其他有限责任公司	国有绝对控股
宝鸡机床厂	中型	金属切削机床制造	国有企业	国有绝对控股
宝鸡忠诚机床股份有限公司	大型	金属切削机床制造	股份有限责任公司	国有相对控股
陕西宝成航空仪表有限责任公司	大型	飞机制造及修理、纺织设备高速并条机	国有独资公司	国有绝对控股
陕西宝光真空电器股份有限公司	中型	真空开关管、真空断路器、真空开关柜	股份有限责任公司	国有相对控股
宝鸡商场(集团)股份有限公司	大型	百货超市及酒店、路桥收费及广告、制药	股份有限责任公司	国有相对控股
宝鸡北方照明电器（集团）股份有限公司	中型	电光源制造	股份有限责任公司	国有绝对控股
陕西凌云电器总公司	大型	无线电导航设备、蓄电池、电子调谐器	国有企业	国有绝对控股
陕西烽火通信集团有限公司	大型	通信电台、电子元件	其他有限责任公司	国有绝对控股
陕西东岭集团	大型	物资流通、锌冶炼、焦炭	股份有限责任公司	集体绝对控股
陕西双菱化工集团有限责任公司	中型	磷肥、硫酸、磷酸一铵	国有独资公司	国有绝对控股

20-8 续表2　　（2004年）

企业名称	企业规模	主营行业或主要产品	登记注册类型	累计折旧
宝鸡惠民乳品(集团)有限公司	中型	全脂牛奶粉	其他有限责任公司	集体相对控股
陕西九棉实业有限责任公司	大型	棉纱、棉布、锦纶6浸胶帘子布	其他有限责任公司	国有相对控股
榆林市天然气化工有限责任公司	中型	甲　醇	国有独资公司	国有绝对控股
神华集团神府东胜煤炭有限责任公司	大型	煤炭开采业	国有独资公司	国有绝对控股
陕西恒兴果汁饮料有限公司	中型	浓缩苹果汁加工	其他有限责任公司	其　他
陕西渭通农科股份有限公司	中型	制粉机械、建筑机械、电动机	股份有限责任公司	国有相对控股
陕西渭河煤化工集团有限责任公司	大型	尿素、合成氨	其他有限责任公司	国有绝对控股
陕西方菱冷弯型钢股份有限公司	小型	型　钢	股份有限责任公司	国有相对控股
陕西恒源实业股份有限公司	中型	火力发电、铁合金	股份有限责任公司	其　他
陕西陕焦化工有限公司	中型	焦炭、焦油、粗苯	其他有限责任公司	国有相对控股
陕西陕化化肥股份有限公司	大型	合成氨、尿素、磷酸二铵	股份有限责任公司	国有绝对控股
陕西秦岭发电有限责任公司	大型	火力发电	其他有限责任公司	国有绝对控股
陕西省化工总厂	中型	甲胺、烧碱、液氯	国有企业	国有绝对控股
陕西华电蒲城发电有限责任公司	大型	火力发电	其他有限责任公司	国有绝对控朌
陕西压延设备厂	大型	金属轧制设备、锻压设备、工矿配件	国有企业	国有绝对控股
陕西韩焦股份有限公司	中型	炼焦业	股份有限责任公司	其　他
陕西龙门钢铁有限责任公司	大型	钢材、粗钢、生铁	其他有限责任公司	集体绝对控股
西北二棉集团有限公司	大型	棉纱、棉布	国有独资公司	国有绝对控股
咸阳偏转集团公司	大型	偏转线圈、漆包线	国有企业	国有绝对控股
陕西渭河发电有限公司	人型	火力发电	港澳台合资企业	其　他
陕西华电材料总公司	中型	覆铜板、绝缘板、封装材料	国有企业	国有绝对控股
陕西康佳电子有限公司	中型	彩色电视机	港澳台合资企业	国有绝对控股
陕西宴友思股份有限公司	大型	肉制品、秦川牛肉	股份有限责任公司	国有绝对控股
陕西兴化集团有限责任公司	中型	纯碱、氯化铵、二氧化碳	国有独资公司	国有绝对控股
陕西金山电气集团有限公司	中型	彩偏磁芯、恒磁、电感器件	国有独资公司	国有绝对控股
陕西风轮纺织股份有限公司	大型	棉纱、坯布	股份有限责任公司	集体绝对控股
陕西第一毛纺织厂	小型	呢绒、服装制造、毛条加工	国有企业	国有绝对控股
陕西神果股份有限公司	中型	乳制品、液体乳	其他有限责任公司	其　他
延安卷烟厂	中型	卷　烟	国有企业	国有绝对控股
西安饮食服务（集团）股份有限公司	大型	饮食、住宿、零售	股份有限责任公司	国有相对控股
陕西铜变实业股份有限公司	中型	变压器	股份有限责任公司	国有绝对控股
陕西安康天宝集团有限公司	小型	医药生物、书刊印刷、建材市场	其他有限责任公司	其　他
陕西省安康市丝绸二厂	中型	桑蚕丝	国有企业	国有绝对控股
陕西秦岭水泥（集团）股份有限公司	大型	水泥制造业	股份有限责任公司	国有相对控股
陕西省延长石油工业集团公司	大型	柴油、汽油、液化气	国有独资公司	国有绝对控股
陕西铜川鑫光铝业有限公司	大型	电解铝、电工圆铝杆、镍铝线	其他有限责任公司	国有绝对控股
陕西省安康市恒远丝绸有限责任公司	中型	桑蚕白厂丝、纯合纤丝织品	其他有限责任公司	国有绝对控股
陕西锌业有限公司商洛炼锌厂	中型	电锌、电镉、硫酸	其他有限责任公司	国有绝对控股
商洛秦威化工有限责任公司	小型	工业炸药	其他有限责任公司	集体绝对控股
陕西东风昌河车桥股份有限公司	中型	轻微型汽车后桥、轻微型农用运输车前桥、轻微型农用运输车后桥	股份有限责任公司	国有绝对控股
陕西秦川水泥有限责任公司	中型	水　泥	其他有限责任公司	国有相对控股
铜川矿务局	大型	煤　炭	国有企业	国有绝对控股
陕西路桥集团有限公司	大型	公路桥梁隧道	其他有限责任公司	其　他
陕西黄河集团有限公司	大型	雷达及配套设备制造	国有独资公司	国有绝对控股

主要统计指标解释

企业集团 指以一个实力雄厚(资本、资金、产品、技术、管理、人才、市场网络等实力)的大型企业为核心，以产权联结为主要纽带，并以产品、技术、经济、成套契约等多种纽带，把多个企业、事业单位联结在一起，具有多层次结构的以母子公司为主体的多法人经济联合体，是经济上统一控制，法律上各自独立的一体化联合体。

企业集团母公司（核心企业） 企业集团必须有一个能起主导作用的核心企业，也称为集团公司或母公司，或控股公司。不同称谓应用于不同场合，但指同一企业主体。这个集团公司可以是一个既从事生产经营又从事资本经营的混合经营型公司，也可以是一个专门从事资本经营的单纯管理公司。集团公司规模必须达到国家大型企业标准，或注册资本达到一亿元以上，在企业集团内，集团公司依据产权关系，统一行使出资者所有权（产权）职能，统一投资决策，统一配置能源、统一调整结构、统一负责资产保值增值。

现代企业制度 现代企业制度是指适应社会化大生产和社会主义市场经济要求的产权清晰、权责明确、政企分开、管理科学的企业制度。它的基本特征是：第一，产权关系明晰，企业中的国有资产所有权属于国家，企业拥有包括国家在内的出资者投资形成的全部法人财产权，成为享有民事权利，承担民事责任的法人实体；第二，企业以其全部法人财产依法自主经营，自负盈亏，照章纳税，对出资者承担资产保值增值的责任；第三，出资者按投入企业的资本额享有所有者的权益，即资产受益、重大决策和选择管理者等权利。企业破产时，出资者只以投入企业的资本额对企业债务负有限责任；第四，企业按照市场需求组织生产经营，以提高劳动生产率和经济效益为目的，政府不直接干预企业的生产经营活动，企业在市场竞争中优胜劣汰，长期亏损、资不抵债的应依法破产；第五，建立科学的企业领导体制和组织管理制度，调节所有者、经营者和职工之间的关系，形成激励和约束相结合经营机制。

登记注册类型 指在工商行政管理机关登记注册的具有法人资格的各类企业。其中：（1）国有企业：是指企业全部资产归国家所有，并按《中华人民共和国企业法人登记管理条例》规定登记注册的非公司制的经济组织。不包括有限责任公司中的国有独资公司；（2）国有独资公司：是指国家授权的投资机构或者国家授权的部门单独投资设立的有限责任公司；（3）其他有限责任公司：是指根据《中华人民共和国公司登记管理条例》规定登记注册，由两个以上，五十个以下的股东共同出资，每个股东以其所认缴的出资额对公司承担有限责任，公司以其全部资产对其债务承担责任的经济组织。其他有限责任公司不包括国有独资公司；（4）股份有限公司：是指根据《中华人民共和国公司登记管理条例》规定登记注册，其全部注册资本由等额股份构成并通过发行股票筹集资本，股东以其认购的股份对公司承担有限责任，公司以其全部资产对其债务承担责任的经济组织。

注册资本合计 指企业集团母公司在工商行政管理部门登记注册的资金。包括国家资本、集体资本、法人资本、个人资本以及外商资本等。

控股情况 指按所有制性质和控股状况划分的企业情况，包括：（1）国有绝对控股：指在企业的全部资本中，国家资本（股本）所占比例大于50%的企业；（2）国有相对控股：指在企业的全部资本中，国家资本（股本）所占的比例虽未大于50%，但相对大于企业中的其他经济成份所占比例的企业；或者虽不大于其他经济成份，但根据协议规定，由国家拥有实际控制权的企业（协议控制）；（3）集体绝对控股：指在企业的全部资本中，集体资本（股本）所占的比例大于50%的企业；（4）集体相对控股：指在企业的全部资本中，集体资本（股本）所占的比例虽未大于50%，但相对大于企业的其他经济成份所占比例的企业；或者虽不大于其他经济成份，但根据协议规定，由集体拥有实际控制权的企业（协议控制）。

2005

統計年鑑

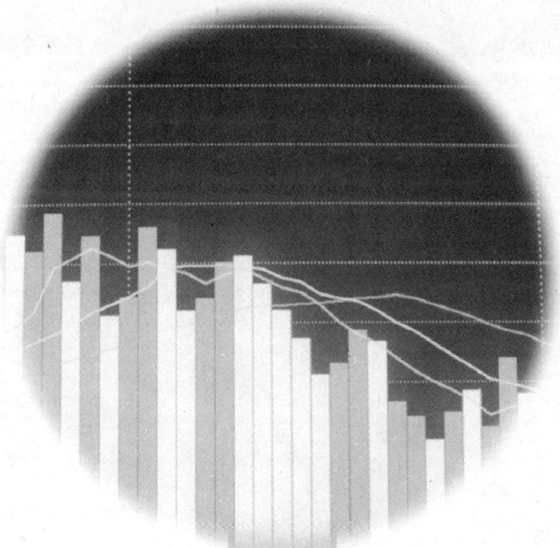

全国各省、市、自治区主要指标

QUANGUOGESHENGSHIZIZHIQUZHUYAOZHIBIAO

资料整理：孙士梅

21-1 总人口和自然增长率

（2004年）

地 区	年底总人口 (万人)	出生率 (‰)	死亡率 (‰)	自然增长率 (‰)
全国总计	**129988**	**12.29**	**6.42**	**5.87**
北 京	1493	6.10	5.40	0.70
天 津	1024	7.31	5.97	1.34
河 北	6809	11.98	6.19	5.79
山 西	3335	12.36	6.11	6.25
内蒙古	2384	9.53	5.98	3.55
辽 宁	4217	6.51	5.60	0.91
吉 林	2709	7.39	5.63	1.76
黑龙江	3817	7.27	5.45	1.82
上 海	1742	6.00	6.00	0.00
江 苏	7433	9.45	7.20	2.25
浙 江	4720	10.71	5.76	4.95
安 徽	6461	11.62	5.50	6.12
福 建	3511	11.58	5.62	5.96
江 西	4284	13.61	5.99	7.62
山 东	9180	12.50	6.49	6.01
河 南	9717	11.67	6.47	5.20
湖 北	6016	8.43	6.03	2.40
湖 南	6698	11.89	6.80	5.09
广 东	8304	13.13	5.12	8.01
广 西	4889	13.32	6.12	7.20
海 南	818	14.77	5.79	8.98
重 庆	3122	9.45	6.60	2.85
四 川	8725	9.05	6.27	2.78
贵 州	3904	15.08	6.35	8.73
云 南	4415	15.60	6.60	9.00
西 藏	274	17.40	6.20	11.20
陕 西	**3705**	**10.59**	**6.33**	**4.26**
甘 肃	2619	12.43	6.52	5.91
青 海	539	16.32	6.45	9.87
宁 夏	588	15.97	4.79	11.18
新 疆	1963	16.00	5.09	10.91

注：1.全国数据根据抽样误差和调查误差进行了修正。

2.全国数据为31个省、自治区、直辖市和中国人民解放军现役军人数据，不包括香港、澳门特别行政区和台湾省的数据。分省数据中未包括中国人民解放军现役军人数。

21-2 地区生产总值

（2004年）

地区	地区生产总值（亿元）	第一产业	第二产业	#工业	第三产业	地区生产总值比上年增长%	人均地区生产总值（元/人）
北京	4283.31	102.90	1610.37	1290.16	2570.04	13.2	37058
天津	2931.88	102.29	1560.16	1436.73	1269.43	15.7	31550
河北	8768.79	1370.40	4635.23	4086.43	2763.16	12.5	12918
山西	3042.41	253.37	1810.08	1568.47	978.96	14.1	9150
内蒙古	2712.08	506.07	1332.47	1015.66	873.53	19.4	11305
辽宁	6872.65	769.90	3278.88	2832.99	2823.87	12.8	16297
吉林	2958.21	560.96	1379.31	1142.08	1017.94	12.2	10932
黑龙江	5303.00	587.76	3155.33	2814.42	1559.92	11.7	13897
上海	7450.27	96.71	3788.22	3492.89	3565.34	13.6	55307
江苏	15403.16	1315.38	8716.11	7714.40	5371.68	14.9	20705
浙江	11243.00	816.00	6045.00	5381.40	4382.00	14.3	23942
安徽	4812.68	932.42	2169.82	1735.99	1710.44	12.5	7768
福建	6053.14	777.87	2950.33	2532.68	2324.94	12.1	17218
江西	3495.94	711.70	1595.74	1110.74	1188.50	13.2	8189
山东	15490.73	1778.30	8724.52	7799.31	4987.91	15.3	16925
河南	8815.09	1647.48	4515.35	3862.18	2652.26	13.7	9470
湖北	6309.92	1020.09	2994.67	2593.88	2295.16	11.3	10500
湖南	5612.26	1155.85	2214.41	1781.14	2242.00	12.0	9117
广东	16039.46	1245.42	8890.29	8011.15	5903.75	14.2	19707
广西	3320.10	811.38	1288.26	1044.83	1220.46	11.8	7196
海南	769.36	283.84	180.41	119.68	305.11	10.4	9450
重庆	2665.39	431.32	1181.24	927.51	1052.83	12.2	9608
四川	6556.01	1394.26	2690.00	2165.22	2471.76	12.7	8113
贵州	1591.90	334.11	714.66	574.62	543.13	11.4	4215
云南	2959.48	604.33	1314.19	1053.36	1040.96	11.5	6733
西藏	211.54					12.2	7779
陕西	**2883.51**	**394.98**	**1416.82**	**1064.81**	**1071.71**	**12.9**	**7757**
甘肃	1558.93	281.40	758.18	576.22	519.35	10.9	5970
青海	465.73	57.81	227.06	158.64	180.86	12.3	8606
宁夏	460.35	65.13	239.42	186.30	155.80	11.0	7880
新疆	2200.15	444.70	1010.07	745.00	745.38	11.1	11199

注：本表绝对数按当年价格计算，增长速度按可比价格计算。

21-3 地区生产总值构成

（2004年，地区生产总值=100）

地　区	地区生产总　值	第一产业	第二产业		第三产业
				#工 业	
北　京	100.0	2.4	37.6	30.1	60.0
天　津	100.0	3.5	53.2	49.0	43.3
河　北	100.0	15.6	52.9	46.6	31.5
山　西	100.0	8.3	59.5	51.6	32.2
内蒙古	100.0	18.7	49.1	37.4	32.2
辽　宁	100.0	11.2	47.7	41.2	41.1
吉　林	100.0	19.0	46.6	38.6	34.4
黑龙江	100.0	11.1	59.5	53.1	29.4
上　海	100.0	1.3	50.8	46.9	47.9
江　苏	100.0	8.5	56.6	50.1	34.9
浙　江	100.0	7.3	53.8	47.9	39.0
安　徽	100.0	19.4	45.1	36.1	35.5
福　建	100.0	12.9	48.7	41.8	38.4
江　西	100.0	20.4	45.6	31.7	34.0
山　东	100.0	11.5	56.3	50.3	32.2
河　南	100.0	18.7	51.2	43.8	30.1
湖　北	100.0	16.2	47.5	41.1	36.4
湖　南	100.0	20.6	39.5	31.8	39.9
广　东	100.0	7.8	55.4	49.9	36.8
广　西	100.0	24.4	38.8	31.5	36.8
海　南	100.0	36.9	23.4	15.5	39.7
重　庆	100.0	16.2	44.3	34.8	39.5
四　川	100.0	21.3	41.0	33.0	37.7
贵　州	100.0	21.0	44.9	36.1	34.1
云　南	100.0	20.4	44.4	35.6	35.2
西　藏					
陕　西	**100.0**	**13.7**	**49.1**	**36.9**	**37.2**
甘　肃	100.0	18.1	48.6	36.9	33.3
青　海	100.0	12.4	48.8	34.1	38.8
宁　夏	100.0	14.2	52.0	40.5	33.8
新　疆	100.0	20.2	45.9	33.9	33.9

注：本表按当年价格计算。

21-4 固定资产投资额

单位：亿元

地区	固定资产投资额		城镇固定资产投资		农村固定资产投资	
	2003年	2004年	2003年	2004年	2003年	2004年
全国总计	**55566.6**	**70072.7**	**45811.7**	**58620.3**	**9754.9**	**11452.4**
北京	2169.3	2528.3	1999.9	2333.0	169.3	195.3
天津	1039.4	1256.7	931.7	1131.2	107.7	125.5
河北	2478.0	3215.3	1772.8	2438.6	705.2	776.7
山西	1100.9	1442.8	998.8	1315.2	102.0	127.6
内蒙古	1174.7	1788.0	1097.1	1707.5	77.6	80.5
辽宁	2076.4	2979.6	1771.2	2580.3	305.1	399.3
吉林	969.0	1171.6	872.9	1061.7	96.1	109.9
黑龙江	1166.2	1430.8	1069.5	1317.0	96.7	113.8
上海	2499.1	3050.2	2245.5	2863.0	253.6	187.2
江苏	5233.0	6496.0	4011.6	5008.2	1221.4	1487.8
浙江	4740.3	5756.2	3198.5	3969.6	1541.8	1786.6
安徽	1418.7	1919.4	1184.5	1606.4	234.2	313.0
福建	1496.4	1893.1	1229.3	1594.5	267.1	298.6
江西	1303.2	1723.7	1099.1	1488.4	204.1	235.3
山东	5315.1	6971.8	4163.9	5419.3	1151.2	1552.5
河南	2263.0	3099.4	1677.2	2434.9	585.8	664.5
湖北	1809.5	2265.1	1573.7	2005.2	235.7	259.9
湖南	1590.3	2072.8	1235.3	1679.6	355.1	393.2
广东	4813.2	5765.6	4145.1	4905.6	668.1	860.0
广西	921.3	1247.0	791.3	1105.1	130.0	141.9
海南	280.0	329.6	246.2	299.6	33.8	30.0
重庆	1161.5	1537.1	1040.6	1400.6	120.9	136.5
四川	2336.3	2856.8	1835.1	2322.9	501.3	533.9
贵州	748.1	861.2	667.9	776.5	80.2	84.7
云南	1000.1	1244.3	839.2	1065.7	160.9	178.6
西藏	134.0	167.8	134.0	167.8		
	(1278.7)	**(1544.2)**	**(1149.1)**	**(1413.8)**		
陕西	**1200.7**	**1508.6**	**1071.0**	**1378.2**	**129.6**	**130.4**
甘肃	619.8	733.9	553.7	660.7	66.1	73.2
青海	255.6	291.5	236.9	275.2	18.7	16.3
宁夏	318.0	373.9	263.1	314.5	54.9	59.4
新疆	973.4	1138.7	892.6	1038.4	80.8	100.3

注：本表各地区投资额不含跨省项目，括号内数据为陕西含跨省项目投资额。

21-5 房地产开发企业(单位)投资和商品房销售额

地区	房地产开发投资额(亿元)		商品房销售额(亿元)		#销售给个人		商品房销售面积(万平方米)	
	2003年	2004年	2003年	2004年	2003年	2004年	2003年	2004年
全国总计	**10153.80**	**13158.25**	**7955.66**	**10375.71**	**7395.97**	**9680.06**	**33657.08**	**38231.64**
北京	1202.48	1473.29	897.96	1249.10	792.70	1122.30	1895.77	2472.03
天津	211.39	263.92	198.04	263.82	183.33	240.67	786.50	847.03
河北	251.27	315.90	137.46	138.85	128.48	131.47	939.43	864.85
山西	95.07	125.79	57.92	71.97	45.00	61.74	359.60	399.13
内蒙古	90.79	111.38	69.61	91.59	68.43	86.49	547.97	653.96
辽宁	486.39	701.12	343.45	421.81	319.27	411.36	1499.08	1748.78
吉林	139.24	159.93	78.88	75.55	73.86	73.34	501.14	401.88
黑龙江	163.28	214.07	146.55	166.20	135.25	146.00	814.64	857.15
上海	901.24	1175.46	1216.34	1932.63	1150.79	1791.40	2376.40	3300.82
江苏	809.96	1269.78	597.91	842.86	573.63	803.76	2721.57	3178.91
浙江	980.05	1295.24	761.30	868.51	731.10	819.20	2781.84	2794.25
安徽	240.65	350.27	165.41	254.71	156.42	236.48	1093.27	1429.24
福建	362.07	477.79	287.16	354.47	265.51	334.96	1250.10	1384.83
江西	177.47	242.84	104.72	135.20	94.82	131.58	865.83	1168.87
山东	581.88	764.79	382.37	516.47	355.54	485.58	2251.52	2525.17
河南	185.56	258.82	119.74	164.13	112.50	154.13	862.71	1043.51
湖北	239.04	337.28	161.62	224.49	147.27	204.01	1073.48	1342.92
湖南	230.03	334.87	119.87	179.57	109.04	165.78	848.47	1188.79
广东	1233.52	1355.84	978.10	1164.92	896.98	1087.22	3061.32	3346.02
广西	120.31	192.35	95.16	170.85	91.78	168.23	505.31	820.36
海南	36.61	55.99	23.71	30.24	22.79	28.70	112.64	125.76
重庆	327.89	393.09	210.23	232.64	188.23	211.58	1316.83	1317.12
四川	450.87	510.08	349.37	330.48	337.05	320.09	2457.85	2101.98
贵州	104.95	121.66	72.79	76.78	66.32	71.32	554.34	554.34
云南	114.97	149.93	98.21	106.41	90.15	101.61	521.97	538.11
西藏	2.00	5.39	1.81	2.63	1.81	2.63	10.32	9.56
陕西	**188.56**	**231.17**	**89.27**	**88.17**	**82.93**	**78.54**	**581.45**	**509.36**
甘肃	50.80	72.08	28.65	45.85	25.27	43.78	224.77	261.47
青海	22.31	26.24	12.24	14.86	10.19	13.51	83.51	93.85
宁夏	50.91	67.19	43.42	57.96	40.16	56.46	232.38	308.21
新疆	102.49	104.70	106.66	101.99	99.61	96.17	587.02	643.37

21-6 地方财政收支

单位：亿元

地区	财政收入		财政支出	
	2003年	2004年	2003年	2004年
全国地方总计	**9849.98**	**11693.40**	**17229.90**	**20592.81**
北京	592.40	744.49	734.80	898.28
天津	204.53	246.18	312.08	375.02
河北	335.83	407.83	646.74	785.56
山西	186.05	256.36	415.69	519.06
内蒙古	138.72	196.76	447.26	564.11
辽宁	447.05	529.64	784.38	931.40
吉林	154.00	166.28	409.23	507.78
黑龙江	248.86	289.42	564.91	697.55
上海	886.23	1106.19	1088.44	1382.53
江苏	798.11	980.49	1047.68	1312.04
浙江	706.56	805.95	896.77	1062.94
安徽	220.75	274.63	507.44	601.53
福建	304.71	333.52	452.30	516.68
江西	168.17	205.77	382.10	454.06
山东	713.79	828.33	1010.64	1189.37
河南	338.05	428.78	716.60	879.96
湖北	259.70	310.45	540.44	646.29
湖南	268.65	320.63	573.75	719.54
广东	1315.52	1418.51	1695.63	1852.95
广西	203.66	237.77	443.60	507.47
海南	51.32	57.04	105.40	127.20
重庆	161.56	200.62	341.58	395.72
四川	336.59	385.78	732.30	895.25
贵州	124.56	149.29	332.35	418.42
云南	229.00	263.36	587.35	663.64
西藏	8.20	10.02	145.91	133.83
陕西	**177.33**	**214.96**	**418.20**	**516.31**
甘肃	87.66	104.16	300.01	356.94
青海	24.04	27.00	122.04	137.34
宁夏	30.03	37.47	105.78	123.02
新疆	128.22	155.70	368.47	421.04

注：本表2003年数据为各地区财政决算数，2004年数据为月度执行情况汇总数。

21-7 职工人数和平均工资

（2004年）

地 区	年末在岗职工人数（万人）	#国有单位	#城镇集体单位	#港澳台商投资	#外商投资	在岗职工平均工资（元）	#国有单位	#城镇集体单位	#港澳台商投资	#外商投资
全国总计	**10575.9**	**6438.2**	**850.7**	**452.9**	**525.7**	**16024**	**16729**	**9814**	**15727**	**20440**
北 京	446.4	183.7	24.8	16.0	38.5	29674	34009	13422	34338	46442
天 津	172.6	82.1	10.6	10.6	34.4	21754	23086	13157	17630	21718
河 北	480.0	354.4	38.4	7.9	11.2	12925	13576	7916	14271	11685
山 西	352.0	251.7	35.9	2.0	1.9	12943	13353	8094	9385	11402
内蒙古	238.7	163.5	13.2	1.1	2.7	13324	14209	9010	9133	10839
辽 宁	481.1	300.9	44.2	9.1	32.4	14921	15715	8464	15902	15821
吉 林	279.4	195.4	25.1	2.4	6.6	12431	12540	7504	11439	18449
黑龙江	476.9	305.7	46.2	3.1	4.0	12557	12675	6473	13214	14421
上 海	264.4	126.4	12.7	20.9	44.2	30085	31507	20127	22970	32628
江 苏	575.1	281.0	41.1	38.3	57.5	18202	20876	11350	15499	18690
浙 江	434.6	170.3	34.1	29.6	33.5	23506	33426	18013	15780	16035
安 徽	324.8	206.2	32.6	3.2	5.3	12928	13522	7840	9774	12955
福 建	365.6	145.4	21.0	89.5	57.1	15603	18529	12307	12953	14114
江 西	258.4	192.4	17.5	4.8	3.0	11860	12291	7873	9279	12088
山 东	776.1	483.6	67.2	15.8	64.7	14332	16031	9864	12318	12429
河 南	676.9	398.0	93.4	7.6	7.1	12114	12701	8686	14265	14016
湖 北	488.7	307.5	36.7	8.0	9.6	11855	13096	7608	10311	21575
湖 南	367.4	281.3	29.2	3.6	3.4	13928	14469	9908	13182	14700
广 东	811.8	363.5	71.0	161.9	84.7	22116	25979	11937	16051	21517
广 西	260.8	189.4	20.0	4.5	4.8	13579	14141	8920	9450	16638
海 南	72.5	56.7	3.7	1.7	1.8	12652	12664	8121	11577	15587
重 庆	208.0	120.8	16.9	2.3	4.1	14357	15847	9839	14127	16613
四 川	480.7	305.6	43.7	3.1	6.0	14063	15818	9758	15067	15883
贵 州	192.7	139.6	12.8	0.9	1.2	12431	12870	8630	11395	12822
云 南	235.4	171.4	12.2	1.9	1.4	14581	15320	9519	14302	16423
西 藏	14.5	13.7	0.3			30873	30165	9600		
陕 西	**318.5**	**242.6**	**22.1**	**1.5**	**1.7**	**13024**	**13333**	**7373**	**14158**	**22508**
甘 肃	187.0	152.8	13.9	0.6	1.3	13623	14358	8459	12189	16719
青 海	40.5	32.7	2.2	0.1		17229	18686	10302	13922	
宁 夏	58.5	37.2	1.8		1.0	14620	15212	10613	16761	16628
新 疆	236.0	182.8	6.4	0.6	0.8	14484	14477	11594	13241	15998

21-8 居民消费价格分类指数

(2004年,上年=100)

地 区	居民消费价格指数	食品	烟酒及用品	衣着	家庭设备用品及服务	医疗保健和个人用品	交通和通信	娱乐教育文化	居住
全 国	**103.9**	**109.9**	**101.2**	**98.5**	**98.6**	**99.7**	**98.5**	**101.3**	**104.9**
北 京	101.0	104.8	101.2	98.9	96.9	99.2	95.7	101.5	101.4
天 津	102.3	109.9	101.0	92.1	98.3	93.4	96.8	99.2	103.6
河 北	104.3	110.7	100.7	96.8	97.4	102.2	98.6	102.4	105.9
山 西	104.1	109.5	103.2	99.4	99.0	99.6	98.7	102.7	106.6
内蒙古	102.9	108.8	102.0	100.1	98.6	100.7	98.4	99.7	104.4
辽 宁	103.5	108.7	100.2	97.9	97.5	102.8	98.5	101.5	103.2
吉 林	104.1	110.2	102.0	100.9	99.1	99.3	95.6	99.7	107.5
黑龙江	103.8	108.8	100.6	100.4	99.4	101.1	98.9	100.2	106.6
上 海	102.2	108.3	98.3	94.2	97.8	100.0	96.5	99.9	101.6
江 苏	104.1	110.2	100.7	99.0	99.1	99.7	98.3	101.5	104.4
浙 江	103.9	111.1	101.4	97.3	98.3	95.1	97.7	102.8	104.4
安 徽	104.5	110.8	101.0	97.7	98.0	100.6	100.1	100.2	105.6
福 建	104.0	109.9	101.1	97.6	98.6	97.7	97.6	103.5	104.2
江 西	103.5	109.0	100.8	98.0	99.2	96.6	98.5	100.4	104.8
山 东	103.6	109.1	101.2	97.9	98.8	100.0	99.6	101.8	105.6
河 南	105.4	113.5	104.2	98.4	98.2	99.0	100.6	102.3	106.3
湖 北	104.9	110.7	100.7	99.8	97.9	98.2	99.3	103.8	106.1
湖 南	105.1	111.6	100.8	100.3	99.5	99.9	98.8	102.2	104.5
广 东	103.0	107.5	101.6	99.1	98.6	99.9	98.8	99.4	103.8
广 西	104.4	112.2	100.2	98.0	99.6	101.1	97.7	98.6	105.2
海 南	104.4	111.0	100.5	98.8	100.3	99.7	99.6	97.9	101.9
重 庆	103.7	111.0	100.4	91.2	98.5	99.4	99.2	103.2	100.9
四 川	104.9	111.2	101.8	98.5	99.6	103.6	100.5	102.2	103.4
贵 州	104.0	112.6	99.9	92.2	98.6	105.1	96.6	101.0	104.1
云 南	106.0	114.8	101.4	97.8	99.7	99.8	98.5	102.2	107.7
西 藏	102.7	105.3	100.0	100.4	99.9	100.3	100.3	99.4	106.2
陕 西	**103.1**	**107.3**	**101.3**	**102.5**	**98.5**	**97.0**	**99.1**	**100.5**	**106.2**
甘 肃	102.3	106.2	99.8	99.4	99.4	99.6	95.1	101.4	105.0
青 海	103.2	106.5	102.4	102.4	99.4	102.0	98.6	102.6	102.4
宁 夏	103.7	109.6	104.5	99.1	97.9	98.1	99.7	100.1	106.3
新 疆	102.7	105.8	100.3	99.4	98.4	101.8	99.4	98.6	108.3

21-9 城乡居民人均收入

单位：元

地区	城镇居民人均可支配收入			农村居民人均纯收入		
	2003年	2004年	2004年比2003年增长（%）	2003年	2004年	2004年比2003年增长（%）
全国总计	**8472**	**9422**	**7.7**	**2622**	**2936**	**6.8**
北京	13883	15638	11.6	5602	6170	6.1
天津	10313	11467	8.7	4566	5020	6.7
河北	7239	7951	5.9	2853	3171	7.0
山西	7005	7903	8.9	2299	2590	7.7
内蒙古	7013	8123	13.0	2268	2606	8.6
辽宁	7241	8008	7.6	2934	3307	7.1
吉林	7005	7841	8.0	2530	3000	11.4
黑龙江	6679	7471	8.0	2509	3005	15.3
上海	14867	16683	9.8	6654	7066	3.9
江苏	9262	10482	9.1	4239	4754	7.2
浙江	13180	14546	7.3	5389	5944	4.5
安徽	6778	7511	6.2	2127	2499	12.7
福建	10000	11175	7.7	3734	4089	5.5
江西	6901	7560	6.0	2458	2787	11.3
山东	8400	9438	9.3	3150	3507	6.1
河南	6926	7705	5.5	2236	2553	8.1
湖北	7322	8023	4.8	2567	2890	6.7
湖南	7674	8617	7.9	2533	2838	8.0
广东	12380	13628	7.2	4055	4366	4.0
广西	7785	8690	7.3	2095	2305	4.9
海南	7259	7736	3.2	2588	2818	2.3
重庆	8094	9221	9.9	2215	2510	6.7
四川	7042	7710	4.7	2230	2519	7.0
贵州	6569	7322	7.7	1565	1722	5.6
云南	7644	8871	9.4	1697	1864	6.0
西藏	8765	9167	2.5	1691	1861	10.1
陕西	**6806**	**7492**	**6.9**	**1676**	**1867**	**6.3**
甘肃	6657	7377	9.4	1673	1852	6.7
青海	6745	7320	6.3	1794	1958	2.3
宁夏	6530	7218	7.0	2043	2320	8.7
新疆	7174	7503	2.4	2106	2245	3.1

注：本表绝对数按当年价格计算，增长速度按可比价格计算。

21-10 城乡居民人均消费支出

地 区	城镇居民人均消费性支出（元）		城镇居民家庭恩格尔系数（%）		农村居民人均生活消费支出（元）		农村居民家庭恩格尔系数（%）	
	2003年	2004年	2003年	2004年	2003年	2004年	2003年	2004年
全国总计	**6511**	**7182**	**37.1**	**37.73**	**1943**	**2185**	**45.6**	**47.2**
北 京	11124	12200	31.7	32.2	4147	4617	32.1	32.4
天 津	7868	8802	37.7	37.2	2320	2642	38.2	38.5
河 北	5440	5819	35.2	36.8	1600	1835	39.9	42.5
山 西	5105	5654	33.5	33.9	1434	1636	43.3	45.8
内蒙古	5419	6219	31.5	32.6	1771	2083	41.3	42.7
辽 宁	6078	6543	39.4	40.4	1884	2073	43.2	46.4
吉 林	5492	6069	35.6	35.9	1816	1971	44.0	45.6
黑龙江	5015	5568	35.6	35.4	1662	1837	40.7	40.9
上 海	11040	12631	37.2	36.4	5670	6329	35.3	34.6
江 苏	6709	7332	38.3	40.0	2704	2993	41.4	44.0
浙 江	9713	10636	36.6	36.2	4285	4659	38.2	39.5
安 徽	5064	5711	44.2	43.9	1596	1814	46.0	47.5
福 建	7356	8161	42.2	41.6	2716	3016	45.0	46.7
江 西	4915	5338	40.3	43.0	1908	2095	51.7	53.7
山 东	6069	6674	33.8	34.6	2133	2389	41.8	41.9
河 南	4942	5294	33.6	35.0	1444	1664	45.9	48.6
湖 北	5963	6399	38.2	39.3	1802	2089	51.7	51.5
湖 南	6083	6885	35.8	36.0	2139	2472	51.9	54.1
广 东	9636	10695	37.2	37.0	2927	3241	47.9	48.8
广 西	5764	6446	40.0	42.3	1751	1929	51.3	54.3
海 南	5502	5802	44.8	46.9	1645	1745	57.6	58.9
重 庆	7118	7973	38.0	37.8	1583	1854	52.5	56.0
四 川	5759	6371	38.9	40.2	1747	2016	53.9	55.7
贵 州	4949	5494	39.8	41.1	1185	1296	56.9	58.2
云 南	6024	6837	41.6	42.4	1406	1571	53.0	54.0
西 藏	8045	8446	44.0	46.0	1030	1471	65.0	64.0
陕 西	**5667**	**6233**	**34.6**	**35.9**	**1455**	**1618**	**39.3**	**42.4**
甘 肃	5299	5937	36.0	37.1	1337	1464	43.9	48.0
青 海	5400	5759	36.8	35.7	1563	1676	49.6	48.5
宁 夏	5330	5821	36.0	37.0	1637	1927	41.5	42.0
新 疆	5541	5774	35.9	36.1	1465	1690	45.5	45.2

21-11 农林牧渔业总产值

(2004年)

地　区	农林牧渔业总产值（亿元）	#农业	#林业	#牧业	#渔业	农林牧渔业总产值比上年增长（%）
全国总计	**36238.99**	**18138.36**	**1327.12**	**12173.80**	**3605.60**	**7.5**
北　京	262.00	92.68	12.74	138.69	9.86	0.4
天　津	241.01	95.29	1.66	92.55	31.85	4.3
河　北	2375.89	1135.75	40.02	1037.72	72.08	6.8
山　西	481.82	290.53	19.14	141.17	2.45	6.8
内蒙古	851.30	411.54	46.58	374.69	5.95	15.0
辽　宁	1510.52	611.32	40.65	548.31	272.21	7.9
吉　林	940.67	486.23	32.85	399.06	13.44	5.4
黑龙江	1136.64	620.19	65.78	400.65	25.02	19.3
上　海	248.89	109.32	13.14	70.77	49.90	-7.2
江　苏	2417.63	1242.41	40.15	563.44	449.47	8.9
浙　江	1332.27	592.59	78.36	277.89	361.99	4.4
安　徽	1644.42	842.02	71.93	540.78	146.90	8.9
福　建	1317.28	525.80	86.18	291.69	397.54	5.0
江　西	1054.96	491.06	79.08	324.98	143.17	8.0
山　东	3453.91	1891.73	59.49	1022.84	426.09	6.0
河　南	2963.92	1602.88	75.85	1117.23	27.96	12.9
湖　北	1695.44	921.59	31.78	514.52	205.68	5.5
湖　南	1913.31	874.00	91.31	796.95	119.92	7.5
广　东	2154.79	959.97	61.72	571.09	466.45	4.5
广　西	1294.53	623.09	58.07	460.68	133.77	6.2
海　南	438.73	170.92	59.79	83.87	116.63	9.2
重　庆	612.77	332.95	18.48	230.94	21.25	5.2
四　川	2252.28	987.70	62.65	1097.62	65.75	7.1
贵　州	524.64	317.69	23.25	168.80	7.02	2.6
云　南	965.22	516.92	86.40	305.42	19.14	6.8
西　藏	62.74	26.56	5.72	29.12	0.01	7.0
陕　西	**（624.65） 651.21**	**413.74**	**26.35**	**179.44**	**5.12**	**9.2**
甘　肃	477.35	331.37	16.19	117.68	1.02	7.0
青　海	86.65	34.22	1.80	46.50	0.07	5.1
宁　夏	125.52	71.30	6.20	41.24	3.59	8.3
新　疆	750.68	515.00	13.82	187.47	4.30	6.4

注：1.本表绝对数按当年价格计算，增长速度按可比价格计算。

2.本表农林牧渔业总产值含农林牧渔服务业，括号内数据为陕西不含农林牧渔服务业总产值。

21-12 主要农产品产量

(2004年) 单位：万吨

地 区	粮 食	油 料	棉 花	糖 料	蔬 菜	水 果	肉 类	奶 类	水产品
全国总计	**46946.9**	**3065.9**	**632.4**	**9570.7**	**55064.7**	**15340.9**	**7244.8**	**2368.4**	**4901.8**
北 京	70.2	2.9	0.8		489.2	113.4	70.8	70.1	6.7
天 津	122.8	1.6	12.0		585.4	69.0	53.7	54.2	31.0
河 北	2480.1	154.3	66.5	21.0	6187.5	1346.3	534.0	276.9	92.4
山 西	1062.0	28.2	12.0	4.8	916.2	342.9	66.6	63.7	3.5
内蒙古	1505.3	103.7	0.7	96.3	875.5	129.3	201.3	502.1	7.7
辽 宁	1720.0	45.9	0.5	2.7	2034.6	430.1	318.4	62.3	402.5
吉 林	2510.0	38.1		3.6	699.9	215.0	243.5	26.0	12.0
黑龙江	3001.0	46.0		96.0	1068.0	315.6	165.3	378.1	43.0
上 海	106.3	7.4	0.2	13.5	440.0	111.4	12.5	25.2	34.4
江 苏	2829.1	238.4	50.3	29.2	3678.7	620.0	346.8	56.9	366.1
浙 江	834.9	48.8	2.3	106.3	1769.0	632.1	161.8	26.0	493.5
安 徽	2743.0	299.7	41.2	25.0	1656.5	719.6	333.7	10.2	171.3
福 建	736.5	27.8		101.6	1369.8	552.9	151.3	21.1	591.2
江 西	1663.0	74.5	8.5	85.7	1118.7	291.0	217.7	11.6	156.3
山 东	3516.7	369.7	109.8		8883.7	2478.5	696.5	188.7	718.2
河 南	4260.0	408.7	66.7	22.3	5237.5	1638.6	641.5	78.9	42.7
湖 北	2100.1	314.4	39.5	46.3	2996.2	542.7	309.3	11.7	302.1
湖 南	2640.0	139.6	20.3	110.8	2305.3	499.4	517.1	6.7	166.1
广 东	1390.0	77.5		1110.4	2557.7	909.0	360.5	11.2	664.6
广 西	1398.5	58.3	0.1	5003.9	1946.7	702.3	210.5	4.9	268.9
海 南	190.1	9.1		417.9	314.0	190.6	52.3	0.1	135.8
重 庆	1144.5	41.8		11.8	858.9	137.2	168.4	8.6	23.4
四 川	3146.7	226.3	3.3	146.3	2623.9	494.8	609.1	53.0	86.1
贵 州	1149.6	82.7	0.1	65.8	774.7	87.2	148.0	3.6	8.8
云 南	1509.5	33.4		1688.8	885.1	145.1	277.8	28.3	22.0
西 藏	96.0	5.4			30.0	0.9	20.8	26.2	0.1
陕 西	**1160.4**	**46.1**	**8.2**	**0.7**	**785.3**	**858.1**	**122.5**	**125.5**	**6.9**
甘 肃	805.8	48.5	11.0	15.9	812.6	245.6	76.6	25.9	1.5
青 海	88.5	28.9			78.4	2.8	24.8	24.1	0.1
宁 夏	290.5	13.8			166.4	68.6	24.4	46.9	5.7
新 疆	796.5	44.5	178.3	344.2	919.1	450.8	128.1	139.7	7.2

注：水果产量含果用瓜。

21-13 全部国有及规模以上非国有工业企业主要经济指标

(2004年)

单位：亿元

地区	工业增加值	产品销售收入	税金总额	利润总额	亏损企业亏损总额	资产合计	负债合计	全部从业人员平均人数（万人）
全国总计	**54805.1**	**187814.8**	**8863.5**	**11341.6**	**1239.8**	**195261.7**	**115529.4**	**6098.6**
北京	1259.5	5110.8	205.4	310.9	49.2	6082.4	3138.9	99.9
天津	1395.6	5494.6	187.2	412.5	46.6	5113.8	2899.5	118.0
河北	2459.2	8132.2	381.4	513.2	59.6	7836.2	4883.8	273.6
山西	1242.8	3295.3	260.0	218.4	19.9	5318.5	3548.4	186.0
内蒙古	776.8	2064.0	125.6	123.9	10.2	3030.9	1854.6	78.6
辽宁	2255.7	8320.4	376.5	389.3	78.2	10167.8	5990.8	247.7
吉林	994.3	3190.8	194.4	178.7	37.7	3981.4	2403.3	100.4
黑龙江	1619.6	3613.1	332.0	760.2	31.9	4684.5	2705.0	132.6
上海	3427.0	13863.3	538.2	1003.5	105.7	13684.8	6876.8	238.9
江苏	6447.5	24492.3	828.2	1111.4	94.7	20227.3	12580.4	623.1
浙江	4173.4	16693.5	668.0	942.8	46.3	15222.1	8802.9	563.0
安徽	1082.2	3605.0	227.7	175.3	24.0	4428.8	2687.6	154.0
福建	1845.8	6212.7	221.2	350.6	33.6	5815.9	3069.7	245.8
江西	617.8	2117.1	131.6	72.2	16.2	2519.4	1642.7	99.7
山东	6498.3	21055.1	908.5	1383.6	67.0	17620.4	10307.4	647.8
河南	2332.7	7065.3	366.4	376.5	38.1	7413.9	4782.9	326.9
湖北	1664.7	5097.0	293.3	279.8	44.2	7766.6	4507.8	197.0
湖南	1198.1	3452.4	294.1	156.5	23.4	4173.8	2653.2	158.7
广东	7086.4	26691.4	802.6	1274.3	160.4	21798.1	12666.9	814.2
广西	595.6	1834.9	129.8	121.8	16.4	2502.8	1620.3	85.6
海南	102.7	348.1	25.5	27.7	4.5	477.2	260.0	9.6
重庆	579.7	2078.0	123.9	113.4	15.2	2716.6	1644.4	88.9
四川	1546.5	4542.7	275.1	200.1	69.5	6747.6	4269.6	208.0
贵州	438.4	1188.1	126.4	60.4	15.6	2036.7	1345.7	66.8
云南	881.2	1953.0	368.4	189.1	24.2	3211.0	1764.2	63.5
西藏	14.4	19.2	2.2	3.0	0.2	80.5	20.7	1.8
陕西	**870.7**	**2497.0**	**186.4**	**245.3**	**36.9**	**4164.9**	**2642.2**	**115.4**
甘肃	505.1	1537.3	115.7	64.2	17.6	2391.1	1456.9	77.1
青海	132.4	360.0	25.1	40.1	4.1	958.2	680.6	13.8
宁夏	147.0	507.4	28.6	15.8	9.6	796.7	512.9	23.9
新疆	616.9	1382.9	114.0	227.2	39.0	2291.9	1309.4	38.5

21-14 全部国有及规模以上非国有工业企业主要经济效益指标

地 区	总资产贡献率（%）	资本保值增值率（%）	资产负债率（%）	流动资产周转次数（次）	成本费用利润率（%）	产品销售率（%）
全国总计	**12.3**	**114.8**	**59.2**	**2.2**	**6.5**	**98.1**
北 京	9.9	116.7	51.6	1.8	6.4	97.8
天 津	13.4	119.5	56.7	2.3	8.2	99.1
河 北	13.5	110.8	62.3	2.5	6.8	98.4
山 西	11.2	114.8	66.7	1.6	7.2	97.9
内蒙古	10.8	117.3	61.2	2.1	6.5	97.6
辽 宁	9.1	108.9	58.9	1.9	5.0	98.1
吉 林	10.8	110.1	60.4	2.0	6.0	99.2
黑龙江	25.0	106.5	57.7	2.0	27.6	98.0
上 海	12.6	114.3	50.3	2.0	7.8	99.1
江 苏	11.5	118.6	62.2	2.4	4.8	97.9
浙 江	13.3	125.0	57.8	2.2	6.0	97.7
安 徽	10.8	113.7	60.7	2.0	5.2	98.9
福 建	11.8	119.3	52.8	2.3	6.1	97.5
江 西	10.3	114.0	65.2	2.1	3.6	98.8
山 东	15.5	121.8	58.5	2.8	7.1	98.1
河 南	12.3	110.8	64.5	2.2	5.7	98.5
湖 北	8.9	114.3	58.0	1.8	6.0	97.9
湖 南	12.9	116.7	63.6	2.2	5.0	99.8
广 东	11.1	109.5	58.1	2.4	5.1	97.6
广 西	12.0	117.0	64.7	2.0	7.2	96.8
海 南	13.2	118.1	54.5	1.7	8.5	97.4
重 庆	10.8	120.2	60.5	1.8	5.8	98.2
四 川	8.8	106.0	63.3	1.6	4.7	98.5
贵 州	10.7	114.6	66.1	1.5	5.9	96.2
云 南	19.4	114.4	54.9	1.5	12.1	98.7
西 藏	13.1	100.5	25.7	0.8	18.2	91.6
陕 西	**12.4**	**111.8**	**63.4**	**1.5**	**11.3**	**96.9**
甘 肃	9.2	113.5	60.9	1.7	4.5	97.8
青 海	8.9	103.4	71.0	1.2	12.8	98.4
宁 夏	7.6	118.9	64.4	1.6	3.2	97.1
新 疆	16.7	107.2	57.1	2.2	21.0	97.6

21-15 主要工业产品产量

(2004年)

地　区	原煤（万吨）	原油（万吨）	发电量（亿千瓦小时)	粗钢（万吨）	生铁（万吨）	成品钢材（万吨）	水泥（万吨）
全国总计	**195600.0**	**17500.0**	**21870.0**	**27279.8**	**25185.1**	**29723.1**	**97000.0**
北　京	908.4		150.6	826.1	793.0	851.0	1128.0
天　津		1443.0	337.7	742.0	475.0	1493.5	537.0
河　北	7156.2	535.6	1255.6	5641.4	5283.5	4697.8	7825.5
山　西	37231.6		1049.3	1184.5	1807.7	1102.6	1923.2
内蒙古	17171.4		815.4	626.3	646.2	601.4	1182.4
辽　宁	6232.5	1296.4	888.7	2595.5	2525.9	2598.1	2472.1
吉　林	2396.5	478.9	374.1	406.8	330.2	430.9	1376.3
黑龙江	7162.6	4672.2	550.1	238.3	152.4	197.8	1128.1
上　海		31.9	766.2	1823.7	1356.5	1818.4	665.0
江　苏	2747.0	168.9	1488.4	2222.7	1663.6	3749.9	7993.2
浙　江	56.3		1115.2	369.9	181.2	626.4	8191.6
安　徽	7868.1		606.9	907.2	959.2	945.7	3235.5
福　建	1076.1		659.6	319.2	306.0	568.4	2245.3
江　西	1232.6		327.8	748.0	638.2	774.9	2976.1
山　东	14646.2	2674.3	1640.3	1855.4	1873.7	2011.7	12363.8
河　南	14445.5	523.4	1185.6	974.7	791.1	966.0	5393.6
湖　北	395.6	78.2	1105.9	1353.5	1165.4	1334.3	3767.7
湖　南	3036.2		605.2	804.1	795.1	802.1	3358.2
广　东	219.4	1467.5	2022.5	717.5	409.4	1141.7	7785.3
广　西	521.3	3.6	338.1	319.6	339.4	376.1	2679.5
海　南		8.0	66.5	0.2	3.0	17.6	418.7
重　庆	1764.2		218.9	269.0	247.3	275.0	1957.2
四　川	4429.9	14.3	881.8	989.3	919.7	1012.0	3819.9
贵　州	9756.6		713.0	208.1	200.8	203.2	1428.8
云　南	1718.6		513.5	343.8	659.9	345.5	2151.0
西　藏	1.6		11.7				96.0
陕　西	**8426.0**	**1528.0**	**481.0**	**220.7**	**170.3**	**201.3**	**1800.5**
甘　肃	3083.8	76.3	455.4	278.7	295.7	295.3	1353.0
青　海	418.8	222.0	173.4	47.2		37.4	342.8
宁　夏	2354.6		252.9	11.5	18.6	14.1	582.8
新　疆	2219.6	2227.7	244.1	233.4	176.9	233.1	1190.3

21-15 续表　　　　(2004年)

地　区	布（亿米）	家用电冰箱（万台）	农用化肥（万吨）	汽车（万辆）	程控交换机（万线）	移动电话机（万部）	微型电子计算机（万部）
全国总计	**420.0**	**3033.4**	**4469.5**	**507.4**	**8464.8**	**23344.6**	**4512.4**
北　京	0.4	63.5	2.7	53.9	3211.2	3824.8	503.6
天　津	3.5	28.3	15.1	22.3	2.5	4909.5	1.7
河　北	18.2	10.0	243.2	14.4	18.7		
山　西	3.0		215.5	0.1			0.4
内蒙古	0.4		60.8	0.6		206.6	0.7
辽　宁	3.1	114.1	109.2	14.2	6.3	61.0	178.1
吉　林	1.0	14.4	15.9	64.6	1.2		
黑龙江	1.3	0.1	43.3	21.1	0.1		4.0
上　海	1.3	33.1	2.5	56.0	2054.3	2025.8	996.1
江　苏	42.7	347.8	227.2	24.4	133.9	200.9	1111.5
浙　江	54.6	143.2	57.9	10.1	99.3	2107.1	118.5
安　徽	6.2	377.0	204.3	21.8			10.7
福　建	10.8		58.7	6.6		974.9	295.0
江　西	3.2	26.7	50.7	18.4	2.4		13.8
山　东	66.2	617.7	623.6	14.7	69.1	978.2	56.2
河　南	15.4	205.2	345.0	3.0	0.1		0.5
湖　北	18.7	22.4	332.2	33.6		453.2	0.1
湖　南	4.2	61.2	211.5	4.6	5.4		
广　东	21.5	850.9	19.6	27.7	1982.4	7572.6	1218.4
广　西	0.4		74.7	28.5			0.2
海　南			65.0	6.7			
重　庆	3.1		104.2	43.7			1.2
四　川	6.1	34.7	410.1	6.3			0.6
贵　州	0.5	72.2	213.8	0.1	1.3	30.0	
云　南	0.2		252.1	5.1			
西　藏							
陕　西	**7.5**	**10.5**	**117.9**	**5.0**	**147.4**		**1.3**
甘　肃	0.4	0.6	71.5	0.1			
青　海			147.6				
宁　夏			75.8				
新　疆	0.9		83.1	0.2			

21-16 社会消费品零售总额

(2004年)

单位：亿元

地　区	社会消费品零售总额	按销售单位所在地分			按行业分			社会消费品零售总额比上年增长(%)
		市	县	县以下	批发零售贸易业	餐饮业	其他行业	
全国总计	**53950.1**	**35573.2**	**6161.4**	**12215.5**	**44839.9**	**7486.0**	**1624.2**	**13.3**
北　京	2191.8	1746.4	109.5	335.9	1778.7	190.2	222.9	14.4
天　津	1052.7	982.9	39.3	30.5	831.9	132.9	87.9	14.1
河　北	2522.9	1240.6	486.4	795.9	2178.0	289.2	55.7	15.8
山　西	884.8	563.5	168.9	152.4	738.2	102.4	44.1	21.3
内蒙古	892.0	563.8	200.4	127.8	718.9	134.5	38.5	22.7
辽　宁	2642.8	2223.6	127.6	291.6	2184.6	396.9	61.3	13.4
吉　林	1252.6	976.3	86.9	189.4	1065.0	182.6	5.0	12.8
黑龙江	1555.4	1159.3	205.7	190.3	1341.4	178.1	35.9	13.0
上　海	2454.6	2117.7	18.7	318.2	2137.5	300.2	17.0	10.5
江　苏	4159.7	2968.6	242.1	949.0	3543.0	555.6	61.0	16.6
浙　江	3645.4	2313.0	407.1	925.3	3087.7	445.3	112.4	15.5
安　徽	1503.1	768.9	319.7	414.4	1289.1	184.1	29.9	12.9
福　建	1995.8	1239.9	248.6	507.4	1638.4	252.6	104.8	14.7
江　西	1059.9	533.3	232.8	293.8	934.8	101.3	23.8	14.8
山　东	4483.4	2903.7	445.5	1134.3	3695.2	587.0	201.3	13.9
河　南	2808.2	1480.8	558.9	768.4	2303.2	427.6	77.3	15.7
湖　北	2667.5	1829.4	250.4	587.7	2128.5	353.8	185.1	13.1
湖　南	2069.8	1145.6	382.1	542.2	1763.8	269.9	36.2	14.0
广　东	6370.4	4268.2	310.5	1791.6	5338.8	997.5	34.1	13.6
广　西	973.4	531.0	187.0	255.3	811.4	137.1	24.9	13.5
海　南	220.2	148.6	19.9	51.7	174.4	35.4	10.4	14.9
重　庆	955.0	555.1	129.5	270.4	812.9	132.1	10.0	14.3
四　川	2384.0	1130.1	425.9	827.9	1834.1	436.3	113.6	14.0
贵　州	517.6	308.1	98.6	110.9	405.9	102.3	9.4	12.8
云　南	884.9	482.1	204.1	198.7	707.5	149.9	27.4	13.1
西　藏	63.7	28.2	27.4	8.1	50.4	9.7	3.6	9.3
陕　西	**966.5**	**647.8**	**163.7**	**155.0**	**724.9**	**216.9**	**24.7**	**13.3**
甘　肃	535.8	349.5	84.9	101.4	435.6	79.3	21.0	12.9
青　海	115.6	75.0	27.4	13.2	94.5	18.1	3.0	12.6
宁　夏	137.8	94.7	22.9	20.2	110.1	25.2	2.4	14.1
新　疆	482.1	362.8	54.1	65.2	384.4	78.6	19.1	14.5

21-17 海关进出口总额和国际旅游情况

（2004年）

地 区	进出口总额（亿美元）	出口额	进口额	旅游人数（万人次）	#外国人	旅游外汇收入（亿美元）
全国总计	**11547.92**	**5933.69**	**5614.23**	**10903.82**	**1693.25**	**257.39**
北 京	946.62	205.75	740.87	315.50	268.10	31.73
天 津	420.41	208.61	211.80	61.59	55.93	4.13
河 北	135.26	93.40	41.86	58.07	53.65	1.90
山 西	53.82	40.35	13.47	29.58	18.22	0.81
内蒙古	37.23	13.56	23.67	79.99	79.11	2.53
辽 宁	344.37	189.18	155.19	108.08	93.77	6.13
吉 林	67.93	17.15	50.78	32.40	27.67	0.96
黑龙江	67.91	36.82	31.10	73.28	69.28	3.02
上 海	1600.19	735.07	865.12	385.45	319.67	30.41
江 苏	1708.57	874.97	833.60	306.57	214.24	17.63
浙 江	852.29	581.59	270.70	276.67	177.64	13.00
安 徽	72.11	39.37	32.75	50.10	31.97	1.41
福 建	475.49	293.96	181.53	172.90	62.92	10.65
江 西	35.29	19.95	15.34	28.77	9.40	0.80
山 东	606.74	358.54	248.21	119.31	96.17	5.67
河 南	66.20	41.76	24.45	45.02	24.12	1.60
湖 北	67.72	33.82	33.89	61.19	50.19	1.92
湖 南	54.34	30.97	23.37	55.34	41.23	3.13
广 东	3571.33	1915.58	1655.75	1563.65	377.68	53.78
广 西	42.78	23.86	18.92	117.58	69.38	2.88
海 南	34.02	10.93	23.09	30.86	18.38	0.82
重 庆	38.57	20.91	17.66	43.44	33.89	2.03
四 川	68.71	39.84	28.88	96.62	54.65	2.89
贵 州	15.14	8.67	6.47	23.10	7.63	0.80
云 南	37.51	22.39	15.12	110.10	73.22	4.22
西 藏	2.00	1.30	0.70	9.58	8.88	0.37
陕 西	**36.43**	**23.97**	**12.46**	**80.02**	**60.93**	**3.61**
甘 肃	17.73	9.96	7.77	23.67	15.14	0.44
青 海	5.76	4.55	1.21	2.89	1.24	0.09
宁 夏	9.08	6.46	2.62	0.70	0.54	0.02
新 疆	56.36	30.47	25.89	31.69	27.10	0.91

2004年陕西省统计大事记

1月17日，省局印发《关于2003年度目标管理及工作人员考核结果的通知》(陕统办发〔2004〕3号)，通报2003年度目标管理责任制考核结果。局机关工交处、法规与设计处（含登记中心）、综合处、农村处（含贫困监测中心）、机关党委、计划资金管理处、普查中心、印刷厂，省城调队综合处、省农调队组织指导处、省企调队组织指导处被评为2003年度目标管理考核先进单位；36人被评为优秀公务员或先进工作者。

1月17日，受局党组的委托，王莉霞副局长带领有关处室负责人及扶贫小组成员到省局扶贫点——铜川市印台区潘家河村走访慰问贫困户。之后，省局多次组织人员深入扶贫点调查研究，了解情况，为扶贫点修建双孔石拱生产大桥、捐赠图书等，被省扶贫开发领导小组授予“2004年度两联一包扶贫工作先进单位”。

1月18日，省局举办2003年度全局目标管理总结表彰暨春节团拜会，省局机关及省城市、农村、企业调查队全体职工参加会议。省局局长胡守贤代表局领导作新春祝词；会议表彰了2003年度全局目标管理先进集体及优秀公务员和先进工作者；表彰了2003年度全局优秀统计分析报告获得者。之后，举办了春节团拜会，表演了丰富多彩的文艺节目。

2月9日，省局发出《关于2003年度市级统计工作综合考核评比结果的通报》（陕统发〔2004〕10号），通报2003年度全省市级统计工作综合考核评比结果。2003年度全省市级统计工作综合考评先进单位为：渭南市统计局、咸阳市统计局、西安市统计局、延安市统计局。

2月10日，省委组织部任命刘洪儒同志为省统计局党组成员（陕组干任字[2004]37号）；3月15日，省政府任命其为省统计局副局长(陕政任字[2004]24号)。

2月13日，陕西省第二次非公有制经济调查领导小组及办公室成立。为了摸清我省非公有制经济的发展情况，经省政府同意，决定在2004年开展全省第二次非公有制经济调查。为此，全省各级统计部门分别成立了机构，抽调了人员，针对不同行业和现行统计制度覆盖的范围，采取不同的调查方法，按时完成了第二次全省非公有制经济调查工作。

2月18-19日，省局召开2004年全省统计工作会议，传达全国统计工作会议暨第一次全国经济普查工作座谈会精神；总结交流2003年全省统计工作；安排部署2004年的工作任务；表彰2003年度市级统计工作综合考评先进单位和统计登记工作先进单位、先进个人以及我省全国依法统计先进单位、先进个人。胡守贤局长作了《优化服务　深化改革　强化建设　全面提高统计工作水平》的工作报告，王俊民副局长作了总结讲话。会议确定的2004年全省统计工作的基本思路是：以邓小平理论和“三个代表”重要思想为指导，认真贯彻党的十六届三中全会和省委十届四次全会精神，坚持科学的发展观，求真务实，继续按照保证重点、提高质量、改善条件、增强团结的工作思路，以优化统计服务为主线，以深化统计制度方法改革为突破口，以强化统计基层建设为重点，不断提升统计信息化水平，切实加强统计法制建设、统计队伍建设，进一步提高统计数据质量，全面提高统计工作水平。确定2004年全省统计工作的八项主要任务：一是积极适应新形势，努力提高统计服务水平；二是坚持科学发展观，不断深化统计制度方法改革；三是强化基层建设，改善县级统计机构工作条件；四是精心组织实施，认真搞好经济普查和非公有制经济调查；五是加快应用步伐，提升统计信息化水平；六是加大执法力度，提高统计法制工作水平；七是坚持实事求是，进一步提高统计数据质量；八是加强培训教育，建设一支高素质的统计队伍。

2月20日，省第一次经济普查领导小组召开第一次会议，研究部署第一次全省经济普查工作。此后，各级政府、各有关部门按照统一安排,积极开展工作：各级政府组建了经济普查领导和办事机构，通过制发文件、召开会议等方式，安排部署本地区经济普查工作，协调解决普查中的有关问题；各部门互相配合，主动部署本系统经济普查工作，及时整理提供相关资料；省、市、县统计部门分别制定了本地区经济普查实施方案及清查摸底、质量控制等各环节工作方案和具体登记办法；组织开展了大规模经济普查宣传活动；培训了经济普查人员；完成了省、市、县经济普查试点、普查对象清查摸底等准备工作。

3月1日，省局发出《关于开展2004年统计人员继续教育工作的通知》（陕统函〔2004〕16号），安排2004年全省统计人员继续教育工作。根据安排，省局加强对统计人员的继续教育，组织开展了统计专业技术职务注册登记培训、《统计岗位证书》年检注册登记培训、计算机应用技术证书考试培训、县市统计局长培训、新国民经济核算体系培训、统计调查技能培训等多种形式的教育培训活动，全省共培训人员3000多人。

3月3日，经请示省人民政府同意，省局发布了《2003年陕西省国民经济和社会发展统计公报》。

3月23日，经省人民政府同意，省局发布《2003年果业发展统计（监测）公报》。

4月12日，陕西省统计局、陕西省人事厅发出《关于评选全省及全国统计系统先进集体和先进工作者的通知》（陕统发〔2004〕22号），决定在全省开展全省及全国统计系统先进集体和先进工作者评选活动。为了表彰先进，弘扬无私奉献精神，人事部、国家统计局决定表彰2000－2004年度全国先进工作者和先进集体。同时，省人事厅、省统计局决定表彰一批全省统计系统先进集体和先进工作者。经过各级人事和统计部门的积极评选推荐，省人事厅、省统计局决定：授予何秋和等80名同志“陕西省统计系统先进工作者”荣誉称号；授予西安市雁塔区统计局等37个单位“陕西省统计系统先进集体”荣誉称号。

5月24日，省直文明机关工作检查组对省局创建“省直文明机关”工作情况进行了检查验收。经过综合评比，省局被评为2002－2003年度“省直文明机关”。

5月27日，陕西经济普查网站开通。陕西经济普查网是指导全省经济普查工作、实现信息共享和开展网上办公的网络平台，由省第一次经济普查领导小组办公室主办，设有“近日要闻”、“文件通知”、“问题解答”、“领导讲话”、“方案制度”、“数据处理”、“统计标准”等栏目。

6月4日，省局印发了《陕西省统计局巡查工作办法》（陕统发〔2004〕34号），决定建立统计工作巡查制度，对全省统计工作进行巡查。规定每年选择14个市级统计局进行巡查。巡查的方式可根据巡查对象的实际情况和工作需要，选择综合巡查或专项巡查。巡查的主要内容包括：统计法律、法规、规章的执行情况；国家和省统计制度的执行情况；统计数据质量和行业作风建设情况；中央级统计事业费的管理和使用情况；省局部署的其他工作任务的完成情况。根据《陕西省统计局巡查工作办法》，省局分别于10月25-29日、11月15 -19日对汉中市和宝鸡市统计工作进行了巡查。

6月4日，省局印发了《全省统计系统快速应急机制工作方案(试行)》（陕统发〔2004〕35号），决定建立全省统计系统快速应急机制。建立全省统计系统快速应急机制的目的是：有效防范一些重大事件对统计工作的影响,加强统计系统对重大事件的快速反应和应急处理能力,保障全省统计系统统计上报渠道的畅通,及时、准确地为国家和省委、省政府及各有关部门提供决策依据,为社会各界提供重要的统计信息。

6月17日，省局召开县级统计机构网络互联解决方案技术论证会。为了加快全省县级统计信息化建设步伐，省局决定采用VPN组网技术，实现全省县级统计机构接入全省统计系统内部网络。2004年完成了网络互联方案的技术论证、设备招标等准备工作。

7月2日，省局发出《关于认真开展<统计法>贯彻执行情况重点检查的通知》（陕统发〔2004〕38号），要求在全省开展《统计法》贯彻执行情况大检查。各级统计部门认真组织开展本地区的《统计法》贯彻执行情况大检查，强化日常统计执法工作。2004年全省共立案查处统计违法案件911件；西安、铜川、咸阳、渭南、汉中、延安、安康市消灭了执法空白县。

7月5日，省政府印发了《陕西省县域经济社会发展考核暂行办法》，我省县域经济社会发展考核工作正式启动。为了贯彻落实省委、省政府《关于加快发展壮大县域经济的决定》，省政府成立了县域经济发展领导小组办公室，下设的县域经济社会发展考核评估组设在省统计局，负责县域经济社会发展考核指标报表的布置和数据的审核、检查、汇总、综合测评等工作。为了客观评价、监测县域经济发展进程，省局深入调查研究，建立了县域经济社会发展监测考核统计指标体系，制定了全省县域经济考核办法，召开了全省县域经济发展考核工作电视电话会议和培训布置工作会议，对全省县域经济考核工作进行了安排部署。

7月13日，省委召开常委扩大会议。省局撰写的上半年经济形势分析报告——《抓住宏观调控机遇 确保全年目标完成》，被作为会议唯一参阅材料印发，并先后得到李建国、艾丕善、赵正永、袁纯清等省上领导的赞同或批示。

8月18日，省局办公室发出《关于开展2004年度全省优秀统计分析报告评选活动的通知》（陕统办发〔2004〕12号）；11月1日，发出《关于开展2004年度全局优秀统计分析报告评选活动的通知》，决定对各市和杨凌示范区统计局、省局机关及省三支调查队2003年7月1日至2004年6月30日编印的综合或专题统计分析报告进行评选。之后，经优秀统计分析报告评选委员会评选，省局对全省优秀统计分析报告评比结果进行了通报，（陕西省统计局办公室关于2004年度全省优秀统计分析报告评比结果的通知（陕统办发〔2004〕30号））。

8月25日，省局办公室印发了《陕西省统计局工作规则》、《陕西省统计局会议制度》、《陕西省统计局领导干部重大活动报告制度》、《陕西省统计局内部请示报告制度》、《陕西省统计局保密制度》、《陕西省统计局档案管理制度》等机关管理制度。此后，省局对包括政务制度、行政制度、财务制度及业务制度的全局性制度进行了全面修订或补充，全局工作制度得到完善。

8月31日－9月4日，国家统计局对我省统计工作进行了巡查。巡查期间，巡查组与陈德铭省长等省上领导沟通了意见；听取了省局关于全省统计工作的汇报；组织开展了问卷调查，与省局老干部、有关处室人员及省三支调查队队长进行了座谈；查阅了有关资料；并前往西安、宝鸡、渭南、商洛市，深入区县、乡镇、

9月3日，省局发出《关于开展乡镇（街道办事处）统计工作检查的通知》（陕统发〔2004〕60号），决定对全省乡镇（街道办事处）统计工作站的机构设置、人员配备和工作现状，乡镇（街道办事处）统计工作存在的问题等情况进行全面检查。各市、县以此为契机，认真组织检查，并根据检查中发现的问题，有针对地加强了乡镇（街道办事处）统计工作。

9月29日，省局发出《关于落实国家统计局巡查意见，进一步改进统计工作，提高数据质量的报告》（陕统发[2004]75号），分别向省政府和国家统计局报告我省进一步改进统计工作的情况。根据国家统计局对我省统计工作的巡查意见，针对我省专业统计的薄弱环节，认真进行调研，分别提出了进一步改进农业、工业、交通能源、固定资产投资、贸易、外经、人口和社科统计，改进城市、农村、企业抽样调查，以及改进GDP核算和评估方法的措施，并在全省统计工作中分步实施。

10月10日，省局发出《关于试行以价格缩减法计算农业发展速度工作的通知》（陕统发〔2004〕78号），决定从2004年年报开始，在全省各市(区）试行农产品价格指数缩减法计算农业发展速度工作。此前，按照国家统计局《关于布置新的农业发展速度计算方法试行工作的通知》（国统字[2003]25号），我省从2003年第二季度开始在省级进行了用价格缩减法试算农业发展速度，并从2004年第一季度开始正式实施。10月11日，《陕西统计年鉴－2004》出版发行。该书由陕西统计年鉴编辑部编辑，中国统计出版社出版。

11月3日，省局发出《关于表彰2004年度全省各市（区）专业统计工作先进单位的通知》（陕统发〔2004〕88号），对2004年度全省各市（区）各项专业统计工作考评结果进行通报。

11月9日，省局党组发出《贯彻省委办公厅、省政府办公厅关于在省直机关开展改进作风提高效率教育整顿活动实施意见的通知》（陕统党发[2004]19号），安排部署全局及省城市、农村、企业调查队机关作风整顿工作；并成立了以党组书记胡守贤为组长，其他各党组成员为副组长的省局改进机关作风提高工作效率教育整顿活动领导小组及由机关党委、办公室、人事处组成的领导小组办公室；之后，在全局组织开展了以学习提高、检查剖析和改进整顿为重点的机关作风整顿活动。全局机关工作作风和精神面貌有新变化。省局先后被省直工委评为“先进职工之家”、“全省理论学习先进单位”等。

11月30日，省局印发了《加强季度GDP核算和评估工作的若干补充规定》（陕统发〔2004〕96号），对包括农业、工业、建筑业、批发零售贸易餐饮业、金融保险业、房地产业、其他服务业、价格缩减指数、居民储蓄利息调整、季度增加值基数划分等问题进行补充规定，并从2004年第四季度起在全省统一执行。

12月27日，省局制定了《陕西省统计违法行为罚款规定》（陕统发〔2004〕108号），规范全省统计行政罚款行为，保护统计调查对象的合法权益。

12月31日，经省政府同意，省政府办公厅发出了《关于进一步加强统计工作的通知》（陕政办发[2004]128号），对进一步加强全省统计工作提出新要求：一是高度重视统计工作，充分发挥统计职能作用；二是切实加强对统计工作的领导,造就高素质统计队伍；三是强化统计法制观念,不断提高统计数据质量；四是深化统计制度方法改革,改进统计手段,提升统计服务水平。

冯庄乡人民政府

FENG ZHUANG XIANG REN MIN ZHENG FU

冯庄乡人民政府位于延安城东30公里的丰富川境内，是全国第一个农村团支部的诞生地。全乡辖47个行政村，54个自然村，居住2743户，11714人。全乡境内山沟纵横，自然条件差。总流域面积186平方公里，耕地面积38826亩，基本农田13286亩，人均1.1亩，其中沟坝地4002亩，川台地9284亩，全乡现有经济林18300亩，用材林95445亩，人工草16629亩，2001年年底大家畜存栏2550头，生猪存栏3200头，羊子存栏10960只，家禽存栏4.3万只。全乡设乡属单位10个，有中学1所，中心小学2所，信用社、粮站、卫生院、供销社、邮电所、财政所和供电所。

近年来，全乡按照“面向市场，调整结构，强化林果，狠抓畜牧，突破棚菜，培植三产，建设生态，加强基础，控制人口，协调发展”的工作思路，以山川秀美工程建设统揽工作全局，加大产业结构调整力度，增加经济作物种植面积，重点发展大棚、林果、草畜三项主导产业，基本实现了退耕与产业建设的有机结合，实现了粮食稳产，农民增收。并全面加强了农村水、电、路等基础设施建设，完成了乡级柏油路工程17.5公里，打通环山生产路110公里，解决人畜饮水工程村28个，新建大棚饮水工程5个，完成桥涵建设8座，实现了全乡路通、电通、电话通的“三通”目标。目前，冯庄乡集贸市场，手机基站等建设项目正在申请协调之中。全乡文化、教育、卫生等各项事业健康发展，人民生活水平日益提高，2001年全乡人均产粮500公斤，人均纯收入1098元。基本实现了山变青、水变绿、路变畅、村变美、人变富的山川秀美和人民富裕目标。

书记：杨树栋　　乡长：呼延军

延安市建设工程造价管理办公室

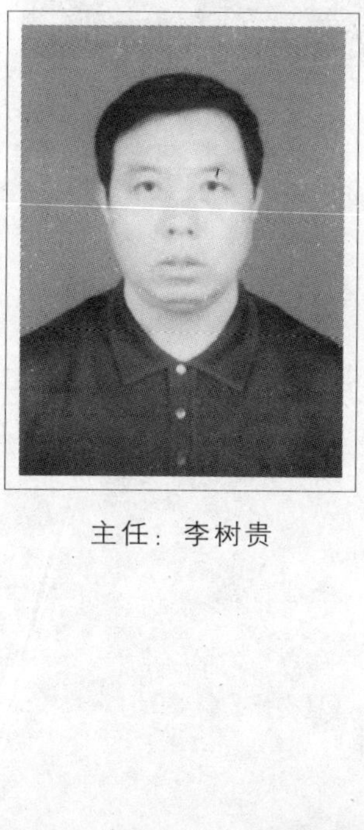

主任：李树贵

延安市建设工程造价管理办公室属于延安市城乡建设规划局事业单位企业化管理。主要职责：

一、 贯彻执行国家、省有关工程建设定额、工程造价工作的方针、政策、法律、法规和管理办法，并结合本市实际制定实施细则。

二、 参加制定、修订国家或省有关工程建设定额任务。

三、 负责编制本市建设工程方面的新结构、新材料及有关定额中未包括项目的补充定额（报省定额办审批），并负责解释及日常管理工作。协调、裁决、解决工程造价方面的经济纠纷。协助法院、检察院处理工程造价方面的经济案件。

四、 定期收集、调查、整理材料价格信息及工程造价方面的各种技术资料，建立工程造价数据库，及时上报省定额办测算发布各县（区）工程造价动态调整系数。

五、 组织培训本市工程造价员及造价员的日常管理工作。

六、 负责工程造价咨询单位资质的初审及管理工作。

七、 完成市建设规划局交办的其它工作。

西安黑牛机械有限公司

XI'AN BLACKBULL MACHINERY CO., LTD

省领导来公司参观

市领导来公司座谈

西安黑牛机械有限公司，创建于1980年，专业从事包装印刷机械的开发，研究和制造。公司主要产品有机组式柔版印刷机械、凹版印刷机械、复合涂布机械、各种纵切横切模切机械，四大系列三十多个规格品种，产品遍布烟酒包装，商标印刷、纸张复合、扑克牌、鲜奶、果汁、医药包装、钢铝带分切等多个领域。公司以国内领先、国际一流为目标，不断开拓创新，强烈的品牌意识，使黑牛牌产品遍及全国、走向世界。

公司位于农民画乡西安市户县。距西安29公里、西安咸阳国际机场28公里，有铁路、高速公路直达，交通顺畅便利。公司占地面积19900平方米，建筑面积15200平方米；现有员工300名，其中中级以上科技人员150名。有科研教学大楼一幢，现代化标准生产厂房三幢，固定资产5200万元，年销售额5000多万元，子公司有黑牛包装公司、黑牛化工公司、索迪工控公司及专业培养印刷技术人才的西安市柔版印刷技校。公司经营业绩逐年增长，生产规模不断扩大。

公司一九九六年开发的机组式柔版印刷机填补了国内空白，投产以来不断改进提高，质量精益求精，结构性能达到国际先进水平，印品质量获行业八项大奖，机器性能、印品质量受到国内专家的好评，销售量在国内同行业中遥遥领先。

二十年来，黑牛牌产品销售到全国各地，出口到东南亚、美国。中国烟草工业的铝箔复合纸的70%是用“黑牛牌”铝箔复合涂布机生产的。公司实行现代化企业管理，提高全员素质，确保质量完美。公司获得国家十六项专利，其中一项发明专利。公司有科学严格的质量管理体系和质量管理标准，并获得国际ISO9001质量体系认证。

公司是中国印刷协会。柔印协会、包装协会会员单位。并荣获省、市、县优秀企业。多次获得国家、省、市、县优秀新产品，董事长兼总经理李玉龙荣获省优秀企业家、市优秀发明企业家称号。

户县农民画

雒志俭等和国外友人在一起

户县位于关中平原中部，距西安29公里，是文化部最早命名的“中国现代民间绘画之乡”。户县历史文化源远流长，民间文化积淀质朴丰厚，这便是户县农民画萌生和发展的肥沃土壤。

户县农民画起源于1958年，初期的农民画随着大跃进运动的兴起，农民画多以诗配画的形式大胆变形夸张涌现出了像杨志贤、宋厚成、樊志华、杜志廉等为代表的农民画家。60年代社教运动期间、户县农民画以专业绘画形式、配合社教运动以刘知贵、赵坤汉为代表人物。70年代户县农民画在中央美院、西安美院在户县“开门办学”的影响下，画风多以国画、年画、单线平涂为表现形式，涌现出了刘志德、李凤兰、张林、董正谊等一批骨干作者。进入80年代，是户县农民画的转折点，由原来的写实手法转向民间绘画手法，涌现出雒志俭为代表的综合型绘画手法，主要为一些有一定美术绘画基础的年轻画家，可景龙的创造型、主要绘画手法表现在无任何绘画基础不受任何绘画技法的制约随心作画，完全出自自己内心对事物的感受所描绘。刘金花的移植型手法，多为一些老太婆作者，以民间剪纸为选型特征，溶入民间的色彩进行大胆创作，作品夸张变形，色彩鲜丽，至今户县农民画多以这三种类型向前发展壮大。整个农民画队伍向着百花齐放、百家争鸣的艺术方向发展壮大。

户县农民画从50年代以来，历经半个世纪的风雨历程，以其强烈的民间风情，浓郁的乡土生活气息，淳厚质朴的地方特征和鲜明的地方特色、为中国现代民间艺术做出了不可磨灭的贡献。

户县农民画展览馆外貌

《两邻家》作者 雒志俭

中铁宝工有限责任公司

zhongtiebaogongyouxianzerengongsi

董事长：陈荣

中铁宝工有限责任公司，前身是原铁道部宝鸡工程机械厂，始建于1955年，2003年由中国铁路工程总公司作为投资主体，联合中铁成都桥梁工厂、宝鸡中铁宝桥社区服务中心共同发起设立。经过近50年的建设与发展，公司已建成集科研、开发、设计、生产和销售于一体的技术开发型企业。中铁宝工有限责任公司依靠雄厚的研究设计制造能力和完善的质量保证体系，不断致力于铁路工程机械和大型养路机械的生产和创新，制造出了更加完善的“秦岭”牌系列产品，形成了轨道车、电气化作业车、大型养路机械、轨道起重车、平板拖车、城市地铁和轻轨及隧道施工抢修机械、大型钢结构等七大系列的支柱产品，100多个品种，其中12项填补了国内空白，7项获得国家专利，QD160型轨道车荣获省优、部优和国家银质奖，DQ16-3型轨道起重车和DA电气化作业车系列荣获国家科技成果奖，钢轨探伤车、GC170-2和GCS220型轨道车被评为国家级新产品，我国第一台轨道车、第一台电气化作业车、第一台轨道起重车、第一台高空作业车、第一台高原轨道车、第一组恒张力收放线车组、第一组地铁网轨检测车组、第一组钢轨探伤车、第一组钢轨打磨列车、第一组焊轨列车都诞生在这里。公司各种产品累计生产销售4000多台（组），“秦岭”牌系列产品遍布全国铁路局、工程公司及地方铁路和港口、铁路专用线，并出口到9个国家和地区，为我国铁路工程机械的制造、发展谱写了辉煌篇章。

在长期的经营实践中，公司形成了“诚信、创新、拼搏、超越”的企业精神，面对科技革命和信息时代的一体化国际市场，我们将不断地探索进取，整合资源，调整结构，为我国铁路发展再立新功。

电话：0917-2864634
传真：0917-3666122

吴堡县司法局

局长：宋超华

吴堡县司法局是主管全县司法工作的政府组成部门，管理、指导和监督公证处，律师事务所工作，下设八个司法所。主要职责是：贯彻执行国家司法行政工作的方针、政策和法律、法规。指导、监督劳动、教养工作并管理监督面向社会服务的司法鉴定工作。制定法规宣传、普及法律常识和依法治县，规划并组织实施，指导地方行业和基层依法治理工作。指导基层司法行政工作及基层的调解、法律服务工作，参与社会治安综合治理工作。组织对刑满释放和解除劳教人员安置帮教工作。指导司法行政系统的队伍建设和思想政治工作，管理下属单位及司法行政系统的警务和警卫工作。

有望在新的一年里经过全体干警的辛勤工作，大大提高干部群众的法律意识，为我县经济发展和社会稳定提高优质的法律服务。

吴堡县粮食局

WUPUXIANLIANGSHIJU

粮食局下属单位7个，即：粮油收储公司、粮油公司、贸易公司、工业公司、蔡家塬粮站、辛家沟粮站、郭家沟粮站，在职职工196人，主要从事粮油购销及退耕还林（草）救灾、年供等粮食的供应。近三年来，连续受到了市政府及市粮食局的表彰奖励。

局长：尚思斌

中国统计出版社最新资料书简目

（仅供参考，以最后出书为准）

中国统计年鉴－2005
中国统计摘要－2005
2005 中国发展报告
中国城市统计年鉴－2004
中国劳动统计年鉴－2005
中国人口统计年鉴－2005
中国工业经济统计年鉴－2005
中国市场统计年鉴－2005
2004 中国城市发展报告
中国建筑业统计年鉴－2004
中国价格及城镇居民家庭收支调查统计年鉴－2005
国际统计年鉴－2005
中国对外经济贸易统计年鉴－2004
中国基本单位统计年鉴－2004
中国民政统计年鉴－2005
中国高技术产业统计年鉴－2005
中国房地产行业名录
中国农村统计年鉴－2005
中国农村住户调查年鉴－2005(中文)
中国农村住户调查年鉴－2005(英文)
中国乡镇统计资料－2004
中国县(市)社会经济调查年鉴－2005
中国西部农村统计资料－2005
中国建制镇统计资料－2005
中国农产品价格调查年鉴－2005
中国资金流量核算历史资料(1998－2002)
中国国民经济核算年鉴－2005

北京统计年鉴－2005
天津统计年鉴－2005
河北经济年鉴－2005
山西统计年鉴－2005
内蒙古统计年鉴－2005
辽宁统计年鉴－2005
吉林统计年鉴－2005
黑龙江统计年鉴－2005
上海统计年鉴－2005
江苏统计年鉴－2005
浙江统计年鉴－2005
安徽统计年鉴－2005
福建统计年鉴－2005
江西统计年鉴－2005
山东统计年鉴－2005
河南统计年鉴－2005

湖北统计年鉴－2005
湖南统计年鉴－2005
广东统计年鉴－2005
广西统计年鉴－2005
海南统计年鉴－2005
重庆统计年鉴－2005
四川统计年鉴－2005
贵州统计年鉴－2005
云南统计年鉴－2005
西藏统计年鉴－2005
陕西统计年鉴－2005
甘肃年鉴－2005
青海统计年鉴－2005
宁夏统计年鉴－2005
新疆统计年鉴－2005
新疆生产建设兵团统计年鉴－2005
石家庄统计年鉴－2005
唐山统计年鉴－2005
邯郸统计年鉴－2005
呼和浩特经济统计年鉴－2005
鄂尔多斯市统计年鉴－2005
包头统计年鉴－2005
赤峰统计年鉴－2005
沈阳年鉴－2005
大连统计年鉴－2005
鞍山统计年鉴－2005
长春统计年鉴－2005
吉林市社会经济统计年鉴－2005
四平统计年鉴－2005
延吉统计年鉴－2005
哈尔滨统计年鉴－2005
齐齐哈尔经济统计年鉴－2005
黑龙江垦区统计年鉴－2005
上海浦东新区统计年鉴－2005
南京统计年鉴－2005
苏州统计年鉴－2005
无锡统计年鉴－2005
常州统计年鉴－2005
徐州统计年鉴－2005
南通统计年鉴－2005
盐城统计年鉴－2005
镇江统计年鉴－2005
江阴统计年鉴－2005
杭州统计年鉴－2005
宁波统计年鉴－2005
绍兴统计年鉴－2005
台州统计年鉴－2005

舟山统计年鉴－2005
温州统计年鉴－2005
金华统计年鉴－2005
嘉兴统计年鉴－2005
安庆经济统计年鉴－2005
福州统计年鉴－2005
福州年鉴－2005
厦门经济特区年鉴－2005
福州经济技术开发区年鉴－2005
南昌经济社会统计年鉴－2005
上饶经济社会统计年鉴－2005
九江经济统计年鉴－2005
济南统计年鉴－2005
青岛统计年鉴－2005
潍坊统计年鉴－2005
淄博统计年鉴－2005
郑州统计年鉴－2005
洛阳统计年鉴－2005
三门峡统计年鉴－2005
南阳经济统计年鉴－2005
武汉统计年鉴－2005
宜昌统计年鉴－2005
十堰统计年鉴－2005
荆州统计年鉴－2005
长沙统计年鉴－2005
广州统计年鉴－2005
东莞统计年鉴－2005
惠州统计年鉴－2005
深圳统计年鉴－2005
南宁统计年鉴－2005
桂林经济社会统计年鉴－2005
柳州经济统计年鉴－2005
来宾统计年鉴－2005
河池地区经济社会统计年鉴－2005
海口统计年鉴－2005
成都统计年鉴－2005
贵阳统计年鉴－2005
昆明统计年鉴－2005
西安统计年鉴－2005
兰州年鉴－2005
西宁统计年鉴－2005
银川统计年鉴－2005
乌鲁木齐统计年鉴－2005
巴音郭楞统计年鉴－2005
吐鲁番统计年鉴－2005

编辑部电话：(010)63262276　　63266600－30607,30609
欲购以上图书请与中国统计出版社发行部联系。　　电　　话：(010)63459084　　同椇行书店电话：68585978
通 讯 地 址：北京市西城区三里河月坛南街 75 号　　邮政编码：100826

陕西人口情报中心

SHAAN XI REN KOU QING BAO ZHONG XIN

主 任 张云峰

服务计生

服务基层

陕西人口情报中心，隶属陕西省人口和计划生育委员会。是专门从事人口与计划生育信息研究，为陕西的人口和计划生育事业及社会经济发展服务的社会公益型事业单位，也是中国人口信息网络成员和联合国人口基金项目受援单位。

通过广辟信息资料来源，进行实地调查研究，编辑出版人口数据和信息刊物，对省内外、国内外人口与计划生育资料及动态信息进行搜集、分析研究与传播，为各级领导部门决策和计划生育工作服务。

2004年，在省人口计生委的领导下，情报中心以邓小平理论和“三个代表”重要思想为指导，认真贯彻党的十六大、十六届三中、四中全会精神，锐意进取，开拓创新。围绕全省计划生育工作的中心，开展出生人口性别比问题研究，取得了阶段性科研成果。创办的《陕西人口》刊物，在宣传计划生育政策、介绍生殖保健基本知识、关注各地动态、工作研究和探讨等方面深受各级领导、从事人口研究的专家学者及计划生育工作者的欢迎。

2005年陕西人口情报中心将继续办好《陕西人口》杂志，把贴近读者、服务计生、服务基层，提高刊物内容质量作为重点；继续研究和探讨出生人口性别比问题的治理措施；继续加强人口信息网络人才的培训和国内外人口信息工作的交流与合作。

中国网络通信集团公司陕西省分公司

CHINA NETCOM GROUP NORTHWEST COMMUNICATION CO.,LTD

党组书记、总经理　韩新国

中国网络通信集团公司陕西省分公司（以下简称“陕西网通”）是中国网络通信集团公司在陕西省设立的省级通信公司。陕西网通已在陕西10个地市成立了分公司。

中国网通作为中国电信运营业新生力量的代表，充分从客户的角度出发，为大客户、商务客户、个人客户度身定做整体化通信解决方案。在陕西省，陕西网通采用全球前沿技术，打造“五网、一平台”，即传输网、交换网、宽带互联网、智能网、支撑网、NGN（下一代网络）平台，克服了因多技术体制和标准、多设备供应而导致的全网业务开放及其协调难，新业务及其新功能实现不及时等弊端。截至2004年年底，已建成一二级干线光缆6000多公里，形成陕北、关中、陕南三个环网，基本覆盖了陕西“一线两带”和沿线经济发达的60多个县（市）。同时建成了固定电话网、NGN试验网、1.8GSCDMA无线市话网、3.5G宽带无线接入网及5.8G试验网，不仅可以满足各种基础通信业务发展需要，而且能够承载和满足各种新业务、增值业务的发展。

一直以来，秉承“中国网，宽天下”的企业理念，着力打造企业精品业务，陕西网通以SCDMA大灵通、宽带商务（CNC Connected）、宽带我世界（CNC MAX）以及10060客服热线和金色俱乐部为代表的各类业务和服务品牌正在逐步深入人心。凭借专业专心的通信服务，陕西网通的电话用户和宽带用户已经遍及金融、教育、航空、医疗、酒店、商务楼宇、小区等领域和区域。

公司组织财务统计人员认真学习《统计法》

长途传输机房

西安东方中学

XI AN DONG FANG ZHONG XUE

西安东方中学是隶属于西安东方机电公司的企办中学，始建于1957年。毗邻东高新产业园区，是一所具有辉煌历史和光荣传统的育才基地。办学实力雄厚，教学设施先进，现为西安市重点中学，陕西省重点中学、西安市艺术教育特色学校，陕西省青少年美术教育基地，西安市文明单位，新城区示范家长学校，西安市体育传统项目学校、西安市现代教育技术实验学校、陕西省基础教育科研项目学校，国家“十五素质教育目标体系”课题研究实验学校，全国心理健康教育实验学校，中日、中新友好学校。先后被教育部国情调查中心，教育信息中心确定为“教育观测基地”，中国中小学素质教育教研单位、社会公认特色育人成功单位。2003年被媒体评为西安地区重点中学明星学校，被誉为“中国西北教育战线上的东方红”。2002～2004年连续三年被评为省国防科工委系统优秀学校。当代著名书法大师启功先生为东方中学题写了校名和校训。

中国西部地区教育顾问 校长 党支部书记 郭端瑾

学校师资力量雄厚，其中高、中级教师占73%，有24名教师参加研究生学习，一批中青年教师已迅速成长为市级、省级骨干教师，十几人有专业理论和教学论文出版。现代化教学设备已处于领先地位，已建成卫星远程教育接收系统、双向点播数字化校园网及闭路电视系统，完成了“校校通”工程，实现了10M光纤宽带入网。理、化、生实验室按国家1类标准配备实验仪器。操场占地7000平方米，学校有游泳训练基地，体育设施配备齐全，师生餐厅、学生公寓、教室均安装有暖气、空调或电扇。图书馆藏书10万余册，并建有电子阅览室，注册超星数字图书馆电子图书20万册，宽敞明亮的350平方米阅览厅可供师生查阅资料。东方中学具有优越的学习环境和安全舒适的住宿条件，为学生学习、生活提供优质服务。

学校领导班子团结奋进、求真务实，全面贯彻教育方针，教学质量大幅度提高，2004年高考二本上线率达71%，一大批学生考入西安交大、西工大、厦门大学、北航、北外经贸等重点大学，中考升学率超全市平均升学率14%。学校十分重视发展学生特长，培养个性，为学生成才开辟多种途径，搭建展示才华的平台。几年来，为高校美术、体育、音乐、节目主持、戏剧表演专业输送了一批又一批合格新生，2002、2003届高中美术班本科上线率已分别达到85%，、87%，物理、英语等学科参加省、市竞赛获奖等级和人数与省级名校齐名，学校有学生管乐团、艺术团，定期开展活动，聘请专业老师辅导，美术、声乐、器乐、舞蹈、书法等兴趣小组经常开展活动，并多次参加市、省、国家级竞赛并获奖，一批又一批有特长的学生由此走上了人生的成功之路。学校聘请外籍英语教师执教，营造了良好的学习外语环境。初、高中素质教育实验班为优秀学生创造了良好的学习环境，吸引了众多渴望成才的优秀学生，东方中学现有53个教学班，成为西安东郊大校、强校。东方中学跨越式的发展受到了媒体的高度关注，《西安日报》、《西安晚报》、《陕西日报》、《中国教育报》、《人民日报》、西安电视台、陕西电视台、中央教育台均多次予以报道。

素质精良的教师队伍

延安卷烟厂

YAN AN JUAN YAN CHANG

延安是文明中外的革命圣地，坐落于延安市北郊并以此命名为延安卷烟厂，始建于1970年，先后经过三次搬迁，两次技术改造，现已成为一个具有现代化设备，年产卷烟20万大箱，实现税利过亿元的国有中型企业。成为延安市经济发展的主导产业、财政收入的重要支柱。累计为各级财政上缴税利20亿元，为延安市石油及配套工业的滚动发展和西延铁路等基础设施提供了资金支持。

延安卷烟厂现有职工1480人，其中工程技术人员132人。企业占地面积180000平方米，固定资产注册资金2.6亿元。延烟实施“科技兴烟”战略，引进意大利科马斯、德国豪尼公司制丝线及英国莫林公司帕希姆高速卷接机组、德国佛克公司佛克硬盒包装机组等国际先进水平的生产线，目前共有各种专用设备661台（套），经过不断的引进和消化吸收，为企业走向市场增强了雄厚的竞争实力。

延安卷烟厂以市场为导向，以满足消费者需求为目标，生产的各类卷烟，包装精美、用料考究、醇香适中、质量上乘，产品远销全国十几个省、市、自治区，部分产品已进入国际市场。

延安卷烟厂先后荣获“省级先进企业、”“全国五百家最佳经济效益企业”、“陕西省文明企业”、“陕西省经济明星企业”等多种荣誉称号。1995年以来，延安卷烟厂坚持“一要规范、二要改革、三要创新”的工作重点，紧紧抓住西部大开发和红塔集团联营生产的有利机遇，内抓管理、外抓市场、加强企业管理，树立品牌形象，1999年通过ISO9002-2000质量体系认证，企业的经济效益、管理水平又迈上一个新的台阶，为延安卷烟厂的腾飞奠定了坚实的基础。

辉煌的业绩

※ 省级精神文明标兵单位

※ 陕西省先进企业

※ 陕西省经济明星企业

※ 全国500家最佳效益企业

※ 陕西省文明企业

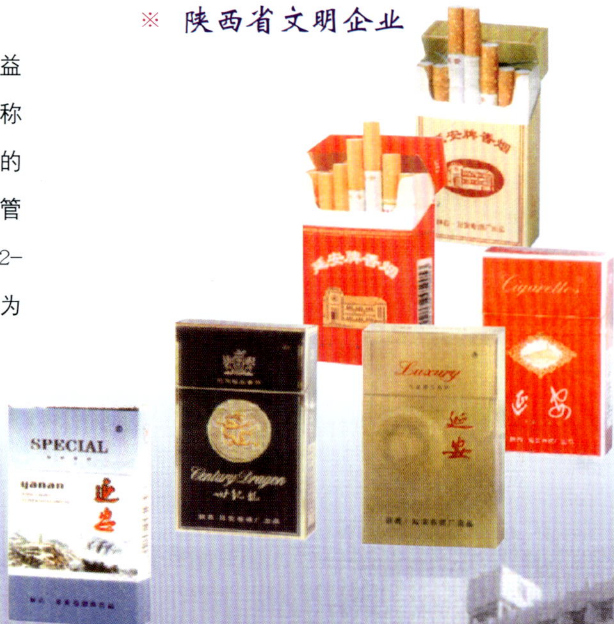

厂长：薛伊林　　书记：张怀生

电话：0911-2322192　　传真：0911-2324607

地址：延安市兰家坪

陕西鑫元科工贸股份有限公司

SHAAN XI XIN YUAN KE GONG MAO GU FEN YOU XIAN GONG SI

董事长　王志民

总经理　冯满学

陕西鑫元科工贸股份有限公司创建于1999年12月，是由原洛南陈耳金矿有限责任公司作为主发起人联合陕西黄金公司等五家发起设立组建的。公司设置股本总额7388万股。

公司现有员工676人，其中管理人员34人，专业技术人员82人，内设三部一室，下辖洛南县陈耳金矿、洛南兴陈黄金冶炼有限责任公司、洛南县金龙汽车修配厂、洛南盛元预制构件有限责任公司、洛南县望子岭金矿、洛南华阳大酒店、洛南县泰元生物科技有限公司、西安新竹防灾救生设备有限公司八个子公司。

为迅速发展，公司坚持“以金积累，科技领先，多业并举、滚动发展”的思路，逐步形成了采、选、冶、首饰加工一条龙，工、商、贸、酒店服务一体化的格局。

主干企业陈耳金矿始建于1987年7月，经过89年、92年、95年。98年四次技术改造，从建矿起初的50吨/日－150吨/日－500吨/日－700吨/日生产规模，1991年跨入全国“万两矿”；1996年跃居于全国“双万两矿”之列；1999年实现吨金矿。98年至2001年产金名列全省黄金排行第三十九位，先后授予“全国地质探矿先进单位”、“全国‘八五’期间突出贡献的先进集体”；陕西省“先进企业”、“重合同守信用企业”、省级“文明单位”。

鑫元公司主干企业陈耳金矿选厂一角

《陕西统计年鉴》2005卷

整体策划：余子荣 宋克卿
责任编辑：宋克卿 晓 莉
版式设计：宋克卿 刘海英
文字校对：张 伟 杨 婷
美术编辑：陕西朗色文化传播有限公司